利瑪竇中國札記

一個西方人眼裏的大明王朝

[意]利瑪竇　[比]金尼閣 ◎ 著
何高濟　王遵仲　李申 ◎ 譯
何兆武 ◎ 校

中 華 書 局

利瑪竇中國札記
一個西方人眼裏的大明王朝

[意]利瑪竇　[比]金尼閣　著
何高濟　王遵仲　李申　譯
何兆武　校

責任編輯　王春永　干　霖
裝幀設計　姚雙林
排　　版　黎　浪
印　　務　劉漢舉

出版　中華書局（香港）有限公司
香港北角英皇道 499 號北角工業大廈一樓 B
電話：(852) 2137 2338　傳真：(852) 2713 8202
電子郵件：info@chunghwabook.com.hk
網址：http://www.chunghwabook.com.hk

發行　香港聯合書刊物流有限公司
香港新界荃灣德士古道 220-248 號
荃灣工業中心 16 樓
電話：(852) 2150 2100　傳真：(852) 2407 3062
電子郵件：info@suplogistics.com.hk

版次　2025 年 6 月初版

規格　16 開（210 mm×153 mm）

ISBN　978-988-8914-36-4

本書中文繁體字版由中華書局（北京）授權出版

作者簡介

利瑪竇 (Matteo Ricci, 1552 — 1610)

意大利天主教耶穌會傳教士。1582 來華，此後二十八年一直在中國工作和生活，晚年曾將其在中國的生活和交遊經歷撰寫下來，這便是著名的《利瑪竇中國札記》。《札記》對於研究明代中西文化交流史及耶穌會入華傳教史，乃至明代歷史，均有十分珍貴的價值。它記述的真實性在於，作者本人是一個在中國生活了多年而且熟悉中國生活的歐洲人，他以靈敏的感受和一個外國人局外旁觀的態度，細緻描寫了有關中國的名稱、土地物產、政治制度、科學技術、風俗習慣等等，並將其在遊歷過程中的見聞詳細地記錄下來。

金尼閣 (Nicolas Trigault, 1577 — 1628)

比利時籍耶穌會士，1610 年參加了中國傳教團。1613 年，在回歐洲的途中，他翻譯整理了利瑪竇的回憶錄，並增寫了有關傳教史與利瑪竇本人的一些內容，形成了我們現在看到的這個版本的《利瑪竇中國札記》。

利瑪竇像（游文輝繪，1610 年）

利瑪竇和徐光啟像

［十七世紀的一幅銅版畫，藏於貝特曼檔卷館（Bettmann Archives）］

中譯者序言

利瑪竇（Mathew Ricci）這個名字在中國是並不陌生的。歷史上到中國來的歐洲人中間，也許馬可波羅和利瑪竇是最為人們所熟知的兩個名字了。在近代以前，中國的學術思想和外界的大規模接觸只有兩次：一次是魏晉以來的佛學，一次是明清之際的「天學」。作為正式介紹西方宗教與學術思想的最早、最重要的奠基人，這個在中國度過了他後半生的耶穌會傳教士，對於發展中國和歐洲的文化交流及其歷史性的影響，是值得我們重視、研究並做出實事求是的評價的。

利瑪竇於 1552 年 10 月 16 日出生在意大利的中部教皇邦安柯那（Ancone）省的馬塞拉塔（Macerata）城，於 1561 年入本城的耶穌會學校學習。他在十六歲時奉父命到羅馬學習法律。1571 年，他在羅馬加入了耶穌會，繼續在耶穌會主辦的學校學習哲學和神學，並從當時著名的數學家丁先生（Christopher Clavius）學習天算。後來他自願到遠東傳教。1577 年利瑪竇參加了耶穌會派往印度傳教的教團。在葡萄牙候船期間，他曾在高因盤利（Coimbra）大學學習；這所大學由葡萄牙國王若望第三和耶穌會創立人依納爵聯合建立，代表着海外殖民勢力和天主教反宗教改革勢力的結合，它是耶穌會訓練東方傳教團的一個學術中心，後來耶穌會在中國的一些重要譯書，就是這個大學的教本。1578 年 3 月 24 日，他從里斯本乘船往東方，於同年 9 月 13 日到達葡萄牙在東方殖民活動的重要據點——印度的果阿。在果阿居留四年後，耶穌會負責東方教務的視察員派他隨赴中國的傳教團到中國來傳教。1582 年（明萬曆十年）4 月他自果阿啟行，同年 8 月抵達澳門；從此，他便在中國傳教、工作和生活，足跡從澳門和肇慶到韶州、南昌和南京，又從南京到北京。他在 1610 年 5 月 11 日死於北京，葬於北京阜城門外二里溝。

在晚年的時候，他感到餘日無多，便開始把他在中國傳教的經歷撰寫下來。到他死時，這份記錄已告完成，僅留下一些空白以待後來補充。這個記錄就是為人們所熟知的《利瑪竇札記》（或稱筆記、紀行、手稿、日記、記錄、記事）這一著名歷史文獻的由來。手稿是用利瑪竇的本國語言意大利語寫成的。封面上除了有「耶穌」「瑪利亞」幾個字外，沒有作其他說明，看來他並不一定要想把它公開刊行。據金尼閣說，利瑪竇寫這份文獻，是打算先把它送給耶穌會會長審閱，然後再讓別人閱讀；其目的是向歐洲人介紹有關中國的情況和在中國的傳教事跡，使同會教友及有關人士從中獲得教益。

1614 年，金尼閣為了保存這份珍貴文獻，便把它從澳門攜回羅馬。在漫長單調的旅途航行中，金尼閣着手把它從意大利文譯為拉丁文，並增添了一些有關傳教史和利瑪竇本人的內容，附有利瑪竇死後榮哀的記述。這個拉丁文本第一版於 1615 年在德國奧格斯堡出版。它的封面題字是：「耶穌會士利瑪竇神父的基督教遠征中國史　會務記錄五卷　致教皇保羅第五　書中初次精確地、忠實地描述了中國的朝廷、風俗、法律、制度以及新的教務問題　著者同會比利時人尼古拉 · 金尼閣。」封面上所謂的「基督教遠征中國史」，實即指天主教耶穌會在中國的傳教活動。當時正值地理大發現的高潮之後，西方殖民國家大舉進行海外殖民活動，他們把赴中國的傳教也視為一次遠征或探險（expedition）。

拉丁文本的《基督教遠征中國史》刊行後，在歐洲不脛而走。根據原文本所翻譯的各種文字譯本陸續出現；計有拉丁文本四種，法文本三種，德文本、西班牙文本和意大利文本各一種。1625 年《普察斯朝聖者叢書》(Purchas His Pilgrims) 中收有一個英文摘譯本。但完整的英文本是直至 1942 年始由加萊格爾 (Louis J. Gallagher) 譯出，書名為《十六世紀的中國——利瑪竇札記，1583－1610》。1978 年還出版了貝西爾 (George Bessiere) 譯的一個法文新譯本。

利瑪竇的原意大利文手稿並沒有遺失，而是在耶穌會羅馬檔案館裏發現了。當利瑪竇逝世三百周年之際 (1910 年)，汾屠立 (Pietro Tacchi Venturi，或譯王都立，或譯文讀禮) 神父把它連同利瑪竇的其他書稿一起刊佈，題名為《利瑪竇神父的歷史著作集》(Opere Storiche de P. Matteo Ricci)。這部著作集的上卷即本書原稿，題名為《中國報導》(I Commentarj della Cina)；下卷為利瑪竇的書信。1942 年，德禮賢 (Pasquale M. D'Elia) 神父再把它收進他編輯的《利瑪竇全集》(Fonti Ricciani) 中。這部《全集》的第一卷和第二卷分別刊行於 1942 年和 1949 年，第三卷則是對全書的註釋和索引。這是迄今為止有關利瑪竇的最重要的文獻。

原意大利文稿的公佈，受到學者們的重視，並引起一些討論。有的學者比較了拉丁文本和意大利文本，認為拉丁文本除明顯的增補而外，還有些不大顯眼的修訂和有系統地進行過改動的痕跡。研究這些不同之處，可能有助於説明金尼閣採用了哪些新材料，以及他的看法在哪些方面和利瑪竇有所歧異。但是就全書來説，正如金尼閣本人已經指出的那樣，《基督教遠征中國史》的真正作者仍然是利瑪竇。至於金尼閣所增修的地方，有的是他本人的見聞，另一些則得自可靠的來源。作為一個和利瑪竇同時代的來華傳教士，金尼閣的增修本身也是富有歷史價值的。關於金尼閣本和利瑪竇意大利原文本異同之評論，可參見本書附錄《1978 年法文版序言》第一節《〈基督教遠征中國史〉的拉丁文本及原意大利文本》。

很久以前，我國的學者即已知道此書的存在，並且通過翻譯的介紹而得知它的部分內容，但一直未能看到原書和它的完整的中譯文。

陳垣在《涇陽王徵傳》（收入《陳垣學術論文集》，1980年中華書局版）中曾介紹金尼閣如下：「金尼閣者，比利時人，利瑪竇卒年（按即1610年——引者）至中國，曾集利瑪竇筆記為蠟頂文中國開教史。」這裏所謂的「蠟頂文中國開教史」，即指這部拉丁文本的《基督教遠征中國史》。

張星烺在敘述利瑪竇的同時代人、葡萄牙旅行家鄂本篤（Benedict de Goes）來華經過時，曾根據英國學者玉爾（Henry Yule）的英譯文，把這部書第五卷內的有關部分譯為中文，收入他編的《中西交通史料匯篇》第二冊（1930年輔仁大學版）。他把此書的書名譯作《支那傳教錄》或《耶穌會支那傳教錄》，並對這部書的內容作了這樣的介紹：「一千九百十年（清宣統二年），為利瑪竇卒後三百年之期。義大利人追念其傳教功勛，在其原籍馬塞拉塔城舉行典禮以榮之。利氏族中，仍藏有利瑪竇自寫之《紀事書》（按即本書——引者）原稿。神父文圖理（按即汾屠立——引者）刊印之。法國亨利・考狄（按即Henri Cordier——引者）嘗將此本與金尼閣書互校，僅略有謬誤而已。」

馮承鈞翻譯和介紹過許多有關耶穌會士來華傳教的著作，如費賴之（Aloys Pfister）的《入華耶穌會士列傳》等書。他譯的裴化行（Henri Bernard）的《歐洲著作之漢文譯本》中，把這部利瑪竇札記譯為《記錄》，並轉述裴化行的介紹說：「利氏之記錄曾經金尼閣神甫譯為拉丁文……其意大利文本，自一九一一至一九一三年以來，經文讀禮（即汾屠立——引者）神甫整理，並加入不少信札註釋，欲知傳教初年之情形，此本仍不失為一種重要資源。」裴化行也提到德禮賢的新編本，「材料更為豐富，尤堪寶貴」。另外，馮承鈞譯伯希和（Pelliot）〈艾田〉一文（收入《西域南海史地考證譯叢》六編，1956年中華書局版），談到伯希和對此書的評價說：「雖然記事的原文可以校訂金尼閣的拉丁文本，不過此種記事皆在事後記錄，必須取當時的確證如信札者來檢討，方可不致於發生誤會云。」

還應該提到王昌社譯的裴化行著《利瑪竇和當代中國社會》。這部書主要即取材於這部《利瑪竇札記》，不少地方甚至直接引用利瑪竇的原話，讀者從中可以了解到札記的很大一部分內容。但是《利瑪竇和當代中國社會》畢竟是一部專著而不是札記的譯文，因此和札記本身相比較，便可以發現其間取捨和詳略各有不同，而敘述的角度和語氣更有區別。對於研究者來說，裴化行的這部著述畢竟不能取代《利瑪竇札記》的原文。札記的第一卷是對明代當時社會所作的概述，這一卷自然不見於裴化行的書。在事實敘述方面，二者也有出入。例如，據原札記所載，耶穌會的神父們初到肇慶時和知府王泮關係很好，羅明堅和麥安東聽從了他的勸告前往他的老家浙江紹興，並且王泮的老父還領洗入教；但是王泮的家人「由於害怕拜訪神父們的大批客人會帶來麻煩，就偽造一封信，叫神父們返回他們在廣州的同伴那裏去」。羅明堅回到肇慶後，王泮的態度卻大為改變，對神父們表示冷淡，甚至拒絕接見。裴化行的書沒有提到這種關係的變化，而是把神父們的返回歸因於「紹興的儒士反對他們」。可見裴化行所依據的材料，和札記不盡相同。

《利瑪竇札記》對於研究明代中西交通史、耶穌會入華傳教史，乃至研究明史，都是頗有史料價值的。它的記述的真實性在於，撰寫者本人是一個在中國生活了許多年而且熟悉中國生活的同時代的歐洲人。利瑪竇在他的札記第一卷開宗明義便說明他的敘述和其他歐洲著者對中國的敘述的不同之處是：他是以親身經歷為依據，其他人則只能依靠道聽途說的第二手材料。他說：

> 我們在中國已經生活了差不多三十年，並且遊歷過它的最重要的一些省份，而且我們和這個國家的貴族、高官以及最傑出的學者們友好交往。我們會說這個國家本土的語言，親身從事研究過他們的風俗和法律；並且最後而又最為重要的是，我們還專心

日以繼夜地攻讀過他們的文獻。這些優點當然是那些從未進入這個陌生世界的人們所缺乏的。因而這些人寫中國，並不是作為目擊者，而是只憑道聽途說並有賴於別人的可信性。

中國和歐洲在古代和中世紀很少有直接交往，所以彼此也沒有什麼直接的知識。歐洲人自古以來雖然知道東方有個絲國，但完全不清楚它究竟是個什麼樣子，更不知道它就是東方的文明古國——中國。成吉思汗西征擴大了中國和歐洲交往的道路。十三世紀以後，歐洲的傳教士和商人開始陸續到中國來，其中最著名的首推威尼斯人馬可波羅，他的《馬可波羅遊記》震動了歐洲，使歐洲人知道東方有一個強大的韃靼君王，統治着一個土地廣闊、民物繁庶的大國。繼馬可波羅之後，另一意大利傳教士鄂多立克（Odoric）也來到中國，證實了這個大國的存在。這位旅行家對中國城市的繁榮驚歎不已，並曾在威尼斯遇到過一些到過杭州的商人。

隨着明王朝的建立和中西交通的隔絕，無論是馬可波羅和鄂多立克的遊記，還是歐洲傳教士如蒙德高維諾（Montecorvino）等自中國寫往歐洲的信函，都逐漸被歐洲人遺忘；他們筆下的那個國家漸漸成為了傳奇。

資本主義生產方式的發展刺激了當時西歐一些國家極力尋求海外貿易並擴大其財源和勢力範圍。1497 年（明中葉孝宗弘治十年）達伽馬（Vasco da Gama）繞好望角東行到達印度洋，打開了從歐洲直航遠東的道路。歐洲商人，首先是葡萄牙商人，沿這條路到達印度、馬六甲，然後到達中國和日本。隨之而來的是傳教士。他們有的曾在中國東南沿海活動，寫下一些有關中國的著述，如巴洛斯（Barros）、達克路士（Gaspar da Cruz）和品脫（Pinto）等人的作品，於是歐洲人又產生了對中國的興趣。繼之出現的有艾斯加蘭蒂（Escalante）和門多薩（Mendoza）專述中國的書。但是，前一類作者僅在中國南部作過短暫的停留，又不諳中國語言，所記述的遠談不上全面和深入；後一類作者則根本沒有到過中國，他們只是轉手掇拾一些到過中國的商人的敘述，甚至於一些傳聞。因此這些撰述都不能和利瑪竇札記的第一手材料相提並論。

札記的第一卷企圖全面概述當時的中國。有關中國的名稱、土地物產、政治制度、科學技術、風俗習慣等等，在這一卷中都有具體而細緻的描寫。第二卷到第五卷記述傳教士們，主要是利瑪竇本人，在中國傳教的經歷。在這一過程中，他們不可避免地要接觸到中國社會的實際和不同的階層。他們不但在一些城市居住和生活過多年，而且旅行過許多地方。利瑪竇以他靈敏的感受和一個外國人的局外旁觀的態度，把他的見聞詳盡地記錄下來。他的這部敘述就是一部很好的明代中國遊記，它在史料上的價值和地位可以說頗類似於亞瑟·揚（Arthur Young）的《法蘭西遊記》（Travels in France）之記述法國大革命前夕法國的社會情況對於後人研究法國大革命史的史料價值和地位。

利瑪竇明確地表示，他認為被稱為絲綢之國的，正是他所到達的這個中國。馬可波羅和後來的方濟各會傳教士都曾敘及東方大國Cathay（震旦或契丹），但歐洲人始終不知道這就是中國北部的別名。直到利瑪竇到北京後，在北京的四夷館裏曾和一些穆斯林相處，從後者的口裏，他得知中國又叫做契丹，才第一次肯定了馬可波羅所說的契丹或震旦乃是中國的別名，中國就是 Cathay，或 Khitai 或 Xathai。契丹原是中國北方的少數民族、他們曾創建了強大的遼王朝，契丹名字一直被西方許多國家用來稱呼中國北部，乃至成為對整個中國的稱呼。直到今天，俄語中的中國仍然是 Китай，即 Cathay。這一重大的發現可以和亞美利哥·維斯普齊（Amerigo Vespucci，1451－1512 年）之證實哥倫布所發現的新大陸並不是印度相媲美，堪稱為近代初期西方地理學史上最有意義的兩大貢獻。但利瑪竇的論斷最初卻沒有為他在印度的教友們所贊同，因而就導致了鄂本篤走陸路的中亞之行。當鄂本篤最後到達肅州和利瑪竇派去迎接他的鍾鳴禮修士相遇時，契丹和中國的關係才終於得到了證實，而馬可波羅所描寫的中國也為人們所確認。

中國的地大物博和繁榮富庶，在《馬可波羅遊記》中已有許多描繪；但在利瑪竇筆下卻更給人以一種真實感。他寫道：「由於這個國家東西以及南北都有廣大的領域，所以可以放心地斷言：世界上沒有別的地方在單獨一個國家的範圍內可以發現有這麼多品種的動植物。」並說：「我甚至願意冒昧說，實際上凡在歐洲生長的一切都照樣可以在中國找到。否則的話，所缺的東西也有大量其他為歐洲人聞所未聞的各種各樣的產品來代替。」馬可波羅所完全沒有提到並為當時歐洲人所不知道的茶，利瑪竇作了簡要的介紹：「有一種灌木，它的葉子可以煎成中國人、日本人和他們的鄰人叫做茶的著名飲料。」「這種飲料是要品啜而不要大飲的，並且總是趁熱喝。它的味道不很好，略帶苦澀，但經常飲用卻被認為是有益健康的。」另一種使歐洲人感到新奇的東西是漆，利瑪竇說它是值得詳細記述的東西，並且描寫道：「塗上這種塗料的木頭可以有深淺不同的顏色，光澤如鏡，華采悅目，並且摸上去非常光滑。」凡此都屬於中西交通史和物質文化史上的可貴材料。

具有史料價值的記述，書中所在多有。例如書中談到明末上海的情況說，上海縣地方不大，戶四萬，人口三十萬，但其中從事紡織業者達二十萬。這個數字未必可靠——本書有些記敘是不可靠的，例如利瑪竇和徐光啟關係可謂極密切，但書中卻記載說徐光啟曾幾度去澳門；我們認為這個說法是靠不住的。——但仍可作為有關明末東南地區的社會經濟史料加以參證。這類記述由利瑪竇開其端，此後歷屆耶穌會傳教士都有有關中國情況的記載。例如在利瑪竇以後不久，安文思（Gabriel de Magalhaeus）和利類思（Louis Buglio）記述過張獻忠入蜀的一些事跡，卜彌格（Michel Boym）記載過奉南明永曆帝之命去羅馬教廷求援事，湯若望（Adam Schall von Köln）記載過順治皇帝本人的一些事跡；均多為中國史籍所不具載，因此可以彌補中文史料方面的不足。這類域外史料，過去往往為治史者所忽視，今後有待我們進一步加以挖掘和運用。

利瑪竇對中國古代文化有直接的知識，是第一個直接掌握中國語文並對中國典籍進行鑽研的西方學者。他曾把孔夫子和四書五經介紹給歐洲人。在他的札記中，他對孔子評價說：「中國哲學家中最有名的叫做孔子。這位博學的偉大人物誕生於基督紀元前五百五十一年，享年七十餘歲。他既以著作和授徒，又以自己的身教來激勵他的人民追求道德。」他認為四書五經是為着國家未來的美好和發展而集道德教誡之大成。他對中國的科學技術也表示稱讚說：「中國人不僅在道德哲學上，而且也在天文學和很多數學分支方面取得很大的進步。」「在他們中間大部分機械工藝都很發達。」他對中醫也很感興趣，說：「他們的按脈方法和我們的一樣，治病也相當成功。」

在傳教過程中，利瑪竇和他的同伴不可避免地遇到許多曲折和不順利的事；但是他在中國生活了三十多年，終於定居京城北京，進入了宮廷，博得皇帝的垂青，取得了傳教的合法地位，並且結交了許多中國知名的士大夫作朋友。作為來中國的第一個西學代表人，他不但第一次正式向中國介紹了大量的西方宗教和科學技術知識，並且也把有關中國的知識及其歷史文化第一次正式地介紹給了西方。即使在今天看來，利瑪竇仍不失為中西文化交流史上一個最重要的人物。

早在利瑪竇來到中國之前，歐洲即已模糊地知道偉大的中國民族，利瑪竇的先驅范禮安（Alexander Valignani）在一部書裏就做過介紹。利瑪竇是這樣介紹中國人的：「根據我們自己的經驗，大家知道中國人是最勤勞的人民。」又說：「中國的這類莊稼一年兩收，有時一年三收；這不僅因為土地肥沃，氣候溫和，而且在很大程度上更是由於人民勤勞的緣故。」他描寫中國人的禮貌說：「中國這個古老的帝國以普遍講究溫文有禮而知名於世，這是他們最為重視的五大美德（按指仁義禮智信——引者）之一。」「對於他們來說，辦事要體諒，尊重和恭敬別人，這構成溫文有禮的基礎。」中國人的孝敬長輩和尊敬師友，利瑪竇在介紹時，認為這些優點超過了歐洲人及其他民族：「如果要看一看孝道的表現，那麼下述的情況一定可以見證世界上沒有別的民族可以和中國人相比：孩子們在長輩面前必須側坐，椅子要靠後；學生在老師面前也是如此。孩子們總是被教導說話要恭敬。即使非常窮的人也要努力工作來供養父母直到送終。」「中國人比我們更尊敬老師，一個人受教哪怕只有一天，他也會終生都稱老師的。」尊師敬老是中世紀中國民族風尚給予西方人最突出的印象之一。

利瑪竇根據他和中國人的接觸以及他在中國多年的體驗，駁斥了有些作者認為中國會侵略別國的說法。他提到：「首先，如果我們停下來想一想，就會覺得非常值得注意的是，在這樣一個幾乎具有無數人口和無限幅員的國家，而各種物產又極為豐富，雖然他們有裝備精良的陸軍和海軍，很容易征服鄰近的國家，他們的皇上和人民卻從未想過要發動侵略戰爭。他們很滿足於自己有的東西，沒有征服的野心。在這方面，他們和歐洲人很不相同，歐洲人常常不滿足自己的政府，並貪求別人所有的東西。」為進一步證實這一點，利瑪竇還根據中國的歷史論證說：「我仔細研究了中國人長達四千多年的歷史，我不得不承認我從未見到有這類征服的記載，也沒有聽說過他們擴張國界。」這個結論出自當時一個來自西方國度的人士之口，一定程度上也反映了歷史上中西雙方民族性格和精神面貌的不同。

同時，利瑪竇對他當時所接觸到的中國社會的弊端，也用一定的篇幅加以揭露和指責，並且提出了他自己的看法。中國自古以來就是一個君主專制的封建國家，皇帝和朝廷之統治人民具有着絕對的神聖性。這些封建帝王因為擁有絕對權威而妄自尊大，以一種愚昧的優越感把自己視為是天朝上邦，把其他的國家和民族一概貶為蠻夷。中國人民在思想上長期受到這種狂妄和愚昧的毒害，也把自己的國家看成是世界上唯一的中心和重心，從而抹殺別的國家同等存在的尊嚴和權利。利瑪竇在繪製世界地圖時已經擔心，如果中國不是作為中心而出現在地圖上，並僅僅佔有一塊不算大的地方，那麼他會遭到中國人的反對，甚至於攻擊。他評論這一點說：「因為不知道地球的大小而又夜郎自大，所以中國人認為所有各國中只有中國值得稱羨。就國家的偉大、政治制度和學術的名氣而論，他們不僅把別的民族都看成是野蠻人，而且看成是沒有理性的動物。在他們看來，世界上沒有其他地方的國王、朝代或者文明是值得誇耀的；這種無知使他們越驕傲，一旦真相大白，他們就越自卑。」這一評論對於中國式的封建思想意識，可謂來得相當深刻。然而歷史的悲劇卻在於，當世界歷史已經步入近代階段之後，中國這種封建性的思想意識仍然頑固地延續了幾個世紀之久。即以上述中國在世界上的位置來說，直到清末，在頑固派的頭腦裏，中國還是必須佔據着地球的中心，以致戊戌變法維新時期的開明人士還不得不煞費苦心地進行這樣的啟蒙工作：「若把地球詳來參，中國並不在中央。」

自大禁不住一點挫傷，馬上就轉化為自卑；這是由長期封建制的思想奴役所造成的必然結果。正是在這種思想背景之下，利瑪竇所攜來的小小的三棱鏡、時鐘和地圖竟成為藉以敲破中國森嚴的思想堡壘的法寶。利瑪竇這樣寫道：「我認為中國人有一種天真的脾氣，一旦發現外國貨質量更好，就喜歡外來的東西有甚於自己的東西。看來好像他們的驕傲是出於他們不知道有更好的東西以及他們發現自己優勝於他們四周的野蠻國家這一事實。」利瑪竇就是從這個弱點下手打開了中國對外緊緊關閉着的大門的。

在整個札記裏，利瑪竇屢次描寫了當時中國對外那種愚昧可笑的猜疑和隔閡的心理狀態。他寫道：「人們簡直難以置信，他們對於派來向皇上致敬或納貢或辦理別項事務的鄰國使節或使臣懷着多麼大的疑懼了。雖然中國可能和派遣使節的鄰國自古以來就友好相處，但這並不能使來訪的貴臣免於在他們全部在國內的行程中被當成俘虜或囚犯一樣來對待，並不得在旅途中看任何東西。在他們的全部逗留期間，他們被安頓在宮城範圍裏蓋得像牛棚一樣的房子裏，而且是被鎖在裏邊。他們從來不准見到皇上，他們的外交或其他事務都是與欽差大臣辦理的。全國上下都不得與外國人打交道，除了在特定的時間、特定的地點。」這種情況因為倭寇的騷擾和葡萄牙商人在東南沿海的活動而變得更加嚴重。利瑪竇的先驅沙勿略（Francis Xavier）企圖進入中國傳教，但被拒之於國門外，死在上川島。利瑪竇和他的夥伴在中國傳教的過程中也曾備受敵視，並多次受到暴力的攻擊；這在本書中都有詳盡的記述。

利瑪竇對明末官僚體制的臃腫無能和吏治敗壞，也有詳細的描寫。他說：「大臣們作威作福到這種地步，以致簡直沒有一個人可以說自己的財產是安全的，人人都整天提心吊膽，唯恐受到誣告而被剝奪自己所有的一切。」「有時候，被告送給大臣一筆巨款，就可以違反法律和正義而得活命。」這幾句話幾乎是在用素描的手法勾畫出了明末腐朽的封建政權在權和利的爭奪上，其本性是怎樣的貪婪、兇殘而又無恥。而利瑪竇和其他傳教士正是通過向皇帝、宦官和大吏們贈送禮品才逐漸取得立足之地的。利瑪竇對明末中國封建官吏的描述，是頗有其客觀性的一面的。

上面已經介紹了利瑪竇和他的札記，下面我們將試圖對他的生平活動簡略地做一個歷史的評價。進行這一評價應該同時就兩方面着眼，一方面是利瑪竇等人所藉以進行活動的物質條件和社會背景，另一方面是它們所反映於意識形態領域上的中西思想文化的交流和交鋒。

支持歐洲海外傳教活動的物質動力乃是地理大發現以後西歐殖民

國家所進行的海外擴張，而基於這個勢力之上的一切上層建築活動，歸根到底都是不可能違背這一物質勢力的利益或者是超出它所能許可的範圍之外的。這一點在利瑪竇札記中也曲折地有所涉及。如他提到來華耶穌會傳教士的活動經費是要靠澳門葡萄牙商人的接濟和資助的；又如他曾提到公海上海盜出沒無常的情況（本書第五卷，第八章第一段），實際上也是反映了當時西歐海外殖民者的海盜掠奪本質。這一基本事實雖則只是屬於常識的範疇，卻往往為歷來的教會史家們視而不見或者是絕口不提。

我們目前只就以下兩點評論一下利瑪竇生平活動的成就及其歷史意義：（一）他在多大程度上促進了中西文化的交流，而尤其是他在多大程度上——像是為某些研究者所艷稱的那樣——引進了西方的近代科學；（二）他的傳教事業（這是他的主要目的）在多大程度上——像是某些教會史家所讚美的那樣——獲得了成功。

對這兩個問題的回答都是簡單的：（一）作為中西思想文化方面接觸的第一個媒介者，他在多方面奠立了並促進了中西文化的交流，他的歷史影響也是深遠的，可以說一直影響及於近代。例如，歐氏《幾何原本》於十九世紀六十年代由李善蘭補譯完成，就可以說是直接上承徐光啟、利瑪竇的未竟事業的；而在利瑪竇當時，葉向高就已有僅譯歐氏《幾何原本》一書即宜賜予葬地的說法，可見人們對此書的重視。有清一代的學者大師如梅文鼎、王錫闡以至戴震、江永、焦循、阮元，幾乎沒有一個不是深受西法天算的影響的。有關清代學者的自然知識和他們的思想之間的內在聯繫，過去研究得是很不夠的，今後尚有待於深入展開。但無論如何，利瑪竇作為介紹西法的創始人是功不可沒的。但是，他的功績僅此而已。至於當時在西方已經大踏步登上歷史舞台並且歷史地注定了蔚為主流的近代科學與近代思想，則利瑪竇及其所代表的思潮卻是與之背道而馳的。（二）他的傳教活動，最後可以說是一場失敗，他不但沒有能用另一種（中世紀天主教神學的）思想體系來改變或者取代中國傳統的思想體系（有如史不絕書的中世紀西方的基督教聖者那樣皈化了許多異教民族），亦即他所謂的「合儒」「補儒」，以至於「超儒」的工作；而且就其對中國思想的激蕩與影響的規模和持久而言，也遠不能望魏晉以來的佛教思想影響的項背。明末清初的天主教思想隨後衰落到幾乎是光沉響絕的地步，直到十九世紀的中葉基督教傳教士才重新拾起三百年前耶穌會傳教士的餘緒，而又重新開始。從根本上説，其緣故很大程度上在於佛教和天主教二者所傳來的時代不同；十七世紀不僅西方的科學和思想已正式步入了近代，中國歷史的主要課題也同樣在於完成這一由中世紀向着近代的轉化，而耶穌會傳教士的立場、觀點和方法卻從根本上不可能有助於這一歷史使命的完成。耶穌會士在歷史上確實以博學著稱，然而他們的學識是為宗教反改革（counter-reformation）而服務的，是為反對近代思想與近代科學而服務的；他們雖也以邏輯思維著稱，但他們的邏輯卻是為中世紀神學服務的《名理探》，乃至耶穌會的決疑論（Casuisty），是與近代培根、笛卡兒的方法論乃至王港（Port Royal）的近代邏輯學唱反調的。他們是宗教反改革的先鋒，他們的作用既表現在學術方面，又表現在實際活動方面，他們的足跡既深入歐洲各國的宮廷，又遠及海外的拉丁美洲和遠東。他們那種活動本領的過人之處固然是無容置疑的，但他們那種違反時代潮流的頑固性，也是同樣無容置疑的。

就第一點而論，無論如何，耶穌會士所傳來的西方科技確實是大大豐富了當時中國學者的知識，開啟了他們的眼界；特別是天文曆算、輿地、水利和火器等幾個重要方面湧現出一批專門著作，都是具有劃時代的意義的。明人為學素以空疏著稱，但到了明末清初中國的思想與學風卻經歷了一場大轉變，由明心見性的空談一變而成為講求經世致用的實學，下開有清一代的朴學，形成了對明學的一種反動；其間西方科技的知識不可謂不是重要契機之一。我們上面已經提到所謂清代的漢學家的一些代表人物，對西法天算大都有深邃的研究；這一影響可說是至深且巨的。為了博得中國士大夫的好感，利瑪竇自己儒冠儒服，儘量使自己中國化；但這還不夠，更重要的是還需要用知識和文化去打動他們、去爭取他們。雖則利瑪竇的主觀意圖在傳播宗教，但客觀上所起的中外文化交流的作用和輸入西方知識的貢獻，則是不可抹殺的事實。歐氏幾何及其演繹推論的思維方式，在中國思想史上開闢了一種嶄新的方法和境界，格里高里曆法的傳入，即所謂西法新曆或崇禎曆法，是從清初一直使用到近代的，天算知識是當時傳入中國最重要的貢獻；此外，他的世界地圖（1600 年《山海輿地全圖》，1602 年《坤輿萬國全圖》）第一次使中國方面開闢了視野，獲得了世界眼光，看到了整個地球。水利方面，著名的《泰西水法》雖成於熊三拔（Sabbatinus de Ursis）和徐光啟之手，但鄭以偉的序中也說明：「此泰西水法，熊（三拔）成利（瑪竇）先生之志而傳之者也。」火炮的使用則不僅當時有專書介紹，而且還在明末的戰爭實踐中發揮了巨大的作用。另外，在傳來的所謂遠西奇器之中，望遠鏡之使用於天文觀測，在中國科學認識史上也是值得大書特書的事。利瑪竇同時又是開始正面地把中國歷史文化介紹給西方的第一個人；自他以後，不少的傳教士如曾德昭（Alvarusde Semedo）、衛匡國（Martin Martini）等人介紹中國歷史文化的書籍逐漸在歐洲流傳，從而引起一場中學西漸的熱潮，也開闢了西方學者的眼界。著名的萊布尼茲、烏爾夫和伏爾泰等人所受中國的影響和他們有關中國的著作是舉世周知的。啟蒙運動那種崇理性於上位的思想，某些研究者認為至少是部分地來源於中國。在大約兩三個世紀的歷史時期中，傳教士成了中西文化交流的獨家媒介；在這方面，利瑪竇的篳路藍縷之功是不可沒的。

然而又正是由於其主觀意圖在於傳播宗教，所以他和他們世界觀的落後性就顯得驚人地突出。從他的（和他們的）世界圖像直到他的（和他們的）思想方法論，仍然緊緊局促在中世紀傳統的神學框架之內。他的一系列有關科學的著作還在宣揚九重天或十重天的（即詩人但丁在《神曲》中所描敘的那 9 種）地球中心的世界圖像，還在宣揚中世紀繼承於古希臘的四元素說，特別是在思想上還在教導着神學目的論的思維方式。這簡直是犯了時代的乖舛，成為一般和近代的思潮——具體地說，即自培根和笛卡兒所開創的近代思想和自哥白尼和伽利略所開始的近代科學（這些人都和利瑪竇同時，只有哥白尼稍早）——相對抗的逆流；更不用說他那連篇累牘的中世紀天主教官方正統的神學說教作品了。通常人們都認為「十七及十八世紀，耶穌會士是溝通歐洲和遠東文化的橋樑」（A. Reichwein《十八世紀中國與歐洲的文化接觸》，1962 年中譯本，頁 129）；這一論斷固然是歷史的常識，但問題在於以利瑪竇為首的耶穌會士所溝通的是什麼文化？自從文藝復興以來，西方可以說就呈現兩種文化的對抗和鬥爭：一方面是科學與民主的近代文化，一方面則是經院神學的中世紀文化。利瑪竇等人雖然也帶來一些近代的新器物，例如上面所提到的望遠鏡以及世界地圖，但其整個的思想理論體系卻是陳腐不堪的經院神學，是和近代科學和近代思想格格不入的東西；而近代文化的奠基者，培根、笛卡兒、哥白尼、伽利略等人的著作，其鋒芒正是針對着中世紀的經院神學而發的。利瑪竇本人世界觀的落後，就在本書中也隨處可見，例如他曾屢次宣揚迷信和奇跡，比起同時代的中西哲人，如笛卡兒之強調上帝也要服從自然的鐵的規律，或徐光啟之力圖追求自然哲學中的數學原理來，其間的距離簡直是不可以道里計。利瑪竇等人的世界觀不但遠遠落後於（並且反對着）同時代的西方學者，也遠遠落後於（而且反對着）同時代的中國學者，因為中國的思想和文化當時畢竟也正面臨着一個如何由中世紀進入近代之門的歷史性課題。當時傳教士的著作，僅就《四庫全書》所收錄的而言，數量也是相當可觀的，不能不說是思想史或文化史上的一件大事。書雖然不少，但可惜的是那種落後的思想理論體系。例如在他的《天主實義》《辨學遺牘》和

《畸人十篇》等中，談不上任何真正具有科學或思想價值的成分，或真正具有近代意義的東西，因而在思想理論上可以說是沒有什麼積極的意義可言。

這裏只要提兩件事就夠了。其一是：近代科學在這一歷史時期內的中心任務，乃是在於古典體系（牛頓體系）的建立。而正是由於耶穌會傳教士的阻撓，直到十九世紀初中國學者（阮元）還在托勒密體系與哥白尼體系之間徘徊，被弄得莫名其妙，不知所從；要直到十九世紀的六十年代，中國學者（李善蘭）才正式地把真正意義上的近代科學（歷史地，即牛頓體系）介紹過來。這一歷史事實又一次在中國歷史舞台上說明了近代科學的革命性以及中世紀神學的反動性，因為近代科學從它一登場就直接威脅着神權統治的理論基礎。另一件是：在這一歷史時期內，近代思想的中心任務就在於要求從中世紀的經院哲學的束縛之下解放出來，從神本主義走向人本主義；然而可惜的是這些傳教士卻在中國中世紀的經院哲學之外又輸入了一套西方正統的經院哲學，即亞里士多德—托瑪斯的神學理論體系。從利瑪竇的《天主實義》到利類思的《超性學（即形而上學——引者）要》到傅泛際（Furtado）的《名理探》和《寰有銓》，都屬於這個中世紀經院哲學的體系，亦即利類思在1654年序《超性學要》所說的「其間傑出一大聖多瑪斯（按即托瑪斯・阿奎那斯 St. Thomas Aquinas，1225－1274年——引者），後天主降生一千二百餘年，產意大利亞國，乃更詳考聖經偕古聖注撰，會其要領，參以獨見，立為言論，若一學海然，書成命曰徒祿日亞（按即 Theologia 譯音，即《神學大全》一書——引者），義據宏深，旨歸精確。」但是，要完成擺脱中國中世紀的經院哲學的束縛的任務，卻是不可能藉助於另一種西方中世紀的經院哲學的。

假設當時中西文化的媒介者不是這批耶穌會傳教士，而是另一批具有近代頭腦的人；假如當時所傳入中國的不是中世紀的神學教條而是近代的世界觀和方法論，不是西方中世紀傳統的神本主義而是文藝復興以來已成為西方思潮主流的人本主義，不是托勒密的神學體系而是哥白尼、伽利略所奠立的近代科學體系，那麼中國思想文化的發展又將會是一個什麼樣的面貌呢？這樣的假設應該是可以容許的，因為這在歷史上並非是什麼不可能的事。問題不在於個別近代的名詞術語是否曾被當時的傳教士提到過，而在於其思想理論的精神實質和面貌究竟是否是近代的，或者是否有助於促進中國思想文化的近代化。例如，哥白尼的名字在中國方面是明末即已知道了的，但真正古典體系的介紹引進卻是清末的事。美國研究科學史的席文（Sivin）教授不久前在一次私人談話中，談到近代科學在中國的傳播一事；他也以為中國當時所以沒有能出現近代科學，其原因不在於中國本身方面，而在於耶穌會士傳播者的身上。英國李約瑟博士在他的《中國科學技術史》一書中，也論證過利瑪竇的世界觀要遠遜於當時中國學者的水平。如果連外國資產階級學者都承認的歷史事實，我們本國的學者卻要為耶穌會傳教士扶輪，認為他們傳來了近代科學，那倒是令人感到難以理解的了。這個問題過去雖然被提出來過，但迄今似乎在我國史學界還沒有一致的定論。

在利瑪竇和其他傳教士那裏，科學是手段，傳教是目的。至於他們的科學之違反當時先進科學思潮之主流，這一點卻要更多歸咎於他們所代表的社會勢力，它是不以利瑪竇個人的才能和意志為轉移的。之所以要採用科學為手段，是因為「傳道必先獲華人之尊敬，以為最善之法莫若漸以學術收攬人心」（費賴之《入華耶穌會士列傳》中譯本第一冊，頁 42），即以學術為宗教神權服務，以期達到「所種植之葡萄將來必定豐收」（同上，頁 44）的目的。耶穌會所慣用的方法，一貫是通過這類手段首先博取上層階級的青睞。自利瑪竇以降，明清之際的耶穌會傳教士前後來中國的，可考者約近五百人，他們的著述可考者有好幾百種（據說，金尼閣就曾攜帶過七千卷圖書來華）。他們傳來了一些「有用之學」（徐光啟語），也確實博得了當時中國的一些優秀科學家如徐光啟、李之藻等人的好感；亦即《明史》所說的「其國人東來者，大多聰明特達之士，專意行教，不求利祿。其所著書，多華人所未道，故一時好異者咸尚之。而士大夫如徐光啟輩首好其說，且為潤色其文辭，故其教驟興」（卷 326，意大里亞傳）。正是得力於這批士大夫的幫助，耶穌會傳教士才能夠在中國立足。教會史家賴德烈（Latourette）說：「這一爭取統治階級的友誼的努力，是符合耶穌會的創立人（按即依納爵，Ignatius Logola，1491－1556 年，——引者）所制定的政策的，」「他相信耶穌會接近上層階級，就可以最好地促進『上帝更大的光榮』。在中國，這項政策無疑是明智的。」（《基督教在華傳教史》，紐約，1932 年版，頁 92-93）。特別應該指出的是，利瑪竇一到中國，就把進入北京朝廷作為自己最大的努力目標。這一努力在一定程度上可以說取得了成功。利瑪竇終於成功地進入了北京宮廷，並且一些傳教士得到朝廷的重用，如利瑪竇之入宮修理鐘錶機械，湯若望、南懷仁等人之參與曆局修訂曆法；張誠（Gerbillon）、徐日升（Th. Pereiere）之參與中俄外交談判，郎世寧（Castiglioni）之繪畫等等。然而中國朝廷卻始終把他們作為客卿來看待，嚴格限於只使用他們的技術；正有如中國開明士大夫所真正感興趣的，主要地也僅限於向他們學習科學知識。因而傳教事業始終發展不大，最後幾近於全盤失敗；他們在歸化中國人的精神方面並沒有獲得多少成就。這一點從費賴之為耶穌會立傳的 467 人之中，華人僅佔 70 人這一事實就可以看出來。何以魏晉以來的佛教在中國歷史上起了那麼大的影響，而明清之際的天主教卻不逮佛教遠甚，始終只是浮光掠影而不能深入到中國社會文化的裏面去？上面我們已試圖就不同的時代背景給出一個答案，也許這個問題還涉及不同的文化背景。

耶穌會傳教士一到印度就穿上婆羅門服，即當地最有影響的階級的服裝。利瑪竇到中國不久，就採用儒冠儒服，一面介紹西學，一面就學習中國語文，鑽研中國典籍，研究中國的宗教和習俗，極力揉合(或者說附會）中國的儒家學說，進行他的「合儒」「補儒」，最後是「超儒」的工作。這就是他獲得的成功的祕訣所在。他儘量利用（或者說附會）中國傳統的文化：上帝的名稱，他煞費苦心地選用了中國古代的「天」的概念，使「事天」「奉天」的「天學」看來好像並不是一種外國人所強加之於中國的外來宗教，而是某種中國原來就有的東西。在中國傳統思想裏是沒有像西方神學那種創造和被創造的邏輯的；但利瑪竇卻以移花接木的辦法，利用中國的敬天觀念，把天的主宰說成就是「天主」，自稱是在宣揚「天教」或「天學」；這一論證手法可謂相當巧妙。他又把儒家區別為先儒和後儒，標榜要把人們從誤入歧途的後儒引回到正確的先儒那裏去，即所謂：「引吾六經之語以證其實，而深詆談空之誤。」(馮應京《天主實義序》）這樣，一種與中國傳統迴不相侔的創造與被創造的觀念，就被移植到中國思想的土壤上來。利瑪竇遵守天主教的傳統，極力反對偶像和偶像崇拜，因而極力反對佛，道，但對孔聖人的崇拜和祖先的崇拜卻並不視為偶像崇拜。在思想理論的論戰上，他的策略是聯合儒家反對佛道，又援引先儒反對後儒；這種與中國傳統實行妥協和利用的策略（賴德烈稱之為「和解的政策而非對抗的政策」，見前引書，頁 98），甚至使得像鄒元標那樣的東林黨人也說他：「欲以天主學行中國，此其意良厚；僕學規其奧，與吾國聖人語不異。」(《願學集 · 答西國利瑪竇》)

基督教傳入中國，在歷史上可以說有四次。第一次是唐代基督教聶思脫里派的傳入，被稱為景教。著名的西安出土的《大秦景教流行中國碑》就曾經經過明清之際這批耶穌會傳教士的考訂。元王朝的政權混一歐亞，基督教也因之再度傳來，馬可波羅在他的遊記中就提到過中國有基督教教堂。利瑪竇也記載說中國在五百年之間一直有基督教的信徒（汾屠立《利瑪竇歷史著作集》卷一，頁 344，352，469）。明清之際的耶穌會士是第三度傳來基督教。但這一次的交往，由於教廷官方後來終於否定了利瑪竇的政策（認為它是喪失原則立場的投降政策），而導致中國朝廷和羅馬教廷之間關係的決裂，因而也就導致第三次基督教傳入的結束。這一幕爭論已是大家所熟知的故事，無待贅述。掩蓋在一切神學爭論的背後的，都是世俗的物質利益的衝突。如果是從更深的歷史現實而不是從表面的觀念不同，去分析各種思想和理論的消長、變化和鬥爭，那麼我們就會看到在這場著名的歷史爭論的背後，不僅首先有其深厚的時代的和文化的因素，而且其次也還有雙方的統治權之爭以及天主教內部各派系之間的鬥爭在起作用。

利瑪竇的傳教政策涉及到文化史上一個帶根本性的問題，即如何調和兩種不同背景的歷史文化的問題，一種歷史文化應該怎樣才能夠移植到另一種上面來的問題，兩種不同的歷史文化怎樣才能不僅是接觸而且是融會貫通，合為一體的問題。這個問題在本書的新法譯本《序言》中有很詳盡的闡述，有興趣的讀者可以參閱。利瑪竇開闢的傳教事業後來雖然基本上中斷了，但到了十九世紀中葉它彷彿又在新的歷史階段上開始重演——只是這一次登場的主角已經包括了基督教的傳教士而不只是天主教的傳教士。然而一些近代傳教士的代表人物，例如有名的李提摩太（Timothy Richard），其政策的精神和形式仍然是在師利瑪竇的故智、循利瑪竇的故轍，即主要是通過學術手段來拉攏上層知識分子入手。儘管到了近代，歷史的許多特點已與明清之際不同，但第四期的基督教傳教士和前一度的耶穌會傳教士，在一些基本路線上卻顯然是一脈相承的。僅從這一方面來說，利瑪竇的影響也不能不說是深遠的。

1982 年是利瑪竇來華四百周年（1582－1982），意大利舉行學術會議紀念這位歷史上的名人。由於《利瑪竇中國札記》是記述利瑪竇在中國活動的主要著作，也是研究明末中外關係史的重要參考資料，所以我們決定將此書翻譯出來。下面就譯文中的一些技術問題略加以說明。

本書譯文所採用的譯名原則上以現代通用的譯名為准。有些地方雖然也間採舊譯，特別是人名，但這主要是出於約定俗成的考慮，如書主 Matteo（英文 Mathew）Ricci 之作「利瑪竇」。出於同樣的考慮，凡是今天有流行的譯名的，我們就不採用舊譯名了；例如教皇一詞，在天主教方面往往譯作教宗或宗座，我們則按通行辦法譯作教皇；又如果阿一詞，明史和教會文獻中舊譯均作「卧亞」，我們則按現代通行譯名譯作果阿。這樣做的目的是想為讀者提供一份現代中文語彙的譯本。因此除原文中原來是採用舊名原名的地方如「兵備道」「布政司」之類而外，譯文則基本採用現代名詞；同時並就我們所知道的中文原名或舊譯酌加註釋。英譯本的註釋很少，我們均予譯出。此外，我們還就自己所知，增補了較多的註釋，均標明「譯注」字樣，以與英譯本註釋相區別。在西歐歷史上，宗教改革以後分裂了的基督教，通常分別被稱為舊教（Catholics）和新教（Protestants）；在我國習慣上舊教又稱天主教（他們又自稱公教），新教又稱基督教或耶穌教。本書所稱的基督教是指舊教的天主教，利瑪竇所屬的耶穌會是天主教內的一個主要保守集團。但考慮到基督教這個名稱原應包括新教、舊教（乃至東正教以及一切奉耶穌為基督的人）都在內，所以譯文仍按原文譯作基督教，而不採用某些譯法作天主教。由於我們的水平所限，譯文中的許多譯名不一定正確，也不一定妥當，我們希望得到專家和讀者們的教正。

利瑪竇札記是寫給歐洲人讀的，因此利瑪竇儘量採用歐洲所能理解的詞彙來敘述。為保持對原文的忠實，我們儘可能按原文進行翻譯，而不使用舊的名稱和術語。其實，札記第一卷已為這種對照作了解釋。舉一兩個例子就可以說明這一點。明代的科舉制度以四書五經取士。利瑪竇把孔子視為中國的哲學家，而四書五經則被視為中國的哲學，特別視為倫理學的著作。因此他把讀四書五經的儒生和士子看作是哲學家，由此進身的官吏也是哲學家。在翻譯時我們直接按原文譯為哲學家，而不作儒士、文人等等。考取的秀才、舉人、進士，利瑪竇分別使用了歐洲的名稱：學士、碩士和博士，這在札記的第一卷中已有説明；所以在後面幾卷內，我們仍按原文譯作學士、碩士、博士，而不譯作秀才、舉人、進士。有關職官名稱的譯法也一樣。利瑪竇往往把地方的主管官稱作長官或市長，中譯文也按原文一般不作知府、知州、知縣等；雖然原文在這方面有時出現一些混亂，乃至錯誤。

目前的這個中文譯本是根據Louis Joseph Gallagher譯自拉丁文本的英譯本（1953年，紐約，Random House版），由中國社會科學院歷史研究所何高濟、北京第二外國語學院王遵仲和中國社會科學院世界史研究所李申共同譯出；附錄法譯本序言由歷史研究所耿升自法文本譯出。註釋由何兆武、何高濟作出。全部譯文由歷史研究所何兆武校閱。全書翻譯工作自始至終得到中華書局謝方的大力支持和幫助。在翻譯過程中遇到疑難之處，曾經參考過德禮賢和汾屠立所編的兩種《利瑪竇全集》的原文（這兩個集子都包括有《利瑪竇札記》的全部原文在內），並參考過貝西爾的法文譯本以及前人和今人的一些研究成果。英譯文在譯名方面的錯誤或不足之處，凡我們所能發現的，都一一據德禮賢註釋的《利瑪竇全集》予以改正或補充。還應提到的是；福州大學歷史系林金水最近撰有長篇論文《利瑪竇與中國》，對利瑪竇的生平活動與成就多有考訂；復旦大學歷史系王慶余對書中有關科技史的譯名，提供了不少寶貴意見，本書譯文均曾予以參考，謹在此向他們表示謝意。

何兆武、何高濟

1982年3月24日

英譯者序言

利瑪竇神父的日記，是他死後從他的遺稿裏發現的；原稿用意大利文寫成，很可能無意於付梓。利瑪竇死於 1610 年。1614 年，金尼閣神父把他日記的手稿從澳門攜歸羅馬，譯為拉丁文，於 1615 年刊佈，並附有一篇關於利瑪竇之死和葬禮的敘述。金尼閣所提供的利瑪竇日記，是有關中國教團從 1565 年耶穌會最初入居澳門起，到利瑪竇死時為止的敘述。

本書的書名，我們用「札記」而不用「日記」，因為除日記外，金尼閣還引用了利瑪竇的其他材料，諸如《教會每年信札》（Annual Mission Letters）、利瑪竇致其他教士的書稿，還有金尼閣所說的利瑪竇因謙遜而省略的個人敘述。

1615 年金尼閣書的出版轟動了歐洲。它重新打開了通往中國的門戶；三個世紀以前，這扇門首先由馬可波羅打開，後來多疑的公眾又在他的後面把門關上了，他們把他神話般的記述大部看成是一位想入非非的旅行家騙人的故事。繼第一個本子之後，1616、1617、1623 和 1648 年又出版了四種拉丁文本。它有三種法文本，刊行於 1616、1617、1618 年；德文本，1617 年；西班牙文本，1621 年；意大利文本，1621 年；有一個英文摘譯本，收入 1625 年出版的《普察斯朝聖者叢書》（Purchas His Pilgrims）[1] 中，就我們所能肯定的而言，金尼閣

1 普察斯（1575？—1626）是繼哈克魯特（Hakluyt）之後〈遊記叢書〉的編者。——中譯者注。

的書在本譯本之前尚無完整的英譯本。

值利瑪竇逝世三百周年之際，汾屠立（Tacchi Venturi）神父刊佈了意大利原文日記，題名為《利瑪竇的歷史著作》。1942 年，德禮賢（Pasquale D'Elia）神父的巨著《利瑪竇全集》(Fonti Ricciane）第一卷出版，第二卷於 1949 年刊行。這部大著的第三卷，是為第一、二卷所做的三百七十二頁的索引。這部利瑪竇已刊和未刊著作的不尋常的刊行，是一項宏偉的研究成果，它必將成為漢學家史料的真正寶庫。校訂和評注、詳盡的腳注、豐富的索引以及原文和詳細註釋中對應的漢字轉寫，使得利瑪竇的著述再沒有留下什麼未經考證或解釋的東西了。

汾屠立神父在他為利瑪竇日記刊本寫的序言裏，說出版他的書，目的在於尊敬一位意大利的優秀兒子，使他的名字不致在歷史上湮沒無聞。德禮賢神父評注《基督教遠征中國史》一書時提醒我們說，利瑪竇日記作為一部書出現於世，似乎以金尼閣為其首倡者。從金尼閣在第一卷頭一短章內的措辭來判斷，讀者可能輕易斷定金尼閣是這第一卷的作者；其實，除了金尼閣在這裏插入他把日記從意大利文譯為拉丁文的原因外，第一卷就是利瑪竇原來日記的一部分。金尼閣在他的書一開始便告訴讀者說，他不能稱為這部書的著者，他說這部書整個都是屬於利瑪竇的。

德海涅神父（Abbe' Christian Dehaines）在他為金尼閣寫的傳記中說，他寫書的原因是要確切地把他這位杜埃（Douai）的同鄉評價為學者、史學家和傳教士，也評價為比利時傑出的兒子。

確實，倘若有任何號召要使利瑪竇和金尼閣這些光輝的名字不致從歷史上消失，或者恢復對他們公正的評價，那麼我們深信，「基督教遠征中國」的領導者和歷史學家都會期望跟那些參與了有關他們共同事業的偉大工作的先驅勞動者們，一道分享他們聲望的榮譽的。

為向原著者利瑪竇，這位和范禮安（Alexander Valignano）神父一起創建了中國教團和推動它發展的首要人物，表示應有的敬意，並同樣為向第一個把中國人是誰以及他們怎樣生活揭示於歐洲的博學的歷史學家金尼閣表示敬意，我們決定把我們的金尼閣著作譯本題名為：《十六世紀的中國：利瑪竇札記，1583—1610年》。因此，我們的目的就在於為金尼閣1615年的利瑪竇撰述的拉丁文本提供一個英譯本。

我們敢說，自從三個世紀以前金尼閣的書首次問世以來，沒有任何國家的哪一個漢學家不曾提到過利瑪竇，中國的史學家也無不引用金尼閣的書，它打開了中國與歐洲關係的新紀元，留給了我們一份世界上最偉大的傳教文獻，假如它不是唯一最偉大的話。我們出版這部書的興趣還在於填補長期以來英文著作方面耶穌會關係史上的空白，並為英語讀者提供耶穌會史的一個篇章，而從前他們卻只有通過引文和摘錄才能接觸到它。

除了對漢學家和中國史的研究者而外，金尼閣的書比較不大為人所知，然而它對歐洲的文學和科學、哲學和宗教等生活方面的影響，可能超過任何其他十七世紀的歷史著述。它把孔夫子介紹給歐洲，把哥白尼[1]和歐幾里得介紹給中國。它開啟一個新世界，顯示了一個新的民族，而且把一個有問題的成員介紹到國際家庭裏來，而在相識了三百年之後，它仍然存在着問題。這部著作總的主題是十六世紀耶穌會士對中國的發現。

我們現在的本子可以輕易地補充一卷比日記本身還要多的註釋，但這項工作已經由德禮賢神父在《利瑪竇全集》中徹底完成了。正如金尼閣所說，日記的第一卷自身就是給下文作出一部註釋，這樣它便足以滿足日記現在出版時的需要。

也許日記內最有意義的歷史項目是它揭示了契丹就是中國的另一

1　這是不正確的，利瑪竇沒有把哥白尼介紹給中國。——中譯者注。

個名字，而不是歐洲自馬可波羅的時代以來所認為的另一個國家。這個發現是耶穌會世俗兄弟鄂本篤（Bento Goës）從印度的阿格拉越過興都庫什山到了中國邊境那次著名長途陸路旅行的結果。它在日記第五卷內述及。在哈克魯特學會（Hakluyt Society）於 1866 年刊行的《中國及通往中國的道路》（Cathay and the Way Thither）第二卷內摘引金尼閣的書時，玉爾（Henry Yule）說：「對於這樣有意義，這樣重要的旅行，它卻是一個貧乏的記錄。據說鄂本篤的日記曾保存有詳細的記載，假若它保留下來，那麼今天它可能仍是歐洲語言中敘述他旅經諸地的最珍貴的地理文獻。」鄂本篤的日記怎樣毀於撒拉遜人，在利瑪竇談鄂氏探險的故事裏是説到了的。鄂氏的壯舉又和基督教入華有密切的關係，因為在利瑪竇從東方海路進入中國二十年後，它打開了從西方陸路進入這個神祕國家的門戶。

利瑪竇進入中國的目的是要爭取這個民族，首先是贏得有文化的即受過教育的階層的好感和支持，他打算通過教授歐洲已知的科學來做到這一點。他在羅馬神學院（Roman College）曾受教於丁先生（Christopher Clavius），算得上是當時最有學問的科學家和數學家之一。

在苦學中國語文之後，一旦受到實際上統治中國的上層哲人階層的接待時，利瑪竇就採用了僧服即中國僧人的服裝，他的家就成為文武官員的聚會處，這些官員後來在歐洲被稱為曼達林（mandarin）。對於實現他的目標，這是理想的環境，因為所有的文武官吏都是依法從知識階層即受過教育的階層中挑選出來的。他穿了六年僧袍，然後才換上哲學家的衣袍[1]，哲學家是中國最高的知識階層。

中國的聖哲們可以説是自動地與世界其他地方隔絕，自滿於只有他們自己才掌握了所有哲學和科學的知識，他們必定把利瑪竇在他們

1　指儒生的衣袍。——中譯者注。

當中的突然出現當作是一個真正的啟示。利瑪竇攜有從歐洲經澳門運來的各種鐘錶以及其他種種中國所不知道的科學儀器，他要首先透徹解釋和表演這些器械，然後再把它們作為禮品送給他的貴客。他善於製造日晷、地圖、地球儀和天球儀、沙水報時器以及其他這類科學儀器，其中大多是中國人從來沒有看見過的。這些是深受好奇的學者們歡迎的禮物，有助於奠定未來的良好關係。他與羅明堅（Ruggieri）神父合作，採用一個受過教育的中國人和一個歐洲天主教教士之間對話的形式，用中文撰寫了一部闡述基督教信仰的書。這是一系列這類論著中的第一部，上層階級極為需要，其中一些在利瑪竇死後一個世紀仍在流傳。

利瑪竇在南京和北京所實現的奇跡，足以誘人詳加重述，但這些屬於他日記的內容。在他第一次枉然無效地訪問南京之後三年，我們發現他在那裏穩妥地安身，他建立了一個傳教中心，一直興旺到 1616 年遭到迫害為止。他於 1600 年前往北京，在天津被囚禁了幾個月，後來皇帝召他，於是他就在北方的都城一直住到 1610 年他的去世。他一生最後的十四年中，是全中國教團的團長（Superior）。中國教團於 1596 年正式和澳門分開。

作為用中文寫作的許多科學和宗教著作的作者，利瑪竇以一名卓越的物理學、數學和地理學的教授，一名有學問的精通中外學理的哲學家，一名傑出的孔夫子的詮釋者，特別是一名優秀的基督教的教師，而為中國受教育的階層所熟知。他獨立完成的一些中文著述，連同後來耶穌會傳教士在中國官吏的幫助下所寫的作品，是被列入各個時代最好的中國著作的官方書目之內的。

對於從 1615 年起到 1773 年耶穌會被禁止為止這個時期歐洲對中國的影響的歷史，利瑪竇日記是一篇詳盡的緒論。他的第一幅中文世界地圖，在它刊行後的一個世紀裏，始終是歐洲製圖家的楷模，並為他獲得了「中國的托勒密（Ptolemy）」的稱號。他對中國曆法的改訂，是中國一個半世紀來科學進展的序幕。他解決了中國—契丹的問題，奠定了一個新的地理時代，打開了五條不同的通往中國的陸路，這些道路始終是正規的但又危險的大道，下迄三個世紀之後飛虎隊飛越喜馬拉雅山為止[1]。

傳教文獻敘述了葡萄牙、意大利、法國和德國的耶穌會士，為他們的教會而努力發展中國教團時在亞洲海域上所作的危險而又經常喪生的旅行。隨開拓時期而來的一個半世紀中所得的成功，乃是第一批進入天朝的耶穌會士對中國人產生的作用的直接結果。這些信仰的先驅者的傳教方法，沒有任何地方有比金尼閣敘述的利瑪竇日記描寫得更加形象、記載得更加詳盡的了。

自從 1911 年君主政體瓦解，中國出現混亂局勢以來，不管文明和文化會發展為什麼樣的形態，但在建立任何穩定的政權時，必須把中國古代的生活方式估計在內。古老的文明可能走到一定的盡頭，但是無論在中國建立什麼樣的政體，或者強加給它什麼樣的政體，這個民族的基本特徵是不會改變的。中國人的高貴品質，他們對自由、秩序和學識的熱愛，他們對宗教的熱忱，以及他們對正義和倫理觀的敏感，再沒有比利瑪竇自稱對中國人的風俗、法律、制度及政體的概括研究中所闡明的，表述得更清楚的了。他不顧反對意見而強烈地認定，儘管他們終生深愛自己的父母，並且多少年間公開表示對已故父母的哀悼，但按宗教的意義來說，他們決不是祖先崇拜者。

這個民族對待其他所有民族的寬厚和平的態度，利瑪竇在他對當時中國政體的透徹說明中，清楚地勾畫了出來。他們重視民族性的價值在同一篇章裏也得到了闡明，他說：「對於中國人必須說的是，他們寧願光榮地死掉，也不願效忠於一個僭位的君主。」

1 指抗日戰爭時期美國陳納德率領飛行員來我國。——中譯者注。

未來中國的生活，在很大程度上將按照他們自己過去獨特的原始模型而塑造出來。不知道這一點，就不能理解因而也就不能欣賞他們特有的天才。除利瑪竇所記錄的文字刻畫而外，我們還不知道對這個特殊模型的更好的文學描繪。

耶穌會士　加萊格爾（Louis J. Gallagher, S. J. ）

1953. 5. 13

ENTRATA
NELLA CHINA
de' Padri della Compagnia
del GESV.
Tolta da i Commentarij
DEL P. MATTEO RICCI
di detta Compagnia.
Doue si contengono i costumi, le leggi,
& ordini di quel Regno, e i principij
difficilissimi della nascente Chiesa,
descritti con ogni accuratezza,
e con molta fede.
Opera del P. Nicolao Trigauci Padre di
detta Compagnia, & in molti luoghi
da lui accresciuta, e reuista.
Volgarizata dal Signor
ANTONIO SOZZINI
da Sarzana.

IN NAPOLI
Per Lazzaro Scoriggio

《利瑪竇中國札記》意大利文版，1622 年

金尼閣致讀者

親愛的仁慈的讀者：

這部在利瑪竇神父死後問世的書，我沒有絲毫意思聲稱它是我的著作，而寧願把它的真正原著者告訴給你。下面論述的內容幾乎完全是他的活動以及他的行為，他比任何其他人更勇敢地以他的行為實現了這次傳教的原定計劃並堅定地努力去發展它，直到他生命的最後時刻。

利瑪竇神父於 1552 年 10 月 16 日出生在意大利安柯那（Ancona）省的馬塞拉塔（Macerata）。也就在這裏，他由後來加入了耶穌會的世俗教士貝涅維格尼（Nicolo Benivegni）神父指導，開始了他的學習。後來他進入當地的耶穌會學院深造，成績優異，十七歲時，他的父親送他到羅馬繼續求學。他學了三年法律；在這個時間內儘管奉父命忙於攻讀和神職不那麼密切有關的學科，他仍然繼續在羅馬培植他從馬塞拉塔的神父們那裏所汲取的精神，並維護他所已經發展了的傾向。在這裏他成為聖母會的成員，並在它的牧師的指導下按它的規則來規範自己的生活。他聽從神意的召喚，要求加入耶穌會，從青年時起他就感到對它的愛好了。他在羅馬由波郎索（Giovanni Polanco）神父接納入會，後者代替當時正在訪問西班牙的波爾嘉（Francis Borgia）神父的會長職務。利瑪竇於 1571 年 8 月 15 日聖母升天節入耶穌會；他知道他父親心裏對他另有安排，就寄一封信回家，請求他父親同意他的做法。這封信驚動了他的父親，所以他馬上動身去羅馬，決心要讓他的兒子退出耶穌會的望道期。赴羅馬途中，他在行程的第一天就在多倫蒂諾（Tolentino）病倒；他相信自己的病是出自天意，所以返回家裏並給他兒子一封信，說他所做的決定很有道理，明顯地符合上帝的聖意。

利瑪竇的望道師是後來因主持印度、日本和中國的耶穌會而聞名的范禮安神父。直到 1577 年，利瑪竇在羅馬的耶穌會學院攻讀哲學和神學。那一年，東印度教團團長薛爾伐（Martino a Sylva）神父從印度抵羅馬；在他的協助下，利瑪竇和幾名耶穌會同道得到第四任耶穌會會長梅古里昂諾（Everardo Mercuriano）神父的批准，參加了印度教團。在他從羅馬取道西班牙去熱那亞的途中，人們沒有能夠勸說他去看望他在馬塞拉塔的親友，甚至繞道去那個城市參觀著名的羅列托（Loretto）聖母院。他和他的同伴們接受了教皇格利哥里第十三（Gregory the Thirteenth）的祝福，然後直赴葡萄牙。他們發現印度商船已經開船之後，便在高因盤利（Coimbra）度過這一年的大部分時間，第二年他們前往里斯本乘船赴印度。

讓我們在這裏插進利瑪竇常常極為滿意地提到的葡萄牙國王塞巴斯蒂安（Sebastian），國王對他的任務是十分關切的。當他們去拜訪他並致敬時，團長神父向他說，跟他一起從意大利來的人都是貴人，有的出身於名門望族，大家都渴望去教化印度羣島並促進葡萄牙的事業。他們當中有系出名門但後來卻更以殉道而聞名的阿瓜維瓦（Rudolph Aquaviva）、斯賓諾拉（Nicola Spinola）、巴範濟（Francesco Pasio）、羅明堅（Michele Ruggieri）及我們現在所談的利瑪竇；他們每個人都以生活聖潔並在耶穌會擔任職務而知名。他們說，國王對團長神父的回答是：「給印度羣島那麼多幫助，我該怎樣向會長神父表示感謝才好呢？」善良的國王不知道，耶穌會是由不同民族的子民團結在基督的旗幟下而組成的。

他們乘坐一艘命名為聖類思（Saint Louis）的船離開葡萄牙，於

1578年9月13日到達印度的果阿（Goa）。利瑪竇在印度停留了四年，完成他的神學課程，在果阿和柯欽（Cochin）任修辭學教師，並在準備着更偉大的事業。他由耶穌會的官方視察員委派參加中國教團。經過幾乎三十年的工作和成功地管理了中國教團之後，他認識到自己的日子已臨尾聲，便着手以按順序的敘述方式記錄了這次傳教的始末，以便給未來撰寫教會編年史的作家們提供資料。有許多要記錄的事件，除了他本人而外再沒有一個人能夠從初期開拓的迷霧中恢復其真相了，因為他是唯一參與這些事件的人。在他死前幾個月，或者不如說幾天，他差不多已經完成了他的記述，同時留下一些空白，以待用各個傳教中心行將送給他的記錄加以補充。他的手稿在他逝世後從他的書桌裏發現，還有其他有關教團事務的文稿。

利瑪竇的記述是供歐洲使用的，由於擔心這樣一位偉大人物的勤勞記錄會在長途跋涉的危難中，以及由牲口馱著作陸路旅行的險阻中丟失掉，所以我們決定把它譯為葡文，並保留一份他所寫的意大利文原稿。利瑪竇神父寫他的日記時相信，未經耶穌會總會長神父的披閱和贊同之前它是不會被人閱讀的。這是這位人物謙遜之處；因為在他的心目中，他所寫的東西只不過是對他所做過的事情的敘述而已。

當時基督教來華教團的狀況要求派一位團長到歐洲去促進在華傳教事業；我被選擔任這個職務，主要想到的是閱讀利瑪竇神父紀事的手稿並把它譯為拉丁文。我這樣想的原因是，首先我發現這項工作不能由一個不熟悉教團事務，或不熟悉所提到的那個國家各地情況的人來完成；其次是，正如我們已經說過的，還有必要補充尚未完成的各個部分，並且增加某些條目和充實另外一些，那是我們好心的神父出自謙虛曾經完全省略或者信筆兼帶過的地方。這樣，儘管海上旅程漫長，天氣晴朗，大海安詳，翻譯工作卻仍然不是一件容易的事；而且我深感我所努力完成的這件事需要有比在一羣吵鬧水手中所常有的更多的閒暇和安寧。然而不管這些，我相信我會在旅途終結之前把書弄完，假如我能繼續正常地在海上航行的話。但相反的，有着很充分的原因，我從印度航海到波斯灣，然後卻走了陸路，穿越波斯、阿拉伯沙漠和土耳其一部分，最後到達赫里奧波力斯（Heliopolis）（在開羅附近）。從這裏，我渡過地中海，抵達塞浦路斯、克里特、讚特（Jacynthe、Zante），最後在上帝的指引下到了奧特朗多（Hydrumtum、Otranto）。在旅程的後半部，我只是偶而寫作並且不斷受到干擾，直到抵達羅馬為止；在羅馬，我設法在晚上從其他事務中抽出幾個小時。這裏仍然有很多次中斷，由於我染病而沒有什麼時間寫作，但我們按朋友的請求和上級的建議，確實去努力繼續完成這項工作。

耐心的讀者，你必須了解，我們對於向你提供事實真相，要比提供文學體裁的樂趣更感到興趣。至於記述中所包含的事物的真實性，只要是在人力所能達到的真理限度之內，那就簡直沒有留下什麼可懷疑的餘地。利瑪竇神父是很有德行而不會去騙人的，又很有經驗而不會受騙的。而我本人呢，我敢向你保證，我所補充的都是我親眼所見或者得自其他神父的真實報告。他們或則是親身目睹，或則是得到教會編年史的肯定。我不僅到過中國，而且旅行過它的六個主要省份，見過所有的傳教中心，並且我相信還對整個教團的事務累積了透徹的了解。我們認為最好把這些都告訴你，哪怕囉嗦些，免得迄今出版的有關中國的各種書籍中出現相反的看法會使你產生懷疑。

到現在為止，有兩類寫中國的著者：一類想像得太多；另一類聽到很多，不加思索就照樣出版。我很難把我們自己的某些神父排除在這後一類之外，他們信任中國的商人，不知道商人們的普遍習慣是誇大一切事情，把那些根本莫須有的事情説成是真的。當我們的神父們第一次獲允進入中國內地時，據説很多事情他們都相信，而在獲允進入該國的最初幾年內，他們很可能把許多完全不可置信的事情都從書信裏傳到歐洲。十分顯然，誰也不能指望不經過多年的接觸就透徹了解歐洲的生活。對中國也一樣，為了完全了解這個國家和它的人民，一個人就必須花費多年時間到各個省份去旅行，學習講方言並閱讀他們的書。所有這些我們都已做到了，因此唯一合情合理的就是相信我們最近的這部敘述，將取代在它以前出現的那些撰述，它所記錄的事應該被當作是真實的，當然也要適當地容許人為的差誤；這些差誤如蒙指出，我們將滿懷感激地根據最近的觀察加以訂正和修改。

因此，仁慈的讀者，就請享用我們目前這份獻禮吧，直到我們能夠準備一部更豐富、更詳盡的歷史時為止。如果上帝保佑在那麼多的流離顛沛之後，我還能被允許返回我原來的崗位，並且如果假我以若干年的光陰，那麼我將為你寫一部有關中國人的風俗習慣的記述，以及一部中國編年史概要，它將從四千年前談起，按時代順序毫不間斷地寫下來。它也將包括一部拉丁文的中國倫理典範，讓人們看到他們是如此善於辯論道德問題，從而可以了解這個民族的精神是多麼適宜於接受基督教的信仰。

同時，你必須滿足於這種作為開胃酒的努力。我要請求你原諒本書的簡略，因為我事務繁忙，那都是由一些從事傳教工作的神父造成的。我也要請求你對本書行文缺乏文采多加包涵，因為長時期以來為了學習外國語言，我已丟掉了寫作技巧，所以很可能本文的粗糙與你那富有經驗的耳朵的精妙鑒賞是不相協調的。

再見。

羅馬，1615 年 1 月 14 日

目錄

第一卷

第二卷

第三卷

第四卷

第五卷

第一卷

第一章　關於耶穌會所從事的中國傳教事業
——撰寫本卷的理由及其方法

這樣的事並不是不常常發生的：大規模的遠征和轟轟烈烈的壯舉，年深日久趨於成熟，但其創始時的情況，對於生活在這些事件以後很久的人們，卻完全是一本未曾打開的書。對這一事實的原因經常加以思索之後，我得出的結論是，一切事件，即使是後來獲得巨大規模的事件，在開始時都是如此之微不足道，以致看起來好像沒有任何希望會在後來發展成為重要的事情。這就可以說明，為什麼那些可以說是從小就培養來做這些事件的人，卻並不使自己勞神費力把當時似乎並沒有重大意義的事實銘記在心。或許還有人可以偏愛這樣的解釋：這些事業開始時就被那麼多、那麼大的困難所干擾，以致我們有理由假定參加這些活動的人都絞盡心力去完成他們的任務，再沒有什麼時間也沒有什麼餘力來記錄所發生的事件了。

[以上是利瑪竇日記的第一段，在這一段之後，金尼閣神父以第

一人稱說明，他正致力於根據利瑪竇神父遺作中收集的事實撰寫一部歷史著作，而這些事實原是為了子孫後代的福利而寫入他的日記的。然後繼續是利瑪竇以第一人稱撰寫的日記正文。］[1]

因此，我希望由於保留這樣的記錄，而使我們耶穌會進入中國這個閉關多少世代的遼闊領土以及從這個高尚民族所採摘的第一批基督教果實的故事不致湮沒。另外還有一個原因在鞭策着我進行這項工作，那就是，如果或遲或早上帝降恩從這最初播下的福音種子獲得豐收，使天主教會的倉廩充實，那末後日的信徒便可以知道，過去為了使這些可敬的人民皈依上帝所做的值得讚美的工作應該歸功於誰的媒介。另一方面，如果情形是，由於上帝的隱蔽的判斷，預期的豐收並未得到實現，那麼至少後代可以知道我們這個小小的耶穌會曾經付出多少勞動和經歷多少艱辛去驅散不信教的深厚的陰影，以及他們怎樣抱着耕耘這片新土地的崇高希望而在熱情和勤奮地工作。此外，有誰能懷疑我們現在所寫到的整個這次遠征不是在神意的指引之下進行的呢？因為它完全獻身於把福音之光帶給人們的靈魂。正因為我們有這樣的看法，所以我們力圖以如實敘述的坦率性而不願以溢美之詞把它呈獻給讀者。在本書中，我絲毫無意貶低我們的年鑒或我們同伴們的私人信件，只要它們確實可信並以權威為依據，而且當然它們應該是這樣的，除非是它們之間偶爾有矛盾的地方。再者，我也無意在這樣一本史書中敘述每一個細節或詳論其中所涉及的各種問題，因為確實有許多別的事情是十分值得加以記錄的。

中國和歐洲在風俗習慣上差別之大正如在地理位置上一樣；因為本書全部敘述是為歐洲人撰寫的，我認為有必要在開始記錄我們在華經歷這項主要任務之前，簡略地述說一下這個國家的位置、它的風

1　這段文字不見於最新出版的法譯本，自然更不會見於原意大利文本。它顯然為英譯者所加。——中譯者注。

俗、法律以及其他類似的問題。我這樣做的目的，是使讀者不致因經常碰到那些不得不插入的解釋性的段落而多次中斷日記中的故事線索，感到厭煩。然而，有關要處理的題材，我將堅持只涉及那些與我們自己的習俗不同的東西，從而這將給讀者提示一些歷史上的新東西。雖然在歐洲流傳着很多有關這類問題的書籍，但我認為任何人都不會討厭從我們同伴那裏聽到同樣的東西。我們在中國已經生活了差不多三十年，並曾遊歷過它最重要的一些省份。而且我們和這個國家的貴族、高官以及最傑出的學者們友好交往。我們會說這個國家本土的語言，親身從事研究過他們的習俗和法律，並且最後而又最為重要的是，我們還專心致意、日以繼夜地攻讀過他們的文獻。這些優點當然是那些從未進入這個陌生世界的人們所缺乏的。因而這些人寫中國，並不是作為目擊者，而是只憑道聽途說並有賴於別人的可信性。事實上，我們已把關於上述問題的討論限制在一本書有限的幾章篇幅之內，而如果考慮到其相對重要性，則每個題目都值得擴大為一本獨立的書。

第二章　關於中華帝國的名稱、位置和版圖

這個遠東最遙遠的帝國曾以各種名稱為歐洲人所知悉。最古老的名稱是 Sina[1]，那在托勒密（Ptolemy）的時代即已為人所知。後來，馬可波羅這位最初使歐洲人頗為熟悉這個帝國的威尼斯旅行家，則稱它為 Cathay[2]。然而，最為人所知的名稱 China 則是葡萄牙人起的，葡

1　據認為即支那之譯音。有關討論可參看張星烺〈支那名號考〉，見《中西交通史料匯篇》第一冊（1977 年中華書局版）。——中譯者注。

2　即契丹，原指中國北部，後被歐洲人用來指整個中國。——中譯者注。

萄牙人在大規模海上探險之後到達這個王國，並且直到今天仍在東南部的廣東省進行貿易。China 這個名稱被意大利人和其他幾個歐洲國家稍加改變，因為他們不熟悉和拉丁語略有不同的西班牙語的發音。所有西班牙人讀 China 的發音都和意大利人發 Cina 這個音相同。

根據我的判斷，毫無疑問這就是被稱為 Hippophagi，即食馬者的那個國度，因為即使到今天，這個幅員廣闊的帝國還吃馬肉，大致很像我們吃牛肉那樣。我也毫不懷疑，這就是被稱為絲綢之國（Serica regio）的國度，因為在遠東除中國外沒有任何地方那麼富饒絲綢，以致不僅那個國度的居民無論貧富都穿絲着綢，而且還大量地出口到世界最遙遠的地方。葡萄牙人最樂於裝船的大宗商品莫過於中國絲綢了；他們把絲綢運到日本和印度，發現那裏是現成的市場。住在菲律賓羣島的西班牙人也把中國絲綢裝上他們的商船，出口到新西班牙[1]和世界的其他地方。在中華帝國的編年史上，我發現早在基督誕生前 2636 年就提到織綢工藝，看來這種工藝知識從中華帝國傳到亞洲其他各地、傳到歐洲，甚至傳到非洲。

毫不足奇的是，中國人從來沒有聽説過外國人給他們的國度起過各樣的名稱，而且他們也完全沒有察覺這些國家的存在。在他們當中沒有發現這些名稱的任何跡象，也沒有任何理由可以解釋這麼繁多的名稱。中國人自己過去曾以許多不同的名稱稱呼他們的國家，將來或許還另起別的稱號。這個國度從遠古時代就有一個習慣，常常是統治權從一個家族轉移到另一個家族，於是開基的君主就必須為自己的國家起一個新國號。新統治者這樣做時，是根據自己的愛好而賦予它一個合適的名稱。因此我們讀到，這個國家在一個時候稱為唐，意思是廣闊；另一時候則稱為虞，意思是寧靜；還有夏，等於我們的偉大這

1 指今墨西哥。——中譯者注。

個詞；後來它又稱為商，這個字表示壯麗；以後則稱為周，也就是完美；還有漢，那意思是銀河。在各個時期，還有過很多別的稱號。從目前在位的朱姓家族當權起，這個帝國就稱為明，意思是光明；現在明字前面冠以大字，因而今天這個帝國就稱為大明，也就是說大放光明。與中國接壤的國家中，很少有知道這些不同名稱的，因此中國境外的人民有時就稱它這個名稱，有時又稱它另一個。今天交趾人和暹羅人都稱它為 Cin，從他們那裏葡萄牙人學會了稱這個帝國為 China；日本人稱它為唐；韃靼人稱它為漢；而生活在更西邊的撒拉遜人（Saracen）[1] 則稱之為 Cathay。在中國人自己——拉丁作家們總是按托勒密 [2] 的辦法經常稱他們為中國人——除了新王朝一來就取一個名字以外，這個國家還有一個各個時代一直沿用的稱號，有時候別的名字就和這個稱號連用。今天我們通常稱呼這個國家為中國（Ciumquo）或中華（Ciumhoa），第一個詞表示王國，另一個詞表示花園。兩個字放在一起就被翻譯為「位於中央」。我聽說之所以叫這個名稱，是因為中國人認為天圓地方，而中國則位於這塊平原的中央。由於有這個看法，所以當他們第一次看到我們的地圖時，發現他們的帝國並不在地圖的中央而在最東的邊緣，不禁有點迷惑不解。利瑪竇神父 [3] 替他們繪製一幅世界地圖並以中國字加以標註時，他尊重他們的看法，便安排得使中國帝國多少佔據着中央的地位。然而，現在中國人大多承認他們以前的錯誤，並引為笑談。

其權威遍及這個龐大王國的那個人就被稱為天王，因為中國人認

1 指穆斯林。——中譯者注。

2 克勞狄斯．托勒密（Claudius Ptolemy），二世紀時亞歷山大城的地理學家、天文學家和數學家。——英譯者注。

3 在這裏，就像整個從卷二到卷五那樣，講述人金尼閣正如他在第五卷末尾自己署了名，凡在原稿中有瑪竇神父（P. Matteo）、神父（il Padre）或其他某些不確定的形式的地方，均署利瑪竇的名字。——英譯者注。

為他們的遼闊領土的範圍實際上是與宇宙的邊緣接壤的。與他們國家相鄰接的少數幾個王國，——在他們知道有歐洲存在之前就僅知道這幾個國家——在他們的估計中幾乎是不值一顧的。如果對一個歐洲人來說，這種自封的管轄權似乎有點奇怪的話，那麼就請他想一想，如果中國人聽說我們也有很多統治者在並不管轄中國的廣大領域的同時，卻給自己加上同樣的頭銜，他們一定會同樣感到驚奇不止的。關於被稱為中國的這個王國的名稱，就談這麼多。

說到中國的版圖，各個時代的作家們都在它的名字之前冠以一個大字，這實在是很有道理的。就其領土漫長的伸延和邊界而言，它目前超過世界上所有的王國合在一起，並且就我所知，在以往所有的時代裏，它都是超過它們的。中國南部以北緯 19° 為界，終於他們所稱的海南島，這個字即南海的意思。由此伸展至北緯 42°，直達北部長城，中國人修建長城作為與韃靼的分界，並用以防禦這些民族的入侵。在西邊，中國的疆界自福島[1]（Fortunate Islands）測定位於東經 112°[2] 他們叫做雲南的省份起，並由此向東伸延直到日出之海的東經 132° 為止。在我們恰好旅行過帝國的那些地方，我們利用數學家使用的星盤和其他這類儀器曾親自確定過這些邊界的位置。我們還對照中國檔案中月亮盈虧的數據並特別研究天體圖來檢驗我們的結果，在中國檔案中對新月和滿月都有精確的描述。據我看，就這個國家從南到北的長度而言，已不可能再增加什麼，因為我的同伴們在兩端都已付出勤奮的勞動。然而，對於這個國家所跨寬度的測定，卻不能說同樣的話。如果蒙上帝恩寵，將來我的一些同伴們能把福音之光帶到

1 福島指今非洲西北岸外大西洋中之加那利羣島（Canarias Islands），為古代歐洲人測定經度的起點，通過加那利羣島的子午線為零度。——中譯者注。

2 1615 年版中，金尼閣顯然是把 Centesimo secundo（102°）寫成了 Centesimo duodecimo（112°）。雲南位於東經 98° 至 104° 之間。——英譯者注。按：雲南省位於今格林尼治東經 98° 至 104° 之間，亦即福島東經 112° 開始。原書不誤，英譯者注誤將福島的東經度作為格林尼治的東經度。——中譯者注。

更西邊的地方，而且在這些旅行中他們對這個國家的寬度作出更準確的測量，而與我所肯定的數字不同，那麼我敢說差異也將會很小。然而，在這種情況下，我將十分欣然地承認他們在這一問題上的權威，因為我知道越是最近的觀測就越可能更精確。

從上面所述可以看出，這個大帝國的廣闊的領域大部分位於溫帶，因此享有溫和的氣候。然而，作為一個整體，這個國家也有各種氣候的級差，就象人們從梅羅伊（Meroe）[1]島向北直到羅馬時所可能經歷的那樣。雖然這個國家確實幅員遼闊，但它從南到北的長度卻遠比我們同時代作家們一般所說它的距離要短幾乎三分之一，這些作家們照例把北部邊界定在略高於北緯五十三度的地方。現在為了避免人們想像這片廣闊土地大部分都由未經耕耘的荒土所構成，讓我在這裏插進一段目睹者的證明，我是在一本撰於 1579 年的題名為《中華帝國概述》[2]的中文書裏發現記載它的。這一段話，正確翻譯之後，內容如下：「在中華帝國有兩個王室直隸區——南京即南部省，和北京即北部省[3]。除此兩省外，還有十三個省份。這十五個省份」——都很可以稱為王國——「進一步分為一百五十八個區或小省份」，中國人稱之為府，大多數府包括有十二至十五個大城市，還有小一些的城鎮、城寨、鄉村和田地。「在這些區域中，有二百四十七個大城市被定名為州，雖然它們大部分與其他大城市的區別更在於它們的尊嚴和重要性，而不在於大小。還有一千一百五十二個普通城市，被稱為縣。」在我剛剛提到的那本書印行的時候，必須交納皇税的成年人口為 58,550,801 人。這個數字不包括這個國家的婦女，也不包括免税的男人，例如士兵、宦官、皇親國戚、地方長官、學者和很多別的人。

1　梅羅伊島為尼羅河上的古王國，在今蘇丹境內青尼羅河與阿特巴拉河之間。——中譯者注。

2　德禮賢認為可能是朱思本的《廣輿圖》，它於 1579 年重刻。中譯者注。

3　指南直隸和北直隸。——中譯者注。

雖然除了韃靼人的侵擾外已經享有很長時期的和平，政府仍花錢維持着百萬人以上的軍隊服役。這個數字看來並不誇大，如果我們回想在北方三省中——其中之一稱為遼東——幾乎全人口的半數是經常在為皇帝武裝服役的。上面引述的那本書的作者列舉東方有三國、西方有五十三個以上的國家、南方有五十五個以上國家以及北方有三國，都向帝國朝貢。然而，我注意到，這些國家今天只有少數幾個還在按規定納貢。事實是即使繼續納貢的國家，在來到這個國家交納貢品時，從中國拿走的錢也要比他們所進貢的多得多，所以中國當局對於納貢與否已全不在意了。

再回到這個帝國的遼闊的幅員和聲望上來，應該指出的是，它四周的防衛非常好，既有由自然也有由科學所提供的防禦。它在南方和東方臨海，沿岸有很多小島星羅棋布，使敵艦很難接近大陸。這個國家在北部則有崇山峻嶺，防禦敵意的韃靼人的侵襲，山與山之間由一條四百零五英里長的巨大的長城連接起來，形成一道攻不破的防線。它在西北方面被一片多少天都走不盡的大沙漠所屏障，能夠阻止敵軍進攻邊界，或則成為企圖入犯的人的葬身之所。在王國的西部，羣山圍繞，山外只有幾個窮國，中國人很少或根本不予理睬，因為他們既不怕它們，也不認為值得吞併它們。

第三章　中華帝國的富饒及其物產

由於這個國家東西以及南北都有廣大的領域，所以可以放心地斷言：世界上沒有別的地方在單獨一個國家的範圍內可以發現有這麼多品種的動植物。中國氣候條件的廣大幅度，可以生長種類繁多的蔬菜，有些最宜於生長於熱帶國度，有些則生長在北極區，還有的卻生長在溫帶。中國人自己在他們的地理書籍中為我們詳細敘述了各省的富饒及其物產種類。全面討論這些問題，不在本文範圍之內。一般地，可以真確無誤地說，所有這些作者都說得很對：凡是人們為了維持生存和幸福所需的東西，無論是衣食或甚至是奇巧與奢侈，在這個王國的境內都有豐富的出產，無需由外國進口。我甚至願意冒昧說，實際上凡在歐洲生長的一切都照樣可以在中國找到。否則的話，所缺的東西也有大量其他為歐洲人聞所未聞的各種各樣的產品來代替。先說一說中國的土地供給它的人民以各種糧食——大麥、小米、冬小麥和諸如此類的糧食。

作為中國人食譜上主要食品的大米產量遠比歐洲富裕得多。蔬菜，特別是豆類等，不僅用來作為人食而且還作為牲口的飼料，生長的種類無限繁多。中國的這類莊稼一年兩收並有時一年三收，這不僅因為土地肥沃、氣候溫和，而且在很大程度上更是由於人民勤勞的緣故。除橄欖和杏仁外，歐洲所有已知的主要水果在中國也都生長；順便可以說到，真正的無花果樹是我們的神父引進中國的，結果卻不如歐洲的原種。此外，中國人有很多歐洲人從未見過的水果，它們全都生長在廣東省和中國的南部。當地人把這些水果叫作荔枝和龍眼，味道大都十分鮮美。印度椰子樹和其他印度水果在這裏也有，還有一種水果叫做中國無花果，很甜很好吃，葡萄牙人叫它 sucusina[1]。這種特殊的水果只有製成乾果後才能吃，因此葡萄牙人又叫它無花果。但它與真正的無花果毫無共同之處，因為它很象大波斯蘋果[2]，只不過它是紅色的，沒有軟茸毛和核。這裏，我們還發現了桔子和其他柑桔類水果以及各種刺叢上生長的水果，種類繁多，並具有比別的國家同類水果更好的香味。

---

1 意大利文本作 suzu，德禮賢以為是柿子。同時提到的還有 paziao（芭蕉）。——中譯者注。

2 可能是桃。——英譯者注。

食用蔬菜的種類和質量和栽培植物的種植情況也差不多，所有這些中國人使用的數量都要比歐洲人的通常數量多得多。事實上，老百姓中有很多人是終生完全素食的，或者因為他們貧窮而不得不如此，或者因為某種宗教原因而接受這種生活習慣。花草之豐盛確實令人不能再有什麼奢求了，中國人有很多種花是我們從不知道的，它深深打動人們的美感，並顯示出造物者慷慨的恩賜。中國人似乎對於花的形狀和顏色要比香味更為喜歡，在他們開始與歐洲人貿易往來之前，他們實際上並不知道從花草裏提取香精的學術。在南方四省，我們發現有印度人稱為檳榔葉（betre）[1]的那種華麗的草，他們叫做檳榔（arequeiram）的樹也很普遍。印度人很喜歡把檳榔葉的葉子和石灰攪拌後放在嘴裏經常嚼，他們說嚼時所產生的熱對胃很有好處。

中國人有幾種東西可以代替我們食用和點燈用的橄欖油。其中主要的一種是從芝麻榨取的帶香味的油，芝麻到處都大量生長。他們的酒不如我們歐洲的產品，雖然他們認為情形相反。葡萄不大常見，即使有，質量也不很好。因此他們不是用葡萄釀酒，而是用大米或別的糧食種子發酵來制酒，這就說明為什麼到處都在大量用糧。這種米酒很合他們的口味，而且也確實不難吃，雖然不象我們歐洲的酒那樣產生熱烘烘的感覺。

普通人民最常吃的肉是豬肉，但別的肉也很多。牛肉、羔羊和山羊肉也不少。可以看到母雞、鴨子和鵝到處成羣。但是儘管有這麼豐盛的肉食供應，馬、騾、驢和狗的肉也和別的肉一樣受歡迎，這些馬屬或狗屬的肉在各處市場上都有出售。在有些地區，牛和小羚羊因為某種迷信或農業上的需要而禁屠。野味，特別是鹿、野兔和其他小動物的肉也很常見，並且售價便宜。

1　德禮賢作荖葉。——中譯者注。

馬和其他馱獸在個頭或樣子方面都比不上歐洲的，但在數量、價錢便宜和負載能力方面卻勝過了我們的，在遇不到河流的地區就用它們來馱運東西。這個國家到處河渠縱橫，以致走水路幾乎可以旅行到任何地方去。因此到處都有幾乎無從置信的大量各種各樣的船隻在航行。船隻確實非常之多，以致我們今天有一位作者毫不猶疑地斷言，生活在水上的人和陸地上的居民一樣多。這話聽起來有點誇大，但它只不過表明了這一真理，即如果一個人在這裏旅行只走水路的話，那麼看來情形就像是這樣了。據我看，如果不必擔心誇張而又更近實情的話，那麼可以說，這個國家的船隻之多可以等於世界上其餘的全部加在一起。

如果我們只限於計算在淡水行駛的船隻，這種說法是正確的。至於他們出海的船隻，數目卻很少，並且無論在數量或結構上都無法與我們的相比。讓我們暫時再回來談他們的馬匹。中國人不大懂得馴馬和練馬。他們平日生活中所使用的都是閹過的，因此很安靜，脾氣很好。他們有無數軍用的馬，但都退化得厲害並缺乏勇武精神，甚至韃靼人的駿馬一叫就能使它們潰散，因此打起仗來實際上是無用的。此外，由於馬蹄上不打掌並且很纖弱，所以這些馬不耐在硬地或山道上走較長的路。

中國東面和東南的海裏確實是魚羣充斥。江河在某些地方變寬得可以叫做小海，裏面也出產大量的魚。養魚塘在這裏和在歐洲一樣普遍，每天都有人為自己食用或上市出售而打魚；魚是如此之多，漁人只要下鈎就不會釣不到。

中國的森林裏沒有獅子，但虎、熊、狼和狐大量存在。在北京飼養着很多象，為的是給朝廷儀仗增添壯觀，但像是進口的，在這個王國境內任何別的地方都看不到。中國人不認識亞麻布，老百姓用棉花織布做衣服穿。

棉籽傳入這個國家只是四十年前的事，因為土地肥沃，生長得很好，以致中國可以生長的棉花足夠供應全世界。繅絲業規模如此之大，很容易與歐洲產品競爭，雖然後者或許質量要好一些。他們也用絲摻以棉織成一種大馬士革式的料子，並且他們模仿歐洲產品現在又織一種全絲的料子。他們的其他紡織品也在歐洲找到一個現成的市場，他們產品所要的價錢大約是我們在西方所付同類產品的三分之一或四分之一。他們用大麻纖維和其他植物製作一種粗布，供夏季穿用。

中國人只喝牛奶，而不用山羊奶做奶酪或作為飲料。他們剪羊毛，但在使用羊毛方面趕不上歐洲人熟練；並且雖然他們很看重進口的毛織品，他們卻不懂怎樣把羊毛織成料子做衣服穿。他們的確織成一種很輕的夏天用的毛料，貧窮的階層很需用它們來做帽子並製成氈毯當墊褥用。這種氈毯還用於社交儀式，下面就將談到。毛料在中國北部更為需要，那裏幾乎和歐洲北部一樣寒冷刺骨，雖然事實上中國北疆離極地更遠得多。的確，至今還不大清楚為什麼華北的江湖在冬天會結那麼厚的冰，除非是因為它們離韃靼積雪的山很近，在這些山的險坡上，當地人獵取狐狸皮和寒種鼬鼠（scythian weasel）皮，做成長袍抵擋嚴寒的冰霜。

所有已知的金屬毫無例外都可以在中國找到。除了黃銅和普通的銅合金之外，中國人還製作一種仿銀的金屬，但並不比黃銅價錢更貴。他們用熔化的鐵可以塑造比我們更多的物品，比如大鍋、壺、鐘、鑼、缽、柵門、熔爐、武器、刑具和很多別的東西，手藝和我們的金屬工藝差不多。金被認為是一種貴重金屬，但他們不像我們把它估價得那樣高。銀被用作貨幣，無論是論重量或做成銀幣，都是一切商業來往中的法幣。這當然會造成困難，例如銀價的浮動，就必須在兑付銀票時時常加以考慮，而且易於造假，造假是常見的事。在很多地方，買賣較小時就使用一種小銅錢，它是官辦的造幣廠裏鑄造出來的。在很富的人當中銀元寶甚至金元寶都在使用，但比在歐洲用得少。在這裏，和在別的地方一樣，大量金銀是用來製作婦女的頭飾和裝飾的。中國人常用的餐具是陶器。我不大明白為什麼西方叫它瓷器。無論從材料本身或從它又薄又脆的結構來說，歐洲陶器沒有任何類似的東西。最細的瓷器是用江西所產黏土製成，人們把它們用船不僅運到中國各地，而且還運到歐洲最遙遠的角落，在那裏它們受到那些欣賞宴席上的風雅有甚於誇耀豪華的人們的珍愛。這種瓷器還可以耐受熱食的熱度而不破裂，而尤其令人驚異的是，如果破了，再用銅絲焊起來，就是盛湯水也不會漏。這裏的人民也學會了吹制玻璃的工藝，但他們的手藝遠遜於我們在本國所看到的。

普通的住房是用木頭建造的，但皇宮則用磚砌牆，雖然屋頂仍是木製的，用木柱來支撐。由此以及由我們前面談過的船隻非常之多這一情況推想，人們可以很容易明白木材數量有多麼多，森林面積有多麼大；在森林裏實際上可以找到歐洲所知道的任何一種樹木。橡木不大常見，但中國人有一種木頭要遠比橡木耐用。這是一種很硬而不會朽爛的木頭，顏色很像鐵，因而葡萄牙人稱之為鐵木。杉木很普遍，它被中國人當作是憂傷之樹。它被用來製作棺材。他們的墳墓備受尊敬，以致只要能花得起這筆錢，中國人就是花上一千多金錠[1]來營建這樣一個墓地也在所不惜。這裏生長一種普通的蘆葦類植物，葡萄牙人稱之為竹，形狀像圓柱體，幾乎堅硬如鐵。它長成以後，用雙手也難以握過來；雖然竹是空心的，而且像是一節節接起來的，但它的莖節和接合處卻很有勁，所以常常被用作小房子的支柱。細一點的竹杆可以做很好的矛；竹有各式各樣的不同用處，如果一一列舉就只會使讀者厭煩了。竹只生長在南方各省，但在這裏它們生長得如此充沛，足以供應全國所需，或許沒有別的木材是得到

1　原稿中任何地方都沒有説明這種金錠的價值。——英譯者注。

這樣廣泛應用的。

木頭、蘆葦和稻草等等用於燒爐火，還用一種和比利時的利奧第安斯（Leodienses）主教區採掘出來的煤相似的東西。他們叫它煤(Mui)，凡是我們用煤的地方他們都用它，燒起來並不發出帶臭味的煙。老天對北方人更寬厚一些，北方的這種煤藏很多，質量也好。人們把煤從地下採掘出來後，廣泛運往全國各地，價錢很低，這表明煤很充足，即使最窮的人也可能用它做飯和燒洗澡水。

中國的藥草豐富，而在別處則只有進口才行。大黃和麝香最初是撒拉遜人從西方帶進來的，在傳遍到整個亞洲以後，又以幾乎難以置信的利潤出口到歐洲。在這裏買一磅大黃只要一角錢，而在歐洲卻要花六、七倍之多的金塊。在這裏還可以找到葡萄牙人叫作中國木而別人則叫作聖木的那種能治多種疾病的著名的藥。它不用栽種，野生在荒地上，只要花點採擷它所必需的人工錢就能買到，但卻以高價出口。鹽在沿海幾省極為豐饒，在有些內地湖泊也可得到，湖水很容易結晶成鹽。事實上到處都可找到大量的鹽，它有各種廣泛的用途，很多人被僱用來從事生產和運輸它，由鹽得到的稅收乃是皇家國庫巨大財富的一個來源。中國人用糖比蜂蜜更普遍得多，儘管在這個國家兩者都很充裕。除了從蜂取蠟外，他們還有一種更好的蠟，更透明、不那麼黏、燒起來火焰更亮。這種蠟是從養在一種專用樹上的小蠕蟲得到的。他們還另有第三種蠟，是用某種樹的果實製成的，也和第二種蠟一樣透明，但火焰的照明能力卻差得多。

紙的使用在中國要比別的地方更為普遍，製造方法也更多樣化。但這裏生產的最好的紙也遠不如我們自己的許多產品。它不能在正反兩面都印刷或書寫，所以我們的一張紙就等於他們的兩張。此外，它很容易撕壞，不能耐久。有時他們把紙製成正方形，邊長一步或兩步。他們用棉纖維製成的紙和西方所能有的最好的紙一樣潔白。

由於篇幅所限，我們不得不略去討論很多東西，例如各色大理石、青銅製品、寶石、珍玉、各種顏料、香木、瀝青和無數代表文明和文化的東西。然而，有兩三樣東西是歐洲人所完全不知道的，我必須簡略地加以說明。第一，有一種灌木，它的葉子可以煎成中國人、日本人和他們的鄰人叫做茶（Cia）[1]的那種著名飲料。中國人飲用它為期不會很久，因為在他們的古書中沒有表示這種特殊飲料的古字，而他們的書寫符號都是很古老的。的確，也可能同樣的植物會在我們自己的土地上發現。在這裏，他們在春天採集這種葉子，放在蔭涼處陰乾，然後他們用乾葉子調製飲料，供吃飯時飲用或朋友來訪時待客。在這種場合，只要賓主在一起談着話，就不停地獻茶。這種飲料是要品啜而不要大飲，並且總是趁熱喝。它的味道不很好，略帶苦澀，但即使經常飲用也被認為是有益健康的。這種灌木葉子分不同等級，按質量可賣一個或兩，甚至三個金錠一磅。在日本，最好的可賣到十個或甚至十二個金錠一磅。日本人用這種葉子調製飲料的方式與中國人略有不同。他們把它磨成粉末，然後放兩三湯匙的粉末到一壺滾開的水裏，喝這樣沖出來的飲料。中國人則把乾葉子放入一壺滾水，當葉子裏精華被泡出來以後，就把葉子濾出，喝剩下的水。

另一種值得詳細記述的東西是一種特殊的樹脂，是從某種樹幹擠出來的。它的外觀和奶一樣，但黏度和膠差不多。中國人用這種東西製備一種山達脂（Sandarac）或顏料，他們稱之為漆（Cie），葡萄牙人則叫作 ciaco。它通常用於建造房屋和船隻以及製作傢具時塗染木頭。塗上這種塗料的木頭可以有深淺不同的顏色，光澤如鏡，華彩耀目，並且摸上去非常光滑。這種塗料還能耐久，長時間不磨損。應用這種塗料很容易仿造任何木器，顏色或紋理都很像。正是這種塗料，使得中國和日本的房屋外觀富麗動人。

1　即 Tea（茶）。——英譯者注。

中國人的習慣是進餐時餐桌上不鋪台布，這種習慣有甚於使用這種塗料的別國人民。如果桌子失去光澤或被殘羹剩飯弄髒，只要用水洗過用布擦乾，馬上就可以恢復光澤，因為這層薄薄但堅硬的塗料足以防止污漬久留。出口這種特殊樹脂產品很可能成為一種有利可圖的事業，但迄今好像還沒有人想到這種可能性。除了上述這種特殊的樹脂外，另有一種是從別一種樹的果實得到的，和前者很相似，用途也大致相同。這第二種不像第一種那麼細潤，但它的優點是數量更多得多。

在這裏，我們也發現有很多種芳香類貨物，既有本地產的，也有進口的。肉桂和鮮薑是這個國家的土產，數量極多。尤其盛產生薑，質量較全世界任何地方為佳。胡椒、堅果、蘆薈和其他這類物產是由附近的摩鹿加島（Molucca）[1]或鄰國進口的，但越來越不受歡迎，隨着進口多了價格也在下跌。

最後，我們應該談談硝石；這種東西相當多，但並不廣泛用於製備黑色火藥，因為中國人並不精於使用槍炮，很少用之於作戰。然而，硝石卻大量用於製造焰火，供羣眾性娛樂或節日時燃放。中國人非常喜歡這類表演，並把它當作他們一切慶祝活動的主要節目。他們製作焰火的技術實在出色，幾乎沒有一樣東西他們不能用焰火巧妙地加以摹仿。他們尤其擅長再現戰爭場面以及製作轉動的火球、火樹、水果等等，在焰火上面，他們似乎花多少錢也在所不惜。我在南京時曾目睹為了慶祝元月而舉行的焰火會，這是他們的盛大節日，在這一場合，我估計他們消耗的火藥足夠維持一場相當規模的戰爭達數年之久。

1　即《島夷志略》之文老古，《明史》之美洛居，在今印度尼西亞。——中譯者注。

第四章　關於中國人的機械工藝

根據我們自己的經驗，大家都知道中國人是最勤勞的人民；而且從以上幾章可以很合邏輯地得出結論說，在他們中間大部分機械工藝都很發達。他們有各種各樣的原料，他們又天生有經商的才能，這兩者都是令機械工藝高度發展的有力因素。只要提一下在這些工藝中中國人的做法看來與我們工匠的做法最為不同的一些方面，就足以說明他們的多才多藝了。

應該指出，因為這裏的人民習慣於生活節儉，所以中國的手藝人並不為了獲得更高的售價，而在他創作的物品上精益求精。他們的勞作毋寧是被買主的需求所引導的，而買主通常滿足於不很精美的東西。結果，他們常常犧牲產品的質量，而只滿足於表面好看以便吸引買主注目。這在他們為官員們做活時似乎特別明顯，因為官員們根本不管所買物件的實際價值，而只憑一時好惡向工匠付錢。有時候，他們還強迫工匠們去設計他們並無此聰明才智去做的東西。

從房屋的風格和耐久性看，中國建築在各方面都遜於歐洲。事實上，究竟這兩者中哪個更差一些，還很難說。在他們着手建造時，他們似乎是用人生一世的久暫來衡量事物的，是為自己蓋房而不是為子孫後代。而歐洲人則遵循他們的文明的要求，似乎力求永世不朽。中國人的這種性格，使得他們不可能欣賞表現在我們的公私建築中的那種富麗堂皇，甚至不相信我們告訴他們的有關情況。我們告訴他們，我們有很多的建築已經受風雨達百年之久，有的甚至達一兩千年，他們聽了完全是一副茫然不解的表情。當他們提出疑問時，我們告訴他們，經久不壞的原因在於地基很深、很結實，足以在這樣久的時間裏承受上層結構而不動搖，他們更是驚奇得目瞪口呆。然而，這是不足為奇的，因為他們自己從不挖掘地基，而只是在一片不裂開的地面上放上一些大石頭；或者如果他們挖地基，深度也不會超過一碼或兩碼，即使牆壁或樓台要造得很高。結果是他們的房屋城堡甚至不能經受百年的風雨，而不得不經常修繕。讀者可能還記得，我們已經說過，他們的房屋大多是木結構，或者如果是磚石建築，它們也由木柱支撐的房頂所遮蓋。後面這種建造方法的優點是牆壁可以隨時翻修，而房屋的其餘部分保持原樣不動，因為房頂是用柱子支撐的而不是架在牆上。

中國使用印刷術的日期比人們認定的歐洲印刷術開始的日期，即大約 1405 年，要略早一些。可以十分肯定，中國人至少在五個世紀以前就懂得印刷術了，有些人斷言他們在基督紀元開始之前，大約公元前 50 年，就懂得印刷了。他們的印刷方法與歐洲所採用的大不相同，而我們的方法是他們無法使用的，這是因為中國字和符號數量極大的緣故。目前他們把字反過來以簡化的形式刻在很小的木版上，多用桃木或蘋果木製作，雖然有時棗木也用於這項用途。

他們印書的方法十分巧妙。書的正文用很細的毛製成的筆沾墨寫在紙上，然後反過來貼在一塊木版上。紙幹透之後，熟練迅速地把表面刮去，在木版上只留下一層帶有字跡的薄薄的棉紙。然後工匠用一把鋼刻刀按照字形把木版表面刻掉，最後只剩下字像薄浮雕似地凸起。用這樣的木版，熟練的印刷工人可以以驚人的速度印出複本，一天可以印出一千五百份之多。中國印刷工人刻這類木版的技術非常熟練，製作一個所花的時間並不比我們一個印刷工人排版和做出必要校正所需的時間更多。這種刻制木版的辦法極適合中國字既大又複雜的特點，但我不認為它能適用於我們歐洲的字型，我們的字型太小，很難刻在木頭上。

他們的印刷方法有一個明確的優點，即一旦製成了木版，就可以保存起來並可以用於隨時隨意改動正文。也可以增刪，因為木版很容易修補。而且用這種方法，印刷者和文章作者都無需此時此地一版印出極大量的書，而能夠視當時的需要決定印量的多少。我們從這種中文印刷方法中得益非淺，因為我們利用自己家中的設備印出了我們從各種原來寫作的文字譯成中文的有關宗教和科學題材的書籍。

老實說，整個方法非常簡單，只要看過一次這種印刷過程，人們都會想親自試試。正是中文印刷的簡便，就說明了為什麼這裏發行那麼大量的書籍，而售價又那麼出奇地低廉。沒有親身目睹的人是很難相信這類事實的。

他們還有一種奇怪的方法來翻印刻在大理石或木頭上的浮雕。例如刻在大理石或木頭上的薄浮雕式的墓志銘或圖畫，用一張濕紙貼上，上面再蓋上幾片布。然後用小木槌敲打整個表面，直到浮雕的全部線條都壓印到紙上為止。紙乾後輕輕地塗上一層墨或別的顏色，之後浮雕印出的形象襯着紙，原來的白色就突出出來。當浮雕很淺或線條很細時，則不能採用這種方法。

中國人廣泛地使用圖畫，甚至於在工藝品上；但是在製造這些東西時，特別是製造塑像和鑄像時，他們一點也沒有掌握歐洲人的技巧。他們在他們堂皇的拱門上裝飾人像和獸像，廟裏供奉神像和銅鐘。如果我的推論正確，那麼據我看，中國人在其他方面確實是很聰明，在天賦上一點也不低於世界上任何別的民族；但在上述這些工藝的利用方面卻是非常原始的，因為他們從不曾與他們國境之外的國家有過密切的接觸。而這類交往毫無疑義會極有助於使他們在這方面取得進步。他們對油畫藝術以及在畫上利用透視的原理一無所知，結果他們的作品更像是死的，而不像是活的。看起來他們在製造塑像方面也並不很成功，他們塑像僅僅遵循由眼睛所確定的對稱規則。這當然常常造成錯覺，使他們比例較大的作品出現顯明的缺點。但是這並沒有妨礙他們用大理石和黃銅和黏土製造巨大醜惡的怪物。他們用黃銅製鐘，用木槌擊鐘。他們不能容許用鐘錘上的鐵舌擊鐘，所以他們的鐘在音色上比不上我們的。

樂器很普遍，種類很多，但他們不知道使用風琴與翼琴（clavichord），中國人沒有鍵盤式的樂器。在他們所有的弦樂器上，琴弦都是用棉線捻成的，他們似乎根本不知道可以用動物的腸子做琴弦這一事實。他們用樂器在音樂會上演奏與我們的作法非常一致。中國音樂的全部藝術似乎只在於產生一種單調的節拍，因為他們一點不懂把不同的音符組合起來可以產生變奏與和聲。然而他們自己非常誇耀他們的音樂，但對於外國人來説，它卻只是嘈雜刺耳而已。雖然事實上他們自稱在和諧的演奏音樂領域中首屈一指，但他們表示很欣賞風琴的音樂以及他們迄今所聽到過的我們所有的樂器。也許他們聽到我們的聲樂和管弦樂曲後，他們也會以同樣態度加以評價。截至目前為止，他們在我們的教堂裏還沒有過這種機會，因為我們在這裏的簡樸的開端還沒達到那樣發展的階段。

我們最初的種種努力必然是不事宣揚的。我認為中國人有一種天真的脾氣，一旦發現外國貨質量更好，就喜好外來的東西有甚於自己的東西。看來好像他們的驕傲是出於他們不知道有更好的東西，以及他們發現自己遠遠優勝於他們四周的野蠻國家這一事實。

這個國家只有少數幾種測時的儀器，他們所有的這幾種都是用水或火來進行測量的。用水的儀器，樣子像是個巨大的水罐。用火操作的儀器則是用香灰來測時的，有點像仿製我們用以濾灰的可以翻轉的爐格子。有幾種儀器用輪子製成，用一種戽門輪來操作，裏面用砂代替水。但是所有這些都遠不如我們的儀器完美，常常出錯，測時不準確。至於日晷，他們知道它從赤道而得名，但還沒學會怎樣依照緯度的變化擺正日晷。

我相信這個民族是太愛好戲曲表演了。至少他們在這方面肯定超過我們。這個國家有極大數目的年輕人從事這種活動。有些人組成旅行戲班，他們的旅程遍及全國各地，另有一些戲班則經常住在大城市，忙於公眾或私家的演出。毫無疑問這是這個帝國的一大禍害，為患之烈甚至難於找到任何另一種活動比它更加是罪惡的淵藪了。有時候戲班班主買來小孩子，強迫他們幾乎是從幼就參加合唱、跳舞以及參與表演和學戲。幾乎他們所有的戲曲都起源於古老的歷史或小說，直到現在也很少有新戲創作出來。凡盛大宴會都要僱用這些戲班，聽到召喚，他們就準備好上演普通劇目中的任何一齣。通常是向宴會主人呈上一本戲目，他挑他喜歡的一齣或幾齣。客人們一邊吃喝一邊看戲，並且十分愜意，以至宴會有時要長達十個小時，戲一齣接一齣，也可連續演下去直到宴會結束。戲文一般都是唱的，很少是用日常聲調來唸的。

在物件上用印蓋章是大家都知道的，在這裏也很普遍。不僅信件上要蓋章加封，而且私人字畫和詩詞以及很多別的東西上也都加蓋印章。這類印章上面只刻姓名，沒有別的。

然而，作家就不限於一顆印章，而是有很多顆，刻着他們的學位和頭銜，毫不在意地蓋在作品開始和結尾的地方。這種習俗的結果便是上層作家的書桌上都擺着一個小櫃，裏面裝滿了刻有各種頭銜和名字的印章，因為中國人通例稱呼起來都不止一個名字。這些印章並不是蓋在蠟或任何類似的東西上，而是要沾一種紅色的物質。這種印章照例是用相當貴重的材料製成，例如稀有木料、大理石、象牙、黃銅、水晶、紅珊瑚，或別的次等的寶石。很多熟練工匠從事刻制印章，他們被尊為藝術家而不是手藝人，因為印章上刻的都是已不通用的古體字，而凡是表現懂得古物的人總是受到非常尊敬的。

與制印工藝大不相同的是制墨。他們用稠密的油渣做成小薄塊，即是墨。中國人或許比任何其他民族更加習慣於密切注意書寫的字體是否優美，精於此道的書法家受到很高的尊崇。所以制墨的人也通常被歸入藝術家。在一塊薄薄的大理石盤或硯上，加幾滴水使之潮濕，再用墨塊在上面磨。這樣硯台就有了墨汁，墨汁被蘸在一支野兔毛製成的筆上。製造這種硯台也是一種常見的工業，有時候是用貴重的石頭做得十分好看，並以高價出售。一般說來，書法用具大致都是很精美的，為人們所珍愛，因為它們是有地位的人使用的，光是從事這種職業的人其本身的性質就給他們帶來了尊嚴。

在這裏有一種特殊的行業遠比別處普遍，那就是製扇業。這些扇子通常是在酷熱季節用來搧風的，各個階級和男女兩性都使用。在大庭廣眾之中不帶扇子會被認為是缺乏風度，儘管氣候已應使人避風而不是搧風。或許這種特殊習俗的原因，是人們用扇子是為了裝飾更甚於為了需要。中國扇子的式樣和製扇的用料種類繁多。扇子通常用蘆杆、木頭、象牙或烏檀作骨，上面蒙以紙或棉布，有時甚至是帶香味的草秸。有的是圓的，有的是橢圓或方形的。上等人士使用的，一般是用光紙做的，上面裝飾着圖案，很美麗地描着金色，人們攜帶時或是打開或是合起。有時候扇上書寫着一些格言或甚至整篇詩詞。扇子作為友誼和尊敬的一種象徵，是最常互相饋贈的禮物。在我們的住處有滿滿一箱這類扇子禮品，都是友人表示敬意贈送給我們的，我們也拿來送人作為友誼的證明。很容易想像在各處從事於制扇業的工匠數目有多少。

我總是認為中國人用扇子就好像我們戴手套一樣。雖然主要的目的兩者似乎恰恰相反，一個是用以驅暑，另一個是用以防寒，但兩者一樣似乎更經常地都是用作裝飾品或紀念友誼的小禮物。

在上述手工藝的實踐中，中國人肯定地與所有別的民族都不相同；但是他們在其他藝術和科學方面的實踐卻與我們自己的十分相近，雖然他們與我們的文明相距很遠。事實上，如果考慮他們飲食起居的方式，那麼習俗的相似倒是十分驚人的，在這些方面，在歐洲以外所有國家中，只有他們和西方十分一致。他們使用桌、椅和牀，這在與中國接壤的各國人民完全是聞所未聞的，所有這些國家的人民都是在土地上或地板上放一些草薦代替桌椅和牀鋪。這種習俗上的差別是十分顯著的，我有點不知怎麼解釋才好；但我將不再讚述這種事情，以免使讀者生厭。從上面所談的，人們就可以得出結論，我們與中國人的接觸是有許多好處的。

第五章　關於中國人的人文科學、自然科學及學位的運用

在討論這個了不起的帝國的政府問題之前，簡略地介紹一下中國人在文學和科學上所取得的進步，以及他們所習慣的授與學位的性質，將是有益的。中國政府的整個性質都與這些特殊的因素密切聯繫在一起，它的政府的形式與世界上任何別的國家的都不同。雖然帝國並不由知識階級即「哲人」在進行管理這種說法是正確的，但必須承認他們對帝國的統治者有着廣泛的影響。

首先談幾句中國一般的書法，他們使用的字形很像古埃及人的象形文字。在風格和結構上，他們的書面語言與日常談話中所用的語言差別很大，沒有一本書是用口語寫成的。一個作家用接近口語的體裁寫書，將被認為是把他自己和他的書置於普通老百姓的水平。然而，說起來很奇怪，儘管在寫作時所用的文言和日常生活中的白話很不相同，但所用的字詞卻是兩者通用的。因此兩種形式的區別，完全是個風格和結構的問題。所有中國的字詞無一例外都是單音字。我從未遇到過雙音或多音字，雖然有些字可能包含兩個甚至三個元音，其中有些是雙元音。

我說到雙元音時，心裏想的是我們歐洲的術語。中國人不習慣說元音和輔音，因為每個字正好像每個對象一樣，都是用它自己的漢字或符號來表示的，用於代表一個意思。因此漢字符號的數目就等於字

的數目，措詞的單位不是字而是音節。在本書中，讀者就會碰到一個以上音節的中國字詞，但是必須牢記中文的一個音節就是一個單獨的字，因為所用的各個音節就指同一個對象，所以我們照歐洲方法把它們組成一個多音節的字。

雖然每個對象都有它自己恰當的符號，但由於許多符號所組成的方式，所以總數不超過七萬或八萬。一個人掌握了大約一萬個這樣的符號，他受的教育就達到了可以開始寫作的階段。這大概是寫作通順所要求的最低數目。在整個國家或許沒有一個人掌握了所有的符號，或者可以說對於中國語文有了完全的文字知識。有很多符號發音相同，寫出來卻很不一樣，意思也很不同。所以結果是，中文或許是所有語言中最模棱兩可的了。

人們不可能靠聽寫中文來筆錄一部書，把一本書唸給聽眾聽，他們也無法聽懂書的內容，除非人人眼前都有這樣一本書。發音相同的各種不同書寫符號不可能用耳朵聽準，但是可以用眼睛把符號的形狀以及它們的意義分辨清楚。事實上常常發生這樣的事：幾個人在一起談話，即使說得很清楚、很簡潔，彼此也不能全部準確地理解對方的意思。有時候不得不把所說過的話重複一次或幾次，或甚至得把它寫出來才行。如果手邊沒有紙筆，他們就沾水把符號寫在什麼東西上，或者用手指在空中劃，或甚至寫在對方的手上。這樣的情況更經常地發生在有文化的上流階級談話的時候，因為他們說的話更純正、更文縐縐並且更接近於文言。

人們運用重音和聲調來解決我稱之為含意不清或模棱兩可的困難問題。一共有五種不同的聲調或變音，非常難於掌握，區別很小而不易領會。他們用這些不同的聲調和變音來彌補他們所缺乏的清晰的聲音或語調；因而在我們只具有一種明確含義的一個單音節，在他們就至少具有五個不同的意義，並且彼此由於發音時的聲調不同，而可能相去有如南極和北極。每個發音的字的確切意義是由它的聲調質量決定的，這就當然增加了學習説這種語言以及聽懂別人的困難。我要冒昧地説，沒有一種語言是像中國話那樣難於被外國人所學到的。然而，上帝保佑，我們耶穌會的會友凡是獻身於在這個民族中的傳道工作的，都經過不懈的努力而學會了説他們的語言。從一開始佈道就在這裏的人不僅可以流利地説，而且還可以讀和寫中文。我認為中國語言含糊不清的性質，乃是因為自古以來他們就一直把絕大的注意力放在書面語的發展上，而不大關心口語。就是現在，他們的辯才也只見之於他們的寫作而不在於口語，在這方面他們有點像以寫作的辯才而在希臘人當中享有盛名的伊索克拉底（Isocrates）[1]。結果有時候甚至是住在同一城市而且離得很近的朋友，也是書信往返，而不見面談話。

雖然由於使用一個確定的符號來表示每一樁個別的事物這種寫作方法給記憶帶來了沉重的負擔，但它也有一種獨特的優點，這是我們在前面還沒有談到的。有些國家在他們的口語方面互相之間有很大的不同，但書面語卻是共通的，他們最後可以通過交換書籍和信件相互接觸，這是通過説方言所無法做到的。

例如説，日本人、朝鮮人、交趾人[2]和琉球人有一些大家都有的書，但是他們口語卻差別很大，以致誰也聽不懂別人的話。他們都能看懂同樣意義的書面語，但是各個民族卻都説它自己特殊的方言。甚至在中國的各個省份，口語也大不相同，以致他們的話很少有共同之點。然而共同的書寫卻構成彼此接觸的充分基礎。除了不同省份的各種方言，也就是鄉音之外，還有一種整個帝國通用的口語，被稱為官話（Quon-hoa），是民用和法庭用的官方語言。這種國語的產生可能是由於這一事實，即所有的行政長官都不是他們所管轄的那個省份的人（我們下面就要解釋），為了使他們不必需學會那個省份的方言，

1　伊索克拉底（436 — 338 B. C.），雅典演説家。——中譯者注。

2　意大利文作 Cocincina，即交趾支那，指越南。——中譯者注。

就使用了這種通用的語言來處理政府的事務。官話現在在受過教育的階級當中很流行，並且在外省人和他們所要訪問的那個省份的居民之間使用。懂得這種通用的語言，我們耶穌會的會友就的確沒有必要再去學他們工作所在的那個省份的方言了。各省的方言在上流社會是不說的，雖然有教養的人在他的本鄉可能說方言以示親熱，或者在外省也因鄉土觀念而說鄉音。這種官方的國語用得很普遍，就連婦孺也都聽得懂。

我聽說日本人除了由中國傳來的符號外，還有和我們的很相似的字母和其他要素，這就使得他們可以不用那套無窮無盡的中國漢字來書寫自己的本國語。在我們所列舉過的與中國接壤的國家中也都可能有同樣的做法。然而，十分肯定的是中國人並沒有用過這類字母，甚至這類東西的影子也沒有。在這個國家，以文為業的人們從小到老都要埋頭學習他們的這些符號。毫無疑問這種鑽研要花去大量的時間，那本來是可以用來獲得更有用的知識的。不過就其可以減少年輕人不顧一切的、荒唐放縱的危險而言，尤其是對於那些大有閒暇而無所事事的人，那麼即使是這樣分散精力也有其好處。這種描畫符號而不是組合字母的書寫方法就造成了一種與眾不同的表達方式，它可以不僅是用幾個短語，而是用幾個字就清楚明白地說出各種想法，而那在我們就必須囉嗦半天還沒有說清楚。在我們討論漢字或符號的時候，我們切不可忘記說明，中國人書寫的位置和次序正好與我們相反。他們的字從上到下寫成豎行，紙面上是由右到左，而我們紙面上則是由左到右，從上到下的橫行。

中國所熟習的唯一較高深的哲理科學就是道德哲學，但在這方面他們由於引入了錯誤，似乎非但沒有把事情弄明白，反倒弄糊塗了。他們沒有邏輯規則的概念，因而處理倫理學的某些教誡時，毫不考慮這一課題各個分支相互的內在聯繫。在他們那裏，倫理學這門科學只是他們在理性之光的指引下，所達到的一系列混亂的格言和推論。

中國哲學家之中最有名的叫作孔子。這位博學的偉大人物誕生於基督紀元前五百五十一年，享年七十餘歲，他既以著作和授徒，也以自己的身教來激勵他的人民追求道德。他的自制力和有節制的生活方式使他的同胞斷言，他遠比世界各國過去所有被認為是德高望重的人更為神聖。的確，如果我們批判地研究他那些被載入史冊中的言行，我們就不得不承認他可以與異教哲學家相媲美，而且還超過他們中的大多數人。中國有學問的人非常之尊敬他，以致不敢對他說的任何一句話稍有異議，而且還以他的名義起的誓，隨時準備全部實行，正如對待一個共同的主宰那樣。

不僅哲學家作為一個階級是如此，就是統治者在過去的時代裏也給予他以一個人的最高敬意。然而，他卻從未像神那樣受到宗教式的崇拜。他們感激地承認他們都受益於他遺留下來的學說，甚至經過了這麼漫長的時間，直到今天，他的後裔仍受到大家高度的尊敬。統治者們給予孔氏家族的族長以世襲的尊榮，並賦之以特殊的豁免權。

中國人不僅在道德哲學上，而且也在天文學和很多數學分支方面取得了很大的進步。他們曾一度很精通算術和幾何學，但在這幾門學問的教學方面，他們的工作多少有些混亂。他們把天空分成幾個星座，其方式與我們所採用的有所不同。他們的星數比我們天文學家的計算整整多四百個，因為他們把很多並非經常可以看到的弱星也包括在內。儘管如此，中國天文家卻絲毫不費力氣把天體現象歸結為數學計算。他們花費很多時間來確定日月蝕的時刻以及行星和別的星的質量，但他們的推論由於無數的錯訛而失誤。最後，他們把注意力全部集中於我們的科學家稱之為占星學的那種天文學方面；他們相信我們地球上所發生的一切事情都取決於星象，這一事實就可以說明占星學的情況了。

由西方進入這個國家的撒拉遜人曾帶給中國人某些數學科學的知識，但這些知識很少是以確切的數學證明為基礎的。撒拉遜人留給他們的大部分是一些規則的表格，中國人用來校準日曆，並按表格歸納他們對行星以及一般天體運動的計算。目前管理天文研究的這個家族的始祖[1]，禁止除以世襲入選者之外的任何人從事這項科學研究。禁止的原因是害怕懂得了星象的人，便能夠破壞帝國的秩序或者是尋求這樣做的機會。

當今皇帝花很多錢支持兩個不同的曆算學派[2]，入這些皇家學院的人或留在宮中作宦官，或在宮外作皇室官吏，其中有兩人在北京的欽天監任職。這兩派中之一遵循中國人的方法，中國人宣稱自己掌握了測定日曆和日月蝕的知識；另一派遵循撒拉遜人的體系[3]，把同樣的事實納入由國外傳來的表格。各派或欽天監得出的結果經常要做比較，從而可以相互補充或矯正，以便做出最後的決定。各派在山頂上都有一塊平地，放置好他們的曆算儀器，這些儀器尺寸非凡，用黃銅鑄成，古色古香。各派總有人守夜，以便發現天空中的星象或彗星有什麼特殊和異常的現象。如有任何異常現象，他們次日就向皇帝呈遞詳細的報告，並說明事變是主吉還是主凶。

南京數學家的天象台建在城裏的一座小山上[4]，儀器比北京的更大也更精美，因為修造這些儀器時，正好朝廷也在這個城市。然而，北京的天文學家掌握向全國發佈日月蝕消息的特權。當他們發佈日月蝕聲明時，行政官和那些拜偶像的和尚們都奉令聚集在一個特定地點，穿上表示他們職務的長袍，聲援他們認為正在受難的行星。他們所做出的聲援就是敲打無數的鐃鈸，有時是跪着，喧囂一直繼續到整個日月蝕歷程結束。我聽說他們害怕日月蝕時行星會被龍吞掉；究竟是什

1 指朱元璋。——中譯者注。

2 實指曆法中的兩個派別，參看下面的解釋。——中譯者注。

3 指遵循元代回回司天監所採用的回回曆法。——中譯者注。

4 指北極閣。——中譯者注。

麼樣的龍，我卻不知道。

中國的醫療技術的方法與我們所習慣的大為不同。他們按脈的方法和我們的一樣，治病也相當成功。一般說來，他們用的藥物非常簡單，例如草藥或根莖等諸如此類的東西。事實上，中國的全部醫術就都包含在我們自己使用草藥所遵循的規則裏面。這裏沒有教授醫學的公立學校。每個想要學醫的人都由一個精通此道的人來傳授。在兩京（南京和北京）都可通過考試取得醫學學位[1]。然而，這只是一種形式，並沒有什麼好處。有學位的人行醫並不比沒有學位的人更有權威或更受人尊敬，因為任何人都允許給病人治病，不管他是否精於醫道。

在這裏每個人都很清楚，凡有希望在哲學領域成名的[2]，沒有人會願意費勁去鑽研數學或醫學。結果是幾乎沒有人獻身於研究數學或醫學，除非由於家務或才力平庸的阻撓，而不能致力於那些被認為是更高級的研究。鑽研數學和醫學並不受人尊敬，因為它們不像哲學研究那樣受到榮譽的鼓勵，學生們因希望着隨之而來的榮譽和報酬而被吸引。這一點從人們對學習道德哲學深感興趣，就可以很容易看到。在這一領域被提升到更高學位的人，都很自豪他實際上已達到了中國人幸福的頂峰。我想更詳盡地談一下他們學習的這個方面，讀者將感到既新鮮而又有趣。被稱為中國聖哲之師的孔子，把更古的哲學家的著作彙編成四部書，他自己又撰寫了五部。他給這五部書題名為「經」（The Doctrines），內容包括過正當生活的倫理原則、指導政治行為的教誡、習俗、古人的榜樣、他們的禮儀和祭祀以及甚至他們詩歌的樣品和其他這類的題材。在這五部書之外，還有一部彙編了這位大哲學家和他的弟子們的教誡，但並沒有特殊的編排。它主要是着眼於個人、家庭及整個國家的道德行為，而在人類理性的光芒下對正當的道

1 指通過太醫院的考試。——中譯者注。

2 指通過科舉作官。——中譯者注。

德活動加以指導。這部書是從前面提到的那四部書摘錄下來的撮要，被稱為《四書》(Tetrabiblion)。孔子的這九部書構成最古老的中國圖書庫，它們大部分是用象形文字寫成，為國家未來的美好和發展而集道德教誡之大成；別的書都是由其中發展出來的。

在這個國家有一條從古代帝王傳下來，並為多少世紀的習俗所肯定的法律，規定凡希望成為或被認為是學者的人，都必須從這幾部書裏導引出自己的基本學說。除此以外，他遵循這幾部書的一般內容還不夠，更為困難得多的是，他必須能夠恰當而確切地按這幾部書所包含的每一條具體的學說來寫作。為此目的，他必須背熟整部《四書》，以便成為這方面的公認權威。與我們某些作者所說的情況相反，這裏並沒有教授或講解這幾部書的學校或公立學院。每個學生都選擇自己的老師，在家裏自費向他學習。

這類私人教師為數當然極多，這部分是因為中國字很難掌握，一位教師在同時很難教許多學生；部分是因為在這裏每個家庭都有為自己的子弟辦私塾的風俗。有時候除了定期延聘的之外，也還請別的教師，為的是避免他們出於其職業利益的干擾而競爭職位這一風俗。

在哲學領域[1]有三種學位，授給通過每種學位的筆試的人。第一種學位是由皇帝為此目的欽點的某個著名學者在較大城市和在公立學院中授與。由於他的職務，這位官員被稱為提學（Tihio）。第一種學位與我們的學士學位相當，叫做秀才 (Lieucai)[2]。提學巡視他將授與學位並為此需進行三次考試的那個省份的一些城市。這位學監（我們這樣稱呼他）到達之後，應試者就集合起來準備考試。初試由當地已獲得學士學位並準備考更高學位的教師主持，他們由國庫撥款主持這一特殊考試。任何人都可以參加初試，有時一個地區就有四、五千人應

1 原意大利文作 questa scientia，(這種學術)，實指科舉考試。——中譯者注。

2 原意大利文作 Suizai。——中譯者注。

試。通過初試的人由當地教師推薦給四位本城的主考，這四位主考本身就都是學者，否則就不會擔任此項職務。然後這四位主考將選出保送給學監的候選人。這樣被保送的一般不超過二百名，他們入選是因為文章寫得好。

第三次考試由學監本人主持，並遠較前兩次更嚴格得多。獲准參加這次考試的二百人中，成績最好的二十或三十名將被授予學位，視候選人原來那個地區的大小而定。這時他們就是學士了，這是代表他們本城高等公民的顯貴階級，而凡是希望也得到同樣尊榮的人都極力與他們結交。他們特殊的服飾是一件拖到腳踝的長袍、一頂帽子和長筒靴，這些是除他們以外不許別的階級穿着的。他們在行政長官會議時坐在榮譽席上，並可以對行政長官用普通人所不得使用的更親熱的稱呼。在他們的家鄉城市他們享有很多特權，並被視為高於除學監和那四位本城主考之外的一切人，別的行政長官也不輕易審判他們所提出的或者是被控的案件。

學監的職責並不限於這批新學士。他還負責往年考中秀才的人的品行，嚴格衡量他們所做的進步和所犯的懈怠。為此他設立五個不同的等級，按他們文章的質量加以評定。被列為第一等的授與公職，但不是高級公職；第二等也受到獎勵，但榮譽要小一些；第三等屬於平平，既不受獎也不受罰；第四等的則被認為玩怠，必須對他們的缺點處以罰款；最後，如果一位學士不幸落入第五等或末等，他就被剝奪學士的稱號，降為平民。這樣做是為了防止成為學士的人因生活悠逸而對他們非常刻苦學到的東西失去興趣並且忘記。

中國士大夫的第二種學位叫舉人（Kiugin），可以和我們的碩士相比。這種學位在各大省份以很莊重的儀式授與，但只是每三年在八月舉行。並不是所有希望得到這種學位的人都能得到。只有第一流的人能被選中，他們的數目取決於該省的地位和名聲。在南京和北京兩區，有一百五十名學士應召赴碩士考試。浙江、江西、福建各為九十五人，其他各省更少一些，這要視該省的地位和以前該省已經中舉的人數而定。如前所述，只有學士才能應召參加這一第二級學位的考試，而且並非他們全部。選擇由學監做出，他從該省的各城市或學習中心召集三十人或最多四十人，這一選擇根據筆試成績。但是，雖然選擇很嚴格，在有些較大的省份，投考碩士學位的人數常常超過四千。

每當這種三年考試之期，例如 1609 年舉行過一次，下一次將在 1612 年舉行，日期是在第八次月圓之前幾天，公曆則常在九月份；北京的官吏就向皇帝呈遞一百名全國最著名哲學家的證件。從這份名單中，皇帝指定三十名，或每省兩名，主持對碩士學位的公開討論。這些主考官中必須有一名是由皇家學院，即稱為翰林院的選出，翰林院的班子被認為是全國最知名的學者所組成。主考官一經皇帝指定，就只剩有足夠的時間必須立即啟程去他主考的那個省份。而且還有很多指定的監察官來保證主考官在召集碩士們之前不得與該省任何人談話。在這次考試中，地方行政長官召請本省最著名的學者或哲學家來協助朝廷所指定的這兩位省級主考官，對應考人交上的文章進行初步討論。

在每個大城市都有一座專門為這一考試而修建的寬闊無比的宮殿，四周圍以高牆[1]。考場內有許多套間隔絕外部，專供上面提到的考官討論呈交上來的手稿。在這座宮殿的中心有四千多個小單間，每間只夠放下一個人用的一張桌和一把椅。小單間構造得使相鄰的人不能談話甚至見面。當本地考官和朝廷考官到達這個城市時，立即被帶到這座宮殿裏各就各位，而不得與任何人談話。甚至在評閱考卷時他們也不准彼此交談。這段特殊時期日夜都有地方官的和軍隊的警衛不斷在巡邏，以防宮殿內工作的人和外邊的人以口頭或書面形式進行任何接觸。

1　指貢院。——中譯者注。

每次都規定同樣的三天在全國進行這一考試——即陰曆八月初九、十二和十五。參加考試的人被准許在上了鎖的門裏，從清早一直寫到日落，並且以公費供應他們前一天準備好的簡單飯食。候選的學士進入考場時，要受到仔細搜查，看看有沒有夾帶書籍或字紙。應考時，他們可以帶幾支筆、硯台以及紙墨。他們的衣服，甚至筆硯，都要仔細檢查以免舞弊；如果發現任何作弊行為，他們不僅要被剝奪考試資格而且還要嚴加懲罰。

當候選學士進入宮殿時，就關閉大門並在外面貼上加蓋官印的封條，皇帝指定兩個主考官分別當眾解釋從四書中任意選出的三段。然後他把這幾段作為總題，並必須按照每個考官選定的題目各寫一篇文章。然後又從五經中的任何一本中選出四段，作為附加的考題。應考的每個人可從他專攻的經書中選寫題目。這七篇文章必須能夠證明不僅用詞得當，而且對經書中的思想理解正確，並嚴格遵照中國修辭的規則。每篇論文不得超過五百字，正相當於我們習慣的字數。

在考試的第二天，經過兩天休息後，考生仍與以前一樣關在門後面，考試的題目就涉及過去所發生的事情、古代編年史以及在最近的將來可以期待發生的事件。這些文章要寫成一式三份，採用呈給皇帝的奏摺形式，説明在某種情況下，從帝國利益出發，應採取什麼樣的措施最好。

在第三天，要從指導行政的計劃時將會出現的各種可能性中，抽出三道難題或策論進行考試。答卷仍要寫成一式三份，各份都説明作者對解決他選擇來討論的爭論所要提供的判斷。當各個候選人選定他要進行討論的論題並記牢以後，他就進入負責官員指定給他的房間，默默地進行寫作。每個人都必須把他的手稿再抄入一本特別帶來的紙本上，在文章的最後除了自己的姓名以外，還要寫明他祖上三代的姓名。然後這個紙本也要加封，只有負責人才能啟封。每個人這樣的手抄本可以隨他用多少，並把它們親手呈交負責人。這些抄本由專門指定的書記或抄手再重新抄過。為了防止任何徇私，抄本上都用紅筆寫上一個特別的字，然後再送交呈考官，而作者的筆跡則全部消除。這些不留筆跡的手稿才是送交考官評定的試卷。本人手跡本則編號與送呈考官的試卷上的符號相對應。這種方法是要防止識別手稿，並從書寫的字體中隱瞞作者本人及其筆跡。

第一組考官由當地的官員中挑選，他們粗看一遍試卷，剔除較差的。它是這樣進行的，以致送到欽派考官面前的試卷份數不會超過碩士候選人數目的一倍。例如，如果準備授與一百五十個學位，就選出三百份試卷送到欽派考官處複試。然後按預定學位數目選出最佳的試卷。在評卷時，試卷排定為頭、二、三等，各等內都順序排列。然後考官把中選的試卷與每份有相應號碼的原稿對勘，以便找出作者的姓名。陰曆八月底，官員們聚集一起，把獲勝候選人的姓名用大字寫在巨榜上公諸於眾。這一儀式對於競爭中的幸運者的親友們是巨大歡樂的時辰。

碩士學位要比學士高出很多，隨之也就更加尊貴而且有更引人注目的特權。取得碩士學位的人，一般認為還要繼續學習，進一步取得博士學位。如果他不肯這樣做，他就連做低級官職的資格也沒有。考試完畢，上述的儀式結束之後，欽定的主考就印出一本書發行全國，載有考試的結果、新碩士的名單以及所試各題的傑出答卷。這本書以榮譽地位刊出獲得最高名次的人，他被尊為解元。這本書被印成精裝版，有幾本要呈送皇帝和宮廷。

外來的學士通常不允許參加碩士考試。然而，有少數人享有特權可以被北京和南京兩區所接受。如果允許他們在該區學習，他們就與該區有了聯繫；得到學士學位之後，他們交付一定數目的金錢給該區財庫，就可以被該區的學校所接納。

中國人的第三種學位叫做進士，相當於我們的博士學位，這個學位也是每三年授與一次，但只是在北京地區。授與博士學位總是在碩士學位之後的第二年。全國每次授與學位不超過三百名。任何省份獲有碩士學位的人都可以自由參加這一考試，隨便應考多少次。考試在前面提到過的日子，在下半月舉行，方式與上述的前一種學位考試完全相同，只是或許因為這一學位具有更大的尊嚴，所以採取更多的防止作弊徇私的措施。這次考試的主考官，是從被稱為閣老的朝廷高官中挑選出最嚴格的，我們後面還將再談到他們。

考試結束後，考試結果在上面提到過同一地方以同樣的方式公佈。唯一增加的項目是新博士全都轉移到皇宮，在那裏當着朝廷閣臣、有時也當着皇帝的面，就一個給定的題目寫一篇論文。這次競爭的結果，決定這些博士將授予三級官員之中的哪一級。這是一次著名的考試，全部內容只是做一篇相當簡短的論文。在正規的博士考試中已取得第一名的人，在這次終試中最少也能保證第三名，而那些在這次考試中取為第一、第二名的則被賦與殊榮，他們一生都可確保高級公職。他們享有的地位相應於我們國家的公爵或侯爵的地位，但其頭銜並不世襲傳授。

新博士立即穿戴上他們特殊的服裝和特定的帽子和靴子以及官吏的其他標誌，並提升到官員品級中較富較高的薪俸。從這個時候起，他們就屬於取代碩士地位的另一個社會階層，並被算作是全國高等公民之列。一個外人很難體會他們的地位比他們昨天的同事們高出多少，而那些人卻總是讓他們上座，並以最奉承的稱呼和禮貌來款待他們。

如果沒有考中博士學位的人放棄將來再試取得它的希望，他們可以做低級以上的官職，但不在博士所做的官職之列。然而，如果他們願意再參加考試，他們就繼續學習三年，然後再來試試自己的運氣；他們高興考多少次都可以。我們知道有些人雖然運氣不好，卻不絕望，竟為了博得這項榮譽而應試十次之多，並且抱定要麼全有要麼全無的原則，甚至把他們整整一生都消耗於徒勞無功的嘗試。

這裏也和較低級的情況一樣，考試結果以私人刻本的形式出版，由各主考官加以整理，包括考中的候選人的名單和優秀的論文。每年還另出版一本書，列入全部哲學博士的姓名和住址、上輩的姓名、他們擔任過的各種官職以及任職地點。[1] 這是一種姓名錄，人們可以從中查出每個博士從取得學位之年直到現在或直到死都曾任過什麼官職。除此以外，還記錄有他們官職的升降，這在中國人中間是每天都會發生的，它取決於任職者的官聲。

在這樣考取學位的過程中，確實有某些值得稱道的東西，那就是在同年的候選人之間發展起來的關係。那些在爭取更高學位當中被命運帶到了一起的人們，在此後的一生中都彼此以兄弟相待。他們之間相互有着和諧和同情，以各種可能的方法互相幫助，甚至惠及親屬。他們與主考官的情誼有如父子，或者有如師徒。即使有時候學生所享的榮譽會超過他以前的老師，他們依然對老師表示尊崇和敬意。

我們前面討論的這三種等級，同樣也以相似的稱號授與軍界人士。這幾種學位在同一年授與，但是在下一個月內，並與前者在同一地點。然而，授與儀式要簡單得多，這是由於軍事科學在這個國家不受培育和重視的緣故。事實上，軍界很少有人追求這種學位，並不把它看得有什麼重要意義。軍事方面的學位考試分三部分。第一部分是軍人馭快馬奔馳着射九箭。第二部分是站定不動再射九箭。凡是能在馬上射中四箭，站着能射中兩箭的，就可以參加考試的第三部分。在這一部分中，他們必須筆試回答有關軍事策略的一些問題。主考官宣佈結果，以及各省被授與軍事碩士學位的人數，總數約為五十名。在北京授與哲學博士的那一年，在通過必要的三場考試之後，也給從全國軍事碩士選中的大約一百名博士命名。取得博士學位的軍人要比碩

1　即進士題名錄。——中譯者注。

士學位的優先被任命為軍官，但是他們必須花錢謀求官職。取得博士稱號之後，不管是哲學方面的還是軍事方面的，都在他家大門上用大字刻上他的頭銜，以示他家的聲望，並作為他所獲得的榮譽的標誌。

在結束有關中國人學位授與的這一敘述時，不應該不談到下述情況，在歐洲人看來，那似乎是一種頗為奇怪的並且或許有點無效的方法。所有考試中，無論是軍事科學或數學或醫學以及特別是哲學的考試，主考或監考都總是從哲學元老中選出，從不增加一位軍事專家或數學家或醫生。擅長於倫理學的人，其智慧受到極高的尊敬，以致他們似乎能對任何問題做出正當的判斷，儘管這些問題離他們自己的專長很遠。

第六章　中國的政府機構

我們將只就與本書敘述的目的有關範圍內觸及這個題目。要詳盡地論述這個問題，如果不是好幾本書的話，那也會需要好幾章。從遠古以來，君主政體就是中國人民所讚許的唯一政體。貴族政體、民主政體、富豪政體或任何其他的這類形式，他們甚至連名字都沒有聽說過。

在他們的古代史中，與公、侯、伯等爵位相應的稱號是很多的，並且都隸屬於一個最高無上的君主，但是這些稱號和他們所擁有的管轄權已廢止大約一千八百年了。在發生這一變化之前，或者是由於有這一變化，雖然從人們所知的最早時候以來，就常有內亂和戰爭，而且這個大國被分成很多附屬性的小國，就象我們聽說的日本的慣例一樣，但是一直到 1206 年[1]，異族人才第一次有征服全國的記錄。那時候

1　拉丁文版的 1602 年是誤印。——英譯者注。

有一位韃靼領袖是整個民族的征服者，向整個國家進行勝利的進軍。我們有些歷史學家認為，而我也覺得有理由認為，他就是帖木兒（Tamerlane）[1] 或他的一個繼承人。中國人叫他為 Tiemon，他們的歷史學家說他先征服了波斯和韃靼，然後專注於征服中國[2]。不管他可能是誰，我們將稱他為韃靼人[3]。他率領一支龐大的軍隊，沒有多久便征服了整個民族，他的後裔一直統治着這個大帝國直到 1368 年。那時，韃靼人政權衰落，各地區的統治者成功地擺脱了異族的枷鎖，中國人不再受野蠻的統治和外來的支配。

以智慧或詭計成功地屈服了別的軍閥的英雄，是朱姓家族的一個後裔，後來中國人稱他為「洪武」，意即卓越的統帥，更準確的翻譯則是「洪水般的武功」。用爭取其他各個領袖的敵對力量的辦法，他得以在很短時間內就用這些雜牌軍隊建成一支軍隊，不僅把韃靼人，而且還把已經因為韃靼人的統治而衰微的各個地方爭雄的領袖都趕了下去。他而且還同樣幸運地平息了剩餘的叛亂力量，然後在中國鞏固地建立了一個大帝國，他的後裔一直統治至今。因此屬於這個王朝的輝赫的稱號是大明，關於它的光榮我們在前面已經有機會談到了。

中國的皇權是父傳子或傳給其他皇室近親，和我們自己的一樣。據説古代有兩三位帝王把王位不是傳給他們認為不宜掌權的兒子，而是傳給皇親以外的繼承人。然而，不止一次人民對無能的統治者感到厭惡，剝奪了他的權力，以某一個性格堅強和有勇氣的人取而代之，從此以後他們就把他當作他們合法的君王。我們可以讚美中國人説，

---

1 1616 年的拉丁文版根本沒有提到帖木兒。——英譯者注。

2 這裏實指成吉思汗及其繼承人的征服。Tiemon 原意大利文作 Tiemor，似應為帖木真（Temujin）之誤。帖木真是成吉思汗的原名。也可能指忽必烈之孫鐵木耳（成宗）。看來利瑪竇把他和後來的波斯大帝跛者帖木兒弄混了。——中譯者注。

3 明清的西方傳教士把居住在長城外的少數民族通稱為韃靼。韃靼一名來源於一度是蒙古草原上強大的塔塔兒部。——中譯者注。

通常他們寧願光榮赴死而不肯效忠於一個篡位的君主。事實上，他們的哲學家中間流傳着這樣一句格言 :「烈女不嫁二夫，忠臣不事二主」。

在中國，沒有像我們的《十二銅表法》和《凱撒法典》那類可以永遠治理國家的古代法典。凡是成功地取得王位的人，不管他的家世如何，都按他自己的思想方法制訂新的法律。繼位的人必須執行他作為王朝創業人所頒佈的法律，這些法律不得無故加以修改。今天治理中國人的法律都不早於洪武，所有這些法律或是由他親自制訂的，或是從他的前人那裏接受過來的。他的計劃明顯地是制訂一部全面性的法典，是以可驚歎地保證國家的安全以及他和他的子孫後代綿延久遠。

他們的國家版圖很大，邊界遼遠，而且他們對海外世界的全無了解卻如此徹底，以致中國人認為整個世界都包括在他們的國家之內。即使現在，他們也和遠古時代一樣，稱他們的皇帝為天子，即上天的兒子，因為他們奉天為至高無上者，所以天子和神子是一個意思。在日常談話中，人們稱他為皇上，意思是最高的統治者或君主，而其他低級的統治者則用官這個低得多的稱號。

我們前面提到過的這位洪武皇帝，顯然不僅以他的武功，而且還以他巧妙的外交天才著稱，他用以穩定國家的許多法律和法令就是充分的證明。我們將談到其中較重要的幾種，並在談到時注意簡明扼要。正如編年史所載，因為前朝統治者的家族和親屬由於曠日持久的內訌已被剝奪了皇族的特權，又因為政府的管制已發生重大變化，他便規定此後皇族一律不得擔任文武官職。對於曾經幫助他從韃靼人暴政之下解放國家的那些領袖們，他就賜給他們統治一個省的世襲權。為了使小國的王室不致感覺他們由於被排除在政務之外而淪於完全無權的地位，諸王的兒子都被賜以統治者的頭銜並稱為王（Guam），給予巨額的年俸。這筆收入不是從莊園或農田取得的，而是以年薪的形式由專職官員從國庫中提取。他還規定人人都必須尊重這些統治者，儘管他們對任何人都沒有權力。統治者們的子姪都封有尊號，這種封號隨着時間的推移而失去其重要性，這取決於他們皇室血統的古老性。當他們到了一定的年齡，國庫就給他們一筆錢，足以使他們不必工作或經營事業就可以過舒服而體面的生活。

對於皇室的婦女，也根據她們的地位和親屬關係而給予供應，允許她們使用動聽而恭維的頭銜。對於解放國家的人和持同情態度的領袖們，也賜給榮譽頭銜和年俸。他們被任命為軍事長官，薪俸優厚，但和別的人一樣要受文官的管轄。在洪武皇帝恩賜給他的追隨者的很多豁免權當中，對於長子賦予了某種特權，這是我國人民沒有聽說過的。例如，在洪武領導下，這個家族的家長在解放這個國家中立下的光輝功績被刻在像碟子一樣的鐵券上。這種鐵券可以呈交皇帝三次，請求赦罪，即使犯的是死罪也不例外。每次呈交皇帝時，皇帝就在上面做一個祕密的記號，向他表明鐵券已用過幾次了。對這種規定的唯一例外是犯叛國罪，對這種罪的處罰是立即剝奪犯人的全部權力和尊榮，並且這一判決要過渡到他所有後裔的身上。這種榮譽和俸酬是賜給諸王的親屬或親屬的親屬，以及某些對國家或對該封國有卓異貢獻的人；但隨着時間的消逝，這種榮譽和俸酬也逐漸減少。

只有取得博士或碩士學位的人才能參與國家的政府工作；由於大臣們和皇帝本人的關懷，這類的候選人並不缺乏。因此被委任公職的人對於職務要靠經過考驗的知識、審慎和幹練來加以鞏固，不管他是第一次任職還是在政治生活的活動中已經很有經驗。道德生活的完美已由洪武皇帝的法律做出規定，而且大部分都得到實現，除了由於異教徒缺乏宗教訓練以及由於人類的弱點而易於造成違法亂紀的情況而外。所有的軍職或文職大臣都稱官府（Quon-fu），意思是司令官或主管，雖然他們的尊稱或非官方稱呼是老爺（Lau-ye 或 Lau-sie）[1]，

1　意大利文還作 laotie（老爹）。——中譯者注。

意思是指主人或父親。葡萄牙人稱中國官員為 Mandarin，可能是由 Mandando 或 Mando Mandare 而來，即指揮或命令，現在歐洲都知道中國官吏的這個頭銜。

雖然我們已經說過中國的政府形式是君主制，但從前面所述應該已很明顯，而且下面還要說得更清楚，它還在一定程度上是貴族政體。雖然所有由大臣制訂的法規必須經皇帝在呈交給他的奏摺上加以書面批准，但是如沒有與大臣磋商或考慮他們的意見，皇帝本人對國家大事就不能做出最後的決定。如果一個平民偶然有事呈奏皇帝，——這種事很少發生，因為所有這類文件都必須先由大臣審閱然後呈交皇帝——如果皇帝願意親自考慮這個請求，他就在奏摺上作如下批示：著該部詳核此項請求，並呈覆最好的措施。我已做過徹底的調查研究，可以肯定下述情況是確鑿無疑的，那就是：皇帝無權封任何人的官或增加對任何人的賜錢，或增大其權力，除非根據某個大臣提出的要求這樣做。然而，不應由此得出結論說，皇帝憑自己的權威就不能對他家族有關的人進行賞賜。這種情況是常常發生的。古來的習慣是可以用個人的收入來饋贈親友的，但是這筆賞賜不能列為公家贈款。皇帝所做的這類贈禮也由他個人財產中而不能從公款中提取。

賦稅、關稅和其他貢物，據一般說法，一年無疑已超過了一億五千萬[1]，它們不歸入皇帝的金庫，皇帝也不能隨意處置這筆收入。作為通用貨幣的銀子被存入國庫，而用米交納的收入則被存入政府的倉庫。用以維持皇族及其親屬以及宦官和皇室生活的大筆款項則由國庫提取。維護皇座的皇家威儀和尊嚴的這筆年金為數很大，但每項開支均由法律規定和管理。民用及軍事開支和政府各部門的用度也都由這一國庫提取，而國家預算之大是遠遠超過歐洲人所能想像的。公用建

1 這裏未提到貨幣的單位。——英譯者注。

築、帝王及其親屬的宮殿以及維修城市監獄和碉堡，更新各種戰備都必須由國庫支付，而在幅員這樣廣闊的國家，建築和維修的項目是連續不斷的。人們很難相信，有時候即使這樣龐大的收入也不夠應付開支的。當出現這種情況時，就增收新税以保持預算平衡。

至於一般的大臣則分為兩個明顯的等級。第一等也是更高一級的是在朝廷裏主管各部的大臣，他們被看作是治理整個國家的典範。第二等包括各省的全部大臣或省長，他們治理一個省份或一個城市。有五或六大本全國政府官員花名冊，刊載有這兩等中的每一個大臣的名字。這種花名冊在全國都有出售。它們不斷在修訂，在皇都北京每月訂正兩次，由於印刷是用特製的活版，修訂並不困難。全書內容只包括整個政府各部官員的姓名、地址和品級。如果要使花名保持及時更新，就必須經常修訂。在這樣一本長得無法置信的名單裏，除了因為死亡、降職和免職而使每日都有變化以外，還有些人常常要隔一定時間離職返家一行。在後面我們將更詳細地談到這一情況，發生這種情況是因為按慣例，每個大臣在父母死亡時須離職返鄉整整三年。無數這類變化的結果之一，就是在北京城裏總有很多人等待交上好運，能被委派填補這樣所形成的空額。

在數不清的各種政府機構之中，我們將只涉及我們認為對正確了解下面要談的問題是必要的那些部門。任何想描敘軍事機構的努力都會超出我們力求簡潔的計劃。我們先談談中央政府的內閣，然後再討論各省的機構。內閣分六部。第一個叫做吏部，部的意思是衙門，吏部就是主管官員或官吏的部門。它以最高的機構而知名，因為它被賦以委派所有屬於被稱為哲學等級的最有勢力的大臣之權。委派的根據主要是候選人所寫文章的好壞，這完全而且最後是由這個最高部門來評定的。所有的官吏都從最低的職位開始他們的事業，然後按照才能和品行的等第，依法按榮譽體制而遷升。未能達到某一項標準等第，就意味着或是撤職，或是降職。擁有學術榮譽，就可以確保連續任職，並有權按才能升到最高的官職。而且這就意味着除非證明有行為不端之罪，否則擁有這種榮譽的人是不會被撤職的。但是一旦被撤職，他就無望再進入大臣的行列或官復原職了。

下一個部門依序叫做戶部，相當於我們的財政部。這一部門主管收稅、支付公債、談判貸款和其他金融財務。第三個部門叫做禮部，我們將稱之為典禮部，它主管宗教事宜，管理寺廟、聖地以及其中所進行的活動。它還監督僧侶，辦理皇室大婚以及監督學院和考試的正當活動。它可以向皇帝建議在哪幾天為特殊事件舉行慶祝典禮。它對應得頭銜的人授與頭銜並管轄醫生和學校，接待和派遣官方使節以及規定他們的禮儀、談判和聯絡。由君主直接給任何人寫信，不論其地位如何，在國內或國外，都被認為是不符合帝王尊嚴的。

第四個部門叫做兵部或武裝部，它管轄所有的國防部門。它有權根據犯罪或立功的大小來懲辦罪犯和獎勵功績。這個部門也主持升遷並監督武科考試。

第五個部門叫做工部，相當於我們的公共工程建築部，負責計劃和建造公共設施和建築，例如皇帝及其親屬的宮殿和大臣的府邸。水上的建造包括橋樑、修築城牆以及維修公共建築等等事項，也都屬於這個部門的職掌。

第六個部門是司法部，叫做刑部，主管偵察和懲辦刑事案件。全國的警察都在它的管轄之下。

這六個部管理着整個帝國的生活。在每個省份和城市都駐有一位特派的大臣和若干書記，他們的職責就是使上級部門了解下級部門的活動。這種體制使得上級部門所處理的大量事務可以分散和減少，同時井井有條的安排和大量的助手也有助於減輕大臣的公務負擔。中央各部都由一位稱為尚書的主管官來主持，他有兩位副職，頭銜是侍郎——即左右助手。在京城和全國，這三位都列身於職位最高的貴人之中。他們負責組織和監督所有的下級部門，每個下級部門都有其副主管官、書記、祕書、助理、管事人和很多別的助手。

除這幾個正規部門外，還有另一種參議機構，由三四個成員組成，有時六人。他們叫做閣老（Colao）[1]，他們的具體職責是國家的普遍安全，這是皇上的祕密機構。現在皇上不像以前的習慣那樣，公開和閣老一起參與討論國家大事了，所以閣老們整天呆在宮裏，批覆呈給皇帝的無數奏摺。他們所作批覆要呈給皇上本人，由皇帝按自己的看法加以批准或駁回或修改，他的最後決定寫成書面，作為他的直接命令付諸實施。

除了前面說到的大臣等級，以及其他許多因為與我們自己的相差不多而可以忽略不述的以外，還有兩個我們的人民所從未聽說過的等級。他們是科裏（Choli）和道裏（Tauli）[2]，各有六十位以上經過挑選的哲學家，都是謹慎可靠的人，而且已顯示不平凡的證明是忠於皇上和國家的。這兩種官員是皇帝專門為處理朝廷及各省的重大事項而設立的，皇帝委以他們重任，他們因此受到尊敬並有很大的權威。他們在某些方面相當於我們要稱之為公眾良心的保衛者的人，因為他們在認為有需要時經常向皇上報告全國各地的違法事件。沒有人逃得過他們的監視，即使是最高的官員，因為即使涉及皇上本人或皇族，他們也直言無忌。如果他們有權不只是口頭說說或者筆下寫寫而是採取行動，如果他們不是完全依靠他們所進諫的皇上，他們的特殊職務就會相當於拉西第蒙[3]的監察官（Lacedemonian Ephors）了。但是他們如此之克盡職守，真使外國人驚奇，並且是模仿的好榜樣。

1　明自洪武十三年後罷丞相，以尚書任天下事，侍郎佐之，而以殿閣大學士備顧問，實為一種參議機構。殿閣指中極殿、建極殿、文華殿、武英殿、文淵閣和東閣，入殿閣的大學士稱為閣老。——中譯者注。

2　科裏，德禮賢寫作科吏，指吏、戶、禮、兵、刑、工六科的官員，六科掌侍從、規諫、補闕、拾遺、稽查六部百司之事。道裏，德禮賢讀作道吏，指都察院所屬十三道監察御史，「主察糾內外百司之官邪，或露章面劾，或封章奏劾。」見《明史．職官志》。——中譯者注。

3　拉西第蒙即古斯巴達。——中譯者注。

無論皇上還是大臣都逃不過他們的勇敢和直率，甚至有時他們觸怒皇上到了使皇上對他們震怒的地步，他們也不停止進諫和批評，直到對他們所猛烈加以抨擊的惡行採取某種補救的措施為止。事實上，當冤情特別嚴重時，他們就控訴得一定很尖鋭刺骨，即使涉及皇上和朝廷也剛直不阿。根據法律，這種書面提出批評的特權也同樣給予所有大臣，甚至還給予公民個人，但大多數場合還是只由負有這種特殊職責的人來行使。所有這些呈送皇上的書面文件和對它們的答覆，都要複製很多份。這樣，在朝廷所發生的事情就迅速傳到全國每個角落。這種文件也編輯成書，如果其內容被認為值得留傳給後代，就載入本朝的編年史。

幾年前，當今皇上想冊立他的次子而不是長子為儲君，因為這個幼子特別受到他和皇后的寵愛。這一更易違反了國法，皇上收到了那麼大量指責他的行動的陳情書，使他勃然大怒，竟至罷黜了一百多名官員。沒有人被這嚇倒，進諫的人不肯緩和他們的態度。相反，仍舊保留着官職的大臣們商定在某一天進宮，脱掉他們全部的官職衣袍，派了一個人去通知皇上：如果他堅持這樣破壞法律，他們就要卸職回鄉為民，隨便他自由地把國家的重任委託給他喜愛的什麼人。皇上聽到這一非常舉動之後，就表示在立儲這件事上已改變了主意。[1]

最近，當大閣老有瀆職守時，皇上在兩個月內收到近百份譴責這位大臣的進諫書，雖然人們知道他是皇上的寵臣。不久，他就不見了，據謠傳他是受了刑並被清除了。[2]

除了規定的大臣以外，朝廷裏還有為特殊目的而設立的其他機構。其中地位最高的是人們所知道的翰林院，由經過考試選拔的哲學博士組成。這個部門的成員並不參預朝政，但職位比別的官員更為尊

1　指明神宗欲廢長子常洛（光宗）及立次子常洵，因而遭到大臣們反對一事。常洵受封為福王，死於明末之變，其子建後立於南京，即弘光帝。——中譯者注。

2　指張居正被罷免之事。——中譯者注。

嚴。想在這個精選的團體謀得一個席位，就意味着無止境的苦功和犧牲。這些人都是皇上的祕書，替他撰文和書寫。他們編輯皇家的編年史和發佈國家的法律和法令。皇帝和皇子的教師也從他們當中選拔。他們完全獻身於學習，翰林院內部根據各人著述來分等級。因此他們在朝廷內而不是在朝廷外享有最高的尊榮。閣老必須由翰林院成員中任命。他們為朋友撰寫碑文、墓志銘之類而得到的收入是很可觀的。這種題撰是不斷有人請求的，如果是由皇家祕書寫成或帶有他們的一個名字，就被認為是最精選的。這些尊貴的人還擔任碩士和博士學位考試的主考或監考人，考取的人常常請他們做指導人，並給他們一筆酬金。

在北京所有的部門及其主管大臣，除了閣老外，在南京都重複有一套；但因為皇上不在南京，他們也就不那麼重要。朝廷由舊都南京遷到新都北京的經過如下：洪武帝建都南京。他死後，他的一個稱作永樂的兒子正領兵防衛北部邊陲，以免剛被趕跑的韃靼人又來入犯。永樂發覺洪武的繼承人很軟弱，缺乏雄心，就決定剝奪他的皇位，由自己接過來。北部各省唾手而得。於是他就向南京進軍，用武力、欺騙和收買的辦法終於奪得了其他各省，把政權趕出南京。他沒有遭到進一步的反抗，就取得了全國。由於他在北方各省有更多的力量和信心，也因為韃靼人有可能造反並重建他們的政權，所以他決定繼續留在這附近，即留在韃靼皇帝被中國人推翻時所居住的這個城市。他把這個城市命名為北京，即北方的京城，正如南方的朝廷被稱為南京。為了安撫舊都的居民，在改都時他允許他們還保持他們原來享有的朝廷和有關的特權。

現在我們就來講各省的行政機構。屬於北京和南京立法機構的特殊城市，也像這些省份的其他城市一樣，是以同樣方式進行治理的，但它們的訴訟要向管轄它們的那個特定立法機構提出。其他十三省的司法權屬於各省的兩個部門，一個叫布政司（Pucinsu），一個叫按察司（Naganzasu），前者是一般法庭，後者是刑事法庭。這兩個法庭都設在各省省會，程序都有點複雜。各庭都有稱作道裏的主審官以及若干助審官。有時道裏可以不在省會，因為他還必須到好幾個城市去主持審訊，但是大家明白他決不能遠離他的轄區。

我們曾經説過，各省分為不同的地區，叫作府，每個地區都有它的主管官員亦稱知府。各府又分為州和縣，可以叫作城鎮，相當於我們中等城鎮的大小。這類城鎮的長官相應地被稱為知州和知縣，知在中文的意思是治理。一個地區或城市的官長都有他的助手，例如有四位助理[1]幫助他作為法官或顧問來審理有關本轄區的案件。

在這裏似乎應該適時説明和糾正一下某些文章中在這個問題所出現的一個錯誤，那就是，因為地方長官和他的官府採用了他們所在地的那個城市的名稱，例如説在南昌（Nancian）城，整個地區和地方官和他的官府就叫做南昌府；所以有些作者就得出結論説，這個名稱就只限於這幾個與府相關的城市，其他城市則叫做州或縣，即鎮或鄉。這是一個十分錯誤的觀念，因為府這個詞尾不是由城市大小或人口多少決定的，而是取決於行政的方法。事實上，全地區首長所住的那個城市本身仍被稱為縣，它可以有自己的主管官，叫做知縣；知縣也像在別的城市一樣有他的幾名助理。這個地方官在這個特定城市裏的權力並不比他在他那個地區的其他地方來得更大。但是法律允許由知州或知縣審理的案件向上級上訴時，第一次就上訴到他這裏。較嚴重的案件允許第二次上訴，那就要上訴到省城的更高級的官吏，即布政司和按察司或他們的助理那裏，這取決於案件的嚴重性。省城和較小的或低一等的城市一樣，也有其知府和知縣，政府部門的管轄權以及官吏的權力都規定得很好，整個體系都條理井然。

1 按明代職官，特設的順天府和應天府，置府尹一人，下設府丞、治中、通判、推官等。而普通的府則置知府一人，下設同知、通判、推官，所屬有經歷司經歷、知事等。這裏所説有四位助理，當指同知、通判、推官等，但不十分明確。——中譯者注。

因為國家行政依靠都城，除正規的地方官員外，還有兩種由北京派到各省相當於地方官的官員。一種叫都堂（Tutam），常駐各省；另一種叫察院（Ciayuen），每年由首都向各省派去視察一次。前者有權管轄所有其他官員和公民，他是統率軍政的全權大臣，類似於總督；察院的職務相當於高級專員或欽差。他代表皇上負責處置全省的事務。他視察所有城市和軍事中心，檢閱所有官員的公務，有權處罰或降黜低級官員。他直接向皇上報告，可以決定極刑，因此大家自然都對他又敬又畏。除了已經講到的以外，還有很多別的官員在城鎮鄉村執行各種職務。全國各處也有很多軍事官員，尤其是在沿海和邊疆城市，他們管制港口、城垣、橋樑和要塞。這些官員還負責徵兵和軍事操練。幾乎各地每天都在舉行操演，給人印象是這個國家真正在打仗，儘管全國都在深享太平。

文武兩種官員都各分為九等。所有官員的俸金都由政府按月以錢或米付給；這些俸金無論錢米，與官職的顯貴相比，都是較少的，一年不超過一千個金錠。[1] 文武官員相應的品級所得俸金相同，最高的武官與最高的文官收入相同。以上所說必須理解為無論對文武官員都僅限於他們正式的俸金，因為他們除由政府付給的俸金外，從其他來源的收入更多。我們這裏不談他們由業務工作幹練的超勤收入，或接受遺產以及由他們的特殊地位所得的饋贈，這些加在一起有時是一筆相當可觀的財富。

所有的官員，無論文武高低，都戴同樣的黑色帽子，帽子上有兩個橢圓形的翅，剛好在耳朵上面，輕輕插在帽子上，很容易上下擺動。據說這種特別裝束的原因是為了保證戴帽的人走起路來端正莊重，不能稍稍低頭，那樣將會有失做官的尊嚴。他們也穿同樣的衣服

1　作者沒有說明所提金錠確切的或相對的價值。——英譯者注。

和用黑色光滑的皮子特製的脛甲或護腿。他們的腰帶大約四英吋寬，兩邊出頭下垂，形制也很特殊，綴有方形和圓形的圖案。他們的披風或長袍是由前後兩塊長方形的精緻料子做成，繡上弗利吉亞[1]式華麗的金色花邊。這些腰帶和長袍種類繁多，表示不同的地位。會分辨這些的人，可以根據衣服上所繡的鳥獸和花形馬上指出這位官員是文職還是武職，是什麼地位。文武官員的等級都是用腰帶上的裝飾品來標誌的，諸如編穗或獸角，也許是麒麟角，或者用芳香木或金銀製成的圖案。最高的官階是用一種類似碧玉的半透明寶石來表示，雖然它並不是碧玉而更像藍寶石。他們稱之為玉石。這種石頭是商人與西方的撒拉遜人做生意時從喀什噶爾（Cascar）的王國帶來的，中國人把它當作很貴重的寶石。關於這些，以後我們還有機會再說。

中國人還可以根據官員們公開出面時用以遮陽的傘來分別他們的官階。有的傘是藍色的，也有黃色的。有時為了排場，他們要用兩三把這類的傘；但是如果職位低而不許用這麼多，就只好用一把了。還可以根據他們的交通工具的樣式來區別他們。低級官員騎馬，高級的則乘轎，由僕人抬在肩上。轎夫的多少也表明等級；有的只許四抬，有的則乘八抬大轎。另還有其他辦法可以區別官職和品級的尊貴：例如根據旗幟、三角旗和香爐，或根據高官出巡時吒叱開路的護衛人數。護衛人員本身也很受人尊敬，沒有人會去懷疑他們的命令。即使在很擁擠的城市裏，人們一聽到他們的聲音就會讓路，其自發程度與來臨官員的顯貴級別相稱。

在即將結束關於中國政府機構的這一章的時候，把他們與歐洲人不同的一些別的事物也記錄下來，似乎是十分值得的。首先，如果我們停下來想一想，就會覺得非常值得注意的是，在這樣一個幾乎具有

---

1 弗利吉亞（Phrygian），為小亞細亞古國。——中譯者注。

無數人口和無限幅員的國家，而各種物產又極為豐富，雖然他們有裝備精良的陸軍和海軍，很容易征服鄰近的國家，但他們的皇上和人民卻從未想過要發動侵略戰爭。他們很滿足於自己已有的東西，沒有征服的野心。在這方面，他們和歐洲人很不相同，歐洲人常常不滿意自己的政府，並貪求別人所享有的東西。西方國家似乎被最高統治權的念頭消耗得精疲力盡，但他們連老祖宗傳給他們的東西都保持不住，而中國人卻已經保持了達數千年之久。

這一論斷似乎與我們的一些作者就這個帝國的最初創立所作的論斷有某些關係，他們斷言中國人不僅征服了鄰國，而且把勢力擴張到遠及印度。我仔細研究了中國長達四千多年的歷史，我不得不承認我從未見到有這類征服的記載，也沒聽說過他們擴張國界。正相反，我常常就這一論斷詢問中國博學的歷史學家們，他們的答覆始終如一；即情形不是這樣的，而且也不可能是這樣的。姑不論作出這種錯誤記載的作者聲譽如何，錯誤之所以出現，很可能是因為曾發現有中國人到過中國國境以外的證明。例如，人們可以引證菲律賓羣島，中國人曾打入那裏的私人企業，但不是官方正式委派的。

標誌着與西方一大差別而值得注意的另一重大事實是，他們全國都是由知識階層，即一般叫做哲學家的人來治理的。井然有序地管理整個國家的責任完全交付給他們來掌握。軍隊的官兵都對他們十分尊敬，並極為恭順和服從，他們常常對軍隊進行約束，就像老師懲罰小學生那樣。戰爭政策由哲學家規劃，軍事問題僅僅由哲學家決定，他們的建議和意見比軍事領袖的更受皇上的重視。事實上，這類意見很少，並且只有在罕見的情況下，是交給作戰會議討論的。因此，結果是凡希望成為有教養的人都不贊成戰爭，他們寧願做最低等的哲學家，也不願做最高的武官，他們知道在博得人民的好意和尊重以及在發財致富方面，文官要遠遠優於武官。更加令外國人驚異的是，在事關對皇上和國家的忠誠時，這些哲學家一聽到召喚，其品格崇高與不顧危險和視死如歸，甚至要超過那些負有保衛祖國專職的人。也許這種情操來自於：人們有了學問，心靈也就高尚了。也許還出於這一事實：從帝國建立開始以來，人們就更願意學習文科而不願從事武職，這對一個很少或沒有興趣擴張版圖的民族是更合適的。

在各省和朝廷裏，官員間上下有序、融洽無間，也很值得驚羨。他們對皇上的態度是絕對服從而又禮貌周全，使外國人感到驚奇。士大夫之間從不會忘記相互進行習慣性的禮貌拜訪或經常饋贈禮品。在公私場合，下級對上級談話時總是屈膝下跪，而且用十分尊重的語言稱呼他。老百姓對地方官和對市長也是如此，即使這些官員在取得學位和做官之前出身極為低微。所有我們所談的高官任職都是三年，除非皇上命令他繼續任職或升遷。通常他們升遷後就不在原地任職，免得他們人地熟悉而判案過寬，或者他們在這個省份影響過大，部下過多。過去多少世代的經驗使他們知道，如果對官員過於寵信，他就容易偏離嚴格的法律，而弄出新的花樣來。

所有省份、地區和城市的高級官員，即布政司、按察司、知府、知州和知縣等等，每三年都必須在北京聚會以表明效忠皇上。這時候要對全國各省的官員，包括前來的和沒有被召的，進行一次嚴格的審查。這一檢查的目的是決定哪些應留任公職、有多少應調離、以及升降和懲罰的人數——如果有必要的話。這次的調查審問對任何人都一視同仁。我自己親眼看到，即使皇上也不敢更改這次公開調查的審查官們所作的決定。受到懲罰的人絕不是少數或低級官員。在 1607 年舉行的那次普查之後，我們看到對四千名官員作出了判決；我說「看到」，是因為所涉及的人的名單刊為單行本發行全國。

被判處的人分為五類。第一類是在任職期間貪污受賄而受懲罰的人，他們從私人財產或公款中貪污自肥。這種人被剝奪一切的標誌和豁免權，並且永遠不得再任公職；第二類是對罪犯用刑過苛的人。他們也被削去一切標誌和官方特權，回鄉為民；第三類包括年老生病的以及用刑或供職玩忽的人。他們恢復平民生活，但可以穿官服並終其餘生可以享受所任官職的豁免權；第四類包括定案時過於草率、考慮不周的人以及奉公施政有欠理智和審慎的人。犯有這類過失的人要被降到低級職務，或調到公務不那麼困難的地區；最後一類則是在規範個人生活或家務上行為不檢的人，以及一般說來所過的生活與他們職位的尊嚴不相稱的人。對他們的處罰也是剝奪職務以及與之相隨的特權。朝廷中的官員也受同樣的審查，也可能受到類似的判處，但對他們的審查只是每五年一次。在中央官吏五年一度的審查中，也按同樣程序進行，而且也同樣嚴肅認真。

通常的規矩是法官不得在他所出生的省份裏主持法庭，除非他是武官。這是為了防止偏袒親友而採取的預防措施，至於武官的情形則是為了培養他更深厚的愛國心。當法官主持法庭時，他的子女和家屬都不得離家，免得法官通過他們受賄。但是公眾場合僕人通常對官員所表示的尊從，總是得到遵守的。當法官本人離家出庭時，他家的公私出口都要蓋印加封，破封者將受懲罰，這是為了防止他的僕人不得他的允許私自出門。

中國人不允許外國人在他們國境內自由居住，如果他還打算離開或者與外部世界有聯繫的話。不管什麼情況，他們都不允許外國人深入到這個國家的腹地。我從未聽說過有這樣的法律；但是似乎十分明顯，這種習慣是許多世代以來對外國根深蒂固的恐懼和不信任所形成的。他們不僅對住在海外或距離遙遠的人以及事實上他們並不了解的人懷有猜疑，而且也猜疑友好的和敵意的異國人，甚至與他們有貿易關係的人，例如沿用中國法律的鄰邦朝鮮人。我在這裏居留的整個期間，從未在中國看到過一個朝鮮人，除了有一個婦女，她是一個解放了的奴隸，是一位中國將領在朝鮮居住多年後帶回來的。如果一個外國人祕密進入中國，他不會被處死或被迫做奴隸，但他將不准離開中國，免得他到外面煽起損害中國政府的騷動。因此，對於未得皇上親自批准而與外國人打交道的人，將嚴加懲處。

當有必要派人出國時，即使給予適當的證書和委任狀，也很難找到願意接受這項任務的人。當這位使節出發時，他全家都痛哭惜別，就好像他是去送死無疑一樣。然而，他回來的情形就大不相同了，因為他一般都要受獎，被委以法官之類的官職。

在城區內的任何人，甚至是士兵或軍官、文武大員，都不得攜帶武器，除非是出發打仗或去訓練或去軍事學校。然而，某些高級官員可以隨帶武裝警衛。他們極不喜歡武器，沒有人家中存放武器，除了可能有一把金屬的短劍，那是旅途中或許需要作為防盜之用的。人民間的鬥毆也從未聽説過，除了是以揪揪頭髮或抓傷而收場。也沒有人因為受傷便打傷人或打死人來報復的。正相反，一個人不打架並克制自己不還手的，將受到讚揚，説他謹慎和勇敢。

當皇上逝世時，為了防止出現內訌而影響合法的繼承，除了法定的皇位繼承人以外，其他皇子或皇上的男性親屬都不得在皇城內停留。此外，還以死刑嚴禁上述親屬分頭到各城去遊蕩。如果他們之間發生爭執，就由管理他們的一位地位最高的人來解決。如果在他們之中有一個人和不是皇上親屬的另一個之間出現了問題，他們就和普通公民一樣受到審訊和判決。

第七章　關於中國的某些習俗

中國這個古老的帝國以普遍講究溫文有禮而知名於世，這是他們最為重視的五大美德[1]之一，他們的著作中有着詳盡的論述。對於他

1　即仁、義、禮、智、信。——中譯者注。

們來説，辦事要體諒、尊重和恭敬別人，這構成溫文有禮的基礎。他們的禮儀那麼多，實在浪費了他們大部分的時間。熟悉他們的風俗的人實在感到遺憾，他們為什麼不摒棄這種外在的表現，在這方面他們遠遠超過所有的歐洲人。

我們首先談他們見面時表示互相尊敬的動作和致意的方式。以後我們再簡單地說一下其他一些禮節，特別是和我們自己極為不同的那些。中國人不用脱帽表示尊敬，也不用腳的動作或擁抱、或吻手或任何其他的這類動作來表示。他們最常用的致意形式如下：把兩支手攏在一起，縮在他們常穿的飄飄然的袍服的寬大袖子裏（除了搧扇子或做別的事，他們的手總是縮在袖子裏），然後兩人面對面，謙恭地把仍然縮在袖子裏的手抬起來[1]，再慢慢地放下來，同時壓低聲調重複地說「請，請」。「請」這個字沒有特別的意思，只是一種尊敬的表示。我們可以稱之為表示尊敬的感歎詞。

在正式拜訪時或常常是朋友們在街上相遇時，他們也如上述那樣把手縮在袖子裏，彎着腰低下頭來。在幾個人相聚在一起時，他們大家也同時進行這種日常的致意。這個習慣叫做作揖。如果只有兩個人，地位高的一個就站在右邊；同樣，客人也是站在主人的右邊。在北方各省左右正好和南方的情形相反。常常是問候的儀式過去之後，他們就交換位置，走到對面去，於是讓出上位的人就可以回到原來的地位。開頭的問候完了以後，他們就並排向北站着，如果他們是在室外的話。如果是在室內會晤，他們就面對房間的上首，與房門方向相反，所以一般也就是面向北了。中國人好像有個古老的傳統，不管是宮殿、寺廟或其他較大的建築以及私人住宅，都要把會客廳的門設計在房屋南端，因此對着門坐的人都是面向南方。所以在這樣的廳堂裏

1　作揖。——中譯者注。

舉行招待儀式，當他們面向房間正面或上首時，他們就是面向北了。當他們願意表示格外深沉的尊敬時，例如第一次見面或久別重逢，或者在隆重的節日相互祝賀以及其他特殊原因，則在上面講過的鞠躬行禮之後，他們還要跪下來用額頭觸地。

第一次跪倒後，他們又站起來再鞠躬行禮，然後再曲膝下跪，這樣可以做三遍或甚至四遍。如果是向父母或上級，例如向大臣或某個顯貴行禮，受禮的人就站或坐在房間的上首，像我們前面講過的那樣把手攏起縮在袖中，對每次跪倒或鞠躬，都以微微向前躬身並點頭作答。如果招待不是那麼正式，被招待的人就在房間的東首就位而不是北面。這種待客的辦法和寺廟或私人家中在神龕前敬神的儀式完全相同。僕人向主人行禮，或社會地位低的人向地位高的人行禮，他們就跪下來用額頭輕輕觸地三次，和在神像前面一樣。僕人和主人講話時，要稍稍側身站在旁邊，每次答話都要微微屈膝，正如老百姓對顯貴的人說話時那樣。

他們談話和寫作方式，也有一些習慣和我們的很不相同，而且由於他們的語言很難，這類習慣也就更多。兩個人談話時，他們從來不用語法上的第二人稱，在談到在場和不在場的人時可以使用各種不同的語法形式。在談到自己時從不用第一人稱的代名詞，除非是主人對僕人，或上級對下級講話。談話中，他們用以稱讚別人和避免自我讚揚的辦法是同樣之多，或許最謙恭的一種是講到自己時就直呼本名而不說我。如果談到父母、兄弟或子女，或者提到身體的一部分、或家庭、或祖國以及什麼人的文章，或甚至別人的疾病，總是要加進一個表示讚美或同情的客氣辭句。然而，談話的內容涉及正在談話的人，用詞就要更含蓄一些。由此可見，很明顯是如果不想顯得沒有教養或無知，如果想懂得別人所說的或所寫的是什麼，一個人就必須深通各種不同的表達思想的公式。

親友來訪之後，主人就被期待回訪，這種拜訪的習慣伴有一套固定的和繁瑣的儀式。來訪的人要呈遞一個拜帖，裏面寫有他的姓名，也可能包含幾句問候的話，這要視客人或主人的地位而定。拜帖由門房遞送。如果一個人拜訪幾個人或幾個人拜訪一個人，那麼主人和客人是多少，就要有多少份拜帖形式的訪問名片。這種拜帖或小冊子裏有十幾張白紙，約一個半手掌的長度，呈長方形，在封面的正中有一條兩英吋寬的紅紙。通常這個小冊子是放在一個同樣紅裝的紙片盒子裏。這類拜帖種類繁多，並不斷要使用，所以一個人必須有至少二十種用於不同場合的拜帖放在手邊，上面寫有適當的頭銜。經常訪客的人都有一種習慣，叫他的管事把來訪人的姓名和住址記入備忘錄，以免忘掉三日之內進行回訪的這一社會義務。如果被訪的人不在家或由於某種原因不能接待客人，來訪的人可以將他或她的拜帖留在門房。這樣的拜訪可以用同樣方式回報，即只把拜帖留在門房，這時雙方均感滿意，認為義務已經盡到了。客人的地位越高貴，訪帖上的姓名也就寫得越大。有時每個字都有一英吋大小，以致一個簡單的簽名按中國人從上到下的書寫習慣就要佔滿小冊子上的一張紙。

當他們饋贈小禮品時也用這種小摺子，送禮是他們的普遍習慣，一般要回贈價值相等的禮物。在這種情形，拜帖裏不僅有饋贈人的簽名，並且還以頗為華麗的詞藻描述那些禮物。如果禮物被部分或全部退還，人們不認為是失禮的舉動，饋贈人一點也不會生氣。發生這種情形時，退回禮物要附上一個小摺子表示感謝和有禮貌地謝絕饋贈，或者說明收下的禮物並列舉回贈的禮品。這樣饋贈禮物是不斷進行的，並且社交的繁文縟禮又那麼多，實在難以盡述。

中國人還有一種普遍的習慣，對我們是很新鮮的，那就是饋贈金錢，相當於十個或五個或更少的金幣，這可以是上級贈給下級，也可以是下級贈給上級。當大臣或有學位的人出門拜客時，他穿上一件特製的拜客長袍，和他日常穿的長衫大不相同。甚至沒有榮譽頭銜的重要人物出門拜客時也要穿特別設計的袍服，如果他穿平時的衣服，就會被人見怪。為了符合這種習慣，以便能夠參加上層顯貴人物的聚會，我們自己也根據需要按這個階級的習慣穿着起來。如果偶然碰到一位沒有穿上他最好的禮袍，他就不按習慣的姿勢向他行禮；除非對方穿上它，才再按習慣的姿態行禮。通常一個人出門時總要帶一個僕人為他拿這身禮服。然而，如果兩個朋友相遇，一個人穿着拜客的衣服而另一個沒有穿，那麼穿着的人就要把它脱下來。然後他們穿着日常的衣服以前面描敘過的禮節相互致敬。

當一家人在家接待時，負責招待的人就雙手端起一把椅子為客人放在上首地位。然後用手撢一撢土，雖然那上面一點土的影子也沒有。如果客人有好幾個，他就按位置的尊卑在客廳裏把椅子擺好，再用手逐個地摸一摸，好像檢查一下排列得是否合適。然後被訪人的一家都要重複這個動作。禮節的下一步就是主客要端起主人的椅子，把它放在自己的對面，並且也要重複用手做出撢土的姿態。然後其他的客人也都重複這個擺椅子的動作；如果客人多，就按長幼或尊卑的順序。這樣做了之後，在這個場合受到特別尊敬的那個人就稍稍站開一些，把手攏起來縮在袖子裏，慢慢地稍微抬起又放下，同時答謝和謙虛地推辭人們的敬意。毫無疑問，在涉及上座的榮譽以及應遵守什麼確切的規則等禮節方面，他們浪費了大量的時間。地位相同的公民之間，則年齡就要佔先。在朝廷裏，則優先是由官職的尊貴決定的。受歡迎的外國人總會給以榮譽席位，這些客是按他們來自遠方與否而排座位的。根據這種儀式，我們在幾乎所有的聚會上都總給以首席，拒絕這種榮譽或由於謙虛而客氣，被認為是不合適的。

客人就坐以後，宅中最有訓練的僕人穿着一身拖到腳踝的袍子，擺好一張裝飾華美的桌子，上面按出席人數放好杯碟。裏面盛滿我們已有機會提到過的叫作茶的那種飲料和一些小塊的甜果。這算是一種點心，用一把銀匙吃。僕人先給貴賓上茶，然後順序給別人上茶，最後才是坐在末座的主人。如果作客為時很長，僕人要再次或甚至三、四次地這樣上一圈茶，每次都上一道不同的點心。訪問結束或客人走到門口要離去的時候，他們重新鞠躬行禮，主人隨他們到門口，也鞠躬答禮。然後他請他們準備上馬或乘來時所乘的轎，但他們要答稱一定等他在裏面關上門後他們才好走。於是主人轉身回到大門再鞠躬，他們也朝同一方重複作這個動作。最後，站在門檻上，他第三次鞠躬，告辭的客人們也鞠躬答禮。然後，他進入門內使客人們看不見他了，好給他們上馬或在轎內就坐的時間，他再重新出來向他們致候。這次他把手攏在袖子裏，慢慢抬起和放下，不斷說「請，請」，客人們一邊走一邊也這樣做。過一會兒，他派一個僕人去追趕客人以他的名義向他們告別，而他們也通過他們自己的僕人向他的僕人答禮。

現在簡單談談中國人的宴會，這種宴會十分頻繁，而且很講究禮儀。事實上有些人幾乎每天都有宴會，因為中國人在每次社交或宗教活動之後都伴有筵席，並且認為宴會是表示友誼的最高形式。和希臘人的風尚一樣，他們不説宴會而説酒會，這不是沒有道理的，因為雖然他們的杯子並不比硬果殼盛的酒更多，但他們斟酒很頻繁，足以彌補容量的不大。他們吃東西不用刀、叉或匙，而是用很光滑的筷子，長約一個半手掌，他們用它很容易把任何種類的食物放入口內，而不必藉助於手指。食物在送到桌上時已切成小塊，除非是很軟的東西，例如煮雞蛋或魚等等，那些是用筷子很容易夾開的。他們的飲料可能是酒或水或叫作茶的飲料，都是熱飲，盛暑也是如此。這個習慣背後的想法似乎是它對肚子有好處，一般説來中國人比歐洲人壽命長，直到七、八十歲仍然保持他們的體力。這種習慣可能説明他們為什麼從來不得膽石病，那在喜歡冷飲的西方人中是十分常見的。

當一個人被邀請去參加一次隆重的宴會，那麼在預定日期的前一天或前幾天，他就會收到一本我們已經講過的那種小摺子。那裏面署有主人的姓名，還有一種簡短的套語，很客氣而又文雅地説明他已將銀餐具擦拭乾淨，並在一個預定的日子和鐘點準備下菲薄的便餐。通常宴會在晚間舉行。請帖上還說主人很樂於聽他的客人發表自己的想法，使參加宴會的人都能從中得到一些智慧的珠璣，並且要求他不可拒絕賞光。在我們講過的請帖封面上貼着的紅豎條上寫着客人最為尊貴的名字，還按順序有他的各種頭銜。我們說他最為尊貴的名字，因為前面已經提到，中國人有許多不同的名字。同樣的請帖送給每個被邀請的人。在預定舉行宴會的那天早上，又給每人送一份請帖，格式簡短一些，請他務必準時到來。就在規定的宴會開始不久前，又送出第三份請帖，照他們的說法，是為了在半路上迎接客人。

到達之後他們先照常互相行禮致意，然後客人被請到前廳就座喝茶，以後再進入餐廳。這間房屋裝飾得十分考究，但不用地毯，他們根本不用地毯，而是飾有字畫、花瓶和古玩。每個人都有一張單獨的桌子，有時在單獨一個客人面前把兩張桌子並在一起。這些桌子有好幾英尺長，寬也差不多，鋪着很貴重的桌布拖到地面，有如我們神壇的樣子。椅子塗上厚厚一層瀝青色，而且裝飾着各種圖畫，有時是金色的。在全體就座用餐之前，主人拿起一隻金或銀或大理石或別的貴重材料製成的碗，斟上酒，放在一個托盤上，用雙手捧着，同時姿勢優美地向主客深深鞠一個躬。然後，他從餐廳走到院子裏，朝南把酒灑在地上，作為對天帝的祭品。再次鞠躬之後，他回到餐廳，在盤子上再放另一隻碗，在習慣的位置上向主客致敬，然後兩人一起走到房間中間的桌前，第一號客人將在這張桌子就座。中國人的上座是在桌子長邊的中間或一列排開的幾張桌子的中間一張；而不是像我們那樣在桌子的一端。在這裏主人把碗放在一個碟子裏，雙手捧着、並且從僕人那裏取過一雙筷子，把它們小心翼翼地為他的主客擺好。

筷子是用烏木或象牙或其他耐久材料製成，不容易弄髒，接觸食物的一頭通常用金或銀包頭。主人為客人安排好在桌子前就座之後，就給他擺一把椅子，用袖子撣一撣土，走回到房間中間再次鞠躬行禮。他對每個客人都要重複一遍這個禮節，並把第二位安置在最重要的客人的右邊，第三位在他左邊。所有的椅子都放好之後，主客就從僕人的托盤裏接受一個酒杯。這是給主人的；主客叫僕人斟滿了酒，然後和所有的客人一起行通常的鞠躬禮，並把放着酒杯的托盤擺在主人的桌上。這張桌子放在房間的下首，因此主人背向房門和南方，面對着主客席位。這位榮譽的客人也替主人擺好椅子和筷子，和主人為客人安排時的方式一樣。最後，所有的人都在左右就座，大家都擺好椅子和筷子之後，這位主客就站在主人旁邊，很文雅地重複縮着手的動作，並推辭在首位入席的榮譽，同時在入席時還很文雅地表示感謝。

中國人不用手接觸食物，所以飯前飯後都不洗手。在上述禮節做完之後，所有的客人一起向主人鞠躬，然後客人們相互鞠躬，大家入座。他們大家都同時飲酒，飲酒時，主人雙手舉起放酒杯的碟或盤，慢慢放下來並邀大家同飲。通常他們喝得很慢，一口一口啜飲，所以這一禮節要重複四五次才能把一杯酒喝完。啜飲是他們通常喝東西的習慣，甚至喝水時也如此。他們從來不像我們那樣連續着大口喝。第一杯酒一喝完，菜肴就一道一道地端上來。

開始就餐時還有一套用筷子的簡短儀式，這時所有的人都跟着主人的榜樣做。每人手上都拿着筷子，稍稍舉起又慢慢放下，從而每個人都同時用筷子夾到菜肴。接着他們就挑選一箸菜，用筷子夾進嘴裏。吃的時候，他們很當心不把筷子放回桌上，要等到主客第一個這樣做，主客這樣做就是給僕人一個信號，叫他們重新給他和大家斟酒。吃喝的儀式就這樣一次又一次地重複，但是喝要比吃的時間多。在進餐的全部時間內，他們或是談論一些輕鬆和詼諧的話題，或是觀看喜劇的演出。有時他們還聽歌人或樂人表演，這些表演者常常在宴會上出現，雖然沒被邀請，但他們希望照他們往常一樣得到客人的賞錢。

凡是我們吃的，中國人差不多也都吃，而且他們的菜肴烹調得很好。他們不大注意送上來的任何一種特定的菜肴，因為他們的膳食是根據席上花樣多寡，而不是根據菜肴種類來評定的。有時候桌上擺滿了大盤小盤的各種菜肴。他們的魚和肉不像我們那樣要遵守一定的上菜次序。菜一端上桌子，就不再撤去，直到吃完飯為止，所以飯沒吃完，桌子上就壓得吱嘎作響；碟盤子堆得很高，簡直會使人覺得是在修建一個小型的城堡。在宴會或特別的晚餐上，不上麵包，也不上中國人用以代替麵包的米飯，除非是在非正式的飯桌上，那也要等到吃完的時候。如果用米飯，那麼在吃米飯以前決不喝酒。甚至在他們每日的常規中，中國人在吃米飯以前也是決不喝酒的。有時候，在宴會進行之中還要玩各種遊戲，輸了的人就要罰酒，別人則在一旁興高采烈地鼓掌。快要吃完飯的時候就要換酒杯；雖然給大家斟酒的次數是一樣的，但從不勉強哪個人喝過了量。換杯只是一種友好的表示，請他繼續喝下去。中國人釀的酒和我們釀的啤酒一樣，酒勁不很大，喝多了也可能會醉，但第二天的後勁並不很難受。

一般說來，他們吃得很有節制；但有時候，例如一個人要出門很久的時候，在臨行前夕他有可能要出席七八處飯局，才能不怠慢他的朋友們。但是這種飯局沒有正式宴會那樣豪華，正式宴會常常要舉行一個通宵，直到破曉。酒席上的剩菜剩飯都慷慨地分給僕人。

中國各種禮節中最為驚奇的或者就是對於皇上的禮節了，世界上可能沒有另一個人，無論是俗人還是神職人員，是生活在那樣的繁文縟禮之中的。第一件驚人的事情就是從沒有人直接向皇上說話，除了皇上的子女或住在他的城堡裏的親屬或伺候他的宦官。我們將不談宦官對待皇帝的禮儀，因為這和本書沒有關係。然而，對於這些特殊的奴僕規定了各種不同的等級，他們當中那些住在皇宮外面的官員只能給皇上呈遞請求性質的奏摺。這種奏摺是極其正式的，有很多種格式，以致只有受過撰寫奏摺的專門訓練的人，例如皇宮的祕書，才能夠寫出來。並不是任何人，甚至於士大夫，都懂得怎樣撰寫的。

在中國的元旦和他們的春季開始時，也就是相當於我們的算法剛好在二月五日之前或之後的新月時，每個省份都派遣一名使節正式覲見皇上。這就象我們前面談到的那種三年一次表示效忠的更莊重的朝見一樣。此外，在每次新月的第一天，所有的官員都在主要的城市裏聚會，供着雕有皇家標誌的金龍和其他圖飾的寶座。他們在寶座之前進行一套鞠躬跪拜的禮節，並做其他一些謙恭的動作，隨各地方的風俗而定。他們這樣來表示他們的崇敬，在這個儀式中他們要稱頌皇上並祝他萬壽無疆。在皇上的誕辰，各地舉行的儀式也相同。那一天，北京的官員、各省的使節和住在皇宮外面封有各種爵位的皇親國戚都一起向皇上祝賀並且貢獻貴重禮物，向他保證自己的忠誠。除他們以外，皇上欽點的大臣和其他受封的人依法也都得在清晨以前來到皇宮謝恩。這裏，在長官和司禮官的指導下，他們履行一些只為皇帝所專有的特殊儀式；雖然皇上並不親臨，但做錯了一點就得罰款。為了舉行這種儀式，他們要穿緞子的紫袍，戴鑲銀的三重冠。每個人還雙手捧着一塊約六英吋長的象牙笏板；如果他有機會在皇上面前説話，他就舉起這塊笏板並用嘴脣碰一碰它。從前皇帝上朝的時候，他先在上邊一個很大的窗口出現，手裏也拿着一塊同樣的象牙笏板把臉遮起來。在他的皇冠上有一塊薄薄的象牙片，大約一英尺長半英尺寬，上面綴有一串串的寶石，在各方面都把他的臉擋住，不讓在場的人看到。

皇家御用的顏色是黃色，別人一概不得使用；皇室衣服上裝飾着各式各樣的龍形，有的是畫的，有的是用金線織就的。在宮中到處都可以看到金瓶銀瓶上和傢具上以及各種織物上的龍形。宮殿的屋頂和磚瓦也都用黃色並畫有各種龍形。這大概引起了有人傳説宮殿的磚瓦都是黃銅的或金子的。我可以斷言這只是一種傳説，因為我曾親自檢查過這些繪色的磚瓦。它們是黃色的，比我們所用的略大一點，用釘固定在屋頂上，釘頭鍍金，所以宮殿除了黃色沒有別的顏色。如果不是皇上或其血親而僭用這種顏色和龍形，他就被看作是叛逆了。

皇宮的四個出口開向羅盤上的四個主要點。進入皇宮的人必須下馬或下轎，從門外步行進來。這個規定任何人都得遵守，高級官員更加嚴格遵守，從更遠的地方起就步行。說起來很奇怪，在南京的故宮雖然皇上已多年不在那裏居住，也是同樣的習慣。在朝南的內外宮門都並排有三個門，中間的門是專供皇上用的。別的人從右邊的或左邊的門進來，中間的門除非皇上陛下出入是從不打開的。

不管在出版的書籍或在印刷的文件中，中國人計算時間的唯一起點是當今皇上登基時，正像我們從基督誕生開始計算基督紀元一樣。

有時候為了特殊原因，皇上會賜給最高級大臣的父母一個頭銜，這以書面文件的形式交下，由御前哲學家以皇上的名義撰寫。中國人把這看成一種殊榮，他們將不惜任何代價來獲得它，因為它在家中要作為神聖的東西傳下去。其他用兩三個字表示的封號也受到同樣的尊敬，例如皇帝賜封號給長年不再醮的老寡婦、或已滿百歲的老人、或以別的方式而知名的人。頒賜封號的文件貼在受封者住宅的門楣上。有時候大臣也受權對他們的朋友頒賜這類榮譽。傑出的大臣甚至可以享受用地方公款為他修建公共紀念物的榮譽，就像我們建凱旋門一樣。各城市也可為一個獲得殊榮的人做同樣的事，例如在高級學位考試中取得第一名的人或獲得別的聲譽的人，這些都有隆重的盛典。

凡是被認為稀奇或貴重或做得精緻的東西，都送到北京進貢給皇上，每年皇上都從全國各地收到大量的這類東西，進貢者要花費很多錢。在首都任職的大臣出門時，服飾不大考究。他們常常騎馬而不乘轎，除非是最高級的官員，即使他們也只乘四抬轎。除了上朝時以外，大臣們在各省要比在京城的排場稍多一些。上朝時他們的官服比較樸素是出於對皇上的尊敬，並好像是要把最好的東西讓給最接近於皇上的人。

每四年，在那一年四季的每一季，朝廷大臣都要拜謁已故皇帝和皇后的陵墓。拜謁都有一定的禮節，並在墓前留下祭品。恢復了帝國的洪武皇帝總是接受最精心安排的場面。準備這些紀念儀式，由於不出門並齋戒和哀悼，得花上好幾天的時間。

除了對皇上以外，在使用固定的稱呼格式以及進行正式拜訪時，人民也對大臣給予極高的榮譽，但只有那些在國內外任過官職的人才有望得到接待。當一個在國外任職的公民回國時，他受到與給予一個大臣相同的尊敬。即使他由於自己的某種錯誤而被撤職，至少在他老家他仍受到一個大臣的禮遇，受到同樣的官方拜訪，並被賜予許多特權，特別是如果他得到過最高的文學榮譽或其他公家的獎賞的話。

當官員因為升遷或受獎要離開他們所管理的那個城市時，他們也被賜以特殊的榮譽。他們離去時，要把他們的腿飾或服飾作為他們任職的永久紀念物留下，那是識別他們官職的標誌。這些東西被放進一個刻有頌辭和頌詩的盒子裏，存入公眾博物館。有時候，一位傑出的公民享受到在公眾場所建立大理石碑的榮譽，上面精美地刻有他任職期的記載，留傳給後代。有些甚至還受到建立紀念堂的榮譽，國家要花費不少錢，裏面有祭壇，供着雕塑家所做的最像本人的塑像。每年都有一筆錢支付廟中香火和照管長明燈的僕人的工資。這種祭壇上所用的大銅香爐和神像前行禮所供的差不多。一般的人都似乎並不區別這類紀念儀式和他們在行禮時向神佛禱告的敬神儀式。對受過教育的階級，這些儀式是因感謝受惠而進行的，但毫無疑問，低等階級的許多人卻把這種儀式和敬神混淆了。城裏面到處都是這種祠堂，其中有些是用來敬奉一些沒有資格得到這種榮譽的朋友。來祠堂祭奠有固定的時間，每次都要重複常規的跪拜和上供的禮節。

中國的道德書籍充滿了有關子女應尊敬父母及長輩的教誨。如果要看一看孝道的表現，那麼下述的情況一定可以見證世界上沒有別的民族可以和中國人相比。有一條嚴格遵守的莊嚴規矩：孩子們在長輩面前必須側坐，椅子要靠後；學生在老師面前也是如此。孩子們總是被教導說話要恭敬。即使非常窮的人也要努力工作來供養父母，直到送終。他們那種宗教式的繁文縟禮莫過於他們在父母的喪禮細節方面的認真了，服喪要穿白色而不是黑色的喪袍，並用很昂貴的材料製作棺木。可以總的說，他們的喪禮過於鋪張，常常超過了他們的力所能及。在給父母居喪的頭幾個月，兒子們要穿一件粗麻料的袍子，和他們平常的長衫和鞋帽很不協調。猛一看他們的樣子顯得確實很襤褸和悲慘。居喪期間，他們還束一條繩子作腰帶，有點像方濟各會士所束的那種。從父親或母親死去的那天起居喪三年，這是不可違背的規矩。我們在他們的書中讀到，規定這樣做的理由是報答他們小時候父母懷抱他們的三年養育之恩。其他親屬死去時，居喪時期的長短要看血緣關係而定，從一年到三個月不等。皇上或皇后死去時，全國都要服喪，但是規定的期限已經根據聖旨改變。從前是三年，但現在是以日代月，國喪期只有一個月了。

關於中國的喪禮，有一厚本專書，當有人死去時，負責喪事的生存者就查閱這本書，以保證遵循正當的儀式並確有相稱的排場。這本書不僅包含上述的習俗，而且對於遺族的衣服、鞋帽、腰帶和其他服飾都有專門的說明。一位著名人物死後的三四天內，他的兒子和近親就將措詞莊重而悲傷的書面通知送達所有的親友。同時做好一份棺木，把死者裝殮進去。靈堂全都掛上白幔，地面鋪滿草蓆。靈堂當中搭起一個台，把棺木放在上面，還放一幅死者的像或塑像。

以後四五天當中，親友們都穿着喪服前來弔唁。在規定的時間，他們一批一批地前來，在台上放置香料和兩根蜡燭。他們點燃蜡燭時，要四拜四叩。然而，首先他們要在靈前的香爐裏放進一撮香料。他們行禮時，死者的兒子或兒子們站在一邊，全身穿白，流着淚靜靜地哀傷着自己的損失。家中的女僕，有時是很多的，都穿着白衣站在棺木頂頭，用帳幕擋着，始終不斷地同聲嚎哭。

像他們小規模的敬神那樣，他們也有在靈前燒紙或白綢的習俗。

他們以為這樣做就是給死者送上一件袍服來紀念他的恩德了。他們用一種亮漆封塗隙縫，可以把棺木完全密封起來，我們知道有時候中國人把父母的遺體放在家中三四年之久。只要遺體放在家中，他們就在靈前擺上食物和飲料，正好像供奉活人一樣；而且這時候，子女都不坐平常的椅子，而是坐蓋着白布的矮凳，在棺木旁邊地上鋪好草蓆作為牀鋪。在服喪期間，他們不吃肉和加佐料的食品，喝很少的酒，不洗澡，不參加喜慶，夫婦不同房，而且甚至好幾個月也不公開露面。如果有必要出門，他們就坐蒙上白布的轎子。

這些只是與中國人喪禮有關的大套習俗中的一部分，但是這些嚴峻的做法已逐漸消失，只有三年服喪期仍在繼續。下葬時，再次書面邀請親友，他們都穿白衣來送葬，從而增加了這一場合的盛況。送葬行列本身真是一場宗教集會，有長長的一排人走在棺木前面，舉着各種顏色的或塗金的紙人、象、虎、或獅子，到墳地去燒掉。他們後面的路上跟着一大串照管廟裏神像的僕人以及一邊打鼓敲鈴吹笛擊鈸一邊誦經的歌詠隊，跟在他們後面的是一些肩抬着用以焚香的大銅香爐的人，然後就是披着華麗棺罩的棺木，上面有一個大華蓋，覆以繡着各色花紋的布簾。這個華蓋和棺木要由多達四十或五十個杠夫來抬。子女們走在靈柩後面，手裏拿着棒，走得好像是由於悲傷而精疲力竭的樣子。後面是家族裏的婦女，她們乘坐用白簾遮起的轎子，使別人無法看到。她們的後面則是乘坐同樣轎子的其他女性親屬。死者的墳墓總是位於城鎮區之外。

如果父母死時有任何一個子女不在場，喪禮的全部儀式都要推遲到他回來。如果一位名人在他父母死時不在場，他就在他所在的地方設立靈堂，讓他的朋友來弔唁。然後他回家去料理喪事，有如前述那樣。根據嚴格的法律，無一例外，作兒子的在這種場合都得回家，無論他擔任什麼官職。甚至各部的首長，即我們提到過的尚書以及閣老也必須回家服滿三年之喪，在期滿前不得續任官職。加之於大臣的責任是只為父母服喪三年，不包括對別的親屬，武官則不受這一特別法律的限制。凡死在國界以外的人，則負責料理喪事的人必須千方百計不顧代價把尸體運回國，使他能在家墓裏有一個長眠之地。

每家都有一處家墓，一般位於城區以外的山坡上。它們通常用大理石修建，十分寬敞，在墓前面對着墳頭有各種人和獸的雕像。墓的正面用大理石砌成，雕刻得十分華麗，紀念在裏面長眠的人的崇高業績。每年在規定的日期，親屬們都在墓前集會進行周年的紀念。要燒香、獻祭並把供品留下，但這些儀式根據當地幾百年傳下來的公認習慣而各不相同。

訂親的禮儀也很多。中國人通常早婚，他們不贊成婚姻雙方年齡相差很大。婚約由雙方的父母安排，無須結婚人的同意，雖然有時也徵詢他們的意見。屬於上等社會階級的人是在本階級中通婚，合法的婚姻要求門當戶對。男人都可以自由納妾，選妾並不要求門第或財產，因為唯一的挑選標準是姿貌美麗。妾可以用一百錠金子購得，有時還要少得多。

在下層階級中，妻子用銀錢買賣，想買賣多少次都行。皇上和皇子只憑美貌選擇妻子，不考慮門第高貴。貴族女子並不渴望與皇室族婚，因為皇上的妻子們沒有特殊的社會地位，被禁閉在皇宮裏，永遠看不到自己的家人。此外，因為由後宮之中選擇妃嬪是交給一些特派的大臣來辦理的，所以只有較少的人能從那麼多人當中被選上。

皇上只有一個唯一合法的妻子或皇后，雖然他和他的兒子們可以另有九個妻子和另外三十六個稱作妻子的人。除此以外，他還有一大批妾，她們既不稱後也不稱妻子。替他生了兒子的最受寵，他的女人中任何一個給他生的第一個兒子就總是皇位的繼承人。這是一個公認的事實，不僅皇上和他的家族如此，全國都如此。只有第一個和公認的配偶才准許和皇上一起坐在桌前。所有其他人，除非與皇上沾親，都是皇上的奴僕和皇后的侍從，在皇上皇后面前總是站着。皇上生的所有兒子都把合法皇后當作母親，也這樣稱呼她，這個稱呼只屬於她一個人。他們的生母死時，他們也不守習慣的三年之孝，而是只給皇后服喪，為她進行前述的喪禮，無論他們當時可能擔任任何官職都必須告職守孝。

還有一個宗教式地被遵奉的習俗，即同姓不得通婚，儘管他們之間並不一定有血緣關係。中國人的姓氏比我們的少得多，最多不過一千個左右。除過繼給別人外，他們永遠不准改變姓氏，而必須保持幾百年來由父系所傳給他的姓，不准隨母姓。他們的婚姻並不考慮姻親或血緣關係，唯一條件是結親雙方不得同姓一個姓。事實上他們為孩子娶母系任何一等的親屬。新娘並不要賠嫁妝。她到丈夫家來時，隨身帶來足夠全家用的傢具和服飾，但這些都是由她丈夫花錢，他在婚前的好幾個月就已給她錢去購置它們了。

中國過生日要送禮和吃飯，還有其他的祝賀表示。在五十歲生日有特殊的排場，因為從那時起他就被當作老人了，以後每十年都要舉行特別的慶祝。在這種場合，如果他們是書香門第，子女們就請朋友製作形式精緻的各種詩詞文句和其他這類的文件來稱頌他們的父母。有時候他們把這些彙編成書，而祝賀受尊敬的人的最常用的方法是在房間裏掛上這類書寫的賀辭。

另一個喜慶的日子是在男孩成年並被准予戴上成年男人的帽子的時候，就好像羅馬的青年習慣於穿上男子外袍（togavirilis）一樣。這將是他二十歲的生日，在此以前，他的頭髮是披散着的。

中國人所有節日中最重要的、全國各教都慶祝的就是他們的新年，舉行慶祝是在第一個新月以及還有第一個滿月的時候。這後一天叫做燈節，因為家家戶戶都掛着用紙板、玻璃或布巧妙地做成的各種燈籠，點得通明透亮。這時候，市場上也到處都是各式各樣的燈籠，大家購買自己喜歡的樣式。屋裏屋外點燃那麼多燈籠，簡直叫人以為房子失了火。此時晚間還有狂歡。一隊隊的人在街上耍龍燈，像酒神巴庫斯的禮讚者那樣歡呼跳躍，燃放鞭炮和焰火，全城呈現一片彩色繽紛的耀目景象。

第八章　關於服裝和其他習慣以及奇風異俗

中國人差不多是白膚色，雖然南方幾省由於靠近熱帶有些人是相當黑的。男人的鬍鬚很稀少，有時根本沒有。他們的頭髮粗而直，髭胡長得很晚，所以三十歲的人在這方面可以和我們二十歲的差不多。他們鬍鬚和頭髮全都是黑色的。他們不喜歡紅頭髮。他們的眼睛狹長，呈橢圓形，也是黑得令人注目。他們的鼻子小而平，耳朵大小適中。在有些邊沿地區，人們的臉幾乎是四四方方的。在廣東、廣西兩省，有些人每只腳的小指上都有兩個指甲，幾乎所有交趾支那和它附近的居民都常見這種情況。也許以前曾有一個時候他們每只腳都是六個指頭。女人身材都很矮小，腳小被認為是一種美的標誌。為了造成這種效果，她們從小把腳用布條緊緊地裹住以防止它長大，走起路來會使人覺得她們的腳是被截去了一塊。這種裹腳布整個一生都在裹着。他們認為人在街上走來走去很不雅觀。可能他們有一位聖人想到了這個主意把她們關在家裏。

男女都留長髮，但十五歲以下的孩子則剪得很短，只在頭頂上留一小撮。過了這個歲數他們就可以留長頭髮，披在肩上，到了二十歲時男孩子就可以戴成人帽子了，像前面講過的那樣。

在祭祀中作祭司的人大多數都在每月初八剃頭刮臉。男人有時候用馬鬃、人髮或有時是鐵絲編結的網把頭髮套上。這是一種像帽子的東西，戴在頭頂上，把頭髮穿過它再編成髮髻。婦女不用這種髮網，她們把頭髮梳成一個大扁髻，插上金銀髮飾或花朵。她們也戴耳環，但手指上不戴戒指。男女都穿拖到腳面的外衣。男人的袍子在胸前交迭起來，用鈕子把裏褶固定在左臂下面，外褶則固定在右臂下面。女人是把袍子在前面扣住。男女的袖子都又肥又長，是威尼斯式的。但是女人的袖子在手腕處寬大開口，而男人外衣的袖口則小得只夠把手伸出來。男人的帽子種類很多，製作精緻，最好的是用馬鬃織成的。然而，冷天也戴毛織或絲織的帽子。和我們的式樣最不相同的，或許可以從中國人穿的鞋上看出來。男人的鞋是用布或綢做成的，上面繡的花甚至比我們貴婦人穿的還要講究。他們不用皮革，連鞋底也是用很多層布緊緊縫起來的。只有最下等的人才穿皮鞋。屬於士大夫身份的可以戴方帽，別人都是圓帽。每天早晨梳頭通常要用半小時左右，這對我們的男人簡直是十分討厭的事。他們習慣於在腳和脛上纏很長的布條，看起來像是很松大的襪子。他們沒有相當於我們的襯衫那類的衣服；反之，他們貼身穿一件寬大的白布袍子，他們常常洗澡。他們經常服飾的一部分是出門時帶一把很大的傘來遮太陽。如果用得起，他們就用一個僕人帶着傘，否則就自己帶一把小一些的陽傘。

中國人有幾個本名的習慣是很有趣的，也是在歐洲所從未聽説過的。如前所述，每個人都繼承他的家族的古老而不可改變的姓氏，但名字的情況卻不如此。它們是按與家族姓氏多少有關的意義而創造的。名字通常寫起來是一個單字，也發一個單音，那實際上是一回事。然而，它也可能包含兩個音節。這些名字中的第一個是父母給子女取的。女孩和成年婦女除了姓以外沒有別的名字。她們按出生排行得到一個數目。男人和男孩的第一個名字[1]只能讓父母和較老的親戚叫。所有別的人都按兄弟排行用數目稱呼他，正像他們的姊妹被稱呼那樣。在拜帖或名片以及書信和其他寫作中，他們簽署父母為他們取

1　乳名。——中譯者注。

的第一個名字。如果不是父母，不管是同輩人或上級，用這第一個名字稱呼一個人或是提到某人父母或親戚時用了這個名字，那就不僅被認為是失禮，而且是一種正面的侮辱了。

一個男孩初次上學時，他的老師給他取一個新名字，叫做學名，是只有老師和同學使用的。到了弱冠之年或結婚時，則由一位著名官員榮授給他另一個尊稱，這就叫作字。除了家中傭人以外，誰都可以用這個名字稱呼他。最後，一個人到了中年，就又得到一個所謂的大名[1]，這是由地位最高的官員授予他的。不論他在場或不在場，誰都可以提他的這個名字，雖然他們的父母和年長的親戚在他有了字以後就只稱他的字。如果一個人參加了某個特殊教派，介紹他入教的學士就又給他另一個名字，作為法名。雖然來訪人的拜帖上都有家族姓氏和他的第一個名字，但人們在以官方身份互訪時，都要請教別人更體面的名字，免得稱呼時失禮。連我們自己也不得不再取一個名字，這個名字被認為比我們受洗時所得到的名字更大。

中國人非常喜歡古玩，雖然他們沒有很古老的塑像。製鐘的青銅所鑄的鼎被看得很珍貴，因為上面有鏽色，使它看起來很古老；他們還喜歡用克里特白堊和我們叫做碧玉的那種特殊玉石所製作的花瓶。著名藝術家所作的畫很受歡迎，雖然事實上中國畫只是白描，並且只用黑色而不用彩色。著名書法家的書寫手稿，一般是寫在紙或布上，也為人喜愛；但是上面必須有寫作者的簽名，免得作假。假古玩很多，他們很精於欺騙粗心大意的人，利用買主對價值很不在行而把毫無值錢的東西賣給他們。

每個官員都有由洪武皇帝親手傳下來的本人專用的官印，所有他的法律文件都必須用紅印泥蓋上這個專門的官印。丟了官印不僅意味

1 號。——中譯者注。

着丟官，而且還要受到嚴厲的懲罰。因此官印要極小心謹慎地看守。官員們出門時要隨身帶着官印，鎖在一個盒子裏，然後加封，永遠不離他的視線。據説官員們睡覺時也把官印放在枕下。

從來看不見生活地位高的人在街上行走。他們坐在緊閉的轎子裏被抬着走，路上的人看不見他們，除非他們敞着前簾。然而，官員都坐敞着的抬椅。上流社會的婦女習慣於把轎子遮嚴，但從形狀和式樣很容易分別它和男人的轎子。法律禁止坐車。

在中國，可以看到有些城市是建築在河流湖泊之中的，就像威尼斯在海上那樣，有宮殿般的船舶在其間往返。全國被許多河流和運河劃分開來。他們比我們西方人更多地用船來旅行，他們的船比我們的更考究更寬敞。例如，一個官員的遊艇就大到可以容納他的全家人，和在他們家時一樣地自在。開支全部由公家支付，設置有廚房、卧室和起坐間，裝飾得看來更像是闊人的住宅而不像是遊艇。有時候他們在船上豪宴並在湖上或沿河泛舟取樂。這類遊艇內部通常塗各種非常光潔的瀝青顏料，即葡萄牙人稱之為漆的東西。全部裝飾非常悦目，其中的各種香料也非常好聞。

中國人比我們更尊敬老師，一個人受教哪怕只有一天，他也會終生都稱他為老師的。不僅如此，他在公眾集會時就坐在老師身旁，用對待官長的稱呼和禮節來尊重他，以表示學生對老師應有的恭敬。

擲骰子和玩紙牌都已傳入這個國家，但被認為是下等人的庸俗東西。思想嚴肅的人玩一種棋類遊戲作為消遣，有時也當作賭博。它在許多方面和我們的同名遊戲都很相似。然而，玩法卻截然不同。他們的玩法是王不能走出與他原來位置相鄰接的四個方格，與我們的象相應的棋子也是這樣。他們沒有王后。他們有兩枚新棋子，叫做炮，放在馬之前兩個卒之後，而卒則放在正規的那條卒線的前一格。炮的走法大致上和我們的車相同，但除非在它和對方的王中間有一個對方的棋子，它就不能將對方的王。王可以有三種辦法避免被將死：向旁移動一步，或吃掉將它的棋子，或犧牲一個保護的棋子。[1] 中國人有好幾種這類的遊戲，但他們最認真從事的是玩一種在三百多個格的空棋盤上用兩百枚黑白棋子下的棋。玩這種棋的目的是要控制多數的空格。每一方都爭取把對方的棋子趕到棋盤的中間，這樣可以把空格佔過來，佔據空格多的人就贏了這局棋。官員們都非常喜歡這種棋，常常一玩就是大半天。有時候玩一盤就要一個小時。[2] 精於此道的人總有很多的追隨者，他肯定會非常出名，儘管這也許是他唯一的專長。事實上，有些人還請他們作指導，特別優待他們，為的是學會玩這種複雜遊戲的精確知識。

關於刑罰，應該說中國當局一般是很馬虎的，特別是對於初犯的盜竊罪。這種罪從不處以死刑。在第二次犯盜竊罪定讞時，要在犯人的手臂烙印，有兩個黑字說明他是慣犯。第三次犯罪時就要在臉上烙同樣的印記。如果此後他仍繼續偷竊，每次捉到就打一頓，打得輕重取決於他犯罪的性質，或者罰作海船的船奴，時間長短根據法律決定。可是，到處都有很多盜賊，特別是在下層人中間。

各個城市都有千百名更夫在街上巡夜，按規定的間隔敲鑼。儘管如此，而且街道都有鐵柵並且上鎖，宅院被夜賊搶劫一空的事還常常發生。這或許因為更夫本身就是盜賊，或者是和盜賊合夥，經常失盜的結果是再要用人來監視更夫。聽說在歐洲人口稠密的城市裏，警衛倒不是用來防止國內的盜竊，而更加是用來防衛公民以免侵略者的襲擊，中國人確實感到很驚異。在中國，儘管他們住在國家的中心地帶，並且享有最深刻的和平，但城門每晚都要上鎖，鑰匙要交給地方官。

1 象棋。——中譯者注。

2 圍棋。——中譯者注。

第九章　關於某些迷信的以及其他方面的禮節

本章中，我們將談到某些教派所特有的而又有代表性的那些迷信禮節。

然而，首先我要請求讀者從下面兩章中看出有理由同情這些人民並禱告上帝拯救他們，而不是對他們感到厭煩以及喪失從不幸中解救他們的一切希望。應該記住，他們已蒙蔽在異教的黑暗中長達數千年之久，從沒有或幾乎沒有看到過一線基督教的光明。可是，靠上帝的仁慈以及他們自己內在的智慧，他們的確有着天賦的聰明足以認識並且承認他們的不幸處境，雖然直到現在他們並不知道有任何辦法逃避它。

整個國家最普遍的一種迷信莫過於認定某幾天和某幾個鐘頭是好或壞，是好運氣或壞運氣，哪些時日要做或不做某些事。因為他們所做的每一件事結果如何都取決於時間的規定。這種騙局在他們中間弄得像煞有介事，因而皇家的占星術家每年要編撰兩本黃曆，由官方公開發行。這種曆書大量出售，每家都有一本。曆書以小冊子的形式發行，人們在裏面可以查到有關每一個具體的日子應該做什麼和不應該做什麼的指示，以及每一樁事件都應該在什麼確切的時間去做。這樣全年都被非常細緻具體地給安排好了。除這種正規的曆書外，還有其他許多同類的書，內容更複雜。因而，就有大批的騙人術士靠向他們請教的人指示日常生活中要做什麼事應該在哪天和哪個時辰為生。他們這種欺騙性的勸告收費不多，所以人人都毫不猶疑要找一個勸告人。

常常會有這樣的事：如果有人要破土動工，他會一天一天地推延日期，要出門的人也會推延行期，為的是一點都不要違背術士對這些事所規定的時日。他們的這種迷信甚至於是風雨無阻。如果在預定的那天下起了瓢潑大雨或是行船逆風，他們也從不遲疑按照事先預定的時日開始行動，因為那個時日大吉大利、萬事亨通。說到旅行和動土，只要走了四步路，他們就認為是已經開始旅行了，如果翻了兩鍬土，他們也就認為是開始破土動工了。為了遵守迷信，在預定要開始這些活動的時日，他們就一定那樣做，然後使自己相信事情一定會成功。

這裏的人民非常關注以出生的確切時辰來判定他們的終生和幸福，因此每個人都要問清楚出生的準確時辰並精確記錄下來。這類預告禍福的算命先生各地都非常之多，還有同樣之多的自稱懂得觀察星象和擺弄某些迷信的數字的人。其中有的也相面或看手相。還有的是根據夢或根據從談話中挑出來的幾個字眼，或根據人坐時的姿勢以及各種其他的方式來預卜吉凶。這一切最令人奇怪的是，他們做所有這些時都極有把握，以致於他們的結論絲毫也不容他們不知情的受害者懷疑。這類騙局極為普遍，而新的騙術又每天層出不窮，所以頭腦簡單而又輕信的人很容易被引入歧途。這類算命的在人羣聚集中常常有一些同夥，他們在羣眾當中宣稱這位算命先生給他算出來的事樣樣都非常靈驗，正如他所預告的那樣。有時也請外鄉人來入夥，並講述以往的靈驗，而本地騙子的夥從則大聲叫好鼓掌。結果是很多人都上了這種把戲的當，也去算命，並把算出來的東西當成真的。

還有另一種花招使這種騙術貌似真實。人民當中普遍都有一種手寫的戶籍冊，裏面包括按街、按戶記載城中每一家的情況。算命的把戶籍冊抄寫下來或者廉價買來，然後像外鄉人一樣進城，把人們的家中情況一一講出來。他們先講以前發生過的事，然後就預卜將來會發生什麼事，說完之後揚長而去，聽憑命運來證實它們。有些可憐的人出於單純的害怕心理，就相信了這類預言。例如，如果算命的說他們在某一天會生病，到了那天，他們就真會使自己相信自己確實病了，並害怕死亡臨頭而和想象中的病展開鬥爭。像這樣的情況就給騙子起了很好的宣傳作用，對他們建立聲譽幫了不小的忙。

向守護神請教也是普遍的習慣，中國人稱為家神，這種神為數眾多。他們相信這種神靈可以預示吉凶而不是降禍；但是在這上面他們同樣常常是受騙上當的犧牲品。在請教吉凶時，神諭是通過小孩子或家畜的聲音接收的，它顯示過去的事或已死的人，以證明對未來的預言真實不爽。這種神諭的產生總是由於欺騙或花招。當然，我們讀到過，這類迷信在異教徒中一般是普遍的，但是下面的事例卻為中國人所特有。

在選擇修建公共建築或私宅的地點以及埋葬死人的地點時，他們是按照據說地下的特殊龍頭或龍尾或龍爪來研究地址的。他們相信不僅本家而且全城、全省和全國的運道好壞，全要看這些地域性的龍而定。他們很多最顯赫的人士也對這種深奧的學問感興趣，必要時甚至把他們從很遠的地方邀來請教。這種事可能發生在要修建公共建築或紀念碑的時候，以及為這個目的所使用的機械應如何放置才能避免災禍，以及使事業交到好運的場合。就跟占星術家觀察星象一樣，這些地師根據山水田地的相對位置而算定一塊地的氣運和吉凶，而他們的卜算和觀星家的占象是同樣騙人的。把一個家庭的安全、榮譽或甚至整個的生存都想象為一定取決於諸如門要開在這一邊或那一邊，雨從左還是右邊流入院子或窗子設在這裏或那裏，房頂哪一個要比另一個高等等細節；有什麼能比這更加荒唐的呢？

街上、客店裏以及所有其他的公共場所都充斥着這類占星家、地師、算命算卦的，或者也可以把他們歸之為一類，即都是騙子。他們的業務就是收一定的費來空口許願說以後的運氣好。他們有些是瞎子，有些是社會底層的人，有時還有一些行跡可疑的婦女。按照福音書上的格言，他們可真是「瞎子領瞎子」，而且他們為數眾多，以致可以說是構成為一種普遍的禍害。事實上，這個令人厭惡的階級在各大城市或甚至在宮廷裏都是名符其實的害人蟲。他們的生活手段就是這樣，其中有不少的人能維持一大家人闊綽的生活，有時還能積累可觀的財富。人不分高低、平民與貴族，讀過書的或文盲，都在受害者之列，甚至城內的高官顯宦以及皇上本人都不能例外。我們從上面所說的很容易判斷他們從鳥語中聽出的預兆，他們對於早起第一個碰見的事物以及陽光照在房頂所投下的陰影是如何擔心。總而言之，無論一個人、一個城市、一個省份或全國遭到什麼不幸，他們就按情況一定把它歸之於運氣不好或個人或國家出了什麼錯。他們把這種厄運當作對他們罪過的公正懲罰，他們的罪過召來了上天對個人或對公眾的證詞。

這裏我們將補充幾種驚人的做法，中國人是處之泰然的，而且上帝保佑，他們似乎居然認為從道德上說是十分正確的。由此人們便很容易對其他類似的事情得出結論了。這些人實在應受到憐憫而不是指責，他們在愚昧無知的黑暗中陷得越深，人們就越應該真誠地祈禱他們的得救。

他們當中有很多人無法過沒有女人在一起的生活，就把自己賣給有錢的主人家，以期在這家的女婢中找到一個妻子，而這樣一來就把他們的子女永世變成奴隸。還有一些人則攢夠了錢買一個妻子，等到孩子過多無法扶養時，就以大約一頭豬或一匹便宜的小驢價格把孩子賣作奴隸——價錢大約相當於一個克朗（crown）或一個半克朗。有時候這樣做並不是真正有此必要，但孩子卻從此就與父母永遠分開，變成了買主的奴隸，買主想叫他幹什麼就得幹什麼。這一作法的結果是全國事實上到處都是奴隸，這種奴隸不是戰爭中俘獲或從國外帶回來的，而是就生在這個國家裏，甚至就生在他們生活的那個城市或鄉村裏。也有許多是被葡萄牙人和西班牙人帶出國外為奴。這類少數人至少有成為基督徒的機會，因而擺脱撒旦的奴役。這種買賣小孩的做法唯一的好處就是，大批必須勞苦終日汗流滿面才能勉強度悲慘生活的極端貧困的人可以減少。還可以補充說，中國人使用奴隸不像世界上其他民族那樣苛刻，所以尚可容忍。中國的奴隸，如果有辦法湊夠他賣身的那個錢數，就可以贖身重獲自由。

中國有一種更為嚴重得多的罪惡是某些省份溺斃女嬰的做法。這樣做的原因據說是她們的父母無力養活她們。有時候這樣做的人並不是赤窮，他們怕的是以後不能照料孩子，而不得不把孩子賣給不認識的而兇狠的奴隸主。這樣他們就為孩子着想而不得不狠心。由於他們相信靈魂轉生或者輪迴，這種野蠻行徑就可能變得不那樣惡劣了。因為相信靈魂從死人的身上會轉移到另一個初生的人的身上，他們就為這種駭人的暴行披上了善良的外衣，認為他們把孩子殺死是對孩子做了件好事。根據他們的思想方法，他們是免得孩子和自己所出生的家庭一起受苦，從而孩子可以重新出生到另一個生活較好的家庭中去。因此，這種屠殺無辜的事情不是偷偷幹的，而是公開讓大家都知道的情況下做的。

另一種也多少是相當普遍的風俗，比前述的那種更為野蠻，就是因為無法餬口，或者遭到災禍而極度絕望，或者更加愚蠢更加懦怯地只為了憤恨仇敵而自殺。據說一年當中總有成千上萬的人自殺，既有男人也有女人。那做法經常是在公眾聚會的場所或在仇家的門前上吊自殺。跳河或服毒也是常用的方法，他們往往為了很細小的事而自殺。如果父母控告某人逼死了他們的兒子，官吏是要嚴加判處的，這時被控的人別無他法擺脱困境，常常只好自殺了事。很多大臣在這方面非常聰明，他們給自己訂下一條法律，決不過問涉及自殺的案件，這樣做法或許救活了許多性命。

在北方各省還有一種常見的野蠻行徑，那就是閹割大批的男小孩，這樣他們就可以給皇上做奴僕。要在皇宮裏當差這一點是必需的，乃至於皇上既沒有別人、而且他也不要諮詢別人或和別人談話。幾乎全國的行政事務都操在這類半男半女的人的手中，單單在皇宮裏，這類人的數目就達萬人之多。他們樣子很瘦弱，未受過教育，在終身的奴役中長大，呆頭呆腦，根本沒有能力聽懂一項重要的指示，也沒有辦法去執行。

這個國家的刑法似乎並不太嚴厲，但被大臣們非法處死的似乎和合法處決的人數是同樣地多。所以發生這種情況是由於這個國家有一項固定而古老的習慣，允許大臣不經過法律手續和審判，就可以隨意箠打任何人。這種刑罰是當眾執行的。受刑的人臉朝下爬在地上，用一根大約厚一英吋、寬四英吋、長一碼，中間劈開來的堅韌的竹板打裸着的大腿和屁股。行刑人雙手掄起板子猛打。通常是責打十板，最多以三十板為限，但是一般第一板下去就皮開肉綻，再打下去就血肉橫飛，結果常常是把犯人打死。有時候，被告給大臣一筆巨款，就可以違反法律和正義而買得活命。大臣們作威作福到這種地步，以致簡直沒有一個人可以說自己的財產是安全的，人人都整天提心吊膽，唯恐受到誣告而被剝奪他所有的一切。正如這裏的人民十分迷信，所以他們也不大關心什麼真理，行事總是十分謹慎，難得信任任何人。

出於同樣的恐懼，近世的皇上也廢除了公開露面的習慣。即使在以前，皇上離開皇宮禁地之前，不採取成千種防範措施他們也不敢外出。在這種場合，整個朝廷都處於軍事戒備之下。沿皇帝要經過的道路以及與之相通的路上，都密佈着便衣警衛。不僅人們看不見他，而且人們也無從知道在他行列裏很多轎子中他到底乘的是哪一座。人們會以為他是在敵國中旅行，而不是在他自己的子民萬眾之中出巡。

號稱皇家血統的人都由公費供奉。目前據估計這類人約在六萬以上，而且由於他們在不斷增長，所以不難想像他們構成多麼大的公眾負擔。由於他們不擔任一切公職和行政，他們變成了一個無所事事的階級，耽於逸樂的生活而且蠻橫。皇上防範這些人就像對待私仇一樣，因為他十分明白他們有他們自己的一套耳目。他們這些人都必須住在指定的城市裏，沒有皇上的批准不得擅離，否則嚴行懲治，而且他們從沒有一個人被允許住在北京和南京的皇都。一個不相信自己的人民和親屬的民族，對於無論從四鄰或遠方來的外國人都心懷疑懼，看來也就不足為奇了。他們對於外國人的了解常常是糊塗的或錯誤的，因為這些理解是從其他的外國人那裏聽說的，而這些外國人則是想到這個帝國來以謀求好處的營利者。中國人把所有的外國人都看作沒有知識的野蠻人，並且就用這樣的詞句來稱呼他們。他們甚至不屑從外國人的書裏學習任何東西，因為他們相信只有他們自己才有真正的科學和知識。如果他們偶爾在他們的著述中有提到外國人的地方，他們也會把他們當作好像不容置疑地和森林與原野裏的野獸差不多。甚至他們表示外國人這個詞的書面語彙也和用於野獸的一樣，他們難得給外國人一個比他們加之於野獸的更尊貴的名稱。

人們簡直難以置信，他們對於派來向皇上致敬或納貢或辦理別項事務的鄰國使節或使臣懷着多麼大的疑懼。雖然中國可能和派遣使節的鄰國自古以來就友好相處，但這並不能使來訪的貴臣免於在他們全部在國內的行程中被當成俘虜或囚犯一樣來對待，並不得在旅途中看任何東西。在他們的全部逗留期間，他們被安頓在宮城範圍裏蓋得象牛棚一樣的房子裏，而且是被鎖在裏邊。他們從來不准見到皇上，他們的外交或其他事務都是與欽定的大臣辦理的。全國上下都不得與外國人打交道，除了在特定的時間、特定的地點，例如澳門半島，在那裏從 1557 年起建立了一個與葡萄牙人通商的商場。凡是未得官方批准而與外國人進行貿易的，都將受到最嚴厲的刑罰。

擔任警衛的士兵總要受到別的哨兵的監視，怕他們可能企圖造反或者造成騷動。由於同一原因，指揮官從來不許統率大軍。整個軍隊置於哲人參議院 (Philosophic Senate)[1] 的管轄之下，由這個機構發放薪

1　原意大利文作 mandarini letterati（文官），明代軍隊最高統帥多由文人擔任。這裏似指兵部。——中譯者注。

俸以及軍事裝備。為了確保他們個人的忠誠，士兵們本人以及他們的生計都有賴於上級軍官以外的領導。這個國家中大概沒有別的階層的人民比士兵更墮落和更懶惰的了。

軍隊的每個人必定過的是一種悲慘的生活，因為他們應召入伍並非出自愛國心，又不是出自對皇上的忠誠，也不是出自任何想獲得聲名榮譽的願望，而僅僅是作為臣民不得不為僱主勞作而已。軍隊中大部分人是皇上的奴隸，他們服奴役，有的是因為自己犯過罪，有的則是為其祖先贖罪。當他們不從事軍事活動時，他們就被派去幹最低賤的活計，例如抬轎，飼養馱畜以及其他這類的奴婢行業。只有高級官員和軍事長官才在軍隊範圍內有一定威權。供給軍隊的武器事實上是不能用的，既不能對敵進攻，甚至不能自衛。除了真正打仗時外，他們都只攜帶假武器，發給他們假武器是為了在演習時不致完全沒有武器。我們已經描述過，無論是官是兵，也不論官階和地位，都像小學生一樣受到大臣鞭打，這實在荒唐可笑。

在結束本章時，我們將敘述一下可以稱之為中國人兩種非常愚蠢的做法，這在全國各地而特別是在有權勢的人們當中是很普遍的。第一種習慣是努力要從別的金屬中提取銀子，第二種則是企圖延年益壽長生不死。據傳說，獲致這兩種可願望的結果的指導方法，來自現已歸為聖人之列的某幾位出名人物。彷彿是他們一生中已取得了很多突出和有用的成就，最後他們對自己的塵世生活感到厭倦，就肉身和靈魂一起升天。目前有極大量這類的書籍在流行，討論這兩種奧祕的學問，有些是印本，有些則是手稿；但是人們更願意得到手稿，因為手稿更有權威性。

第一種糊塗做法，可以解釋為貪得無厭的煉金術士的妄想，他們揮霍他們的全部財產，徒然想要達到一種愚蠢的野心。每天都可以公然看到他們當中最有錢的人為了證實這種騙術而揮金如土，最後淪為赤貧。在這種特殊的學問裏，他們中間比較精明的則弄出一種假的或摻假的銀子，因而引起了輕信不疑的人們的興趣。他們完全不考慮教育程度和真理，日夜在實驗室裏操作不息，引導別人陷入新的錯誤，而且自己也陷入這類錯誤；他們進行試驗，花很多錢抄寫書籍，並且準備各種裝置以供進一步的實驗。

很多希臘神話中獨眼巨人（Cyclops）式的人都從事這項希臘火神伏爾甘（Vulcan）鐵鋪的騙局。有些人貌似文雅而有教養，其實是在騙人，另有些人則是欺騙自己，並且直到淪為襤褸的乞丐也還在堅持錯誤。他們每個人全都在追求着，胸中燃燒着增加財富的希望，以他們空洞的許諾引誘別人也去探求這種騙人的技術。這羣無賴漢的狂熱源出於一種先入之見，以為這種事真正可以做到。因此，他們把積蓄全部花光來購置必要的工作儀器，並裝配起供研究用的作坊。然而，不幸的是當成功似乎在望的時候，那個怪鳥卻又飛去而不復返，他們只落得囊空如洗，而且還欠高利貸者大量的債務要償還。此外，着了這種迷還會伴有精神錯亂，使他們儘管因此而一再淪為乞丐，卻還不能認識它的罪過，而無法抵制再次成為別的更狡猾的騙子空口許願的犧牲品。得了這種瘋病最普遍的結果是很多人在這種空中樓閣中虛度終生，他們因失敗而沮喪，在這種精神負擔之下病倒。但是，無論是親友的規勸或他們自己的貧困，都不能使他們清醒過來。

第二種蠢事常常被發現是與第一種連繫在一起的。長生不老的問題，就其本身性質而言，的確值得認真探討，因而這種病就抓住了很多讀書人以及甚至某些身居高位的大臣。這些上層人物在取得很高的生活地位，並積累了隨之而來的榮譽和財富之後，就產生一種想法，覺得除了有辦法使他們的現狀永不休止以及使自己長生不老以外，再也無法好上加好了。因此，他們竭盡全力要研究出達到這種枉然被垂涎的目的的必要手段。在我們現在居住的北京城裏，在大臣、宦官以及其他地位高的人當中，幾乎沒有什麼人是不沉溺於這種愚蠢的研究的。因為這種迷信不乏有錢的學生，教的人必然是非常之多的。教的人越是熱衷於研究長生不老，他們也就越發被這種燃燒着的渴望所激動，所以也就由於這個緣故而越發受到他們上司的賞識。一旦沾染上這種病，那就像我們前面所說的那樣，是極難治好的。雖然長生不老的販賣者每天都在受到死亡的懲罰，他們仍然不能聽人勸阻而放棄這種荒誕的研究習慣，相信自己總有一天會交上好運，而對別人有害的卻可能對他們是有好處的。總之，似乎已沒有任何辦法能説服他們相信，他們所希望實現的事情是超出人類能力和勤勉的限度之外的。

中國古代編年史中記載過一個故事，説有一位皇帝也醉心於愚蠢地尋求長生不老，而在力求長生不老的時候卻給自己的壽命造成了嚴重的損害。這位古代皇帝按照某些騙子的處方為自己配製了一服祕藥；只要把它一喝下去，就可以使他免於死亡。就在他要喝藥的時候，他的顧問們忠言相諫已不能阻止他實現他的既定方針。突然間，他眼睛剛好一離開藥杯，他有一個朋友就抓住杯子一飲而盡，只剩下了藥渣。皇帝被奪走了長生不老的藥，勃然大怒，拔劍要當場把犯人殺死。這個朋友大叫：「住手！」然後勇敢地向他的君上説：「我剛剛喝完你那長生不死的藥酒，你怎麼可能剝奪我的生命呢？如果你能，那麼我就確實沒有犯罪，我並沒有搶走你的長生不死，倒是把皇上你從陰險的騙局裏解放出來。」聽了這番話，皇帝恢復了平靜，讚許他朋友的勇氣已把他從害人的幻想之中拯救出來。[1]

總結一句，應該公平地説中國從來不缺乏聰明人，他們盡力想方設法要掃除他們人民心中的這兩重苦惱，但是他們這樣做從未取得成功。相反，這種傳染病還在蔓延，目前正在空前流行，到處氾濫，並以其滿載瘟疫的毒害而在感染着越來越多的受害人。

1　類似的故事見於《戰國策》。——中譯者注。

第十章　中國人的各種宗教派別

在歐洲所知的所有異教徒教派中，我不知道有什麼民族在其古代的早期是比中國人犯更少錯誤的了。從他們的歷史一開始，他們的書面上就記載着他們所承認和崇拜的一位最高的神，他們稱之為天帝，或者加以其他尊號表明他既管天也管地。看來似乎古代中國人把天地看成是有生靈的東西，並把它們共同的靈魂當作一位最高的神來崇拜。他們還把山河的以及大地四方的各種神都當做這位至高無上的神的臣屬而加以崇拜。他們還教導説理性之光來自上天，人的一切活動都須聽從理性的命令。我們沒有在任何地方讀到過中國人曾把這位至高神及其臣屬的各種神衹塑造成鬼怪，像羅馬人、希臘人和埃及人那樣發展為神怪或邪惡的主宰。

人們可以滿懷信心地希望，由於上帝的慈悲，很多古代中國人藉助於他們所必然有過的那種特別的幫助，已在自然法則中找到了得救。據神學家説，那是只要一個人根據自己良心的光芒，盡力去尋求得救，上帝就不會拒絕給他的幫助。他們已經努力這樣做了，這一點是完全可以從他們四千多年的歷史中斷定的，他們的歷史就是他們代表國家謀公共福利所做的無數善行的記錄。從他們古代哲學家的那些罕見的智慧的著作中也可以得出同樣的結論。這些書仍然存在，上面滿是訓導人們要有德行的最有益的忠告。在這個方面，他們似乎完全可以和我們自己最傑出的哲學家相匹敵。正好像墮落了的人類本性如果沒有神恩的幫助還會更加墮落一樣，原始的宗教概念隨着時間的推移，也會變得非常糊塗，以致當他們放棄對那些沒有生命的神靈的迷信時，很少有人能不陷入無神論的更嚴重的錯誤之中。

本章將只討論中國與所有其他異教教派不同的三種迷信。中國信仰伊斯蘭教、猶太教、基督教的跡象，我們將留在後面再加考慮。中國的書籍列舉世界上只有三種崇拜或宗教信仰的體系，而並不知道還有別的。這三種是儒教、釋迦和老子。所有的中國人以及所有使用中國文字的四鄰國家的人民，如日本、朝鮮、琉球、台灣[1]和交趾支那的人民，都屬於這三種教派中的這種或那種。

儒教是中國所固有的，並且是國內最古老的一種。中國人以儒教治國，有着大量的文獻，遠比其他教派更為著名。就個人來說，中國人並不選擇這一教派，他們毋寧是說在研究學問時吸收它的教義。凡做學問有了名氣的人或甚至從事學問研究的人，沒有一個是再相信任何別的教派的。孔子是他們的先師，據他們說發現了哲學這門學問的乃是孔子。他們不相信偶像崇拜。事實上，他們並沒有偶像。然而，他們卻的確相信有一位神在維護和管理着世上的一切事物。他們也承認別的鬼神，但這些鬼神的統治權要有限得多，所受到的尊敬也差得多。真正的儒家並不教導人們世界是什麼時候、什麼方式以及由誰所創造的。我們用了「真正的」或者真這個詞，是因為他們中間有些不那麼著名的人會解釋夢，但他們大部分既然是談一些細瑣的和不大可能發生的事，所以人們並不很相信他們。

他們的信條包括有一種善有善報、惡有惡報的學說，但他們似乎只把報應局限於現世，而且只適用於幹壞事的人，並將他們的功過及於其子孫。古代人似乎不大懷疑靈魂不朽，因為人死之後的很長時期，他們還常常談到死去的人，說他上了天。但是，他們根本不談論惡人在地獄受懲罰的事。較晚近的儒家則教導說，人的肉體一死，靈魂也就不復存在，或者只再存在一個很短的時間。因此，他們不提天堂或地獄。對他們中的某些人來說，這似乎是一種頗為嚴厲的教義，因而這一學派教導說只有正直的人的靈魂才繼續存在。他們說一個人

1　台灣，英譯本作 Formosa，原意大利文本及法譯本均無此名，德禮賢泛稱琉球為台灣，亦誤。明代我國稱台灣為東番，非琉球；明代之琉球即今琉球羣島。——中譯者注。

的靈魂由於德行而加強並能鞏固而持久，但壞人卻不是這樣，他們的靈魂剛一離開身體，就像一股輕煙那樣消散了。

儒教目前最普遍信奉的學說，據我看似乎是來自大約五個世紀以前開始流傳的那種崇拜偶像的教派。這種教義肯定整個宇宙是由一種共同的物質所構成的，宇宙的創造者好像是有一個連續體（corpus continuum）的，與天地、人獸、樹木以及四元素共存，而每樁個體事物都是這個連續體的一部分。他們根據物質的這種統一性而推論各個組成部分都應當團結相愛，而且人還可以變得和上帝一樣，因為他被創造是和上帝合一的。我們試圖駁斥這種哲學，不僅僅是根據道理，而且也根據他們自己古代哲學家的論證，而他們現在的全部哲學都是有負於這些古代哲學家的。

雖然這些被稱為儒家的人的確承認有一位最高的神祇，他們卻並不建造崇奉他的聖殿。沒有專門用來崇拜這位神的地方，因此也沒有僧侶或祭司來主持祭祀。我們沒有發現大家都必須遵守的任何特殊禮儀，或必須遵循的戒律，或任何最高的權威來解釋或頒佈教規，以及懲罰破壞有關至高存在者的教規的人。也沒有任何唸或唱的公眾或私人的禱詞或頌歌，用來崇拜這位最高的神祇。祭祀這位最高神和奉獻犧牲是皇帝陛下的專職。情形確實是如此，以致如果有人僭越這一權利而自己獻祭的話，他就會被當作侵犯皇帝的職責並作為公敵而要受到嚴懲。

在北京和南京兩座京城，各有兩座皇帝專用的宏偉的廟宇。這兩座廟宇是皇帝專門用來祭祀最高神祇的。一座廟用來祭天，另一座則用來祭地。以前的慣例是只有御駕親臨這兩座廟裏獻祭，但現在則由最高的大臣進行宗教儀式，用大批牛羊向天神地祇獻祭。同樣地，也只有國中的高級大臣和最高官吏才能向山川和宇宙四方的神靈獻祭。這類宗教儀式嚴禁庶民參加。這種法律的誡命是寫在四書和五經裏面的。除了這些書籍而外，便沒有別的法典，有的只是一些對這幾部書的解釋。

信奉儒教的人，上至皇帝下至最低階層，最普遍舉行的是我們所描述過的每年祭祀亡靈的儀式。據他們自己說，他們認為這種儀式是向已故的祖先表示崇敬，正如在祖先生前要受崇敬一樣。他們並不真正相信死者確實需要擺在他們墓前的供品；但是他們說他們之所以遵守這個擺供的習俗，是因為這似乎是對他們已故的親人表示自己的深情的最好的辦法。的確，很多人都斷言這種禮儀的最初創立與其說是為了死者，倒不如說是為了生者的好處。他們這樣做是希望孩子們以及沒有讀過書的成年人，看到受過教育的名流對於死去的父母都如此崇敬，就能學會也尊敬和供養自己在世的父母。這種在死者墓前上供的作法似乎不能指責為瀆神，而且也許並不帶有迷信的色彩，因為他們在任何方面都不把自己的祖先當作神，也並不向祖先乞求什麼或希望得到什麼。然而，對於已經接受基督教的教導的人，如果以救貧濟苦和追求靈魂的得救來代替這種習俗，那就似乎更要好得多。

孔廟實際是儒教上層文人唯一的廟宇。法律規定在每座城市、並且是該城中被認為是文化中心的地點都建造一座中國哲學家之王的廟宇。這種廟修得十分華美，與它相鄰的就是專管已獲得初等學位者的大臣的學宮。廟中最突出的地位供着孔子的塑象，如果不是塑像，則供奉一塊用巨大的金字書寫着孔子名諱的牌位。在旁邊還供奉孔子某些弟子的塑像，中國人也把他們奉為聖人，只是要低一等。

每個新月和滿月到來時，大臣們以及學士一級的人們都到孔廟聚會，向他們的先師致敬。這種情況中的禮節包括焚香燒燭和鞠躬跪拜。每年孔子誕辰以及習慣規定的其他日期，他們都向孔子供獻精美的肴饌，表明他們對他著作中所包含的學說的感激。他們這樣做是因為正是靠着這些學說，他們才得到了學位，而國家也才得到了被授與大臣官職的人們的優異的公共行政權威。他們不向孔子禱告，也不請求他降福或希望他幫助。他們崇敬他的那種方式，正如前述的他們尊敬祖先一樣。

這一教派還建有別的廟宇，供奉當地行政區所屬各城的有稱號的神。官員們在廟中莊嚴宣誓要行事正當而合法律，並且克盡職守。每個官員一接任，或者如他們所説一被委以官印，就要先辦這件事。對這些城市之神也要燒香獻祭，但與對孔子和對自己祖先上供的目的不同。區別在於他們對這些神只承認有一位神祇具有懲惡獎善的權力。

儒家這一教派的最終目的和總的意圖是國內的太平和秩序。他們也期待家庭的經濟安全和個人的道德修養。他們所闡述的箴言確實都是指導人們達到這些目的的，完全符合良心的光明與基督教的真理。他們利用五對不同的組合來構成人與人的全部關係，即父子、夫婦、主僕、兄弟以及朋友五種關係。按照他們的信念，只有他們才知道如何尊重這些關係，而外國人則被認為是全然無知，或者即使知道也全不注意。他們不贊成獨身而允許多妻制。他們的著作詳盡地解説了仁愛的第二誡：「己所不欲，勿施於人。」他們十分重視子女尊敬和順從父母、奴僕對主人忠誠、青年人效忠長輩。這一點確實是引人注目的。

因為他們既不禁止也不規定人們對於來世應該信仰什麼，所以屬於這一社會等級的很多人都把另兩種教派和他們自己的教派合而為一。他們確實相信，如果他們容忍謬誤並且不公開摒棄或非難虛偽的話，他們所信奉的就是一種高級形式的宗教了。儒家不承認自己屬於一個教派，他們宣稱他們這個階層或社會集團，倒更是一個為了恰當地治理國家和國家的普遍利益而組織起來的學術團體。

中國人當中的第二種重要教派是釋迦（Sciequia）或阿彌陀佛（Omitose）。日本人稱之為 Sciacca 和 Amidabu，這一教派在兩國的性質是十分相近的。日本人還稱之為 Lex Totoqui。這種教義是在耶穌紀元 65 年由西方傳入中國的。它由天竺（Thiencio）地區也叫作身毒（Shinto）傳入，這裏原是兩個國家，但現在只有一個名稱即印度斯坦（Hindustan），位於印度河與恆河之間。現存的文字記載説，中國的皇帝夢中受到啟示而派遣使節到這個國家。使者們帶回了經卷以及譯者，把經卷譯為中文。這一教派的創立者在其教義傳入中國以前就已死去了。根據這一點，顯而易見的是中國人把這種教義傳入日本的。但是現在還不清楚為什麼這一信仰的日本信徒斷言釋迦或阿彌陀佛是由暹羅王國傳入日本的，並且說此教源出於暹羅。這種教義的信徒的著作中已經十分清楚地表明，中國人非常熟悉暹羅，絕不會在這類問題上把它誤為遙遠的天竺。

在歷史上很清楚的是，這種學說傳入中國正和使徒們傳播基督的教義是同一個時期。巴多羅買（Bartholomew）在上印度（Upper India）——即在印度斯坦及其鄰近國家——傳道，同時多默（Thomas）正在下印度把福音傳向南方。因此，中國人聽說過基督福音書中所包含的真理，受到感動而發生興趣，想要接觸它並向西方學習它；這並不是超出可能範圍以外的事。然而，或是由於他們使臣方面的錯誤，或是因為他們所到國家的人民對福音的敵意，結果接收了錯誤的輸入品，而不是他們所要追求的真理。

看起來，這第二種教派的教義的創始人有些概念是從我們西方哲學家那裏得來的。例如，他們只承認四元素，而中國卻很愚蠢地加進了第五個。根據中國人的理論，整個物質世界——人、動植物以及混合體——都是由金、木、水、火、土五種元素構成的。和德謨克利特（Democritus）及其學派一樣，他們相信世界的多重性。他們關於靈魂輪迴的學說，聽起來很象畢達哥拉斯（Pythagoras）的學說，只是他們加進了很多解說，產生了一些更糊塗、更費解的東西。這種哲學似乎不僅是從西方借來的，而且實際上還從基督教福音書中得到了一線啟發。這第二種教派的學說中也提到過某種三位一體，把三個不同的神融為一個神，而且它教導說，好人升天得到好報，惡人在地獄受到懲罰。他們十分強調獨身，以致他們似乎完全摒絕婚姻。

他們經常的習慣是出家朝聖，和乞求佈施。他們的一些非宗教的禮節在某些方面，和我們教會的儀式很近似，例如說他們唱經就和我們格里高里式的唱經沒有什麼差別。他們的廟宇裏也有塑像，他們獻祭時所穿的袍服也和我們的差不多。在禱告時他們常常重複某一個名字，讀音是達摩（Tolome），但他們自己並不懂這個名字。也有可能，他們唸這個名字是要崇敬使徒巴多羅買的權威。

然而，不管他們的教義中可以有怎樣的真理之光，但不幸卻都被有害的謊言所混淆了。他們對天和地的觀念以及說天地是懲惡獎善的地方等等，都是十分混亂的；他們無論在天上或地上，都從不尋求死者靈魂的永生。這些靈魂被認為過一些年之後就重新誕生在他們所假定的許多世界中的某一個世界裏。在那裏，如果他們想要彌補罪過的話，就可以為自己過去的罪惡贖罪。這只不過是他們所用以影響這個不幸國家的許多學說之一。

根據這一教派的學說，肉類以及任何活物都不准吃，但是只有很少信徒遵守這條戒律。違反教規以及其他錯誤，可以很容易用施捨來彌補，而且更有甚者，只要禱告就可以拯救任何靈魂免於永世沉淪。

我們讀到，這一教派最初出現時很受人歡迎，主要是因為它宣揚靈魂不朽和來世的幸福。另一方面，當時的中國儒家又告訴我們，這一教派雖然在探討真理方面迅速超過了別的教派，但其中害人的謊言不知不覺也同樣迅速地傳播開來。對這種崇拜的進展損害最大的，莫過於儒家所加給它的名聲了。他們的論點是，作為這種教導的結果，凡是接受這一教義的帝王最後都死於非命而不得善終。他們聲稱，凡是與之有關的事物最後都衰亡了。儒家指明，釋迦所許諾和吹噓的那種好運，國家不僅沒有得到，反而經歷了無窮的災患。雖然有着這樣的開端，到目前為止，這一教派始終是隨多年來人們喜惡的變化而不斷興衰。這一教派的書籍無論是由西方傳入的或更可能是在中國編撰的，都一直在增多，成為了維持它廣泛流行的熱情之火的燃料；看來它似乎是不大可能消滅的。由於這類著作的種類和數目繁多，結果是在它裏面學說和荒謬無稽是那麼混雜在一起，即使是號稱信教的人也不能解釋清楚。

今天這一教派有大量往往是裝修得非常華美的寺廟，顯然說明這一教派由來已久。人們在廟中看到身軀巨大、面貌猙獰的銅、石、木和黃土的偶像。廟旁還有用石或磚瓦修建的高塔，塔中存放極貴重的大鐘和別的宗教用品。

這種教派的祭司叫做和尚（Osciami）。他們的頭和臉都剃光，和這個國家的風俗完全相反。有些人不斷到各處朝聖，有的則在深山古洞中過着十分艱苦的生活。他們為數估計約二三百萬人，大部分住在廟裏的許多修道室中。這部分人靠人施捨並靠過去專為他們設立的收入為生，雖然他們也靠人的勞作來提供生活開支。這種寺院特殊作奴僕的階層被認為是，而且也的確是，全國最低賤和最被輕視的階層。他們來自最底層的羣眾，年幼時就被賣給和尚們為奴。他們由作奴僕而成為弟子，以後再接替師父的位置和津貼。人們採用這種繼承的辦法以便保持職位。但他們裏面決沒有一個人是心甘情願為了過聖潔的生活而選擇了參加這一修道士的卑賤階層的。他們也和師父一樣既無知識又無經驗，而且又不願學習知識和良好的風範，所以他們就隨着時間的推移而每況愈下。這種生活方式可能有一些例外，但如果是這樣，他們就成為其中的極少數喜歡學習並靠自己的努力而能有所成就的人。雖然這個階級不結婚，但是有些人放縱情慾，以致只有最嚴厲的懲罰才能防止他們的淫亂生活。

和尚們的寺院按大小分為不同等級。每個等級都由一個終身任職的執事來經管。按照繼承法，這一職務由一名由作奴服役出身的門徒繼任。對於這類門徒，執事可以隨自己的願望和能力施以教育。在這類分別獨立的團體中沒有更高的上級。每個成員在他任職的崗位上都可以隨意建造多少房屋。這是整個國家，特別是宮廷內，一種普遍的做法。這些房間以善價租給來求指導的外人。這一習俗的結果便是，這種普通住房原是用來作為宗教中心的，但看起來卻更像是嘈雜的大旅店，人們在那裏聚會，花費時間來崇拜偶像或學習教義。

雖然他們的卑鄙無恥是出了名的，但這並不妨礙有很多人請他們幫忙辦喪事。有時候他們也被他們的同教人士花很少的一點錢請去做別的法事，同時要把動物、鳥獸和魚放生。這些活動物由宗教心很強的人出錢購買，然後放回到它們的天然環境裏去，放回空中、水裏或樹林裏，他們相信這種行為會成為好運的預兆。

甚至就在現在我們這個時代，這個教派還在獲得新的推動力，他們修建很多廟宇並修復了舊的。這種教的信徒大多數是婦女、宦官和普通百姓；以及特別是一批自稱更虔誠的信徒，他們自稱為「戒葷」（Ciaicum）或吃齋者。他們無論什麼時候都戒絕魚和肉，在家裏供奉一大套偶像，而且經常祈禱。為了不致全然無法為生，他們應邀到別人家裏去誦經禱告。這些宗教中心並不排斥婦女居住，但她們與男的分開住，而且也剃光頭，不結婚。中國人叫她們尼姑（Nicu），人數不如男的那麼多。

第三種教派叫做老子（Lauzu），源出一位與孔子同時代的哲學家。據説他出生之前的懷胎期曾長達八十年，因此叫他作老子，即老人哲學家。他沒有留下闡述他的學説的著作，而且好像他也沒有想要建立獨立的新教派。然而在他死後，某些叫做道士（Tausu）的教士把他稱作他們那個教派的首領，並且從其他宗教彙編了各種書籍和注疏，都是用很華美的文體寫成的。

這些信士也有自己的修道院，過獨身生活。他們也買人作徒弟，這類人也和前面所述的那種是一樣地低下而且不老實。他們不剃頭，像普通人一樣蓄髮，但他們把頭髮結扎起來盤在頭頂，戴一個木製小冠，這種習慣使他們很容易被辨認出來。這種信仰的信徒有些結了婚，在自己家中行更帶宗教性的儀式，給自己以及別人誦經禱告。除了有很多神以外，這種信仰的信徒還宣稱崇拜一位肉身的天師，這位天師似乎一直不斷地碰到很多不愉快的事。

他們的書籍敘說着各種胡言亂語，如果不超出本書的目的，我們將在這裏複述一下。只舉一個例就可以使人明白其餘的都是什麼樣子了。他們講了一樁現在這位姓張的天師的故事，他的前任姓劉。有一天，劉天師騎一條白龍降凡，姓張的原是一個圓夢的，他邀劉天師赴宴。當這位天上來客正在大吃大喝之際，他的主人跳上了白龍，騎着上了天，奪取了寶座而一直不准劉天師重返天庭。然而，這位不幸的被逐者蒙這位篡位皇上的恩准去主持一座山，據說他現在就住在那裏，但被剝奪了他原來的全部尊榮。所以現在有些可憐的百姓承認他們所尊奉的是一個假天師、一個篡位者和一個暴君。

除了最高的神以外，這一教派還塑造出三位別的神，其中之一就是這一教派的創始人老子本人。因此，我們看到兩個教派的每一派都以自己的方式塑造了神的三位一體，從而看來似乎是謬說的始祖或謊言之父還沒有放下他冒充神聖的野心。他們也談到獎善懲惡的地方，但是他們對這類地方的說法和前面提到的那種教派的說法大不相同。這一派鼓勵他們的成員肉體和靈魂一起飛升天堂，在他們的廟裏有很多肉身升天者的圖像。

為了成就這種景象，就規定要做某些修煉，例如固定的打坐，並唸一種特定的禱文以及服藥；他們許諾他們的信徒說，這樣做就可以蒙神恩在天上得到永生，或者至少是在地上得享長壽。從這類胡說，人們可以很容易得出結論，在他們的譫語裏注入了多少欺騙。

這類道士們的特殊職責是用符咒從家裏驅妖。這可以用兩種不同的方法進行：一種是家中牆上貼滿用墨畫在黃紙上的兇神惡煞的圖像，另一種是在家中各處狂叫亂嚷，就這樣把自己也變成了妖。他們還自稱有能力在旱時求雨，在澇時止雨以及一般避災禳禍。如果他們許諾的事真的實現了，那麼那些使自己為他們的諾言所吸引人就有感興趣的理由。然而，這些騙子所預言的事幾乎一無例外地全都是錯的，所以很難理解那些在別的方面是足夠聰明的人能提出什麼藉口和遁辭來相信他們。除非我們把他們所說的一切都算做通常所謂的謬說，否則看來似乎他們確實是有些人掌握了法術的奧祕的。

這個教派的道士們住在皇家祭祀天地的廟裏，部分職責就是當皇帝本人或代表皇上的大臣在這些廟裏舉行各種獻祭時必須在場。這當然有助於提高他們的聲望和權威。這種場合的樂隊也由道士們組成。凡是中國人所知道的各種樂器都包括在樂隊裏面，但是他們奏出來的音樂讓歐洲人聽起來肯定是走調的。這些樂師還常常被請去辦喪事，他們穿上華麗的道袍，吹笛和演奏別的樂器。新廟宇建成時的獻祭儀式和指導那些祈福者列隊上街，也都屬於他們的權限。這種遊行是由各城市的民政當局在規定的時間內所舉辦的，開支由當地居民擔負。

這一教派把張天師奉為其最初的大祭司，據說他根據繼承的權利，已把他的職位和隨之而來的尊嚴從一千年前一直傳到了今天。這個職位本身似乎開始於某一位術士，他住在江西省的一個山洞裏，至今他的後代仍住在那裏，並且在那裏把他法術的奧祕傳給他的子孫；——假如這個故事有任何可信之處的話。他們現在的領袖大部分時間住在北京，被公認是皇上的寵信，甚至可以進入皇宮最隱祕的內室驅妖捉鬼，假如人們懷疑這些地方鬧鬼的話。他在街上乘坐敞篷的轎子，穿最高級官員的袍服，接受皇帝賜給的豐厚的年金。我們一位新受聖職的教士告訴我們，現在這一教派的道長們實在無知，居然不知道本派中褻瀆神明的誦經和禮儀。

他們對老百姓沒有任何管轄權。他們的權威只限於對他們教中的低級道士，並限於他們自己的宗教居住區，在這裏他們的權力是至高無上的。像已經講過的其他教派一樣，這種道士有很多為了求得延年益壽的方案而耗費很多時間仿效他們的聖人去實驗煉丹術，據說他們的聖人曾留傳下來有關這種雙重學問的某些配方。

這三種教派大體包括了這一異教的全部主要迷信，但他們世俗愚蠢的虛榮還不僅限於此。隨着時間的推移，由於他們領袖人物的影響，每一種迷信的根源都會衍生出許許多多騙人的小支派，以致在這三大牌號之下，人們可以數出近三百種不同的獨立小教派。由於腐化的作法和規則每天都在增長着，所以頻繁的新花樣也就江河日下，他們的成員就利用這些來過放縱淫逸的生活。

本朝的始祖洪武皇帝規定，為了國家的好處，應該保留這三大教。他這樣做是為了調解每一教派的信徒。然而，在為保持這三大教香火不斷而立法時，他卻嚴格從法律上規定儒家的教派應優先於其他兩種，只有儒家才能委以管理公眾事務的行政權。這樣，就沒有哪種教可以消滅另一種。統治者的做法是培養所有這三大教的忠誠，當需要時就根據他們自身的利益而加以利用並逐一地安撫他們，給他們整修舊廟或另建新廟。皇帝的后妃通常更傾心於崇拜偶像的教派，她們向教士捐贈佈施，甚至在宮外養活整座廟宇，好讓他們唸經祈福。

全中國各地偶像的數目赫然之多簡直無法置信。這種偶像不僅在廟裏供奉，一座廟裏可能就有幾千尊偶像，而且幾乎家家戶戶都有。在私人家裏，按照當地的習慣，偶像被放置在一定的地方。在公共廣場上、在鄉村、在船上以及公眾建築的各個角落，這種到處都有的可厭惡的形象是第一件引人矚目的東西。但是可以十分肯定，這個民族並沒有多少人對偶像崇拜這種虛構有什麼信仰。他們在這上面之所以相信，唯一的根據便是他們外表上崇奉偶像即使無益，至少也不會有害。

我們對各個教派的考察的結論是，目前在中國凡是受過一點教育的人中間，最普遍為人接受的意見是，三大教實際已合為一套信條，它們可以而且應該全都相信。當然，由於這樣的評價，他們就把自己和別人引入了令人無所適從的錯誤境地，竟相信談論宗教問題的方式越不同，對公眾就越有好處。實際上，他們最終所得到的東西與他們所預期的完全不同。他們相信他們能同時尊奉所有三種教派，結果卻發現自己根本沒有任何一種，因為他們並不真心遵循其中的任何一種。他們大多數公開承認他們沒有宗教信仰，因此在佯裝相信宗教藉以欺騙自己時，他們就大都陷入了整個無神論的深淵。

第十一章　撒拉遜人、猶太人和基督教的教義在中國人中間的跡象[1]

在前面一章中，我們討論過中國人民所固有的或至少被設想為中國人所特有的異教派別及其禮儀。現在我們就將考慮從外部傳來以及入侵者帶來給中國人民的包含有對真神的某種認識的知識究竟有多少。我們將先談到撒拉遜人，再談猶太人，最後談基督教的痕跡和證據，同時試圖保持從古代到我們今天福音之光傳入中國的連續性。

看起來似乎很明顯，在各個時期都有很多穆罕默德的信徒從西方、從波斯進入中國。我們所謂波斯，包括蒙古及操波斯語的其他地區。在韃靼人統治中國期間，情況尤其如此，當時從這條路進入中國是不受限制的。即使現在，波斯商人也打着正式使團的幌子每年進入中國一次。這類使團通常總要偷偷帶進來別的撒拉遜人，但中國官員只要發現就立即遣送他們回國。而且我們在下面有機會提到我們耶穌會的一位成員如何進入中華帝國時，還要談到這個問題。[2]

且不管他們如何來到這裏，反正到處都看得見撒拉遜人，而且除

1　取材於金尼閣撰寫的《利瑪竇札記》中有關基督教的摘錄。

2　這個故事記載在本書第五卷第十一章利瑪竇札記之後。參閱《月刊》（The Month），1940 年六月號「尋找中國：傳教史的一個片斷」，耶穌會士詹姆斯．布洛德瑞克（James Brodrick S. J.）着。——英譯者注。

了少數人以外，他們總是被看作外來的人。因為他們繁殖得很快，人數越來越多，所以幾乎每個省份、每個較大的城市都居住着成千上萬的撒拉遜人的家庭。在他們人數較多的城市，他們都有自己十分奢侈的寺廟，他們的孩子在那裏割除包皮，他們也在那裏按規定的時間唸經或舉行其他宗教活動。

據我們所知，到目前為止，撒拉遜入並沒有做任何努力把他們的教義傳給別人。除了他們不吃豬肉外，他們遵守中國的法律而不知道自己的禮俗，而且被中國人看不起。目前，他們被當作本地人對待，而不像別的外國人那樣受到懷疑。事實上，他們不受歧視地可以唸書，可以獲得學位，甚至可以做官。大多數獲得中國學位的撒拉遜人除不吃豬肉這一教誡外，已拋棄了他們祖先的全部規定。然而，他們之所以真的戒吃，與其說是由於宗教原因，還不如說是因為天生厭惡。

猶太人很早就進入中國，這可以從下面的說明看出。我們耶穌會定居北京過了幾年後，有一個在種族和信仰上都屬於猶太的人聽說利瑪竇神父的名望，決定前來拜訪。他曾在一本中國學者所寫的關於歐洲人的書中讀到利瑪竇和他的同伴。此人姓艾（Ngai）[1]，出生在河南省會開封府。當時他是在赴北京參加博士考試的途中。在此以前他已獲得了碩士學位。因為他是猶太人，又在上面提到的那本書裏讀到我們的神父不是撒拉遜人而且信奉唯一一位天上地下的神，所以他認為我們一定是摩西律（Mosaic Law）的信徒。在走進我們的住處時，他似乎很激動，表明他和我們有同樣的信仰。他的整個外貌、鼻、眼和臉型一點不像中國人。利瑪竇神父帶他到教堂去，給他看神壇上一張聖母和聖嬰耶穌以及先驅者約翰跪在他們面前祈禱的畫像。他是猶太人

---

1 據伯希和考訂，此人即艾田。見馮承鈞譯〈艾田〉，載《西域南海史地考證譯叢》六編。——中譯者注。

並且又確信我們的宗教信仰相同，所以就認為這張圖畫上畫的是利百加（Rebecca）和她的兩個孩子雅各（Jacob）和以掃（Esau）[1]，因此恭恭敬敬地向它屈膝行禮。他說，他不能不對他們民族的祖先致敬，雖則他沒有向畫像行禮的習慣。這件事發生在施洗禮者聖約翰的節日。

聖壇兩側是四位福音書作者的畫像，這個猶太人問他們是不是聖壇上那個人的十二個孩子中的四個。利瑪竇神父以為他指的是十二使徒，便點頭稱是。其實，他們兩人都誤解了對方的意思。等到他把這位客人帶回住處開始詢問他的身份時，他才慢慢明白過來，他是在和一位信仰古猶太教的人談話。這個人承認他是以色列人，但他不知道猶太人這個詞。由此看來似乎是當年那十個部族的分散已深入到東方來了。後來這個姓艾的人看到一本普蘭丁（Plantin）版的欽定聖經；雖然他認識希伯萊字，卻還是讀不了這本書。

據他說，在他老家的城裏還有十至十二戶以色列人家，以及一座很宏偉的猶太教堂，他們最近剛花了一萬多金子把這座教堂整修一新。他還說在這座教堂裏極為珍重地保藏着五、六百年以前傳下來的卷軸形式的摩西五書，即《舊約》頭五卷（Pentateuch）。據他聲稱，在浙江省會杭州還有更多的以色列人家，他們有自己的猶太教堂，另外一些人則散居各地，沒有作禮拜的地方，因為數目已瀕絕滅了。

我們這位客人很熟悉《舊約》的歷史，諸如亞伯拉罕（Abraham）、猶蒂絲（Judith）、瑪多查依（Mardochai）和以斯帖（Esther）的故事。他讀這幾個名字的發音和我們略有不同，或許他的發音倒和原來古老的發音更接近些，他把耶路撒冷（Jerusalem）讀成Jerusolaim，把彌賽亞（Messiah）讀成Moscia。他的幾位同胞，包括他的親兄弟，都非常精通希伯萊語。他自己從小就全力攻讀中國文學，

1 事見《舊約・創世紀》第二十四章。——中譯者注。

所以放棄了學希伯萊語。他並不隱瞞，照猶太教堂高級神職人員的看法，由於他學習中文，他本人幾乎已不配算作希伯萊的同胞了。然而，對他說來這沒有關係，只要他能獲得博士學位就行。撒拉遜人也都這樣做，做時一點也不怕本族的宗教領袖。利瑪竇神父還從這個人那裏得到有關基督教遺跡的消息，我們將在談過猶太人之後再加以敘述。

大約三年以後，也就是說一旦可以着手的時候，利瑪竇神父就派遣了一位耶穌會的中國世俗兄弟到所提及的省會，即開封府，去調查那位以色列客人所說的是否屬實。根據這位兄弟的報告，情況完全和他所說的一樣。此外，利瑪竇神父要求這位兄弟把猶太教堂中所有書籍的開頭和結尾部分抄錄下來，結果發現和我們的舊約頭五卷完全相同，所用的字體也一樣，除了古人不用標點而已。利瑪竇神父後來又派這位兄弟再次去到那裏，這次攜有一封信去見猶太教堂的主持人，告訴他利瑪竇在北京家中有全套的《舊約全書》以及一部《新約》，新約內容是敘述彌賽亞的生平和工作，他肯定彌賽亞已經出現過了。

猶太教堂的主持人對這最後一點表示異議，並回答說彌賽亞要再過一萬年才會降臨。但是他補充說，因為他們久仰利瑪竇的盛名和學問，他們願意授與他猶太教堂高級神職人員的榮譽，如果他肯皈依他們的信仰並且戒吃豬肉的話。

後來又有另外三個猶太人由那個城市來到北京，由於他們因事在這裏滯留了好幾天而且樂於接受基督教的信仰，所以他們決定領受洗禮。其中的一個是我們最初那位來訪者的姪子。我們的神父們殷勤接待他們，教給他們很多有關聖書的內容，都是他們的博士所不知道的。當他們知道彌賽亞的確已經降臨時，他們跪下來並在他像前祈禱，就和基督徒一樣。他們得到一部簡編的基督教義以及其他用中文寫的關於基督教的書，感到十分喜悅，他們把這些書帶回給他們的同胞。

這三個人還對於猶太教提出了許許多多問題，他們因為不會他們祖先的語言，對於猶太教已經一所無知了。簡言之，他們已經變得成了撒拉遜人或不信教的人了。他們告訴我們，我們所知道的那位猶太教堂主持人已經因為年老故去了，他的兒子按照繼承法的權利接替了他的職位，但他完全不懂有關他們信仰的各種問題，他們很納悶為什麼他們民族的豪華的教堂裏或家裏或私人的小教堂裏並沒有畫像或塑像。他們認為如果在他們的教堂裏有一座救世主基督的塑像，會大大提高他們的熱情和虔誠。對於他們同胞的教規，他們的抱怨之一是，凡不是自己宰殺的動物就不准吃它們的肉。他們說，要是在這次旅程中也被迫遵守這條規定，他們就非餓死不可。照他們的妻子和不信猶太教的親戚看來，小孩子生下來第八天就要割包皮的辦法是很殘忍和野蠻的。如果沒有這條規定，別的規定並不難接受，因為他們並不反對戒吃豬肉。總而言之，這就是我們大體上所得到的關於在中國的猶太人的第一手材料。

現在，我們十分高興地提供一些有關基督教遺跡的證據，我們相信這一定是我們歐洲朋友們特別感興趣的。這些見證有些是從我們前面提到過的那位來訪者那裏得到的，有些則是由過去幾年中觀察到的一些跡象推論出來的。利瑪竇神父在肯定了他那位中國碩士朋友確實是古希伯萊教的教徒之後，他就決心尋找比他此前所蒐集到的更為確切的關於基督教在中國的遺跡的證明。在他探詢的過程中，只要他用基督徒這個名稱，他就無法取得確切的進展。然而，在他描述基督徒以及引用舊約中有關聖十字架的各個段落時，卻終於恰好碰到了他正在苦心尋找的東西。中國人根本沒有十字架這樣一種東西的概念。事實上，在他們的語言中也沒有一個特定的字來表達這個意思，所以我們的神父得給它想出一個中國字來。他們選擇了表示十這個數字的中國字，它寫作「十」，樣子很象十字架。

或許並非不是由於天意的指引，我們同時代的一個基督徒在為十字架尋找一個中國詞的時候，會恰好選中他們祖先也同樣由於缺乏象徵性的表示而發明出來的那個字。這兩種情況所選中的字都是十字（sciecu），意思是第十。在聖書中十字架是用 T 這個字母表示的[1]，他們的辦法與之十分相近，而 T 似乎比這裏的辦法更準確一些。當談論用這個特殊的符號表示十字架的時候，我們的以色列朋友想起在他家鄉的首府開封府和山東省商埠的臨清（Lincin）都有一些異鄉人，他們的祖先是從外國來的，遵守崇拜十字架的宗教習慣。他說他們習慣於用手在吃的和喝的上面劃一個十字。他並不知道這種禮節的意義，但他擔保，我們談論的那兩種習慣於這樣做的人也不知道。

這一發現似乎正好符合我們有些神父從不同來源聽到的情況，他們聽說在好幾個地方都多少流行着劃十字的習慣。據報導，在某些地區，他們把這種得救的符號用墨水劃在嬰兒的額上，來保佑他們嬰兒期間無災無難。所有這些似乎也和傑羅姆・魯弗勒斯（Jerome Rufellus）在他關於《托勒密宇宙志》（Cosmography of Ptolemy）的註釋中講到中國人時所寫的情況完全一致。

既然我們正在談論中國人有十字架的證據，我們或許不應該遺漏這樣一件事，它也是說明有十字架存在的另一個跡象。有一天，我們的一位神父看見一個串街走巷的古董商人賣一座鑄作美麗的鐘。鐘頂上的雕刻表現着一座廟宇或教堂，在它前面則是一個十字架，四周有希臘文的銘文。他想買下這件東西，但是沒有能和賣主講好價錢。後來他又去找這個人和鐘，想把上面的字翻譯出來，但他再也找不到了。

據那位猶太客人告訴我們，崇拜十字架的人們所唸誦的祈禱詞有些和他自己教書上的某些段落是相同的，顯然是從那上面摘下來的。他也許是指大衛的《詩篇》（Psalms of David）。他還說到這種人從前

1　參閱《以西結書》第九章，第四節。——英譯者注。

在北方各省為數很多。然而，他們文化似乎很繁盛，武裝也很強大，所以天生多疑的中國人認定他們是想造反。他個人的想法是，這種疑心最初是在六十餘年前由撒拉遜人引起的，撒拉遜人無論在什麼地方都是一切基督教的不共戴天的仇敵。因為有這種不信任，他們擔心官員們會逮捕他們，所以他們就四散逃匿。有些人此後就自稱是撒拉遜人，有些則冒充猶太人，但大多數變成了偶像崇拜者以逃避被處死刑。他們作禮拜的地方也變成了偶像的廟宇。他們的教堂有一所叫做十字堂（The Church of the Cross），後來雖被偶像崇拜者所佔據，他們自己卻仍用這個名字稱呼它。自從他們逃散後；他們非常害怕，以致他們最保密的事莫過於他們曾一度屬於那個團體。

當我們的世俗兄弟被派帶着以色列人所提供的幾家姓名到那些地方，去發現有什麼基督教的跡象可以看到時，從上面講的情況看來只能期待，沒有一個人願意承認自己的身份。他們知道這個兄弟是中國人，因此很自然地懷疑他是官府的一名密探。截至目前為止，還沒有歐洲的牧師能訪問這些地區，因為教會抽不出人來，但是總有一天我們將在那裏建立住所，並消除縈繞着這些人的恐懼心理。願上帝保佑這一天將不會太遙遠。

前面討論到的三個教派，中國人都稱之為野蠻教派，對它們都用一個名稱，它們的信徒都叫做回回（Hoei-hoei）。這個名稱可能從何而來，對我們仍是一個謎。較有學問的中國人一般都把他們劃分如下：撒拉遜人叫做回回，因為他們戒吃豬肉。猶太人也是回回，因為他們不吃帶有大腿神經的那部分肉。這個習慣是猶太人開始的，因為雅各就是在這個神經上被擊傷的[1]。崇拜十字架的人也被稱為回回，那是因為他們不吃圓蹄動物的肉。雖然中國人、撒拉遜人和猶太人都吃

1　參閱《創世紀》，第 32 章。——英譯者注。

馬、驢和騾肉，最後一種人或許按照他們本民族特殊的習慣不吃某些肉類。中國人對這第三種人還有別的名稱。一般說來他們用「回」這個字來指信奉十字架的人，儘管無論中國人還是猶太人說「回」，都指的是撒拉遜人。他們這樣說的意思是指撒拉遜人屬於所有這三個教派，因為他們的信仰既得自非猶太教徒，又得自猶太人以及基督徒。

除了撒拉遜人通常用來稱呼一切基督徒的「以賽」(Isai) 或「耶穌尼」(Jesuini) 一詞以外，中國古代信奉十字架的教徒還被他們稱為「忒爾撒」(Terzai)[1]。這個詞的來源也不清楚，除了我們從一位亞美尼亞人那裏聽說過，在波斯的亞美尼亞人也用這個名字稱呼基督徒。由此可以得出結論說，十字架的信徒很有可能源出於亞美尼亞，並在不同的時期由西方進入中國。這可能發生在韃靼大軍橫掃中國的時候，看來似乎和威尼斯人馬可波羅進入中國大致同時。

以上大部分是我們在中國看到的種種跡象。然而，鑒於我們從馬拉巴 (Malabar)[2] 地區，從迦勒底文聖經抄本中所收集到的資料，我們還可以把基督教在這些地區的起源追溯到更早的時候，而這個抄本，甚至最挑剔的反對者也難以否認就是使徒多默 (Apostle Thomas) 所宣揚的。這些資料裏說得很清楚，是聖多默本人把基督教傳入中國的，他確實在這個國家修建了教堂。為了防止閱讀這些文件時有懷疑，我們將提供迦勒底文手稿的譯本，它是由約翰・瑪麗亞・坎波裏神父 (Father John Maria Campori) 逐字逐句譯成拉丁文的，這位耶穌會士曾在那個特殊的葡萄園裏勞動過多年，是使用迦勒底語言的專家。這一翻譯工作是應那裏的耶穌會教堂牧師弗朗西斯・羅伊茲大主教 (Archbishop Francis Roitz) 的請求而進行的。坎波裏神父本人又應我們的請求抄了一個副本，因而我們可能在這些詮釋中引用，並且也

---

1 《長春真人西遊記》作迭屑，有關介紹見張星烺《中西交通史料匯篇》第一冊。——中譯者注。

2 今印度西岸馬拉巴爾海岸。——中譯者注。

避免了這樣一個寶貴的古文獻丟失。

在馬拉巴的聖多默教堂迦勒底文的節略中，在聖多默節頌讀的正式夜禱詞第二篇中的一節，我們發現了所謂的「嘉薩」(Gaza)，即彙編，其確切的全文如下：

> 印度的偶像崇拜的謬誤是由聖多默掃除的。中國人和埃塞俄比亞人是由聖多默感化而皈依真理的。從聖多默那裏，他們領受洗禮而成為上帝收養的子女。通過聖多默，他們信仰並信奉聖父、聖子和聖靈。通過聖多默，他們保持了他們對從聖多默那裏所得來的唯一上帝的信仰。通過聖多默，一種賜給人生命的信仰的光榮在整個印度蓬勃發展起來。通過聖多默，天國展翅飛到了中國人那裏。

在一首讚美詩中我們又讀到：「印度人、中國人、波斯人和其他島上的人民以及敘利亞人、亞美尼亞人、希臘人、羅馬尼亞人都在紀念聖多默而崇敬聖名」。

在《宗教大會教規概要》(Summary of the Synodal Canons) 第二編、第六篇、第十九章《主教和大主教守則》(Regulations for Bishops and Metropolitans) 裏，我們讀到西奧多大主教的教規 (Canon of Patriarch Theodore) 如下：

> 這六個大主教教區和省會，即赫倫 (Helan)、恩祖因 (Nziuin)、普拉忒 (Prath)、阿弗遜 (Afsur)、貝忒格迷 (Bethgarmi) 和哈拉 (Halah)[1] 被認為應該分享大主教的管轄權，每四年應派代表參加大主教會議。同樣大省區的主教，如中國、印度、巴賽

1 上面的地名不詳所在。——中譯者注。

（Pase）、毛佐（Mawzai）、赫恩（Xam）以及拉茲灰（Raziqui）、赫里奧拉（Heriona）（即 Cambaia）和撒馬爾幹 Samarkand（即 Mogor）[1] 的其他大主教們因為路程遙遠山長海險而不能隨意旅行，應着他們至少每六年一次向大主教呈遞效忠信（即交流）。

當葡萄牙人抵達柯欽時，馬拉巴山區教會是由詹姆斯（Dom. James）主持的，他自己署名為印度和中國的大主教。這在他的新約手抄本說得很明顯，在書末我們讀到：「本書系印度和中國的大主教詹姆斯書寫」。接詹姆斯的手、後來死於羅馬的約瑟（Joseph）也以同樣方式署名為全印度和中國的大主教約瑟。這實際上是那個教會最古老的頭銜。

有關中華帝國的介紹暫時就此結束，以後我們可以就這一問題向全世界提供更完全、更詳盡的著述，願上帝保佑我們有一天將完成這項工作。

1　上面的地名，除 Samarkand 可確定為中亞的撒馬爾罕外，餘不詳。——中譯者注。

第二卷

第一章　聖沙勿略努力要進入中國，但未成功

為了對這次傳教的創始者和發起人以及對這次遠征的本身公正起見，我們的敘述必須從方濟各．沙勿略（Francis Xavier）這個名字開始。最初的想法和實現它的最早的努力都是他的，他的死亡和葬禮導致了傳教的最後成功，這一情況證明他對創始者和奠基者的稱號是當之無愧的。我們深信，當他向他的同道打開中國的大門時，他從他在天國的地位所成就的事業，遠超過他在人間奮鬥一生中出於熱忱而所產生的影響。沙勿略是第一個發覺了這個龐大帝國的無數百姓是具有接受福音真理的資質的耶穌會士，他也是第一個抱有希望在他們當中傳播信仰的人。他的一些傳記作者已經談過了這裏敘述的有關他試圖進入中國的一系列事件，但我們認為為了我們故事的完整，仍有必要稍詳盡地把它們複述一遍。所複述的僅限於與本書有關係的部分係採自《耶穌會史》，其中的第一卷是最近出版的。

當沙勿略在日本的偶像崇拜者中間進行工作時，他注意到每當日本人進行激烈辯論時，他們總是訴之於中國人的權威。這很符合如下

的事實，即在涉及宗教崇拜的問題以及關係到行政方面的事情上，他們也乞靈於中國人的智慧。因而情況是，他們通常總是聲稱，如果基督教確實是真正的宗教，那麼聰明的中國人肯定會知道它並且接受它。於是沙勿略決心必須儘早地訪問中國，使人們能從迷信之中皈依。做到了這一點，他就更容易爭取日本人，並把福音從中國帶給他們了。他從日本沿中國海岸到印度的返航途中，曾在上川島停留；當時，在澳門城興建以前，上川島是中國人和葡萄牙人的貿易地點。在這裏，他幸運地遇到一位老朋友叫作迪埃郭・皮來拉（Diego Pereira），他是一個富有的、勤勉的商人，也是一個有經驗的航海家，正準備不久即駛往印度。沙勿略把他想到中國去並拜訪皇帝的計劃告訴了皮來拉，並且規劃了他想加以實現的方式。因為除了官方正式派遣的使節而外，中國禁止一切外國人進入，所以他打算返回印度，為果阿的總督和主教組織一個赴中國朝廷的使團。那時他本人就能附屬於這個使團，並且一旦他獲准進入中國，參見皇帝之後，他就可以向中國人宣傳福音了——如允許的話，就公開傳道，否則就祕密進行。

這位聖人顯然還不知道中國普遍的情況，只根據他在別國的知識來估計他的事業可以取得成功。皮來拉對這次冒險很熱心，並認為使團如果攜帶些禮品，將會是有幫助的。他把他的船以及他的財貨都交給了沙勿略使用，並且出於他真誠的興趣，他把三萬金幣送給了沙勿略，還派一名僕人陪他到果阿。我們要在這裏敘述一下這位聖人著名的旅行，但是與本故事沒有直接關係的地方，我們將予省略。

沙勿略抵達果阿後，把他的計劃呈給印度總督阿爾豐索・納羅尼亞（Alphonso Naronia）和果阿的主教吉阿瓦尼・阿爾布魁兒克（Giovanni Albuquerque）。在皮來拉的幫助下，他們組織了一支赴中國的使團，而作為這個使團的一員，沙勿略本人將有辦法進入條條道路都向外國人嚴密封鎖的中國。使團按計劃組成，因為皮來拉是個頗有影響的人物並同情沙勿略的意見，他就被任命為使團的團長。這時他在馬六甲，暫留在那裏準備赴巽他（Sunda）島。同時，在等候沙勿略返回馬六甲時，他的代表們不惜一切在準備這次遠征所必需的東西，收集適用於這一情況的禮品。一個月之內，沙勿略的啟程已一切準備就緒，他自然對前景非常高興。文件和證書已從總督和主教那裏領到，為進貢皇帝的禮物也已備妥。然後他把注意力轉向處理會務，把他離去期間的正常管理事務安排好。

沙勿略在 1552 年 4 月 14 日離果阿，抵達馬六甲時，他的第一個想法就是要拜訪他的朋友阿爾瓦列斯 · 特伊蒂阿（Alvares Taidio）總督，他給總督帶來了海外省長官的正式任命狀，這是沙勿略為他從果阿總督那裏取得的。這樣，儘管沒有可以擔心的正當理由，他仍然覺得如果引起此人的敵對情緒，此人就能妨害使團，使之延期。他認識到這次使命的重要性並且知道魔鬼從不睡覺，所以始終有些心怯，唯恐發生什麼事妨礙它順利的開端。他不斷告誡他的僕人熱誠祈禱它的成功，同時他也小心翼翼地向特伊蒂阿表示好意。結果卻是證明了他的擔心很有根據，他的討好沒有發生作用。從一開始他就已感覺到，如果這次榮譽而重要的遠征交給皮來拉來領導，特伊蒂阿就會加以反對。航海家尚未從巽他歸來，但當他歸來時，沙勿略就誠懇地勸他採取無所謂的態度，千萬不要惹起爭論。整個問題留待特伊蒂阿去處理；如果必須與他和解的話，那麼最好的辦法就是表現出平靜和謙遜。這位總督此前並不是皮來拉的朋友，對皮來拉獲得新的榮譽感到十分惱火，馬上造謠說該城處於被圍困的危險中。他說他耽心該地沒有足夠的人手來防守，便禁止皮來拉離開該城。他的船被扣留在港中；為了保證這一點，他還叫人把舵卸下來交給他本人。

局勢的嚴重使沙勿略惶惶不安，鑒於這件事的重要性，他就請了他們共同的幾個朋友，都是本城的顯要人物，低聲下氣地祈求特伊蒂阿不要阻撓福音的傳播。沙勿略要他們以基督的名義請求他不要阻止沙勿略隨使臣皮來拉動身去中國，而皮來拉是被印度總督合法地任命為團長的。請求遭到拒絕時，沙勿略就在他的信件中加進了恐怖的聲調，訴說特伊蒂阿給他自己的事業造成了何等嚴重的危害。於是，馬六甲教區主教兼主教區總主教弗蘭西斯科·蘇亞雷奧（Francesco Suario），帶着主教的信函去見總督，嚴厲告誡他對這件重要的事情要三思而行。此外並勸告他，不要因拒絕主教的命令而自己招惹國王的震怒和上帝的不快。然而，無論是總主教的責斥還是主教的信函都沒有使他絲毫改變態度，反而使他比過去更加頑固。

最後，當時尚未把總督權移交給特伊蒂阿的弗朗西斯科·阿爾瓦列斯（Francesco Alvares），親自帶着葡萄牙國王的信去見總督，國王在信中說，他派沙勿略到印度去，是要他向整個東方傳播福音。和這些信件一起，他還拿出果阿總督的命令，說任何人故意阻撓赴中國的使團的就是對皇上犯罪。特伊蒂阿在大庭廣眾中間聽到宣讀這些文件時，從椅子上跳起來，氣得跺腳，喊道：「果阿總督的命令和我有什麼相干？我只知道取消這次旅行才對國王最有利。」

直到這時為止，沙勿略從未行使過他作為教皇使節（Apostolic Nuncio）的正式職權。然而，他現在覺得必須不再客氣，好讓這個頑固的長官心裏畏懼上帝。雖然他不願這樣做，最後還是出示了長期收藏的文件，上面任他為教皇的使節，並授權與他把任何頑固阻撓他進行傳教活動的人逐出教門。他出示文件的目的並不在於進行懲罰，而在於提供一個避免它的機會。進行威脅申斥的任務交給了總主教蘇亞雷奧，他徑直去見總督，但不如說是作為父輩而不是作為法官，他說明了被逐出教門的充分分量。然後他以十字架上基督的名義請求他不要明知故犯，把自己投入這種悲慘致命的不幸境地，那最終必定導致聲名狼藉。最後，他請求他不要犯罪使自己的靈魂難於解脫，而他本人也難以指望逃避上帝的懲處。

教皇的權威和災難的脅迫，對這位總督的頑固的意志沒有產生絲毫作用，恐嚇只是使他更加頑冥不化。更糟的是，他錯上加錯來為自己開脱，他極力醜化沙勿略的人品，散佈流言説沙勿略在聖潔的幌子下偽造了教皇信函，為的是樹立起發現新國家的名聲。

整個爭論的結果是，沙勿略的好像是被上蒼所鼓舞的全部計劃竟由於一個背叛者的妒忌而變成一場空。為了對付這種狂妄和跋扈，沙勿略被迫採取了嚴厲的處罰，為的是給其他可能受唆使去阻止傳教的人樹立一個榜樣。他的做法是通告新任命的沿海省長官説，他和他的幫兇走卒都被開除出教，禁止行神功。他採取這一極端措施的目的並不是要增加他們的苦難，而是要提醒他們所曾犯的罪行並提供可能加以補救的辦法。後來，他從上川島致函果阿的神學院長加斯帕爾（Gaspar），要他以主教名義把革除教門的事公佈於眾。

在他辛苦的一生所曾遭到的考驗和失意中，沒有比這次計劃的失敗更影響沙勿略的了。滿腔傳播基督教的希望，卻被一個根本不指望得到這種待遇的人化為烏有。但是對上帝的榮光和靈魂得救的熱情並沒有休眠；它反而激勵和鼓舞它所感染的人心，正有如沙勿略所將要證明的那樣。他的靈魂不是因自己的不幸，而是為那個長官的命運而悲傷，後者的罪行已把自己置於懲罰臨頭的地步。確實，這一點他是太清楚了，以致他公開宣佈此人的貪婪和野心將會馬上使他得到應有的制裁，影響到他的財產、他的人品以及人身。

這預言很快就實現了。阿爾瓦列斯・特伊蒂阿害了痲風病，公開被控犯有種種罪行，並由於藐視果阿總督的職權（因為他有權授權給沙勿略）而被逮捕，被定為叛逆罪，帶着鎝鏈被送往果阿，又從那裏轉送葡萄牙在國王面前受審。他被判決剝奪財產，當眾受辱；他似乎真正遭到天懲，死於可怕的疾病，為社會所唾棄。

突然失去了像使團那樣有希望的援助，卻只是增強了沙勿略的堅定和他的信心：得不到人類的幫助時，就更要尋求上帝的幫助。於是他研究進入中國的新方法。首先他考慮博得某個願意把他偷渡到大陸的中國商人的友情，或者必要的話，購買得這種友情。朝廷的告示威脅說，要把未經官方允許擅自在中國登陸的外國人縲紲入獄，但這對他拯救靈魂的熱誠並無妨害。作為囚犯，他能夠在他的囚友中播下宗教的種子，而當他們獲釋時，他們就會把它在百姓中傳播開來。至於他自己，他如能一旦獲釋，就要馬上宣傳有關基督及其法令和學說的知識。得到一個異端的幫助而獲得成功的這種想法帶來了新的希望和新的勇氣，而這是由於一個基督徒的錯誤使得他失敗了的。抱着這個念頭，他帶着一名中國翻譯和另一同伴離開該城，登上冒險的旅途。臨行前，他預言該城要遭很多可怕的災難和慘痛的禍患。

當他準備啟程時，城裏的一些官吏來見他，當地的牧師委婉地提示他去向前總督告別。主教解釋說，如果他離開而不向當局作一次正式的拜訪，那就會引起流言，看來好像他是憤而離去的，或者是被攆走的。沙勿略回答說：「我為什麼要向一個被逐出教會的人行臣服禮？我永不要再見他，他也再不要見我，在今生和來世都一樣，除非是我在約撒法的山谷中當着審判者耶穌的面控告他。」他說着這番話時，就轉到附近一家教堂去，跪下來，合掌流淚，祈禱上帝幫助，他的言語動人，四周的人都聽得見。他這樣以禱告的姿態停留了一陣，目光注視着地上。然後他站起來，容光煥發，神情肅穆，在圍聚着的人羣眾目睽睽之下，按福音的教導，脫掉他的鞋，抖掉鞋上的泥土。這個舉動引得旁觀者眼裏流淚，使他們的靈魂充滿一種告警的恐懼感。作為他們的修道長，他命令每個耶穌會士都離開馬六甲城。他從他啟航的船上向皮來拉致函告別。親自去見他會增添他們共同的感傷，而他的意思是要減輕朋友的愁苦；為此目的，他在信中向他許諾，他近來遭到的打擊和損失會馬上得到更榮譽、更有利的補償。這個許諾由於沙勿略自己通過葡萄牙國王的推薦信而得到實現，其結果比皮來拉所能夢想的更加光榮而幸運。沙勿略於七月乘皮來拉的船出發，這艘船過去是由特伊蒂阿的一小撮心腹船員駕駛的，現在以他的名義開船，而船的主人仍被拘留在馬六甲。在新加坡海峽短暫停留時，沙勿略再次寫信安慰他的朋友皮來拉。他們途遇順風，離開馬六甲沒有幾天就看見中國海岸。

上川是一個離中國海岸約三十海里的荒蕪島嶼。當時它是葡萄牙人和中國人貿易點的所在；只有一片用樹枝和稻草胡亂搭成的茅屋。沙勿略到這裏時，一心想着他的遠征，他馬上到葡萄牙和中國商人中間去，詢問有什麼法子可以進入中國的城市。他獲悉，通往大陸的每條道路都被警衛封鎖和防守着。外國人要登陸是不可能的。事實上，已有極嚴厲的佈告禁止外國人入境，也禁止當地人協助他們這樣做。他一點沒有被這種威脅所嚇倒，但既然沒有別的方法入境，他就公開表示要用種種辦法偷渡，而且一旦入境，就直接投到當地官員那裏，宣佈他的使命。葡萄牙人認為，這種努力看來是太大膽、太危險了，他們有的人想盡辦法勸阻他不要去冒生命的危險，或者淪為囚奴。

對此他豪爽地回答說，為了拯救中國人，他的生命是微不足道的，關於中國人的天賦和資質他已經聽說得那麼多。鐵煉和苦役甚至暴死都在所不顧，因為這是關係到多少靈魂從永世沉淪在永恆的奴役之中得救的問題。

在這種困境和憂慮中，他害了一場熱病，持續了兩個禮拜；但一有康復的跡象，他就以更大的熱情再去尋找一個願意把他帶進中國的商人。他希望爭取到無論東方人或是歐洲人，所以時而向這個人、時而向另一個人表示自己正要委託給他一個大祕密，然後極力勸說他來參與這樣一樁值得稱頌的事業。他們會聽着，但是一想到這樣一件要冒財產甚至生命本身的危險，他們的耳朵就怕得嗡嗡響；因此他發現沒有人願意分擔這種危險。他的同伴生病的越來越多，並且事情看來確實絕望，他覺察到他的翻譯安東尼奧，原來在果阿的學校求學的，由於缺乏練習而忘掉了他的土語，實際已經變得沒有用了。有那麼多的困難在圍繞他，甚至希望似乎也要消失了，但他突然從預料不到的地方找到了新的勇氣，獲得了新的生命。一個新的翻譯，不僅熟悉他本國的語言而且精通它的文獻，願盡義務從事這一計劃中的遠征。接着他意外遇到一個猶豫不決的商人，終於用許願把他爭取過來，但主要是靠奉送了價值超過兩百金幣的胡椒作禮物。這是他的積蓄，是商人們給他的佈施。這個商人同意送沙勿略和他的翻譯在中國海岸的某處登陸，還有包括幾本書在內的少量行李。

為了努力使計劃保密而不想把他的生命交給普通船員，這個商人船長決定讓他的兒子們和心腹充當划手，在一個暴風雨的夜晚偷渡。而且，他還答應在登陸後把沙勿略藏在他自己的家裏，直到他能夠自己冒險去平安露面並找到廣東總督和盤託出他的使命時為止。

整個計劃是那樣驚險，因此一當它為人所知，他的朋友們就趕快表示反對。他們認為這個計劃有雙重危險。那個中國商人已經得到酬報，可以把他的旅客們投入海中消滅一切訂約的形跡，或者把他們丢到一個無名的巖石島上餓死。再者，如果一個外國人沒有正式國書進入中國，官員就會對他用刑，或甚至處死，或者把他監禁起來，終生服奴役。這一切對沙勿略說來都不是新東西。事實上，他已估計到比這裏所提到的更加嚴重的危險，甚而已經寫信把這些告訴了他的耶穌會同道。他回答他的朋友說，如果由於恐懼感就從他根據神意而進行的使命中退卻，那看來就是對上帝的旨意失掉信心。他又怎樣能解釋福音書所說的「凡為我喪失生命的，必將獲得生命」呢？最後，如果他已着手這件事，現在又退縮，那他就會認為自己不配進天國。

新的希望帶來了新的力量，但也帶來了新的困難。由於葡萄牙人的干預，或者因為危險的威脅，剛剛找到的那個翻譯突然改變了主意，對這件事失掉了一切興趣。這對沙勿略當然是又一挫折，但他的決心堅定不移，他決定和他原來的翻譯出發，儘管此人遠不勝任這一工作。這時葡萄牙商人們受到他們自身的利害而非他的利益所驅使，決定進行有計劃的干涉。他們先請求他考慮別人的安全，即使他毫不考慮自己的話。然後他們提醒他，如果他要強行進入中國，地方官員會被一個外國人的大膽的行為所觸怒，會對他們嚴行處分以進行報復。倘若他真正決心嘗試這樁可疑的運氣，他們請求他至少把旅行推遲到他們可以有時間起航並從而避免迫在眉睫的危險。他對此的回答是，他們不用為自身的安全和為他們的貨物擔心。除非他們遠離到足以完全確保平安時，他是不會啟航的。顯然他已打定了主意；當他們準備全體撤退時，他就準備好他個人的奧德賽式的冒險。接着，看哪，又出現了另一件似乎是無法克服的障礙。這是他的朋友已經向他談到了的。那個他所僱用並且焦急在等待着的商人，在約定的時刻沒有露面。怕被發覺、怕死，或者對他敵人的疑心，可能使得商人受不了。上帝的使者就這樣被他的幫手一個接一個地所拋棄，直到只剩下來他個人的勇氣和他對上帝的信賴。人間的援助越消逝，信仰就越增強，直到最後除在流言中出現的一線希望而外，已經一無依靠。

暹羅的國王據說在準備向中國朝廷派出一個使團。倘若那個廣東商人在一定的時期內不露面，沙勿略決定他就駛往暹羅，盡一切可能辦法在該使臣的隨員中獲得一個席位。葡萄牙船隻差不多都已走光了，沙勿略把他僅有的一名長期患病不愈的同伴工友也隨船送走了。印度對病人提供較好的氣候，而他進行這次危險的旅行也就得不到什麼幫助了。這實際上是把他拋棄在上川島上。他僅有的同伴是他的翻譯和另一中國青年，然而他那不可思議的熱情和他那為基督而受苦的能力卻使他繼續對當地的土著施以仁愛的關懷。與此同時，他一直在警惕地尋找那個與他談妥交易的商人，仍然滿懷希望地等待着他。

確實，看來就好像是上帝寧可高興為了一樁差不多要完成的工作而獎賞他的僕人方濟各（Francis），卻不願意他把這個工作勝利結束似的。也許這個帝國還沒有準備好播散福音的種子，或許更合適的是把它們保留給那些後來的人。是否為了他巨大的勞績，最好是獎給這位英雄以一頂天上的永恆王冠，而不是讓他去開闢另一條鞠躬盡瘁的事業的道路呢？在十一月二十日為一個升天的靈魂做完彌撒後，他又得了熱病。儘管如此，他仍按他每天的習慣到港口的一艘船上去看望病人。他本想就留在那裏的病人中間，但船舶的搖晃迫使他返回岸邊。後來，一個葡萄牙人發現他躺在曠野上，發着高燒，並且為他可憐的狀況而感動，所以就把病人送往自己的小屋，在自己的貧困所允許的範圍內照顧他。小屋是那些建築在海邊上搖搖欲墜的茅舍之一，四面通風。中國官方禁止葡萄牙人建造任何種類的堅實房屋，他們的一切建築都要在他們離開時任其荒廢。

主人要求給病人放血，使他好受一些；沙勿略十分痛苦，又知道島上缺乏醫療方法，所以耐心地表示接受對他的任何治療。放血使他衰弱的身子抽筋和痙攣，同時出現嘔吐。手頭沒有可供病人吃的食物。事實上，根本就沒有食物，只有葡萄牙海員帶來的一點杏仁。由發熱產生了食慾不振，以致整整兩天他一點食物都沒有入口。被消耗性的熱症拖垮，毫無援助，病勢每個小時都在加重，這一切他都那麼平靜安詳地忍受，他不哼一聲怨氣也不求人幫忙。唯一似乎使他失望的是，他是死在牀上，或者不如說是躺在地上，因此就失去了他所渴望的殉道桂冠，而它在某種意義上是從他手裏被搶走的。然而既不配得到這樣一種崇高的榮譽，他很快就使自己服從於上帝的意志。

一個人的真性格常常在病中表現出來，沙勿略在臨死時刻的苦痛中，也顯示出已經使得他在高尚的一生裏出類拔萃的那種同樣崇高的勇氣。他眼望上蒼，和基督交談，背誦着熟悉的《詩篇》段落，或者迸發出：「大衞之子耶穌，憐憫我吧」，和「聖母勿忘我」等等；整整兩天他沉浸在祈禱的默想中。當他永別的時刻到來時，他舉起十字架哀聲歎息，好像要努力增強他祈禱的熱誠。

1552 年 12 月 2 日，儘管沙勿略已經聲嘶力竭，他仍在不斷的禱告中去世，年 55 歲；那正是他在東方巡遊傳教的第十一年，在他最後的祈禱中，他仍一心想念着中國的歸信。他死後所出現的神異，他的聖體雖然埋在生石灰中卻仍然未腐的故事，還有他的遺骸運回果阿時所成就的奇跡，這些我們都留待他的傳記作者去講述。讓我們現在就來談他的耶穌會會友遠征中國並且終於完成的真實故事，沙勿略在天上之靈必定是乞求上帝把這個國土開放的。

第二章　耶穌會士再度嘗試遠征中國

虔誠的、富有品德和學識的方濟各和多明我兩派教士，在沙勿略死後極力促成這次基督教遠征中國之行。他們當中有的隨葡萄牙人來自印度，另一些則隨西班牙人來自遠西；可是儘管他們有着非凡的熱誠，卻未獲得持久的成功。天意可能發現他們的勞動在別的土地上更有收穫。我們留待別人去講他們的故事，我們的目的則是要敘述接手這樁工作的耶穌會士所成就的事業。雖然缺乏完成任何大業的一切援助，沙勿略的弟兄們卻從未放棄他所傳給他們的遺產，他們對此是有正當權利的，因為他的聖體仍安葬在耶穌會的境界內。像一支在圍攻堅固設防的堡壘的軍隊，他們屯駐在一處陣地上，配備着時機到來時所必需的一切戰鬥物品。他們就在中國的大門口開闢了一個住所，這個地方是非常適合於他們的目的的，值得略加描敘，好讓不明該地形勢的人得以更好地領會它的好處。

在過去的歲月裏，葡萄牙人曾渡過浩瀚無際的海域，使自己來到已知的極東地區，他們最後駐足於中國海濱。他們熟知這個國家的財富，想盡各種辦法誘使它的百姓進行貿易交往。然而這不是一件容易辦到的事，因為中國人對外國人的猜疑遠甚於世界上的其他一切民族。自從他們失去整個國土並在韃靼征服者的枷鎖之下服役以來，這一點就對他們來得格外真實，已如前一章中所述。葡萄牙船隻的規模、他們的異乎尋常的裝備、他們的大炮的轟鳴，都只能增加中國人內心的恐懼；而廣東省的為數眾多的回教徒也説服他們相信，他們的恐懼是有根據的。

葡萄牙人首先抵達中國南方的海岸，那裏的居民把他們叫作佛朗機（Franks），這是撒拉遜人對所有的歐洲人的稱呼。但中國人在他們的語言中沒有流音「R」，而且從不使用中間沒有元音的兩個輔音，因此把這個字讀成佛朗機（Falanci），在廣東省至今仍然這樣發音。他們後來又用同樣這個名字稱呼歐洲的武器。他們相信這些佛朗機人是強健的戰士和各個國家的征服者，佛朗機的帝國是沒有邊境的，除非是到世界的盡頭。他們已經聽説，歐洲人以貿易為藉口，征服了馬六甲和印度。他們的猜疑並非全無道理，因此一當接到葡萄牙使節的申請時，他們馬上禁止葡萄牙使節入境；但他們本身對財富是那樣的盼望，以致他們不能完全約束自己對貿易的渴求。國家資金的歲入和從貿易中私人企業所得的利益，大到連地方官也都很快地把猜疑心撇在一邊。他們從未完全禁止貿易。事實上他們允許增加貿易，但不能太快，而且始終附有這樣的條件：即貿易時期結束後，葡萄牙人就要帶着他們全部的財物立即返回印度。這種交往持續了好幾年，直到中國人的疑懼逐漸消失，於是他們把鄰近島嶼的一塊地方劃給來訪的商人作為一個貿易點。那裏有一尊叫做阿媽（Ama）的偶像。今天還可以看見它，而這個地方就叫做澳門，在阿媽灣內。與其説它是個半島，還不如説它是塊突出的巖石；但它很快不僅有葡萄牙人居住，而且還有來自附近海岸的各種人聚集，都忙於跟從歐洲、印度和摩鹿加羣島運來的各色商品進行交易。迅速發財的展望引誘中國商人到這個島上來居住，於是在幾年之中這個貿易點開始出現了城市規模。當葡萄牙人和中國人通婚時，修建了許多房屋，不久那塊巖石地點就發展成一個可觀的港口和著名的市場。航海追求財富的願望，把這些海上商人帶到這個已知世界的邊緣；但葡萄牙帝國不能比基督教擴展得更遠。各個教團的成員或世俗傳教士一直伴隨着航海家保持他們的信仰，並把基督教帶給他們可能遇到的異端。為了這個目的，葡萄牙國王也把敕書賜給這個新城市，而且以教皇的權威在那裏委派一名主教，以便管理聖禮，並領正式的神職官員行神功。

在澳門這裏，耶穌會建立了一個永久性的定居點，並修築了一座教堂供奉聖母。這是第一座教堂，隨後又修築了許多。從耶穌會的最初日子起，我們的教友們就和別人一起勞動，準備着在東印度和西印度成熟的收穫。這個新的居留地位於那麼多港口的中心，他們在這裏發現了一條途徑，通向不應忽視的傳教活動的新天地。在北面是中國，那比寬闊的摩鹿加羣島區要大得多。在東面是日本和菲律賓羣島，西面是交趾支那，柬埔寨、暹羅和其他幾個國家。

我們將略而不談在世界上其他地方長期傳教所取得的成就，特別是爭取到日本不少地方信教的巨大業績。我們目前的興趣是在這個微不足道的地點，從這裏有一小支基督的戰士經過長期滯留和努力之後，終於成功地把基督教的旗幟帶進了中國。我們將盡力敘述這是怎樣實現的。自從澳門最早有人居住以來，駐留在那裏的耶穌會士幾次試圖進入中國，但都未獲成功。他們可能為了實現入境而遇到許多有待克服的困難的阻撓，但更可能是他們在日本獲得巨大成功的傳教事業太忙而不大顧得上中國。這樣，中國好像莊稼尚未成熟，還得留待未來的許多歲月。最後，當按他的神意去安排大事的上帝高興時，那盼望已久的事就終於實現了。

一位意大利的耶穌會士范禮安（Alexander Valignano）被耶穌會會長委派為整個印度傳教團的視察員。他從歐洲動身，先視察了恆河以近（Cia-Ganges）的地區，照歐洲人所稱呼的那樣。然後，他來到恆河以遠（Ultra-Ganges）的地區，從此地抵澳門，準備繼續去日本。航海法規暫時不讓他航行，因此他在澳門至少滯留了十個月。這給他一個良好的機會得以詳盡透徹地研究中國的形勢，結果再度點燃了沉睡之中的遠征中國的熱情。從他的觀察所得出的結論，略如下述。這個帝國幅員遼闊，它的百姓品格高尚，事實上他們已經和平地生活了若干世紀；從這些來判斷，可以肯定，他們行政制度的智慧和他們官員那種著名的精明似乎會支持擬議中的這次遠征的。人們不難相信，一個聰明的、有成就的、獻身於藝術研究的民族，是可以被説服同意讓一些同樣以學識和品德而出名的外國人來到他們中間居住的，特別是假如他們的客人精通中國語言和文字的話。看來還有希望的是，這個民族有一天會樂於接受基督教的，假使他們看到對於他們的政治體系，基督教可以作為一種幫助而非一種損害的話。這也可以教育中國人以精神的人生觀和對永恆幸福的願望來代替他們的浮華。由這種想法所產生的遠景，就有足夠的理由要委派幾個人學習中國語言和文學並作好準備，利用任何可能出現的時機把福音傳入這個新的世界。

一些跟中國人打過交道的人説，要爭取他們純粹是白費時間，就像要把埃塞俄比亞人變成白種一樣。連沙勿略那樣以其熱情和努力，都沒能進入中國；另一些努力以他的奮鬥為榜樣的教士也絕望地放棄了這個念頭。然而，范禮安對這件事下了決心，它是不會改變的。當形勢需要時，往往上級的意思就好像是有神靈在開導他們所決定的事。

澳門並沒有多餘的人可以幹這件工作，因此他寫信請印度區主教羅德里哥·文森斯（Rodrigo Vincens）至少選派一名他認為適宜於這項使命的教士，並儘快把他送到澳門來。然後，在動身去日本之前，他又給來人留下了書面指示，教他怎樣為將來在中國工作作準備。

意大利的那不勒斯人羅明堅（Michele Ruggieri）被選來擔任這個職務。他在一年前從歐洲到來，此時正在魚場殖民地傳播福音。他於1579年7月到達澳門，馬上就按視察員的規劃作準備工作。他第一件必須做的事就是學習中國語言，像人們所稱呼的那樣，學習這種語言的官話，即在全國通行的特殊語。除了這種朝廷的或官方的語言外，也像其他國家一樣，各省還有自己的方言或土語。為了學會語言，他首先必須學會讀寫中國的象形文字。

和世界上別的國家不同，中國人不是用拼音字母來表達他們的思想的。他們用字來表示事物的形象，有多少圖像就有多少字。如果僅靠勤勉練習就能求得知識，那麼人們或許可以在一個較短的時間內對研習中文取得顯著的進展。然而，在目前的情況下卻並不如此，因為聽起來和讀起來都是最困難最複雜的中國語言，由於缺乏教它的教師而格外加深了它的困難。在澳門信仰了基督並按歐洲的習慣生活的中國人，以及那些從內陸到澳門來做生意的人，都不熟習使用官話和葡語。本地的商人倒都懂官話但說得很差，因為他們習慣用他們的地方話交談。他們甚至不識普遍書寫的文字。他們只能寫進行交易的文字，而一個中文老師若像畫師一樣地填寫出他在語言中所缺乏的東西，他就對任何人都很難說是個模範老師了。當這樣一位中文老師不能用中國字表達歐洲的詞義時，他就常常乞靈於畫一連串的符號。只是在他專心致志於工作時不知不覺度過去的不間斷的努力，才使得羅明堅神父克服了這些頑固的困難。

研習語言不是解決中國問題所使用的唯一辦法。葡萄牙商人已經奠定了一年舉行兩次集市的習慣，一次是在一月，展銷從印度來的船隻所攜來的貨物；另一次是在六月末，銷售從日本運來的商品。這些市集不再像從前那樣在澳門港或在島上舉行，而是在省城本身之內舉行。由於官員的特別允許，葡萄牙人獲准溯河而上至廣東省壯麗的省會作兩天旅行。在這裏，他們必須晚間呆在他們的船上，白天允許他們在城內的街上進行貿易。然而，這是在許多的守衛和戒備之下進行的，顯然是當地人民仍然對外國人心存疑懼。這種公開市場的時間一般規定為兩個月，但常常加以延長。記述這種每半年一次的市集的原因之一是，它們為福音的信使們深入中國內地提供了最早的、唯一的通道。為此，我們要感謝葡萄牙人的勤勉、好意和宗教精神，凡有他們出現的地方都可以聽到他們的讚誦並感到他們的宗教影響。

正是要隨着葡萄牙商人，羅明堅決定動身去進行他自己的那種與中國人的交易。他特別留心的是，他或許可能遇到某一位官員，可以被勸說允許他在他那個省份內居住。他最初的努力碰到了幾乎難以克服的困難，因為最近發生了一件不幸的事。剛在不久之前有一位陪同葡萄牙商人的神父在市集上給他們做彌撒，感化了當地和尚的一名信徒，並把他攜回澳門。這個年輕人很願意跟他去，但他必須偷偷出境。他的失蹤被發覺後，他的師長和父母就向有司苦苦申訴，結果是他被抓住，用武力押回，弄得我們的聲譽頗為有尷尬，弄得人們都知道我們引誘青年，使他們離開父母。

這本是廣東人中間常發生的事，因為它常發生，所以被列為少數幾樁大罪行之一。都只是羅明堅的機智和謙恭態度才克服了這個困難，並重獲得他們的好感。他挑選了他們的一些名人進行接觸，不久他們都很傾倒。其中主要人物是海軍將領，即海道 (Hai-tao)[1]，所有抵達廣東省的外國人都歸他管，有關他們所從事的特殊事務也歸他管。

羅明堅的誠實和有學識的名聲有助於發展這種友誼；他被認為是葡萄牙人中間的一名教士，並且是一名不斷攻讀中國文獻的教師這一事實，更加增進了友誼。每當他隨葡萄牙同伴去拜會海道時，他就由主人之命，被安置在一旁，免除他叩拜之禮。而且，他還被賜與例外的特權，在市集期間不必像外國人一樣在他們的船上過夜。甚至在供暹羅使團前來向天子朝貢時所專用的館邸中，還給他留了一個住處。這給了他一個機會進行他神聖的傳教活動，而且他通宵鑽研中國的典籍。在禮拜日和節日，葡萄牙人到他隱居的地方去作彌撒，接受聖禮。在別的日子裏，當他們做生意時，他單獨留下來進行學習；但當他們離去的時候到來時，他卻不得不跟他們一起離開。該省的軍事首

1 全名為海道副使。——中譯者注。

腦也是他的朋友，羅明堅送給他一塊表；這是一種用許多小金屬齒輪安裝成套的計時工具。這位官員被稱為總兵（Zumpin），也就是將軍[1]，在神父有機會訪問他時，他也對神父特別禮遇。這些與官員們的早期友誼，對於發展對基督教的友好態度是很有價值的。

到澳門售賣食品和其他糧食的中國人，有不少已脱離了異教的黑暗，見到了基督教的光明；而當新入教者的人數開始增加時，虔誠的葡萄牙人的捐贈使得神父們能夠創立一所學校。它建在教堂後面的一座山上，叫做聖馬丁的聖樂堂（Oratorio of St. Martin）。在這裏，熱心的羅明堅花了大量的時間去教導當地人，這並不干擾主要居停所的秩序，後者主要是供葡萄牙人進行精神修行之用的。這裏也是他的書房，他在譯員的幫助下，用很多時間攻讀中國書籍。

這些平凡的開端，有很快獲得更豐碩的成果的希望；但對於開發這塊土地卻有兩個障礙，都是由缺乏人手而引起的。神父們為照顧葡萄牙人的需要，要盡許多責任，以致羅明堅神父必須分擔一部分；這樣一來，就要犧牲他很多學習中文的時間。其次，當他離澳門到省會去參加集市時，他在家裏所做的工作就因缺乏替身而中斷。這自然意味着對事業的巨大損失，因為兩次長期的集市要花差不多半年時間。除這些困難而外，還可以補充另一事實：要在一個有限的時期內學會和掌握一門新的、困難的語言，就需要不斷的理論的與實踐的練習，因此應該把全部時間投進去。

整個這一期間，視察員神父都在日本，但他和在澳門所進行的一切保持密切聯繫，並決定把利瑪竇神父從印度召來參加擬議中的赴中國傳教的工作。利瑪竇和羅明堅從前一起從歐洲到印度，但利瑪竇留在果阿完成他的神學研究。當他一抵達澳門，馬上就參加工作；他的

1　德禮賢考為黃應甲。——中譯者注。

同伴不在時，他就繼續羅明堅所開創的工作。從事這樁特殊的勞動，他有着決定性的便利條件，因為教廷視察員嚴格禁止那些受命到中國去傳教的人擔任任何其他工作。中國之行的成功，我們應該歸功於利瑪竇遠甚於跟他一起不知疲勞在工作着的其他任何一個人。

第三章　1582年傳教士三度被允許進入中國，但未能建立居留點

1582年范禮安神父從日本歸來，攜帶着四名當地的王公，他們作為基督信仰的代表，由一些日本王爵遣往羅馬以表示這些王爵服從羅馬教廷的教皇管轄權。他們事實上做到了這一點，然後返回到他們的本土。在赴羅馬途中，他們在澳門停留等待駛往印度的時機；在逗留期間，范禮安抓緊時間促進中國傳教的事務。他在耶穌會的居留地創立了一個團體，叫做耶穌聖名團，制定的規則特別適用於入教者的精神發展。為了促使它前進，這個團體只為中國人、日本人以及其他國家的新入教者而設，但它的迅速進展使它在該地產生巨大的精神作用。根據他的薦舉，這個兄弟會團體由一位受命到中國來傳教的神父負責，他就叫做新信徒的神父，因為他須特別照管皈依者和新信徒。在這職位上，他不僅照料他們的精神需要，也照料他們改善生活。他們的聚會就在教區所在地舉行，直到為他們的需要做出了更好的安排為止，這一點我們將會看到，在短時間內就完成了。

廣東省的總督[1]被認為是他的同級中極有勢力的一個。他的省份

1　意大利文寫作 Tutano（都堂）。——中譯者注。

位於中國的邊境，遠離都城北京，被漫長的海域所包圍。它的地理位置所造成的結果是，道路上盜匪充斥，海道上也有海盜——大多是日本人。為了補救這種局勢，他還受命管轄鄰省廣西，這就使他在需要的時候能調動一支大軍。因為有這些難題，他的政府所在地不是本省的省會，像別的地區那樣，而是在他所治理的兩省交界處的肇慶。在我們所談的這個時候，省長或總督是一個福建人陳瑞。他是個小心謹慎的官吏，他也確鑿無疑是個貪官，並利用了澳門的居留地，正如人們從下述的欺詐中就可以判斷出來。

他聲稱他了解到澳門的主教和市長是外國商人的指導人和管理人，因此他正式通知他們馬上去見他，不得遲誤。這道命令有點出乎意外，教士們開會進行過討論後終於決定，奉行所下達的命令將會有損葡萄牙的尊嚴。可是，既然表現得蔑視他的法令從而貶低總督的權威是不行的，所以大家同意另派兩人去代表應召的主教和市長。范禮安派羅明堅代表主教，希望他能獲允在大陸上得到一個永久居留地，同時市檢查官本涅拉（Mattia Penella）則被選中去代替市長。作為向總督表示好意的獻禮，以免他可能干擾貿易，澳門人士贈送給他一批禮物，包括他們知道是對中國人而言特別寶貴的東西。其中有純絲的衣料，那是中國人當時還不知怎樣製作的，還有帶褶的衣服、水晶鏡子[1]以及其他這類珍品，總值超過一千金幣。

總督以盛大的排場接待代表們，意在威嚇他們而非禮敬他們。但當他看見備這一緊要關頭之用的禮物時，他的傲慢態度頓時消失了。於是他笑着通知他們，該地的一切情況可以照舊繼續下去，但當然服從中國官員的管轄。這不過是一套慣用的官樣文章，因為澳門的葡萄牙人是受葡萄牙的法律管轄的，而住在那裏的其他民族則各行其是。

1　意大利原文作 specehi di cristallo，與英譯文之 crystal mirr- ors 意同。疑為後面提到的三棱鏡。——中譯者注。

甚至中國人變成基督徒時，也不穿自己的中國服裝而是像歐洲人那樣打扮。其他中國人則服從廣東政府派駐那裏的官吏。

再談那位總督或長官；他堅持說，他決不能收了東西不付錢，並且向翻譯詢問每件禮物的價值，當着下人的面吩咐秤出該付銀子的總數。他這樣做，是因為該省嚴刑禁止政府官吏收受這種禮物。後來，他又偷偷地派人去見他的客人，告訴他們說，他給他們的那筆銀子是要另買一份他們的珍品，這另一份要私下交給他本人。

羅明堅神父沒有忘記請求安排一個居留地，這是他來此的主要目的；儘管是通過譯員傳話，他仍告訴總督說，他已開始研究中國語言和文獻。這看來使得那位長官高興，他的確示意說，客人以後再來時，可以答應這個請求。會晤結束，銀子交付之後，他以盛筵招待他們，並以隆重的儀式送他們回船；有大隊士兵和官吏在城裏街道上列隊歡送，鑼鼓喧天。貪得無厭的希求使人頭腦發昏，每當它露頭時，它那左右人的威力就是如此。

葡萄牙商船隊照常在八月份抵達澳門，旅客中有幾位耶穌會士是被派赴當地的團體或赴日本傳教的。利瑪竇奉召也從印度和他們一起到來，以便協助該項充滿希望的工作。印度教區主教神父曾給他一塊很精緻的表，作為給中國傳教團的禮物。恰好當時澳門市長派他的檢查官攜帶那位長官所要求的珍品回去。不幸的是，或者應當說幸運的是，要隨檢查官前往的羅明堅神父病倒了。因此他請檢查官告訴那位長官說，他遺憾因病不能成行，因為他原打算帶給他一件漂亮的用銅製成的機械小玩意兒，不用碰它就能報時。直到當時為止，中國人從沒有聽說過鐘錶這種東西，那既新鮮又使他們感到神祕。檢查官送上禮品，然後說到神父的病，長官看來似乎很憂煩，但當他聽說到鐘錶，就變得很感興趣，吩咐一名祕書以他的名義寫一封邀請信，請羅明堅無論如何病一好立刻就去見他，並把那件新奇的玩意兒帶去。

當這份文書送到了澳門經人推敲時，發現它不止於是一封簡單的邀請信而已。事實上，它是一份官方的文件，公開允許神父們有權在廣州城修建一所房屋和一所教堂。可以很容易想象，在我們的宗教團體之內和在它之外，這產生了多麼大的歡樂。長期渴望的理想終於達到了。對這整個事情唯一似乎持懷疑態度的，就是視察員神父本人，他對於在這件意外的通知以後應該怎樣做，有點茫然失措。有那麼多的事都取決於開頭的步伐，以致他懷疑羅明堅神父有沒有充分準備去從事這樁吃力的工作。確實，如果不是別的神父請求他儘量利用這件事的話，機會也許會整個丟失的。

當時，弗朗西斯科·巴范濟神父正在澳門。他同那些被派參加中國傳教團的人一起正在赴日本的途中，從歐洲駛向印度。這是個天賦聰慧、精明和機智的人，公認為具有行政才能。他的天分可以彌補他不懂中文的缺陷。因此由他負責主持，而由羅明堅作他的助手；利瑪竇則被派管理澳門的新信徒學校，並且奉命，如果他們兩人取得成功，就參加到他們中間去。這時，氣候有利於航行去印度，於是視察員神父決定和日本王公一起出發。離開之前，他作了書面指示說，如果出現意外情況，此行失敗，神父們被迫從廣東撤回，那麼巴范濟神父就按原來的打算去日本，另兩人則等待另外有利的時機以實現擬定的計劃。

兩位代表來到肇慶的總督面前，他們獻上表和幾隻三角形的玻璃鏡，鏡[1]中的物品映出漂亮的五顏六色。在中國人看來，這是新鮮玩意兒，長期以來他們認為玻璃是一種極為貴重的寶石。令人驚異的是看到禮物多麼地討總督大人的喜歡，他又多麼殷勤地接待來賓。他分派給他們一座寬敞的住所，與郊外的一座叫作天寧寺（Thien-nin Su）的廟宇相通，他還時時送去食物和其他東西。他們正式拜會時，他在

1 意大利文作 vitrio triangulare di Venetia，即威尼斯的三角鏡，亦為後面提到的三棱鏡。——中譯者注。

自己的官府接見他們。他們就這樣住了四五個月，接待一些官員和其他知名公民的來訪，同時他們抱着希望，這種特許將會成為永久性的許可。他們已得到總督祕書的允許，把利瑪竇神父請來，而他也正在澳門的學院中準備這次旅行。這時事情突然變了樣，茂盛的希望消逝了。

正當這次傳教似乎取得一些進展時，宮裏傳來一道指令，宣佈總督本人因某種不可推諉的過失已被解除職務。他感到客人們呆在政府所在的城市裏可能不會使他的繼承人很高興，還會加重他本人的處分，所以他只得請他們撤走。然而在送走他們時，他發給他們證書，允許他們去該省的省城，並指令那裏的主管官員供給他們一所房屋和一塊修建教堂的地皮。中國人把省城叫做廣州，但葡萄牙人弄混了省的名字，也叫它廣東。神父們發現，在這次特殊的努力中他們必須放棄一切成功的希望了，這對他們是個可悲的打擊；因為他們確實知道，這樣一個罷了官的總督的文件是不會有任何權威的。

然而為了嘗試一切可能，他們還是溯河到達省城，但遭遇一如他們所預期的。前面我們已經提到的海道那位海軍將領或海軍官員，那份證書就是寫給他的；他碰巧不在，但是即使他在，他也會認為證書無效。河岸的守衛甚至不許他們登陸。在這種情況下，除了灰心失望地返回澳門住處之外，再沒有什麼事好做的了。

按照耶穌會教廷視察員留下的命令，巴范濟神父前往日本，在那裏辛勤地工作了好幾年，並被任命為教區主教，長期管理日本和中國的傳教團。當這兩個居留地成為耶穌會的教區時，巴范濟神父就被任命為兩地的教廷視察員，並返回澳門再度組織中國的傳教事業。他抵達後幾個月便死了，所有他的同道無不痛感惋惜，並深刻哀悼他的去世。從他一開始在東方工作起，他對在中國傳佈信仰的願望就隨他的經歷而俱增，而且他從不丟失任何機會以促進在中國傳教的事業，那怕他是遠在日本的時候。

我們現在就來談耶穌會士的第三次中國之行，這次也以無任何明顯的成果而告結束。中國官員有這樣一個習慣：即所有官方文件都在國家檔案館裏保存一個副本並附有一份備忘錄，說明每份文件的用處。保存這些記錄為的是使官方知道頒發過什麼命令，以及命令的結果如何。當免職的總督的繼任人[1]到來時，註冊信件的記錄是當着他的面審查的，於是發現了發給我們神父們的信函的副本。但因為這些信函沒有產生結果，所以並沒有附以記錄着頒發信函的結果的備忘錄。於是，新任官馬上寫信給那位海軍將領即海軍官員[2]，因為他是那些信函原來的收信人。然而，當那些信函最初發出時，海軍將官卻不在；而且因為澳門港是在他的管轄之下，他就再致函葡萄牙人稱之為 Ansam 即中文的香山的知縣[3]。但知縣對整個事情一無所知，就寫信把事情轉給澳門港的衞隊，要求他們調查這件事，並儘快上報。

第一個被詢問的是主教，他把檢查官送到我們的學校，出示了那些信件，上面有正式簽押並蓋有大印。他們開始的反應是要堅持把信函交出來，聲稱總督發的信函不宜於讓外國人保留。回答是，已經決定這個問題留待商量。耶穌會的教會視察員當時不在，但是家裏還有幾位重要的耶穌會士。其中有埃塞俄比亞的大主教卡耐羅（Melchior Carnero），他在中斷了埃塞俄比亞之行以後駐留在這裏。當教區主教不在時，他曾管理教區並且有一個時候還是澳門修道院的院長。還有卡普萊勒（Francesco Caprale）神父，他是中國傳教團的主管；以及戈麥玆（Pietro Gomez）神父，他也曾任修道院長。這些都發生在巴范濟神父去日本之前，因此他和幾個和他同行的人一起出席了這次商討會。有關那些信函所達成的一致決定是，絕不把它們交給中國的將

1　按繼任兩廣總督為郭應聘。——中譯者注。

2　按此處所説海軍軍官為分巡海道，姓名不詳。——中譯者注。

3　此人為香山知縣馮生虞。——中譯者注。

領。反之，大家同意派兩名神父親自把文件交給那位海軍將領，並要求他按所寫的那樣把它們付諸實施。

羅明堅神父和利瑪竇神父被選擔任這一使命。軍事檢查官不反對這個決定，而且既然在這種情況下他們很難別有他途，所以便被獲允乘船赴香山市，並答應由讓該城的市長即知縣把他們送往省城。抵達香山時，代表便受到接見，市長索取信函以送往省城；但神父們拒絕交出，他就大發雷霆，抓起信來，扔到地上。他喊道：「你們想用一封罷官總督簽署的文件來辦事嗎？」接着他拒絕讓他們去省城，命令他們回澳門的家裏。就這樣正在他們已來到它的大門口時，傳教的大門卻向他們封閉了，他們悲傷地默默離開市長的住所。

然而在他們香山的住宅裏，他們卻決定幹一樁頗為冒險的事。有一艘不太大的客船，每天從該村駛往省城，船上經常搭乘有大量旅客和許多行李。他們決定，不經過任何人的許可便上船，而且如果可能的話，他們要在市長一無所知的情況下直赴省會。起初舵工不大情願在船上接待外國人，但神父們的譯員是個年輕人，有點狡猾，把前任總督的信函給舵工看，贏得了他的信任。他們就上了船，安放好行李，但正當要啟航時，這段插曲便突然結束。別的旅客對外國人有疑心，向船長抗議，威脅他説要把神父們的行李扔到岸上，就這樣逼使他們下了船。於是他們只好返回寓所。

剛好這時候市長得到了他父親去世的噩訊，按照中國習慣，這要迫使他退出公共生活，作為一名普通百姓返回家園，居喪三年。這件事為神父們在城裏停留一些時間創造了機會，既然再沒有人有權驅逐他們，於是他們就再尋找進入省城的辦法。終於，通過向代理知縣[1]贈一筆小禮物的辦法，他們得到了必需的許可。然而，為了防止不良

1　德禮賢考為鄧思啟。——中譯者注。

後果，許可證是從一個律師那裏得到的，他安排了官方的批准，但並不是為了報酬而是為了促進公益。這樣，代表們就被送往省城，但他們絲毫既不知情也不知道他們實際上是當作俘囚被送去的。在他們行前發出的照會中通知當局說，這些外國神父是在香山找到的，由於某種不知的原因，他們攜有免職總督致海軍將領的信函，他們是被派去見海軍將領的。

且不管這份照會，他們受到那位海軍將領極友好的接待，他連信都沒有打開，就問他們到來的原因。他們的答覆就包括在他們的書面請求中，其中解釋說，他們是宗教團體的成員，為慕中華帝國之名，離開本土，遠涉重洋。它繼續說：他們想留在這裏度過餘年，他們只需要有一小塊地方，建築房屋以及一座禮拜天主的教堂。它申明，他們不會成為別人的負擔，將以本國人民的捐獻來養活自己。不論在這份申請書中，還是以別的方式，一開始傳教時都沒有提到基督教，唯恐這可能妨礙那樁唯一必要的東西——即留在該國之內。

中國人是那樣地固執己見，以致他們不能相信會有那麼一天，他們要向外國人學習他們本國書本上所未曾記載的任何東西。確實，宣傳一種新宗教特別使他們反感，因為他們從過去的經驗中早已知道，在傳佈新宗教的藉口之下，糾聚起的一批反叛禍國的陰謀分子曾經造成了內亂和騷動。海軍將領本人稱讚了傳教士的計劃，但他反覆提醒他們說，整個事情要待大員即總督來決定，只有他或者該省的朝廷監督官叫做察院（Ciai-yuen）[1]的，才能批准他們的請求。

他們認為那個海軍將領是在找藉口，便請求至少允許他們呆在城裏，住在暹羅王的使臣的宅中，在大集市時，羅明堅神父就曾住在那裏；並且請求准許他們一直居住到葡萄牙人再來交易的時候為止。同

1　指都察院的監察御史。——中譯者注。

時，他們還希望能説服總督或監督官[1]同意他們的永久居留權。海軍將領實際已當面允許了他們，但就在同一天他又傳話給他們把它撤銷了。監督官預定在幾天以內抵達該省，海軍將領説，他擔心的是在沒有進行市集的時候，如果他允許他們留在城裏，那會惹起監督官反對他。他還告訴他們，他本人是朝廷命官，所以監督官的彈劾會使他受到嚴懲。因此他告誡他們火速返回澳門。

人們很容易想象得到，這個意外的消息給代表們帶來多大的失望。他們用盡了自己的一切可能辦法來延長居留時間，但最後卻踏上了歸途。他們抵達香山時，發現情況比他們離開時更糟。城門上貼出了告示，蓋有新任郭總督的大印，上面寫道：

> 除有關本省公益之其他事項而外，茲將與我們迫切攸關並涉及澳門居民之事理合通知如下。據各方嚴訟，現在澳門犯罪違法之事所在多有，皆係外國人僱用中國舌人所致。此輩舌人教唆洋人，並泄漏我國百姓情況。尤為嚴重者，現已確悉彼輩竟教唆某些外國教士學習中國語言，研究中國文字。此類教士已要求在省城定居，俾得建立教堂與私宅。茲特公告，此舉有害國家，接納外國人決非求福之道。上項舌人倘不立即停止所述諸端活動，將嚴行處死不貸。

鑒於這道命令以及代表們在離開省城後的一個月內所遇到的事情，並考慮到中國人對於洋人的難以置信的嫌惡，神父們好像已失去在中國內地建立居留點的一切希望了。至少在這位嚴格的總督任職期間是如此。他當時如此激烈加以譴責的事情，要他再來贊同它，那是極不可能的事。

1 按即郭應聘。——中譯者注。

第四章　傳教士被邀赴肇慶，他們在這裏修建房屋並開闢一個中心

從失望的深淵裏突然出現了一線新的希望。神父們返回之後還不到一個星期，總督的一名衛隊長就從肇慶城到達澳門。他是該地區的地方官，中國人稱之為知府[1]的一名使者，他來送交一封由總督批准的信，邀請耶穌會的神父去肇慶接受國家賜與的一筆財產，修建一所教堂和房屋。像這樣一種突如其來的轉變，只能歸之於上帝的恩典，而不能歸之於人類的功績。我們絲毫不認為它是我們的成就。確實，即使在人類的種種努力失敗之後，對於未來仍應保持希望而決不放棄對美好前途的希望，——這應當是作為一個教訓。就在最近，總督本人還在公開文件中不贊成我們的事業，毫不含糊，而且本地的長官甚至不願看見神父。但上帝是無可否認的，上帝管轄着時時刻刻，上帝自古以來就規定了這個民族要接受他的光明。靠上帝之手，靠他的伸出的右臂，這個國家的門戶多少世代以來對上帝的福音是關閉着的，現在卻被打開來接待它的使者。不管人類的文獻記錄了傳教士在這樁偉大的事業中作出了什麼業績，但倘若他們不曾得到那從虛無中創造出現存萬物的力量的支持，他們就會一事無成。

據最近擔任代表的神父敘述說，當他們第二次來到肇慶並被那位免職的總督遣返省城時，新任總督的幾個僕人也在場；神父們出一筆錢，請他們無論哪一個人設法讓神父們回來。其中有個最低級的士兵，是宮廷衞士，他聽說有報酬，馬上就以譯員的名義向總督遞上一份申請，請求在城裏為傳教士安排一所住宅和一塊興建房屋與教堂的

1　按此人為肇慶知府王泮。——中譯者注。

地皮。看來似乎很奇怪，那個挑剔外國教士並通令嚴斥他們的總督，竟接受了一名普通士兵的申請，並轉飭該地方長官浙江人王泮，馬上把它付諸實施。正是這名當宮廷衞士的士兵，被派作使者來遞交歡迎書。

這樣一個通知所造成的歡樂情緒，容易意會而難以言傳，因為在這種情況下情緒的反應有賴於驚喜這一因素。希望越小，驚喜就越大；何況在這裏簡直是已經完全絕望。看來好像是上帝的手和天恩超過了人力。於是，前面屢次提到的這次旅行的發起人，就着手準備他們認為這項工作所必需的東西。這不是一件輕而易舉的事，因為整個事業都要依靠他們朋友們的慷慨解囊，而其中很多人卻有種種理由懷疑這次嘗試也會像前幾個月內的其他三次一樣會以失敗告終。此外，他們必須考慮過去一年多次發生船隻失事，特別在台灣島[1]外慘重損失了一船赴日本貿易的貴重貨物，差不多把該城當時的財富全部丟光。這件事本身已足以勒緊錢口袋的了，否則本來錢口袋是會慷慨打開的。這也像前面一樣，神又來幫助他們了。

澳門有個葡萄牙商人名叫維嘉斯（Guspar Viegas），他施捨錢財和創造錢財是一樣有名。從一開始他就對這次遠征很有興趣，即使殖民地處在最困難的境況也不願放棄它。他的捐贈足夠準備全部所需之用。為了公正地評價維嘉斯，當正式談到他和遠征的關係時還應該提到，他在果阿興建了修道院並捐贈給它一筆年金。他死前不久要求參加耶穌會，他的請求得到批准。尚有其他對中國傳教團的捐助者，施捨最多的有果阿神學院院長卡普萊勒神父。啟行的時刻到來了，一行人滿懷希望出發，基督教對中國的進攻好不容易終於開始了。

他們抵達廣東省城時，遇到一些自從神父們被逐離肇慶後就呆在那裏的西班牙人。他們的船隻從菲律賓羣島駛往新西班牙，在廣東省

1　台灣島英譯本作 Formosa，意大利文本為 Leuchies，應譯作琉球。——中譯者注。

海岸外的南頭島沉沒。全體船員都成功地登上大陸並被中國人拘留，以待總督決定如何處置他們；其中有三個人被遣往廣東，解釋他們來到中國的原因。城裏還有八名或十名方濟各會士，他們已從菲律賓駛至與中國毗鄰的國家，叫做交趾支那。他們曾聽說那個國家的國王要建一座像基督教堂那樣的教堂，但他們卻在那裏備受虐待，因此他們決定返回本國。在歸國途中，他們的船隻在廣東海岸的中國海南島擱淺，中國海軍俘獲了他們並剝奪了他們全部的財物。當耶穌會士到達時，方濟各會士正被當作海盜押解到官。這次相會使雙方均感愉快，因為兩部分教士都出於同樣的原因而到了不信教者的當中。既然我們的神父們是自由的，他們便獲允去仁慈而殷勤地照顧俘囚，甚至為他們一些人在耶穌會士所居住的暹羅使館內舉行彌撒。這當然是上帝賜與的慰藉，他們已長時期沒有享受到了；同時這次幸運的會見也終於使這一行人獲釋。當局被告知，這些人是一個宗教團體的成員，指控他們為海盜簡直是難以想象的，他們確實不應該受到這樣粗暴的待遇。我們的神父們答應，俘囚的所需一切都從澳門按息償付；於是不久，在他們把財物散發給窮人後，俘囚們就被遣往澳門。我們在這裏是把他們的故事當作我們自身經歷中的一個插曲來講述的。

我們現在談到的入境者一行於 1583 年 9 月初離開澳門的神學院，就在那個送來受歡迎的許可證的士兵護送之下，於同月 10 號到達肇慶。他們在長官衙門中受到禮遇，長官[1]坐在他的官位上；當他們按習慣向他下跪時，他詢問他們是誰，來自何方，來此何事。他們通過他們的譯員大致回答如下：「我們是一個宗教團體的成員，崇奉天主為唯一的真神。我們來自那西方世界的盡頭，走了三、四年才抵達中國，我們為它的盛名和光輝所吸引。」然後他們解釋，他們請求

1 即肇慶知府王泮。——中譯者注。

允許他們修建一棟小屋作為住所以及一所敬神的小教堂，多少遠離他們在澳門感到惱人的塵囂以及商人的喧嘩買賣。這就是他們的打算，他們想建立一個住所並在那裏度過餘年。他們極謙卑地懇求他不要拒絕他們的祈請，並說明這樣的一項施捨會使他們永遠對他感恩不盡的。再者，他們答應遵守法紀，不花費他人錢財。

那位長官看來是個天性樂善好施的人，帶着有點殷勤的態度。他一開始就對神父表現友好，情況許可時還支持他們。在最後一次晤談中，他的答覆大致如下：他完全不懷疑他們的誠實，並且願意把他們置於他的保護之下。不錯，他們可以進城看看所有可利用的地皮並隨意挑選一塊。他也努力使總督批准所請。

正在這時，肇慶地區向所屬的十一個縣城徵收一筆常稅以修建一座塔，據他們古老的迷信說法，這座塔會給全省帶來好運氣。第一層已建好，上面還有九層。它坐落在一處極優美的地方，在一條可通航的大河上，河流灌溉總督和長官在城外的產業。塔離他們的莊園一英里多遠，其間的地帶人煙稠密，供休憩的花園和佈置精緻的園林展現出一片美景。就在建塔的土地上，他們也規劃修築一座宏偉的寺廟。根據民族風俗，他們要在廟內立一尊長官的塑像，他任職六年來博得了知識階級和無知識的羣眾的頌揚。

陪神父們一起來的那個兵士，還有他們居留幾個月來結識的其他朋友，都向他們指出，該地是他們修建房屋的理想環境。他們對該地的第一個印象很好，因此他們當場就決定申請正在興建中的花塔[1]附近的一塊地方。花塔這個名字來源於五顏六色的裝飾。次日，他們向長官表明他們的願望，長官看來對這事感到高興超出了他們所能想象的。廟和塔以及該地的整個佈局，都是在他的批准下進行設計的，是

1　此「花塔」為「崇禧塔」，位於城東小市石頂。——中譯者注。

對他作為百姓的恩人的一個獻禮，而他對它之感興趣正猶如那是他的私產一般。整個進程對他來說，由於增添了外國教士的合適的家室，只有顯得更體面，更尊貴；但對一般中國人民來說，這種事情迄今為止是聞所未聞的。他送走神父時心裏還在想着這回事，並保證說他將把他們的請求上報總督，他們可以放心它會得到批准的。

離另一座寺廟[1]不遠，在前任總督時期，我們的神父們曾有一處寓所；附近有個年輕人，品行好，性格活潑，名叫陳理閣（Ciu-Ni-Co）[2]。他很快成為一個友好的鄰居，不久就受到基督教的充分教誨，被接受入教。但他意外地被召走，所以沒有能實現他的計劃。當神父們被迫離開該城時，他們把常用來每天作彌撒的聖壇交給了這個年輕人。因為沒有新信徒可以受託來保管它，所以作為他們熟人中最信基督的居民，他們就交給了他。這次重來時，他們就去拜訪他，受到他全家庭熱情而愉快的接待。那個青年親自在一間大屋中擺上聖壇，上面用大字寫道：天主，奉獻給上帝。聖壇上，他總是擺着七八個燒着馥郁香料的瓶子。他也在這裏養成一種習慣，如他所說的，在固定時間向他多少知道其存在的上帝進行祈禱並供奉祭品。

在這個眾多的民族處在漫長世代的精神黑暗之後，至少還發現有一個祈禱真正上帝的人，這對重新歸來的教士們是一股不小的慰藉力量。他很期望神父們作為他的客人留下來，直到長官把總督的回答告訴他們為止；他的邀請可以欣然接受，因為這給他們提供了一個為傳教的成功而使用聖壇和作彌撒的機會。他們並沒有等待多久。

在基督升天節那天，長官請他們來，通知他們說，總督很高興批准他們的請求。他還要他們在第二天到修塔的地方去，在那裏等候他指定給他們一塊地方，可以在願意的時候儘快地修建他們的教堂。為

1　意大利文著錄其名為 Tiennin（天寧寺）。——中譯者注。

2　此處僅譯其音。德禮賢作陳？？。——中譯者注。

感謝他所賜與的恩典，他們按習慣在他面前下跪，三次叩頭，每次都以前額觸地。他們回到自己的住所，感激上帝的許多賜與，加上一次祈禱，感謝他們認為是那種長久以來所渴望的特殊恩典。在許多年的等待之後，它確實到來了，他們感到那是為了上帝在遼闊東方的偉大榮耀，是為了中國全國的永久福利。

次日，神父們抵達預定的地方，發現長官正在等候他們。他帶來了一名助手和公眾建築的監督官，後者是一個知識分子，曾在政界服務過一些時候，但現在作為平民在修塔的機構中工作。[1] 看來神父們的計劃並不使這個機構高興，它已通知長官說，他們有些懷疑這些外國人可能從澳門邀來別的外國人而有損該城的公益。這使得長官警告神父們不得邀他們的同胞到他們的屋裏去，要嚴格遵守國家的法律；客人們回答說他們會一如他所吩咐的那樣做。於是指定給他們一角土地修建教堂，但地皮小得容不下一座教堂和一所房屋。譯員費了很大勁解釋這一點；他們還被告知，劃給他們的地方僅僅作為居室，以後會再給他們地皮建造宏偉的廟宇。

他們由此得到的結論是，長官的印象以為他們渴望主持供奉他本人的那座廟宇所以肯出力；因此他們必須解釋，他們不拜偶像，上帝才是他們唯一的神。這使他有點惶惑，因為他大概認為，除中國人所已知的外，再沒有別的崇拜方式了。他跟他的隨從商量了一陣，最後說：「那沒有什麼不同。我們修廟，他們可以把他們喜愛的神供進去。」於是，他決定把原來所賜與的面積加以擴大。

中國人看來，這都是稀奇的，聞所未聞；大羣人已圍攏來觀看。修蓋花塔的地方擠滿了好奇的人羣，想看看外國教士，以致長官和他的衞士儘管有他全部的權威，也無法通過。百姓先看到準備送給原長

1　據宣統《高要縣志》等書收載王泮《新建崇禧塔記》：「⋯⋯董之者邑人，知縣譚君諭也。」德禮賢認為「君」字為尊稱，因此原意大利文之 Tan-siao-hu 不一定為譚君諭的對音。

官的玻璃三棱鏡，驚得目瞪口呆，然後他們詫異地望着聖母的小像。那些仔細打量玻璃的人，只有驚羨無言地站在那裏。隨同長官的官員們尤其如此，他們越稱讚它，就越引起羣眾的好奇心。最後，我們慷慨的主人要求允許把這些珍奇帶到他的官邸去，給他的家人看。後來，神父們又送他一些珍品，請他接受，以象徵友情。他不肯接受，把每一樣東西都退了回去，甚至於包括一張精繡的歐洲手帕，那是他有一個妻子很想留下來的。由此我們可以傾向於推論說，防止中國官員公開接受禮物的，不是他的良心而是他的畏懼。這裏有這樣的危險，全村的人都看見了這些東西，會控告他接受重禮的賄賂，竟讓外國教士進入中國，並允許他們永久居留。

一當神父們覺察到存在着有反對他們安頓的勢力時，他們就決心加緊修建他們的房屋，唯恐再拖下去會出現根本阻止他們開始工作的理由。他們決定先打好屋基，然後租了附近的一間小屋，靠近工地，盡一切機會加緊進行。他們在屋中擺上聖壇，在節日和星期天做禮拜。然而，他們的大部分時間是在一個窩棚裏度過的，它用準備修蓋房屋上層的磚頭搭成，他們就把它當作臨時的工場。總施工開始時，各階層大羣好奇的人都被吸引來了，有的甚至來自遠方，顯然被有關外國教士的故事所打動。關於有着奇特的面孔和其他歐洲特徵的外國人，在中國是前所未見，所以流傳着種種謠言，還加以這個國家向來習慣誇大其詞。必需小心翼翼地滿足他們的好奇心；因為他們生來就敵視外人，神父們就對他們極盡殷勤，行事時力求贏得他們的好感和友誼。他們稱為無價寶石的玻璃三棱鏡，凡是要看的都讓看，還有書籍、聖母像和其他的歐洲產品，都由於新奇而被認為是漂亮非凡。

知識階層的秀才和別的人，特別是監修花塔機構的成員，根本不同意外國人進入他們的城市，他們尤其不願意給外國人在他們的那塊土地上分劃出一塊地皮。他們或許是害怕外人能夠看見所發生的事。首先，他們散播一種爾後引起公開糾紛的謠言說，外國人會在這兒幹那種他們在澳門幹過的勾當。眾所周知，最先到達澳門的僅僅是少數商人；然而，每年到澳門的歐洲人為數增加，直到——如他們所聲稱的——現在多到是否能把他們攆走都成疑問了。最後，這些惡言使得營建監管人譚君諭（Tan-siao-hu）把神父們召去，通知他們説他們不能進行施工計劃，因為按照他們的曆法，選擇動工的那天是個不吉祥的日子。後來又得到通知，他們可以挑一個更吉利的日子開工。

這明顯地是在耍手腕，對此的答覆是，哪個日子都是一樣地吉利。然而，挑選的那個日子正好下雨，所以不管願意與否，工程不得不延期。那也許是好事而不是壞事，因為它防止了可能的麻煩，以後不久爭執就和平地解決了。事實上，他們不僅表示同意，還樂於給以協助，工程勝利竣工，比預期的更為容易。這一切都是由於神父們沒有為自己的事業抗辯，同時對當局的意見表示應有的尊重。

羅明堅神父和他的譯員找出那些煽動不滿的人，並解釋了他的計劃的原委。他説明，他們到這裏來不是要侵犯這個國家，或侵犯曾經如此善待過他們的城市，他們無意做任何可能被理解為有害的事。這足以使事情平息，同時既然官員們不能反對長官所做的批准，所以他們同意和解整個事情。監管官要神父們放棄劃定給他們的那塊地，説他們的房屋會使百姓反對那個地方，破壞他們自己的建築計劃。作為交換，將另撥給神父們一塊靠近大路的地皮，在那裏他們房屋的門口將開在這片土地的範圍之外。這正合神父們的心意。他們已購買了幾間平房，但因他們要保留一塊地，他們就欣然接受了調解。這樣，雙方都感滿意，爭論遂告結束。

其實，外國人覺得他們在交易中得到了好處，因為瓦工當時在停工，於是他們運給神父們幾千塊磚瓦和大量的木料，以加緊完成他們已經開始的工程。神父們原來想按歐洲的樣式修築一所小巧動人的建築物，有兩層樓，和中國傳統僅有一層的平房大為不同。他們還沒有開始興建，就因缺錢這一尋常的緣故而使計劃擱置下來。

最近的損失給澳門造成了困難的時刻，所以從那裏得不到任何援助，修道院院長神父也是傳教團的監督，他認為以放棄蓋兩層樓房的想法為妥，怕的是天性多疑的人會以為他們是在修碉堡。最後，為了不喪失已經完成的東西，他們把三棱鏡賣了二十個金幣，足以完成當時已動工的部分。這滿可以支援他們直到海外送來他們所期待的接濟的時候。大致安排好之後，下一步就是要保證他們的駐地得到負責官員批准，這由得到總督頒發的貼在屋門上的文件而告完成。這份告示說明神父們怎樣來到中國，讚揚了他們的品德和宗教熱忱，然後宣告他們由總督批准指定一所住宅。他們靠自己的錢生活，嚴行禁止人們用任何方式欺凌他們，違者重懲不貸。不久另送來了兩份蓋有長官府印的文件；一份批准土地的捐賜，第二份允許他們去省城走動，去澳門或者到國內他們想去的任何地方去旅行。

長官[1]常去拜訪神父們，隨他去的有其他高官。在這種場合，他從不放棄任何機會一本正經地讚揚他們。新月節重臨的那天，神父們到長官府去，按習慣的儀式向他致敬，他也禮貌周全地接待他們。確實象他們經常所說的那樣，在他們開始傳教時，他們得到了這位長官對他們提供的很大幫助。為了感激他的好意，作為紀念物，他們在不同的場合送給過他各種小禮品。他那公認的權威、他在行政中誠實坦率的聲譽，竟至使得人們此後不敢提到驅逐他的朋友的問題。他不僅公開支持和保護傳教士，而且他的前例也促使別的官員去拜訪他們，並起着同樣有益的結果。

總督本人是唯一不願公開接見歐洲人的人。當他們去拜訪他，感謝他賜給他們住所，並且贈送他幾樣小紀念品時，他既不接受禮物，也不讓他們進去。他只是讓人傳話：不必拜訪他，也不必費心送禮。他認為，如果他們安靜地住在指定給他們的地方，那就夠了。

1　即肇慶知府王泮。——中譯者注。

第五章　傳教士開始向中國人傳佈基督教

為了使一種新宗教的出現而不致引起懷疑，神父們開始在羣眾中出現時，並不公開談論宗教的事。在表示敬意和問候並殷勤地接待訪問者之餘，他們就把時間用於研習中國語言、書法和人們的風俗習慣。然而，他們努力用一種更直接的方法來教導這個異教的民族，那就是以身作則，以他們聖潔的生活為榜樣。他們用這種法子試圖贏得人們的好感，並且逐步地不用裝模作樣，而使他們的思想能接受不是用語言所能使他們相信的東西，但又不危及迄今已取得的成果。當時傳教嘗試的最大困難是不懂語言，還有百姓的天生毛病。從他們入境時起，他們便穿中國的普通外衣，那有點像他們自己的道袍；袍子長達腳跟，袖子肥大，中國人很喜歡穿。

所謂的傳教室在兩頭各有兩間房，中間是間空屋，用作教堂，中央是聖壇，上面掛着聖母畫像。為了使權威的觀念和上帝之名配合起來，傳教士們不説上帝而總是使用天主這個稱呼，意思是上天之主。他們難以找到一種更恰當的表達方式，因為在中國語言中沒有輔音 D，在他們看來，這個特殊名稱中有一種莊嚴和神聖的意味。事實上，這個名稱自從我們在開始傳教工作時首次使用以來，在談話和文字中提到上帝時，直到今天仍然通用；儘管為擴大影響和理解得更清楚起見，還使用了其他幾個名字。最常用的稱呼有：萬物的最高指導和萬物的原動力。聖貞女被稱作光榮的聖母。

當人們去訪問神父時，官員和其他擁有學位的人、普通百姓乃至那些供奉偶像的人，人人都向聖壇上圖畫中的聖母像敬禮，習慣地彎腰下跪，在地上叩頭。這樣做時，有一種真正宗教情緒的氣氛。他們始終對這幅畫的精美稱羨不止，那色彩，那極為自然的輪廓，那栩栩如生的人物姿態。不久就清楚，由於種種原因，最好把聖母像從聖壇上取下來，換上救世主基督的像。首先是使他們不會相信，像已經流傳的謠言那樣，我們是把一個女人當作神來崇拜的；其次，他們還可以更容易地接受成為聖體的耶穌的教義。

當佈道團建立之後，就常有客人不邀而至，來聽聽我們的主要教旨。中國人是個好思考的民族，他們不無道理地常常要對自己宗教信仰中的許多荒謬抱有懷疑。我們把聖誡[1]用中文印發給需要它們的人。很多得到聖誡的人說，他們將來要按這些聖誡生活，因為他們聲稱聖誡完全符合良知和自然律。他們對基督教旨的崇敬，隨着對它的欽佩而與日俱增。其中一些人，不經人請求或者告訴，就上香祈福，另一些人給聖燈送油，少數人還自動送東西支援教堂。

如果神父們想接受長官的施捨，他們本可以得到原來打算修建佛寺的一塊賜地；但他們認為，聰明的做法是不要屈從於做官的權力而損害新生的傳教自由。他們拒絕接受賜與，不使基督教蒙受貪婪之嫌；從一開始，百姓便知道，傳神道者並不為他們的宗教追求物質利益。這使他們可以方便地進入官府，官員們知道，歐洲教士到來時，他們不是為了尋求恩賞，這和一般跟官吏拉關係的人情形不同。因此，無言表率的作法，以行代言，對傳播新傳來的基督教的名聲更為靈驗。確實有很多來看禮拜的人，是受好奇心的驅使，但很多人回去時為羨慕上帝存在的感情所打動。有時候，一些更有學識的、對基督世界的宗教風俗感興趣的中國人，要求我們更公開地和自由地討論整個問題，也討論中國的偶像問題。這些討論是通過譯員進行的，有時也不通過他們，但後一方法因語言不通而變得很麻煩，那迫使外國人只能講他們會說的東西，卻說不出他們所要說的東西。神父們在這些談論中一直努力強調的是如下的事實：基督的教旨完全符合良心的內

1 即《天主十誡》。——中譯者注。

在光明。他們提出，早在偶像出現前多少世紀，中國最早期的學者由於同樣的良心之光已經在他們的著述中觸及這個同樣的基督教教義。他們還解釋道，他們自己並不抹殺自然法則，而是給它補充所缺少的東西，即那個使自身成為人的上帝所教導的超自然的東西。這一切似乎是更多地受到喝彩而不是贊同，因為他們的驕傲還沒有轉化到可以接受外國新宗教的地步，他們民族中還沒有人信仰過它。

第一個公開信仰基督教的人來自最低層的百姓。上帝顯然選擇了地上微小的東西來挫敗巨大的東西。此人害了不治之症，醫生認為無救，他的家人無力再支援他，便殘酷地把他拋到室外，於是他被拋棄在大路上。神父們聽說這事，就出去找到那個人，告訴他說，治療肉體疾病已無希望，但仍有辦法照顧他的靈魂，引他得到解脫和極樂。他的反應是既高興而又鼓舞，他回答說，他樂於接受把同情和憐憫賜給信奉者的任何教義。他們把他帶回家裏，叫中國僕人替他搭一間乾淨的小茅屋，靠近佈道的房子，他們在那裏照看他，並把基督教的基本真理教給他。當他做了充分準備之後，他成為這個大帝國中第一個接受洗禮的人。確實，好像是為了保持他的純潔無辜，仁慈的上帝在他歸信後僅僅幾天就讓他到天堂去見上帝了。這是往後的偉大事業的最初的小小開端。它非常符合既定的教會傳統，緊跟着發生的事也符合基督教傳播的故事。唯恐上帝的僕人因隨之而來的頌揚可能喪失在履行神聖事業時的任何優點，上帝便允許這樁特殊的善行成為受到嚴厲攻擊和誹謗的題目。有謠言傳播說，歐洲人從那個人的面容看出，他的腦子裏藏有一顆寶石，他們在他生時照料他，為的是可以佔有他的尸體，他死後就可以把那顆無價寶石取出來。

從它那看來是無效的開端，基督教所獲得的崇高尊重，不僅建立在它教義的真理上和它的教士的聖潔生活上，而且有時也基於本身是微不足道的小事上。例如，在傳教書庫的許多書籍中有兩大卷教會法，有學識的中國人高度稱讚它們印刷精美和封面製作優良。封面是燙金的。中國人既讀不懂這些書，也不知道它們講的是什麼，然而他們判斷這兩部書的不惜裝訂工本，內容必定很重要。再者，他們斷定，科學和文化在歐洲必定很受重視；在這方面歐洲人既有這些書，所以必定不僅超過別的國家，甚至也超過他們自己。如果不是親眼看到證據，他們是決不會這樣承認的。他們還注意到，神父們並不滿足於歐洲的知識，正在日以繼夜地鑽研中國的學術典籍。事實上，他們以高薪聘請了一位有聲望的中國學者，住在他們家裏當老師，而他們的書庫有着豐富的中國書籍的收藏。有教育的中國人肯定認為這些歐洲人是富有理論和學識的名望的。正是這種名望可以解釋如下事實：有高深學識的階層中，有些人需要得到有關基督教教誡的更完整的解釋，而不僅限於一部他們慣於攜帶的《天主十誡》的內容。

神父們受到勝利的鼓舞，變得更大膽了一些，在家庭教師的幫助下，他們用適合百姓水平的文體，寫了一部關於基督教教義的書[1]。其中駁斥了偶像崇拜各教派的一些謬誤，所發揮的主要論點都引自自然法則的例證，是很容易被人接受的。其餘的則特別保留下來，作為教導新信教徒之用。神父們自己對於處理每個題目，寫得還不很內行，他們也不知道中國人會不會贊同他們寫中國字的形體。他們自己刊佈這第一卷，用他們自己的機器付印，有教養的中國人驚歎不已地接受了它。長官[2]特別喜愛這部書，印了許多冊，在國內廣為流傳。因此，基督教的原則傳播到各地，輕易地進入了作者們在多年努力後尚未滲入的各個地方。用這個方法，基督教信仰的要義通過文字比通過口頭更容易得到傳播，因為中國人好讀有任何新內容的書，也因為用象形文字所表達的中國著作具有特殊的力量而且表現力巨大。

長官發現歐洲教士在學術和文化方面比他想像的要更為先進，他

1　當即羅明堅的《天主聖教實錄》，傳教士到中國後寫的第一部中文書。——中譯者注。

2　即肇慶知府王泮。——中譯者注。

決定賜給他們一種中國人很重視的恩寵。當一位官員想對他的朋友們公開表示情誼時，他就送給他們一塊製作精美、飾有彩色的匾作禮物，贈送時要有很大的排場。這塊匾的正面刻有三四個稱頌被尊敬的人的大字。字下面一邊用小字刻着敬獻給其友人的這個官員的姓名頭銜，另一邊刻着贈禮的日期，從當今皇帝開始御極之日算起。肇慶長官採用這種特別的方式來榮寵他給予保護和支持的那些人，因為他認為由於他們的成就，他們值得這種榮譽，同時也為促進百姓的尊敬和友誼，他知道百姓會照他的榜樣對待他的好友的。

兩塊這樣的匾按傳統的盛況和遊行送到教堂。其中一塊他要放在教堂的門口，那也是整個建築的大門。這塊匾上刻着：「仙花寺」。另一塊，他吩咐放在接待賓客的會客廳，上面刻着「西來淨士」。這兩塊匾大大提高了神父們在各階層百姓中的聲望。第一塊匾，人人在進入外室時都要讀到它，另一塊則在進入內廳時讀到。因此出現這種情況：沒有人在離開那裏時會注意不到傳教士極受當地高官禮敬的事實。這裏是一位在該省中名望最高的長官，不僅因為他擔任的職位和他的學術成就，而且更因為他個人品德和有效的行政而獲得的尊重。

第六章　羅明堅神父退場，利瑪竇神父擺脱了一項嚴重的指責。他以自己的數學知識震懾了中國人

由於他們長時間得不到澳門援助這一事實，傳教士變得貧窮，已經欠了好幾個債主的債，不能再用譯員或僕人了，並且不得不停止任何修繕。他們的財政狀況一天比一天糟糕，最後羅明堅神父決定到澳

門去喚起傳教團朋友們的關注，他們曾經為這次期待已久的事業獲得成功，感到歡欣。他向長官要一艘船，並且得到了一隻真正豪華的船，這屬於官員們用公費購得的那種，有三十多名水手駕駛。長官的友誼表現在這一果斷的行動以及他答應他們的請求的那種善意中。他聽説澳門製造鐘錶，就要求給他定做一個，答應給以善價。

羅明堅神父抵達澳門時，他發現該城實際是荒涼的，正經歷一段艱難的時期和金融的挫折。為當地全部繁榮所賴的商人，尚未從日本返回。這使得他把歸期推遲了整整一年，怕的是自己空手回來，他的債主們會認為再無還債之望。葡萄牙人擔心着他們的商船不尋常的拖延，而修道院直迄當時還沒有固定的歲入，錢少到買不起長官所要的鐘。作為一種代替辦法，他們就把制鐘匠送到肇慶的長官那裏去。這個人來自印度果阿省，是所謂加那利人（Canarii），膚色深褐，是中國人稱讚為不常見的。當船隻帶着這名匠人返回並且作了解釋時，長官對他到來以及澳門修道院送給他的稀罕的歐洲貴重小禮品表示很高興。他馬上把城裏兩名最好的匠人找來，協助新來的鐘錶匠工作，就在教堂裏制鐘。

在這種情況下可以預料得到，官員們的友誼激起了百姓的妒忌。肇慶的居民已經反對神父了，而且變得越來越麻煩。我們先談一下他們普遍憎惡的原因，然後談一件特殊的誹謗。我們常説到，中國人害怕並且不信任一切外國人。他們的猜疑似乎是固有的，他們的反感越來越強，在嚴禁與外人任何交往若干世紀之後，已經成為了一種習慣。所有中國人尤其是普通百姓所共有的這種惡感，在廣東省的居民中間來得特別明顯，這裏的文化不如別的省份先進。

事實上，廣東省是帝國的附庸，甚至今天還被其他省份當作蠻夷之邦，其他省份在文化教養方面比它強得多，授與的學位更多，提供的高官顯宦也更多。這些百姓的不快心情只能因下面的事實而加深：他們的省份海陸兩面都暴露在外國人面前，陸上強盜和海盜的搶劫使他們經常遭受重大的損失。近來他們又大受葡萄牙人到來的騷擾，特別因為他們對此無能為力而變得格外嚴重，那是由於國庫和某些有勢力的商人從葡萄牙商人那裏得到很大的好處所致。且不提國庫或來自他省的商人，他們抱怨說對外貿易抬高了所有商品的價錢，由此得利的只是洋人。為表示他們對歐洲人的蔑視，當葡萄牙人初到來時，就被叫做番鬼，這個名字在廣東人中仍然在通用。

肇慶市民有自己的特殊理由仇視外國人。他們害怕葡萄牙商人會隨傳教士深入內地，而這種恐懼是不無根據的。神父們常去澳門城，他們和長官越來越親密，這已經引起他們的反感。最能煽動他們的莫過於散播謠言，他們的傳說中很有效的一個是：那座花費了那麼多錢和那麼大勞力修建起來的塔，是應外國教士之請而建築的。這可能起源於該塔完成時神父們也正在蓋他們的教堂。這一謠言起了這樣的作用，乃至百姓們把它叫做番塔，而不叫它原來所取的名字花塔。由這事件所產生的仇怨的結果就是，當他們發現他們不能如願以償驅逐傳教團時，他們一有機會就凌辱傳教士，要麼就捏造理由來這樣幹。人們每天到那裏去遊玩——這本是建塔的目的，教堂就成為從塔上不斷投擲石頭的目標，那實在是很討厭而又危險的。從附近高塔上扔向教堂的石頭，每一塊都把它的房頂當靶子。當他們知道家裏只有一兩個僕人的時候，投下的石頭就最厲害。另一個惹他們攻擊的愚蠢的理由是，我們房屋的門在建造時是敞開着以供檢查的，現在則按本會的規矩關閉起來。他們要把這所房子當作他們崇拜偶像的廟宇那樣來用，廟宇老是大開大敞着而且常常是輕浮鬧事的地點。

有一天，當他們的欺侮實在難以忍受時，碰巧我們一名僕人跑出去抓到一個向房子扔石頭的小孩，就把他拖進屋裏，威脅說要把他送到公堂上去。聽見孩子的喊聲，附近的幾個人就跑進屋裏替犯人求情；於是利瑪竇神父就命令把他放走，別多找麻煩。這成了大肆誹謗的好藉口，兩個討厭神父的鄰居就跟孩子的一個假親戚商量，此人懂得一些訴訟。然後他們造謠說，孩子被神父們抓去在他們的教堂裏關了三天，給他服了一種中國人所熟知的藥，使他喊不出來，其目的是要把他偷運到澳門去，賣為奴隸。這兩個人將被傳去作證。他們不費什麼氣力就說服那第三者去打這場官司，因為他知道這會得到市民支持的，市民已成為外國人的公開敵人，想方設法要把他們趕走。

那個所謂的訟師，把孩子當做自己的弟弟，教給他應該說什麼話，帶着他一起到公堂去。一路上為使百姓更加相信，他們穿過城裏人煙最稠密的地區，兩人都披頭散髮，唉聲歎氣，從一條街走到另一條街，向上天和官員們呼喊，要求懲罰洋鬼子的罪行。在長官面前，上訴人以驚人的奸猾訴說他的案情，把一切都說得煞似有理，尤其是他談每個細節都有人證。這些證人完全可以信賴，因為他們都是鄰居並以誠實聞名。對這一突然襲擊，除了進行祈禱而外，實在找不到什麼幫助或支援。

第二天，當一位神父正跟他的朋友們談論這一案情，並草擬一份辯詞想要戳穿誣告時，官府的一名吏員突然來到屋裏，倉促地把他帶到公堂，以致他來不及收拾他的文書。幸好他由一個中國話比該神父說得更流利的印度青年陪同。開堂時，長官說起話來很像是輕信上訴，他嚴厲地抱怨說，神父們被允許入境並得到他這方面的支持後，竟然這樣對待他和他的百姓。然而，印度譯員很懂得他們訴訟的方法。他在又長又寬的袖子裏裝滿了石頭，聽到長官說這些話時，他伸開他的臂膀，石頭都滾到公堂滿地，作為一種抗議，他不需要找更好的揭穿謊言的證明了。在驚駭之中，他要求認真徹底調查這一意外事件的起因。然後他訴說神父們怎樣遭到石頭的襲擊，孩子怎樣在扔石頭時被抓住，但馬上就被放了。公堂上擠滿了深信會定罪的好奇羣眾，他們急於看到邪惡的外國人因這一滔天罪行而被處以什麼懲罰。

長官聆取申辯後，認識事情的真相對他說來就和接受誣告者的謊言一樣容易。他突然猛醒到訴訟是謊言。然而，因起訴人再三堅持要叫可靠的證人來證實他的案情，長官就佯裝懷疑，決心要得到所有有用的情報，把騙子暴露給全體羣眾。這會防止原告抗辯說他是在不利條件下打官司，因為眾所周知長官對神父們曾表示好感。最後，為了免使神父當場受窘，他宣佈他無罪，把過失都歸之於那個被派遣來製造鐘錶的加那利匠人。此人馬上被遣返澳門，長官則取消制鐘的命令。他下一步的作法是把三名建造者叫來，他們在出事的當天都在塔下，而原告則請求把鄰人也就是真正羅織罪狀的人也找來，他們是完全了解情況的。長官遣開了羣眾，當他離去時，他禁止神父離開公堂。這時在深沉的謙卑之中，神父進行禱告，把他的案情及其解決辦法交給上帝，交給聖母，交給聖徒。

可以自由離去的原告便和公堂的官吏一起出去找營建機構的成員；當他找到他們時，他懇求他們，給他們錢，要他們為當事人作證。他還要求官吏們把發起告狀的兩個鄰居帶去，因為長官點到他們的名字。在被告的心目中，建造者肯定會同意起訴的。神父們的到來和出現，始終使他們不高興；人們認為他們可能會抓住這個機會把傳教士趕出教堂去。最令人擔心的是，這件事或許要把多年的辛勞化為烏有，結果使基督教的傳播蒙受巨大損失。審訊的最後結果證明恰恰相反，它變得比預期的更幸運。

三位可敬的老人——即建造者——被召作證。長官升堂，三人都跪着，等候着誰先受詢問，會問些什麼問題。法官先問他們當中最年老的說，原告說孩子是從他父親手裏給奪走的，這話是否屬實。「正好相反，」老人回答說，這時他證實，他常看見這個孩子向教堂扔石頭；這次一個僕人跑出來抓住孩子，把他推到屋裏，幾個過路的人被孩子的叫聲所吸引，就進屋去求神父寬恕孩子，放他走。他們肯定說，神父心甘情願地這樣做了。長官問：「孩子是否在屋裏關了三天？」這個問題是按真正中國方式作回答的，那就是僅僅冷笑一下，其回答有點像我們在唸三遍「使徒的信條」時的表情。這已足以使長官對原告大為發火，他以嚴厲和威脅的詞句命令把原告重重加以拷打。犯人當即被剝去外衣，趴在地上，按照習慣由廷尉用結實的大竹棍在腿和屁股上狠打。神父跪在長官前，不斷彎腰叩頭觸地，請求免予刑懲。對他請求的回答是，這種罪不應寬恕，因為它損害了無辜者的名聲，甚至使無辜者有受重刑的危險。然後他告訴教士和他的譯員還有那三名建造師，這件事他已聆取足夠了，他們可以回家去幹他們的事。

編造這次訴訟的鄰居，卻逃脫了懲罰。他們沒有被召去作證。事實上，長官並不知道他們也混入大堂聽審，但當事情看來對他們的代理人不利時，由於怕被發現，他們就悄悄地手足並用，從擁擠的大堂裏爬了出去。無庸多說，神父對裁決感到高興，他為此感謝上帝。外頭的百姓，那些由於人多而擠不進去的人，對於結果多少有些吃驚。他們向譯員打聽情況，當他把整個事情一說清楚，城裏每條街都知道對傳教團的訟訴是虛假的。

次日，長官在教堂大門貼出鄭重的告示，說明外國人是得到總督批准在這裏居住的，然後說有些不法百姓，違反道義和常理，眾所周知地欺凌居住於此的外國人，為此長官本人嚴行禁止今後再有人膽敢欺凌他們。並且通告還說，若有人違反這條法令，神父的譯員就被授權把他帶上公堂，進行懲戒。這份告示已足以制止他們的無禮。第一件大麻煩事就這樣結束了，但隨後還有其他的麻煩發生。我們記述這些事件，目的在於指出，靠上帝的保佑，克服了我們的對手為了驅逐我們而製造的這些麻煩，結果就使我們在我們的事業中越來越牢固地立身。談完這件事，讓我們再談些順心愉快的事。

在教堂接待室的牆上，掛着一幅用歐洲文字標註的世界全圖。有學識的中國人嘖嘖稱羨它；當他們得知它是整個世界的全圖和說明時，他們很願意看到一幅用中文標註的同樣的圖。在所有大國中，中國人的貿易最小；確實不妨説，他們跟外國實際上沒有任何接觸，結果他們對整個世界是什麼樣子一無所知。他們確乎也有與這幅相類似的地圖，據説是表示整個世界，但他們的世界僅限於他們的十五個省，在它四周所繪出的海中，他們放置上幾座小島，取的是他們所曾聽説的各個國家的名字。所有這些島嶼都加在一起還不如一個最小的中國省大。因為知識有限，所以他們把自己的國家誇耀成整個世界，並把它叫做天下，意思是天底下的一切，也就不足為奇了。當他們聽説中國僅僅是大東方的一部分時，他們認為這種想法和他們的大不一樣，簡直是不可能的，他們要求能夠加以研讀，以便作出更好的判斷。因此長官跟利瑪竇神父商量，表示要請他在譯員的幫助下，把他的地圖寫為中文，並向他保證這件工作會使他得到很大的聲望和大家的讚許。

利瑪竇受過很好的數學訓練，他在羅馬攻讀了幾年數學，得到當時的科學博士兼數學大師丁先生（Christophoro Clavius[1]）的指導。應長官之請，他馬上進行這項工作，那和他傳播福音的想法是完全一致的。按照上帝的安排，對不同民族在不同的時候應該採用不同的方法去幫助人民關心基督教。實際上正是這有趣的東西，使得很多中國人上了使徒彼得的鈎。新圖的比例比原圖大，從而留有更多的地方去寫比我們自己的文字更大的中國字。[2]還加上了新的註釋，那更符合中國人的天才，也更適合於作者的意圖。當描敘各國不同的宗教儀式時，他趁機加進有關中國人迄今尚不知道的基督教的神跡的敘述。他希望在短時期內用這種方法把基督教的名聲傳遍整個中國。

我們在這裏必須提到另一個有助於贏得中國人好感的發現。他們認為天是圓的，但地是平而方的，他們深信他們的國家就在它的中

---

1 拉丁文 Clavias 即釘子，故利瑪竇譯稱丁先生。——中譯者注。

2 《山海輿地全圖》。——中譯者注。

央。他們不喜歡我們把中國推到東方一角上的地理概念。他們不能理解那種證實大地是球形、由陸地和海洋所構成的説法，而且球體的本性就是無頭無尾的。這位地理學家因此不得不改變他的設計，他抹去了福島的第一條子午線，在地圖兩邊各留下一道邊，使中國正好出現在中央。這更符合他們的想法，使得他們十分高興而且滿意。實在説，在當時那種特殊環境中，再找不到別的法子更適宜於使這個民族信教的了。這種説法對很多人可能有點荒誕，因此我要簡單談談這樣做的理由，後來經驗證明它是對的。

因為他們不知道地球的大小而又夜郎自大，所以中國人認為所有各國中只有中國值得稱羨。就國家的偉大、政治制度和學術的名氣而論，他們不僅把所有別的民族都看成是野蠻人，而且看成是沒有理性的動物。他們看來，世上沒有其他地方的國王、朝代或者文化是值得誇耀的。這種無知使他們越驕傲，則一旦真相大白，他們就越自卑。當他們頭一次看見我們的世界地圖時，一些無學識的人譏笑它，拿它開心，但更有教育的人卻不一樣，特別是當他們研究了相應於南北回歸線的緯線、子午線和赤道的位置時。再者，他們得知五大地區的對稱，讀到很多不同民族的風俗，看到許多地名和他們古代作家所取的名字完全一致，這時候他們承認，那張地圖確實表示世界的大小和形狀。從此之後，他們對歐洲的教育制度有了更高的評價。

然而這還不是唯一的結果。另有一個結果也同樣重要。他們在地圖上看到歐洲和中國之間隔着幾乎無數的海陸地帶，這種認識減輕了我們的到來所造成的恐懼。為什麼要害怕一個天生離他們那樣遙遠的民族呢？如果所有中國人都知道這一距離遙遠的地理事實，這種知識會有助於排除在全國傳佈福音的巨大障礙。沒有什麼比疑心更能妨礙我們工作的了。這份地理研究，經常加以校訂、改善和重印，進入了長官和總督的衙門，大受稱讚，最後應皇上親自請求而進入皇宮。有關它流傳的方式，我們後面還要再談。

就在地圖繪完時，長官在大堂上曾拒絕接受的那只鐘剛好也竣工；利瑪竇就同時把兩樣東西都送給他。他收到禮物，無比高興，用最和藹的詞句來表達他的滿意，並回贈了幾樣禮品。他自己出錢多製了幾幅地圖，分贈給他在當地的友人，並命令把其餘的圖送到各省去。幾個月後，他發現家裏沒有人能上鐘，就把它送回去，在教堂裏用以供來客們取樂。

讓我們現在再回過來談談羅明堅神父，上述事件就是在他離開時發生的。期望已久的商船從日本駛進澳門港的日子終於到來了。這就結束了羅明堅神父缺錢用的窘境，葡萄牙人的慷慨施捨使他得到大量支援。政府和其他好心的人給教會送來了錢和各種禮物，足以償還債務，完成建築，充分添置傢具。房子本身很小，但很中看。中國人一看它就感到很愜意；這是座歐洲式的建築物，和他們自己的不同，因為它多出一層樓並有磚飾，也因為它的美麗的輪廓有整齊的窗戶排列作為修飾。房屋的地點和安置也增添了它的美麗。從這裏能看見沿水面上的所有建築物，河上有各類船隻，河那邊是整整一片樹木繁茂的山巒。那是當地出名的美景，又加以歐洲新奇的裝束，每個人都想一開眼界。來訪的高官絡繹不絕，其中不僅有來自本城的，還有從其他省份來見總督的官員。這當然無損於教會的名聲，而且有助於逐步增加對基督教理解的願望。

地圖獲得如此巨大的勝利，以致利瑪竇開始用銅和鐵製作天球儀和地球儀，用以表明天文並指出地球的形狀。他還在家裏繪製日晷或者把日晷刻在銅版上，把它們送給各個友好官員，包括總督在內。當把這些不同的器械展覽出來，把它們的目的解說清楚，指出太陽的位置、星球的軌道和地球的中心位置，這時它們的設計者和製作者就被看成是世界上的大天文學家。這個民族是按它自己的標準來衡量所有其他人的，他們深信他們所不知道的，世上其餘的人也都不知道。

第七章　派向中國皇帝的西班牙使團

對於教團來說，友好的長官晉升到嶺西道的高位是一件幸運的事[1]，這使他管轄好幾個縣；而且還有一樁好事，是他不改變他在肇慶的駐節地。所有的異教徒，特別是當地的異教徒，都沉溺於占卜術並預言將來禍福；而長官認為他和教團的友誼不僅對他無害，而且是將來飛黃騰達的可靠徵兆。實際上他似乎很喜歡和神父們結識。確實如此，感謝上帝的旨意，當他們在他晉升時像往常那樣前去向他獻禮祝賀，他超逾一般的禮貌把這一點表示得很明白。

教團的順利開端，意味着在中國播下基督教的種子，這個好消息馬上四下傳開，不僅傳到澳門，甚至傳到日本以及更遠的菲律賓羣島。耶穌會和全世界都為此共同慶賀，這特別是因為眾所皆知，若干年來幾次進入中國的企圖都毫無結果，給人的印象是這件事是辦不到的。

剛好當時菲律賓羣島總督在召開馬尼拉大主教管區和評議會的大會，決定給予我們在中國的傳教以某些支持。他作出這個決定的主要原因，是希望打開西班牙人和中國人之間的貿易往來，儘管他們知道除對葡萄牙人而外，這種交往直迄當時是對所有人都關閉的。他們的想法是要獲允通過廣東省的一個新港口進行貿易。西班牙國王的皇家監督官羅曼（Jean Baptiste Roman）是個有長期閱歷的人，被派往澳門進行談判，隨同他來的有西班牙的耶穌會士桑切斯（Alphonso Sanchez）。他攜有致澳門神學院院長和致肇慶神父們的信函，其內容大致是祝賀我們有倖進入中國。這是西班牙天主教國王和整個基督教

1　意大利文著錄他的名字是 Guanpuon（王泮）。王泮於 1584 年遷按察司副使，分巡嶺西道。——中譯者注。

世界多年來所企望着的。鑒於他們的共同宗教信仰，他們亟願提供可能有助於教團發展的一切援助。他們正以佈施的方式送去捐款和別的贈品，其中有一隻精美的鐘是靠齒輪運動而不靠重力來計時的。

信中還提到下述的事：在過去若干年中，西班牙國王曾贈送中國國王貴重的禮物，但後來得悉它們被誤送到了墨西哥。然後信中請求神父們取得廣東總督的允許，讓外交使團前往中國的宮廷。這會提供他們一個進入首都的機會，也許他們能用這種方法獲得皇帝允許在全國公開傳佈基督教。旅途的全部費用都由西班牙國王的監督官支付。信函的梗概就是這樣，這位菲律賓的監督官和神父請求讓他們得以獲允親自朝見皇帝和接待所遣使節。

當時澳門的神學院院長卡普萊勒神父寫信給肇慶的神父們，勸他們以不致損害他們自身傳教事業的方式來辦理這件事。他們按照這一指示辦了，因為直至當時中國的教團是受澳門神學院的管轄的。他們在總督府一名官員的協助下寫了一封申請書，但其中沒有署上他們的名字，或任何一個與他們教堂有關的人名。在把信送交總督前，他們把它先交給他們那位剛被提升的保護人，即原長官，看看他對這件事的看法如何。

神父們覺得這事有點冒險而且肯定是前途未卜。說來奇怪，他比他們所預期的更滿意這件事。他贊成申請，而且在他建議下，由他的譯員來署名。然後長官親自坐上他的轎子，去找那個負責根據自己的意見而把這類申請或呈遞總督或予以拒絕的官員。長官把信交給他，叫他馬上轉交總督不得遲誤，並說信的內容既對中國有利而又極為榮譽。說來令人驚異，它絲毫沒有使總督不快，他按照慣例把它送給在該地首府的海軍大將，我們是稱他為海道的，吩咐對申請進行研究並將結果送回。

我們已經說過，所有的外事都歸海軍大將處理。把申請書送到這個地方，那就表示它已得到總督的認可，除非是海軍大將在研究時出現什麼麻煩的事。如果申請遭到總督的拒絕，它就會被扣壓下來，不作表示也不回答，而且不會再出他的衙門。神父們已經把這份計劃送交到這個特殊的地方了，這時又從澳門來了新的指令，和頭一次所收到的恰好相反。當事情正在肇慶取得進展時，澳門行政當局卻認定，提出西班牙使團的主要原因是要在同一省內打開和中國人的貿易關係，而這是他們自己已在該省進行的。這就意味着一定會使他們的生意和殖民地遭到破壞。菲律賓羣島有大量銀子，那是每年從新西班牙和祕魯省送來的；但是葡萄牙人估計，如果這筆錢用來購買廣東省的中國貨物，那就會破壞貿易市場。以後葡萄牙人就不得不用更高的價格購買這些貨物，並被迫用低價把它們在海外售出。

因此，在一份正式通知中，神父們被告誡不要再推動那項擬議的計劃，因為它意味着殖民地的災難，而他們自己正靠這個殖民地得到許多好處。通知中複述，澳門的人民確信傳教士不願給他們造成不幸，而且他們還説，讓西班牙獲得遣使中國皇帝之榮乃是不合時宜的。這一榮譽應屬於葡萄牙人，當有關與中國貿易的問題提了出來，在西班牙國王和葡萄牙國王之間作出決定時，教皇亞歷山大六世早就把它判歸葡萄牙人了。儘管這兩個王國現在是在同一位國王之下，天主教國王仍然願意兩國各自進行自己的事，禁止一國干涉另一國的權利和過去的特權。這就是通知的內容。

至於不久前為促進這次遣使而送去的禮物，大家都知道它們已被分到各地，要收回它們幾乎是不可能的事。顯然人們已經認定，既然進入中國的企圖屢屢失敗，所以理所當然的這次遣使也會失敗，於是為此準備的東西也就被那些負責的人散發一空。這份通知由澳門市長下達給神父們，正是奉他之命，神學院院長才命令不要再追問這件事。這一意外事件給教團造成了困難的局勢，因為事情已進展到難以設法完全收拾它。不管怎樣，他們決定不再去管它。如果不再過問，也許整個事情會自行不了了之，而事情恰恰正是這樣。

當廣東的海軍大將接到申請及總督的命令時，他拖延了幾天，等候申請人到來。我們已指出，申請書是由譯員署名的，而因為我們自己已對這件事不感興趣，所以他並沒有露面。因此海軍大將給管轄澳門港的香山知縣[1]寫信，詢問是否有自稱賫禮入朝中國皇帝的使節到達該港。於是守令派遣一支人去澳門核實。這個代表團受到友好的接待，得到菲律賓羣島監督官的饋贈，然後對調查的結果，包括申請書是否屬實，作出了一份有利的報告。但是澳門市長也送了一份報告給長官，把存在的困難通知他，所說的和調查團的報告大不相同。他還清楚地說明，促成這次冒險的並不是葡萄牙人，而且接受這些人的使節是完全不合宜的，在兩個外國之間會造成麻煩。這些反對的意見從不同來源傳給了海軍將領，他馬上公佈一張告示，下令要貼在省城城門的顯眼地方。下面的梗概將使我們對告示內容獲得一個概念。

他這位海軍將官在充分了解申請的起因和過程之後，列舉出他從不同來源得知的反對意見。接着就嚴厲指斥那個譯員，因為他沒有到公堂上出面。最後，他對整個事件裁決如下：如果擬議中的使節是來自從未被邀遣使中國的民族，他們最好別再為此拿他們的腦袋找麻煩，因為沒有人會批准他們幹這種新鮮事，無論他們跟澳門的外國人是否同族。然而，如果原先已有關於使節的文件在流通，諸如許可證之類，那就要對遣使的事加以考慮。他在末尾告誡香山的守令不得允許有關的人把這些申請書交給總督，並說他要嚴懲任何企圖這樣做的人。這樣整個事情就告一結束，並且於教團無損；而既是神父們很不明智地和別的外國人捲進了一樁違反帝國法律的事，那本來很容易召致損害的。

解除了這種顧慮後，澳門神學院院長、中國教團的監督卡普萊勒

1　德禮賢考為香山知縣塗文奎。——中譯者注。

神父便決定訪問肇慶的駐地，以便把第一手的消息向印度耶穌會視察員和在羅馬的耶穌會會長報告：他訪問所需的批准手續很容易便得到嶺西道的贊助，嶺西道是我們教堂的常客，當我們問他這件事時，他說如果神父是前來訪問而不居留，那就不會有困難。卡普萊勒神父抵達後就去拜望嶺西道，送他一些禮物，也得到回贈。卡普萊勒神父獲允在城內城外自由行動，並了解到教團的情況比他想像的要好得多。正是卡普萊勒神父為頭一批入教的信徒隆重地施行洗禮。這次有兩人受洗，其中一個取名保羅，福建省人，是有知識和文化的。[1] 他後來被神父們請來做中文教師。另一個是我們已經提到的年輕人[2]，他在神父們被驅逐時保存了祭壇，在他們返回時又款待他們居住。他取名喬萬尼（Giovanni）。洗禮儀式是公開舉行的，有許多中國人參加。事實上，他們都祝賀神父們接受新教徒，其他很多人還仿效前兩個人的榜樣，也接受教誨。教會監督的訪問證明對教團有很大的幫助，因為視察員和會長神父都變得極願意提供所需援助以鞏固它的穩定。

第八章　另外兩位傳教士獲允來中國。訪問浙江

范禮安神父始終非常關懷他親自組織的這次中國之行。當他被任命為印度的大主教並不得不放棄他和日本使節同赴歐洲之行時，他就致力於充實中國教團。他作為宗教領導人的長期經驗，使他能夠用適合情況的命令和教誡去處理和控制形勢。他得到了順利開端的消息，

1　意大利文寫作 siuzai（秀才）。——中譯者注。

2　意大利文寫作 Cinnico，即前面音譯的陳理閣。——中譯者注。

即成功地進入中國、長期定居、新蓋屋舍，還有福音和福音傳播者所贏得的巨大威望；這時他首先禁不住要感謝上帝這位一切恩惠的源泉，然後就要為教團的進一步鞏固作出安排。

他的第一步行動是任命葡萄牙人孟三德（Eduardo Sande）神父為教團監督，這是個老成持重並具有其他可貴品質的人。然後，他撤銷澳門神學院對中國教團的管轄權，使之只受他本人和日本教區長（Provincial）的領導。當時孟三德神父入耶穌會已有若干年。他從葡萄牙抵達印度，同行的有那些一直在為中國教團工作的人。他的助手葡萄牙人麥安東（Antonio Almeida）神父於前一年從歐洲到達印度，是個年輕人，有才能和品德，虔誠而熱心於拯救靈魂。通過印度總督梅尼斯（Eduardo Meneses），范禮安神父獲得以天主教國王名義頒發的年金，藉以支援中國教團，並且還作了如下安排，即這份津貼由最接近中國的馬六甲銀行支付。當他把這兩位神父從印度送往中國時，范禮安神父致函給肇慶的神父們，要求他們為新來者進入中國做好準備，但在這樣做時要小心謹慎，避免任何可能危害教團整個利益的事。當時兩位神父不得不在澳門等待進入中國的機會，他們要準備好在肇慶的人所需要的一切東西，以免經常往來澳門從而加深中國人的疑心。孟三德和麥安東兩位神父於 1585 年 7 月底到達澳門。

有關職務的指令由視察員神父從印度送來，他興趣不衰地堅持他的長遠計劃，這可以從他的屢次來函和指令中看出，它們表明了他對神父們的熱愛並鼓勵他們在委付給他們的艱難工作中要滿腔熱情。所有這些信函都保留在供今後參考的檔案中。這裏重述就會太冗長了，也不完全符合本書的目的。

教團的神父們接到視察員神父的信件後，就請求他們的保護人嶺西道允許一位新人住到他們的家裏來。然而因為有總督在，所以他有些擔心，説兩人都可以來訪問，但他們必須在幾天之後即返回澳門。幸好總督本人剛接到朝廷來的信息，命令他購買澳門商人的精美羽毛[1]，並儘速呈送皇帝。於是長官把羅明堅神父用一艘相當大的船送到澳門去為總督採購，他返回時就把孟三德神父帶了來。為贏得總督的好感，新來者要幹的第一件事就是去拜訪他，送他一份歐洲的珍貴禮物。最使他喜歡的是我們曾提到的玻璃棱鏡，他很久前就想要一個。當長官問神父打算什麼時候返回澳門時，他回答說，如果大人樂意的話，他願意就和他的同伴們留在這裏；否則的話，只要一通知他，他隨時可以回去。長官問：「為什麼你不向總督申請？他會把批准送回給我，那我就能夠答應你的請求了。」於是申請書就按照指示那樣遞了上去。不過，它並沒有被送回教堂，也無從知道它是否被那些負責呈遞這類申請的官員所扣留，抑或已經上呈總督而被總督扣壓下來。長官聽說這件事，表示同意讓孟三德神父居留，但條件是教堂的人員不得再增加。總督所需的貨物必須以高於澳門商人所曾同意的價錢購買，長官並用幾盎司的銀子償還神父，以彌補他們的損失。

在傳教士們取得新的勝利時，唯一使他們不完全滿意的是，麥安東神父仍留在澳門，等待就任分配給他的職務。這時，感謝上帝的旨意，他的進入中國進行得比任何人所希望的更加容易。我們已指出，第一個和我們相識的長官升了官。剛好被任命接替他職位的官員是我們這位大保護人的浙江同鄉[2]; 而此時他正打算到北京去做每三年一次的述職，朝見皇帝，這是他的職位所要求的。

有一天他到我們教堂來出席盛宴。這本身沒有什麼特別之處，因為官員常常來訪問；但在宴會時，他通知神父們說，他有意要一位神父陪他去北京，不過他的手下有人勸告說，帶一位外國人去首都可能不安全，因為這時來自全國各地的大員都聚集在那裏。所以他只得改變主意，但是他補充說，如果神父們願意遠去他的本省浙江，那是沒

1 意大利文作 pennacchi（羽毛）。這裏或指用作裝飾的羽毛。——中譯者注。

2 王泮升官後，繼任者為鄭一麟，浙江上虞人。——中譯者注。

有問題的。這正是他們所期望的，因為他們曾奉教會視察員之命要儘可能開創新的教堂；這樣，若是我們有更多的教士能進入中國，便不會引起那麼多的猜疑。那時如果發生什麼事可能迫使我們關閉一所教堂，也不會使整個佈道事業都告結束。為了在中國建立一個立足點已經進行了長期的奮鬥，如果我們被迫不得不再重複這場事業，那或許要付出更大的努力。新長官的邀請便欣然被接受了。

監督指定羅明堅神父去作這次旅行，指定麥安東為同伴。奉長官之命，第四位助理官[1]（長官不在時他是代理人）把證書送給了羅明堅神父，授權他在浙江、湖廣及附近地區旅行。羅明堅神父第一個行動就是到廣州去購買旅行的必需品，這費了兩個月的時間，他並且和碰巧當時也在那裏的他的旅伴進行接觸。幸好，當葡萄牙商人獲允進入廣州時，大市集正在進行，於是再也忍耐不下的麥安東神父便隨他們一起前來，看看他能否為在中國居留找到什麼辦法。很容易想象得到，當他聽說他已被選擇不僅是居留，而且還要深入中國內地開闢新的居留點，他是多麼激動和高興了。此外，他還得到保證旅途平安，花費很小或者根本不用花費。這次旅行的後一階段的實現完全是偶然的機緣。我們的老朋友嶺西道有位兄弟，攜帶大量盛產於浙江省的絲綢和其他各種衣料到廣州的市集來。他原打算把衣料賣完，馬上回家；但因得不到他所定的價錢，他在廣州停留的時間不得不比原定的更長。最後是通過我們這些神父，葡萄牙商人按他的要價購下了他的貨物。我們在這裏要順便說，只要是有助於宗教事業，葡萄牙人從不吝惜花錢，或者怕所得減少。為了報答這份情意，也由於我們和他兄長的友誼，這位中國的實業家就帶神父們坐上他的船，平安地送他們到浙江省，到了他的老家紹興，即我們頭一位長官和現任長官的出生

1　德禮賢寫作「四府」，考為同知方應時。——中譯者注。

地。這個地名和我們最早居住地的地名很相似，但在中國語言中，音調稍有不同就常常表示意義上的極大差別。

神父們出發之前必須作的種種安排中，有一件事在這裏要特別提一下，因為這是第一次採用它作為一種普遍的辦法。在本書的第一卷已經提到，中國人有幾個名字，但他們的真名或本名是從不使用的，除非長輩稱呼，或者他自稱或簽名。事實上，破壞這條規矩就會傷害被稱呼的人。因此每個人都取一個附加的、更體面的名字，別人就用這個名字來稱呼他。直到這時，神父們始終用他們的本名，僕人和家人就這樣叫他們。説得溫和一點，中國人認為這是很不文雅的。因此，為了使自己能應付各類人，使靈魂皈依基督，他們採用了取一個所謂尊名的習慣；如果他們要在一支不懂得基督教的謙卑的不信教民族中維持威望，那麼這確實是必不可少的作法。從此以後，所有我們到中國去的傳教士在進入之前都要取一個尊名，使它看來好像是神父們早已有的名字。

抵達浙江省的紹興鄉村時，他們受到嶺西道一家的款待，住進家宅的套院裏，叫做家廟的那部分，那是個非常合適的住處。家宅和家廟只共用一道門，這證明是合宜的安排，把前來看洋人而又不屬於社會高層階級或知識階級的各類人等拒之於門外。

這個城鎮儘管不是省城，始終算是該省的重要中心之一。它以商業貿易也以坐落在一灣清水湖中一座島上的獨特位置而聞名。在這方面它使人想起威尼斯。它也以學者輩出，並且是大批知識階層的薈萃之所而負有盛名。在這所房屋裏受到款待期間，大家經常談到基督教，但沒有多大效果，因為一位神父完全不懂中文，只能默默地聽，而另一位只能拚命對付，説得結結巴巴，只有一個沒經驗的老人當翻譯。嶺西道的白髮老父受了洗，被接納入教；另外有兩三個死嬰孩被沐以超度的洗禮水送往天堂，全然沒有知覺。

整個城鎮好像很高興神父們到來，當地的長官特別高興，他和羅明堅神父發展了親密的友情。嶺西道在這裏公開宣稱自己對客人的欽佩，這是一件令人歡欣的事，因為這使神父們相信，他們已經穩有教會的第二個駐地，而這個駐地是在中國的內地。

第九章　神父們喪失了他們的新住所。羅明堅神父作廣西省之行

有關基督教進入中國的消息近來從印度傳到歐洲，又傳到整個基督教世界，受到熱情的歡迎，那是基督徒的虔誠慣於在這種情況下表現出來的。教皇西斯托斯（Sixtus）五世允許耶穌會舉行特殊的慶祝，並訓令所有的人都為日本和中國教團祈禱。耶穌會迅速宣佈慶祝會應在規定的條件下舉行。耶穌會會長阿瓜維瓦（Caudio Aquaviva）神父致函教團，表示他慈父般的關切和愛護。在這些信函中，他要求他的屬下為上帝而堅持他們所進行的工作，不要被事業的艱難性嚇倒和壓服。在他那方面，他答應儘可能給予援助，首先是祈禱，他號召整個耶穌會都進行禱告，其次是補充人員，這些人員隨後被派往傳教團。他還送去一些對傳教工作非常有用的禮物，其中一幅為羅馬著名藝術家繪製的基督畫像，四件製作精緻、樣式美觀的計時器。第三件是錶，可用帶子繫在頸上，所以很容易看得見這些精巧的機械作品。第四件要大些，是擺在桌上的一座鐘。它比錶更貴重，因為它結構複雜，沒有擺錘，也因為它不僅準確擊時，還在每一刻鐘和每半個鐘點響三下。這只鐘成為整個中國議論和羨慕的對象，託上帝之福，它注定要產生迄今仍然是很明顯的效果。

日本區主教柯羅（Gaspare Coehlo）特送給教堂一幅非常有益的大幅基督畫像，這是真正的藝術品，由尼古拉（Giovanni Nichola）繪

製，他是第一位教導日本人和中國人學會歐洲畫法的大師。菲律賓羣島某教派的一位牧師送來一幅精美的聖母畫像，她懷抱嬰兒耶穌，施洗者約翰虔誠禮拜地跪在他們面前。這幅在西班牙畫成的畫，繪製美麗，觀賞悅目，因為它熟練地調用本色，人物栩栩如生。它由澳門神學院院長交給中國傳教團。各地的人也送來很多其他禮品，證明他們自發的慷慨和關懷。這一良好的開端和順利的進展，引起別的教派的興趣：奧古斯汀派、多明我派和方濟各派，但是因他們為沒有被批准進入中國，他們只得留在澳門，在那裏開堂作為中心，進行有益的工作，類似他們在菲律賓羣島教誨信徒的工作。

一旦肇慶的教堂正式建立，教士們就更加放手地致力於對異教徒的皈化工作。規定了傳道的日子，一些被爭取放棄他們的迷信和偶像崇拜的人都已及時受洗。每個節日，集會的人都在增加。工餘之暇，在譯員的幫助下，神父們博覽中國書籍，極有收穫。他們因此而在中國人中間威望日增，中國人敬佩有學識的人，在神父們的傳道和楷模的影響下，這種敬佩更增長了。

然而，在浙江的新事業卻遭到不同的命運。嶺西道的親屬由於害怕拜訪神父們的大批客人會帶來麻煩，就偽造一封信，叫神父們返回他們在廣州的同伴處，並聲稱他們離開羅明堅神父就會有危險事。這種欺詐是明顯的，因此他們仍留在原地，直到我們的朋友肇慶長官得到這件事的錯誤消息，才頗為勉強叫他們撤走。這道命令他們只得服從，羅明堅神父從旅途返回，與神父們在肇慶會合。

這次事件以及他的親屬的信件，使得我們從前熱心的保護人嶺西道逐漸撤銷他的友誼，最後完全斷絕了。他甚至通知神父們取消在新月的節日對他的例行訪問，並命令他們把他的名字從那兩塊光榮匾上抹掉，那是他贈給他們掛在他們住宅大門和接待室上的，還叫抹掉他為利瑪竇繪製的地圖的署名。最後，當他在公眾場合遇到一個神父時，他不像往常那樣親切相迎而是繃起臉，但他並沒有採取影響到他們居處的行動或措施。可以說，遇到這次意外的平靜，而且無風使帆，他們就只好盡力搖櫓前進了。採取了種種可能的預防，他們仍然擔心這次傳教會在迫害的風暴的壓力之下瓦解。所以，目前的緊急關頭迫使他們警惕着在其他省份開闢另一個居留處的時機。

嶺西道有個叫譚君諭的密友，肇慶人，是修建城塔的監督官；此人像中國人的習慣那樣，好廣交朋友。他一心想利用教團出現的機會，有一天就來談到湖廣省有一座當地人稱為的武當山，據說大批的人都去那裏進香。他問羅明堅神父，為什麼他不去訪問那個地方，回答是他不認為官員會給予必要的批准手續。客人向他保證，就嶺西道而言，他可以想辦法。根據他以前所說的話，旅途似乎談不上任何安全，將來恐怕也談不到。儘管這樣，羅明堅神父得到上級監督的同意，仍決定做這次旅行，由一個很細心的譯員陪同，以便採取一切可能辦法使教團得到鞏固。旅途中他到達廣西的省會[1]。該城與廣東省相鄰，他決定入城。這裏住有皇帝的一個親屬，聖旨禁止他擔任政府的任何職位。羅明堅神父想盡辦法要見這位皇親，認為他的贊助可能促進教團的計劃。

我們的神父顯然還不了解中國的法律，而是按歐洲的習慣來判斷事物的。羅明堅神父沒有得到這位皇子的接待。反之，有命令要他先去見總督[2]，然後見其他官員，申請批准他的訪問。總督住在同一城內，而羅明堅神父作為一個外國教士，卻相當大膽，不經介紹就按照命令去拜訪總督和其他官員。

他們各自輪流接見了他，很少或者根本不表示歡迎；同時儘管他沒有受到損害，他們每個人都勸他繼續他的旅程，而不要在那座特殊的城市停留。在離去前他仍抱有某種成功的希望，再度請求會見那位

1　即桂林。——中譯者注。

2　應即廣西巡撫吳善，他後來升任兩廣總督。——中譯者注。

皇族，但他先送去的禮物被退了回來，而且要求他馬上離開省城。他這樣做了，這時全城都貼出反對他到來的告示，也多少促使他趕快離開；他的到來使他居住的那部分城區的警察處於緊急狀態，因為未經主管官員許可竟讓一個外國人進入該城。最後，好像那座城市的安全就繫於把他們驅逐出境似的，旅行者們馬不停蹄，直到他們遠離了它的範圍。然而，幸好他們遇到一個人，是皇族家中的一員，對外國教士的不幸很表同情。皇子的一名大太監，因總督那方面不予禮遇而生氣，也說了些安慰的話，並給羅明堅神父一封信，交給廣西省相鄰的湖廣省一個村鎮的鎮長。該鎮叫做白水（Pa-sciui），信是允許神父在鎮長家要住多久就住多久。這封信相當於一道命令，因為鎮長本人是皇子的下屬。此外，他許諾在總督離開時，將安排神父返回他現在被官員無禮拒之於外的省城。監督孟三德神父從信中得到旅途中的一切情況，就把羅明堅神父召回肇慶。看來幾乎沒有希望實現他們着手要完成的事了，那就是建立一個新居住點；更可能的倒是，這次努力會危及已取得進展的工作，那是迄今尚缺乏任何永久性的保證的。

第十章　監督返回澳門。困惱的傳教士洗清了另一樁嚴重的指責

羅明堅神父返回肇慶時，嶺西道得知了旅途中所發生的事，並知道公開這件事會給他添加更多的麻煩。據說有人從該省寫信給他，告訴他說總督沒有接見羅明堅神父，有一名將軍[1]很粗暴地對待他，他

1　意大利文寫作 Zumpino（總兵）。——中譯者注。

差點被投入縲紲。除了這一切而外，還有在浙江所引起的恐懼和廣州官員們的疑心。整個事情在廣州被看成是某種大禍降臨於國家的預兆，因為外國教士從澳門來和該城的居民進行往來貿易。

可憐的長官智窮力竭，再也找不到從這一大堆煩愁之中解脫出來的辦法，便下一道命令叫神父們馬上回澳門去。這道命令看來是及時的。隨着便傳來公告說，廣東總督升任南京皇城中更高的職位，而那位據說把羅明堅神父丟臉地攆走了的廣西總督則接替他的位置。[1] 以此為藉口，長官便向神父們下令說，他們都必須返回他們原來的地方澳門去。他解釋說，他擔心新總督不樂意外國教士在他所管轄的城中有一塊居留地。他答應償還修蓋教堂所花的費用，而且往後如果總督願意，他將儘快地把他們召回來。這道意外的命令對神父們不止是個突然的打擊，他們非常害怕傳教迫在眉睫的瓦解會成為現實，而這次傳教的聲名已在整個基督教世界流傳，得到很大的讚許。一旦他們被斷然地打發走以後，看來根本不可能再召回來。最早來這裏的兩位神父馬上到長官的衙門去，垂頭喪氣地提出最後的請求。

他們詳述他們怎樣遠涉重洋到中國來，怎樣花費巨資在這裏住了若干年並沒有損害任何人；他們申明他們不能定居在澳門，而且要他們跨海返回故里也是辦不到的。然後他們向長官重提他們初到時長官如何對他們表示同情和支持。至於總督那裏，他們保證要向他解釋他們的到來而不涉及任何別人的利害。如果他反對的是，現在的人數比開始傳教時增多了，他可不可以遣走一兩個而允許原來為總督本人所接受的人留下來。他對這些的回答是彬彬有禮的，說他本人始終很看重神父，他沒有理由反對他們；但他一再得到廣州官員的來函，聲稱他們擔心教團的出現會給國家帶來大禍。除此之外，還有百姓的憎

1 原兩廣總督郭應聘已於三、四年前離任，繼任者為吳文華；此點本書未作交代。此時吳文華由兩廣總督升任南京工部尚書，繼任者為廣西巡撫吳善。——中譯者注。

恨；百姓不滿的是，那本屬於他們工作的修塔功勞卻錯誤地歸美於外國人，而他們則首先付出了勞動，還花了錢。

再者，他還抱怨說羅明堅神父進入了廣西省城，據報他在那裏遭到官員們的驅逐和虐待。兩位神父儘可能把這些疑點解釋清楚，結果是長官說他要用更多的時間來考慮整個事情。他們的請求然後轉給了那位譚姓建築官吏[1]，凡有關教團的事長官[2]幾乎都要跟他商量。他這樣做是為了可以從神父所請求的讚許中撈到好處。這兩人是手挽手勾結一起的。那個官吏就是聯絡人。長官顯然抱有某種目的，就像他在神父們第一次獲允在這裏定居時他所做的那樣。他沒有忘記他收到了二十錠金子和許多小禮品，那都是第二次請求定居後許諾給他的。為了加快結束整個困難，最好莫過於讓監督孟三德神父在被遣返之前，自願地返回澳門去。他可以在那裏等候最後結局，那裏也很需要他，因為來自印度的商船還沒有抵達，也還沒有得到視察員神父的郵件或援助。讓人看到他及時離去，是有充分理由的。

隨後不久，長官就頒佈一道有關神父事件的佈告，並命令把佈告張貼在他們所居住的城裏。告示的主要內容如下：教堂是用外國教士的資金和勞力修建的，但塔卻是肇慶官府用公家的錢修築的，藉以保障該省的繁榮興旺。外國人對它的建造毫無貢獻。他們當中有人曾受到總督接待，但他們卻帶來別人和他們一起居住。因為這個緣故，並且克盡他自己的職責，所以他已命令他們全部離去。然後告示繼續說，他們求見他，哭哭啼啼，申訴他們遠離故土，並提到他們已經花了錢。他們聲稱他們曾受到總督接見，從沒有害過人，從未絲毫觸犯國法，還提出其他為自己申辯的理由。他在告示中承認，他發現所有這些都是真實的，並且為他們的遭遇而感到憐恤，鑒於他們都是信

1　即譚君諭。——中譯者注。

2　按即王泮。——中譯者注。

士，操持德行，所以他說他允許他們有一兩個人留在總督所指定給他們的房屋裏。所有其他的人都須遵命離去，留下來的人不得再帶來任何多餘的人。如果他們帶進人來，那就馬上把他們攆走，毫不容情。不服從這個命令，就只能證明他們在陰謀顛覆國家。除這份告示而外，還給警察下了一道特別命令，要他們不徇私情，監督外國教士執行下達給他們的訓令，並向官員報告所發生的一切情況。這份通告給了神父們一個暫時喘息的機會，但僅止於此而已。一樁困難的結尾看來只是另一樁的開端。除了夜間幾次被盜劫而外，教士們還被控犯有嚴重的罪行，但靠上帝的仁慈，他們終於得到解脫。

有個名叫馬丁的新入教者，不配信教也不配這個名字；他在澳門被接納入教，證明對教團既是包袱又是威脅。他從廣州來到我們在肇慶的家裏看望神父，或不如說是來詐騙神父。羅明堅神父很看重他，指派他擔負各種小職位和責任，唯恐由於他忽視基督教的神功而不得不把他從少數幾個教徒中開除出去。他和神父們厮熟，這使他能夠欺騙肇慶的其他幾個信徒。

我們在別處已說過，中國有很多人熱衷於煉金術，差不多使他們發了狂。他們認為，採用一種只有在外國找得到的草藥，可以把水銀變成銀子。因為我們是這兒唯一的外國人，就有謠言說我們隨身帶有這種草藥，而且我們知道使用它的祕密。他們極力要證明這一點，便指出葡萄牙人為例，據說葡萄牙人用高價從中國買進大量水銀運往日本，從日本他們滿載銀幣返回他們本國。他們由此得出結論說，神父們也幹同樣的事，因為他們發現神父老老實實地生活，不求施捨，不事生計，故此他們必然有用這種神祕的草藥變出來的大量銀子。他們認為，很難相信有那樣老實的人把銀子從老遠帶到中國來，他們也不能夢想有人大方到不取報酬地去教導別人。儘管從來沒有人找到所謂的祕方，但仍然不乏有終身在千方百計尋求它的騙子，而且還沒有一個人能治好這種痼疾。

在肇慶的新信徒中有父子兩人，他們在皈依前在煉丹爐中燒光了他們整個的家當，但還不肯跟它完全斷絕關係。這兩人去找騙子馬丁，向他打聽神父們是否真知道變銀子的祕密。為了欺騙他們，他向他們擔保說神父們知道，而且羅明堅神父已答應把方子教給他，但條件是他不可外傳。兩個可憐的家伙信了他的話，馬上跟他拉交情。馬丁本人窮得很。他們給他做了新衣，讓他住到他們家裏，給他好吃好喝。此外，他們甚至按中國百姓的習慣替他買了個老婆；這些都是要他感激他們，最後拿出他的祕方。終於，他勉強答應把方子告訴他們，但要遵守他本人接受方子時的同樣條件。特別是他們要當心不可讓神父們產生任何懷疑，因為如果神父認為他已向任何人提及，他們會取消原來的諾言的。這場詐騙持續了三四個月，最後再不能騙下去了，他就定了個日子，說那天羅明堅神父要透露它，並且答應跟着就把它傳給他們。當那個約定的日子到來時，他從教堂偷了三棱鏡，逃往廣州，以為他得到了價值連城的寶石。

他的教徒東道主聽說他逃跑，便到教堂去，哭訴那個騙子的欺詐，他們揭發了他卷走了他們借給他的或者代他付賬的大筆錢財，並請神父給想法子。羅明堅神父兩次赴廣州，才發現了馬丁在城裏某地，而且他持有那面三棱鏡。那消息對他的其他受害者來說是足夠了。他們騙他把鏡子交給他們，交給他一封假稱是嶺西道寫的信，信中說假如他交回那件寶物，神父就會償付他所欠他過去東道主的錢。

有一天正當這件事在進行中，長官和另外幾位官員到教堂來暫時訪問消遣。在談話中，他要借玻璃棱鏡，來觀看山河和港口內的船。失竊的事不能再隱瞞下去了，他被告知馬丁把鏡子偷走了。他聞訊大怒，立刻寫一封信交給一名官吏，派他奉命到省會去逮捕竊賊，並馬上帶回來。神父們解釋說，鏡子實際上不如通常所想像的那樣值錢，他們不希望再催促這件事，但是他們的希望沒有用處。長官回答說，他不是為神父們着想，而是想到城裏的官員們常來這裏用棱鏡作樂。

有個衛兵是馬丁的同鄉，認識馬丁，被派到廣州去。他輕易地發現馬丁躲了起來，就把馬丁的哥哥抓住，威脅他說如果他不揭發馬丁藏在什麼地方，或者至少是把那面據他說是比他們全部家當都更值錢的鏡子交回給他，就要把他投入監牢。聽完這話，為了救自己，驚惶失措的哥哥就把罪犯交付法庭，於是馬丁便被解回肇慶。

那時候，這個騙子已經成功地編造了一大堆誣衊之詞，甚至發展到在街頭巷尾散發傳單，指控一名神父和一個婦女胡作非為。女人的丈夫是參加誣陷的同夥，把案子上報給嶺西道，聲稱當他從這個或那個地方回城時，他看到到處散發傳單，回家後他就毆打老婆，要她把真情告訴他。然後他請求把罪犯帶到公堂上來依法懲處。馬丁已被關押作為囚犯。所謂的醜事告到了官府，但是被告卻不難擺脱指控。據稱是進行犯罪活動的那天，被告羅明堅神父正在廣西省作兩個月的旅行，並不在省城，這件事法官是一清二楚的。最後揭露出來整個故事都是馬丁捏造的，那個丈夫本人很窮，本想詐取一筆賄賂使他不加聲張。事實上，神父們已經得到那種建議，但是他們拒不理睬，怕的是這次誣陷會留下痕跡，假如四下傳播說他們把骨頭扔進一頭狂吠的狗嘴裏以制止它的喊叫的話。

那個男人害怕結果是得不償失，就逃跑了，當案子在公堂上審判時，法官得到消息説那個男人的家是空的，他和他老婆都不見了。公堂的判決宣佈神父完全無罪，馬丁卻犯了誣謗罪。接着下令把他帶到長官面前，當着羅明堅神父的面，把他狠狠打了二十大竹板，判他償還債主並罰去作划船苦役。宜判之後就把他送給上級嶺西道，請他批准這次判決，因為是他把案子交給長官辦理的。這使那個倒楣的家伙徹底完蛋了；因為當嶺西道聽説全部真相時，他就命令再打六十竹板，和上次一樣狠。然後，罪人被加上鐐銬，淪落到被他所有的朋友和親戚都遺棄了的地步。神父們是他的受害人，但只有他們留下來照看他，他們這樣做了並且儘可能地幫助他，直到他受刑幾天後因傷死去。這件案子對其他罪犯也是一個可怕的例子。從馬丁那裏接受鏡子的另一信徒，聽說馬丁被拘，就自動把它交還給教團。他害怕官府得知玻璃鏡在他家裏，他也會被逮捕，被控以盜竊罪的。因此，靠上帝的恩典，神父們擺脱了危險的處境，並免除了一項醜聞。

第十一章　羅明堅神父留在澳門。孟三德神父回到肇慶。另一場事件爆發了

按照官吏晉升的習慣，嶺西道在此之前就應當提升更高的官階了，但卻得不到朝廷提拔他的消息。他變得多疑而抑鬱，擔心他和外國人的友誼使他遭到了冷遇。最後突然之間，上天解除了他的懷疑以及其他人的擔心和教團迫在眉睫的危險。他得到通知説，他已被選拔出任湖廣省的要職，主管布政司，於是他恢復了愉快的心情。[1] 我們已經説過，肇慶地方在塔院內為他蓋了一座生祠即廟宇，像是對待一位多年來有功於國的聖人。這座廟裏的祭壇上有一尊他的塑像，前面是一口燃香的大缸，置於兩個精製的燭台中間。

為了歡送他，市民們在廟裏集會慶賀他榮膺新職，舉行了不尋常的儀式，歐洲人雖沒有見過，但在中國人中間卻是很普通的。在他的告別會上，一名官吏脱掉他所穿的靴子，換上一雙新的。然後把舊靴放入一隻盛飾的匣子裏封起來，保存在公共的地方，作為當地百姓永久懷念的恩主的紀念品。這種一般的風俗是民間的禮節，談不上迷信。習慣上用這種辦法來證明一個有功於人民的人的品德。

1　嶺西道王泮於 1588 年遷湖廣參政。——中譯者注。

廣西省的新總督[1]出席了這次招待會，於是神父們便去參見他，但懷着很大的顧慮。然而，他正式接待了他們，禮儀超過他們的預料。他在前一次相會時就認識了羅明堅神父，並說他知道他。總督不會擔任多久的職位了。他年齡已經太大，日漸衰老，幾個月以後便去世了。接替離任的嶺西道的職務的人，神父們是很熟悉的。他是從附近一個地區來擔任這個職位的[2]，而以前當他前來正式謁見總督時，他總會友好地到教堂來訪問。這時一切都平靜無事，事情是那樣順利，以致我們指望着有一段松心的時期。羅明堅神父因事到澳門去；主要是為了安排監督孟三德神父返回。在澳門，他們認為羅明堅神父最好是留在那裏，等待耶穌會駐整個遠東的視察員范禮安神父回來，他正和日本使節在從歐洲返回日本的途中。同時，利瑪竇神父獲允讓孟三德神父回到肇慶；他回來了，在這安靜的時刻給了他的苦惱的教友們一些安慰，也為教團的發展提供一些建議。

新的風暴正在醞釀，迫害之風從四面刮來。那兩個在倒楣的馬丁死時損失了錢財的信徒，遷怒於教團，千方百計地從事製造麻煩，儘管神父們一點都不知道關於他們和死者的交易。他們開始在街道上散發傳單，暗示孟三德神父違反了官方通告，回到肇慶。他們威脅説，如果他不在限期之內離去，所有的生員就要聚會向官府上告。傳單上還夾雜有其他攻擊，使人很難明確決定在這種情況下應採取什麼辦法。但這僅僅是麻煩的開端。下一個事件動搖了教堂的基礎。

肇慶鎮坐落在一條流經廣西省的著名河流的岸旁，從省城到海有兩三天航程。在上一年，這條河曾經氾濫，洪水給城鎮造成了極大災害。防洪堤壩不是破裂就是被淹沒。我們的屋舍儘管建在氾濫區，卻巋然屹立，雖則堤壩已讓洪水淹入所有較低的地方。當洪水減退，河

1　按即吳善。——中譯者注。

2　此人為惠州知府黃時雨。——中譯者注。

流歸入河牀時，大批人就被召集來重修堤壩。這年洪水比去年更厲害，它確實是那樣厲害，以致頃刻之間就把新堤沖毀。為了遏制洪流並得到保堤的物資，市政府允許人任意砍伐任何不結果實的樹木。利用這種許可，成羣的流民進入附近的園林，見物便毀，誰也制止不住他們的胡作非為，因為他們有官方的批准。

一羣暴徒衝進我們的院子，他們對面遇到一名埃塞俄比亞守衛，他是一個非洲黑人；從歐洲旅行經過好望角之後就會碰到這樣的黑人。葡萄牙人把他們叫做卡菲爾人（Cafres）。他們天生體大膘肥，無所畏懼。他一個人就單身驅散了一羣暴徒。我認為中國人是世界上最容易受驚嚇的人，他們一見黑人就感到害怕，好像他是個惡魔或黑鬼。起初，那羣人逃跑了，後來他們覺得自己膽小，就再集合起來，從老遠向房子扔石頭。我們可以很輕易用武力把他們趕走，因為我們的僕人差不多都是印度人，和埃塞俄比亞人一樣黑。房子高而堅固，足以作為很好的抵抗堡壘。但我們必須小心翼翼不給他們提供誹謗的口實，而在這種情況下最好還是克制。開頭，他們畏畏縮縮地投擲石頭，但當他們發現沒有反抗，神父們非常耐心地在忍受時，狂熱的羣眾就聚集為一大幫人，衝進屋裏，施展暴力，幾分鐘之內他們便搗毀了門窗、傢具，乃至屋頂。最後，當過道已洗劫得差不多時，他們拆毀了院子和街道之間的牆壁。孟三德神父和他的譯員從旁門出去報告警方。利瑪竇神父向他們抗議，請求他們把想要的東西都拿走，但不要把一切都搗毀；然而當他出面跟他們交談時，他遭到一陣石頭的襲擊，真有生命的危險。他急中生智，撿起一綑園籬剩下來的竹杆，扛在肩上，擠進稠密的人羣當中，低聲下氣請求他們收下這捆竹杆去修復破堤，如果他們高興還可以再給，但不要再狂暴地破壞房屋。

可憐的不信教者被他的姿態所感動，他們停止扔石頭並走開了，除散在院落裏的一些木頭而外再沒有拿走什麼東西。當他們離開時，他們發出歡呼的狂叫；敲鑼打鼓祝捷，為這次進攻勝利相互道賀。夜幕降臨時，他們才四散回家。

傍晚，聚會的官吏們中有一個被遣來援救，並且由於對房屋被毀境況的深表同情，他召來幾名士兵，命令他們在門口守夜，因為怕暴徒或其他強人可能闖入破屋把剩下的東西搶走，乃至幹出更壞的事。第二天，這個很可能是受了賄的官員，隨心所欲地向他的上級報告了情況。利瑪竇神父聽說了那份歪曲的報告，便直接去見長官，向他申訴受傷害時的侮辱。然後他請求不要再追究整個這件事，因為那是一個說不清的而且總是難以懲處的羣眾暴行的問題。任何可能施加的處分，他解釋說，都只會給外國人增添麻煩。如果長官肯再出一道告示禁止以後有人欺凌他們，那就足夠了。這看來是個很好的建議，可說是既穩妥而又克制。於是長官出了一道告示，它結束這起事件。孟三德神父發現他呆在那裏沒有什麼好處，便返回澳門，並把整個事情向總視察員報告，以便徵求他的意見。

第十二章　羅明堅神父去羅馬安排教皇的使節。麥安東神父去肇慶。廣東發生了新的困難

當總視察員從目擊者那裏得知我們神父在教團所遭遇的騷擾情形時，他就以全部注意去尋找使他們在中國能贏得更高聲望的某種新方法。為了傳教士繼續工作下去，他認為這一點是很必要的，沒有它他看不出還有什麼希望能取得更多的進展。如果他們的居留得到皇帝認可，這件工作就會打下良好的基礎；如果得不到，它看來就既沒有把握也不能持久。對進行這件事的各種方法經過長期考慮之後，最可行

的方法看來是由一位神父安排一個教皇使節去見中國皇帝。用這種遣使的方法，有教皇的信件為憑，帶着禮物，他們或許能夠取得在中國永久居留的權利。羅明堅神父是教團的先驅。他從一開始就看着它發展，因此他被選來從事這項擬議中的工作。

奉耶穌會總視察員之命，利瑪竇神父在一位中國學者的協助下撰寫了教皇致中國皇帝的信函，還有致廣東總督的信，以及教皇賜給他的使臣的證書。這些信都用中文寫成，將從歐洲發出，如用大字雅緻地書寫，中國人肯定會非常高興地接受它們的。

視察員自己寫了幾封信——致教皇的、致天主教國王的、致耶穌會會長的，還有致他認為可能促進事業發展的其他人的。他還送去一些中國珍品贈給他們，或者是準備陳列出來公開展覽。樣品中的一件是描繪整個中國的圖畫，嵌在特殊的東方框架中。[1] 這些框架是工藝極其精細的優美屏風，可以一一摺疊，打開之後非常美觀，不用支柱就能站立，有時可以擺滿整間屋子。當地土話叫做圍屏。他們說教皇和天主教國王非常喜歡所收到的這些屏畫。中國皇帝的皇冠和服飾以及標誌官員品級的璽綬，都是送往歐洲的一些禮物。

赴羅馬途中，羅明堅神父的船隻在特賽拉（Tercerae）島的港口失事。他盡力救出他的行李，在里斯本下船，帶着剩餘的東西，徑赴馬德里去謁見西班牙國王菲利普二世；國王優禮接待他，超過了通常對王室的接待。國王毅然使用他的權力，和教皇一道促進這次遣使，同意親自對中國的事業給予及時的援助。在羅馬，由於兩三位教皇的相繼去世，整個事情被大大推遲了，結果是羅明堅神父操勞過度心力交瘁，退隱到那不勒斯國的薩勒諾（Salerno），在那裏度過他的餘年。

同時，利瑪竇神父單獨住在教堂裏，在那裏接待了異常之多的各

1　德禮賢疑為《天下總圖》。——中譯者注。

個階層的中國客人。這些來訪可能是由收藏的歐洲珍奇而引起的。客人們最稱羡的是他為教堂和鄰居所樹立的那座鐘。它靠一口大鈴來報時，不僅把一天的時間告訴過客，而且告訴遠處的人——他們始終弄不明白它怎麼能不用人敲擊就自己發聲。

利用目前的平靜，視察員神父把麥安東神父派到教團來和利瑪竇神父作伴。他早已被委任此職，並且決定甚至不向政府請求批准就把他派來。他剛一到達崗位，就從省城傳來消息說，省檢查官叫做察院的，收到一份對神父們的嚴重控告。事情是這樣的：中國人當中有一個受尊敬的階層，之所以如此稱呼並不是由於他們年高，而是因為他們的良好生活所獲得的聲望，這主要在於他們本人從沒有向官府告過任何人，也從不曾自己被人告過官。官員每年一次要用公家的錢隆重宴請他們，他們也享有某種特權，諸如穿着樣式特殊，允許他們參加公堂聽審等等。授與這些殊榮的原因是，他們表示要保護公益而不要求報償。從廣州不斷傳來不利於外國人的謠言，據説他們修築了肇慶塔，這使得這些受尊敬的人們感到不安。他們斷定，修塔的費用約為五、六千金幣，是由澳門的葡萄牙人支付的，教團是由他們支持的；他們在其中所能看出的唯一目的就是要給國家製造一場大災難。這件事肯定是逃不過官府檢查官的注意的。

罪狀很值得重述，因為撰寫得很巧妙，並按中文修辭的規矩字斟句酌，以加強説服力。因此我們將儘可能逐字逐句把它譯出來，儘管我們認為用外語的奇特形式來表達，必定會使它喪失一些份量和天然的美妙。以下就是送呈檢查官的控告書：

鑒於國法允許每個臣民向其官長申訴他認為有害公益之事，我們廣州城的父老看到某些非常現象，以為應向您——本地檢查官，報告此事，從而由於您的干預而可以採取恰當補救辦法。首先，您應該已獲報告，現住居在肇慶省城的某些外國人，是從外國來此以期在中國境內定居。有嚴重的理由可以懷疑，他們的出現不止於表面的情況，也就是說，大難將落到國家頭上。此事的證據是顯而易見的，我們迄今所揭露的事實就可以充分證明。大批境外蠻夷之邦的外國人已經在香山縣的澳門港登岸。現在他們正準備遣使覲見皇上，看來他們希圖以此為藉口進入我國，與我國人民進行土產交易以求互利。雖然他們尚未提出這類事項的申請，迄今也尚未能遣使；但他們仍不斷麕聚於該港，若干年來一直進入內地，與當地人民交易，而對禁止外國人進入本國的法令置若罔聞。每年市集結束後，他們就揚帆返回國。近來他們開始興建兩層樓房，宛如蜂蟻一樣聚集其中。

凡本省知道這一切的人，每一念及無不髮豎心顫，當獲悉這些擅長陰謀詭計的外國人每天都有新花樣時，尤其如此。他們提供金錢建塔，就是作為進入肇慶城並引入那些不斷乘船往來的壞人的一種手段。確實，我們有嚴正的理由擔心他們是外國奸細，圖謀刺探我國的機密。再者，我們擔憂我國人民對新鮮事物天生好奇，長期廝熟以後，他們會誘使一些百姓遠涉重洋，猶如魚鯨一樣。這本身就會是一大災難。事實上，這將證實我們書中的格言：在沃田中播種荊麻，你就將引蛇龍入室。澳門的險情猶如疾在手足，及時療治尚可痊癒；肇慶的難題則在內部，猶如腹心大患，理應即刻重視。檢察官閣下，這是我們的理由，要求您下令給肇慶的官吏，儘快驅除這些入侵者，把他們遣回澳門，而您亦可隨時間的流逝，在適當的時刻解除燃眉之危。若是您能這樣做，您將拯救全省生靈，他們會公開承認，由於您的行動，全省都獲得最大可能的福祉。

父老公稟至此結束。

當時的省檢查官姓蔡（Ciai），因執法嚴厲享有盛名而頗為自詡；因此他受到所有人的普遍敬畏。[1]他決定認真審查整個事件，隨後即命令廣東省的海軍大將進行調查。這個職位的正式官稱是海道（Haitu），因為它負責處理該省的一切外事活動。海道又把它交給廣東府的長官[2]，後者把檢查官蓋印的文件交給肇慶府的長官[3]，命令他開堂審訊並把判決報告廣東。這道命令有幾個公證人知道，而利瑪竇神父在兩天前得到警告，要他應召出庭。他也從這些人那裏得到父老們起草的控告書和文件的抄件。恰好當時長官不在肇慶，已按習慣去北京參加每三年舉行一次的朝拜大典。他的代理人——即長官的副手——姓方（Phan）[4]，是個好心腸和性格開朗的人，和神父們是至交。他請來利瑪竇神父通知他說，檢查官已得到控告他和他同伴的案件。利瑪竇神父事先已知道整個情況，強烈地反對整個控告，他承認一些事，但大多予以否認，聲稱有關建塔費用的條款純屬誣陷，全村都會反對的，如果把他們召來的話。那個署理官員回答說，幾年來的經歷已足以使他相信神父們的品德和清白。事實上，一想到這些討厭的老人干預別人的事、涉及肇慶的利害，他就生氣；那些人對此幾乎什麼都不知道。然後他勸利瑪竇對原告控以誹謗罪，從而洗清自己和同伴，並說他本人會保護他們的利益並認真地把已知的真相和原因報告視察官。最後他遣走了神父，勸他保持勇氣。

第二天，嶺西道[5]辦完了外面的事，回到城裏，他對新的訴訟一無所知。利瑪竇和麥安東兩神父按自己處境的需要向他表示習慣的敬意，前去拜見他，他正在坐堂。處在困境中的利瑪竇向他表示好意，就把三角玻璃棱鏡送給了他，他很喜歡用它來觀看，並很渴望據為己

1　此人為巡按御史（原意大利文寫作 Ciaiuen，察院）蔡夢說。——中譯者注。

2　德禮賢考為劉應望。——中譯者注。

3　德禮賢考為方應時。——中譯者注。

4　按此人為肇慶同知方應時。——中譯者注

5　應為黃時雨。——中譯者注。

有。看來他對這份禮物感到高興，當他打聽到它在歐洲不值什麼錢時，尤其高興。他懷疑這種説法，疑心他們降低它的價值，好讓他樂於接受它。他向他們保證，這樣的珍奇在任何地方都賣得起高價，並且為了避免因接受任何禮物而可能受控告，他説他寧願購買它，而不願當作禮物來接受。然後他吩咐給兩枚金幣作為鏡子的價錢，在當時的情況下，拒絕接受則是不禮貌的舉動。中國官員就是這樣始終害怕在官府中被控以貪污罪。這次訪問的結果是，他們得到了一位最高級官員的恩惠，因而麥安東神父也被許可留了下來。

就是在這次訪問中，利瑪竇乘機申訴了父老們在控告中所進行的中傷。他解釋説，他和他的同伴為中華帝國的偉大所吸引，八年前遠渡兩萬英里海洋，從歐洲前來。他説他本人是個獻身於宗教、發願貧困守身的人，他的唯一職務是為至高無上的神明服務。他堅稱，在這整個時期內他都小心翼翼地不傷害任何人，嚴格遵守國家的法紀。他申明，這就是控告書中離奇説法的集中之點，如果受理案件的法官不是一個公認為執法不阿的人、不是一個正義的嚴格捍衛者，那就會造成很大的混亂和麻煩。他聲明，在一個法紀嚴明的公堂上，他和他的同伴將輕易地辯明對他們所加的指控，這是預見得到的結論。然後他請求對起訴嚴加調查，並把結果如實上報檢查官。

這個請求轉給了長官的代理人，他馬上開堂審理，在審理過程中他始終警惕地保護無辜的被告人，在他已發現整個控告不符事實時尤其是這樣。審理的全部過程上報給嶺西道，從而使判決更具有權威。正如所願，他對一切都表示同意，但超出任何人所料，他對神父們大加讚揚。在起訴文件的末尾，他附了一道命令，內容是神父們的申辯書和審訊的詳情不要退還給轉來原訴狀的廣東長官，而要直接交給檢查官。這證明是一個開恩的姿態，它一勞永逸地而又巧妙地結束了這場特殊而且肯定是危險的事件。

從這個案子一開始，事態的進展就一直在向范禮安神父報告，他為擺脱危險臨頭而一直在作彌撒並進行祈禱。當他收到一切圓滿結束的信函時，他感謝上帝賜給教團的洪恩，並且告訴別人他對獲得的勝利是多麼高興。然後，好像是要向企圖把神父們趕出中國的魔鬼泄憤，他指派另一名神父參加教團，他就是石方西（Francesco de Petris）神父。讓我們在這裏插兩句看來像是這個人奉召參加中國教團的突出證據。他是最近剛和訪問教皇回家的日本使節一起從羅馬到來的。他原來的使命是去日本，儘管他心在中國，但他不願把他的想法向上級表示；他確實感到，如果上帝樂於這樣安排，他的願望是會得到恩許的。他對於直接來自上天的新任命感到高興，並在孟三德神父的幫助下，馬上在澳門開始學習中國語言文字。他是個品質純潔的人，特別擅長和人打交道，但中國人卻只是見到了他一眼。我們後面將看到，他在短時間內完成了分配給他的許多工作。

第十三章　在肇慶播下了未來的豐收

我們在肇慶的教堂恰好坐落在適於實現修建它的目的的地方。它不在城區之內，那裏周圍羣眾的喧囂吵鬧妨礙進行正常的基督教禮拜儀式。它離城也不太遠，不致於深入遠郊或者是在易遭搶劫的荒野。它剛好在西城外，坐落在一條大河[1]的岸邊，河水幾乎沖刷到門前的石階。河上經常滿佈成隊的船隻，很便於我們半年一度的廣州之行，我們必需一年兩次到那裏去領取澳門神學院發給教團的財政津貼。進行這種旅行是在葡萄牙商人獲允運貨趕集的時候。同時，他們便從遙

1　即西江。——中譯者注。

遠的歐洲各地攜來了郵件和禮物。有時倘若我們因故奉召到澳門神學院去，我們也可以輕易地從同一條河前往。我們教堂所處的位置也便於到河對岸的異端村落裏去作傳教旅行，有的地方，河不過三分之一英里寬，景色十分秀麗。

建築在附近的廟宇[1]，它那名聲吸引着大羣的人，包括城市的高官在內。當官員們想拜訪我們時，他們便以廟宇為藉口；因為訪問普通市民，特別是訪問外國人，被認為有失他們職位的體面。兩省總督府的達官們，也常在這個城舉行聚會。這些集會的時間，通常是在選人初次被委任官職、官吏得到遷升或者皇帝萬壽這類需要他們聚會以表效忠的時候。除了這些而外，尚有許多其他事件也要召集無數的集會。我們的到來和歐洲遠來異物的出現，消息一經傳開就把很多人吸引到教堂來，更多的人是來參觀我們的教堂而不是拜謁總督的。一些人把面向道路的大鐘當作新奇的東西，另一些人則把小鐘當作新奇的東西。歐洲的圖畫和塑像、數學計算法、浮雕地圖，也吸引很大的注意。我們的書，儘管是用中國人所不懂的語言排印的，卻大受稱羨，因為書的裝訂不同尋常，而且鍍金美觀，在中國完全是新東西。你把附有描繪性地圖的書或者用圖表和草圖說明的建築模型拿給這些人看時，他們都感到高興和驚詫。整個國家連同城市、宮殿、高塔、拱門、橋樑、大廟等等在一本書中一覽無遺，這種概念他們簡直驚奇不已。他們對能夠目睹這些分散那麼廣而彼此相距那麼遠的光輝事物，而且能夠在自己家裏飽覽它們，真是驚歎不已。同樣的是，他們也羨慕我們的樂器，他們喜歡它那柔和的聲音和結構的新穎。所有這些的影響以及神父們始終是得體的談話和議論，看來使他們逐漸對歐洲形成一個總的好印象。他們發覺，

1　即仙花寺。——中譯者注。

我們的科學從根本上比他們的更堅實，而且總的說來中國人，尤其是有知識的階層，直到當時對外國人始終懷有一種錯誤的看法，把外國人都歸入一類並且都稱之為蠻夷。這樣他們終於開始明白國與國之間所存在的真正區別。

神父們努力贏得博學的聲譽，這不是一種虛榮，而是着眼於他們到這裏來的目標，那就是要促進基督教的事業，在一切場合他們都有意地把這點交織在談話之中。中國人的領袖們不輕易改信新的宗教，但他們大都崇信真理，一旦知道了之後就毫不遲疑地加以公佈。再者，他們說真理並不顯露自己，而是通過宣講它的人所過的修道生活才為人所知；同時中國人不僅是真理的熱心探索者，也是聖德的熱情崇拜者。每當他們前來拜訪神父時，他們總是按規矩行禮致敬，並且他們的訪問因奉獻禮物而使人印象更加深刻。這在知識階層在訪問教士時完全不是一個普遍的習慣，也許除非教士是外國人時才是例外。這些贈品一般都回報以歐洲禮物，他們很感謝地接受下來，認為比自己的更貴重，因為這類禮物新奇而增高了其價值。

教堂經常滿是客人，他們不是出自對稀罕事物的好奇，而是受到更有用的東西即靈魂得救的吸引而來的。教堂四周的街上常擠滿轎子，河上擁塞着小艇和官員們的大船，它們體積大，裝飾華麗，引人注目，顯得很有氣派。官員們和知識分子的這些訪問，馬上把我們宗教和教士的名聲傳到肇慶境外，甚至傳遍廣東和廣西兩省的邊界，直到它開始名聞全國。各省做官的不斷被召到這個中心點來商討公務，當他們每三年改官時，那些對我們教旨有所認識的人，立刻把它傳到他們任職的四面八方。這樣就逐漸地而又不知不覺地為那些後來在中國其他地方宣講福音的人開闢了道路。

就是在這裏，我們結識了當時的將領或兵備道（Pimpithau）徐大任，他後來在南京的朝廷中任侍郎的高官。也是在這裏，我們認識了滕伯輪，他從本城的布政司升遷為南京的總督，還認識了另一個做了貴州省總督的大官[1]。再有我們的編年史中常常提到的朋友瞿太素，他賜給耶穌會和整個教堂的許多恩典，已由上帝償以信仰之禮。這裏我還要提一下我們的密友和恩主依納爵（Ignatius）[2]，這是他領洗的名字。如果要列舉所有那些最後當了大官並且有助於基督教的進展的廣東省人，那名單會是沒有窮盡的。當然，所有這些還僅僅是潛在的果實，還藏在種子裏，將會成長為果樹並提供賜福休憩的樹蔭。

早年的希望也好，已取得的成果也好，都沒有限制這個教團的發展。莊稼一天又一天地越發成熟起來。隨着每一次隆重的節日，新信徒的人數都在增加，直到教堂裏人羣擠滿到聖壇的欄杆，教堂對參加者來說是太狹窄了。作完彌撒，就宣講教義；有一次在宣講洗禮結束時，有十八個人領洗。有時看來好像上帝在用特殊的事件來開啟人們的靈魂。

在河的對岸，住着一個得了一種驚恐病的人，或者有魔鬼附體，晚上他就在墳墓四周游蕩。他肯定是像一個被鬼魅的人那樣在行動。他的父母請來偶像教士，以解脫他這種邪魔和纏身的精靈，因此崇拜偶像的教士就儘量施展邪教的驅魔手法，在屋裏掛滿了怪模怪樣的神像，這是他們習慣的儀式。但一個魔鬼並不能被另一個所趕走，這或許是天意注定要使基督教發揚光大。病人的父親聽一名新信徒說，歐洲教士的佈道對這類鬼怪十分有效。他請來一位神父，要求他為他那已無痊癒之望的兒子做點好事。被請去的神父遲遲不肯相信病人真被惡魔纏身，所以他沒有採取教會的袚魔法。相反地，他叫他們取下所有掛在牆上的兇神像，付之一炬。然後他背誦幾句祈禱文並把一個裝有聖骨的小匣子掛在病人脖子上，便走開了。他剛一離開屋子，這人就似乎解脫了痛苦，完全痊癒了。後來，他的父親把他帶到教堂

1　意大利文把他的名字寫作 Cuocinlun（郭青螺），此外尚有 Cianminciuon（蔣之秀）及 Guaniuscia（王玉沙）。還有一個未提名的朋友是鍾萬錄。——中譯者注。

2　英譯文這裏有些混淆，依納爵應即瞿太素領洗的名字。——中譯者注。

來，他接受了教誨，成為一個基督徒，他的全家也一樣；並且父親走在街上逢人便說他的兒子靠基督徒的上帝驅走了鬼怪。另一個叫梁（Leam）的小官吏，婚後多年無子女，但渴望着有一家人，便聽從一個神父的話，為此而向上帝作熱誠的祈禱。他的祈禱及時被聽到了，他成為一對孿生男孩子的父親。他對此事非常高興，自己信了基督教，把孩子獻給上帝，讓他們在洗禮的救贖水中清除原罪。

我們曾遭遇那麼多的逆境，但是我們發現我們不再僅僅指望着獲得成果，而是確實親眼看見了這些成果，這的確給我們帶來了慰藉和愉快。除了新信徒日愈熟悉基督教的教誡而外，很多嬰兒也領洗進入天堂，在上帝寶座前成為他們民族的調解人。肇慶的教團對澳門也是一大幫助。從澳門前來跟總督商談的葡萄牙人，在進行業務交易時常常得到神父們的支援。我們不止一次地救助沉船的歐洲人，他們在廣東沿海難測的沙灘上遇難，被解押到總督的官府去。

教團也處於有利地位，救援從澳門逃亡的奴隸。每年都有一些奴隸掙脫了奴役的枷鎖，到中國人中間去尋求自由，但他們在那裏卻難得找到它。這些逃亡者一般都被軍事長官拘捕，這批人比正規士兵更勇敢，更善於使用武器，因為他們跟葡萄牙人有聯繫。他們大多是中國所害怕的日本人或者非洲的埃塞俄比亞人，叫做卡菲爾人（Kafirs）的[1]，或者是來自大小爪哇島的人，如此等等，他們的勇悍和野蠻的天性使他們比中國人又更好戰。當逃亡者被軍警帶到總督面前時，如果他們是基督徒，總督就告誡他們要注意這個事實，寬恕他們，勸他們回到他們主人那裏去。一般說要他們回去並不困難，因為他們發覺，聽軍官的話比受葡萄牙人奴役更嚴酷可怕。雙方均因這種作法而獲益；僕人回到他們能進行宗教禮拜的地方，葡萄牙家庭則重新得到僕

1　意大利文作 Cafri，前面第十一章英譯文作 Cafre。——中譯者注。

人，他們的勞動是非常有用的。

交趾支那王國是中國的藩屬，這時有好幾次，當它的使者們每三年一次入朝中國宮廷，在途中拜晤將送他們去朝拜皇帝的總督時，他們都乘機訪問教堂。如果可以從他們的表現加以判斷，他們顯然對於訪問極為滿意。我們送給他們幾本講基督教的書，最好的一本是用中國字印刷的教義問答，他們和中國人一樣地閱讀它，儘管他們說的語言有天淵之別。我們贈予他們這些書籍，目的在於希望有一天如果我們能進入他們的國家，這些書會使他們有思想準備。這種進入始終是可能的，倘若有勞力去實現它而且不乏物資的話。

第十四章　在肇慶的最後努力和傳教士的被逐

人類的敵人無疑地是忌妒基督教在肇慶取得的巨大進展的，是忌妒未來獲得更豐碩成果的期望的。他必定要以新的陰謀詭計來破壞這項新的工作的。我們不能詳細談論它，即使能夠，也不值得談。他自己幹不了的事，他就留給他的奸細去具體實現。這些奸細是在肇慶的居民中間找到的，其中一些是來自知識階層，很適合達成目的。這些家伙對我們和地方官的交往特別忌妒，因為這使我們得到威望和聲譽。因此他們利用新總督上任的機會，極力要把我們攆出駐地。

皇帝下命，剛死的官員其職務由鄰近的廣西省總督接任，他是南京省人，姓劉[1]。這個人因迷信而膽小到這種地步，以致他不願住在前

1　按此人為廣西巡撫劉繼文，意大利文寫作 Scezai（節齋）。——中譯者注。

任的衙門中，要等到把房屋連根鏟平，並用府庫中的大量金錢修造一所新建築。他害怕死了人的房子只會使他倒楣，所以他暫時退居到靠近廣東省邊境上的一個鎮子裏[1]。地方官吏都到這裏來，按習慣去拜賀他的上任。其中有肇慶城的首席地方官，姓譚[2]，我們感到很難把他列入究竟是朋友還是敵人。新總督聽人說起不久前修建的塔及其廟宇是奉獻給一位值得紀念的官員的。這些都是最近發生的事，既然這樣做是為了頌揚一位已故的總督，由官員們所促成，所以新任官渴望得到公眾的榮譽，認為他也有資格在肇慶這樣地樹碑立傳。事實上，作為我們的一個講交情的敵人，看來很可能他決定了要在我們的駐在地為他建祠；至少這似乎是他在百姓的挑唆下給我們製造麻煩的原因，從他到來後所發生的事情裏可以得出那樣的結論。

在寫給嶺西道[3]的一封信中，新總督聲稱一些時間以來，他已知道澳門的幾個外國教士住在城裏，他們把打聽到的有關中國的一切事情都通報葡萄牙人。他說，他們繼續耍弄新的花招和手段來勾引無知百姓，利用談話和書籍以達到那個目的，他們甚至把一個不用人接觸就能報時的金屬鐘[4]拿出來公開展覽。按他信中所說，經過合法調查後，他確實掌握了這一切情況，並通知嶺西道，要他或者儘快地把他們遣返澳門到他們的同胞那裏去，或者讓地方官把他們監禁在韶州城內，他們可住在那裏的南華（Nanhoa）寺中。他補充說，當時有一千多名異端教士都和那座特殊的寺廟有聯繫。

嶺西道接到這封信時，他命令副長官[5]代表他去勸神父們按命令到那座廟裏去，而且他保證在總督任職期滿時他們就可以恢復現有的

1　意文本為 Uceo，即梧州。——中譯者注。

2　即前面提到的譚君諭，他當過知縣。——中譯者注。

3　按即黃時雨。——中譯者注。

4　自鳴鐘。——中譯者注。

5　按即同知方應時。——中譯者注。

居住地。他們在答覆中請求他對那些反對他們的意見進行調查，把一切如實地上報總督。他對此的回答是，他完全知道他們的無辜，現在一如過去對廣州父老的案件一樣，是極願為他們辯護的，但他同樣知道新總督的決心，反對它只會是有害無益。

利瑪竇神父迅速派遣一名使者去澳門，向耶穌會教區的總視察員報告，他儘管沒有直接捲入困難，但對那些遭到困難的人卻是同情的。利瑪竇的意見是，暫時必須按所頒發的命令行事，遵照總督之命，要麼把他們的住宅搬到指定的廟裏去，要麼搬到別的地方。這樣他們就不會激怒總督，而如果他們還沒有完全失去他的好感，那就仍有希望權且在別處獲得一個適當的居留地。這至少可以提供機會再回來教誨新入教的人，並且也許還有希望往後再恢復他們自己的駐地。然而，總視察員神父持完全相反的意見，並指示他們千萬不可接受另一個駐地，他們也決不可請求一個。他們要盡一切努力保留他們現在的家，如果他們最後做不到這點，他們就應返回澳門。他說，別的地方還有勞動場所，他們能在其中盡自己的力，能更自由而更有豐收之望。利瑪竇服從上級的命令時，提出了一系列申訴來進行辯護。

地方官員都同情神父遭受總督傷害時的控訴，但是沒有一個人膽敢反抗一個如此有勢力的對手的決心。此人是個貪婪小人，一上任就開始向所有他能加以勒索的人去找麻煩，其中有跟葡萄牙人做買賣的中國廣東商人。有一個他所圖謀的受害人是一名海盜船長，已在幾年前得到上級官府的赦免，現在是一個退隱的、受尊敬的市民，並不傷害任何人。他因害怕新總督要對他再提出訴訟，便出於絕望而不是因為無聊，集合他手下的一羣海盜，直接違抗皇帝的詔令，在南面的海南島外重操搶劫和採珠的舊業。

利瑪竇決定親自去拜訪這位仍在邊境村莊裏的總督，但總督聽說有海盜在沿岸製造麻煩，已前往廣州準備向海盜開戰。當他途中在肇慶停留時，幾個地方官員友善地把神父們的案子提了出來，而且他回答的態度使人相信他對他們並無惡意，但他卻不肯讓他們保留他們的駐地。他滿心惦念着廟宇的事，不願改變主意，他被渴求聲望的野心弄得心勞神疲。

在這整個事件中，要弄清楚官員們作為整體共同努力所提供的協助，是有困難的。正在這時，他們有幾個在北京朝廷的官員寫信給嶺西道，要他向葡萄牙商人購買些紫色綢緞送到北京去。地方官員不想錯過可以幫助神父們贏得總督好感的這個機會，就選擇了利瑪竇神父而不是選擇中國商人，去跟葡萄牙商人進行這筆貿易；他很受他們的歡迎，在他們當中很有威望。總督親自替利瑪竇旅行安排了一艘大船和許多划手，並由一名軍官和幾個侍從陪同。他到達澳門時舉行了歡迎儀式，因為百姓知道他和他的同伴們完成了什麼功績，以及他們遭到過什麼艱辛的考驗。這次旅行為解決好幾個難題提供了機會，那在無聲的信函往來中是很難安全處理的。有一個重要決定是被改正過來了。即，如果神父們不能保留在肇慶的居住地，那就允許他們努力在別的地方另找一個。僅僅這一點就意味着為未來事業增添了新的力量和勇氣，於是利瑪竇在完成地方當局委託給他的任務後，就儘快地返回他的駐地。他返回時，他們友好地接待了他，而且為了酬答他對他們的幫助，他們便尋找新的辦法來替他辯護。

這時候，總督的新衙門已經竣工可以住人了，但在他到來住進去之前，他向當地官吏重申他的命令把神父們趕出城去。官吏方面則仍想對這個問題能有較好的解決辦法，決定等他到達之後再採取行動。最後，他確實到了肇慶，仍然決定要驅逐外國人。官員們這時提醒他說，這些洋人花了六百多金幣修築他們的房屋，在中國人看來這是一筆很可觀的數字了。他們說這項命令使得他的措施顯得有點含糊不清。他不想因對無辜者加以傷害而受人指責，對這些無辜者並沒有提出官府所同意的合法訴訟，而他又不能把那一大筆錢還給外國人。那筆錢足夠修一座漂亮的廟宇還有餘。他終於決定給他們五十金幣，最多六十，然後把他們遣回澳門。副長官把這筆錢交給利瑪竇時，利瑪竇說他不能把一所奉獻給上帝的房子出售，而且他不願在他自己人的面前顯得如此濫用教團的財產，因為他們可以很有道理說他白白把錢揮霍掉了。再者，他堅持說，拿六百金幣來換五十金幣簡直是椿愚蠢的交易。因此，就像是神意的指示，在交換住所這件事上，他決定不接受總督的任何東西；他這樣做，不是為了所出的價錢，而為的是保留將來有一天可以恢復駐地的行動權。隨後事態的發展證明，這個為保存或者不如說為恢復整個事業的決定是高明的。

利瑪竇第三次到總督府去，口頭上以及用書面文字當着官員們的面，駁斥了流傳的許多誣衊，並要求對總督表示要頒發的命令作出解釋。他每次去時，都被不客氣地打發走，回答都一樣，那就是：拒絕總督禮物的人不配見他。這使挽救肇慶教堂的一切希望都破滅了。最後所做的努力是改變請求的內容，懇請官員們運用他們的影響防止直截了當被逐出中國，而能得到允許去開闢另一個能夠商妥的駐地。廣西省將是合適的，乃至江西省或者當局認為適當的任何地方。這一次總督大發雷霆，他下達把外國人遣返澳門的強制命令，並說他不願再聽到提起這些洋人或者有關他們的事。

按照中國習慣，當欽差大臣[1]視察完一省的政務及地方官的聲譽在返回北京向皇帝報告之前，他們要向剛巡視過的省份的總督辭行。這種正式拜訪通常有盛大的儀式，扈從成羣。肇慶的總督可能疑心有對他不利的那種報告，決定在欽差[2]離開時陪他向上流同行一段路程，以造成禮節的氣氛。他隨帶所有的官員、文人和該城的警衛。江上佈滿了舟艇，兩岸擁擠着觀眾。他們吹奏各種樂器，那聲音之刺耳正如整個盛況之悅目。神父們和幾個朋友從教堂的窗戶觀看盛大的排

1 意大利文寫作 Ciaiuen（察院）。——中譯者注。

2 即巡按御史蔡夢說。——中譯者注。

場。正在它駛過教堂時，船隻都轉過頭來駛向下游；這使神父大為吃驚，也使大羣觀眾吃驚，他們完全不明白這個行動是怎麼回事。這時候，看吧，它們停靠在我們的岸邊，官員們走上岸來。神父們被這個舉動驚呆了，趕快出去按照一般社交和文雅的禮節歡迎他們。官員一行進了屋，觀賞屋裏的一切東西；圖畫、鐘錶、玻璃器皿以及他們看來是新奇的一切東西。他們最喜歡利瑪竇的博物館，特別是它所藏的歐洲和中國的書籍。當他們看完屋裏時，他們就到外面走廊上去眺望江水。訪問過程中，他們詢問有關歐洲的各種事情，我們殷切地予以回答；訪問結束了，至少看來使有關雙方都極滿意。

欽差從這裏返回省城，總督則回到他的衙門。這樣一次意外訪問的恩典，使我們的朋友以及我們的敵人都斷定驅逐令已經撤銷，在教堂裏的恐懼感覺讓位給了安全感。確實，官員們甚至表示他們的祝賀並勸我們不要行動，等待總督公佈最後決定。看來似乎和平終於又恢復了。

八月初，像是晴天霹靂，總督因欽差的離去而大膽起來，根據他自己的意見而不是根據公道或正義，發出了判決，他把它寫出來以結束整個事件。這是一道發給地方官的強制性命令，把外國人儘快地從城裏驅逐出境，遣返本國；這樣做時，給他們六十金幣作為他們房屋的代價，以償付他們旅途的費用。副長官[1]受派去執行命令，但他出自對神父的同情，不願公佈這個不幸的通知，就極力拖延。有一天，當他碰巧和總督在一起時，他被問到是否執行了交給他的對待外國人的命令。他回答說還沒有，這時他的上司大發雷霆。於是，副長官召來他手下兩名官吏，並按法律程序，用大板貼出告示。這樣一來，官員們別無他法，只好把判決通知給當事人，於是給我們三天限期離開肇慶省境。

1　即方應時。——中譯者注。

受到這個突然的打擊，利瑪竇就到長官的衙門去，副長官在那裏極友好地把整個事件的記錄交給他查閱，記錄寫得很詳盡。它包括神父們的申訴書、官員的回答，這一切都對利瑪竇本人出乎意外地有利，並附有遣返的最後判決，內容大致如下：儘管利瑪竇進入中國並無不良動機，而且正如應有的調查所表明的，他在這裏時並未違犯國法，但他把他的本土全然遺忘仍然甚屬不宜。他必須知道，一個人可以在他所選擇的任何地方過宗教生活。但外國人在本省停留過久，實為不妥。因此，把他遣返本國並非不義或無禮。至於他用於蓋教堂的那筆錢，我並不否認為數可觀，但因錢是化募得來，所以實際不屬於他所有。因此官員們給他作為返回旅費的這筆錢，即六十金幣，其中可從我的名下付出五十，讓他拿這筆錢離開。

利瑪竇在回答中說，關於錢的事他非常之感激，但他不需要這筆錢返回本國，他也不想接受教堂的一筆價錢。副長官方面倒並不堅持這一點。然後利瑪竇問，可否把他送往別的省份去，而把他的同伴和財物留在肇慶。這個請求，副長官竟越出了他的權限欣然應允；於是被這樣做的希望所鼓舞，屋裏的傢具就被分掉了；有的留在肇慶，有的隨身帶走，但那簡直是白費氣力。地方官已定下了屋裏的一切東西，通知離開的教士說，官員為他們旅行所準備的船隻只到廣州，不再往前走。利瑪竇再返回去找副長官，後者通知他說，總督的命令必須照辦，他不能加以改變。這意味着他和他的同伴都必須返回澳門。

作為靈魂的牧師，最使神父們傷心的莫如被迫把他們費盡心力挽救和培育的羊羣丟給四周的狂暴狼羣了。大羣的新入教者象孩子給父母送葬那樣哭哭啼啼地聚集在神父身旁，這只有增加他們離別的哀傷。他們也悲泣地想到，他們正在把他們的宗教孩子丟下，沒有老師來教導他們信仰的真理，也沒有牧師供給他們聖禮的精神食糧。他們自己得不到安慰，但不露出悲哀，他們極力使這些可憐的靈魂中充滿希望，勉勵他們在異教民族中堅持基督教，不忘他們整整七年中受到的教育。他們許諾在和平恢復後很快就會回來，再擔負起他們留下來的傳教事業。

同時，信徒們要取一尊救世主基督的像放在一個新入教的人家裏，他們將在那裏聚會進行聖日的禮拜。為了幫助他們回憶這些日子，利瑪竇神父準備了一張教堂節日表，與按月亮盈虧制訂的中國節日相對照。他提醒他們在這些聚會時，要共同祈禱，談論神跡並做其他這類虔誠的基督教禮拜。然後勸勉他們鼓起勇氣來，並記住歷盡艱辛而發展起來的新生教堂的命運就是如此；神父們出發前往河邊的某個地點，在那裏他們可以向他們的即將分離的朋友們最後揮手告別。

在這次悽切的離別中，神父們特別注意的一件事就是，既然他們沒有放棄再返回的希望，所以他們必須跟所有的人都保持友好而不冒犯任何人。他們必須不僅不威脅或埋怨，而且反倒要求大家的寬恕，如果他們曾偶而無意得罪了什麼人的話。然而有一點威脅也許並不是完全不合時宜的。哪怕中國人中的持重者都懷有一種憂慮：這些掌握了中國那麼多情況並且被如此輕率攆走的外國人，可能利用所了解的情況去損害或者甚至毀滅他們的國家。事實上，即使我們的敵人，當他們發現我們在遭受那麼多凌辱後卻心平氣靜地離開時，也頗為仁慈地轉化為同情和崇敬。

唯一搶劫屋裏貴重東西的是當地的警衛官們，但當利瑪竇從他們那裏奪回這些東西並且威脅說要向官府告發他們的行為時，他們驚嚇之餘才停止掠奪。送給了新信徒幾件傢具作禮物，他們勉強收了下來，剩下的則給了別人存放起來。行李在船上安頓好，神父們上了船，船駛向城外不遠和新信徒約定碰頭的地方。利瑪竇吩咐在這裏停船，在會見副長官時，把一大串鑰匙交給他，同時深深感謝他所給予的幫助，向他保證永遠不忘他的善意。利瑪竇再度把錢給了他，但他再度拒絕收下。副長官問，他們是否要簽署一份文件，證明雖付了錢但拒絕接收的事。這事就這樣做了，文件上還附有感謝總督的話，並請求他不要允許把教堂作為瀆神和無聊之用，因為它曾用於宗教禮拜。

接着利瑪竇就問副長官，可否簽署一份文件，證明他們不是因為犯了罪被驅逐出中國，而且在他們的居留期間他們過的是宗教憩靜的生活。這份文件的作用在於打消那些需要知道真相的人所產生的遭到可恥驅逐的想法。他很情願地照辦了，還添上了對兩位行將離去的人的頌詞。他還自願地寫了一封信，禁止旅途中任何人干預神父們的事，或以粗暴無禮的態度對待他們。結尾時他以總督的名義向廣州城的市長下令供應他們運輸工具，並派士兵把他們送到澳門。這一切辦完後，利瑪竇返回到他的同伴們和信徒們等候他的地方。這裏，在一種希望受了挫折的哀傷之中，他們用簡短和得體的告別話來安慰新信徒，帶着所有在場者的良好祝願和祝福，登上了離程。

天意安排在他們到達省城時，海軍將領[1]剛好外出。他要在一兩天內返回，這時候神父們乘機去購買一些製作牧師長袍的料子。這次耽擱也使利瑪竇有時間給澳門耶穌會的總視察員以及其他的人寫信，說教團已被總督趕出了肇慶，他和他的同伴將在兩三天內到達並報告詳情。

1　即海道。——中譯者注。

第三卷

第一章　傳教團又恢復了。在韶州的新居留點

這支小小的耶穌會隊伍就這樣徒勞無功地把傳教團建立到我們所敘述的那樣高度。至今，它好像把一塊大石頭往高山坡上推，就在快到達頂峰時失去了控制，於是又滾回原出發點。對於辛勤參與這項努力的人來說，結果當然是慘痛的。然而，創立這個傳教團的這兩個人卻抱有如此強烈的成功希望，以致當他們能夠再去考慮並努力實現原來的計劃時，他們就決定忘記過去並完全重新開始。他們下定決心後，就向上帝表示感恩並準備工作。

當他們仍住在那艘把他們從肇慶運往廣州的船上，等待着海軍將領[1]到來時，就在他們行程的第二天，一艘二桅帆船出現了。它飛快地前進，直駛向他們的船隻。他們大吃一驚，莫明其妙在聽到總督那方面要求他們徑直返回肇慶時更是如此。那艘船上沒有一個人能夠說清楚，甚至沒有人知道為什麼要召他們回去。這道命令聽起來是有利

1　意大利文寫作 Haitao（海道）。——中譯者注。

的，他們立即利用時機，深知很有可能一旦他們到了澳門島，那就很難再回中國了。從人情上説，中國人的靈魂已經滲透了對外國人的恐懼，以致他們一旦離開，便不可能再獲允返回。正是懷着這種想法，他們高興地決定馬上就隨那些被派去找他們的人返回肇慶。甚至在他們到達之前，他們的名聲已經引起了有關他們回來的種種謠言。據説一心拜佛的總督夫人做了個怪夢，影響到她的丈夫把外國教士召回來。又有人説，總督本人良心不安，擔心受到不公正待遇的外國人會在葡萄牙人的幫助下，報仇雪恨。

不管召回的理由可能是什麼，當利瑪竇神父見到副長官[1]時，他得知：他們離開肇慶後一天，總督已獲得他們離去的報告。這就是説副長官已執行了驅逐他們的那項命令，但他也向上級報告説，他沒有任何辦法讓歐洲人接受那筆償付給他們的錢。這有利瑪竇神父的親筆文件為證。總督對此感到吃驚，怒形於色。他已經打算拿他們的住所來修建他的生祠，因此他有理由害怕人們責備他不公道。看來好像他捏造了一個藉口接收下他們的房子，裝作是為公家做好事的樣子，把外國人攆走；而對這些外國人，在他之前的好幾任總督都優禮有加，予以接待。

萬事都像是天意安排，總督命令副長官準備一艘快艇，配備足夠的水手，全速出發追回旅途中的外國人；並且當他們回來時，要想方設法讓他們收下所償付給他們的那六十金幣[2]。他要刻一塊大理石碑，放在教堂前面，説明他已經付了價錢；隨後他就這樣做了。副長官用盡種種方法勸諭神父收下錢，提醒他説，態度頑固可能帶來嚴重危害，但是這筆錢仍以前面屢次提到的那種理由而被拒絕了，那就是

1　方應時。——中譯者注。

2　金尼閣寫作「aureos」（「金」）。本札記中任何地方都未明確金幣的價值，儘管屢次提到。參見德禮賢書。——英譯者注。

說，既然接受那筆錢是完全不合宜的，所以始終拒絕它就不會是不合宜的，只要這不是出之以輕蔑的態度。接着通知他說，他必須去見總督。這倒使他很高興，儘管他對晉見可能出現的結果有些擔心。

當利瑪竇神父走進時，總督坐在大堂的椅子上，他威風凜凜，使人生畏。神父有一名中國翻譯，但他不怎麼懂葡文。他是被當作一名同伴帶去的，只是裝裝樣子，因為神父無需翻譯。按照謁見大官的規矩，他老遠就叩了兩次頭，這時總督叫他靠近他的寶座。總督笑容和藹，聲音溫和，問他為什麼不曾收下真心交給他的錢以支付他旅途的開銷。他說明，誠心付錢的事是一清二楚的，因為事實是他把他召了回來要親手把錢付給他，而不願讓他兩手空空離開。利瑪竇神父對這一切的回答是：他確實非常感激，但他真的不需要錢，因為他正在返回他的故國去見他的同胞，他肯定會在途中遇到朋友和同伴，他們會關照他的需要的。總督對此答道：「雖則如此，你必須明白，拒絕總督的贈禮是失禮的。」利瑪竇接着答道：「既然你把我趕出我的屋舍，我在那裏住了那麼多年而沒有害過任何人，並且把我當作犯人遣走，所以拒絕你的禮物看來不算無理，我也不認為這是一樁失禮的行為。」總督對此真正動怒了，站了起來，說了些沒有條理的話。他嚷道：「總督發令，竟敢不聽，成何體統？」於是他轉向譯員，往下說：「你這惡棍教唆別人幹壞事，是罪魁禍首。」他盛怒之下，命令差役把鐵鏈拿來繫在譯員的頸上。那個可憐的家伙，聽了這些話，驚惶失措，極力為自己開脫罪責，聲明自己無辜，並說利瑪竇神父因損失了房屋而受刺激，在這筆錢的問題上變得執拗不化。利瑪竇同意這點，開脫了譯員的罪責，自己承擔起一切過失。這時他大膽地勸總督不要無緣無故生氣，向他說如果他確實是如他表示的那樣友好，而不是為幾個錢就光火，他就應該考慮一下利瑪竇本人似乎平白無辜而飄洋過海所會遭遇的可怕危險。總之，如果他不願他留在總督所駐的城鎮裏，為什麼不把他遣送到別的地方去呢？起初，總督並沒有完全聽懂利瑪竇說的話，但站在他旁邊的一個校尉屈膝把神父剛說的話向他解釋清楚。最後，他的情緒平息下來，便以一種憐恤的感情回答說，他自始就不想把神父們驅逐出境，而是想把他們送到其他城鎮去。利瑪竇就此請求允許到廣西省或江西省去，但這一點卻辦不到，因為兩省都不在這位總督的轄區內。隨後他被告訴說，廣東省內的任何城鎮都可供選擇，但總督的駐地肇慶和省城廣州除外，這兩個城均不容許外國人繼續住下去。因此，利瑪竇選擇了南雄，是靠近江西省邊境的一個城鎮。這得到了同意，但總督勸他先到前面已談到的南華寺去，再去韶州；如果這兩地都不合他的意，他可以再到南雄去居住。

顯然，這次會晤博得了總督的歡心，因為當利瑪竇神父按真正的中國方式感謝他，跪下來在地上叩頭時，這位大官拿出一包書送給神父，作為友好的表示。這些書包括總督剿平海寇和其他叛亂的戰爭史。幸好，在這個特殊的場合，韶州的長官助理也在場。他是前來參見總督的，總督趁機告訴他說神父們要去那裏居住，並把他們交給他保護，因為他要送他們到那裏去。

肇慶的副長官[1]高興地聽說會談成功，對於教團將留在中國並定居於韶州，感到欣慰，殷勤地把神父們安置在船上，付給他們外交文件為憑，送他們去韶州。他把神父們介紹給當時恰好在肇慶的韶州代理副長官，即長官助理[2]，和他們一起去拜訪他。當利瑪竇見到他時，這位長官有點手足無措，半天沒有說一句話。恢復了鎮靜之後，他對肇慶副長官說：「這一切是什麼意思呢？就在昨晚我做夢看見了幾個奇異的神，和我們廟裏常見的不同。我深信這些外國教士就是我夢裏見到的人。」然後他轉向利瑪竇神父，客客氣氣跟他說話；從這時以

1　方應時。——中譯者注。

2　此人為韶州通判呂良佐。意大利文把他的姓寫作 Liu（呂），稱他為（Liu Sanfu）呂三府。——中譯者注。

後，每逢有事，他總是很慎重地處理他們在韶州的事情。除別的支持而外，每逢他們造訪他的衙門（而這是常有的事），他就從他自己家裏送給他們逐日的口糧。他還提出用他自己的船把他們從肇慶送到韶州，但因他們必須再等一天好接受六十個金幣和證件，而他自己又不能延遲行期，便先走一步，在他們之前一兩天到達。

利瑪竇處理完肇慶事務後，就抽空去拜訪各個官員，最後拜訪總督本人，感謝他新賜的恩典。這次他受到很體面的接待，並得到保證說，他們可以安心地離開，因為總督已大力地把他們介紹給韶州的長官，要他給他們找一個合適的住宅，擔保不讓他們受到淩辱。

我們已經談過，在他們離去時，教堂的一些傢具留給了基督徒照管。正是這些教徒，首先向神父們祝賀總督所做的新決定。傳教士上次剛一離開該地，馬上就有些肇事者控告教徒們偷盜了僅僅是交給他們保管的那些東西。然而，副長官已預先防範了這樁麻煩，他吩咐開一張傢具清單，把單子保存在他的檔卷中，因此東西一無所失，教徒們也就免遭這種誣陷。後來每件傢具都完整無缺地交了回來。

他們於 1589 年聖母升天節離開肇慶。在赴韶州城的途中，他們到達一個叫三水（即三條河水）的地方，韶州河在那裏從北面流入一條更大的河裏。在這兒要換乘為逆流航行而建造的船，他們在換船的逗留期間，給仍在澳門的教廷視察員神父寫信，把所發生的一切情況通知了他。

這次特殊的旅行中，他們沒有遇到任何麻煩，儘管他們一直擔心有一艘日夜行駛在他們旁邊的雙桅戰船始終不離左右。大家都懷疑它可能是一艘賊船，但在抵達韶州時才得知海軍將領[1]從廣州派來這隻船，奉總督之命把神父們安全護送到他們登岸。他們一連八天一直向

1　海道。——中譯者注。

西行駛，來到一個地方，從那裏經短途陸路，他們便到達南華寺。韶州長官[1]的僕人正在這一站等候着他們到來，奉命送他們去寺裏，在裏面給他們的行李雜物找個合適的安放地方。現在，他們沒有絲毫意思在這個離鎮老遠的地方居留，而寧願就住在本鎮裏，他們可以在那裏宣講福音。因此他們決定把行李雜物留在船上，等待他們能見到副長官，同時表示他們樂於去訪問那座著名的寺院。

這座寺院坐落在一片美麗的高原上，四面青山環繞，山上除天然美景外，還有人工安排的果園，景色極其迷人。由於氣候溫和，寒暖適度，當地從來感覺不到冬季的嚴寒，山巒從不脱掉綠裝。平原上盛產大米和其他蔬菜。格外有幸的是有一條常年不息的河流流過平地的中央，灌溉着該地區。寺院本身氣象雄偉，建築在羣山的最美麗之處，一條大溪把充足的清水供給它；寺院設計美觀，構造別致。在高原上，寺院和屋舍與館宅相接，據他們説有一千名和尚。他們是這座園林的主人，那作為俸邑是從他們的祖先那裏繼承下來的。這座寺院創始於大約八百年前一個叫做六祖（Locu）[2]的人。他們説他就住在這個地方，由於他非凡苦行的生活方式，他獲得極大的聖名。他把鐵鏈繫在肌膚上，他不斷地篩米，輕輕地舂米，這是他們的做法。他僅僅在一天之內就為上千名寺裏的居住者，也就是和尚，準備了足夠的米糧。鐵鏈劃破、撕裂了他的肌膚，使得它腐爛，爬滿蛆蟲；要是有一條蛆蟲掉了下去，他便把它撿回原處，並説：「你沒有可嚙了的嗎？你為什麼想離棄我？」他的肉身被供奉在這座華麗的寺裏，這寺是奉他的名義建造的。凡是崇敬他的名聲以及他的一切遺物的百姓們，都從全國各地到這裏來進香。

這些崇拜偶像者分住十二個院子，各有一個主管，上面還有一個

1　呂良佐。——中譯者注。

2　德禮賢謂即慧能。——中譯者注。

最高的統治者，他有絕對的權力管理一切。這些異端和尚早已聽說過利瑪竇，當他到達時，他們聽說他是總督派來的，就斷定說他被任命為該地之長，要按照正常出家人的清規糾正他們敗壞了的德行。有的和尚過着放蕩的生活，有很多子女；還有和尚攔路搶劫，使得行旅不安。

在全國，寺院禮拜偶像的人也和普通老百姓一樣，都要服從官長。或許由於這個緣故，上等階級即知識階級並不拜偶像，也不把寺院的和尚當作他們的宗教官吏。

這一次，在主持者們的會上，他們一致同意不讓利瑪竇去看任何適宜居住的地方。他們可又要弄中國人的手腕，全身披上整齊的法衣，佯裝着很高興他到來，前去迎接他，把這地方指給他看。他們彬彬有禮地把整個寺院交給他，向他保證寺裏的一切都歸他處置。在官府裏，他在為接待最高級官員而保留的特殊地點受到款待。抵達的當天，他就被饗以盛宴，然後又被引導遊覽寺裏的名勝。

這座整個建築物中實際上都擺滿了偶像，用銅和其他金屬或用木製成，塗以金飾。僅僅一個殿內便有五百多個這類偶像。寺院有許多裝有銅鈴的塔，其中一座鑄造得非常別致，利瑪竇和他的同伴在歐洲從未曾見過任何類似的東西。寺裏的僧官還把六祖的尸身指給他們看，尸身塗着僅僅在中國才有的特殊發光的瀝青物質。很多人說那不是他的真身，但百姓們相信那是他的，他們對它極為崇拜。寺的中央有一個高台，可以沿着一條裝飾華美的梯級攀登，上面大約有五十盞掛燈，只有在特殊的日子才點燃。客人在瀏覽這一切時，他們本身也在被別人仔細觀察。對於寺裏的居住者來說，最怪的事似乎莫過於神父們並不禮敬他們的偶像；因為儘管中國人不信偶像，他們卻也不反對它們，他們也不認為向偶像叩拜是件不聖潔的舉動。

神父們的想法和當地官長的完全一致，後者表示恐怕寺院的優美並不像是神父們所要求的。神父們到這裏來，打定主意拒不接受要他們在那裏住宿的邀請。山腳下有一個村子，人煙稠密；所以當他們抵達時，他們便向主人提出，如果他們要在當地居留，他們寧願住在村裏而不住在寺裏。

最後，他們向韶州出發。麥安東神父把行李重新放到船上，登船從水路前往；而利瑪竇神父則採取短得多的陸路。跟他們同行的有副長官的僕人，還有寺裏的主持和他的兩個同伴。他決定一起前去，可能是要增加他們一夥的光彩，或者是要從副長官那裏得知總督所下的命令究竟是什麼。到達後頭一個要拜訪的是副長官，利瑪竇神父向他報告說，寺院似乎根本不適合他們居住。它離城太遠，也離知識階層和官員們太遠，而他們習慣於生活在這些人當中，猶如在他們同儕之中一樣。他解釋說，跟這些寺裏的和尚住在一起很不安全，他的教規和有關教規的書籍也和他們的全然不同。然後他補充說：「我們不信奉偶像，我們只信奉天和地的唯一真神。」沉默的驚愕乃是對此的唯一回答，因為副長官深信除了他們自己的教義以外，別無他教，除了中國人知道的文字以外，世上再沒有其他文字。他保衛這個信念，堅決到怎麼都無法說服他的地步，最後利瑪竇神父從袖子裏取出祈禱書給他看，說：「這是我們的禱告冊，它就是那樣印的。」這樣一來，他才承認自己服輸了。

寺裏的主持在旁觀看這一切，並說這都是真的，因為就在另一天，利瑪竇去參觀過偶像的神殿，而沒有向其中任何一尊，甚至向六祖本人跪拜。總之，副長官同意利瑪竇神父的話，古代中國人確實並不拜偶像，這個風俗是後來傳入的。主持對此不加以反對，反倒作進一步解釋說，這樣的偶像並不值得禮拜，但過去的聰明人發現，如無某種偶像，便不能在百姓中間維持宗教，所以為了這一目的就製作了這些神像。主持的這番話非常切合時宜，因此副長官決定要在鎮上給神父們找一個使他們可以居住的地方。神父們聽見這話，就認為以接受目前這個恩賜而馬上結束爭端為妙，不必再去提到南雄居住的事。

在副長官的邀請下，他們便去拜訪當地的官員，官員們表現得彬彬有禮，比肇慶的官員更有過之。他們的友好接待，可能是由於官員們知道神父是應副長官之請而來的，也可能是由於他們知道神父實際上要比他們自己更懂中國禮節和中國語言。神父們在尋找地方修建房屋時，他們被告知要把全部行李都搬到西邊的河對岸另一座光孝寺裏。

韶州城坐落在兩條通航的河流之間，兩河即在此處匯合。一條流經南雄城的東面，另一條來自湖廣省，從它西面流過。築有圍牆的城鎮，連同它的許多屋舍，建立在兩河中間的平原上。地勢如此，所以城鎮本身無法擴展，於是他們向兩方跨河擴大居民區。西岸人口更稠密，有舟橋把它和島鎮連接起來。鎮上大約有五千戶人家。它那肥沃的土地盛產稻米和果樹，肉、魚，新鮮蔬菜也很充足，但氣候不良，天氣總是很壞。每年，從八月中到十二月，有三分之一或四分之一的居民都染上三期熱症[1]，病勢猛烈使很多人喪生。恢復過來的人也蒼白憔悴，表明病情嚴重。這種氣候對外國人比對當地人更危險，有些到這兒來作買賣的人幾天之內就病死了。

就在剛提到的那座寺旁，有一大片空地，適於教團的各種需要，副長官[2]的胥吏勸神父們要這塊地，因為它屬於該寺所有，因此就在本官的管轄之下。第二天，副長官到寺裏去拜訪神父們，商談駐地的事。他們便指定要那塊地，他也認為這是個很好的選擇。寺裏的方丈和其中的居住人提出種種理由說明他們為什麼不能被剝奪自己的土地。他們不願意讓傳播不同教義的外國人住得離他們那麼近。副長官不理睬他們的反對。反之，他書面通知總督說，外國教士不願住在南華寺，正請求得到河西岸村外韶州的寺院[3]附近的一塊空地。同時，

---

1 英文譯作 tertiary fever，意大利文作 febre terzana la ter- za，疑為南方常見的瘴病或瘧疾。——中譯者注。

2 按即同知呂良佐。——中譯者注。

3 即光孝寺。——中譯者注。

正在等待回答而又不想對任何人做出不公道的事，副長官就勸教士們按當地管理土地的官吏所開的價錢把它買下來。官吏已收了寺裏方丈的行賄，要把收下的錢部分地在他們之間均分；因此貪財的官吏就這塊地產索價八十多的金幣，它實值八個或十個金幣。

歐洲教士的聲望吸引了該鎮附近地區的所有顯貴人物，這裏的官員再度表現得比他們的肇慶同僚更為彬彬有禮。他們當中很多人都發展成為好朋友。不幸的是，或許由於客人太多而激動，或許由於他們所經歷的艱難困苦，神父們遭到了災難的日子。他們兩人都患了嚴重的疾病，得不到供養，也沒有人給予痊癒所必需的幫助。他們都在等死，一心想念着他們工作的目的和目標。這時候，看哪，完全意想不到，為保存基督教在中國的傳教，靠上帝的神聖旨意，除上天而外別無他助，他們竟雙雙恢復了健康。與此同時，傳來了總督[1]允許他們佔有那塊地皮的命令。於是副長官發給必要的證書，批准了所有權。不久以後，稍稍恢復了病中失去的氣力，他們就着手修建住宅。寺裏的和尚沒有得到絲毫的土地報償，因為官方決定，他們索取這樣的高價已越出公道的限度之外，實在毫無道理。

第二章　范禮安神父鞏固了傳教團

在利瑪竇神父寫給澳門神學院神父們的信中，他通知他們説，利瑪竇及他的同伴已被逐出肇慶，可望在短時期內抵達澳門。他們的到來被日復一日地盼望着，同時因了解到他們所遭遇的困難和所經受的

1　按即劉繼文。——中譯者注。

辛苦，所以為他們準備好了休息的房間和卧榻，可以暫時隱退，得到宗教的寧靜。葡萄牙人麥蒂南（Fernando Martinez）神父當時在神學院內。他被視為聖人，特別熱衷於在中國的佈道，從不失掉一個機會去協助神父們在上帝的那個葡萄園裏工作。不管別人對驅逐一事怎樣看或怎樣說，他堅定地一再說這事不可能發生，他們不會返回澳門的。當卡普萊勒（Francesco Caprale）神父問他為什麼那樣肯定時，他答道：「你也和別人一樣缺乏信心嗎？請放心，在最近的將來你不會在澳門見到利瑪竇的。」這個回答使詢問人非常吃驚，以致他毫不懷疑上帝已向麥蒂南神父透露了某些祕密。

為了澄清疑團，上司[1]就派出一名攜帶信件的僕人；此人過去曾在肇慶為神父們服務。他先到廣州，再到肇慶，但他打聽不到神父們的下落，只聽說他們被總督趕走，已駛向廣州。他沿途詢問，但沒有得到更多的消息，於是這名僕人一無所得地返回澳門。這就足以增加懸念並產生這樣的疑慮，即他們的同道或者因陰謀或者因意外事故而已經遇禍。於是他們再派出了第二個更能幹的使者，命令他如果得不到神父們的確切消息，就不許回來跟他們在一起。他在肇慶僅聽到同樣的說法，因此他四下打聽，逢人便問，最後碰巧，或者不如說因上帝的慈恩，他碰到了那位把神父們送往廣州，又送回肇慶，然後又去韶州的船長。此人不僅提供了所希望的消息，還把託他送往澳門的信件交給了使者。僕人得到這些之後，趕忙返回，他的使命完成了。

神父們定居於新駐地的消息，使澳門的教團心情歡悅，向上帝祈禱感恩。耶穌會的總視察員遣使到來，攜有充滿慈父撫愛的信函，激發起神父們對新事業的熱情。他勸他們盡一切努力建立一個新的中心，不要中斷一件其聲名已經傳到歐洲教廷、西班牙國王和其餘基督

---

1 指范禮安神父。——中譯者注。

教世界的工作，只要有可能，他們的期望就必須加以實現。在視察員神父看來，按照上天的正常安排，經過在肇慶的勞動和失敗之後，未來必定會有更豐碩的收穫，麻煩也會更少。

不久以後，令他們十分高興的是，視察員神父把兩個在澳門學校受教育和培養的年輕人派給他們。其中的一個叫作鍾鳴仁（Sebastiano Ferdnando），在我們目前寫作時仍然活着，勤勉努力。另一個，黃明沙（Francesco Martinez），已虔誠地死去，並且是為了他的信仰，我們將在後面再詳談。這兩個人抵達後不久，就加入了耶穌會，在韶州度他們的望道期。他們是第一批被接受入會的中國人，正如本書所將談到的，他們將證明對於神父們是一大幫助，在他們可貴的協助之下，神父們克服了很多困難和障礙。視察員神父還把兩名葡萄牙教士從印度召來，在等候潮流變化時，他們就在澳門學習中國語文，這是天賜良機的表現，它將用於促進基督教在中國的發展。這兩位神父，我們將在較適當的時候提他們的名字，他們經過幾年的準備，成為傳教陣地上勇敢的工作人員。

在照顧教團時，視察員神父是那樣慷慨，以致在一個短時期內，已不缺乏繼續工作的任何東西。這時候，他們不停地在修建教堂，儘可能加速工程，因為他們感到住在寺裏很不方便。為避免敵意的指責，也為了防止官員們在室內舉行宴會，猶如他們在寺院裏所做的那樣，所以這所房屋是按中國式樣設計和建造的，只有一層樓。房屋完工後，下一步是在附近蓋一座宏大精美的教堂，因為他們期待着在不久的將來有大量的新信徒。還決定不讓譯員住在屋裏面，因他們不可靠。他們習慣於曲解他們所看到的事物，然後把每一件事都拿到外面去聲張。經驗已證明他們通常都成為麻煩的製造者。

深切地察覺到這次經驗和使他們受到教訓的類似的過去經驗，他們在短期內就做出了長足的進步，以致得出結論說他們離開肇慶並沒有任何損失。事實上，他們還高興地發現他們因遷徙而得到好處。看來上帝為了他的名字的更大的光榮，為了基督傳教團有更大好處，才允許過去飽經艱辛。

就在此刻，視察員神父正準備着和從歐洲返回的日本使節一起從澳門回到日本去。也就在這同一時刻，他回日本確實是有必要的，那裏的基督教堂陷於一片混亂，因為叫做關白（Cambaco）的皇帝[1]發動了一場迫害。他對整個基督教很惱火，特別反對耶穌會士，瘋狂地迫害他們，驅逐他們全體出境，沒收他們的房屋，破壞他們的教堂。臨行前，他指定孟三德神父為澳門神學院院長，因為他非常熟悉中國教團的事情，當時教團是在澳門監督的管轄之下。而且，他看來是最宜於管理，宜於正當接濟和促進中國事業的人選。

第三章　瞿太素

瞿太素是我們將有機會常常提到的人，他是一個被稱為尚書的第二級高官的兒子，蘇州人，是受過良好教育的知識分子。他的父親因據有官職而知名，但更因他是三百名應博士學位考試中的魁元而著稱。這些考試每三年舉行一次，在中國，這個學位不僅帶來極大榮譽，而且在公務中也享有很高的權威。

這位官吏以他的學識、也以他的生活廉潔而負有盛譽，他的書到處為人誦讀，受到崇拜。他的兒子是這個家裏的天才，如果是繼續學習的話，他肯定會得到最高的榮譽的。相反地，他變成一個公開的敗家子。他青年時就擺脫了孝道的約束，父親死後，他越變越壞，交結

1　關白實際是宰相的意思，不是日本天皇。——中譯者注。

敗類，沾染種種惡習，其中包括他變成煉金術士時所得的狂熱病。他父親的遺產必定很多，但在煉金爐中燒個精光，以求創造無窮的財富。他淪於貧困，在老家呆不下去，便帶着妻子僕人在國內周遊，拜訪他父親的朋友，利用他們的友誼，靠念舊得點財物。另外很多人為了讓他在他所認識的官員面前說上幾句好話，也給他饋贈，而他窮得不知羞恥，便去接受它們。有些中國人就靠這後一種方法謀生和發達，很少或者根本不顧及公道或法律。他到了肇慶便去拜訪總督[1]和嶺西道[2]，兩人都是當權的大官，一個是他的朋友，另一個是他的同鄉，但他這兩次都遭到冷遇。就在這裏耶穌會士認識了他，但那正是在他們被趕走的時候；因此他們當時很少見到他。當他聽說神父們是在韶州時，他就去拜訪他們，那時他們還住在寺內；通過副長官[3]，他在神父們寄居的寺[4]內得到一間房屋，以便就近求教。有一天，他前來拜訪，穿着傳統的禮服，奉送貴重的禮物，這是學生拜師的風俗。他請求利瑪竇收他當學生，第二天他邀請老師在他的家裏吃飯，送給他綢料為禮。他們送禮是常情，不大好拒絕接受，但神父們總是用歐洲珍品作為回報，以免留下他們是為了報酬而教學的印象。

在結識之初，瞿太素並不泄露他的主要興趣是搞煉金術。有關神父們是用這種方法變出銀子來的謠言和信念仍在流傳着，但他們每天交往的結果倒使他放棄了這種邪術，而把他的天才用於嚴肅的和高尚的科學研究。他從研究算學開始，歐洲人的算學要比中國的更簡單和更有條理。中國人在木框上計數，那上面有圓珠沿着棍條滑動並挪動位置以表示數目。[5]這個方法儘管嚴密，但易發生錯誤，肯定在科學應

1　按即劉繼文。——中譯者注。

2　按即黃時雨。——中譯者注。

3　意大利文寫作 Liu Sanfu（呂三府，即呂良佐）。——中譯者注。

4　即光孝寺。——中譯者注。

5　算盤。——中譯者注。

用方面是有局限的。他接着從事研習丁先生的地球儀和歐幾里德的原理，即歐氏的第一書。然後他學習繪製各種日晷的圖案，準確地表示時辰，並用幾何法則測量物體的高度。我們已經說過，他很有知識並長於寫作。他運用所學到的知識寫出一系列精細的註釋，當他把這些註釋呈獻給他的有學識的官員朋友們時，他和他所歸功的老師都贏得普遍的、令人艷羨的聲譽。他所學到的新鮮東西使中國人大惑不解，他們認為他不能靠自己的研究獲得它。

他日以繼夜地從事工作，用圖表來裝點他的手稿，那些圖表可以與最佳的歐洲工藝相媲美。他還為自己製作科學儀器，諸如天球儀、星盤、象限儀、羅盤、日晷及其他這類器械，製作精巧，裝飾美觀。他製造用的材料，正如他的手藝一樣，各不相同。他不滿足於用木和銅，而是用銀來製作一些儀器。經驗證明，神父們在這個人身上沒有白費時間。大家都已知道，這個雄心勃勃的貴人是一位歐洲教士的學生。歐洲的信仰和科學始終是他所談論的和崇拜的對象。在韶州和他浪跡的任何地方，他無休無止地讚揚和評論歐洲的事物。

我們最關心的基督教，乃是這個人日常談話的部分話題，為了對它有更多的考慮時間，他有時請求把他一直專門進行的世俗研究中止幾天。當我們說到他記下討論中遇到的反對基督教的意見，其方式是驚人地一絲不苟而又有條不紊時，便可以看出有知識的中國人對於宗教是多麼地認真。他會在註解中留下空白，以待填上答案和解說，他對這一切都是那麼嚴格，以致利瑪竇很有理由大為吃驚，尤其是在涉及神學難題的宗教辯論。如果說教士們對於他的關心感到驚奇，那麼他也對於向他的難題所作的答案感到驚奇，他認為它們是無法回答的。有時很難分辨清楚，他究竟是因難題的答案，還是因那種使解釋易於接受的簡單方法，而驚歎不止。

時機一到，他便信服了真理，表示願意接受它；但是還不能接納他入教，因為他妻子死後，沒有留下子女，他就和一個他離不開的妾生活在一起，而又因為兩人社會地位不同，他不能收她為正房。儘管事實上他已接受了真理的光明並且願意接受信仰，但談不到他的領洗問題。終於，過了幾年之後，他對子女比對社會等級的興趣更大，當他們的第二個孩子出生時，他才把這個女人娶為他的合法妻子並成為一名基督徒。正是通過他的工作，神父們才和一位軍官，叫做兵備道（Pimpithan）[1] 的並和他的同鄉新上任的韶州長官 [2] 都結成好友。其他當地的友人還有知縣 [3] 和他的幕僚，再遠一些的還有南京巡撫 [4]，此人從前是他們這位奇才的家庭教師。

有了這些達官貴人作為保護人，他們的事業得到了發展，困難也減少了。有一個縣叫英德，它的縣令 [5] 特別希望跟歐洲人認識。每當有機會到省城去的時候，他就會拜訪他們，總是全副官場的儀仗，帶着許多扈從。他再三彬彬有禮地邀請他們訪問他的官府，大約要三、四天的行程。但他們一再謝絕，解釋說他們得不到總督的歡心，總督命令他們遷往韶州，因此在他當權時，他們進入該省似乎是不大審慎的。最後是盛情難卻，因為他補充提出一件他們認為確實有必要的事。這次他比以往更殷勤，他請求他們不要拒絕前去開導他的七十二歲的父親。為了使他的故事更有說服力，他補充了一樁頗為驚人的情節，看來這是上帝引導的一件事例。

情節是這樣的：他父親還年輕時，有個術士告訴他說，他在六十歲時會第二次結婚，七十二歲時會遇到一個外國人，他未來的全部幸福都有繫於這個外國人。當他唯一的前妻死去後，他在六十歲時再結了婚。他兒子被派到英德縣來當官，他也到這地方來，正好是七十二

1　據德禮賢考訂，此人為鄧美政。——中譯者注。

2　按此人為韶州知府謝台卿。——中譯者注。

3　按此人為曲江（意大利文寫作 Chiochian）知縣劉文芳。——中譯者注。

4　按此處「南京巡撫」誤，據意大利文改作「南雄知府」，此人為黃門。——中譯者注。

5　按此人為英德知縣蘇大用。——中譯者注。

歲。他在這裏聽說了許多有關一位外國教士的事，以致他完全肯定這就是術士預言指出要決定他的幸福的人。正是這個原因才促使他催促他的兒子盡一切努力把外國教士請去看他。他本人不能去看教士，一來因為年齡大，二來按照法令，只要他兒子任職該城之長，他就只能留在官府的範圍之內。聽說了這樣的故事，神父們覺得他們不應再予拒絕；他們高興地想到，訪問可能成為老人信教的機會。一當同意訪問時，這個縣官認為他該先走一步，以免等候覆音的父親懸念。這時他為神父之行安排了一艘特備的、華麗的船，類似官員出巡，並為旅途準備了各種必需品。

利瑪竇神父帶了另一名神父同行，還帶上瞿太素，以免中斷他的學習。他們被招待在佛寺內為他們準備好的房間裏，全城的人幾乎都聚集起來要看一看他們。縣官前來拜訪，比在韶州的排場更大，因為韶州不是他自己的官衙所在；接着他就宴請他的客人。第二天，利瑪竇拜訪了縣官的官府，會見了那個和藹的老紳士，他把利瑪竇當作給他增添幸福的天使來接待。他首先請求他們都住上三天。在那裏居留期間，他們談到了那個術士，利瑪竇說，如果他所作的預言真如預告那樣實現，那麼似乎人們確實很可以相信，由於上帝的啟發，那指的就是基督教，而他本人就是從世界的另一邊前來解說基督教的。然後他進一步說，他為主人所設想的最大的幸福就是接受那種宗教。於是老人要求了解有關信教的一切情況，當利瑪竇開始解說時，老人很高興地聽到關於基督教教義和神跡的解說，他願意當時當地就領洗，如果人們能同意他的願望的話。

他卻從未得到當時還不能允許給他的東西。他八十歲時死在南京省的家裏，沒有受洗。他們說他呼喚着上帝的名字死去，把一枚基督救世主的銅像放在自己胸上，那像是利瑪竇送給他的。但願上帝高興，他在這時從他以前所學到的東西裏受益。

抵達英德後幾天，縣官邀請他們去游賞碧落洞（Pelotum）村的美麗洞窟，這裏享有盛名，而且名不虛傳。洞窟是天然形成的，離河約一英里遠，有清冽的山泉注入，盛產魚類。他們在這裏遇見南雄城的前任副佐。他已被升任更顯赫的官職，現在是巡閱官[1]，以官方督察的身份在此巡視。按照他們的習慣，縣官請他赴宴，席上有音樂舞蹈和喜劇，一直延續到第二天淩晨。次日，他們和巡閱官一起返回韶州，他在他的官船上招待他們。

由於官員們的友誼，工作飛躍前進，肇慶的官員們到這裏來時，總要來拜訪。當總督的第五個兒子和總督的姪子出現在教堂的賓客中間時，引起了百姓的議論。他們途經此地，在地方官正式接待他們之後，他們沒有以禮回拜官員；然而他們卻率領所有的扈從，全副配備，登岸去拜會神父並贈送他們禮物。他們拜訪的主要結果是，韶州的百姓認為神父們是從肇慶遷居來的而不是被攆走的；這是唯一合情合理的結論，因為事實上不僅官吏而且總督的家人，都是那樣尊敬、那樣高興地向他們進行傳統的社交訪問。

第四章　在韶州的最初努力

感謝新長官[2]的好意，教團在韶州的事業得到順利發展。應我們的朋友瞿太素之請，他公佈一道嚴厲的告示，貼在教堂的大門口，宣告他自己是這座房屋的保護人。然而，天意的規定卻沒有讓這種和平和安寧繼續下去。似乎是這個初生的教會會植下更深的根，倘若它能

1　按此人為南雄同知王應麟（玉沙），意大利文稱他的官職是 Ci-aiuen 察院，英譯本誤「南雄」為「南京」。——中譯者注。

2　即知府謝台卿。——中譯者注。

經歷一系列困難的考驗和折磨的話。恰好這時，麥安東神父害了一場重病，確實是那樣危險，以致利瑪竇決定把他送往澳門，好讓副主教兄弟們加以照顧。他希望那裏的為這裏所缺乏的歐洲醫藥和食品，會使他迅速康復。麥安東神父離去後，利瑪竇神父想使長官同意讓另外一個人前來代替他，作為同伴。這可以讓病人有更多的時間復原，也意味着在中國有第三名會士。一些時候以來，他們就計劃着要在另一地區開設另一座教堂，以便更加鞏固他們的地位。這會有助於更牢靠地在中國居留，整個事業的成功也就不會依賴單獨的一個定居點。這事是請他們的朋友和學生向長官提出，要求在他認為適當的時候允許第三名會士到韶州來。

病人剛一離開這裏，韶州就發生一場反對教團的暴動。利瑪竇渴望傳播基督在大地上所點燃的火焰，就決定在中國陰曆新年的節日上給老百姓看點新東西。他有一座美麗的、從新西班牙送給他的立像，我們在前面提到過它。直至這時，它一直被藏在教堂室內，沒有公諸於世。教堂已有立像和燈燭作為裝飾，為了增進百姓的虔誠和信仰，他便決定把這座立像放在教堂的祭壇上，使人們可以完全看清楚它。

羣眾聽說這件事，便從四面八方前來瞻仰它，但住在附近的人卻根本不樂意在節日場合有這種特殊精神的表現。一到了晚上，他們就不斷向房屋擲石頭。然後他們躲到路邊，隱藏起來，直到屋裏的人出來制止進一步的破壞。他們看不見一個人，但他們剛一回到屋裏，暫時停止的投石就變得比此前更加猛烈。但襲擊者一暴露他們的隱藏地點，僕人馬上沖出去把他們趕走；可是僕人卻被包圍了，被推到羣眾的中央，遭到粗暴的凌辱，衣服也被撕掉了。神父們聽見他們求救的哭喊，跑來援助他們，但又很快地跑回來，才使自己及時躲避了嚴重的傷害。

瞿太素的意見是，他們應當馬上把所發生的事件報告給長官；但是既然想從澳門引進一個同伴，看來似乎同時遞上兩份申請是不可取的，恐怕批准一份就會拒絕另一份。瞿太素堅持他的意見：侵犯應當受到懲罰。他的推論是，這種情況下不加懲罰，就只會惹起更大的麻煩，時間越長就會變得越嚴重。因此他有他的辦法。第二天，他去見長官[1]，為了請長官到教堂來，他們才好更方便地申訴這兩樁事，他就告訴長官説他跟神父們一起住在教堂裏。

他的主意獲得成功，不幾天長官便來拜訪他。交談時，長官問起教團的情況，於是瞿太素大談受害的事，把襲擊教堂的事詳細地告訴了他，還説利瑪竇神父對這一切非常不安，但不願上告，因為看來最好是加以忍耐，不聲張了事。説完後，長官有片刻默不作聲。他對罪犯的氣憤簡直叫人不能置信。這時他把僕人們都叫進來，當他看到他們的樣子時，他的怒火更大了。他馬上下令把所有當地捕快頭領都召來見他，要他們找出嚴重侵犯洋人的主犯，他們知道洋人是在他的保護之下的。當他們説他們對此毫無所知時，差點當場被痛打一頓。他嚴厲申斥了他們，按這類案件的習慣作法，把鐵鏈繫在他們頸上，派他們去抓凶犯，命令把凶犯帶到公堂不得遲誤，按罪受刑。命令完畢後，他問麥安東神父是否康復；瞿太素趁着詢問的機會，談到教團還需要另一名神父的事。他解釋説，病人已留下來進行較好的醫療，而利瑪竇神父感到一個人留在這裏太孤獨。他真想再有一名神父來陪他，但他對當局的尊敬使他不便為一個同伴請求必要的允許。這個提議得到了恩允，長官説他很願意讓利瑪竇召來一名助手。

再説地方上的捕快，由於長官的命令，他們捲入了無窮無盡的麻煩。他們很清楚，投擲石頭的事是河對岸幾個紳士頭子的兒子幹的，這些人已經威脅説，如果他們的兒子受控告，他們就要向捕快報復。另一方面，他們又非常害怕長官，准知道如果交不出罪犯，他們自己

1　即謝台卿。——中譯者注。

就要有罪並受到懲罰。

就在這時候，教團的兩名僕人沒有讓神父們知道便離開了屋子，他們得到這樣那樣的風聲，就守候在河岸的橋邊，這時兩個想在晚上投石頭的青年走過來。僕人抓住他們，把他們交給正在為難的捕快，準備送交長官。這樣一來，捕快感到比當父母的高興，因為他們這樣就避免了因捕人而受人憎恨，而父母卻知道他們的兒子肯定會受刑，並且嚴刑拷打會使犯人供出自己同夥的名字來。當天晚上，兩個孩子的父親走投無路，便去找利瑪竇，卑躬屈節地哀求他寬恕他們的兒子，聲稱他們年幼無知，求他不再追究。

利瑪竇心平氣和地向他們說明了已經造成的損害，告訴他們說，他決無意控告任何人或使任何人受到懲處。然後他向他們保證說，這事是通過另一條渠道被長官知道的，僕人離開家裏時他並不知情，一直到後來他們在橋邊抓住孩子並送交捕快，他才發現此事。他解釋說，就他而言，他們本身就是息事的人。他本人不會再追究，而且如有必要，他甚至可以說情釋放他們的兒子。

聽到這話，他們感激零涕地離去了，然後就去說服捕快讓他們回到衙門去說，在襲擊的那天晚上，肇事者深藏在暗處，所以無法識別。這使長官很不滿意，他勃然大怒，下令痛打一名捕快，把另一名關入牢獄，直到他供出犯人的名字為止。最後，他們熬不住刑，點出兩名首犯的名字。其他罪犯這時四處逃跑，尋找藏身之地。同時，兩個孩子的父親在絕望之餘，不斷地跑到教團去，喋喋不休地懇求利瑪竇幫助他們。作為一個教士，他很願意這樣做，也為的是向這些不信教卻很易於接受這類教訓的百姓表明，基督徒並不以怨報怨；他的教義教導他說，如有必要，甚至要去幫助並救援那些傷害過他的人。瞿太素以利瑪竇的名義向長官寫了一份申請，利瑪竇也親自幾次到公堂去請求寬恕，終於得到應允，但只是很勉強的。

作為整個案件的結果，長官頒發了一道比以前更嚴厲的告示，其中在指出這樁特殊案件的後果之後，他嚴刑禁止任何人利用他的寬大措施，以求逃避今後犯罪所應受的懲罰。今後如有人膽敢再犯類似剛剛赦免了的罪行，那麼按告示規定，他應該知道，任何有地位或身份的人從中斡旋都不能解救他。

自從澳門得到另一名神父可以進入中國的消息，教區長神父就渴望親自利用這個時機，不是作為利瑪竇的同伴而是作為教團的正式視察員進入中國並在那裏居留。他沒有遇到任何阻力就做到了這一點，使大家都滿意，對基督教的事業也大有裨益。

當教區長返回澳門時，麥安東神父的健康仍然很壞，但他重返崗位的熱忱和願望是那麼大，所以他得到批准重返教團，雖然批准者仍有很大的猶豫。大家都衷心希望，隨着滿足他的願望而來的愜意和喜悅會促使他早日恢復精力和健康。

為了避免遺漏，讓我們在這裏敘述教區長神父在返回途中所遭遇的事。他已經深入到距澳門一日路程的香山，這時有人向該地長官報告說，他是一個未經官方允許擅自進入國內的外國人。因此，教區長被拘留了好幾天，直到在韶州和澳門的人獲悉之後趕去援救。利瑪竇神父取得一件官方證明說，教區長到韶州來是官員知道的，無可責難，不應該有任何事情阻止他返回澳門。這份文書到達之前，管轄澳門中國居民的官員已經核證了同樣的說法，經長官允許放教區長回去。因為掌握澳門管轄權的香山縣官[1]是個天性凶暴的家伙，憎恨歐洲人，所以他只允許神父的一名僕人隨他返回，並且當着他的面把另兩名僕人痛打一頓，然後在一個軍官的監督之下把他們送回韶州。試圖說服他允許他們返回澳門，只不過是白費時間而已。

1　德禮賢考為香山知縣王官。——中譯者注。

第五章　麥安東神父之死

麥安東神父天生體弱，沒有能恢復健康，到了十月再次病倒，他病得那麼突然、那麼嚴重，已不可能再把他送往澳門神學院了。他死於七月十七日，生病後的第八天。讓我們對這位上帝葡萄園中偉大勞動者的逝世暫且節哀，以便簡略敘述一下他的生平。

他是葡萄牙人，生於法郎哥撒（Francosa），僅活了三十五歲，大半生都在耶穌會中度過。從望道期起他就是虔誠和德行的典範，他聖潔的聲名在凡他所駐的地方都四處傳播。為了滿足他對工作和吃苦的願望，他要求去印度；抵達果阿後，又請求去擔任一項更艱難的傳教工作，說是他在學校的生活安逸夠了，他總是把學校生活那種簡樸稱之為嬌慣。他沒有失望。監督們察覺到他的天資美好以及他的雄心壯志，於是視察員神父就派他參加「偉大的希望」佈道，這是中國佈道團的正式名稱。他先是擔任當時澳門神學院院長孟三德神父的助手。他很喜歡這項任務，以致他在寫給一些同道的美妙的信函中，乘機表達了他對這一工作的愉快心情。那封信中表達了一個驚人看法，確實值得記述。澳門耶穌會士正在籌劃進入中國的辦法，因為他們實際上對這個國家一無所知，所以當時要進入中國實在是困難；這時他便提出一種辦法，那肯定有點過份，但可能是出自他真摯的熱誠。他提出讓他本人去充當某個官員的奴隸，如果監督們給予他必要的許可的話，他準備這樣做。後來，在他和羅明堅神父在浙江省作內陸旅行期間，當他們沒有達到他們心中的目的時，費了很大氣力才終於把他勸回去。他堅決請求讓他單獨留在那裏，說他會有辦法安全過活。確實，只是採取了神聖服從的命令才使他離開那裏的。

麥安東神父是那樣熱衷於作祈禱，熱衷於磨煉他的羸弱之軀，以致監督們不得不關心他是否太不慎重了。有一天，他的監督問他平常都做什麼口頭祈禱，並且發現除了每日禱告的聖職之外，他還差不多把禱告書中所有其他的祈禱都唸完。考慮到他每天完成的默唸活動，大家懷疑他還有多少時間剩下來進行學習。有人勸他只限於唸每天規定的禱告，把餘下誦唸的時間用來學習，但他出自信仰的堅定，獲允至少繼續每天誦唸對聖母的禱告，這是他從幼年起就養成了誦唸習慣的。他的言談中全是有關上帝和精神事物，到了那樣地步，乃至他本人和那些聽到他的人都深受它感動。他獻身於聖禮，在受任為教士職務前，因為不滿足於規定的日子，他就請求更多地得到聖餐禮。在澳門神學院居留時，他很多時間都花在行聖禮的教堂中，作彌撒對他始終是一種愉快，然後又儘量參加別的聖禮。他堅持這種做法，甚至於是在中國居住的期間。在他最後生病時，這種虔誠來得特別明顯。每當致命的疾病危險地摧殘他的虛弱身體時，在彌撒的末了，他都要溫存地向上帝告別，好像是他再也不會做彌撒了似的。他最後突然病危時，沒有得到聖禮的安慰，這是深為遺憾的事。在他最後的偉大旅程中他渴望着這種神助，在那個最後的夜晚頻頻熱烈地要求它。然而，當時我們的教堂並不舉聖禮，所以他的請求不能得到滿足，只是做完彌撒為止。他全心貫注在這唯一的念頭上，而且儘管他很難說話了，他仍極力要求聖餐。這時他想起了，根據神學家的意見，是允許期待天亮的，所以彌撒可以在破曉時結束。但是，說真話，上帝認為應當要他見到上帝本身，而不再藏身於一份精美的聖餐之中。他死在做彌撒之前，夜裏還太早而不能參加聖餐。當他感到死期來臨時，他要求把他放到土地上，就在那裏安詳地和十字架上的基督相通之中，他過渡到了永生。他們在他的書桌上發現一些筆記；那是一份親筆寫的記述，其中記錄下了一天之中發生的一切，影響他靈魂的好事或壞事，諸如魔鬼的誘惑，還有宗教的啟示、精神的光明，都整理得好像是要獻給他的監督或者他的懺悔師那樣。為了別人的好處，從這些手稿中重錄宗教生活的某些教訓，肯定會是有價值的。它們是上帝的奴僕為了爭取完美而不懈奮鬥的公開證據。

麥安東神父之死被他的教友們深切地所感受到，他們喪失了他這樣一位優秀的教士和宗教信仰的熱情勞動者。他的升天會有助於中國教團的昌盛和宗教信仰的發展，只是這種信念才減輕了他們的哀傷。他所結識的許多中國朋友都按照他們自己的風俗來悼念他的死；但他們不能理解，為什麼他的同伴們不像他們那樣長時期穿着喪服以表示自己的悲哀。當向他們解釋說，神父們作為宗教人士，是獻身於服侍上帝的，認為自己對於現世已經是死了，並不在乎塵世上的死亡，只是把它當作為通向一種更高生活的入門；他們很快地就理解了，解釋看來是令人滿意的。

喪禮期間，教團的僕人奉命穿上通常的白色喪服，直至死者友人們的弔喪結束為止。中國人用精美的棺材來裝殮他們的死者，因此事事都要妥善安排，免得缺少點綴而冒犯什麼人，同時又要恰當地保持宗教的節制。葬在教堂裏不是辦法，按中國的習慣，那今後會妨礙人們進去，而他們又不願隨中國的做法葬在附近的山下；所以便把棺材密封，保存到澳門神學院院長來決定一個葬地。

石方西神父被任命來接替麥安東神父，這兩個人頗有相似之處，但前者更為強壯活潑。他的入境既沒有提出申請，也沒有等待批准。他是在當局者每個人都很忙碌的時候到達的，沒有人阻止他到來。那位從前曾把神父們趕走的總督[1]當時正路過韶州，前往朝廷接受更高的官職。利瑪竇神父趁機拜訪了他，同時帶了他新來的同伴一起去。拜訪是公開進行的，因此百姓認為總督必定與石方西神父熟識，因為總督公開接待他。接見是友好的，總督好意地問利瑪竇，他為什麼不願住在著名的南華寺內。他還送給利瑪竇幾本他寫的書，贈禮也是公

---

1 即劉繼文，意大利文寫作 Leusciezai（劉節齋），他升任戶部侍郎。——中譯者注。

開進行的。所有這些情況都對基督教的發展幫助不小，由於同樣原因，神父們不失時機地談到官員們的友誼。

我們剛提到的這位總督，是靠賄賂和饋贈並通過密友的政治策劃，才得到晉升的。他剛在他赴首都的半途中，朝廷的御史[1]聽說他濫用職權等劣跡，就終於把他的許多罪行揭發出來。他當時就被解除了一切職權，並且罰款四萬金幣，作為贓款而上交國庫。他隨身帶的全部金錢都被沒收，呈繳府庫，他和他的家庭淪於赤貧如洗。即使這樣，報應還沒有完。看來好像是上天在懲罰他。他生了爛瘡，又上了年紀，不能支持，他在彌留期間臨死掙扎，甚至得不到子女和僕人的一口水喝，因為他們正忙於搬走傢具。他死時大聲呼叫，重複這幾個字：苦苦。上天好像是用這種死法，甚至在現世就懲罰了他對別人所加的傷害，包括教團的神父在內。他在他奪走教團的房屋裏面收藏了魔鬼的像，立一塊石碑，說明房屋的來源以及他使用它的目的。離這所房屋不遠，他建立了一座廟，其中他按照風俗安置了自己的塑像。

再來談肇慶，這裏應複敘一下有關我們被驅逐的謠言，那是一個在這些地區把它忘卻之前可能要長期流傳的故事。無論傳到哪裏，它都被人述說並且被信以為真；據說是歐洲教士被召到總督面前，但採用任何威脅手段都不能強使他們吐露煉金術的祕密和丹方。據說他們在頑抗中聲稱，這樣的無價祕密決不能用暴力奪取。因此，總督大發雷霆，把他們趕出屋去。人們普遍認為這是一種不公道的做法，因為神父們沒有被指控任何具體的罪行。有關歐洲教士的這一傳說，以及類似的謊話和毫無根據的謠言，不僅作為流言蜚語而傳遍全國，並且還在書刊中保存到後世；在中國，書籍一般都享有講真話的極高聲譽，以致書中的內容即使是假的，後人也從想不到指責它們是謊言。

1　意大利文作 Ciaiuen（察院）。——中譯者注。

操這份心或許對我們的行業應當說是多餘，但應該記住的是，這種寫法並不是在挑傳教士的錯。反之，作者在記錄他們本國歷史的這一事實，就意味着：作為歷史家，他們承認教士們是值得書寫的，因此也就像是在對他們的祖先那樣一視同仁，而他們對祖先是懷着尊崇和神聖的記憶的。

第六章　南雄的信教者

南雄鎮有個叫葛盛華（Cosunhoa）[1] 的商人，僱有四十個人在經營生意。他出生在江西省的泰和縣，是偶像的虔誠禮拜者。他一生都拜佛，按中國風俗吃齋贖身，也就是完全戒食肉、魚、蛋和乳。他完全靠吃蔬菜、大米和少量的面餅為生。用這種嚴格的齋戒，他把幸福的希望寄託於來世，因為他在無數的教派中不能找到真正宗教的痕跡。這個人不知怎樣和我們的朋友瞿太素交結了，後者經常去南雄，他的妾就在那裏。

有一天他們談起宗教，葛盛華聽瞿太素說韶州有從泰西來的外國教士（中國人習慣於把整個歐洲叫做泰西）。瞿太素告訴他說，他們能向他指點通往天堂和永恆幸福的真正途徑，並且勸他去看他們，因為他現在已是六十歲上的人了，應當想到不久升天的事。當他充分聽說了神父們真正所做的事情時，他前往韶州，並受到熱情的歡迎，既是由於他本人的緣故，也由於他的介紹人的友誼。他說明他來的目的，驚喜地發現了他所期望之外的東西。他為上帝的仁恩所感動，似

1　譯名據德禮賢。——中譯者注。

乎不是在用耳朵而是在用靈魂來聽講的，並且以一種神奇的虔誠情操接受了教誨。每當他聽見他特別喜歡的宗教真理時，他就會從位子上站起來，跪下去，按照中國的方式趴在地上叩頭，感謝他的教誨師。他天生是安靜、溫和的性情，非常友善，成為所有僕人都喜歡的人。受了充分的教誨後，他在聖洗禮中洗清了過去生活中的罪孽，取名為若瑟（Giuseppe）。從前他是個崇拜偶像的人，習慣是行他們所採用的那種瀆神的禮拜辦法。這時他就問他新奉的這種教需要什麼樣的宗教祈禱。利瑪竇神父的回答是讓他進行聖依納爵精神修煉第一周的默唸，他很高興地進行了，不久就顯得像是個成熟的教徒，而不像個新望道的學生。他在教團住了一個月，如果不是被叫回家去照顧生意，他還會多留些時間的。他離開時已經受過了良好的教誨，後來又返回韶州複習他所學過的東西，接受新的指導來更詳細地規範他的宗教生活。

1592 年，在齋戒的日子裏，恰好趕上中國的新年，利瑪竇神父給他的朋友瞿太素送去一份禮物，瞿太素非常高興，便親自到韶州來回贈禮物。利瑪竇利用他的訪問，趁機隨他一起回到南雄。對這次旅行他已琢磨了好一陣了，並且有好幾個原因；首先，江西省內有廣東省銀號的分店；其次，在韶州支持神父們的副長官現在是南雄知縣[1]，會歡迎這次訪問的；最後，利瑪竇渴望把若瑟全家人都接納入教。瞿太素決定先去通報知縣和其餘也希望見到外國教士的人們。

不久之後，利瑪竇一行人登程，到了離城還有一段距離時，若瑟和他的一些朋友已在路上迎候。他已在家裏給他們準備好了住宿處，但瞿太素認為自己的家會更好些，因為官員和知識階層到這裏來拜訪，比到商人家裏更容易。一到達鎮上，他們徑直去見副長官，他在

1　意大利文作 Guanioscia（王玉沙）。——中譯者注。

官府裏殷勤招待他們，大家談了一陣各種事情。在同一天，他回拜了神父，各種常禮都齊備，穿戴着全副衣冠，這是官員在自己轄境內拜訪紳士時的排場。瞿太素為這次接待舉行盛宴。當地的官員和顯貴幾乎一無例外都仿照副長官的榜樣。他們的拜訪必須一一回拜，當利瑪竇從一家到一家時，不僅全家人而且所有鄰居都出來看歐洲人是什麼樣子。事實上，人羣是那樣多，以致在他訪問的整個期間，他都得坐轎子開路向前。但即使那樣也阻止不了人們的好奇，有的人會撩開轎簾往裏看，有的一直跟隨到底，好看他走出轎子。

他非常違背自己的願望，一連幾天都進行這種正式拜訪和友好招待，但新鮮感很快成為過去；當羣眾減少時，他就離開瞿太素的家，住到若瑟那裏去。住在這裏更愉快，也更有用，因為這裏儘管客人仍然很多，卻並不顯貴，他們都為一個目的而來，那就是聽神父講神聖的真理，為此他有時要花上幾乎一整天，差不多沒有時間用膳或者做當天的祈禱。即使在晚上他也要會客，有時拖到淩晨，從而聽眾不得不在屋裏過夜。在準備他住宿的房屋中，除居室外，還有一間廳堂，裏面擺着祭壇，每天早晨都在那裏作彌撒。宗教聚會就在這間廳堂裏舉行。每次聚會開始時，聽眾都堅持行禮，像是對待他們自己的大官所行的那樣。

新入教的若瑟成為上帝之道的先行，他已經刊佈了各種介紹基督教的手冊。大批前來的聽眾之中，只有六個人受到充分教誨可以接收入教。其他很多表現有良好願望的證據的人，則被列為預備入教的一類，延期接納，其中有這家的四個兒子。這個地方有希望成為一塊非常肥沃的土地，如果教團能夠勻出更多時間的話；甚至於訪問它都證明了好處不止一種。後來，神父們進入中國內地，這些信徒在協助他們越過兩河之間的山嶺[1]時，證明很有用處。

1　指梅嶺。——中譯者注。

現在再說韶州。這裏也獲得了一些成果，幾個新信徒已脱離偽神的專制而走入基督的陣營。其中一些獲允住在教堂裏的人，表現出為上帝服務的特別熱情。有一個人因為信了基督教，被他父親痛打，但怎麼也不能勸服他再去禮拜他過去所奉的鬼神。另一些信徒偷偷到寺裏去打爛佛像的手足。利瑪竇神父聽見這些，就警告他們別這樣幹，他知道要是一旦被發現了，就會惹起一場真正的騷亂，但哪怕他的警告也阻止不住他們。

一個僕人的兒子是一個剛領過洗的男孩子，從寺裏偷出一尊偶像，拿回家去。沒有別人知道這件盜竊，但他由於剛才做出的警告，害怕受到懲罰，趁大家都睡覺時，把它扔進廚房的火爐中。它是用香木製作的，散發的味道馬上泄露了它的來歷。一個在教堂裏巡視的世俗兄弟追蹤氣味，發現地上燃燒着的偽神，火焰比從下面燃燒它時更加美妙。這個發現報告給了利瑪竇神父，那個小寺賊被揭發了，但他沒有受罰。寬大的神父藉口説錯誤是由青年的熱情所引起的，置而不問。另一名僕人是一個願領洗者但還沒有入教，他和幾個朋友在山路上散步，在荒涼的地帶來到一座廟宇。一名基督徒走進去，拉出一尊偶像，對那些願領洗的人説：「這從前就是你們的神，你們向它下拜過。」然後他挖了個洞，把它埋進去。還有其他類似的例子，但這裏加以敘述似乎並無意義。一兩個例子就足以表明新基督徒的熱誠，以及他們對於自己過去習慣崇拜的神所懷有的憎惡。

第七章　夜晚的強盜

七月間一個夜晚，隔壁在舉行婚禮時，教堂被強盜闖入。修士和僕人被鬧聲吵醒，以為闖入者是沒有武裝的歹徒，就走到院子裏，讓房門洞開着。他們認為歹徒一被發覺就會逃跑的。他們在暗中摸索，還以為自己碰上的是別的僕人；但相反地，他們發現自己被強盜包圍了，暴徒們充分武裝，人多勢眾。有兩三名僕人受了重傷，石方西神父頭上被斧子輕微砍傷。利瑪竇神父點燃燈，看到自己人少力薄，就力圖把他們撤退到內室裏來，但強盜們朝門內投擲長矛，所以撤不下來，關不上門。屋內全無防禦的準備，連根自衛的棍子都找不到。利瑪竇神父盡力守衛內室的門，是用恐嚇而不是用武器，他手上受了傷，但最後仍設法使大家進到屋裏來。強盜們闖了進來，拚命要打開房門，但房門很牢固，門得很嚴，抵住了他們的攻擊。這當兒，住在教堂裏有一個青年學生爬到房上去，把桌椅木器朝下面院子裏的強盜投擲，利瑪竇神父從一扇窗戶爬進小花園，但腳踝受了重傷，不能到路上去叫警方。於是他叫四鄰來幫忙，但鄰人和強盜勾結一起，甚至於慫恿這次搶劫。最後，求救的呼喊和傾落在頭上的木料足以使盜匪們驚恐，他們一無所得地撤退到附近的寺廟裏，他們很可能就是從那裏來的。

這類事件自然是不能容忍的，第二天早上，長官的第四位助理——即當時代理該城知縣的[1]，獲悉襲擊的消息，怒火上升，主要是想到強盜竟敢在他的任期間在城區之內進行這樣的暴行。他立刻就追查罪犯。由於鄰居沒有人過問搶劫的事，他斷定強盜就是鄰人；而且後來證明他是對的。然後他把幾個鄰居召來，挑出一個住在離現場最近的，對他施以刑罰，同時允許如果他把真情合盤說出，就釋放他。他先供出自己，接着又一一供出了其他人，包括一羣賭徒，其中就有幾個上一年拋石頭的人。這番招供使他們和他們的父母驚恐不安，因為其中有些人出身的家庭有相當地位。代理長官這時叫神

---

1 意大利文寫作 Guan Sufu，德禮賢讀作「王（？）四府」，林金水考為韶州推官黃秀華。——中譯者注。

父按正規法律手續提出控告罪犯的狀子，他們被迫這樣做了，但是很勉強。狀子措辭溫和，說明沒有被偷走什麼，最後請求長官寬恕罪犯，如果做不到，就請從輕判刑。這和中國人打官司的辦法大不相同。通常原告不僅誇大罪狀，而且還增多被竊的數量，好從打官司中佔到便宜。

副長官看到狀子，有點驚奇，儘管他贊同原告人的寬宏大量，他仍然對強盜發火，認為他們竟襲擊了如此能體諒別人的好人。因此他命令把犯人都綁起來，押上公堂。因為告他們的狀子很溫和，神父又對他們哀哀求告的父母許了願，他們便沒有逃走，並且他們在受刑時，有兩三個馬上就供認不諱。

這時碰巧有一個罪犯在襲擊教堂時丟了他的帽子，這頂帽子在第一次上訴時就呈給了副長官。審訊中，犯人一個挨一個在頭上試戴這頂帽子，發現其中有一個人戴上去完全合適，肯定就是他的東西。中國帽子是按照每人的腦袋做的。由於它們恰好吻合，所以戴帽子要相當費力地扣壓和擺正，除了本人之外，別人戴上都不舒服。這名特別的犯人就這樣根據他的帽子驗明正身。其他物證以及他們本人的招供使整個事情大白，接着宣佈對罪行的如下判決：搶劫的首犯被處死刑，其他的人按參與罪行的情況或罰充船奴，或發配皇家為奴。這些判決帶給神父們無窮無盡的憂傷，他們確實感到，對當地公民加以這樣的刑罰，外國人是很惋惜的。再者，把這些人的家庭變成敵人，危險也不小；使河一邊的百姓得到一種另一邊的人都是強盜的印象，也沒有任何好處。此外，神父們隨着被告從一個衙門到另一衙門，於教團也並無幫助。

一個副長官的判決並不是最終判決。它尚須交給其他幾個官員去審查和批准。使案子的這部分變得糟糕的是，神父們遭襲擊所受的傷還沒有痊癒。然而，須在各個衙門裏出堂這件事卻有一個好處；它把利瑪竇神父帶到肇慶，在那裏有一位朝廷命官[1]要在總督的省城裏審查在韶州所作出的判決。這場審查輕而易舉地完成了，因為一切情況都已經供認而且證據確鑿。旅行的好處在於，它為利瑪竇神父提供一個看望新信徒的機會，他們得不到精神的指導和教益，而這次訪問證明了是非常有益的。確實，這些信徒有很多曾到韶州去看神父，另一些曾去澳門並增強了他們新的信仰；但還有另一些人，或許是其中多數，卻得不到教誨，幾乎又回到他們從前的異教上去。新基督徒的幾個孩子在這次訪問中受了洗；總的結果是，他們都受到鼓勵堅持信仰並得到了豐富的精神安慰。

利瑪竇在肇慶時，教團接到澳門來函，説耶穌會的視察員已從日本返回。前面已經提到，日本天皇正把耶穌會士驅逐出境；視察員神父到那裏去恢復了一些秩序之後，認為最好是離開日本，免得惹起那個暴君的憤怒。如果他發現正在他極力驅逐那裏的耶穌會士時，竟又有別的進來，那是肯定會發生的。因此視察員神父聽從了那裏神父們的勸告，回到澳門來。

視察員神父聽説韶州所發生的事，就致函利瑪竇説，他想和他商談幾樁有關教團的事。他還想要澳門的醫師檢查一下利瑪竇至今尚未痊癒的腳踝，免得他永遠變成瘸子。於是，利瑪竇就把他的同伴送回韶州，而自己乘船從肇慶出發，採取最短的路徑去澳門。

在這次對澳門的極為有益的訪問期間，他們作出了很多重要的決定，但他們決定不去動受傷的腳踝，因為利瑪竇步履自然，沒有給他帶來麻煩，除非是他不得不長途步行的時候。

利瑪竇回到韶州時，發現罪犯們都在縲絏之中。他們的親屬仍在

1　德禮賢考為按察司賈應璧。——中譯者注。

為他們辯護，而在利瑪竇神父回來之後，除非有他陪同，他們從不在公堂出現，也甚至不去公堂；他們確信，那個本應和他們作對的人乃是他們最好不過的辯護人。

中國的法官中，有一個法官的特別職務是減刑[1]，他的職銜即由此而來。他以皇太后的名義行使職權——在中國太后是皇帝的母親。每個省都有一個大法庭（Presidial），即法官的法庭，它對罪犯判刑，其中有一名法官在各自的省內受命擔任這個特殊的減刑職務。他履行職責要去查牢房，釋放一些罪行較輕的人，減緩對另一些人的判刑。他巡視時特別受到當地法官的尊敬，他要在他們的轄境內行使權力。

我們所談到的被告，把一切希望都寄託在這位官員之到達韶州，但他對他們沒有予以考慮，儘管神父們代他們求情。最後一個批准本案的判刑並有可能改變它的人是欽差[2]，而他還沒有作出決定。他到達韶州自然使被告十分驚恐，因為很難指望他會減免已經由七八個法官所認可的處刑。

這時，大約五十名犯人的親屬們，對於結局感到恐懼，幾乎是絕望，就聚在一起商議，或者不如說是為了報仇。他們在絕望中，為自己的事情在一座廟裏向偶像獻祭，然後他們共同發誓要把歐洲人驅逐出韶州。他們為此目的擬了一份訴狀，指控神父們違反中國法令，通過澳門和肇慶不斷和外國接觸。還聲稱他們在這裏修建的不是房屋而是堡壘，其中他們窩藏有四十多名來自澳門的外國人組成的一支戍軍。此外，他們通過官員把無辜的當地人置於重刑；由此就使他們自身總的説來對於國家，特殊説來對於本鎮，構成了威脅。所以他們聲稱，出自維護公益的願望，他們提議並請求把這些外國人驅逐出境。

1　德禮賢讀作「恤刑」。——中譯者注。

2　意大利文寫作 Ciaiuen，察院，應即賈應璧。——中譯者注。

為了博得地方官員的好感，他們送給地方官員一份請求書要求支持，並提醒官員說，欽差通常都要對這類請求加以審查的。使他們感到不幸的是，法官中沒有一個人願意遞交他們的申請書。事實上，另外一些市民勸告他們擱下這份申訴書，並警告說它可能證明有害於他們本身。唯一對他們的計劃感興趣的官員是長官的第二副手[1]，他答應把它呈遞上去，原因僅在於他和副長官[2]不和，他知道這個長官是教團的朋友。確實正是這位朋友通知了利瑪竇神父說，申請書已遞交上來。他還把被告的一些朋友召來，警誡他們要慎重，因為被告還沒有脱離危險。他還勸他們不要去惹怒那些替犯人求情的人，因為他們也可以作為原告人出現在欽差面前。他告訴他們，不要認為那些受襲擊的人瞎到認不出明火搶劫他們的人。這個警告使得親屬們非常害怕，所以他們放棄了他們的計劃並哀求饒恕，然後又乞求利瑪竇神父在欽差面前充當他們的辯護人。他確實是這樣做了，當召他作證時，他努力澄清整個事件，趁機替他們的案件説情，超過了他們的請求和期望。他請求欽差對一樁可能有疑問的案子寬大為懷。

在這個請求之下，而且知道與案情有關的人此後不會有人再把它提出來和他為難，欽差也就寧願贊同被告的親屬所找來作證的幾名本城的著名人士，而不再堅持從嚴審判。他在判決中宣佈犯人是竊賊而不是強盜，判以每人各打二十竹板，然後開釋。親屬們很滿意這個判決，當事人自己儘管不那麼樂意，多少也滿足於免遭應受的懲罰，還免去被定為強盜的醜名，那對他們和他們的親屬都是永遠恥辱的標誌。神父們對定讞感到滿意，因為它讓這些異端百姓得知基督的寬仁的觀念，它不僅不尋求報復，反而要加以避免。

然而很可以想象得到，那些極卑鄙的忘恩負義者以異端的不虔敬

1　意大利文寫作 Cuon Lhfu，管貳府，即管轂。——中譯者注。

2　意大利文寫作 Guan Sufu，即王（黃）四府，黃秀華。——中譯者注。

報答了這一基督徒虔誠的範例。就在囚犯獲釋的當天，不再怕受到懲罰，共謀者又提出他們剛剛放棄的指控。他們有兩百多人，聚眾鬧事，吵吵嚷嚷地要已經渡河的欽差回來聽取他們對公共安全的要求。長官的第二副手[1]是教團以及副長官[2]的敵人，也是他們的頭頭，顯然想使人知道他就是這羣兇徒的教唆者和魁首。

欽差或者是明白鬧事者要幹什麼，不願容許這種無理取鬧，或者是他不想接受一件嚴重的控告，特別是為一羣暴徒所提出的時候。不管怎樣，他對他們叫囂的回答如下：「有關公共福利的申訴不應拖到我走時才呈交。訴狀應該在我到達時交給我。」他就用這些話取消了整個事情而不肯聽他們的控訴。自然，結果是神父們為勝利而高興，正如忘恩負義的暴徒們為遭到拒絕而羞愧。他們全心依賴着上帝的仁恩，在這種情況中，神父們始終把個人安全和教團的勝利委之於上帝的特別保護下。這一次，上天的關切彷彿格外明顯，當地的百姓竟無法和他們自己的審判官一起來侵犯兩個完全是異邦人的外國教士的人身。

同一個時候，禮部的主管人——即第二級的官員叫做尚書 (Sciansciu) 的，從北京到達韶州[3]。他奉旨正在赴廣東省南海岸他的老家海南島去，攜帶着妻小，扈從甚盛。從難以確定的這樣或那樣的來源，他聽說到外國教士所表現的奇跡。他從來沒有離開他所乘的豪華船隻登岸去作正式回拜的習慣，然而他卻確實到教堂去拜訪了神父。不尋常的還有，他跟他們差不多談了一整天，而且他十分大方地不僅表示友誼，還贈送貴重禮品。最使他高興的是教士們對一些數學問題的解法，他在北京時就已聽說了不少。離別前，他答應在他從故鄉回北京的途中，將把利瑪竇帶到京城去校正中國曆法中的錯誤，因為他們自

1　即韶州同知管穀。——中譯者注。

2　即黃秀華。——中譯者注。

3　按此人為南京禮部尚書王弘海（忠銘）。尚書是正二品。——中譯者注。

己的天文學家不知怎樣加以補救。他的想法是，作為這樣一件重要工作的發起人，那會提高他自己的聲譽的。

作為答拜，利瑪竇神父決定登上他那艘美麗的大船，他在船上受到甚至超出他所預期的尊敬而又客氣的接待，他們一直交談到深夜。這次訪問中，他的主人談到副長官曾告訴他說，神父們在夜裏遭到強盜襲擊和一些虐待。他深受感動的是，神父們不是為受辱而尋求報復，當這些人已經是被判處死刑的時候，他們卻做到了把他們的襲擊者從罰作船奴和終生徒刑的判決之下解救出來。這種寬仁使他相信，基督教義是難以理解的盡善盡美，他對這一點讚不絕口。

第八章　石方西神父逝世

就在對強盜們開庭審理的期間，在 1593 年 11 月 5 日，石方西神父蒙召獲得永生的酬獎。短短幾天功夫，他就因高燒而去世了。

他是那些短期內完成了若干年的工作的人們當中的一個。石方西神父來自羅馬近郊福爾薩（Forsa）教區修道院。他在童年就被送進羅馬耶穌會學院求學，他在那裏過着高尚有德的生活，是聖母會的成員。完成哲學課程後不久，他被接納入耶穌會，在此期間，他公開為整個課程辯護，得到在場的人的一致讚許。朋友和外人都高度評價他的精神品格和他處事的老成涵養。如前所述，他在日本使臣從羅馬返回的途中，和他們一起來到東方。奉耶穌會視察員神父之命參加這次傳教，他從日本乘船到中國，不顧肇慶的騷亂，也不顧預計中收穫的微小。他不怕韶州的惡劣氣候或者他所代替的那位教士的死亡。相反地，或者是蔑視或者是隱蔽起對他這一任命的畏難情緒，他馬上接受他所擔任的職務。

石方西神父本人就是謙卑的體現。死前不幾天，他和一位教友助手談到堅持聖職的事，他說他聽到聖母的聲音對他說：「鼓起勇氣，繼續在我子耶穌的會中工作，堅守你的聖職。」他轉身尋找聲音的來源，就立刻看見了聖母的肖像。他自言自語說這件事，在他最後病重期間，他要求把一首讚美聖母的詩放在他的牀上，使他好經常誦讀。看來肯定的是，石方西神父在死前很久已感到死期臨近。有一天，桌上擺了一碟腌肉，他看見時就用一本正經的腔調說，他的生命不會像那碟肉保留得那麼久。當時談吐是輕鬆愉快的，在場的人認為他這話是開玩笑。他生病前不久，有位神父對他說，那碟肉都已經吃光了，可他還活着。他糾正這話，說還有些留在櫃橱裏。就在這時，石方西神父病重死去了，別人發現所說的肉尚未吃完。

他剛得病時，他們沒想到他有生命危險，因為他身體強壯，精力旺盛。病危之前，他坐在牀邊，比往日更認真地向利瑪竇神父作懺悔，然後站起來向他擁抱告別。利瑪竇神父認為或許他的心情已開始錯亂，就叫他坐下休息，保存元氣。石方西神父含淚歎息回答說：「我知道我害的是什麼病，我知道我要死了。」「請別那麼說，」利瑪竇神父回答說，「你若死了，你就要增加我把你的遺體運回澳門並找別人代替你的雙重麻煩。」這番話指的是麥安東神父的遺體仍等待着運走，而神父們不知如何辦才好，正為此在不必要地發愁。病人的答覆是平靜的，他說：「你完全不用擔心怎麼料理我的後事，也不用擔心要找人接替我。」他的話結果都是真的。

澳門的人正要得到他的死訊時，一個修士派一艘船從省城駛往韶州，這艘船就把兩具遺體送往澳門神學院的墓地安葬。大批的人從城裏到這兒來，當船靠近時他們聚攏在岸邊，然後隨着宗教團體列隊送葬到墓地。神學院院長孟三德神父作了安葬講話，他在講話中勉勵了參加偉大的傳教事業的人，而這兩位神父就是為此工作的。他這樣向他們保證：傳教士之死終究能增強戰鬥的教會，它正把兩位代理人送往天上勝利的教會去懇求教會事業獲得成功。

這兩位神父死於兩年之內。[1] 在利瑪竇神父的教導下，他們在學習中國哲學方面進步神速，以致一旦克服了開頭的困難，他們還有空餘時間進行寫作。這樣，正在準備收穫果實的時刻，就損失了田地裏的兩個幾乎是壯勞力。也許上帝被罪孽所激怒，才允許出現這樣的事。

現在讓我們介紹接替教團所失去的這兩個人的工作的神父。郭居靜神父也是和日本使臣一起從歐洲來的，但他被留在印度，院長神父任命他管理捕魚海岸的傳教邊區。石方西神父意外去世時，他就被派到中國教團去。還有兩個人被派去擔任這個職位，但他們留下來完成他們的神學課程。新來者的出現給教團增添了許多快樂和穆肅。於是神父們比較安全地工作，但持續存在的安寧氣氛並不是沒有一種經常的恐懼感，儘管它本身並沒有多大危害。

該省的新長官[2] 就是款待石方西神父的人，彷彿他是被他的前任所召來的，現在已是他任職期的第三個年頭了，這時按照習慣，他要回到朝廷重新述職並向皇帝表示效忠。這位長官離任期間，他的職位由他的第二副手接替，此人是教團的公開敵人。神父們深信，他不僅會是對他們工作的經常威脅，而且還會盡一切努力把他們趕走的。神父們是因為上面已提到的最近騷擾才這樣深信不疑，也因為他曾屢次向他們發出過恐嚇。然而，看來似乎老天要用一種頗為不平凡的方式使他們擺脫恐懼和危險。就在他要走馬上任的兩三天內，在他赴衙門的途中，他摔倒在路上，來不及被抬回家便死了。由於他的死，第四副手就權署長官之職，此人不僅是神父們的朋友，還是他們的特別保護人。這一恐懼的消除，教導了神父們以及別的人，福音的宣講者始

1　「兩年」（biennium）顯然系「三年」（triennium）之誤。——英譯者注。

2　即謝台卿。——中譯者注。

終是在上帝的庇護之下工作的，而且困擾他們的各種麻煩不是被上帝所排除，就是被轉化為好事。

第九章　利瑪竇神父抵達皇都南京

當耶穌會的視察員神父從日本返回中國時，利瑪竇神父便趁他到來的時機，要把教團建立在一個堅實的基礎上，使之更牢靠而且能得到更廣泛的發展，並和他們所宣講的福音的偉大相稱。他已經成功地在教團內停止使用小牧師（ministelli）一詞，即對低級牧師的貶稱，這是對神父們的稱呼。然而，這一點對普通百姓卻更為困難，因為神父是獨身者，有一個教堂並在規定時間作祈禱。這名稱本身就妨礙取得顯著的成就。再者，神父和中國寺廟裏的和尚所行的某些職能有類似之處，使得百姓們用同一名字來稱呼這兩種根本不同的東西。因此利瑪竇神父對視察員神父說，他認為如果他們留鬍子並蓄長髮，那是會對基督教有好處的，那樣他們就不會被誤認作偶像崇拜者，或者更糟地被誤認為是向偶像奉獻祭品的和尚。

他解釋說，那些人按規定要剃得光光的，頭髮要剪乾淨。他還說，經驗告訴他，神父們應該像高度有教養的中國人那樣裝束打扮，他們都應該有一件在拜訪官員時穿的綢袍，在中國人看來，沒有它，一個人就不配和官員、甚至和一個有教養的階層的人平起平坐。最後，他勸視察員神父說，利瑪竇神父本人應當儘快努力開闢另一個駐地。其理由如下：首先，韶州氣候不良，短時間內便使教團付出了兩個生命的代價；或者，如果這理由還不夠充足，那麼開闢第二個駐地也是有利的。這會增強教團的安全，整個事業的成功也會危險較小，如果一處駐地遇到了災難的話。

視察員神父認為這些請求是非常合理的，所以一一予以批准，並且親自負責把每項請求都詳細報告給羅馬的耶穌會總會長神父，也報告給聖父教皇。

韶州的神父逐漸習慣於這種新裝束，它證明很合他們朋友的意，因為按他們的禮節，他們現在能夠把神父當作同儕而更隨便地交往，但他們卻不能跟他們自己的向偶像獻祭品的僧人也這樣做。官員和上等階級的中國人始終很禮遇神父，因為他們欽佩神父的學識和品德，兩者都是當地僧侶明顯缺乏的。另一方面，百姓卻看不出這一點，認為所有的教士都一樣。上等階級害怕跟那些穿着不合本國風俗的人交往會有失禮儀和高尚風度，因而不能把神父當作同儕來對待，這有一半也是神父的過錯。當教士到官員的衙門去時，他們遵守來訪的知識分子的禮節，而與老百姓的禮節不同，這本身又使得官員們在訪問教團時也同樣有禮。

這兒或許要適時離開話題，糾正一下某些歐洲人的下述看法：在中國的耶穌會神父極力想得到中國授與的科舉學位。他們在這裏被看成是歐洲人，而不是受過教育的中國人。中國人贊成這樣一種普遍看法：即士大夫階層，即知識分子，無論在哪裏生活舉止都應當如此，遵守所在國的風俗，穿上當地所習慣的衣服。不幸的是，在廣東省，神父們沒能擺脱討厭的和尚稱號。幸而使他們受益的是，從他們到達其他省份的時候起，他們就被認作是有學識的階層了。

再談另一個駐地的開闢。下一年即 1595 年的 5 月，出現了嘗試的好機會，於是利瑪竇神父想利用時機馬上前往南京。這事的經過如下：兵部的第一副手——中國人叫做侍郎（Scilan）的——離任退休了[1]。他在國內獲得許多崇高的讚譽，在廣西省人人都很尊敬他。就在這時

1　一般認為此人為兵部侍郎石星。原意大利文寫作 Scielou。——中譯者注。

有消息説，日本的首相關白殿（Cabacondono）[1] 已經開始進攻朝鮮。這個國家既是中國的鄰國，又是中國的屬國，因此中國皇帝決定派遣一支八萬多人的隊伍去援助它。他必須選擇能征慣戰的將領去打仗，於是兵部的第一副手再度被任命為他原來的職務，但這次是在京城。

他的職位要比總督高。此人有一個兒子，約莫二十歲；他因參加進入最高學士階層的考試失敗，害了神經抑鬱症。父親想盡方法使孩子恢復正常，但沒有效果。他那樣愛他的兒子，便帶他一起到朝廷去，認為信奉唯一天主的神父們也許能用禱告和陪伴而使孩子恢復精神健康。於是他把軍官召來，叫他特派一艘帆船接神父去見他，在場的官員們吃驚地看到神父們受到如此的尊崇和禮敬。

互相致以官場的寒暄之後，他提出了有關歐洲和基督教的各種問題，從這些題目又談到另一些，最後他說起他的兒子，並且請求神父們想法治治他的病，如果有可能的話。利瑪竇神父回答說，短期內不能指望做到這一點，又說他願把孩子帶往江西省去旅行，希望在那裏能使他恢復正常。這個建議，孩子的父親很樂於接受，他馬上命韶州長官發給旅行執照，蓋上他的官印，給予利瑪竇神父在江西省旅行的充分權利。他自己繼續趕路，而利瑪竇神父則在第二天出發，攜帶着兩名來自澳門的青年，他們是耶穌會的新信徒[2]，還有兩個僕人。一行人在江西省的第一座城市南安（Nangan）相會。這兒有許多來自南京的基督新信徒，他們用手推車協助這一行人越過山隘，幫助甚大。

梅嶺（Muilin）山屹立在兩河之間，標誌着兩省的分界線。越過它要花一整天時間，翻山的道路也許是全國最有名的山路。從山的南麓起，南雄（Nanchium）江開始可以通航，由此流經廣東省城，南入於海。山的另一面，在南安城，有另一條大河流經江西和南京，途

1　即豐臣秀吉。關白（殿）是官稱，即首相。——中譯者注。

2　即黃明沙和鍾鳴仁。——中譯者注。

經很多其他城鎮，東注於海。許多省份的大量商貨抵達這裏，越山南運；同樣地，也從另一側越過山嶺，運往相反的方向。運進廣東的外國貨物，也經由同一條道輸往內地。旅客騎馬或者乘轎越嶺，商貨則用馱獸或挑夫運送，他們好像是不計其數，隊伍每天不絕於途。這種不斷的交流的結果使山兩側的兩座城市真正成為工業中心，而且秩序井然，使大批的人連同無窮無盡的行裝，在短時間內都得到輸送。

山為兩省共有，它們被一座建在絕壁上的大門分開來。過去此山不能通行，但科學的勞動打開了一條大道。翻越它的全程盡是穿過覆蓋樹林的多石地區，但是歇足地和路旁旅店也一路不絕，以致人們可以平安而舒適地日夜通行。戍卒和川流不息的旅客足以防禦強盜，而道路從來沒有被破壞，哪怕是被山洪沖毀過。山頂有一股甘洌的泉水[1]，還有一座大寺[2]，有戍卒把守。從這個地點可以飽覽相鄰兩省的壯麗景色。

過了山嶺之後，我們就在這南面的安息地停留一下，因為這就是南安一名的含義。利瑪竇神父在這裏遇到許多前來看他的好奇的觀眾，因為他在韶州享有盛名。還有謠言說封疆大吏已邀他乘船遠游贛州（Canceu）城。

這次旅行期間，利瑪竇神父屢次登上那位官員的船隻，他們長時交談，雙方均感滿意，內容涉及歐洲的風俗習慣和科學進步，還涉及基督的法律。他始終歡迎神父來訪，有時邀請他便宴。整個旅途中，來看望神父的官員和其他客人接連不斷，他簡直沒有時間去照顧那個患病的兒子。事實上，孩子的父親有意在拖延時間，結果是利瑪竇不僅跟父母，而且跟家裏的其他成員都發展了友誼，這對旅行的成功有很大的幫助。

1　德禮賢考為霹靂泉。——中譯者注。

2　德禮賢考為雲封寺。——中譯者注。

在贛州城有一位總督，他比一省的總督更有權力。[1] 他被稱作四省總督；四省是江西、福建、廣東和湖廣。這樣稱呼他，並不是因為四省全都歸他管轄，而是因為他管轄由上述四省劃出的小片地區所組成的兩個地帶。這種安排有特殊的原因，不同尋常。從前這個地方盜賊橫行，當他們從一省逃往另一省時，要把他們緝拿歸案很不容易。涉及的官吏越多，就越難達成協議。因此，各省盜賊經常出沒的毗鄰地區就被劃出來，置於一個當局之下。新總督略施小計，使用軍警，馬上就把盜賊消滅了。

指揮一般軍人的全體軍官，都屬於北京中央的兵部，因為利瑪竇隨同旅行的是一位中央機構的侍郎，所以他在贛州受到盛大的歡迎。離城尚有一英里遠，三千名兵士就全副披掛，攜帶武器，旌旗飄揚地迎了上來，帶頭的統領們在他經過時鳴槍致敬。河道在這個地點不很寬，在它的兩岸，百姓的隊伍儀仗盛大。他入城時，當地的總督和官員都來致敬。他們還向他贈禮，供應膳宿，後來又以他們所掌握的全部場面舉行盛宴款待他。夜間，他們增強了對他船隻的守衛。無論他一行人在何處停留，都要重複這裏的場面，甚至還更盛大。這才是中國百姓對於大官的尊崇和禮敬。

從這個城市過河，要通過一座用許多船連接起來的橋。這座橋每天只打開一次，讓船隻通往上下兩方，但須交納規定的過橋錢。為了過橋方便，利瑪竇神父登上一隻小船，隨大船通過。

過城之後，你就來到一個地方，那裏有第二條河和你所航行的河流匯合，流量也增大了。離這裏約三十英里遠，河牀上佈滿巉巖嶙石。這段河流被視為險區，因為船隻常常在這裏出事。這兒遍佈無數的渦流，奔流湍急，舟人若無經驗，船隻就會陷入急流，撞在巖石

1 林金水考證當時的總督是南贛巡撫李汝華。——中譯者注。

上，損失行裝，乃至於喪命。此地叫做十八灘（Sciepathan），得名於十八處危險地點。它確實頗為奇特，就在這灘地的中央，人們碰到一段河道，淺灘處處，怪石林立，好像是有意安置在這裏的。

這段危險河道的前面有一座佛寺，舟子和旅客都有為了航行安全而去祈禱的習慣。侍郎本人也遵守這個習慣，但不太成功。他自己乘的船，因為水手多，舟人努力，所以躲開了礁石。他的第二艘船，載着他的妻小，撞到一塊巖石上，但沒有人喪命。船身高過水的深度，船上的人都擁到上面艙板去。船上有許多女人和孩子，當船觸礁時，他們大聲哭喊，儘管他們實際上並無多大危險。利瑪竇神父頭一個聽見他們的哭叫，便乘着他們的快船趕去援救，把他們都接上船，然後再跳進一艘小艇去探明安全的航道。這位大官肯定被這場意外事件嚇壞了，他馬上傳話給贛州城派一艘大船來接應他的妻小，他沒有忘記衷心感激利瑪竇神父，請他登上自己的大船，等待另一艘船從贛州到來。這艘船不久便來到了。它是同一天到的，但直到夜晚他們才把女人和兒童接上船。

他們第一次失事還只是災難的開始，利瑪竇神父也注定有份。碰巧他的船在深水中航行，離礁石還有一段安全距離，這時一股強風吹向舷側，起得非常突然，使舟人來不及轉帆，它掠過船面，把他們都刮落水裏。利瑪竇神父被刮進河道，因為不善游泳，他只能聽天由命，任憑在這種特殊的方式之下喪生。他在水下覺得手被繩子擦了一下。他抓住繩子，拉了又拉，終於把頭露出了水面。繩子就繫在他船上，所以他抓緊它，直到他爬上一根漂浮的木頭，他就在那上面劃動，終於碰到他自己的書箱漂過，他抓住了它才獲活命。船身造得高，倒下之後仍然浮露着。最後，他和幾個人設法爬上了船。他的同伴巴蘭德（John Barradas），即前面我們已經提到過的年輕人，卻沒有這樣幸運。他一落水便再沒有出來。他可能沉入河底了。所有其他的人，包括孩子甚至於懷裏的嬰兒，終於都被救起了。利瑪竇神父為他同伴的死深感悲痛，他曾認為他會有遠大前程的；因此，對於應否繼續旅行，他深深感到疑問。然而，他鼓起勇氣，信賴神恩所賜的美好前景，仍決定實現計劃。使得神父兩度遭難的那位大官本人，差不多把自己的全部行裝丟光。潛水者從河裏撈起來的那部分，已被水泡壞，不能再用。他在災難中仍然記得派一名差人去見利瑪竇神父，轉達他對神父的青年同伴之死的哀悼，還送他足夠的錢支付喪葬費。

沿河一直航行到了吉安（Chiengan）城，這是一個著名的、人口眾多的樞紐。這裏颳起了夜風，猛烈地把船隻吹得四下分散，這裏再度沉船的危險迫在眉睫。中國人把這些事故看成是凶兆，那位大官對於前景感到驚恐，決定放棄水路改從陸路前往北京。旅途費用由國庫開支，而在一些驛站，還供給旅客馬匹、轎子，挑夫以及一切其他必需物。

就是在這贛州城[1]，那位大官想到應把利瑪竇神父送回韶州，免得自己會因在戰爭恐慌時期把一個外國人帶進京城而受人指摘。神父聽說就要發生的這件事，惶惑不安，就把官員的兩個僕人找來，拿一副玻璃棱鏡給他們看，鏡子以極為鮮明的色彩反照出河的兩岸及城鎮本身，使他們很歡喜。他說他打算把這鏡子送給他的英雄將軍，但他渴望預先知道將軍是否要把他帶往北京，因為他不願回到韶州而又沒有這面鏡子。他的意思是要他們打聽第二天他們的主人作出什麼決定。他們早就知道這一點，但以為鏡子是個無價之寶，他們就決定把這一切都告訴主人。於是在他們再度出發的前一天，大官就派這兩名僕人去告訴神父說，他正打發部分行李和幾名僕人從水道出發，如果神父願意，他可以跟他們一起去到南京。神父說，如能得到將軍的同意和所必需的護照，他很樂於這樣做。然後利瑪竇神父去拜見大官，把玻

1　英譯本作 Carceu，即贛州，誤，應為吉安。原意文本此處無 Canceu 一名。——中譯者注。

璃棱鏡送給他。他猶豫不受最後才勉強收下，對神父們為他所做的一切感謝不止。

後來，他們談到利瑪竇神父將要登陸之處，他勸神父在江西省省會登岸，他從前在那裏擔任過主要官員的職務，現仍有很多朋友。利瑪竇神父則願意去南京，他一直很謙恭地堅持要去南京，終於他的願望得到了同意。於是，大官命令吉安縣令把旅途所需的文書交給利瑪竇神父，這些文書寫明利瑪竇神父在中國的時間長短和住過的地方，並允許他訪問南京和浙江省，官員們不得對他干涉。利瑪竇就滿懷希望地前往南京。旅途中他有時候還有一隊衞士，因為他是和侍郎的兩個家人同行，凡是他們停留的時候，都有軍警迎接，大家都認為如果大官本人不在船上，至少他必定有一個兒子在船上。

利瑪竇神父怕遇到麻煩，沿途很少登岸。最後，他作為侍郎的一名僕人，在上述省份的省城登岸，它位於該省的北端，約當北緯二十九度，但他不知道到哪裏去找他準備投信的朋友，就決定住進一座叫作鐵柱宮的著名寺廟裏。

有關這個地方的傳説是，幾百年前，有個叫許真君（Huiunsin）的人，把大量錢財散發給附近的百姓，這是他把水銀變成極純的銀子得來的。而且，據説他用法術使該城免遭惡龍為患，用泥土埋住惡龍，把它拴在鐵柱上，人們還可以在這裏看見鐵柱。然後他和他的全家，帶上他們所住的房屋，一起升了天。這座寺廟的規模和景色頗值得一觀，它四周是連綿不斷的市集，幾乎想要什麼東西都能買得到。寺內的住持都是前面稱作道士（Thausu）的祭拜偶像者，他們蓄着長髮長鬚。當他進寺門時，一羣好奇的羣眾圍攏來觀看利瑪竇神父。事實上，當他離船時，人羣已開始增加，而且繼續增加，直到他到了這座寺廟。在城裏看見一個外國人，他們很感奇怪，簡直是神奇。他們一致認為，是寺內神像的名聲才引得他從遠方異國來看它。

他們很快發現他並不拜神像，於是他們當中有人勸他別忘了敬神，因為即使最高的大官也敬神。當他們看到他不聽他們的勸告時，他們就拚命恐嚇他，警告他說，如果他頑固不化，就要遇到邪魔。他對他們的請求仍然充耳不聞，他們正要僅憑暴力把他拉到神像前面，這時船上一個不知姓名的人對激動的羣眾說，這個外國人是不拜偶像的。這看來使他們平息下來，因為中國人對於宗教的事從不採用武力或強制，對外人尤其如此。在這方面他們容許有完全的自由，或者可以說，這種宗教自由來源於他們當中的宗教派別極其豐富複雜，而在某種方式上，這個事實對於我們在這裏的目的也幫助不小。觀看的羣眾越來越多，這對利瑪竇神父並沒有特別的好處，所以他退回船上，很有禮貌地解釋說他是隨兵部的一名侍郎到這兒來的，此人在城裏是盡人皆知。第二天，大官的僕人去拜謁他們主人的朋友，他們待僕人都很好，特別是總督的醫生[1]在他們離去時還送給他們各種禮物。

剛一過該城，就到了一個湖；因它的面積，也因別的原因，它很值得一提。[2]環繞它的整個沿岸，極目瞭望，只見無窮無盡的層層城鎮村寨。從這裏可以由水路到福建省，再從那裏東至大海。其間有一個城市是南康（Nancan）[3]，坐落在廬山腳下，山上有很多隱士住在一間間的洞室中，從事嚴格的修煉。他們說，這些穴室為數正如一年的天數一樣多，而且奇怪的是，儘管天空總是晴朗美麗的，此山卻始終是雲霧繚繞，雖則它近在咫尺，但從湖上怎麼都看不見它。從這裏，河水的潮流對於向南京進發的人很有利，在這地方它流得那麼緩慢，你簡直注意不到它，這使得在這一廣闊的水域裏，處處都可航行順利。

就在你離開湖之後朝着南京方向航行，就有一條來自湖廣省的大河，在它的濁水和利瑪竇神父所走的那條河流的匯合處，失去它的名

1　意大利文寫作 Guanchileu（王繼樓）。——中譯者注。

2　即鄱陽湖。——中譯者注。

3　英譯本的譯名對照表把 Nancan 讀作南昌，誤；現據德禮賢的讀法改正。即今江西省星子縣。——中譯者注。

字。因為河身寬大，它就叫做揚（洋）子，意思是海洋之子。有的地方它有兩三意里寬。在這些地方航行是危險的，有時海洋之子像父母親一樣風暴猛烈。這條河水是那樣洶湧激蕩，即使一名善泳者也很難在裏面存活下來。中國人不大敢冒險嘗試它，當他們膽敢冒險時，常常會遭沒頂之災。大船能在它上面行駛，小船隻是有時能夠航行。我們的大帆船（galleon）則能從大海遠航至此。再往前，因為有幾條小河注入，它的河面加寬了。他們在這條河裏夜晚不航行，而是停泊在港灣，要起風暴時也是如此。每逢滿月或新月，海水會沿河向上涌到這個湖裏。在其他時候則不明顯，儘管在南京經常能嗅到海水氣味，這裏的河水卻是清新的，沒有鹹味。

利瑪竇神父到達南京，就前往郊區的一個住宿地，將軍的僕人就在這裏離開了他。

第十章　利瑪竇神父被驅逐出南京

這座都城叫做南京（Nankin），但葡萄牙人是從福建省[1]居民那裏得知這座神奇城市的名字的，所以把該城叫做 Lankin；因為該省的人總把「N」讀成是「L」。作為地方長官的駐地，它有另一個名字，通稱為應天府。在中國人看來，論秀麗和雄偉，這座城市超過世上所有其他的城市；而且在這方面，確實或許很少有其他城市可以與它匹敵或勝過它。它真正到處都是殿、廟、塔、橋，歐洲簡直沒有能超過它們的類似建築。在某些方面，它超過我們的歐洲城市。這裏氣候溫

1　原意大利文尚有 Cinci（漳州），即從福建的漳州居民那裏得知此名。——中譯者注。

和，土地肥沃。百姓精神愉快，他們彬彬有禮，談吐文雅，稠密的人口中包括各個階層；有黎庶，有懂文化的貴族和官吏。後一類在人數上和尊貴上可以與北京的媲美，但因皇帝不在這裏駐蹕，所以當地的官員仍被認為不能與京城的相等。然而在整個中國及鄰近各邦，南京被算作第一座城市。它為三重城牆所環繞。其中第一層和最裏面的一重也是最華麗的，包括皇宮。宮殿依次又由三層拱門牆所圍繞，四周是濠塹，其中灌滿流水。這座宮牆長約四、五意大利里。至於整個建築，且不說它的個別特徵，或許世上還沒有一個國王能有超過它的宮殿。第二重牆包圍着包括皇宮在內的內牆，囊括了該城的大部分重要區域。它有十二座門，門包以鐵皮，門內有大炮守衛。這重高牆四圍差不多有十八意大利里。第三重和最外層的牆是不連續的。有些被認為是危險的地點，他們很科學地利用了天然防禦。很難確定這重牆四圍的全長。當地人講了一個故事：兩個人從城的相反兩方騎馬相對而行，花了一整天時間才遇到一起。

這座牆將可提供該城如何龐大的一些概念，同時城是圓形，所以比其他任何形狀都容有更大的空間。這重牆內，有廣闊的園林、山和樹林，交叉着湖泊，然而城中居民區仍然佔有它的絕大部分。如果不是目睹，人們簡直難以相信它，然而僅僅該城的警衛就有四萬名兵士。該地位於經線 32 度[1]，從數學上計算它的緯度，它幾乎正在全國的中央。前面提到的那條河流[2]，沿着城的西側流過。人們不禁疑問，它的商業價值對於該城，是否比它秀美的裝飾更加是一筆資財。它沖刷着城岸，有幾處流入城內，形成運河，可以行駛大船。這些運河是現在居民的祖先所開鑿的，費了艱巨和長期的勞動。

此城一度是全國的都城和幾百年來古代帝王的駐蹕地，儘管皇帝

1　原文有誤，應作「北緯 32 度」。——中譯者注。

2　意大利文作 Iantio 即揚子江。——中譯者注。

由於前面提到的理由已移位北方的北京，南京仍然沒有失掉它的雄壯和名聲。即或是失掉了，那一事實也僅只證明它從前比現在更加了不起。

利瑪竇神父在南京三重牆外的一個郊區登岸，這個地方很大而且人煙稠密，堪稱為一座大城。他在這裏碰巧遇見一個醫生，他就是把神父們攆出肇慶的總督[1]的兒子們的一個朋友。醫生知道利瑪竇神父是劉五的朋友，五的意思是總督的第五個兒子，他姓劉。

利瑪竇神父住進一所小屋後不久，就派一名使者向醫生打聽劉五是否住在南京，希望他可以幫助自己實現自己的計劃。劉五就在那裏，利瑪竇神父便去看他，兩人都很高興；而利瑪竇特別高興，因為他被介紹給幾位名人，他們後來都在不同場合下邀他赴宴，對他十分尊敬。從此之後，他經常去訪問城裏，但總是坐着遮起的轎子，以免引起議論，也是為了維護他被這些百姓視為尊貴的聲譽。到一些朋友家的距離，是要有強壯的體格才能走到的。

他的下一件事就是要在一些朋友的幫助下，在城裏開闢一個傳教中心。他對他們說，他在廣東省長期居留期間，關於這個著名地方已經聽說了許多，所以他受到鼓舞要在這裏居住，安度餘年。在剛一交往時，在有關到南京來傳播福音的事，或有關到中國其他地方去傳播福音的目的方面，他不得不把自己的意圖隱藏起來。就他的朋友們而言，他們和他一樣熱心，毫不反對他的居留。事實上，他們答應盡力幫助他，或者通過他們的熟人說情。

這時，正當利瑪竇神父在想方設法要安全地開闢一處駐地時，他聽說他在廣東省的一位朋友住在南京。這就是大官徐大任（Sciutagim），是個很有影響的人[2]。恰巧當此人還是一名低級官員時，利瑪竇神父有

1　意大利文作 Leusciezai（劉節齋，即劉繼文）。——中譯者注。

2　據意大利原文所載，徐大任曾任廣東的 Pinpitao 兵備道。——中譯者注。

一次送給他一個天球儀和一隻砂漏；即使是今天，中國人也還把這些東西看得很寶貴。反之，這位官員好幾次也在他真正有需要時，給過他幫助。大約兩年前，此人在赴現在的職位的途中在韶州停留，他想把利瑪竇神父帶到南京，但韶州當時的情況使他不能接受邀請。徐大任在南京的消息使利瑪竇喜出望外，他趕緊告訴了總督的兒子。他覺得好像是上帝賜他的恩福，那是他每天做彌撒時都在祈禱的，是長期都在希望着的。他抓緊時間馬上就去拜訪了這位官員，穿上知識階層的盛裝，攜帶着禮物，許多官吏在這種場合都會指望着禮物的。

這位官員貪婪到在家裏只過極其節儉的生活的地步，活像個叫化子。他生活的唯一野心是從一個高位爬上另一高位，結果是這時候他已據有侍郎的高官，即南京的侍郎，那意味着他是內閣主管官的副手。[1] 一見到利瑪竇神父，他似乎對他的意外出現表示驚愕，但他要獲得誘人的禮物的願望打消了他的驚異。確實是如此，以致他嫻雅地接待了他的客人，請他入內，讓座，然後問他景況怎樣，為何而來。

利瑪竇以奉承的方式回答說，他非常想看到他，為此他從兵部侍郎那裏取得了旅行南京的護照，並且說他想在他的特殊保護之下在城裏建立一個駐地。這個可憐的家伙一聽這話，嚇得要命，他先倒抽一口冷氣，然後大聲嚷叫，告訴他的客人說，他到這城來是打錯了主意。他解釋說，南京不是外國人住家的地方，因為他出現的本身就足夠引起騷動了。再者，他又對神父說，來看他也犯了大錯，因為其他官員會利用這次訪問控告他犯了邀請外國人入南京之罪。利瑪竇神父拿北京侍郎 [2] 發的護照給他看，那比此人的地位要高很多級，但並沒有起到安撫他的效果。他並不要安撫，所以他就把利瑪竇送走，並找了許多理由聲明為什麼他絲毫不能幫助他，奉勸他儘快離開南京，動

1　徐大任升任工部侍郎。——中譯者注。

2　德禮賢考指石星（？）。——中譯者注。

身到別的地方去。

會見以後，他的下一步作法是派人召利瑪竇住宿家的主人去見他，當利瑪竇神父回到家裏時，他發現他的所謂朋友的軍吏已在他之前到達。全家都受到騷擾，十分害怕，因為軍吏勒索賄賂，恐嚇他們說，神父來到南京，使他們的上司大為震怒。利瑪竇神父也受擾不少，唯恐無辜的一家被他連累。屋主受利瑪竇的鼓勵，掩蓋起他的不安，但彷徨於希望和恐懼之間，出現在那位官員之前。他一露面，徐大任就勃然大怒，指斥他勾結外國人，那在中國人中間等於是大逆不道。受審的屋主申明北京的侍郎讓這個外國人住到他家，還持有護照。官員不願相信這些，假裝着他不想冒犯北京的侍郎，或者至少是假裝着這類事不足相信，因而顯然是要向這個可憐的人逼供。他認為用這種辦法，懼怕懲罰就會迫使被告承認自己曾和國外的人私通。

在這幕戲之前，官員已把公證人召到他的衙門去，毫無疑問是跟他先商量過了的。他問公證人是否認識不久前去看他的外國人。這個公證人來自廣東省的肇慶，他立刻回答說他很了解神父，因為神父製造騷亂和給中國朝廷製造事端，幾年前已被肇慶總督攆走。因此，那位不愧為聰明演員的官員，開始激昂演講，告訴被告說，他把這樣一個不知底細的人接到他家裏，罪該大辟。然後他恐嚇說要徹底調查整個這件事，可憐的被告對此嚇得渾身發抖。官員一點一點地平靜了下來。他做這樣的表演，好讓別人想不到他自己曾邀請過外國人。

他最後決定，受控告的屋主應把他窩藏的洋人送回廣東，而且他應從他必要路過的江西省官員那裏取得正式收條，證明外國人已返回廣東省。這個可憐的受害者聲稱離家這麼長的時間，他窮得實在無法完成這樣一道命令。他的申訴被接納了。然而，官員要他答應把外國人從他家裏打發走，讓他登上一艘開往廣東的船，並且這個保證要用文字寫下來，親自交回。他就這樣做了，交回了書面保證作為此事的證明，他從負責船隻啟航的官吏那裏取得一份文書。

這些不幸的事件難以想像地影響了利瑪竇神父。他的朋友們勸他不要管徐大任的命令，在南京或者在一個郊區另找個地方住下來，但是他害怕假如他違反了現任法官的決定的話，會發生更糟糕的事。他覺得遵守這些命令，就是在執行上帝的旨意，而且除非上帝有意如此，所有這些挫折，都是不會發生的。於是他違背自己的願望，也違背河水的潮流，駛向江西省。

他的想法是，他將能從距離不遠的江西省會澄清南京事件。在那裏他可以利用一切機會實現他的計劃，通過和他在南京所交的朋友的聯繫，他們會把南京發生的事通知他，並在風暴過去後把他召回去。他登上了悽慘的旅程，途中他沉思着，他經歷了千辛萬苦而沒有什麼結果。好像他全部的意願是一場空，他全部的努力統統白費。他一整天都在想着他該怎樣辦，當他身心交瘁地入睡時，他已經離江西省城不遠了。

他睡眠中做了一個夢，夢見他遇到一個陌生的行人向他說：「你就這樣在這個龐大的國家中遊蕩，而想象着你能把那古老的宗教連根拔掉並代之以一種新宗教嗎？」原來，自從他進入中國時起，他始終是把他的最終打算當作絕密加以保守的。所以他答道：「你必定要麼是魔鬼，要麼是上帝自己，才知道我從未向人吐露的祕密。」他聽到回答說：「根本不是魔鬼，倒是上帝。」看來好像他終於找到了他一直在尋找的人了，他跪在這個神祕的人的足下，含淚請求他：「主啊，既然你知道我的想法，為什麼不在這困難的事業中助我一臂之力？」說完這話，他趴在地下哭，泣不成聲。到最後他聽見保證的話時才感到一陣安慰：「我將要在兩座皇城裏向你啟祥。」那和上帝曾在羅馬答應幫助聖依納爵的話，字數完全一樣。他仍在夢裏，恍惚進了皇城，完全自由而安全，沒有人反對他的到來。

他醒來眼裏噙着淚花，說出他的夢來安慰他的同伴，因為同伴也和他本人一樣灰心喪氣，也因為他真正以為其中有神靈。不管怎樣，後來發生的事確實是符合預言的。此後的幾年內，當他在北京毫無進展而返回時，他進入的恰好是夢裏所看見的南京的那部分。也正是在這裏，他自由地建立了一處駐地而且獲得如此成功，以致他的夢境確實可以被看成是一個預告。我們將不在這裏談他後來在北京有幸建立和巧妙指導着的傳教團，因為這會妨害往下敘述的樂趣。

航向南昌的水程中，他遇到一個朋友，是省城的公民；他指點給他一所出租的屋子，是屬於他的一個親戚所有的。他對利瑪竇神父説，他可以把房子接過來作為駐地，他的朋友先上岸到那所房子去，並派幾個挑夫來搬運神父的行李。後來他送他一頂轎子，以備他要外出時使用。第二天，利瑪竇神父就在這座屋裏做彌撒。那天是聖彼得和保羅的節日，舉行彌撒是感謝他的獲釋，祈求使徒在他所從事的計劃中作為他的指導和保護者。

第十一章　在南昌開闢了傳教事業

江西省的省會是南昌。它並不是一座最大和最繁華的城市，但它因知識階層的人數之多而聞名全國，他們從這裏出去擔任政府的各種要職。它的幅員大致和廣州一樣大，不過商業貿易遠不如廣州。這兒的百姓是勤儉的，習慣於生活簡單，儘管他們奉行偽宗教，其中有很多人仍然是中國齋戒的嚴格遵守者。知識分子，即受過教育的階級，形成一個社會；而且在規定的日子，其中一些最有學識的人舉行有關實踐各種德行的討論會。倘若有人從他們的外表來判斷，他必定認為，他們的文雅風度再沒有什麼可添加的了；但他們缺乏真正信仰的光明，茫無目標地在德行的道路上徘徊，是沒有牧人的迷途的羔羊。

到達這裏以後有幾天，利瑪竇神父足不出戶，用祈禱把他的事業交託給上帝。他想到的唯一可能對自己有幫助的人，是上面提到的那位醫生[1]，所以他決定去拜訪他。此人在官員中以行醫出名，特別為總督所知，總督很器重他。除了行醫而外，這位醫生也以在他交往中始終表現文雅和態度和藹而知名。總督很高興地聽説有一個外國人和他的朋友，即北京的侍郎一起到來，便去拜訪他。然而，他看見客人時有點吃驚，並注意到客人的相貌跟中國人大不相同；更令他驚異的是，他發現這個洋人諳習中國的禮儀和習慣，並通曉中國文獻。

根據他對中國的統治階級即官員們的長期經驗，利瑪竇神父已經懂得，和他們交往，要是忽視了這類拜訪習慣上所必需的外表，那就得不到什麼。正是這個緣故，他進了城就決定採用適度的儀表，穿上在正式訪問時已成習慣的綢袍，還戴上知識階層所特有的帽子[2]。這種帽子和西班牙教士所戴的那種沒有什麼不同，只是稍高一些。拜訪時他總帶着兩名身穿毛織服裝的僕人，並乘坐由轎夫肩抬的轎椅出行，這些都是習慣所需，即使在不那麼有名的知識分子當中也是一樣。事實上，如果忽略了這些習慣，就不會被看作是個有學問的人。正是這樣，儀表一旦被用來當作習慣，便和它們只不過作為其代表的東西合而為一了。當我們談到知識分子，即有學識的階層時，我們並不像有些人所認為那樣，僅僅是指官員，官員在公開露面時是更為威風和壯觀的。他們當然都是知識分子，但知識分子並不都是官員。

利瑪竇神父決定去拜訪他的醫生朋友，他穿上一身禮服，免得被人挖苦為和尚。醫生有一份利瑪竇不久前送給他的歐洲珍禮，因為它稀奇，所以他拿它來招惹他朋友們的好奇心。朋友們輾轉在鄉下散佈謠言説，有個外國人到來，他相貌奇特，每個人都應該去看看。醫生以報答盛情的方式，邀請利瑪竇神父赴盛宴，排場之大正如所曾敘述

1　意大利文寫作 Guanchilen（王繼樓），侍郎（Scielou）石星（？）的醫生。——中譯者注。

2　即儒生的冠袍。——中譯者注。

過的那樣。應邀的有上等階層的一些人，還有些客人是皇帝的親戚。這個城裏有許多皇親國戚，後面還要更多地談到他們。

大家都喜歡神父的儀表，喜歡和他交接；而他們都態度友善，這又給了神父一個機會，把他目前的一些處境插進談話裏來。他向他們擔保說，他很樂意留在這個城市裏，如果情況允許他留下。與會的人都願接受這個意見，醫生對此激動得簡直不相信他所聽見的話，不相信這是認真說的。中國人慣於用權宜的藉口來掩飾虛假，因此為了促進所說的事，醫生就假稱他接到了北京侍郎的幾封信大力推薦利瑪竇神父，要他設法把神父安置在省城裏，因為廣東省不宜於神父的健康。

上等階層的這類聚會並不是用以爭取開闢新駐地的唯一手段。有時候，為努力贏得前來訪問神父的當地許多居民，利瑪竇要向他們解答一些數學問題，這看來頗使他們滿意。有時他為他們拼製日晷作為消遣，並向他們表演它是怎樣計時的。然而，最令他們滿意的莫過於表演他的非凡記憶力，他是採用一些技巧和方法才做到這一點的。他們當中有學識的人對此特別感到興趣，因為中國人要比其他民族更為不斷用力地把整卷的書都背下來。事實上，可以說他們頭幾年的學習完全是放在這種本領上。有時候，他們把很多中國字漫無次序地寫下來，而利瑪竇神父讀上一兩遍，再通過記憶就把它們按書寫的樣子重複讀出來。那是驚人的，但使他們簡直莫名其妙的是，他馬上又把整篇東西通過記憶倒背了出來。他們很多人渴望知道他是怎樣做到這點的，於是他把這種辦法教給他們當中的幾個人，但是困難不小。他就這樣使自己對所有的人有求必應，為的是爭取他們都皈依基督。

這一切正在進行時，利瑪竇碰巧遇到一個有名的人物，這位先生在韶州當大官時，利瑪竇曾和他很友好。[1] 他受到了殷勤的接待，就想

1 德禮賢認為可能是韶州同知李春和。——中譯者注。

得到此人的幫助，取得建立永久居留地的許可。他的朋友答應他說，他要找城裏的一位大員把情況上報總督，但他找不到一個肯冒險捲入和外國人的事有牽連的人。正在這時，他的韶州老相識奉召到北京省擔任官職，不過在離開之前，他把利瑪竇介紹給他的一位上層階級的朋友。利瑪竇認為最好是信賴此人，而不是信賴他的醫生朋友，後者的聲望直到那時還沒有獲得什麼結果。他接受的並立即奉行的建議是，不必管那些官吏而在城裏住下來，然而不是在他當時所居住的市中心，而是剛在城牆之外，離他本人住的地方不遠。

這時候，外國教士在這座城裏已經很知名了，當他遷居後，很多常去看他的人卻找不到他。結果在百姓中間就開始流傳各種謠言，並且發生了一種恐懼，認為由於這個洋人，公益可能受到損害。這些平常的無聊傳說最後傳進了官員的衙門，乃至總督衙門；結果是下令進行徹底調查，弄清外國人的下落，他從哪兒來的，他為什麼住在這裏。事情是怎樣發生的還不清楚，但姓陸（Lo）的總督[1]已得到一份同情利瑪竇神父的報告，所以當他聽說起這個神祕的外國人時，他就推論二者必定是同一個人。有了這個印象，他把外國人可能居住地區的武官召來，命他查詢這個人是誰，從何處來。他告誡武官要對待他彬彬有禮，避免任何不敬，並且在次日把他的發現上報。

根據流行的風俗，武官把他的拜客帖送交利瑪竇神父，並通過一名家僕請神父把有關護照的事報告總督。他還聲明總督本人想拜訪神父，但為緊急公事所絆未能前來。然後他請利瑪竇神父在他方便的時候來拜會總督。神父很樂於這樣做，他穿上傳統的禮服前去拜訪，並用書面答覆把總督所問的事呈遞上去。他說明他在廣東省的肇慶和韶州住了好幾年。大約半年前，他隨兵部侍郎來到這裏（並說了他的名

1　按此人為江西巡撫陸萬垓。——中譯者注。

字）。經他同意，神父才沿河一直旅行到南京，他在此地登岸休息，直到他能夠作好返回廣東省的旅程準備。

當他的新朋友，還有跟利瑪竇寄住處的屋主人，一聽說總督在查詢神父，就嚇得要命，並且近乎殘暴地不顧禮貌，馬上逼着他當夜離開。他們實際上使用了武力，把他全部的東西扔到街上，不准他向前來查詢的衛兵長申訴。倘若利瑪竇的僕人沒有表明他們準備以武力對武力，那他差不多快要被粗暴地轟出去了。

一見利瑪竇神父送給他的文件，總督就明白這是他所疑心的那個人。這一發現使他高興，他命武官把洋人帶到他的官府裏來。利瑪竇真給弄糊塗了。在赴官府的路上，他疑慮着應該提什麼理由延長他在城裏的逗留。他毫不懷疑將要發生什麼事。當他進入官府大廳時，總督在寬敞的廳內半途相迎，離開他的大椅去接待他。利瑪竇正準備向他跪拜，這是對本府官員的常禮，但總督示意他別這樣做，要他向前，並且是總督先打開了話題。他說：「我等着見你有很久了。」「你的人未到而名先到。我曾聽說你的德行和學識，現在我對這兩者都深信不疑，因為我從你的品貌和風度中看到了這點。言談是不必要的，德行就在你的身上閃耀出來。」

這樣一場出乎預料的接待，超出他最好的願望，簡直令人吃驚不止。儘管他知道他遠不配受到這樣的讚揚，他仍然很高興想到，在這樣的特殊時刻，地位這樣高的一個人會對他有這樣高的評價。他把這一切都歸於上帝的旨意，那是慈祥的，但又是強而有力的；它們浮沉不已，而使一切事物都按照上帝無窮智慧的安排得到應有的結局。

利瑪竇神父對總督的回答完全遵守中國的禮節，他說：「我是什麼人，應該受到如此禮遇？」他不斷重複這些話時發窘的樣子使總督深信他的話。後來，總督詢問有關利瑪竇隨侍郎在旅行中發生的一些事故，並發現它們跟他長期聽說神父們的許多不幸遭遇完全一致。他也問起利瑪竇在南京曾遇到哪些官員，當利瑪竇神父僅舉出那個把他不光彩地驅逐出境的人的名字[1]時，總督始終沉默着。利瑪竇點到的那個人是總督的朋友，因此他只評論說，他高興的是利瑪竇和一個以誠實而非常聞名的人相識。於是他們繼續交談，從一個題目談到另一個，整整談了一個小時。談話快要結束時，他問利瑪竇打算離開這裏到什麼地方去，當他知道神父打算返回廣東省時，總督說：「何不留在這座最出名的城市，和我們在一起呢？」利瑪竇回答說：「我當然十分高興留在這裏，假如你給我必要的許可。」「那麼就務必留在這裏。你已得到我的許可了。」這樣結束了會晤，利瑪竇神父滿懷愉快地離去。

他剛一離開府衙，他們雙方的那位醫生朋友就像平常一樣來拜訪總督；他開始談到利瑪竇神父，總督極感興趣。醫生告訴他，神父有數學器械可以表明一天的時刻和黃道十二宮以及別的很多事物，分毫不爽。不止於此，他還有一種方法可以只讀一遍便把整章的書都記住。他也談到玻璃三棱鏡的奇妙、歐洲書籍中的神奇及其他很多驚人的表現。聽了這一切之後，總督想要為自己做一隻鐘，同時他要求把這種人力記憶訓練的辦法譯為中文，他好拿去教他的子女。他要看看玻璃棱鏡，也讓他的家人看看；但後來當利瑪竇神父把鏡子送給他當作禮物時，他怎麼都不肯接受。甚至醫生向他保證說那是作為禮物獻給他的，他還是不收。反之，他卻講了一個從中國史書中看到的、很切合當時情況的故事。

他說道，有一次一個信教的人有一塊價值連城的寶石，當一位一輩子身居高位、極有德行的人去拜訪他時，他就把寶石送給此人。客人收下它，但馬上又把它送回去，說：「這塊寶石將永遠屬於你。別把它送給人，除非送給自認是有德行的人。但如果他確實是這樣的

1 意大利文作 Siutagin（徐大任）。——中譯者注。

人，那麼他當然決不會接受它，所以寶石總歸是你的。利瑪竇，你和我都要遵行這同一條道德途徑。」

以這樣友好的關係告別總督之後，他開始一連串對城裏其他官員的拜訪。其中有些他發現曾在廣東省相識，他們又把他介紹給別人。那位總督密友的醫生非常感激利瑪竇神父，因為他收了他很多禮物，以致他總是向到他家來的官員們談起神父。這一切的結果是，當總督對神父的友誼四下傳開時，城裏有聲望的人都迫不及待地認為應當對利瑪竇神父作友好的拜訪。

第十二章　皇家的親屬

在這座南昌省城，有很多人是金枝玉葉，他們把自己的先世追溯到遠古。其中有兩個人特別保持皇室的稱號和尊貴。我們在前面已談過他們。且不說那些較低級的，這兩個人毫不遲疑地要跟外國人交朋友。其中一個叫作建安（Chiengan）王，另一個叫作樂安（Longan）王[1]。沒有任何人——哪怕是當官的——配得上這兩人中任何一個的拜訪，然而他們都派了管家帶着重禮去邀利瑪竇神父到他們的宮裏去。這是真正的王宮，論規模和建築，論園林的設計和美觀，都稱得上富麗堂皇，而且有着王室僕從和設備。

建安王首先發出邀請，他的接待更為動人，那是在宮殿[2]內舉行的，主人穿着全副王袍，頭戴王冠。先請客人坐下，再按習慣請喝茶，以表示他們的友情和禮貌。這種風俗前面已描述過，所以這裏就

1　按兩人為建安王朱多㸅、樂安王朱多煡。——中譯者注。

2　意大利文寫作 Chienzai（乾齋）。——中譯者注。

略而不談，免得打斷我們敘述的過程。客人先獻禮，禮品中有中國人所珍視的歐洲物品。其中有一座卧鐘，是按他們的計時法製作的，在黑色中國大理石上刻出黃道帶。這只鐘還指示日出和日沒的時刻、每月晝夜的長短。時辰還刻在每個月的開始和中間。我們提到開始和中間，因為中國人把黃道帶計為二十四宮。這份禮物受到極大的讚美。以前在中國還從沒見過這樣的東西。他們所知的唯一測時數學器械，還是根據赤道命名的，而且這種器械他們無法精確使用，除非是在緯線三十六度的高處。他也送給主人一個天球儀，標有天軌，另外還有地球儀、小塑像、玻璃器皿以及其他這類歐洲產品。但這並沒有使建安王相形遜色。他的慷慨確實勝過神父：贈禮有絲料、各種重量的銀器、豐富的食品，贈送時還有必要的排場和王室的禮儀。建安王接收的禮物中，最使他高興的莫如兩部按歐洲樣式裝訂、用日本紙張印刷的書籍，紙很薄，但極堅韌，確實到了很難說哪部質量更好的地步。其中一部書附有幾幅地圖、九幅天體軌道圖、四種元素的組合、數學演示以及對所有圖畫的中文解說。

第二部書是用中文寫成的論友誼的短文[1]，其中也像西塞羅（Cicero）在他的《萊里烏斯》（Lelius）中一樣，是皇帝向利瑪竇神父詢問了歐洲人對友誼的看法。在這篇並不太長的對話裏，作者從哲學家、教父和其他公認的作家那裏收集了在我們自己文獻中所找不到的有關這個題目的材料。這本書至今仍為人們閱讀和稱羨，並受到讀過它的人的推薦。因為是用歐洲和中國兩種文字寫成，所以它更加風行。就在它付印後不久，贛州有一位知縣完全用中文把它加以重印，流傳於各省，包括北京和浙江。它到處受到知識階層的讚許，並往往被權威作家在其他著述中引用。事實上，在一個短得可驚的時期之內，這部書

1　按即利瑪竇所著《交友論》。——中譯者注。

被當作標準讀物為人們所接受。這是利瑪竇神父用中文寫的第一部著作。它給神父召來了許多朋友，為他贏得廣泛的聲譽，部分原因在於兩位王爺起了作用。

兩王中友誼較持久的是建安王，直到他死時又把友誼遺傳給了他的兒子。當父親在世時，利瑪竇神父是他家的常客，每逢他赴宴，他的主人總要酬賞轎夫並賞錢給他的僕人。正是用這樣的姿態，他們習常對客人的光臨表示自己的愉悅。

和另一類人的親密交接，同樣或者更加提高了利瑪竇的聲望。這些人是城裏的梭倫[1]，是文壇的領袖，他們常在文藝聚會中確解法律的原義。當時這個團體的首領是年已七十歲的章（Ciam）[2]。他和他的同僚從我們的朋友瞿太素那裏聽說了不少關於利瑪竇神父的事，瞿太素在這裏已住了些時候了。事實上，瞿太素曾向這個團體極力讚揚利瑪竇神父的熱誠，以致利瑪竇本人開始有理由擔心中國人會對他期望過高。然而，這些通常是輕視別人的梭倫們，卻極謙恭地去拜訪這個外國人，非常高興傾聽他嫻熟地談中國的典籍，然後並引用中國的權威來證明他所說的話。

有一次他們在利瑪竇家裏談論時，發生了一件事；事情雖小，但大大增加了他的聲望。由於堅持要來見他的客人以及由此而來的活動都太多，利瑪竇神父十分疲累，以致健康受到了損害。當他和梭倫們的領袖談到這事時，他聽說已吩咐司閽告訴客人說他不在家。

他對這點的回答是，如果一個人要有德行，他就必須嚴格避免說謊話。這位異端哲學家對此只是一笑置之。於是，利瑪竇神父就向他解釋，基督的教義不僅禁止說傷害別人的謊言，而且禁止說那種奉承或玩笑的假話。他解釋說，這條戒律在歐洲是對人人都有效的，對信

1 梭倫為古希臘著名的立法者。——中譯者注。

2 按此人為章潢，意大利文作 Ciam Teuciun（章鬥津）。——中譯者注。

教的和那些教導別人的尤其如此；他還說，謊話和身居顯要地位的人更應是水火不容。起初，神父的傾聽者對這樣一條戒律的尊嚴表示驚奇，接着便大加稱讚。因為他受過良好教育而且頭腦清楚，很容易從這個事例中看出基督教信仰的純潔性。他把這一切告訴別人，而且儘管事情本身無關緊要，他卻當作一件大事來敘述，說利瑪竇神父按規定的戒律和本國的一般認識不願意撒謊。當這個題目在聚會中提出來討論時，梭倫們的主持者聽說了所作的這一敘述，就作為自己的意見提出說，如果一個人恥於說謊，那看來就夠了。他最後結論說：「我難以相信，我們居然能達到永不說謊的理想境界。」

第十三章　在南昌的永久基地

陶醉在建立一個新駐地的遠景之中，利瑪竇神父樂於跟他的同胞，特別是他的頂頭上司、澳門神學院院長孟三德神父，共享他的快樂。他已經請求給予人員和物資的援助。作為對這個申請的回答，監督就把一名葡萄牙神父蘇如望（Giovanni Soeiro）派到南昌，隨同他的有一名到韶州的修士黃明沙。至於給養，由於缺乏收入，所以他只送去可以購買一所住宅和維持當年的費用。同時，利瑪竇神父已取得南昌一名官員所發的護照，可以從廣東省召來一名助手；有了這個保證，新來者就毫無困難地到達南昌。在翻越前面所曾提到過的那座山嶺時，他們得到了南雄縣信徒的幫助，他們趁機在途中拜訪了這些信徒。他們的到來給 1595 年的聖誕節慶祝活動平添了不少歡樂。

利瑪竇神父來了一名助手，在城裏引起了某些關切。百姓們天生猜疑外國人，很容易產生幾乎各種各樣的想法或說法；認為洋人必定在搞什麼鬼名堂，危害公益。據謠言說，他們的醫生朋友偏袒他們，因為他們把可怕的煉金術祕密教給了他。這類流言在重複着，但卻靜悄悄地。沒有出現公開騷亂的跡象。

利瑪竇神父是總督的朋友，所以認為可以通過他的權威而保障教團的安全。於是他準備了幾份他認為總督會喜歡的禮物，像是他贈送給兩位王爺的那樣，前去拜訪總督，請求他根據他持有的護照，發給一份允許他購買房屋並在城裏定居的文件。總督欣然接受了禮物，慷慨地加以回贈，但是説關於文件的事，他要跟知府商量，以後再通知神父。知府姓王（Guam）[1]，是個好人，但過於膽小，生怕自己受到連累。他確實想要解決這個問題，極力要教團接受郊區的一處地方，在當地和尚的一座廟裏。這當然遭到了客氣的拒絕。神父們不願再受到任何肮髒臭名的玷污，那會妨礙福音的傳播的。於是，知府也對這件事全然失掉了興趣，後來有好幾次，儘管一再加以申請，他始終拒絕發給任何文件。這時他撤銷了原先允許的在城裏的各種權利，這幾乎使教團宣告終結。這是一個例子，可以説明統治者對百姓有予奪之權。

通過朋友們的説項，知府最後允許神父們住在城裏，可是他們不要指望從他的衙門得到允許這樣做的文書。另一方面，他的朋友和同胞公民的總督很容易滿足於口頭允許而不給文件。這類事件並不足以挫傷利瑪竇神父的興致和熱情。他馬上寫了一份他那記憶訓練法的説明[2]，用事物和地點作為提示，獻給總督的子女，然後把它交給他們的父親。這份説明後來傳遍了全國，大家都在使用。此外，他還送給總督一隻瞄準北極的夜鐘，一副星盤。總督像往常一樣有禮地收下這些禮物，並且説他已辦理購買房屋的文件的事，但迄今尚未從知府那裏收到回音。然而，他向神父們保證會在幾天之內得到，因為文件正在

1　按此人為南昌知府王佐。——中譯者注。

2　《西國記法》。——中譯者注。

準備中。其實，他已經把這個問題提出來跟知府認真討論過，後者對他說不需要文件，有了口頭同意便夠了。他個人的意見是，先去把所需的地皮和房屋買下，不要管書面保證，可以放心不會發生什麼麻煩。後來利瑪竇神父從知府那裏得到相同的回答，還得到他將作神父的保護人的許諾。隨着這一許諾而來的，就是要求兩個日晷，一個他要送回他浙江省的老家，另一個則自己留用。它們很快製好並且送了來，回報的是一筆銀子，大大超過了儀器價值。根據中國的習慣，這筆錢不能退還，因為從一個高官顯宦那裏接受的禮物是從不允許奉還的。

一當他們為得到住宅而請求官員給予必要的許可之後，神父們覺得最好就是再也不聞不問。他們認為這也許是正確的判斷，採取這種辦法比較穩當。他們推想，如果將來因教團而產生任何麻煩，那麼頒發這份保險文件的人就會因為害怕而最迫切地要把教團送走。利瑪竇擔心的是由於容許產生麻煩的境況存在，禍亂會降臨他的家門。此外，官員們不為此頒發文件，倒容易袒護教團，這在肇慶曾屢見不鮮。再者，倘若神父們過於堅持要得到文件，他們還會引起一種最終可能造成精神恐懼的疑慮。還有另外的其他方面，在中國生活了若干年之後，看來老老實實像土生土長的中國人那樣行事，要比外國人更平安。

辦完這些事之後，還有其他的事要做。租一所房子不大容易，他們手頭也沒有足夠的錢可以買一所合適的住宅。然而看來最好抓緊時機，免得官員們的善意會冷卻下來，或者出現某種意外的阻撓。有一所好房子出售，很適合他們當時使用，地點也不錯。它離知府衙門不遠，價錢也不算太過。用六十個金幣就可以買下。監督曾送來五十金幣租房；但看來最好是買一所，自己有房，哪怕小一點，也勝過僅僅租一年，寄人籬下。往後不妨再找，併購買一所大的。於是他們就把買賣做成，搬進了新居。

他們必須把屋子安排得適合他們的生活方式，同時由於擔心發生騷亂，他們就祕密地進行整個這件事，以致在鄰居還不知道他們要住到這裏來之前，他們已經住進去了。他們就用這種辦法消除了任何編造反對他們到來的謠言的時間。保甲長向知府訴說有些陌生人住到他們的地段，但知府馬上安撫他們。他告訴他們說，他本人奉總督之命，已徹底調查他們到來的事。在他那方面，他還帶點誇大地向他們保證，利瑪竇神父在廣東省住過二十多年，從未打擾任何人。他也告訴他們：他本人知道利瑪竇神父是個好人，不應被遣送走，特別是在總督已經允許他在這裏買屋居住之後。於是，他們滿意地走開了，並把這一切都向鄰居解釋清楚。

一當房子買了下來，利瑪竇神父馬上就去拜訪城裏所有的大官，送給他們一些薄禮，都是從澳門帶給他的東西裏挑出來的。分送這些禮物時，他小心翼翼地不開這樣的先例：即不適當地多送，或者超過他將來可能饋贈的力量。

一旦他們在這裏定居之後，這些因閱歷而變得聰明了的教士們，比他們在廣東省時更善於切合目標地安排他們的住所。大約在這個時刻，利瑪竇神父修訂了他的教義問答[1]，把它增補、整理得好像是出自文人之手。它的讀者不再像過去那樣會憎厭可惡的和尚的名稱，或者書中所談論的宗教崇拜了。新版出現時，舊印本就被毀版和拋棄了。

第十四章　韶州又發生了麻煩

當這一切事情正在南昌進行時，郭居靜神父正在韶州學習中文。仿效利瑪竇的榜樣，為了促進基督的事業，他穿上儒袍。他造訪官員

1　按教義問答一書即《天主實義》。——中譯者注。

時穿着這種袍子，並總是得到他所尋求的效果。當時在韶州，基督教好像停滯在平穩的航向上。然而在附近的一個城鎮[1]，有些所謂的小知識階層的人，他們好像一心想找麻煩。在韶州這一特殊的區域，有一個沒有教育的階層，比其餘的廣東人更野蠻，後者實際上把這羣人叫作野人，而這就是妨礙教團發展的因素。

一天晚上，有一羣暴徒，其中大多喝得半醉，要進屋來；當遭到拒絕時，他們就採取武力，開始朝大門以及整個房子扔石頭。僕人出去把他們趕開，趕入了河邊他們的小船裏。他們在船裏聚集了新的同夥，重新進攻房屋。在繼之而來的一片吵鬧中，僕人不願讓步，但他們人數不足以抗擊攻擊者。當神父很困難地把事情了結時，幾名受傷的入侵者被接受到屋裏來治療，餘下的都撤退了，但並非全未受傷。

第二天，要麼因為他們餘怒未息，要麼因為他們不願被控進行襲擊，那夥暴徒的頭頭趕快到長官衙門去上告。這兒有一羣聚集的羣眾，吵吵嚷嚷，叫着說他們被教團裏的人欺侮和打傷了。同樣有一羣起鬨的羣眾穿過城內的大街，一路停下來去拜見官員。他們先到的兩個衙門，法官都拒絕發給他們拘捕令，說他們知道這些外國人從不擾人；而倘若他們自己受了害，那必定有其原因。還有第三位官員[2]，即長官的佐貳和教團的敵人，他毫不遲疑地運用他的職權，以圖報復他認為是神父對他的侮辱。侮辱的根源是他怨恨當他想要他們的天文鐘時，神父們沒有把它留給他家。他接受了暴徒的訴訟，把教團的兩名僕人叫到他的衙門，當着原告的面痛打他們。

有一位世俗教友鍾鳴仁隨他們來到公堂，看看能否用申辯或乞求使他們獲釋。他在衙門剛一出現，幾個認為法官袒護他們訴訟的後生就馬上抓住他，拖他到兇猛的佐貳面前，嚷道他攻擊和傷害了他們，

1　意大利文寫作 Umiuen（翁源），韶州的屬鎮。——中譯者注。

2　德禮賢考為董廷欽。——中譯者注。

更有甚於別人。法官再次根本不聽被告的話，毫不猶疑判處這位修士鞭刑以及如下的更丟臉的刑罰。他們有一塊四方形約一碼半的木板，中間開一個洞，寬可圍住人的脖子。木板可開可關，讓頭伸出來而手在下面夠不着嘴，這樣不讓人吃喝，除非別人喂他。這個修士被判戴上這種刑具在衙門口站一整天，板上有告示說他膽敢毆打黌生。這種刑罰在本地是常見的，這樣來安撫之後，法官就遣散了羣眾。

郭居靜神父決心要補救這種惡劣的局勢。他的看法是，教堂建築是用以作為尋釁的藉口的，所以他決定把它轉移到一所私人禮拜堂去。他這樣做，不僅是出於上述的原因，也是為了避免由它引起的和尚的醜名。除拆毀教堂之外，他還幹了些被證明是非常及時的事。他把家中為客人們所特別喜愛的每件裝飾品都取下來不讓人看見；首先，為的是不招引好奇的人，其次是表示對他們所受冤枉的傷悼。這樣做過後，他們生活得安靜了些，但還不是完全沒有騷擾。最後，他把那個曾經被捕的修士送給利瑪竇神父，並要他另派一名[1]來交換，利瑪竇神父如言辦理。

這些事發生得很湊巧，因為不久以後就有幾位官員到達韶州，聲稱他們想看看歐洲人和他們所帶來的器物。他們所看到的卻是一所實際已被拆毀了的房屋，屋內一切幾乎都給剝走了。他們對這些十分失望，毫不猶疑地把它歸咎於陪同他們前來的那位佐貳，說他主管訴訟而對整個案件處理不公。他並不否認這點。反之，他公開承認自己的過錯，抱怨說他被那羣假充斯文的暴徒逼得有失公道。他低聲下氣地當場請郭居靜神父原諒，並且為了安慰他，邀他赴附近寺院[2]為來訪官員所舉行的隆重宴會。宴席上他確實彌補了他所造成的損害，對郭居靜神父大加稱讚。

1　意大利文作 Francesco（黃明沙）。——中譯者注。

2　光孝寺。——中譯者注。

大約在同時，有一位官員是兵備道的成員，他有權管轄整個韶州地區；他到達韶州城，儀仗煊赫地拜訪教團。當他走進來時，他請郭居靜神父坐在他身旁，這在他首次訪問時被視為是異乎尋常的禮貌，大大消除了過去的一切損害。但我們別忘了當時那個佐貳。想到他的魯莽行動所造成的傷害，他仍然害怕，唯恐獲得一個殘暴的名聲，會使他丟官罷職。於是，為了彌補此事，他就自願地出了一個告示，把整個發生的事情說了一遍，把罪責全推給所謂的讀書人。告示宣佈教團無罪（真理的力量就是如此），最後他措詞強烈地再三提醒人們不得冒犯神父或他家，違者重懲。

郭居靜神父就這樣在沒有其他教士的幫助下工作到 1597 年。被提名去作他的同伴的人身體衰弱，留在澳門，因為把一個有病的人送到氣候不良的韶州去，似乎是有點危險。除此之外，范禮安神父奉耶穌會會長之命，不再負責印度的教團。他當時以教會視察員的名義，僅僅管理日本和中國的教團；因此他不能把教士從印度派到這裏來。孤獨而工作過度，郭居靜神父害了重病，幾乎不能痊癒。他被迫最後返回澳門，同時在澳門的葡萄牙神父羅如望（Giovanni Aroccia）儘管身體不好，仍被派去接替他；他奉命呆在室內，儘量看守房屋。

這時刻，耶穌會視察員從印度到來，任命龍華民（Nicolo Longobardo）神父為郭居靜神父在韶州教團的助手，他們將同時返回。羅如望神父仍然被認為是健康不佳，被召回澳門神學院，擔任一些輕易的工作。然而，這位神父堅持得很不錯。事實上，他的健康在韶州要比過去在澳門時好。正在他完成了學業，準備應用的時刻，卻從他稱之為他的首次使命中被撤回，他感到失望和惋惜；他愉快地把他自己的情況向視察員神父提出，並且使大家都高興的是，他被批准和另兩人留在一起。這時，這兩個人正在赴韶州的途中，並和他平安無事地會合到一起。

第四卷

第一章　回到南京

交卸了自己肩上印度傳教會的負擔之後，教務視察員范禮安神父在去日本之前，一心想把中國傳教團建築在一個可靠的基礎上。根據他自己的經驗，他已充分了解要在中國實現前幾年的建議，即由教皇或天主教國王向中國皇帝派遣一個使節是根本不可能的。他也不認為這樣一個使節會是促進中國基督教的最好方法。他認識到中國傳教團已較預期的取得了更多進展並日趨昌盛。他特別把這件事歸之於上天的幫助和那些比較了解中國情況的人的謹慎和勤奮。儘管他手頭的力量薄弱，他決心提高它的聲望。

由於各種原因，從一開始他就想到，傳教團由澳門神學院院長管理是不利於工作的，他並不在傳教團的現場，因而不能期望他能體會它的困難。那是很自然地，由於相距太遠，常常會失去要求傳教團採取迅速行動的良機。他的結論是傳教團監督應當是一個一直在中國內地生活和親身在場的人。澳門神學院院長孟三德神父已經老了，不能要求他去中國內地。在這些深入葡萄園的人之中，利瑪竇神父年紀最大，對中國人最有經驗，因為他曾長期在他們當中居留。因此，利瑪竇神父被任命為整個傳教團監督，按他斷定對傳教會有益與否，他有全權指揮教團並在最有成功希望的地方開闢一個新中心，作為監督他有同教務視察員相同的權力。視察員神父特別向新監督建議的是，盡一切努力在北京開闢一個居留點；在他看來，除非有某個人被皇帝欣然接待，否則長期居留在中國就沒有任何保證。

為了促進他設想的目的，視察員神父蒐集了他認為凡是有助於這個目標的所有物品，都送往南昌府；其中有一幀從西班牙寄來的聖母像，一幀救世主基督像，一個大小適中、製作精巧用齒輪結構的自鳴鐘，能報出一點鐘、半點鐘、一刻鐘。這座鐘是耶穌會阿瓜維瓦（Claudio Aquaviva）會長神父送給傳教團的，希望傳教團能以已經開始的同樣方法繼續得到進展。菲律賓主教也給中國傳教團的視察員神父送來一個和前一座大致相同的鐘。除了這些以外，他還在澳門蒐集了他認為會對傳教團有用的各種東西，全部寄到南昌。

這時，被指派到中國內地的傳教團的人都逗留在澳門，等候機會出發；在逗留期間視察員神父要求神學院院長供養他們，象他從前那樣，當時他們是在他的管轄之下。他還作了這樣安排，中國和日本兩個傳教會應當共有一個代理人，或者司庫，以管理天主教國王捐贈的補助和其他人捐贈的救濟金。澳門的葡萄牙人對這兩個傳教會是經常給予慷慨捐贈的。這件事我們現在要提一下，免得將來忘記。

李瑪諾（Emanuele Dias）神父這時正在澳門，他曾幾度任印度傳教團的監察。他具有管理本會的必需品質，對中國特別有興趣，所以視察員神父任命他為澳門神學院院長，該院被認為是日本和中國兩大傳教團的共同進修院。前院長孟三德神父在這大變動的歲月裏管理過本院，他的宗教神聖生活在他退休後不久就結束了。他青年時候加入了耶穌會，多年以來直到老年，他的智力天才和他的許多其他方面的秉賦表明他是一個有學問的教授、一個卓越的宣教士，特別是作為一個宗教監督而受到國內外每一個人的愛戴。

明白了視察員神父的心思後，利瑪竇神父千方百計想盡方法，計劃着進入北京皇城。他首先想到聯繫他的朋友建安王這位王爺，他在血統關係上與御位的君主最近。他讓他看了準備送給皇帝的鐘和其他禮品。然而，經過重新考慮，他肯定這種接近方式是無用的。他警惕到這樣一個事實，皇帝不僅使他的親屬置身於公共生活之外，而且實際上還在保衛自己以防範他們，唯恐他們一有機會就會毫不遲疑地接管他的帝位。這樣一種接近方式對他來說是危險的，實際上，它會使整個傳教團完全毀滅。此外，他還斷定即使所說的王爺沒有意識到皇帝的戒懼，他也毫無疑問不會對這個計劃感興趣的。

利瑪竇聽說我們所認識的王某在他從北京去南方海南島他的故鄉的旅途當中，曾訪問過在韶州的傳教團並同神父們非常熟悉。他還聽說此人已被皇帝重新召回南京，主管第一部，叫做吏部（Li pu）的。對中國人來說，吏部以詮敘官吏而聞名，是挑選官吏的部門[1]。知道這些情況後，他就告訴郭居靜神父在王的旅行歸途中和他聯繫，因為他曾答應當他回到朝廷時，他將讓神父們和他一起修改中國曆法中關於星座的某些錯誤，以及解決一些其他數學上的難題。王一到韶州，郭居靜神父就去見他。他問到利瑪竇神父，當他得知利瑪竇在南昌省城時，他很高興，並說他將在那裏會見他。郭居靜神父提出想陪同他一起到南昌去和利瑪竇談這事，他同意了。在此期間，韶州住處由龍華民神父照管，郭居靜神父便前往南昌。而王——現在稱為尚書的——卻已在預定時間之前的兩天動身了，郭居靜神父就日夜兼程去追趕他。實際上，他早點動身倒是對神父們有利的，這使他們有時間可以商量要做的事並安排打點行李。他們都認為郭居靜神父應當伴同利瑪

1　英譯文在這裏有誤。按意大利原文的記載，他是南京的 LipuSciansciu（禮部尚書），叫 Guanciunmin（王弘誨，號忠銘）。但英譯文稱他主管第一部（First Tribunal），即管宮吏的，則為吏部，所以英文本的譯名對照表把 Lipu 譯作吏部。茲改正。——中譯者注。

竇神父。王到達後，南昌府的神父們就去拜訪他，並帶給他一些歐洲禮品，他特別喜歡他曾在韶州見過的玻璃三棱鏡，他認為這是一塊具有巨大價值的寶石。

尚書被皇帝召回官復原職，非常高興，並希望這將成為升任北京相應職位的一個進身之階，那會給他以閣老的最高權威。在他們第一次拜訪時，神父們就及時談到他們自己的事情，並說他們很想去北京，給皇帝帶去一些禮品。尚書要求看看禮品並大為高興。為了使事情順利進行，他們向他保證，他們所希望於皇帝的沒有別的，只不過是他的友好，並且他們願付這筆旅費，遵守必須注意的事項，做出一切必要的準備。尚書回答他們說，他很高興不僅要他們陪他一起去南京，而且還一起去北京，他將到那裏去一個月以慶賀皇帝的誕辰[1]。那將是第八個月的十七日[2]，或者我們所說的九月十七日。他認為這會是向皇帝獻禮的好機會，這些禮品都是他先前從未見過的。這是對他們的計劃非常有利的好機會，他們不可忽視。利瑪竇僱了一艘船，帶上郭居靜同行，希望他能有所幫助，並讓另外兩個人[3]留守南昌，便匆匆啟程了。隨同神父們一起的還有兩個兄弟。我們稱他們為兄弟，是因為不久之後他們就加入了耶穌會作為修士。一個叫鍾鳴仁，一個叫游文輝（Emanuele Pereira），兩個都是中國人但有葡萄牙的名字，都是澳門本地人。他們是信教的華人子弟，同時接受了葡萄牙的生活方式。當他們受洗時，就取了葡萄牙名字，而在這時候他們似乎倒更像葡萄牙人而不像中國人。他們的主洗人給他們取一個教名和一個姓；而只是當他說寫中文時，他們才用中國的姓。神父們用他們的葡萄牙姓名稱呼他們，這對歐洲人來說要更為熟悉。

1　萬壽聖節。——中譯者注。

2　指陰曆。——中譯者注。

3　意大利文著錄他們的名字是 Giovanni de Rocha（羅如望）和 Soerio（蘇如望）——中譯者注。

臨行時間匆促，他們未向友好辭行，甚至也未向地方官告別，怕的是受到攔阻。他們甚至不操心去取得旅行護照，像在過去其他的場合那樣。有這樣一位特殊的大官同行，要比護照更保險，實際上他們做這次旅行會使南昌的居住點更為安全，並加強了整個傳教團的地位。沒有任何官吏敢於反對朝廷尚書的主意。所出現的情況正是他們所盼望的，不管在韶州或是在南昌，再也聽不到反對他們的竊竊私語了。

在 1598 年施洗者聖約翰節[1]第八天后的次日，他們乘船離開南昌。在去南京的航程當中，他們和尚書更加熟悉了，並以適當的贈禮贏得了他的孩子和僕人們的情誼。他們更為幸運的是還結識了一個人，尚書所有的事情都要與此人商議，他幾乎居於總管的地位。他是尚書夫人的兄弟，性格天賦善良，與神父們終生保持友誼[2]。

在旅途中，他們商議了使這次計劃得以愉快完成的辦法。尚書建議，一座鐘送給皇宮的主管，另一座鐘送給宮中的一個太監，尚書想着他能幫助引見。利瑪竇神父卻不肯把一座鐘送給任何人，除了給尚書本人。這似乎使他無比高興，他們同意了這種辦法。事情就這樣商定了，一座鐘送給了王尚書，他學會了開動和在必要時進行調整。

他們一到南京，就驚奇地發見人人惶懼不安。日本人在武裝侵犯中國的附庸國朝鮮並已越過國界。保衛朝鮮要花費大量金錢，而且還沒有希望能阻止日本進攻。由於這種情況，沒有人願意接待神父一行到自己的家中，因為剛剛通過一項新法律，嚴禁任何人窩藏一個衣服或容貌有嫌疑的人。就在幾天以前，還捉到過幾個日本間諜；他們正在城中遊蕩，觀察各種情況。由於這樣一項法律的實行，沒有人敢於

1　六月二十五日。——中譯者注。

2　意大利文把他的名字寫作 Ceu（周？）。——中譯者注。

接待神父們；他們被留在小船裏，天氣酷熱又沒有任何保護。甚至尚書本人也不敢運用他自己的權威。相反地，他幾乎嚇得發抖，生怕有人控告他祕密帶進來了外國人。利瑪竇神父曾好幾次進城拜望尚書，但總是乘着遮起來的轎子；而且即使以這種方式他也不能旅行，除非是向駐軍司令通知他的到來。沒有一個人知道這些次祕密的拜望，一直到幾年之後，他才把它告訴別的神父們。

他還敘述有一次駐軍司令[1]派兵捉拿他，但當他告訴他們他是到總督府去的，他們就放他過去了，這或者是因為害怕那位尚書，或者是因為他們知道一個與這樣崇高官職的人相友好而受到尊敬的人是什麼都不怕的。

在這種情況下應當怎麼辦？他們為此進行了商談並決定從南京向皇帝呈上一份請求書。但這必須通過當地的官員[2]進行，這位官員的責任就是從南京把這種公文送呈皇帝。

利瑪竇神父的這份請求書是由一個著名的文士寫成的，他很熟悉有關朝廷的交涉。申請書並不長，然而撰寫人要了差不多八個金幣，這給人一些概念，即中國文人是怎樣評價自己的文章的。但這種想法全部化為烏有了。因為這位通政使官員雖然是尚書的一個好友，但卻無法說服他對於一個外國人給皇帝的請求書表示關心。為了補充他拒絕的理由，他建議尚書把神父們帶去北京，在那裏他更便於向皇帝呈上申請書，也許效果更好。由於這種建議，或者不如說這種拒絕，神父們在南京的全部責任又推回給尚書。

1　意大利文寫作 Funcin Heo（豐城侯，即李環）。——中譯者注。

2　意大利文稱他是 Tuncinsu（通政司）的官員，即通政使。——中譯者注。

第二章　從南京到北京

王尚書由於未能在南京實現他的計劃而感到失望，但又不願在受大禮之後食言，就決定帶着神父們同他一起去北京。一旦到了那裏，他認為可以通過與他關係友好的宮廷太監把禮品獻給皇帝。他本人必須由陸路北上，必須在皇帝誕辰時到達北京，作為南京六部的代表[1]向皇帝祝賀。他的行李由兩個差役押運從水路前往；他邀請神父們作為他的家屬，同差役一起乘船航行。這種特別類型的船有些像一艘古希臘三層式的戰船（trireme），因為速度快，中國人稱它為馬快船。為了在航程中有更多的自由，神父們寧願另外包一間房艙，而不願和僕役們在一起。它還向他們提供充分的地方存放行李。

在他們所攜帶呈給皇帝的禮品中，有一個大木版，上面刻着世界地圖，附有利瑪竇神父用中文寫的簡略說明[2]。尚書非常高興地觀看了這幅世界地圖，使他感到驚訝的是他能看到在這樣一個小小的表面上雕刻出廣闊的世界，包括那麼多新國家的名稱和它們的習俗一覽。他願意非常仔細地反覆觀看它，力求記住這個世界的新概念。

尚書一到南京，所有高級官員按照中國習慣都急忙來拜見他，祝賀他的新的任命，或者不如說他的官復原職。這些拜訪者並不是空手而來。南京總督[3]是尚書的密友，駐在距離南京城大約一日路程的小城[4]中。他住在城外而不在南京城內，因為他雖然是地方總督，但品級要比吏部尚書低，也低於許多城內的司法官。一般說來這就是南

1　原意大利文說代表南京的尚書，因為王忠銘是禮部尚書，所以代表其他各部尚書到北京去祝賀皇帝的生日。——中譯者注。

2　《山海輿地全圖》。——中譯者注。

3　意大利文著錄他的名字是 Ciao Cotai（趙可懷，時任應無巡撫）。——中譯者注。

4　意大利文為 Chiugiun（句容）。——中譯者注。

京總督們的真實情況，所以他們寧願駐紮在沒有高級官員的一個城鎮中。

碰巧這位總督從南京省某個市長[1]那裏得來一幅世界地圖，原是利瑪竇神父在肇慶所作的。他非常喜歡這幅地圖，便在蘇州鐫石，並加上一篇讚揚地圖的雕刻美觀的序文。序文是他親自作的，但他沒有提到圖的作者。在他送給尚書的禮品中，有一幅這個地圖的摹本是作為他自己的原作贈送的。中國最早的石刻方法和後來的製版方法曾在本書第一卷加以說明。當尚書看到他所得到的地圖與他認為是利瑪竇神父所摹的這一幅極為相似時，便把利瑪竇叫來說「你看我們也有世界地圖。這是我從南京總督那裏得來的一幅，同我從你那裏得來的那幅完全一樣」。利瑪竇一眼就顯然看出，他是在看自己的作品。他說他第一次是在肇慶刊印這幅地圖，把複本送給了他的朋友，它就流傳到了這裏。他的主人聽到這些非常高興，因為這使他對禮品更為滿意，原來象總督這樣一個全國聞名的人都如此高度評價它。實際上，那時在社會生活中很少有象這位趙（Sciau）總督那樣有聲望的人。他的生氣勃勃的精神和對公共事務的卓越管理到處都受到極高的讚揚，這種名聲經常歸功於他對公共事務的處理，那是真正的，而一點不象通常的名氣那樣往往是虛假的。僅一年之後，他就奉召從目前的職位調任北京的主要尚書的副手，叫作侍郎。這時湖廣省的人民舉事反對一位皇帝宮廷太監[2]的暴政。皇帝未徵求任何人的意見就任命他去平息叛亂。他以安撫的方式行事，但一時大意，過於自信和平已經完全恢復，據說他就在該省被皇親所殺害。

言歸正傳。尚書寫信給總督感謝他的贈禮，並告訴他地圖的作者正在他家中，將和他同去北京。總督立即派衛隊長賚信前往，請求尚

1　據意大利文的記載，他是 Guaniusca（王玉沙），鎮江府的知府。——中譯者注。

2　即陳奉。——中譯者注。

書儘快將地圖的作者送到他那裏，他說由於他名聲遠揚，他已等待很久想要會見他了。他還派了一頂暖轎和轎夫接利瑪竇神父到他家來，其他差役則用馬把他的行李運來。總督和他的隨從到達南京時，利瑪竇神父和他的同伴以及他們所有的行李都已上了快馬船，準備次日啟航。尚書勸他們不要拒絕總督的邀請，神父們的意見也是不應放棄結識一個非常有權威的高官的機會。因而他們同意郭居靜神父先動身，因為船隨後很容易被馬趕上。利瑪竇神父留下來乘上給他派來的轎子去見總督。他隨身帶兩個僕人，來送請帖的那位衞隊長陪他一同上路。

利瑪竇以中國方式向總督致意後，就送給他幾件歐洲禮品；這些東西對他來說都很新奇，他非常高興地接受下來。看來客人的到來比禮品更加使他高興，他的談興無休無止。在利瑪竇停留中間，他們討論了數學問題並談到歐洲的一般情況，這使總督極感興趣，以致幾乎是把他的客人強行留下了十天。利瑪竇神父隨身帶來準備呈給皇帝的一些禮品，以便談論有關向皇帝奉獻禮品的話題。這些禮品中有一幅非常講究的裝在一個透明玻璃框裏的耶穌十字架像。利瑪竇在總督房間向他出示這幅聖像時，他一看便肅然起敬，隨後他用兩手打開鏡框的兩扇小玻璃門並掉過臉來。利瑪竇神父不明白這個表示，以為或者是他看了害怕。他對總督說：「這不是別的，而是天地之主的肖像。」他的主人回答說：「你無須告訴我，它本身就說明了一切。它決不是一個凡人的像，這間屋子不是供天地之主的像的適宜地方。」

在屋的頂層有一間房，裝飾得非常講究，可以看見青天，類似小禮拜堂，他們按照哲學家的規矩在這裏祀天。堂前有三座門，在北面、東面和西面，四周有圍以欄杆的迴廊，外面還有小庭院栽花植樹，引人入勝。總督叫他的僕人在香堂中修建了一個祭壇，他在祭壇上擺點燃着的明燭和香，把十字架放在當中。他穿上正式的禮服和打扮，畢恭畢敬走向祭壇，進行四次通常的禮拜，然後登上祭壇端祥地凝視十字架像。他總是從一側走上去，從不直接在像的正前面；他那麼長時間瞻仰十字架，彷彿再也不能把他拉開。隨後，全家僕人都進行同樣的儀式。這種崇敬的儀式成為全家每天的禮節，其中一個僕人奉主人之命保持爐香不斷燃燒。總督邀請城裏的要人來看這個不可思議的聖像，其中有南京提學使，以後此人成為利瑪竇神父在北京的知友，又被任命為福建省巡撫[1]。在上述的禮拜堂中，利瑪竇神父用去大量時間誦讀經文並進行祈禱，他感謝上帝的是甚至於異教徒也向上帝表示這樣的禮敬。

南京總督很願意留利瑪竇神父多住一些時候，請他製造曆算儀器，但當主人知道他的同伴已經動身前往北京，便同意他啟程。考慮到傳教團的貧困，他就送給神父一大筆錢作為路費，這真是一筆值得歡迎的接濟，但他所提的勸告對他們當前的工作或許是更有價值的。他一點也不縮小困難，而是公開表示意見，認為他們的計劃是不會獲得他們所期望的成功的。

利瑪竇神父準備離開，總督就吩咐轎子把他本人送到江邊上船。他帶着一個隨從在江邊上了快馬船。這個隨從是被派來陪同神父直到與他的同伴會合。他們趕上了在淮安城的人們，那個隨從就此回去向總督報告。正是這位總督後來在北京經常向別的官員誇耀他的官邸中曾有好幾天收藏着準備進呈皇帝的救世主基督像。

流經南京的江在中國稱為揚子江，前面已經提到那意思是海洋之子。它向北流到南京為止，然後離南京四十英里略轉向南方迅速流入海中。為了從南京由水路到達北京皇城，中國的皇帝從這條河到另一條由於它那洶湧流水的顏色而叫做黃河的河流，修建了一條長運河。黃河無論在規模上還是在重要性上，都是中國第二條大河。它起源於

1　意大利文寫作 Cinzucin（陳子貞）。——中譯者注。

中國邊界之外，在西方的一座崑崙山，據他們說恆河也起源於這同一座山，或至少是靠近它。黃河的起源處有一個大湖，叫星宿海（Lake of the Constelletions）。從這裏它流入中國陝西省西部邊界。它從北邊長城再折回韃靼人的地方。然後它在該省轉向南方，再由此進入陝西，由陝西而入河南，自此向東流入海洋，距離我們所稱為海洋之子的揚子江北部不遠。

黃河毫不尊重中國的法律和秩序。它來自一個野蠻的地區，好像是對中國人敵視外族進行報復，它滿載泥沙並任意改變流向而經常毀壞王國的許多地區。某些官吏試圖用宗教禮儀供奉河流或河神來控制它。中國人認為許多事物都有統治它們的神靈，並說黃河的水一千年才澄清一次。因而中國成語在表明某些事物難以發生時，就用「黃河清」一詞。在這條河流上航行的人，一連好幾天注視着河水，等着泥沙在河裏沉澱。河水含量中至少有三分之一的淤泥。從水路進北京城或者出北京都要通過運河，運河是為運送貨物的船隻進入北京而建造的。他們說有上萬條船從事這種商業，它們全都來自江西、浙江、南京、湖廣和山東五省。這幾個省每年都向皇帝進貢大米和穀物。其他十個省則以銀子上稅。除去這些進貢的船隻外，還有更大量的船都屬於各級官吏們，來往不絕，再有更多的船從事私人貿易。

從揚子江來的私商是不允許進入這些運河的，但居住在北面這些運河之間的人們除外。通過這項法律是為了防止大量船隻阻礙航運，以便運往皇城的貨物不致糟踏。然而船的數量是如此之多，經常由於互相擁擠而在運輸中損失許多時日，特別是當運河水淺的時候。為了防止這種情況，就在固定的地點設置木閘來節制水流，木閘還可以作為橋來使用。當河水在閘後升到最高度時，就開放木閘，船隻就藉所產生的流力運行。從一個閘到另一個閘，對水手是個艱巨的任務，造成旅途中冗長乏味的耽擱。由於運河中很少有足夠風力，行船更增加了負擔，於是從岸上用繩纖拉船前進。有時在一個閘的出口或另一個閘的入口處，也會波濤洶湧，以致船隻傾翻，全部水手都被淹死。官員和其他政府要人的船隻則用岸上的木裝置拉着逆流而上，這種牽拉的費用都由政府償付。維持這些運河，主要在於使它們能夠通航的費用，如一位數學家說，每年達到一百萬。所有這些對歐洲人來說似乎都是非常奇怪的，他們可以從地圖上判斷，人們可以採取一條既近而花費又少的從海上到北京的路線。這可能確實是真的，但害怕海洋和侵擾海岸的海盜，在中國人的心裏是如此之根深蒂固，以致他們認為從海路向朝廷運送供應品會更危險得多。

從南京到北京沿途經過南京省、山東省和北京許多著名城市。除去城市外，沿河兩岸還有許多城鎮、鄉村和星羅棋布的住宅，可以說全程到處都住滿了人。沿途各處都不缺乏任何供應，如米、麥、魚、肉、水果、蔬菜、酒等等，價格都非常便宜。經由運河進入皇城，他們為皇宮建築運來了大量木材，樑、柱和平板，特別是在皇宮被燒毀之後，而據說其中有三分之二都被火燒掉。神父們一路看到把樑木捆在一起的巨大木排和滿載木材的船，由數以千計的人們非常吃力地拉着沿岸跋涉。其中有些一天只能走五、六英里。像這樣的木排來自遙遠的四川省，有時是兩三年才能運到首都。其中有的一根梁就價值達三千金幣（ecus）之多，有些木排長達兩英里。中國人喜歡用磚而不用石，供皇宮所用的磚可能是由大船從一千五百英里之外運來的。僅是為此就使用了許多船隻，日夜不斷運行。沿途可以看到大量建築材料，不僅足以建築一座皇宮而且還能建成整個的村鎮。

每年南方各省要向皇帝運送各種在貧瘠的北京為生活舒適所缺少或需要的物品：水果、魚、米，做衣服用的絲綢和六百種其他物品，這一切東西都必須在規定的日期運到，否則受僱運輸的人將受重罰。

所謂的馬快船都由宮中太監指揮，通常都運行迅速，八隻或十隻船一隊。運河只有在夏季水位高時，或者由於山雪溶化河水上漲時，才能通航。在炎熱的夏季，大部分食品途中要運輸一兩個月，未到北京以前就變質了；所以把它們放在冰裏加以保存。冰塊逐漸溶化，因而在途中的某些停泊點設有巨大的冰庫，船隻可以隨意獲得足夠的冰塊以便在到達之前保持貨品的新鮮。太監們有時候出租宮船的空艙賺錢。

中國人認為把他們獻給皇帝的貢品都裝在一隻船裏是不合適的。似乎以幾艘不同的船來運送更為適合一些。但皇帝本人由於別的原因對這種辦法假裝沒有看見。無數為朝廷運送物品的船隻來到北京，其中有許多船並未滿載。商人們乘機以非常低的價格租用這種空船隻的面積。這種辦法所供應的比當地產品還要多，從而解決了匱乏並減少了賑濟之需。所以人們說北京什麼也不生產，但什麼也不缺少。

雖然神父們和尚書的僕役們同乘一艘船，並有他們自己的私人房艙，但由於夏季極熱的天氣為時過長，他們在旅途中相繼病倒了。然而天主保佑他們在到達北京之前都痊癒了。航行在山東境內時，他們離開了這條河而駛入另一條人造的而非天然的河流裏去。這條河流或者說運河，在靠近一個叫作天津衛的地方，流經北京附近，這裏有另一條來自北京省的或者更正確地說是來自韃靼地的河流伴着它流駛，直到二者匯合在一起大約流一天的時間注入海洋，或者說注入朝鮮和中國之間的海灣。由於日本已進犯朝鮮，天津衛特別任命了一位總督[1]，在他的指揮下許多艦隊正準備去援助朝鮮人。整個河上佈滿了戰艦，滿載軍隊，但神父們所乘坐的馬船卻擠在這些船中間安然通過，未遇阻攔。

最後他們上了岸，不是在碼頭上，而是在離北京城牆約一日路程的河岸上。這裏有一條運河[2]由此通入皇城，但為了防止被船隻堵塞，只有運給朝廷的貨船才允許使用它。所有其他貨品均由馬車或馱馬或搬運夫運入城內。神父們進入皇城的那天被認為是非常適宜他們

1　即江應蛟。——中譯者注。

2　德禮賢以為即三里河。——中譯者注。

到來的，那正是聖母聖誕節[1]的前夕。這真是一樁令人欣喜的事，我們不應緘默着把它放過去；只要想想基督信仰跨過多少海洋，經過這樣長時間的接近之後，終於進入這個國度，它的使者終於進入了皇都。

這次旅行沿途經過的主要地點是：南京省的揚州，緯度 32 度；淮安，約 34 度；徐州，經充分測定為 341/2 度；山東省的濟寧 352/2 度；臨清 372/ 度；北京省的天津 391/ 度；北京整整 40 度。這就糾正了那些只憑想像認為北京位於緯度 50 度的人的錯誤。

我們將以中國視距尺來測量從廣東的首府到北京的路程，澳門到廣東首府有兩天路程；中國五視距尺是一意大利里或十五視距尺是一里格[2]。所以，神父們的水路旅程如下：從廣東到南雄為 1170 視距尺，從南雄到南昌為 1120 視距尺，從南昌到南京為 1440 視距尺，再從南京到北京為 3335 視距尺，總共為 7065 視距尺或者說 1413 英里。

第三章　在北京的失敗

對北京有了最初的一瞥之後，不說幾句話就把它放過去，那對於北京城或者對於讀者的好奇心來說就會是不公平的了。中國王朝的所在地位於國土的最北部，距離為了抵禦韃靼人入侵而修建的長城約一百英里。城市的規模、房屋的規劃、公共建築物的結構以及防禦都遠不如南京，但人口、軍隊、政府官員的數目則超過南京。它在南面由兩層高而厚的城牆所包圍，城牆上面的寬度可供十二匹馬並行而不覺阻礙。這些城牆主要是磚建築。牆基全用巨石支撐，牆內填滿調合

1　9 月 8 日。——中譯者注。

2　一里格（league）相當於英美的三英里。——中譯者注。

好的泥土。它們不比在歐洲所見的城牆更高。在北面則只有一道城牆保護。夜晚，所有這些城牆上都由大批軍隊警衛着，數量之多有如在進行戰爭。白天，城門由宮中的太監把守，或者至少人們認為是他們在守衛着的，但是這些太監都忙於收通行税，這是其他城市從來沒有的事。皇宮建築在南牆之內，像是城市的一個入口，它一直延伸到北牆，長度貫穿整個的城市並且一直穿過城市的中心。城市的其餘部分則分佈在皇宮的兩側。這個皇帝的居處不如南京皇宮寬闊，但它建築的雅緻和優美卻由於它的細長的線條而顯得突出。由於皇帝不在那裏，南京已逐漸衰微，像是一個沒有精神的軀殼，而北京則由於有皇帝在而變得越來越有吸引力。

北京很少有街道是用磚或石鋪路的，也很難説一年之中哪個季節走起路來最令人討厭。冬季的泥和夏季的灰塵同樣使人厭煩和疲倦。由於這個地區很少下雨，地面上分離出一層灰塵，只要起一點微風，就會刮入室內，覆蓋和弄髒幾乎每樣東西。為了克服這種討厭的灰塵，他們就有了一種習慣，那或許是任何其他地方都不知道的。這裏在多灰塵的季節，任何階層的人想要外出時，不管是步行或乘交通工具，都要戴一條長紗，從帽子前面垂下來，從而遮蔽起面部。面紗的質料非常精細，可以看見外面，但不透灰塵。它還有其他的好處，即一個人只有在他願意被認出時才能被人認出。他避免了無數的招呼和問候，並可以根據他喜歡的任何方式和任何價錢出行。中國人並不認為在城裏乘馬車旅行是奢侈，並且因為乘轎旅行很貴，所以一個人在北京可以放棄豪華和時髦而用不着難為情。

戴面紗的習慣對神父們是恰合時宜的。在戰爭歲月裏，外國人走在街上多少有些冒險，但是戴上面紗，他們可以願意到哪裏就去哪裏，不受干擾地旅行。由於有灰塵的緣故，別的城市幾乎很少有這樣普遍乘馬或乘其他乘坐工具旅行的。它們到處都是等候受僱，在十字街頭、在城牆門口、在御河橋和人們常去的牌樓，僱一輛車一整天也花費不了多少錢。城裏的街道非常擁擠，以致趕腳人必須用韁繩領着牲口穿過人羣。他們知道城內的每一街道和每個著名市民的住所。他們還有指南，上面列出城裏的每個地區，街道和集市。除去騎馬旅行而外，到處都是抬官員們和要人們的轎子。北京的這種乘坐工具要比南京或者中國其他地方的花費大得多。

我們曾說過北京樣樣物資豐富，大部分是由外面運進來的；儘管如此，北京的生活還是困難的，除了那些富有而無需節約的人以外，這裏經常缺乏薪火，但這種匱乏可由一種瀝青物質補充，它缺乏一個更好的名稱，我們稱它為瀝青或礦物膠脂[1]。這是一種從地下挖出來的化石焦，象列日（Liege）附近的比利時人所用的那種一樣。中國人用它來燒飯和在幾乎達到北極區域溫度的冬季最寒冷時候室內取暖。這種物質的豐富很好地彌補了薪火的不足。這裏的牀是用磚砌的，下部是中空的，壁爐管道就從裏面通過，形成了牀下的暖室。夜間不必維持熱度，因為暖室是長期保暖的。北方各省普遍使用這種類型的炕牀。北方的中國人比南方的中國人更勇敢好戰，但不如他們聰明機智。這就是人性的平衡，有些人在這方面優越，有些人則在那方面。

隨着他們到達北京，他們長期以來而懷疑的一件事終於真相大白了，即中華帝國就是某些作者所稱為的大契丹，而北京就是當今中國皇帝的所在地。這些作者稱這個城為汗八里（Cambalu）。如果對我們的信念似乎還有任何懷疑，那麼我們將非常確鑿地證明它。對我們的意見長時間來造成了很大疑問的是，上述作家在論述遼闊的契丹帝國和其他中國省份時宣稱這個國家在這一地區的某個地方與波斯的東部邊界接壤。可是他們當時所知道的波斯要比它現在更廣闊很多。實際上，波斯必須理解為包括說波斯語的廣大無邊的亞洲地區，迄至中國

1　即煤。——中譯者注。

的邊境。他們還說它在南面為韃靼人所見。在中國國土內對它進行多次調查之後，未能發現有關這個廣闊的契丹帝國的任何東西，一個鄰國對於這樣重大的事情竟一無所知，許多世紀以來竟從未留下過與這樣一個大國家進行戰爭或通商的記錄，這看來似乎是不大可能的事。我們也曾讀到，大江從它的發源到河口是流經這一個契丹的。江在中文裏意思是大河。其他河流則叫作河。我們認為這就是我們所稱的海洋之子的那同一條河流，它現在就叫揚子江。我們也曾讀到這條河的南邊有九個王國，它的北邊，在這個名副其實不為人所知的帝國裏則是中國十五個省的其餘部分。這些省實際上是許多王國，共十五個，其中任何一個都比意大利大。上面提到過，其中約九個在這條河的南面，其餘六個在河的北面。

我們爭論契丹指的就是中國的另一個或許更清楚的證明，是由個別人的經歷提供的。現在是 1608 年，大約四十年以前，兩個阿拉伯突厥人，或者說伊斯蘭教徒，從陸路來到北京。他們帶來一隻獅子，這是中國人經常聽說，卻很少見過的一種動物，他們把它作為禮品獻給中國皇帝。他們受到皇帝的殷勤接待，並授給他們每個人官職和皇家國庫的俸祿作為家產世襲下去；只要他們在獅子活着時照管獅子，而沒有返回本國向中國人發動戰爭。當神父們到達北京時，這兩個人還活着，利瑪竇神父派了一名修士 [1] 去問他們關於契丹的問題。後來，當神父們第二次來到北京時，利瑪竇神父本人還經常遇到這兩個人；他們明確告訴他，此時此地他們確實居住在大契丹，北京就叫汗八里。他們毫不懷疑這一點，而且他們說在他們來北京的整個旅途中，他們既未看到也未聽說過任何別的契丹。神父們還一再從波斯來的人那裏聽到同樣的說法，他們關於契丹的問題同聲一致，毫無

1　意大利文著錄他的名字是 Bastiano（鍾鳴仁）。——中譯者注。

異詞。當問到這個問題時，中國人也說他們的人民都知道契丹這個稱呼。然而提到中國時只有外國人才用這個名字；這個名字本身無疑地部分源出中國語，部分源出韃靼語。任何時候中國人在他們的書中提到韃靼時，他們都寫成 Lu（虜），他們稱北部地方為 Pa 和 Pe（北）。Cam 在韃靼人意思是大，中國人也知道這個字。

在韃靼人入侵中國時，韃靼王定都於北京並稱它為 Campalu。現在輔音 P 常常和 B 可以互換，因此韃靼人開始稱他 Cambalu，但是中國人很少用輔音 B，仍把這個名字讀成 Cam-palu[1]。看來很顯然，威尼斯人馬可波羅是在韃靼人佔領時期來到這個國家的。他甚至可能是和韃靼人同來的，根據他解說，中華帝國是以韃靼人所用名稱而為歐洲所知，韃靼人稱中國為 Catai[2]，稱首都為 Cambalu。如果有人反駁說，或許馬可波羅所說的契丹的疆界較現在的中國更廣大，這種反對理由儘管存在，它卻什麼也證明不了。我們尚未對此進行考查，但即使承認同一個名稱擴大到了北方韃靼相鄰的地區，這也並不證明當時在中國邊界之外還有另一個單獨的王國，即人們所稱的契丹。

以後，葡萄牙人用中國（China）這個名字，把這個國家的名聲傳遍全歐洲，這個詞很可能得自暹羅居民。同時他們稱首都為北京，這是所有中國人都知道的名稱。所以我們的地理學家以為是兩個不同而接壤的國家就不足為奇了，名稱分歧所形成的混亂是由於不知道它們就是同一回事。利瑪竇神父把這些看來確鑿無疑的推測傳到印度，後來又傳到歐洲，但即使那時也未能給予任何滿意的證明，直到後來才毫無疑義地證明了契丹和中國就是同一個國家這一事實。關於這一點我們將在後面再詳細說明。

不久之後，教士們到達北京；他們到尚書府去，他們是受到他的

1 Campalu、Cambalu 等等都是 Khan-Baliq（汗之城）的不同拼寫法。——中譯者注。

2 即契丹。——中譯者注。

保護的。尚書由一條陸路而來，省了大量的時間和精力。他讓他們住在他府中舒適的住房中，因為他喜歡他們作伴，希望他們靠近他，他並且立即向他所熟識的皇宮太監轉上他們的申請。這個太監也答應盡力促成這件如此重要的事，並要求看看神父們和他們給皇帝帶來的禮品。在約好的那天，太監和尚書一同到神父們的住處來看禮品。他對利瑪竇神父非常有禮貌，特別客氣地向他問候，那是只有在初次見到自己長期渴望見到的某位著名人物時才會行的禮節。隨後，他們在一張桌上共同進餐，親切交談。利瑪竇神父讓他們看了自鳴鐘、十字架像、一尊聖母雕像、一座八音琴，這類東西是中國人甚至於聞所未聞的，還有兩個玻璃三棱鏡。當那尊聖母像被抬起來放在地上時，它從搬夫的手中脱落，被摔成了三段。那在歐洲就會失去它的價值了，但在中國卻只會增加它的價值。當幾段又拼合起來後，雕像就呈現出古董的樣子，而較它完整時更有價值。

太監和所有其餘的人都對禮品非常喜歡。他聽説神父們能把水銀變成真銀，這似乎比任何其他的東西都更使他高興。他説他知道這也是皇帝最感興趣的，要滿足人的貪財欲是不可能的，哪怕是財富驚人的中國皇帝；然而當他的奴僕聽説神父們並沒有掌握這種魔力時，他就對他們的請求撒手不管了。他告訴他們，由於各種原因他不能代表外國人向皇帝進言，特別是在這個非常時期，戰爭就在牆外進行着，朝鮮的戰爭謠傳日益增多，許多人死於戰爭，日本正準備侵犯中國。他還向他們肯定説，中國人對外國人不加分辨，認為他們全都相同，或者幾乎相同，所以可能把神父們當作日本人。由於同樣的原因和友人的勸告，尚書也開始認識到，使自己捲入外國人的事是很危險的，而且對自己的努力感到絕望，所以想把神父們送回南京去。對神父們來説，計劃尚未表明完全無望，為了避免使這麼大的勞動和開銷被浪費掉，他們在尚書走後又在北京停留了一個月，租了一所房子居住。按照規定，限期一到，尚書必須離開。所有因故到朝廷來向皇帝慶賀的官員，都必須在一個月之內離開北京城，回到自己各個的崗位任職。

澳門神學院院長李瑪諾神父為這次旅行寄來了很多錢，但唯恐他們在北京需用更多的錢，所以又給了他們一張匯票，這是從澳門一個商人那裏買來的，他們用這張匯票可以在北京換取同等的金額。原來這是一張假票，他們在北京找不到一個認可簽這個姓名的人。同樣的事情在其他地方也發生過。錢後來在澳門被償還了，但我們在這裏敘述這件事是要說明中國商人為什麼對這種作生意的方式表示不滿，中國沒有一個地方是流行這種辦法的。

由於東道主已走，神父們雖然用各種方法進行他們的事業，但全歸無用。不管是利瑪竇神父的友人或是尚書的友人，沒有一個願意甚至只在家中接待他們一次單純的訪問。接待一個外國人竟是如此可怕，以致即使他們呈上尚書寫的推薦他們事業的信，也沒有任何影響。最後，他們的努力看來絕望了。他們的結論是，福音的光輝照亮北京城的時刻還未到來。全部計劃被擱置在一旁，他們決定回到南京去。看起來把這個努力推遲到另一個時間較好；因為現在有戰爭恐慌，很可能有使已完成的工作遭受危險的不幸，或者會造成將來再回來的障礙。這樣決定下來後，他們就低價租了一艘船上的位子啟程回去。回程的空船裝載旅客幾乎是不要什麼錢的；但這一次船主的貪婪使得這艘船非常不適於乘坐，因為它缺少武器的保護並且沒有足夠的水手。

他們整整用了一個月的工夫才到達臨清城。這看來似乎是浪費了一個月的寶貴時間，但實際上卻不是。鍾鳴仁擅長使用中國語言，由於他的可貴幫助，神父們利用這個時間編制了一份中國詞彙[1]。他們還編成另外幾套字詞表，我們的教士們學習語言時從中學到了大量漢字。在觀察中他們注意到整個中國語言都是由單音節組成，中國人用

1　即《平常問答詞意》。——中譯者注。

聲韻和音調來變化字義。不知道這些聲韻就產生語言混亂，幾乎不能進行交談，因為沒有聲韻，談話的人就不能了解別人，也不能被別人了解。他們採用五種記號來區別所用的聲韻，使學者可以決定特別的聲韻而賦予它各種意義，因為他們共有五聲。郭居靜神父對這個工作做了很大貢獻。他是一個優秀的音樂家，善於分辨各種細微的聲韻變化，能很快辨明聲調的不同。善於聆聽音樂對於學習語言是個很大的幫助。這種以音韻書寫的方法，是由我們兩個最早的耶穌會傳教士所創作的，現在仍被步他們後塵的人們所使用。如果是隨意書寫而沒有這種指導，就會產生混亂，而對閱讀它的人來說，書寫就沒有意義了。

利瑪竇神父所寫並以他的註釋加以增補的四書拉丁文釋文，對別的神父們學習中文也有很大價值。在本書第一卷討論中國的學位時，我們已經敘述過了這部四書。

第四章　陸路去南京的旅程

一旦冬季來臨，中國北方地區所有的河流都結厚冰，河上航行已不可能，車子則可以在上面通過。神父們動身已晚，旅途行進緩慢，結果被冰封住，只好等到春季再繼續他們的水上旅行。

臨清是一個大城市，很少有別的城市在商業上超過它。不僅本省的貨物，而且還有大量來自全國的貨物都在這裏買賣。因而經常有大量旅客經過這裏。冬季幾個月的被迫延誤，使得神父們非常焦急，因為失去了時間，旅行所從事的計劃也隨之而推遲。經過討論情況之後，決定由利瑪竇神父同兩個僕人取道陸路去南方，看看他能否在南京或者在其他中心開闢一個傳教機構。他的同伴和教友留在臨清：看守行李，到冬季結束冰融之後再去南京。

由於他的朋友和從前在韶州的弟子瞿太素曾經多次口頭和書面邀請利瑪竇神父到他的家鄉來定居，所以他決定到那裏去並以上帝的仁慈試圖在著名的蘇州城定居下來。他所能想到的完成這個計劃的幫助，莫大於那個證明是他的最大支持者的友誼和威望。他經過山東省的中部，來到著名的蘇州和杭州地區。冬天的氣候耽擱了他的旅程，增加了困難，但他愉快地前進，行程迅速，並未遇到嚴重的阻礙。他橫渡揚子江後，經過一條實際是人工河流的長運河，到達當地的首府鎮江，又經這條河可以航行到著名的蘇州港和同樣著名的杭州港，即浙江省的首鎮。運河遠至南方，所以從不凍冰，但它太窄，船隻過於擁擠，所以不管往哪個方向都不能行駛很快。了解到這個情況，利瑪竇神父就採取另一種方式繼續旅行，那是這個國家一種常見的旅行方法，既省時間又舒適。他們使用一種建造在獨輪上的車，一個人兩腳分開跨坐在中間，好像騎在馬上那樣，另有兩人一邊坐一個。這種手推車或者說小貨車由一個車夫用兩個木車把推動。它提供了一種安全而迅速的旅行工具，利瑪竇神父就是這樣來到蘇州的。這是中國成語說的「上有天堂，下有蘇杭」那兩個城市中的一個。它是這個地區的最重要的城市之一，以它的繁華富饒，以它的人口眾多和以使一個城市變得壯麗所需的一切事物而聞名。它位於一條平靜的清水河上，或者可以更恰當地說是位於一個湖[1]上，吹拂着和風。

這裏人們在陸地上和水上來來往往，象威尼斯人那樣；但是這裏的水是淡水，清沏透明，不象威尼斯的水那樣又鹹又澀。街市和橋都支撐在深深插入水中的獨木柱子上，象歐洲的式樣。經由澳門的大量葡萄牙商品以及其他國家的商品都經過這個河港。商人一年到頭和國

1　太湖。——中譯者注。

內其他貿易中心在這裏進行大量的貿易，結果是在這個市場上樣樣東西都沒有買不到的。從陸路進城只有一個入口，但從水路進城則有好幾個入口。城內到處是橋，雖很古老但建築美麗，橫跨狹窄運河上面的橋都是簡單的拱形。在中國沒有別的地方能找到更多的奶油和奶製品，也沒有更好的米酒了，它們都輸往北京和全國。這個商業中心離海約有兩天的路程，嚴加設防，是本地區八個城市中最主要的一個。

當韃靼人被驅逐，全國由現在在位的皇帝的祖先[1]接管時，蘇州城仍被它的首領們[2]頑固地守衛着；直到今天，它仍被作為一個反叛城市而課以重稅。這個省的收成半數是上繳皇帝的。因而在中國可以發現，一個省向皇家國庫要上繳兩倍於另一省的稅收。全省都隨着它的首府反對皇帝，甚至直到現在它還設有重兵巡邏和防衛；因為害怕這個地區叛亂要比害怕全國任何其他地區為甚。

利瑪竇神父到達蘇州時，他的朋友瞿太素不在那裏，住在離此不遠的鄉村，叫作丹陽。他表現得友好而愉快地接待了神父，那在歐洲親密朋友相逢時也很少看到。他當時住在一座和尚廟宇中，地方很簡陋。他把自己的牀讓給他的朋友，但利瑪竇神父沒有同意而自己睡在地板上。他由於工作和旅行過於勞累而患病，幾乎死去。但瞿太素如此之殷勤的照看他，以致他病倒不到一個月，他的健康就完全恢復了，他感覺病後比病前還要好。為了回報他的好意，他送給瞿太素幾件禮物，其中有一件就是著名的玻璃三棱鏡。他曾在廣東省尋找這樣一副三棱鏡，願出高價購買。既然現在他有了一個，所以高興得不得了；為了使它更加引人注意，他把它裝在一個銀盒子裏，系以金練，結成環狀。他甚至把銀盒飾以題辭，大意是這件珍寶是一塊補天之物。

瞿太素所接受的禮物引起了很多人的興趣，有一次有人願出五百

1 指朱元璋。——中譯者注。

2 指張士誠等。——中譯者注。

金購買這個三棱鏡。儘管他需要很多錢，並且他也想這樣做，他仍拒絕在那時賣它，因為他知道準備進貢皇帝的禮品中有一個相似的三棱鏡；他怕買主可能拿他的三棱鏡去進貢皇帝，那樣利瑪竇神父送給他的這個三棱鏡就不新奇了。後來，在皇帝接受了禮品之後，瞿太素才以比過去所出的更高的價錢賣掉了他的三棱鏡。賣得的錢使他得以清償許多債務，這件事他永遠不會忘記，而且也加強了他對教會的熱誠。他一旦聽説神父的計劃，就渴望去幫助它；他答應和他在一起，直到能在那個地區開闢一個新的住所為止。當他得知他的朋友想要在蘇州定居時，便勸他發展這個計劃並且就留在他這本人所居住的地方。這裏物產豐富和人煙稠密，會有利於這個計劃的；此外，這又是他自己的家鄉，他是神父們的朋友，他有地位很高的親戚，根據友誼的法則，他可以希望從朋友那裏得到所期望的一切。

和幾個很謹慎的學者磋商之後，瞿太素和利瑪竇神父一致認為在南京找一個地方較好，但找到的希望不大。這個結論是由於各種原因，最主要的如下：南京的大官太多，很難期望他們全部對教會採取友好態度。很容易發生這樣的事，由於某種原因，某個大官可能反對神父們，把他們趕出住所，不光彩地遣送出境。他們預料在蘇州沒有這種麻煩，為了實現他們的計劃，他們決定第一步是到南京去拜見第一部的首腦[1]，他最近剛和神父一起旅行，並請他寫信給蘇州的官員。再從瞿太素做官的朋友們那裏拿到別的信，這些將有助於他們計劃的完成。

那時正值中國人歡度他們的新年，因而接洽任何事情都不方便。大家都忙於拜年、送禮、受禮和安排宴席及其他慶祝活動。或許最好是不要去打擾人家的歡樂，所以利瑪竇神父和瞿太素就乘船往鎮江，去看盛大的民間表演活動。這個城市人人都知道瞿太素，這意味着他

1 意大利文作 Guan Sciansciu（王尚書，即王忠銘）。此處英譯文有誤，王忠銘是南京的禮部尚書，禮部是第三部。——中譯者注。

們也知道利瑪竇神父，因為瞿太素不論到什麼地方，總是盛讚他的朋友。在鎮江他們不斷受到許多官吏和名流的包圍。公眾慶祝的興奮平靜下來之後，他們就準備動身去南京。知府[1]為他們旅行準備了一艘大船，由公費開支，這是知府所享有的特權。這種旅行方式是有安全保障的，利瑪竇神父很樂於利用這一點，他們於 1599 年二月六日到達南京，走到住處已不需要象從前那樣小心謹慎了。他們住的地方叫承恩寺（Cinghensu），是一個寬敞的廟宇，擠滿了客人。他們願意住在這裏是因為它位於城市的中心。整個城市似乎變得比上次訪問時好得多了。根據報告，日本人已被趕出朝鮮，損失重大，回國去了。關白王已經去世，他就是以其征服朝鮮和整個廣大中國的計劃而使並不好戰的中國人感到驚恐的那位日本統治者。還有一個使人高興的原因是國庫徵收的特別餉銀取消了，因為軍隊數目已減少了十萬人。利瑪竇神父很快發現，關於他本人流傳着各種謠言，但都是有利於他的。據説他的北京之行是由王尚書邀請的。他到北京向皇帝呈獻了許多珍貴禮品。這次拜見沒有結果，那是由於朝鮮戰爭而造成的干擾。如果他在別的時候求見，一定會受到恩許的。評論就是這樣。

大家都急於看到利瑪竇帶來的自鳴鐘。它們以鐘聲報時特別吸引人。關於塑像，特別是關於八音琴的傳述，不僅是被誇大了，而且幾乎是荒唐的。他們的老朋友們到寺院的住處來看他們，幾天之後他們去拜會王尚書。他對他們取得的成就很高興，並知道利瑪竇隻身在國內旅行而未出岔子，最後還找到了住處並有友人來拜訪。瞿太素對神父經常是滔滔不絕加以讚美，還補充説明他所帶給中國的科學知識以及他是怎樣開闊了知識界的眼界的，在他到來之前他們的眼界一直是閉着的。根據瞿太素的說法，這就是他為什麼如此之受人歡迎，為什

1　即王玉沙。——中譯者注。

麼大家都想見他並願和他在一起的原因。但當然，要是沒有尚書作為他的特別保護人的那種權威，不管是他自己或是他的教會就會無法進行活動。尚書對這一切的反應是勸利瑪竇神父在南京買一座房子。由於各種原因，南京對他來説是最好的地方。這裏氣候很好，他很願意他住在附近，以便保護他；還沒有等到答覆，他就把他府中的兩個熟悉南京情況的官員找來，吩咐他們到外面租一座適合神父需要的房子。利瑪竇覺得加以拒絕倒不如默默從命，雖則這似乎違反他的既定方案。

他們剛剛回到他們的住處，尚書大人便來回訪。他堅持擺出全副傳統的禮儀來回拜，身穿高官所需的全身服裝來向他們致敬。他們在客廳剛一坐定，廟中的主持即拜偶像的大方丈，就出來向他們獻上迎客茶。他向三個人每個都屈膝獻茶，遞上茶杯，他必須在這位特殊大人的面前行這種禮，因為大人是寺院的最高主管。

回訪之後，大人邀請利瑪竇神父到他府裏呆幾天。他説他渴望邀他一齊觀看本年第一個燈節，由他的家人在晚上所作的奇妙煙火表演以及他們為幾個晚上安排的精巧的燈籠演出。這種非凡的表演是公眾慶祝活動常有的，其中並沒有迷信的痕跡，邀請被愉快地接受了。拒絕將是不禮貌的。尚書家人對他非常禮貌的接待和他所觀看的景象，使他感到驚異，超出預料之外。在煙火製造技術的表演這一科學方面，南京超過了全國其他地區，或者也超過全世界的其他地區。

當大家得知關於尚書拜訪了利瑪竇神父的消息時，所有司法官和其他高級官員都來向他表示敬意。其中只提三個就夠了：刑部尚書及侍郎，和位居二品的戶部尚書[1]。這三個人像主要客人一樣，身着官服，全副排場並帶着與他們的高位相稱的禮品前來表示敬意。他們之

1　此處「刑部尚書」為趙參魯，「刑部侍郎」為王樵，「戶部尚書」為張孟男。——中譯者注。

後又來了一個人，此人數年以後在北京任閣老的要職[1]。他們大家的意見都是利瑪竇神父應當居住在南京，他們都答應幫他找房子。自此以後他就在城內自由來往並訪問官府，無人詰問。

這個不尋常的情勢轉變，使利瑪竇神父回想起他第一次到這裏後被驅逐出南京的那天晚上。這一次他一進城，就認出這是天主在他夢中向他指示的地方，他彷彿曾在這裏無拘無束的行走過。現在他對除去在夢中外他從前所未見過的街道和宮殿感到驚奇。他感覺到這決不止於是一個夢，或者是一個幻覺而已，就像是一個人當把全部心思都放在一個唯一的願望上時，所可能體驗到的那種。他意識到人們對他的態度的巨大變化是上帝帶來的，所以他決定住在南京，任何地方都不去，這也是上帝的旨意，儘管也有各種人事的考慮。瞿太素完全同意這一點，便把他的關於住在蘇州的想法置於一邊。

那時，南京城內有一個著名學者[2]，江西人，他的父親做過總督。他曾兩次中舉，第一次的學位因為與同僚發生爭執而被取消了。他在南京的官吏中間很有影響，為他們寫文章，諸如祭文，正式場合的詩，迎送詞等等，也象我們自己的講演和詩一樣。官員的獎賞和寫作的收入使他成為一個富人。他還教授官員的子弟讀中文書籍；他們說他能非常淵博地談論中國三種宗教派別，那是我們在本書第一卷中已經提到過的。此人有一個兒子在文學學習方面很不成功；為了給他兒子樹立名聲，他想出了下面一個非凡的計劃。他去請了一位精通數學的學者寫了一本有關這方面的大書，然後他出版了此書，刻上他兒子的名字作為著者。發現瞿太素讚揚利瑪竇神父是一個數學家可能危及他兒子的虛名，這個聰明人就想到，把利瑪竇神父介紹給他的想要成

1 此人為葉向高，據意大利文稱他為禮部侍郎。原意大利文提到來訪的人還有郭明龍和楊荊巖。——中譯者注。

2 意大利文著錄他的名字是 Lisinci（李心齋）。——中譯者注。

為科學家的兒子，將是一個好主意。當他和利瑪竇神父與瞿太素在街上一起到他家去的路上，遇見了幾個知道全部故事的朋友，他笑着對他們說：「我有一隻羊，我曾努力教導了好幾年。現在我要把他轉交給別人去操心了。」

在談話當中，瞿太素乘機告訴他的主人，他到南京來不是要呆在這裏，而只是作為一個老朋友的同伴，幫他在一個近郊找一處安全的住所，這件事辦完後他就要回家。接着他說，「由於整個南京城沒有一個人能比把這個計劃託付給你本人更加安全的了，所以我真摯地想請求你成為我的朋友利瑪竇神父的支持和保護人。」這個著名的學者對這次意外的會見和談話感到非常高興，簡置難以抑制自己的感情。隨着他恢復了鎮靜，他允諾盡一切努力贊助這個計劃，而他此後的努力是符合他的諾言的。他在繼續談話中向他們保證說，南京確實是利瑪竇神父最適合居住的地方，這有各種原因。他們兩人都反對說南京官府是害怕和猜疑外國人的。他對此回答說，「你們在這方面弄錯了」，他說「蘇州是一個港口，離海不遠。那裏稅捐繁重，因而傾向是革命的。它隨時可能爆發叛亂。南京則相反，過去幾個月內戰爭的恐懼已經大大減輕了，所以和平和安寧有了保障」。他還堅持說，南京官員多，這對他們的事業是利多弊少。因為其中可能有一人是敵對的，而另外十個人則會是友好的。然而在京城之外，每一個官都是一個小皇帝，少數人要設謀反對某一個人總比許多人反對更容易。他最後的論點似乎是要消釋他倆對南京的最後反對意見，使他們面臨進退兩難，每一頭都沒有出路。

或許在所有支持神父們的事業的人們中最有幫助的是皇帝的一個顧問，這些顧問稱為科裏（Coli）。這個人名叫祝石林[1]（Cioselinus）；

1　即祝世祿。——中譯者注。

恰好當時皇帝顧問的這個府衙中，其他法官都不在南京，原來應該有十個或八個的，所以祝石林就一身兼任所有這些職務。人人都非常尊敬他，認為他是一個出名的道德哲學家。此外，他還是一個著名的中國書法家，書法這種藝術在中國比在歐洲更為人重視，只要他寫幾個字就可以在南京以高價出售，相當於我們的儒略（Julian）錢一個金幣（ducet）的十分之一。幾年以後，這種手稿的價值更大為增高。他還是一個作家，他寫的勸人為善的書受到高度讚揚，他還到文士的集會上講課。他從尚書和其他人那裏聽說了利瑪竇神父，而對神父頗感興趣。他的敬仰激發了一種想見神父的願望，而利瑪竇所寫的《論友誼》[1] 那本書就成了把他們聚在一起的媒介。在一次知名人士聚會的談論中，談到了利瑪竇神父的身份問題；據說祝石林說，既然他在廣東和江西兩省住了很長時間，我們不應該反對他在南京居住，而且這裏也還有許多其他外國人。所說的外國人是指撒拉遜人，他們從韃靼人的時期就住在這裏了，已被認為是本地人。

由於有許多上層人士的關心和鼓勵，經過了一番猶豫之後，利瑪竇才終於決定把命運寄託在南京。他首先關心的是找一所房屋居住。這件事完成後，他就可以奠定一個中心機構的基礎，希望往後在別處開闢的其他房屋都會從這個城市取得公開身份，像是來自一個基督教的中心點。但直到郭居靜神父從臨清到來，他還沒有着手尋找第一座房屋。

尚書作為神父們的保護人，聽說他的同僚們對利瑪竇神父的深情厚誼，開始表現出更大的勇氣和決心。曾有些官員在對待這件事的態度上錯誤地影響了別人的，現在也都一致予以贊助。他們知道他們的尚書需要為神父們取得一個永久的地盤，因此表示尊重他，他們也都贊助此事。尚書這方面一旦掌握了別人的心意，想把他的副手的府

1　按即利瑪竇的《交友論》。——中譯者注。

宅[1]讓給利瑪竇神父，當時這座府邸正空着。完全出乎意料之外，這個建議竟被拒絕了，並且這件事還可能招致不滿，或許可能破壞全部計劃。於是利瑪竇神父就租了一座不大惹人注目但還寬敞的住房，並應尚書的請求，接受了輔佐府宅中一些必要的傢具，直到他能買到對他的住房更合用的傢具時為止。新居有不少來客。客人日見增長，無論是在數目上還是在社會品級上。

利瑪竇神父詳細地寫給他南昌的同事們，告訴他們所發生的一切事情。自從他走後渺無音信，他們的焦急不安隨着他離去日久而不斷增加。他們從南昌教堂寄去為舉行彌撒所需要的一切物品以及在他們的窘境中所能湊出的錢，以便幫助利瑪竇購置新基地。

第五章　數學和皈依者

多少世紀以來，上帝表現了不止用一種方法把人們吸引到他身邊，像一位漁人以自己特殊的方法吸引人們的靈魂落入他的網中，也就不足為奇了。任何可能認為倫理學、物理學和數學在教會工作中並不重要的人，都是不知道中國人的口味的，他們緩慢地服用有益的精神藥物，除非它有知識的佐料增添味道。利瑪竇神父是用對中國人來說新奇的歐洲科學知識震驚了整個中國哲學界的，以充分的和邏輯的推理證明了它的新穎的真理。經過了這麼多的世紀之後，他們才從他那裏第一次知道大地是圓的。從前他們堅信一個古老的格言，即「天圓地方」。他們沒有一個人知道地球吸引着有重量的物體，或引力把

1　意大利文記為 Scilan（侍郎）的府宅。德禮賢認為即禮部侍郎葉台山（向高）的宅第。——中譯者注。

落體引向地球。他們不知道大地整個表面大都居住着人，或者人們可以住在地球相反的兩面而不會跌下去；有些事情他們可以相信，但有些事情他們許多人卻難以想像。一直到利瑪竇那個時候，他們還不理解月蝕是由於地球走到太陽和月亮中間而發生。他們對月蝕的荒謬解釋對於他們的心靈，比對於月亮本身，更增了黑暗。他們的一些哲人說，月亮同太陽面對面時，由於月亮極端恐懼而失去了它的光輝。還有人說太陽裏面有一個空洞，月亮走到那個空洞前面就得不到光。當他們知道太陽比整個地球大時，感到非常新奇；但有些人卻傾向於相信，因為在他們古代的數學書籍中記述說，他們曾用某種儀器測量過太陽，發現太陽有一千多英里寬。他們聽說有些星球，人眼看來是那麼小，卻比整個地球還要大，感到這是悖論。他們從來不知道，事實上也從未聽說過，天空是由堅固實體構成的，星體是固定的，並不是在無目的地遊蕩，有十層天軌，一層包着一層，由相反的力量推動運行。他們原始的天文科學一點也不知道橢圓軌道和周轉圓。他們不知道相對於地平線，極地的高度隨着地球上地帶的不同而高低變化不同，而且除赤道以外，晝夜的長短也變化不同。

直到利瑪竇神父來到中國之前，中國人從未見過有關地球整個表面的地理說明，不管是做成地球儀的形式還是畫在一張地圖的面上；他們也從未見過按子午線、緯線和度數來劃分的地球表面，也一點都不知道赤道、熱帶、兩極，或者說地球分為五個地帶。他們曾看到在他們的天文儀器上標明了許多天體軌道，但他們從未看到把這些轉繪到地球表面上。他們一點都不知道一個星盤加上圖版就能夠適用於各種不同的地區，他們也看不出地球是一個圓球，或者是一個懸在空中的球體。他們沒有對兩極的知識，一個是固定的，一個是移動的，從這裏面他們就可能知道很多有關行星運動的知識。他們不懂得在平面上或者固定在牆上怎樣能使用日晷，他們也不肯相信這些和無數的其他事情都是可能的。

最使他們感到驚奇的莫過於看到他們記為二十四度的黃道帶合適地刻畫在一個日晷上，以致表影和用中國字說明的白晝指示線沒有絲毫不合。他們感到驚奇的是，用象限儀就能夠測出一座塔的高度，一條溝或者一個山谷的深度，或者一條路的長度；算數能夠採用筆算，對他們說好像也是稀奇的。他們是用前面所述的那種工具[1]來計算的。

所有這些似乎不可置信的事情都向他們當中最頑固的人作了試驗和證明，並且當一件事被清楚地證實之後，其餘的也就容易為他們所接受了。一旦這種新知識被少數人所知道，它就很快地進入知識階層的學術領域。由此可以想見歐洲的聲譽是怎樣在提高的，他們又是如何緩慢地把它和野蠻分開來的，並且將來不好意思把它稱作野蠻。

關於他們對歐洲的態度，可以從數年之後一個傳教士偶然遇到的事情中看出。他從歐洲來到這裏時，不懂中國語言，所以在談話時僱用了一個翻譯。他在一個博學的醫生家裏住了三個星期，醫生是一個基督教的皈信者。醫生渴望學習，用了很多時間陪同神父一起討論哲學和神學問題，交換有關各種問題的意見。神父對他的詢問經常給予滿意的回答，有一天醫生說：「在你的面前，我實在感到慚愧。」當問到何以故時，他回答說：「因為在我看來似乎你把所有的中國人，特別是我本人，都歸之於從前我們中國人把不信宗教的韃靼人和野蠻人所歸入的那一類了。」當他的客人向他保證，是他弄錯了時，他說：「簡直不可能不是這樣，因為我們在知識上停止的地方，對你們卻僅僅在開始。」神父還注意到中國人直到成年才注意講演，而歐洲人則從小就學習講演。

中國學者除了遵古而外，並沒有別的信仰依據，所以他們教導說有五種不同的原素。他們沒有一個對此懷疑，或者想加以疑問。這些

1　指算盤。——中譯者注。

原素是金、木、水、火、土。而且更加奇怪的是，他們認為這些原素是——派生的。他們一點也不知道有空氣，因為他們看不到它。對他們來說，空氣所佔的空間只是空虛而已。然而當他們推論錯誤時，他們卻並不頑固堅持錯誤的結論。

利瑪竇神父很少管或者根本不管他們對古代權威的信仰。他告訴他們，只有四種元素，不多不少，它們具有相反的特性；他還告訴他們每種元素到哪裏去找，他們並不反對其他較低級的三種元素，但是他們很難相信在天空之下發現的火要佔有基本土地的一大部分。他們不認為彗星和流星也燃燒着他們在地上所看到的那種同樣的火。他們把慧星也算作普通的星。利瑪竇神父用中文寫了一篇有關這個題目的評論[1]，文中他拋棄了他們五種原素的說法，確立了四種元素，他規定了它們的位置並以圖加以表明。這個評論引起很大興趣。他們把它印了許多份，它也像他的其他著作一樣到處獲得很高的稱讚。

有些科學家想做利瑪竇神父的學生。他們為他的學識所吸引，並受到瞿太素的誘發，瞿太素已從一個學者成長為一個導師了。那個有學問的學者[2]害怕他兒子的名譽可能被作為數學家的利瑪竇的聲望所危害，便把他自己的兩個精於中國天文學的學生帶來。其中一個是那位學者作為他兒子的作品而出版的那部書的真正著者。隨同這兩個人一起來的還有第三個人[3]，他比其他兩個人都聰明。第三個學生是被他的老師派來的，這位老師是北京翰林院裏一位傑出的哲學家，叫做翰林[4]。這個學院是由國內受過高等教育的最出色的人組成的，能被挑選進來被認為是一種殊榮。

1 《四元行論》。——中譯者注。

2 李心齋。——中譯者注。

3 意大利文寫作 Cian Ianmue（張養默）。——中譯者注。

4 意大利文寫作 Guansciunngan（王順［損］庵，即王肯堂，王樵之子）。——中譯者注。

老師住在南京省的一個小鎮上[1]，離京城約為四天的路程。經過長時期的研究之後，他沒有能發現任何明確的中國數學體系這樣的東西；他枉然試圖建立一個體系，作為一種方法論的科學，但最後放棄了這種努力。於是他把他的學生派來，帶有一封給利瑪竇神父的推薦信，請他收下這個學生代替他自己教導。這個學生[2]性情有點傲慢，但不久就變得謙恭近人，他以畢達哥拉斯的一句格言「老師這樣說的」作為座右銘。他無師自學了歐幾里德的第一卷，不斷向利瑪竇神父請教幾何學問題，當他的老師告訴他不要佔用別的學生的時間時，他就去工作和用中文印刷自己的教科書。在講授過程中，利瑪竇神父提到了傳播基督的律法，這個特殊學生告訴他說，與偶像崇拜者進行辯論純屬浪費時間，他認為以教授數學來啟迪中國人就足以達到目的了。

大家都知道叫作馬吉斯特爾 (Magistelli)[3] 的那種假聖人的偽宗教，他們以其荒謬的教義而聞名，但他們不僅要成為著名的科學家和哲學家而且還要成為數學家。他們說在晚上他們就把太陽藏在叫做須彌（Siumi）的山下，山的底部在海下兩萬四千英里。他們創造了一個想象的神叫作阿羅漢（Holo-chan）的，來解釋日月蝕，他用右手把太陽遮起來就發生日蝕，他用左手把月亮蓋起來就發生月蝕。由於研究數學需要推理，所以就發生了這種情況，即不僅是這位特殊學生，而且其他許多人也象他一樣，都覺悟到偶像崇拜的荒謬。

靠他的學生們的幫助，利瑪竇神父製造了各種樣式的日晷，分給了他們。隨後，他又從模子裏鑄了許多座，放在各個官員的家裏。除去這些外，他還製造了標明着天體的天球儀和表明整個地球表面的地

1　鎮江。——中譯者注。

2　張養默。——中譯者注。

3　似指祆教。——中譯者注。

球儀以及其他科學儀器[1]。

北京有一座中國數學家的學院[2]，南京也有一座，更多地倒是以建築堂皇而不是以天文學家的學術聞名，因為他們沒有什麼知識，更沒有學術。他們幾乎不過是修訂黃曆上的節氣和依照古代算法每日計時而已。如果計算錯了，他們就說所發生的一切完全符合他們的計算並把曆誤歸罪於隕星，稱之為皇天對地球上將要發生某些事件的預警，他們揑造這些來掩蓋自己的錯誤。起初他們並不重視利瑪竇神父，害怕他會有損他們的聲譽，不久他們放心了，便作為朋友來訪問他並向他學習他所能教他們的東西。當他回訪他們時，發現了某些新東西，那是遠遠超出他所意料之外的新東西。

城內一側有一座高山，它的一邊有一塊開闊的平地，非常適於觀察星象。這個區域附近有一羣宏麗的房屋，就是該院人員的住宅。每晚指定一個工作人員觀天和記錄天象，例如天空出現彗星或者一道火光，這都要詳細報告給皇帝，並說明這種現象預示什麼。他們在這裏安裝了金屬鑄就的天文儀器或者器械，其規模和設計的精美遠遠超過曾在歐洲所曾看到和知道的任何這類東西。這些儀器雖經受了近二百五十年的雨、雪和天氣變化的考驗，卻絲毫無損於它原有的光采。這裏有四件最大的儀器。由於它引起了讀者的好奇心，而必須給以滿足，所以讓我們在這裏插入一段有關這些儀器的令人愉快的題外話。

第一種儀器是一個巨大的球儀[3]。三個人伸直雙臂還很難抱攏它。它上面按照度數標明了子午線和緯線，安在一個軸上，放入一個巨大的青銅方櫃中，其中有一個小門可以進去轉動球體。這個球儀的表面上什麼也沒有刻，既沒有星，也沒有分區。因此它很像是一個未完成

1 原意大利文尚記有象限儀和紀限儀。——中譯者注。

2 指欽天監。——中譯者注。

3 德禮賢釋為「銅球．渾天象」。——中譯者注。

的作品，或者是本來就想讓它這樣，從而它可以既用作天體儀，又用作地球儀。

第二種儀器也是一個大球體[1]，直徑有伸直了雙臂那樣長，用數字説約為五英尺。它標明有兩極和一條水平線，它沒有天軌卻有兩條脊，兩脊之間的空間代表我們球儀上的軌道，分為三百六十五度和若干分。它不是一個地理地球儀，但是用一根像槍筒那樣的細管通過它的中央，它能向所有方向轉動，可以置於任何高度或角度來觀測任何星座，像我們使用天象描準器那樣，它是一個非常巧妙的裝制。

第三種儀器是一個日晷[2]，直徑是上述尺寸的兩倍，裝在一個長的大理石板上指向北方。這個石板或平盤周圍刻有一條槽，這是一條盛水道，藉以測定石板是否處於水平地位。指針或晷針是垂直的。製作這種儀器可能是用讀出它所記錄的影子的辦法來表明夏、冬至和春、秋分的精確時刻。石板和指針都有度數標明。

第四種而且是最大的儀器[3]，是由三個或四個巨大的星盤製成，排列成行，每個的直徑約有伸直雙臂那樣長，安裝着一個視準儀和一個折光儀。其中一個星盤在正午指南。另一個在正午指北，同第一個形成交叉。整個儀器看來是用以表明正午的精確時刻，但它能向任何方向轉動。第三個星盤垂直立着，或許是表明地平經圈，儘管這個星盤也能轉動表明任何垂直面。它們上面都以金屬點標明度數，夜晚沒有燈也能摸得出來。這個由許多星盤構成的整個儀器也放在一個大理石座上，四周也有一條流水槽。

這些儀器每一種都用中文説明每一部分的用途，上面都標明他們的黃道二十四宮，為我們十二宮的兩倍。所有陳列的儀器都有一個錯

1 德禮賢釋為「渾天儀・玲瓏儀」。——中譯者注。

2 德禮賢釋為「量天尺・仰儀」。——中譯者注。

3 德禮賢釋為「簡儀」。——中譯者注。

誤，就是它們是根據經度三十六度安裝的，而南京城卻位於三十二又四分之一度。看來這些儀器似乎是為別的某個地方製作的，由於缺乏天文學知識或者是並不考慮方位而放到這裏的。後來，利瑪竇神父曾在北京見到過類似的儀器，或者是這些儀器的複製品，毫無疑問是由同一位工匠鑄造的。似乎無疑的是，它們是在韃靼人統治中國時所製造的，這就表明它們是由一個具有某些歐洲天文學知識的外國人所設計的[1]。關於他們的天文儀器就講這些。

那時當權的官長[2]要求利瑪竇神父修訂一下他原來在廣東省所繪製的世界輿圖[3]，給它增加一些更詳盡的註釋。他說他想一份掛在他的官邸，並放在一個地方供公眾觀賞。利瑪竇神父非常樂於從事這項工作，他大規模地重新繪製了他的輿圖，輪廓鮮明，便於檢查。他加以增訂並改正了錯誤，毫不遲疑地修訂了整個作品。他的官員朋友對這個新輿圖感到非常高興。他僱了專門刻工，用公費鐫石複製，並刻上了一篇高度讚揚世界輿圖及其作者的序文。這副修訂的輿圖在精工細作上和印行數量上都遠遠超過原來廣東的那個製品。它的樣本從南京發行到中國其他各地，到澳門甚至到日本；他們還説各地都印有其他各種複本。其中有一份送到貴州巡撫[4]手中。他在廣東省時就知道利瑪竇神父，並且出於對他的敬意，他把全部輿圖複製成一本書的形式。由於使用投影，地圖中每個國家是根據它在五個地帶中的某一地帶的位置而表明的，對每個國家都增添了適當的註釋，給讀者提供了關於這個國家的簡要描述。在這本輿圖的序言中，他插進一段對輿圖及其作者的大量讚詞，聲稱他的聲望，——這種聲望知識界人士認為

---

1 元代郭守敬曾製作簡儀、仰儀及諸儀錶，扎馬魯丁又造西域儀象，利瑪竇所見應為他們的作品。——中譯者注。

2 意大利文寫作 Uzohai，吳左海，即吳中明。——中譯者注。

3 《山海輿地全圖》。——中譯者注。

4 意大利文寫作 Cuocin，郭青（螺），即郭子章。——中譯者注。

是得自他所著的書籍——是由於他乃是這個輿圖的作者。

所有這一切，我們有關科學知識的敘述，都成為未來豐收的種子，也成為中國新生教會的基礎。

第六章　南京的領袖人物們交結利瑪竇神父

看起來似乎十分明顯，天意對於保存這個大國正在奠定一個堅實的希望基礎。因此，如果我們回顧一下為了達到這一目的所使用的某些特殊的辦法，那將是十分合宜的。在本章中，我們將提到和利瑪竇神父交朋友的一些知名人士。不過，為了不致在次要問題上佔用過多的篇幅，我們對這個問題只準備稍為觸及。

利瑪竇的最顯赫的朋友當中有南京主要各部的六位主管官[1]，他們掌管全省的事務，而北京相應的官員，級別在他們之上，則只是因為皇帝住在那裏。還有我們以前沒有提到過的另外三位顯要人物。

在南京這裏，有一些人叫做「國公」（Quocum），他們都是把韃靼人從中國境內趕走的軍事將領的後裔，因而享有某些世襲的特權。皇帝對這些家族都十分尊重，尤其是對這些家族的長子。幾個世紀過去了，這個階層人丁繁多，但是其中沒有一個人有資格擔任公職，除非是軍職。他們十分尊貴，富有家財，在某種意義上同歐洲的貴族相當。在南京城內有一個這類家族的頭頭，可以說是他這個社會階級的典型[2]。他有事要離王府時，總是坐八個僕人抬的大轎。他的花園、王

1　指尚書。——中譯者注。

2　按此人為魏國公徐弘基。——中譯者注。

府以及其中的陳設，在各個方面都是王家氣象。

有一天，這個人派他的叔父邀請利瑪竇神父到他府上[1]去；神父到達後，在全城最華貴的花園裏受到接待。他參觀花園中許多賞心悦目的事物，看到了一座色彩斑斕未經雕琢的大理石假山。假山裏面開鑿了一座奇異的山洞，內有接待室、大廳、台階、魚池、樹木和許多別的勝景。很難說究竟是藝術還是奢侈佔了上風。修築這座洞天是為了在讀書或娛樂時避暑之用。洞穴設計得像一座迷宮，更加增添了它的魅力；它並不太大，儘管全部參觀一遍需要好幾個小時，然後從一個隱蔽的出口走出。所說的這個人是一個年輕的貴族。他聽說過從歐洲帶進來某些珍奇，因此急於先睹為快。

在利瑪竇神父此時結識的朋友當中，還有一個要人，他是南京城的軍事首長，同時還兼有另一種高級爵位，叫做「侯」（Heu），屬於第二等級[2]。他經常邀請利瑪竇神父參加各種聚會和宴會，他的友誼成為教團安全的保障。整個京城都歸他管轄。事實上，在利瑪竇神父初到南京時就準備下令逮捕、後來聽說這位陌生人是吏部尚書[3]的朋友才不敢下手的就是他。

第三個人是一個幾乎擁有無限權力的人。他就是皇宮的太監總管[4]，他管理京城內的幾千名太監。他還管理着京城各城門收稅，並和剛才提到的那位將軍一起安排各種軍事操閱。這個人還兼有各種職務，他總是大肆耀武揚威，顯示自己的權力。他上了年紀，有點老朽，像一切宮庭太監一樣，他也有些諂上欺下，在接待利瑪竇神父時就表現出了這種性格。他的幾個手下人吩咐利瑪竇要用一定的頭銜呼

1　即徐達宅瞻園。——中譯者注。

2　即豐城侯李環。——中譯者注。

3　此處應為禮部尚書，即王忠銘。——中譯者注。

4　即馮保，他任守備之職。——中譯者注。

他，諸如殿下之類。這事頗為新奇，或許需要解釋一下。

在向中國的皇帝致敬時，人們通常都要祝願他「萬萬歲」，是用三個音節來表示的。皇后和皇子們的稱呼要低一級，人們只祝願他們千歲。皇宮太監都十分驕橫，所以他們也要別人下跪並祝願千歲。利瑪竇神父不想這樣祝願皇宮總管，因為他不想表現得尊重太監有勝於尊重最高的大臣，以免開罪於後者；不過我們以後會知道，他還是受到了熱情的接待。利瑪竇神父從經驗中知道，在與中國人和其他東方異教徒打交道時，不可省去某些合理的禮節；因此這一次，他也小心翼翼地遵守了通常的晉見儀式。這位太監頭子耳朵重聽，用一名助手在他耳邊說話，想來是重述神父的談話內容。在最初晉見時，利瑪竇就按照習俗主動地祝願主人千歲。老人聽到這種祝願，十分高興，會見結束時就拿出一件厚禮送給利瑪竇神父。神父沒有接受，也沒有答應把主人所要的玻璃三棱鏡送給主人。這是他第一次，也是最後一次見到這位總管太監；他在會見時所採取的態度受到京城所有太監們的高度讚揚。除了這位皇宮總管以外，京城還有三位最高官員知道利瑪竇神父要來京城居住，這足夠保證安全了。

當時，在南京城裏住着一位顯貴的公民，他原來得過學位中的最高級別[1]。中國人認為這本身就是很高的榮譽。後來，他被罷官免職，閒居在家，養尊處優，但人們還是非常尊敬他。這個人素有我們已經提過的中國三教的領袖的聲譽，他在教中威信很高。他家裏還住着一位有名的和尚，此人放棄官職，削髮為僧，由一名儒生變成一名拜偶像的僧侶，這在中國有教養的人中間是很不尋常的事情[2]。他七十歲了，熟悉中國的事情，並且是一位著名的學者，在他所屬的教派中有很多的信徒。這兩位名人都十分尊重利瑪竇神父，特別是那位儒家的

1 按此人為焦竑。意大利文說他中過 Cioaniuen（狀元）。——中譯者注。

2 按此人為李贄，號卓吾。意大利文寫作 Liciou（李卓吾）。——中譯者注。

叛道者；當人們得知他拜訪外國神父後，都驚異不止。不久以前，在一次文人集會上討論基督之道時，只有他一個人始終保持沉默，因為他認為，基督之道是唯一真正的生命之道。他贈給利瑪竇神父一個紙摺扇，上面寫有他做的兩首短詩[1]，這兩首短詩就放到利瑪竇當時積累的資料中去；這是中國人常見的作風。如果當初有人愛好虛榮，把這些獻給利瑪竇神父和他同伴的短詩保存下來的話，它們會有厚厚的一冊。

利瑪竇還認識了另外兩個人，這兩個人級位較低，但名聲也不小。其中一個自稱是三百歲；為了掩蓋他的謊言，他自稱他一生大部分時間都是在中國境外度過的。中國文人學士們嚮往延年益壽已經發了狂，這個人便不顧事實真相，招集一批弟子，他們都渴望學習他的長壽祕訣。他是這兩個人中第一個來拜訪利瑪竇神父的。據他自己說，他前來是要以會見最著名的數學家而奠定自己作為數學家的名氣。他自稱能預言未來，但不是觀察天象，而是根據中國輿地學的風水準則。

第二個人比較謙遜一點，自稱只有九十歲，看上去約有六十歲左右。他自稱他能治好各種所謂不治之症，而有些作家也確實談到他在這方面所創造的奇跡。這兩個客人是親密的朋友，他們互相恭維大有助於建立他們的聲望：一個以長壽聞名，一個以醫術聞名。他們兩人都對利瑪竇神父讚不絕口，奉承他是科學家，結果是有人疑心利瑪竇神父本人大概也活了幾百年，但卻為了某種目的而隱瞞事實真相。沒有知識的中國人很容易輕信這類說法，特別是對於外表和他們不同的外國人。[2]

這裏讓我們插進幾句話談談中國的音樂，這是歐洲人很感興趣的一種藝術。中國儒生的領袖人物，要舉行一個莊嚴的祭祀節紀念孔

1 見李贄《焚書卷六・贈西人利西泰》。——中譯者注

2 這兩個人，意大利文載一個叫 Guan・（王・・），另一個叫 Licietto（李？？），裴化行（王昌社譯《利瑪竇和當代中國社會》263 頁）譯作李仙道。——中譯者注

子，如果這個詞恰當的話。中國把這位偉大的哲學家奉為先師，而不是神祇；他們習慣於使用獻祭一詞是用在一種廣泛而不確定的意義上。這種特殊的典禮伴有音樂；他們提前一天邀請主管官出席樂隊的預演會，以決定這種音樂是否宜於這種場合。利瑪竇神父也被邀請出席這種預演會；由於這不是出席祭祀儀式，他就接受了邀請。樂隊預演會是由稱為道士（Tausu）的儒生的祭司組織的，在一座為了崇奉上天而建立的大廳，或者不如說皇家的廟宇[1]裏面舉行。陪伴利瑪竇神父同去的是主管大臣的子弟。組成樂隊的祭司們穿上華貴的法衣就彷彿他們要去參加祭祀儀式那樣。在向大臣致敬後，他們就開始演奏各式各樣的樂器：銅鈴，盆形的樂器，有些是石制的，上面蒙有獸皮，象鼓一樣，類似琵琶的弦樂器，骨制的長笛和風琴，不是用風箱吹而是用嘴吹。他們還有一些別的樂器，形狀也象動物，他們用牙齒噙着蘆管，迫使管內的空氣排出來[2]。在預演會上，這些古怪的樂器一齊鳴奏，其結果可想而知，因為聲響毫不和諧，而是亂作一團。中國人自己也知道這一點。他們的一位學者有一次說，他們祖先所知道的音樂藝術經過幾百年已經失傳了，只留下來了樂器。

舉行這種典禮的皇家廟宇是值得注意的。它不論從規模來說，還是從建築的宏偉來說，都是真正的皇家氣派。它位於京城的一端，在一片叢林或者說一片松樹林中，環以圍牆，周長十二意大利里。廟宇的牆壁是青磚砌成的，其餘的都是木結構。它分為五個區或殿，都為兩排木柱所圍繞。兩個人伸出手臂都很難抱住一根木柱，木柱的高度和圍長成比例。屋頂盛飾以浮雕，全部塗金。這座廟宇大約是在兩百

1 大祀殿。——中譯者注。

2 原意大利文所錄的樂器及德禮賢的譯讀如下：campane（編鐘）、campanelle（鈴）、baccili（鈸，響板）、alti（韻鑼，鐺鑼）、altri di pietra（編磬）、pelle（大鼓，柷，應鼓，搏柎）、altri di corde di leuto（琴、瑟）、altri di flauti（簫管，篪，塤笛）、vento（排簫，鳳笙簫，笙）、altri era- no come animali（敔）。——中譯者注。

年以前建造的，由於皇帝不再住在南京，現在已經不再供皇帝祭典之用；儘管如此，它卻絲毫沒有頹損，氣象不減當年。廟堂的中心有一座用美麗的大理石砌成的高台，台上有兩個座位，或者說是一個雙人寶座，兩個都用大理石製成；一個供皇帝使用，如果他來獻祭的話，另一個則虛位以待，目的是好讓接受皇帝獻祭的神祇使用，如果祂願意坐在那裏的話。廟堂外面的迴廓裝飾有豐富多采的迴紋圖案，窗上裝有金屬網以防烏雀，同時可透過光線。所有宮殿都是這樣的。廟堂的門上釘有銅片，並加金飾，點綴着銅質的鬼怪形象。在廟堂外面，他們建造了一系列塗成紅色的大理石祭壇，分別祭祀太陽、月亮、星宿和中國的山嶺，還有一個池代表海洋。他們說，他們廟中所奉的神乃是廟外萬物的創造者，而這些東西並不是當做神祇來祭祀的。當局嚴禁砍伐這片樹林中的樹木，因此，樹木長得十分高大，足以證明它們的古老。廟宇周圍有許多洞穴，洞穴中過去有溫泉浴池，供皇帝和廟中僧侶在參加祭祀典禮之前使用。

第七章　利瑪竇神父和一位拜偶像的和尚辯論

我們已說過，利瑪竇神父穿着知識階層的衣服，特別是那種被稱作儒士的服裝[1]。它是一件樸素的道袍，配一頂有點象我們自己的教士所戴的四角帽的帽子。他不但以自己的服裝，還以自己的傳道證明，他確確實實是道的詮釋者，但這是基督之道；而且在這兩方面，他都

1　即儒服。——中譯者注。

是拜偶像的和尚的敵手。相反地，他對儒教卻不加以挑剔，反而讚揚他們，尤其是他們的偉大的哲學家孔夫子，孔夫子對於來生的解釋，寧願保持沉默，也不願發表錯誤的見解；為了說明「道」，他提出了一些修身、齊家、治國的格言。

利瑪竇神父習慣於穿着他新採用的服裝到處走動，這對一個外國人是件不尋常的事，但它得到了士大夫階級的讚許。

在這以前，從西方到中國來的外國人都不贊同儒家的學說，也不贊成孔夫子本人，崇拜起偶像來。利瑪竇神父的服裝問題成了達官貴人們中間的日常話題。經常有人邀請他參加文人領袖人物的聚會，因為他只信奉一個神，只信奉他信以為真的一種宗教，不肯同向邪道神祇獻祭的人們來往。那個時期的知識界有很多人也都是這樣。

當時，南京住着一位受人尊敬的七十老翁。他是京城御史之一，以道德和學問兼優聞名[1]。人們從各處到他這裏來，就像來求神諭一樣。他一定有上千名信徒。他放棄了儒家的學說，轉而成為偶像崇拜者，宣揚他們的教義。他不喜歡來自各地向他請教的絡繹不絕的人羣。因此，他規定每月只有幾天接見賓客。其他時間拒不會見任何人。他表示他願意見利瑪竇神父；利瑪竇認為，靠了上帝的幫助，他或許可以爭取這位賢人轉到真正的信仰上來。因此，他通過兩人共同的朋友瞿太素，約好去拜會他。

他們的談話一開始就是討論宗教問題。在他們的第一次辯論中，利瑪竇神父逼得他不得不承認，偶像崇拜就像是一個半好半爛的蘋果一樣，人們可以接受其中好的部分而拋棄其餘部分。他有幾個弟子在場，聽見他們老師承認這一點，都驚惶不止。他自己也認識自己遇到了一個竟針鋒相對地反駁偶像崇拜的人，似乎思想上也有點惶惑。

1　意大利文寫作 Ligiucin（李汝禎，即李本固）。——中譯者注。

當時，儒學博士們比平常都更加活躍，組成不同的團體，開會討論道德問題和追求美德的問題。在一次這樣的集會上，我們剛才提到的那位老師像他習慣的那樣，裝出很有學問的樣子，贊成偶像崇拜而反對儒家祖師孔夫子的學説。恰好有一位在儒家士大夫中很有名望的高級官員，是工部主事，也出席了那次集會[1]。他聽到讚頌偶像而大肆詆毀孔夫子，十分激動，就出來打斷發言人。他大聲抗議説，講話人來參加一次完全是儒者、完全是中國人的集會，卻竟然狂妄到違背孔夫子並讚美從外界傳到中國來的偶像崇拜，這是很不得體的，很不合適的。後來，他又説，外國人利瑪竇神父也是儒家，就很值得欽佩，因為他理解孔夫子，反對偶像的狂妄，那本來是外國人自己也早已在他們本國清除了的。這位發言者從來沒有遇見過利瑪竇神父，因此他這樣坦率地説利瑪竇是很不平常的。這段插話使那位拜偶像者十分尷尬。為了掩蓋他的狼狽處境，他就説他已經見過這位利瑪竇神父，神父似乎還不特別熟悉中國的情況。他聲稱：「也許還需要一些時間，我們才能慢慢教育他懂得更好的東西。」會議就這樣不歡而散。

不久，利瑪竇神父還不知道那次會議所發生的事，就接到那位偶像崇拜者一份迫切的請帖，邀他去赴宴。我們提到過，中國人習慣於在宴席上辯論他們的分歧意見。為了不致危害傳教事業的發展，利瑪竇神父就推説他很忙碌，還提出若干別的藉口，拒絕了這次邀請。但是，邀請者卻不接受這些藉口，相反地，他在瞿太素的建議下，幾次派人來，執意要請利瑪竇前往，以致利瑪竇認為不能再加以拒絕，否則就顯得太不禮貌了。於是他去赴宴，充分準備進行一場辯論。他的東道主仍然警惕着上次的經驗，對這次會晤也有點缺乏信心，事先就邀請了一位偶像廟裏的名僧。據説，這位名僧有大羣弟子，善男信女

1　意大利文寫作 Leuteuhiu（劉斗墟即劉冠南）。——中譯者注。

也不少，他們都稱他為老師。這位哲人是三淮 (Sanhoi)[1]，同那些由於懶散無知而聲名狼藉的一般寺僧大不相同。他是一位熱情的學者、哲學家、演説家和詩人，十分熟悉他所不同意的其他教派的理論。利瑪竇神父到來時，他已經在那裏了，周圍有一批信徒，大約二十多人，他們向主人寒暄後，便就座等待其他來賓。

這位被請來的智者和利瑪竇神父坐在一起，身穿線織的法衣，掩飾着一種目空一切的態度，裝作一副要辯論的樣子。利瑪竇神父接受了挑戰，在討論中首先發言説：「在我們開始進行辯論以前，我願意知道你對天地的根本原則和我們稱之為天主的萬物的創造者有什麼看法。」他的對手激動地回答説：他並不否認有一個天地的主宰者的存在，但是他同時認為他並不是神或具有任何特別的尊嚴。他接着説：「我認為，我和在座的其他人都和他是一樣的；我看不出有任何理由，我們在哪方面不如他。」他説這番話的時候，帶着一副輕蔑的腔調，眉頭緊皺，就彷彿他希望人們把他本人看得甚至比他剛才提到的那位最高主宰還要高明似的。於是，利瑪竇神父問道，一些顯然是由天地的創造者所創造出來的事物，他是否也能創造出來，因為從他的學説看來他似乎是辦得到的。於是他承認他可以創造天地。那時房裏恰好有一個火爐，裏面全是悶着的炭灰。利瑪竇神父就説：「就請讓我們看看你創造出一個和這裏一樣的火爐吧。」聽到這話，那位偶像崇拜者非常生氣。他提高嗓門説，神父要他做這樣的事是完全不合宜的。利瑪竇神父也提高嗓門反駁説，硬説自己能辦到自己辦不到的事，也是完全不合宜的。這時，別的人也都一齊參加進來，吵作一團，人人都要求知道他們所説的到底是什麼。最後，瞿太素平息了這場風波説，據他看來，利瑪竇神父的問題一點也不是不合時宜的。

1　三淮（懷、槐），即明代華嚴宗大師、詩人雪浪洪恩。——中譯者注。

在大家安靜下來以後，這位瀆神的神祕主義者就開始轉彎抹角提出他那虛幻學說的原則。首先，他問利瑪竇神父是否精通數學，他說，他聽說過利瑪竇以傑出的占星家而聞名。神父對此回答說，他在這種學識方面略有修養。那位廟中的和尚就說：「那麼當你看太陽或月亮的時候，你是升到天上去了呢，還是那些星宿下降到你這裏來了呢？」利瑪竇神父回答說：「兩者都不是。當我們看見一個東西的時候，我們就在自己的心裏形成它的影像，當我們想要談論我們所看到的東西時，或想到它時，我們就把貯存在我們記憶中的這件東西的影像取出來。」聽到這話，那位僧侶就從他的座位上站起來說：「這就對了。換句話說，你已經創造了一個新太陽、一個新月亮，用同樣的辦法還可以創造任何別的東西。」於是，他驕傲地環顧四周，又坐了下去，泰然自得，就像是他已經清楚地證明了他的論點。

現在輪到利瑪竇神父了。他解釋說，人們心裏形成的影像，是太陽或月亮在心裏的影子，並不是實物本身。他接着說：「人人都可以明顯地看出實物和影像有多大的差別。事實上確實如此，如果一個人從來沒有見過太陽或月亮，他就不可能在心裏形成太陽或月亮的形象，更不要說實際上創造太陽和月亮了。如果我在一面鏡子裏面看見了太陽或月亮的影像，就說鏡子創造了月亮或太陽，那不是太糊塗了嗎？」在座的人對這一解釋似乎比對那位愛爭辯的名僧更為滿意。

那位名僧力圖掩蓋自己的無知，便鼓動另一場大嚷大叫，把他的論點的價值付之於隨之而來的喧囂。最後，東道主擔心有人出言不遜會傷害這一方或那一方，就結束了這場辯論，把他的僧侶朋友拉開，並且勸他今後不要再辯論了。

這時候，前來參加宴會的其他客人陸續到達，被安排在好多張桌子旁邊就坐。利瑪竇神父被請坐在首席，因為他是外國人。席間，他們又開始討論他們聚會時經常討論的一個問題，那就是，我們對人性應該怎樣看。是性本善呢，還是性本惡呢，還是兩者都不是呢？如果是善，人性中的惡又從何而來？如果是惡，它常常有的善又從何而來？如果兩者都不是，為什麼它又既有善，又有惡？由於這些人缺乏邏輯法則，又不懂得自然的善和道德的善的區別，他們就把人性中所固有的東西和人性所獲得的東西混淆起來了。至於人性怎樣在原罪之中墮落，上帝又怎樣運用神恩，當然他們就更是絕對毫無所知了，因為他們連想都沒有想到過這種事情。直到今天，他們的哲學家們還在繼續辯論人性問題，從來沒有能夠在這個問題上得出任何明確的結論。這一次，他們對這個問題討論和辯論了整整一個小時。由於利瑪竇神父坐在那裏靜聽，有些人就推斷他們在這個問題上的爭論或許是太微妙了，利瑪竇一定聽不懂。不過，也有一些別的人迫切希望聽聽他對解決這樣一個複雜問題的意見。因此，當利瑪竇準備發言時，他們全都肅靜下來，正襟危坐，洗耳恭聽。

他首先根據記憶詳細敘述了所有從前關於這個問題的說法，使得他們全都目瞪口呆。接着，他就說：「我們必須把天地之神看做是無限地善，這是不容置疑的。如果人性竟是如此之脆弱，乃至我們對它本身究竟是善是惡都懷疑起來的話，如果人也和上帝一樣是天地的創造者，像是三淮大師幾分鐘之前斷言的那樣；那麼，我們就必須承認，神究竟是善是惡，也要值得懷疑了。」坐在利瑪竇身邊的是一位文人學士，他對這一論點十分滿意，以致唯恐在座的人不能理解，就站起來對這段話的意思做了一番充分而極好的解釋。他講完話就笑着轉身向那位僧人說：「你怎麼回答呢？」而他對這個問題的唯一回答卻是傲慢地咧嘴一笑。

對這個問題，利瑪竇神父和幾個別人都堅持要求用語言回答，而不能只是點個頭或者作個手勢。對這一點那個崇拜偶像的和尚就用他那教派的教義中一個奇特的荒唐說法來加以反駁。利瑪竇神父打斷他的話說：「我們的論證必須從理性出發，決不能靠引據權威。我們雙方的教義不同，誰都不承認對方經典的有效性。既然我也能從我的經典裏引證任意多的例子，所以，我們的論辯現在要由我們雙方共同的理性來加以解決。」不過，那位崇拜偶像的和尚似乎並不認輸。他不進行爭論，而是閃閃灼灼地隨口唸了幾句對仗整齊、聲音鏗鏘的中國成語，佯裝作已經證明了善人也可能成為惡人。於是，利瑪竇神父也正像他的對手一樣巧妙地說，太陽十分明亮，以致由於它的天然固有的明亮性，它就不能不是十分明亮的。對他們來說，這是一種很有力量的新觀念，道理很簡單：他們根本不懂得本質和偶然的區別。

在宴席上，他們還討論了一些別的問題。宴會結束以後，只有那位僧人不肯承認失敗，儘管所有的人都一致認為他失敗了。他們對利瑪竇神父所闡述的論點十分滿意，以致後來在他們的集會上，他們又對這些問題討論了好幾個月。

他們對形成神的觀念的致命傷，是認為神和一切物質的東西都屬於同一個本質。這個大錯是從偶像崇拜的教義中得來的，逐漸滲入到知識階級的各派學說中去，使得他們以為神就是物質宇宙的靈魂，就彷彿是一個偉大身軀的一顆心靈那樣。

席間的那場辯論以後，東道主有一些弟子就成了利瑪竇神父的常客，很快就拋棄了他們的泛神論觀念。為了幫助別人糾正這種謬誤，他針對這個問題寫了一篇論文，插入他的教義問答手冊[1]中，成為獨立的一章。東道主的一個弟子讀了這篇闡述以後說，誰要是否認這篇論文中的真理，就是否認太陽是明亮的。宴會上辯論的消息後來傳到吏部尚書[2]耳中，於是他也和其他人一樣向神父祝賀。他們終於得出結論：他們原先以為是蠻夷之道的，實際上並不如他們所想像的那麼野蠻。利瑪竇神父自己則感謝上帝終於在中華帝國為基督之道奠定了基礎。

1 《天主實義》。——中譯者注。

2 應為禮部尚書，即王忠銘。——中譯者注。

第八章　南京傳教會的房舍

由於朝鮮戰爭，中國國庫變得十分空虛，所以皇帝決定充實國庫。帝國各地盛傳，在境內各個地方都有許多金礦和銀礦，但是黃金對於人們的貪婪本性誘惑太大了，因而盜賊和匪徒已從礦中盜走了大批財寶。據説盜竊之風如此流行，以致古代帝王封閉了金銀礦，嚴禁重新開採。然而當今的皇帝迫於拮据，不顧祖先的命令，下令重新開採金銀礦山，後來又對各行省銷售的一切商品一律徵收百分之二的新税，上交國庫。如果皇帝指派行政長官徵税的話，這種新税本來是可以容忍的。但是，他卻委派宦官收税，還向每個行省都派出兩三名宦官頭子強徵新税。他們每一個又都帶去幾名級別較低但同樣貪婪的宦官隨同前往。宦官頭子不受法律限制，不受行政長官管轄，而行政長官執法時總要寬厚些。

宦官們作為一個等級，既無知識又殘暴不堪，毫無羞恥與憐憫之心，驕橫異常而且窮凶極惡。由於這些陰陽人當道，又由於他們的貪得無厭把他們變成了野蠻人，所以不到幾個月的工夫整個帝國就陷入一片混亂，情況比朝鮮戰爭時期還要糟糕。那場戰爭是對外的，這場災禍卻來自內部，而且為害更大，因為它使人們惶惶不安。盜賊和巧取豪奪在各地都成為司空見慣。税務衙門和海關衙門成為名符其實的盜賊淵藪，皇帝委之於宦官的國庫被掠奪一空。

收税官不是在山裏尋找金礦，而是在富庶的城市中尋找。如果他們聽説某某地方有一個富翁居住，他們就説他的住所裏有銀礦，並且馬上決定抄家挖礦。這種收税方法，使得不幸的受害者為了保住自己的財產，不等收税官吏來臨，就先獻出巨額款項。有時，為了免於遭受掠奪，某些城市甚至某些行省都同宦官們進行交易，獻給他們大宗白銀，説是從銀礦採來的，上交國庫。這種非凡的掠奪結果是各種物價飛漲，隨着是普遍貧困化的增長。

跟皇帝的那些不肖的奴僕不同，各級行政長官還是忠於皇帝和自己擔任的職務的。他們頻頻上書警告皇帝説，百姓受到不公平的待遇，有公開起事的危險，而且還不止是危險，某些地方已經嚴重地爆發了。皇帝對他們的警告不加注意，他們就上奏，以明確的詞句指摘他的行為；京城以外有些行政長官公開反抗宦官們的掠奪。皇帝陛下吃了他的心腹送到皇宮來的美味食物，養得肥肥的，因此決定不但要推行他的政策，而且還要重刑嚴懲皇宮的批評者和監察者以及一切膽敢妨礙宦官工作的人。結果，有幾名御史被罷了官，還有一些被送入北京的監牢，帶上鐐銬長期服刑。由於皇帝的權威重振，所以掠奪者就變得更加驕橫，他們的橫徵暴斂也就更加肆無忌憚。

全國各地所發生的情況的消息傳來後，整個南京大為震駭。利瑪竇神父和他的朋友吏部尚書十分擔心留在臨清過冬的神父們會落入這些兇徒的魔掌。在王尚書看來，宦官們不可能放過神父們的寶貴行囊的，但是利瑪竇神父卻掩飾起自己的擔心並安慰他説，上帝會證明他是怎樣小心翼翼要保護自己的事業的。

經過幾個月的冬季和旅程，神父們到來了。他們一路通行無阻，甚至於不知道有危險存在，尚書得知以後，大為驚奇。他認為這完全稱得上是一個奇跡。因此，他對神意和信仰的興趣更濃厚了；因而從那時起，他總是很喜歡別人向他進一步講解它。但是，使他認識信仰的真理是一回事，使他接受它的神聖義務那就意味着拋棄姬妾內寵的羈絆，則又是另外一回事了。

當這批旅人從臨清來到南京時，聽説要開闢一個教堂，都喜出望外。他們忘記了自己的苦難和艱辛，對上帝感恩不已。最使他們高興的是，利瑪竇神父現在受到了各方尊敬，被視為奇才，而過去他曾一度被從這個城市趕走，還有一次曾不得不躲藏起來。利瑪竇神父迎接他們到他所租賃的房舍內，也比平常分外高興。他也曾看過幾所別的房屋，想要買下一所，但沒有找到一座能中他的意。他仍然很失望，茫然不知道怎樣才能從長官那里弄到一張書面保證，允許他購買一座房屋並開闢一個傳教中心。他根據悲慘的經驗知道，申請這樣一張許可證，其本身就足以遭到拒絕了，因為沒有一個御史願意擅自作主讚許外國人的事業。事實上，他當時還一直在考慮外國人留在南京究竟是否得策呢。但這時，又是神意解除了他的疑慮。

那位甚至還沒有見到利瑪竇就在文人學士的集會對利瑪竇大加讚揚的貴官[1]，在其他傳教士到來的前幾天，前來拜會他。按通例寒暄幾句以後，他就好意地說，他聽說利瑪竇神父在找房子要奠定一個永久性的寓所。利瑪竇對他說確有其事。於是客人就講了一個真正驚人的故事。他說：「不久以前，我用公款為我的同僚們蓋了一座官邸。房屋落成剛剛交付給他們，妖魔鬼怪就佔據了它。誰在那裏住，都要受到傷害。我想廉價賣掉它，可是找不到人肯和鬼怪住在一起。」他繼續說：「你素有聖潔的名聲。如果你不怕鬼的話，你可以買下；不爭價錢，悉聽尊便。」利瑪竇神父認為這是天主在援手相助；他說：「我信奉唯一的天主，他掌管天地；魔鬼和萬物都聽命於他。」他接着解釋說，他對神恩的信心保證他就連魔鬼也對他奈何不得．除非天主允許那樣做。他還說，他有救世主耶穌基督的聖像，魔鬼一見就要退避三舍；如果這座府邸適合他的需要，那他對那些在府中作祟的魔鬼一點也不怕。

既然不提心怕鬼，他的客人劉斗墟就帶他去看那地方，同他原來的預計相反，利瑪竇神父發現它比他此前所察看過的任何房舍都更適合他的目的。它座落在城裏最高的地段，不怕河水浸淹，並且位於南京的大街上，此處街道約有一投石的寬度[2]。從瞭望樓四周，可以看到

1　劉斗墟。——中譯者注。

2　德禮賢在註釋中考為正陽門西營崇禮街。——中譯者注。

皇宮和各部衙門。大廳和起居室可供大約十名傳教士居住。這是一座新蓋的房屋，建築是準備多年之計的。它從前後門都可出入。門前的道路通向另一條大道。幸運的是，出售這座房屋的是工部主事，因此不難獲得地方長官批准購買，而在過去，這件事曾造成了那麼多的麻煩。事情真像是天主援手為神父們準備了這座房舍。

在購買這座房子的談判將要結束時，郭居靜神父和他的同伴們[1]來到了，他們一致認為不應該錯過購買一所永久性住所的黃金機會。房子價格由他們來決定。房主願意和他們交朋友，按所耗造價的半價賣給他們。在得知傳教團沒有這麼多錢的時候，他又同意價款的一半延期整整一年再付。雙方成交了，不到三天，神父們就遷入新居。

這位員外郎給他們送來一張買賣的記錄文件，還在門口張貼告示，禁止任何人妨礙他們佔有這座房屋。文件和告示都蓋有他的官印，感謝天主的恩典，靠了官印的權威，神父們終於悄悄地和牢固地建立起他們永久性的中心了。這次交易的一個結果是取得了這位員外郎的友誼。他本來已經放棄撈回任何東西的希望了，現在竟然撈回這所房子的一半工價，所以十分滿意。在剛辦完購買房屋的手續以前，利瑪竇神父把正式交易的文件拿給他的朋友王尚書看。尚書聽說整件事完成得這樣快和這樣平靜，有點感到驚奇。由於這件事沒有他幫忙就辦成了，他有點不大高興，但是後來他聽說上帝的僕人一來妖魔鬼怪就逃之夭夭，他又對神的威力和保佑大加讚揚。

在他們遷居的第一天夜裏，神父們在主廳裏建了一座神壇，並在壇前詠誦有關的禱告詞，他們手持十字架，走遍整個建築物，到處灑聖水。從那時起，由於神恩贊助在中國傳播信仰，妖魔鬼怪們就再也沒有出現了。管轄萬物的天主當初之所以允許精靈們在這所房屋居

1 鍾鳴仁和游文輝。——中譯者注。

住，是為了準備好這所房屋等候他的僕人們到來。他的僕人們來了以後，精靈們就被趕走了。這個故事傳遍全城，然後又傳遍全國。結果是人們對於天主教的信仰更加尊重。大家都知道工部的官吏們確實曾想在這座房屋裏住下來；拜偶像的和尚們也確實用盡他們可能的一切辦法要把鬼怪從這裏趕走，但都沒有成功。直到現在，牆壁和柱子上還留下不少的斫痕和抓痕，都是降魔除妖的法師們徒勞無功拚命祈禳所遺留下的。還有身經魔難的人有充分的證明說，任何人在這裏居住都不能平安無事。中國人聽說神父們一來，鬼怪們就遠走高飛，都把這看做是天主造就的奇跡，傳教士自稱是在天主的保佑之下工作的。

有一天，員外郎當着利瑪竇神父的面說到他的府裏所發生的事情。他說，他修蓋宅第的時候，並沒有忽略過中國人蓋房子時所舉行的一切宗教儀式。他說：「現在，我明白了，為什麼魔鬼把它佔據。這是因為利瑪竇神父的神命令他們不讓人住在那裏，除了利瑪竇神父本人之外。」

他們剛住下來，忘記了房子鬧鬼的騷擾，馬上就出現了另一件麻煩的事有待解決。利瑪竇神父答應幾位大員，把他準備獻給皇上的禮物給他們看，但他害怕會產生誤會，或者有很多到屋裏來看禮物的好奇客人，會惹起騷動。經過充分考慮和與別人商量，決定要使許願得以兑現，如果他們一連留出幾天，讓百姓自由地來參觀禮物，然後再從效果來判斷今後採取何種辦法。一當傳出展覽皇帝禮物的消息，客人成羣地來觀看。禮物的新奇超過他們的預計，以致很多人吃驚得連讚歎的話都說不出來，他們看來不知疲倦地觀賞和議論。來過的人告訴別人，再傳給另外的人，直到參觀變得不堪忍受，神父們不得不關閉門戶。但參觀者不願被拒之門外。他們甚至準備破門而入，先抗議說，他們堅持要看，不是因為無理取鬧，而是因為他們的羨慕。他們找了種種其他理由解釋他們的強求，請原諒他們引起的麻煩，而儘管他們引起了騷亂，他們卻大誇歐洲的藝術和宗教。

第九章　南京最初一批新信徒受洗

在南京定居妥當之後，他們仍不滿足，非得把上帝安排在南京發生的事再在北京嘗試一次不可，但他們決定把這個努力推延到下一年。儘管上次北京之行結局不幸，他們卻仍然從下列事實中得到鼓舞。經驗已經教導了他們如何改正前一年的錯誤，而且隨着和平的來臨，時勢也已經起了變化。他們已和大臣們發展了友誼，現在他們已經完全確信，除非他們能邀寵於皇帝，否則南京或其他地方取得的進展就會終歸化為烏有。

有關向皇帝獻禮的說法已經廣為流傳，看來很有可能早晚會通過那些穿梭來往於南京與北京之間的某一個太監之口而傳入皇帝本人的耳朵裏。同樣可能的是：禮品的新奇會引起皇帝的好奇心，促使他不和禮品的主人商量就貿然攫取這些禮品，這對傳教團也沒有任何好處。考慮到這一點，神父們認為倒不如搶先引起皇帝的興趣，設法使他感謝他們。因此，就決定了派郭居靜神父去澳門把情況通知同會兄弟們，並就這一重大事件如何進行，徵求他們的意見。他還要從澳門帶回錢來支援這所教堂，用於徵集進獻給皇帝的各種禮品以及足夠清償教堂所欠債務的資金。

參觀者川流不息，這一點我們在前面已經講過了；他們有鑒於此，覺得最可取的還是由郭居靜神父在去澳門的路上把鐘帶到南昌去，並把十字架、聖像和玻璃三棱鏡交託給皇帝的一位諫官名叫祝世祿（Scioselin）的妥為保管，此人是他們的朋友。這位朋友開始時有些躊躇，出自對這些聖像所應有的崇敬，他不敢收下這些東西，不過他終於收了下來，因為神父們再三申明，這些東西是獻給皇帝的，他有責任照料這些東西的安全。

這一點決定了之後，就使公眾們周知這些禮品即將從住處送去，接着就抬着它們經過城裏的大街，莊嚴地遊行一周，然後小心翼翼地存放在祝世祿的府裏。他本人十分恭敬地迎接了聖像，奉為神物，在聖像前點起了檀香燈，按照中國習慣，長明不滅。他允許自己的一些朋友看看禮品，但不讓老百姓看，老百姓幾乎是難得進入大臣府的。禮品一經搬走，就不必再擔心住所會再惹起波動了；於是郭居靜神父帶着一位修士[1]啟程，後者伴同他直到南昌，就在南昌等候他從澳門回來。

南京發生的情況，消息已經傳到了澳門；那裏的神父們接到這個消息興高采烈，葡萄牙的居民也一樣。郭居靜神父到達後，把故事又重新說了一遍，人們的情緒更高了。有關住所如何獲得，大臣們如何變得友好的消息，他們覺得若不是親自聽到目擊這一切的人所說，真是難以置信。

但是，在澳門的歡樂氣氛中，也可以聽到一種低沉的傷心情調。已經離開日本來澳門的一艘船，早已過了期。大家知道副省區（vice-province）司庫埃吉迪奧 · 迪 · 馬塔（Egidio di Matta）神父是乘這艘船的；剛剛有消息說，這艘船沉沒了，全船遇難。整個澳門市都是依靠這艘船所提供的貿易和貨物的。三個傳教基地也依靠它，而且償付在南京購置的住所以及去北京的旅費也都依賴於它。

在這種窘迫情況下，澳門神學院院長李瑪諾神父就挺身而出，大發善心，也可說是對支持中國傳教會顯示了他慷慨仁慈的精神。他處處籌節錢財，最後湊足了款項，使人人得以度過難關。他還再添上了一些給他的朋友們。他送來了另一座時鐘，加入到獻給皇帝的禮品之中。這座鐘比他們原先的那座小一些，但由於飾有豐富的裝飾，所以看起來很大。他還給他們一幅聖母像，那是他從羅馬收到的，是一幅

1 鍾鳴仁。——中譯者注。

據說是聖路加（Saint Luke）所畫原物的逼真的複製本。此外他還加上幾個玻璃三棱鏡、鏡子、一些華麗的衣服、亞麻布、小砂漏時鐘和許多玻璃器皿，這些東西都是社交所需，就像是給社會進步的齒輪裏注潤滑油那樣。最後，他還不辭辛勞訂製了幾架風琴，但拖了很久風琴才做好，未能來得及給南京傳教團使用。他指派龐迪我神父作為同伴和郭居靜神父一起回去，或是留在南京，或是隨同利瑪竇神父到北京去。龐迪我神父來自托萊多（Toledo）省。他原是參加日本傳教團的，但由於交通阻隔，滯留在澳門。郭居靜神父除了從神學院院長那裏所得到的禮品外，還收集了其他一些非常有用的物品，諸如兩個聖餐杯、許多書籍和其他教堂所需的東西。

在活動空閒時，在南昌的這些人則忙於研究中國文學。蘇如望神父和他在那裏交結的朋友們保持聯繫，還和其他一些顯貴發展了新的友誼。通過我們前面已提到的那位王爺，即建安王的影響，蘇如望神父結識了一個大太監[1]，此人負責為皇家國庫徵收新稅。這位收稅官說，他可以安排利瑪竇神父向皇帝獻禮。這位小王認為這是最安全的途徑，便向蘇如望神父發出一份文件，安排他與收稅官在南昌約會，並叫他把禮品帶來，好讓收稅官看看它們並發出相應的文件呈給皇帝。也是天意的引導，這位稱王的人給蘇如望神父的通知一直沒有送到。受託送信的人根本沒有露面。建安王又給神父發出了其他的信件，但信件直到天意把一切事情都另做了安排之後才送到。

神父們開始懂得太監們的策略了，他們決定這樣重大的事情不能交託給這種不講信義的特殊家伙。利瑪竇神父向那位名分上的王表示感謝，並通過他通知了收稅官的頭子，他已經從另一條渠道開始談判，談判目前尚未完成。

1　德禮賢考作潘相，他是鹽監。——中譯者注。

郭居靜神父沒有能按他原定的計劃早日離開澳門，為了他的耽擱不致到預定的日期付不起購置教堂的錢，他就送出了一張期票，可以通過一個中國商人付款。神父們做這種事是經歷第二次了，而這次又教訓他們，這是十分冒險的。那個南京商人的姓名，付款的地點以及有關交款的一切，全是偽造的；這又一次教訓了他們，他們不能再寄期票了。錢是追回來了，但是利瑪竇神父未能如期付款給主人，這是十分不幸的事件。他沒有什麼困難就借到了一小筆維持教堂的錢，但借大筆需要的款項所要付給債主的利率就使人望而卻步了。還好，賣房子給他們的那位員外郎得悉利瑪竇神父經濟窘迫，就傳話給他們不必為到期付款而發愁，因為他和他的同僚都願意延期收款，等到郭居靜神父到達後再說；於是利瑪竇神父放了心，便把注意力轉移到較為愉快的事情上去。

這時候，大家都知道了傳教士到中國來是為傳播基督信仰的；中國顯貴們當中有些比較大膽的人毫不遲疑地探討這些外國人教義中的真理。

南京的第一個中國皈依者，也是最傑出的一個，是姓秦（Cin）的七十多歲的本地名人。他是個貴族，擔任軍職，這個職務是他家世襲的，這在中國是比較少見的事。他有一個才名遠揚的兒子，有三次在三年一次各省舉行的武舉考試中都獲得最高的榮譽，因而獲得了科舉中的最高的等級[1]。這時候，這個兒子是南京的都指揮（Military Prefect）。父親的皈依是引人注目的。他精通天主教教義，十分虔誠，洗禮時取教名保祿。他入教後不久，兒子也隨父親的榜樣，取馬丁為教名。再過不久，全家男女以及一些親戚都被接受入了教。他們是南京的第一批基督教徒，直到今天，他們仍是一個虔誠的天主教家庭。

1 意大利文寫作 chiaiiuen 解元。——中譯者注。

利瑪竇神父送給老紳士一個神像，老紳士把它供在家庭教壇上，飾以貴重的壁毯。神父們到這裏來作彌撒並給婦女們講道，而中國人對於婦女們是小心翼翼地看護着的。教壇旁邊是一間陳設齊全的房間供神父們在向許多家僕進行長達幾小時的說教之後休息時使用。以往，這家人崇拜偶像時，對他們的木雕神像是仔細照料的，現在他們代之以十字架像之後，便把一大箱精工雕刻的神像送給了教堂。利瑪竇神父把全部的收藏送到澳門去，作為從南京的暴君即魔鬼那裏奪得的第一批戰利品。這批東西的到達成了一次歡樂的和對上帝感恩的機會。

講到這裏，很值得談一下利瑪竇神父在南京以及後來在北京是如何宣講教義的，他講解時是多麼循循善誘而同時又多麼使人肅然起敬，他的聽眾又是多麼馴良地傾聽它。有學問的階層的各種集會，利瑪竇神父是經常出席的；他們通常要提一些有關歐洲的問題，神父就把歐洲基督世界的各種風俗和宗教習慣一一向他們作了介紹。他向他們解說了醫院、孤兒院、濟貧所、照料無依無靠的寡婦和囚犯的慈善團體等等的宗旨和管理情況。有時他還談到男人和女人們為了保證自己永遠得救並使別人得救而成立的各種教團。他告訴人們，一年中有某些日子規定為聖日，獻給上帝，專門用於崇拜與祈禱，從而使基督徒不至於放鬆其信仰的實踐。他着重指出了基督教仁愛的美德和實行美德的種種方法，諸如佈施錢財以救濟窮人。此外，他還說明了城鎮的大主教和教士的某些職責，他們為了保持教義的完整，要對出版書籍進行審查，以防任何有害於宗教信仰和道德的東西得到傳播。他還解釋了歸還被竊的或拾到的東西的問題。

有一件事看來他們聽了是贊同但又不願接受的，那就是禁止納妾的法律以及同樣約束着國王和平民的婚姻法。這種法律只允許娶一個妻子，禁止離婚，那怕沒有子女也不得離婚。聯繫到這一點，他還解釋了那種禁止為孩子訂婚約而必須等到成年的法律。

中國人聽到天主教會承認有甚至比皇帝更高的、在宗教事務上有最後裁決權的權威時，十分感興趣。這一權威不由任何個人來繼承，而是由有學識的、慎重的、虔誠的教士們共同開會選出一個從小出家侍奉上帝、宣誓守貞的人來擔任，而且這個人治理教會十分持重而高尚。傳教士們總是極為尊崇地對待教皇的崇高地位，並不容置疑地表明它純粹是一種高貴風範的尊嚴。

就這樣，中國人的心裏就逐漸傾向於認為將來建立外交關係是可取的，逐漸傾向於認識到如果皇帝派一個代表團到羅馬去，那會大大有助於教會在中國取得進展。利瑪竇神父的講道和文章，對中國的信徒和許多異教徒起了作用，使他們認為教皇是個應該極受尊敬和崇拜的人物，是從世界範圍內的一大批教士中選出來擔任這個最崇高的職務的。他在解說表示羅馬城的地圖[1]時，也常常乘機介紹宗教制度。

培養對基督教世界的友好態度的另一種方法，就是在神父們所寫的一切東西上都習慣加上一些簡短的道德箴言。有些箴言是用他們本國文字寫成的，然後再用中文來解釋。中國人喜歡這個習慣，往往收集這些警句，寫在自己的扇子上，或抄在紙上，從而可以貼在牆上閱讀。

第十章　他們再度啟程去北京

郭居靜神父和他的同伴[2]到達南京這件事，使利瑪竇神父深信他可以打消一切猶豫，從事北京之行了。而且他們帶來的行囊又足以鼓勵他作這樣的努力。他拿郭居靜神父帶來的一部分新奇禮品分送幾位

1　即《山海輿地全圖》。——中譯者注。

2　鍾鳴仁。——中譯者注。

大臣，希望以此換得信件和推薦書。瞿太素已離開南京一些時候了，但最近又回來辦事，同神父們住在一起。於是利瑪竇神父就找他和前面提及的由瞿太素介紹給他的一位共同的友人[1]一起商量。他們倆認為進行這次冒險的唯一的辦法是打動一位最高大臣。三人一致同意這一點，然後就直接去找皇帝的顧問祝石林，向他求計。他告訴他們說，禮物必須想盡辦法送呈給皇帝，因為有關禮物的談論已經流傳甚廣。他並且向他們保證，他們不必擔心拿不到任何公文來保證他們的安全，因為他本人很願意以官方身份作出任何這方面所必需的事，只等到北京的河水一開凍就成行。他們推行這個計劃的時機是再好不過了，因為這些證件將由主管這件事的特別官府發出。在此之前，利瑪竇曾想向官府申請證件，但他不敢這樣做，因為他覺得，如果當時遭到拒絕，可能對他的朋友祝石林產生不利的影響。

現在得到了這個許諾，神父們歡欣鼓舞，就把禮品收拾起來，進行一些裝飾性的最後加工。首先他們覺得應該把剛收到的那座大鐘放進一個合適的櫃子裏。他們已在南昌給那座小鐘找到了一個雕花塗金的盒子。但是在裝飾方面，他們不能次於南昌。這座鐘放進了一座有四根柱子的罩子裏。櫃子四面都裝有可折門。時刻在鐘面上用中文大寫字[2]標出，有一隻雄踞的鷹，鷹嘴對準時刻。鐘頂形成美麗的拱形，有各種各樣的花葉紋雕刻作裝飾，還刻有十分精緻的龍。龍在中國是皇權的象徵，除了皇室之外，誰都不准用龍來作為徽記。在皇宮裏，一切傢具都飾有龍形，有的是浮雕的，有的是繡的或畫的。這只鐘有相宜的黃金和中國雄黃即硃砂的裝璜作裝飾。它是一件可以在歐洲很好展出的裝飾品。

我們的朋友王尚書正回他的故鄉。皇帝准許他辭官回鄉，是因為

1　意大利文寫作 Lisinciai（李心齋）。——中譯者注。

2　即用子、丑、寅、卯等字標出。——中譯者注。

一些同他競爭的大臣們妨礙了他晉升到他認為自己所應有的榮譽地位。臨行時，他向他在北京的朋友們發了信，推薦神父們到首都去工作。也正是在這時，皇帝的顧問[1]表現出他的真正人品，信守了他的諾言。他照原先所說的那樣，提供了有利的證件，而且他還和許多人一起餽贈禮品來支付旅途的費用。不但如此，他還向北京的一位身居要職的大臣發出了推薦信。

同時，郭居靜神父被指定留在南京，因為他熟悉在那裏已經建立的聯繫，由他來發展這個中心是最合適的。龐迪我神父和兩位修士鍾鳴仁和游文輝則要陪同利瑪竇神父前往北京。羅如望神父則從南昌被召到南京去充當郭居靜神父的助手，因為那裏的居留點只有一個人是不夠的。這就使得蘇如望神父獨自一人留在南昌，等待澳門方面再派人來。

正在這時，一位身居要職的太監[2]率領六艘馬船載着絲綢，正要動身去北京。利瑪竇神父和他的同伴們在這樣一艘船上分到了一個舒適的位置，地方寬裕，不但放得下個人的行李，而且還可以堆放一所新房子和一座設備齊全的教堂所需的傢具。這個船隊是由那位為利瑪竇神父之行簽署官方文件的皇帝顧問派遣去北京的。他親自把神父們介紹給主管的太監，並託付他到北京後把他們介紹給和他同樣最有勢力的宦官。太監答應了，而且他實際做的還超過了他的許諾。一路上他極為殷勤周到，無論如何也不肯收船錢。為了感謝皇帝的顧問，這位太監把神父們作為上賓接到自己的那艘船上，而不當作旅客，什麼都一概免費，不過他這樣做一點也不吃虧。動身之前，利瑪竇神父就同顧問祝石林談過，祝石林給了太監一大筆津貼以酬謝他的好意，太監很樂意地接受了。皇帝顧問所表現的好意，在某種程度上是報答神父們所送給他的幾件歐洲禮物。皇帝顧問最欣賞的是那個玻璃三

1 祝石林。——中譯者注。

2 意大利文寫作 Leupusie（劉？？）。——中譯者注。

棱鏡，這是他們交給他保管的。他也認為這是一件價值連城的稀世珍寶。神父們動身時，他慷慨地送給他們一件禮物；有幾位新入教的基督徒們，尤其是保祿[1]和馬丁，顯得特別慷慨。

一行人在1600年5月18日從南京啟程，一路上神父們可以自由地隨意活動。在各個停泊的地方，他們拜會了大臣們，大臣們對他們的來訪都十分歡迎；太監更邀請他的朋友們到船上來鑒賞獻給皇帝的禮品，從而增加了神父們的活動。另一些人聽説來自歐洲的新奇事物，出於好奇，也來觀看。儘管神父們並不隱諱他們的最終目標是爭取皇帝垂青，希望在北京建立一個居留點，人們還是絡繹不絕地前來。實際上，他們一有機會，就不停地而且公開地討論基督教的教義。

那個主管此行的人一天比一天更加殷勤，這不光是由於他在南京所已得到的東西，而且也由於他和神父們一路同行沾了光。正是由於有神父們和他同行，這河上各個樞紐地點都讓他們的船馬上通過，而本來等待着通過的船隻很多，要費掉很多時間的。糧船和官船有優先權，但有時連糧船和官船也太多，有些也要等上四天或更長的時間。確實是太監給自己弄到了優先通過的待遇，但他之所以弄到是靠請其他船隻的船長到他船上來觀賞一下送呈皇帝的禮品，從而使他們為他的船讓路，他們為了向神父們表示好意，也就應允了。太監對此一直很得意，但他始終是十分殷勤客氣的。

在山東省有一位總督，他管轄着所有內河船隻，甚至包括給皇城運糧的船隻。他的地位高於那些其職務為保證皇城沒有缺匱之虞的官員們。當時這位總督[2]是山西人，是一個虔誠的偶像崇拜者，但對於來生來世十分關心。他的兒子曾由一位名叫李卓吾（Liciu）的朋友介紹，見過利瑪竇神父，所以他也從兒子那裏聽到了很多有關基督信仰

1　秦保祿。——中譯者注。

2　意大利文寫作Leusintum，劉心同即劉東星，他任漕運總督。——中譯者注。

的事。恰巧這位李卓吾和總督都住在濟寧（Zinim）城。船在那裏停泊，利瑪竇神父派使者去找他的朋友李卓吾，說是想要拜會他，談談去北京的事。

他的朋友在官場中是位有名的交際家，又是一位老成持重的幕僚。他是總督的摯友，彼此交情很深，總督甚至在相鄰的雙方宅第之間的牆上開了扇門，以便彼此天天相互拜訪。李卓吾聽說利瑪竇神父要來，馬上就轉告自己的鄰居；總督十分高興，向神父發了正式邀請，派出了轎子或轎夫，把他接進府來。他們熱烈接待了神父，然後聽他談了一些歐洲的情況以及總督十分關心的有關來生來世的問題。當神父後來要告辭時，總督對他說，「瑪竇」，他用尊敬的名字稱呼西泰（Sithai），「我也想上天堂」，這表明了他所關心的並不是財富和塵世的榮譽，而是自己的永恆得救。

利瑪竇神父剛一回到船上，城裏就響起了一陣不尋常的類似騷亂的喧嘩。這是總督大駕前來，扈從前呼後擁所致，他急於趕到利瑪竇神父的船上，所以對路上耽擱時間太長很不耐煩。管事的太監對於這種不尋常的騷動感到十分驚訝，港內其他船上的人也都一樣。總督最後上了船，行過正式訪問時遵行的常禮，他讚歎不絕地觀賞送給皇帝的禮物，他的扈從莫不如此，不能拒絕他們進行參觀。隨他之後，來了該城的其他官員。

第二天，利瑪竇神父正式回訪，作為交換禮物，他送給總督一些歐洲飾物，這些東西製作新奇，他們缺乏估價。他在官府中呆了一整天，和李卓吾及總督的孩子共同進餐，他發現這次訪問是這樣愉快高興，以致他完全覺得自己是在歐洲的家裏，或者跟他的朋友在他教會的教堂中，而不是在世界另一面的異教徒中。

總督要看在南京撰寫的準備晉見皇帝時上呈的文書。其中有些話他不喜歡；因此他認真地另寫一份，後來由他的私人書手整齊地重抄一遍。此外，他還給神父們很多封信，交給北京的人，他們對於神父們達到目的，比神父們在南京接待的人要有用得多。

有一天，總督的妻子告訴他，她做了個夢，夢見她看到一個神，有兩個小孩子陪同。總督登船拜訪時，曾看見聖母像，懷抱聖嬰耶穌，幼童約翰，這位先驅者，正在羨慕他。他把這幅畫告訴他的妻子，她說這對她的夢很有意義，要她的丈夫派一名畫師到船上把它如實地臨摹下來。中國的畫師對這類工作完全不在行，於是利瑪竇神父害怕弄出個難看的臨本，就送給她一幅很好的複製畫，那是南京教堂的一個年輕人製作的。總督對此萬分感激，表示說他和他的全家人都會是聖母及其聖嬰的虔誠奴僕。

利瑪竇神父離開時，總督派一個屬員去伴隨他，這個屬員，奉他上司之命，讓神父的船隻，沿着幾里的路途，在其他船隻之前通過幾條狹窄的河道，這就大大縮短了他們的旅程。到達碼頭，他發現利瑪竇的船在港口外有些距離，在那裏，船是由負責的太監接待，他不能容忍好奇的觀眾，他們的橫蠻差點引起騷亂。後來他下令讓利瑪竇上他的船。

神父們充分決定，在一有可能的機會時就報答他們受到的恩德。他們也有意把基督教義的奧妙教給總督和他的朋友李卓吾。當時他們做不到這點，因為他們訪問的時間短暫，也因為負責北京之行的人行動匆忙。那個時間的三年內，總督和李卓吾都死了。總督在離任退休前去世，而李卓吾在北京自刎而死。一些不知姓名的官員[1]向皇帝上章控告李卓吾，譴責他寫的書。因此皇帝下詔把他的書全部焚毀，並把他投入囹圄。李卓吾不能忍受公開地遭到貶抑，以致他的名字成為他的敵人的笑談。作為中國人中罕見的典例，他要向他的弟子證明，如他平常告訴他們那樣，他完全不因畏死而動容，並且這樣一死來使他的敵人失望，他們想要看到他受辱而死。

1　向皇帝上書控告李卓吾的是張問達。——中譯者注。

第十一章　在天津入獄

皇帝派太監們出去收稅，其實就是掠存。其中一個名叫馬堂（Mathan），住在著名的臨清港。當地的居民和駐軍奮起反對他，燒毀了他的家，殺死他所有的家奴。他若不是化裝逃跑，避開了憤怒的人羣，自己也會遭遇同樣的命運。但是恐懼並沒有結束他的貪婪，人們說他自從遭了那場災難後，變得比以前更壞了。

負責馬船船隊的太監[1]在臨清停下來，前往拜望這個收稅官馬堂，不帶武裝而帶上種種禮品。他再三被拒於馬堂的新邸之外，於是他開始明白那是因為這些禮品並不是馬堂所想要的。

船隊抵達北京的確切時間已經臨近，倘若負責船隊的太監遲到了，他就會冒賠償巨款的危險，甚至會喪失性命。為了解決這個難題，他不顧已和神父們建立的友誼，表現出太監一貫的奸滑，決定把他的客人們交給貪婪的掠奪者馬堂。為了繼續他的旅程，他背着神父們與收稅官手下的太監們商訂了一個計劃。他告訴他們有一隻船上有些外國人要向皇帝進呈禮物，那些都是極為新穎而且非常貴重的禮品。他向他們保證，這些禮物足以使馬堂得到君王的恩寵。為了證明他所說的是實事，他遮遮掩掩地把他們帶到船上去看那些雕像和鐘錶。神父們絲毫沒有懷疑他們這次訪問的真正目的。心花怒放的使者們火速回報他們的主子，使他相信外國人一定還有很多他們沒有看見的更珍貴的物品。有時幾句話就能煽起貪慾之火。馬堂立刻傳話說，他要來看看送給皇帝的禮品。

利瑪竇神父感到了危險迫在眉睫，便馬上去看望一個他在肇慶結

1　即 Leupusie（劉？？）。——中譯者注。

識的，後來在南京又拜訪過的廣東人。此人是一位地方長官，主管鄰近一帶的城市[1]；利瑪竇神父想得到他的幫助和忠告。他早聽說利瑪竇神父正在前來臨清，幾天來他一直派人守候他的到來。聽差看到神父走近他家時，便跑去稟告主人：他正等待的陌生人來了。主人做的第一件事就是給這位客人安排一個房間，好像他要逗留一個時期似的。但是當談到了太監馬堂時，他變得很低沉地說：「你別想不受損失就逃出他的手心。他那一類人現在正得皇帝的寵，皇帝只和他們商量。甚至最有權力的大臣也受他們的殘害，所以一個外國人怎麼可能逃脫他們的傷害呢。」他告誡利瑪竇神父要心甘情願地出示所有的物品，並感謝太監竟肯來訪的恩情。「至少，」他說，「這種做法也許還有點希望。」隨後他又補充說：「要想找個人能阻止他是徒勞的，而且這樣做會帶來很大的危險。」在利瑪竇神父聽來，這就像是一個謹慎的朋友所給予的良好忠告。

神父離開這兒之前，馬堂的一個差役急忙忙地趕來說，馬堂已動身前去神父的船上，要求利瑪竇神父儘快回船上去。這位地方長官讓差役回去告訴他的主人說，利瑪竇神父是在他的家裏，不直接得到命令，他不允許利瑪竇神父離開。他想以此表明他的客人並不是孤立無援的，而是受到地方長官友誼的庇護。老天保佑的是這個太監得知了利瑪竇神父就是這位特殊官員的朋友，因為，在所有的官員中，他正是馬堂記得要尊敬的人。他從馬堂的魔掌下救出過其他一些人，而且做得使馬堂看來並不象他真正的罪行那麼嚴重。結果是他的誠實受到各個方面的稱讚，為了表明這一點，這個城市後來為他建立了一座廟宇，供奉他的塑像，並有碑刻讚頌他的德政。

收稅官馬堂除了建築各式各樣的官邸和廟宇之外，還造了一隻很

1　按此人為臨清道鍾萬祿。意大利文寫作 Ciunvanlo。——中譯者注。

講究的大船，甚至於適合皇帝乘坐；船上的大廳、房間以及眾多的艙室都極為精緻而寬敞。走廊和窗框是用不腐的木材製造的，雕刻着各式各樣的圖案，鑲着金並用中國漆塗得光亮。他常常沿河巡游；他就是乘這只船來拜訪神父們的。利瑪竇神父謙恭有禮地迎接他。在冗長的寒暄中，馬堂提出要幫助神父們把禮物獻給皇帝；然後，他命令把禮品轉移到他的船上，以便更仔細地檢查它們。他看到這些禮品大為高興，說這些禮品配得上獻給皇帝，那怕是中國皇帝。他敬畏地跪倒在雕像之前，並許諾聖母瑪利亞他將在皇宮裏給她安排一席地位。他又答應神父們他將儘快地向北京轉達他們的要求。他作出過多的許諾，為的是在那些對一般的太監以及對這位以極端傲慢而聞名的太監有所了解的人們面前掩飾他的欺詐。利瑪竇神父文質彬彬地感謝他的恩惠，並說不願給他添這麼多麻煩，因為在北京有幾位高官已經答應照料他們的事情。馬堂對此付之一笑，並誇口說沒有一個高官對皇帝能像他那樣有影響。「你看，」他說，「我的請求在上奏皇帝的第二天就能得到處理。而別人的請求要很遲才得到答覆，或者根本得不到答覆。」利瑪竇神父又一次感謝他，並以他方才膜拜的聖像的名義祝願他交好運，如果他將幫助促成這件事的話。

負責遠航隊的太監被放走了，並得到允許不付稅就離開這個港口，這顯然是對他出賣那些被託付給他照顧的人們的報酬。一個月後，馬堂要去天津城，以便從那裏把六個月來應呈繳給皇帝的貢物轉運上去。他想把神父們也轉移到那個地點，但是他首先命令把他們全部的行李送到他最好的船上，他說神父們要在這只船上一直住到這個月底。負責遠航隊的太監高高興興地乘船走了，並把他在南京買的一個男孩作為禮物留給了神父們。他說他送給他們這個男孩是因為他口齒清楚，可以教龐迪我神父標準的南京話。

馬堂要把所有這些給皇帝的禮品都搬到自己的府裏去，但利瑪竇神父很婉轉地反對這樣做，他說這些鐘錶如果沒有人照管，就很容易損壞，而他們要保留雕像則是因為他們要在雕像前祈禱，求上帝保佑他們所進行的事業。這個收稅官並不堅持自己的意見。相反地，他把食物以及旅行的必需品送到他們所住的船上來。他們的朋友，那位地方長官也經常來船上拜訪，並帶來了其他的朋友。幾乎每次來訪他都想方設法向他們保證大官員們的善意。他這樣做就約束了太監的貪婪，且不說他的殘酷；他有權力掠奪神父們，不僅掠奪他們的行李，而且還能奪取他們的生命。地方長官們的拜訪促使馬堂對神父們給予更多的照顧。有一天，他邀請利瑪竇神父去參加在城裏他家中舉行的盛宴並觀看表演。他還邀請了當地的幾個為首的太監。場面富麗堂皇，足以與人們所能想像的最高君主相匹敵。

宴會上表演了各種喜劇節目。走繩索的、變戲法的、耍酒杯的，以及其他這類藝人食客，他養了滿滿一家，豢養他們來供自己娛樂。他就是這樣消遣日子，度過一生，從不想到生命會結束的。利瑪竇神父以前不管是在歐洲，還是在印度，都從未見過如此奇特卓越的表演；而印度在這方面是很有名氣的。一個雜技演員耍着三把兩掌長的刀子，一個接一個地扔向空中，然後抓住一把把刀柄，從不失誤。另一個人背躺在地上用雙腳耍一個大罈子，一下子又把它拋向空中，先使它向這一側旋轉，然後又向那一側旋轉；即使用雙手模仿這些動作都會是很困難的。後來他又用一面大鼓，繼而又用一張四尺見方的大桌子，做了同樣的表演。衣着華麗戴着假面具的巨人的啞劇表演真是獨一無二，在劇場中有人替這些角色進行對話[1]。大概最有趣的節目是一個男孩的表演，他先跳了優美的舞蹈，後來彷彿是跌倒在地，但用雙手撐着身體未沾地面，卻變出了一個穿着和他一樣的膠泥人，這個膠泥人從他兩腳中爬出來，優美地用雙手而不是用雙腳異常巧妙地模

1　大概是演雙簧。——中譯者注。

仿男孩的舞步。然後這個膠泥人跌倒在地上，他們兩人開始摔跤，四處翻滾，作得如此之自然，看來真像是兩個活生生的孩子在角力。

表演結束後，利瑪竇神父準備離去時，馬堂把向北京提出的請求寫了下來，遞給他的客人過目。簡而言之，信中提到路過臨清的一隻船上有一個外國人名叫利瑪竇，據報是要向皇帝貢獻禮物的。由於這個歐洲人看來心地善良，所以馬堂他本人想要幫助他。因為擔心他所乘的船會遇到某種不測——港口裏的船隻太多——他便把這個外國人轉移到自己的船上，好好地護送他去天津城，在那裏等待答覆，希望答覆不會拖得太久。這個請求是用地方長官們在同樣情況下所慣用的方式傳遞的，本書第一卷裏已經敘述過了這種方式。

這封信以及其他的信件都是由馬堂的一個差役作為信使送走的，神父們就和他一起到了天津衛。船上有四個士兵，夜間充當守衛。每當有信送給皇帝時，習慣的手續就是如此。安排這些士兵是為了防止信使逃走，也是為了經常監督提出請求的那些人。信使必須宣誓他決不企圖逃走，而且在航行期間，他是被鏈子鎖在船上的。

馬堂在神父們之後不久也來到天津。北京的答覆遲遲不至。皇帝想按正規程序把此事交給主管禮儀的衙門，但是那就不能使馬堂向皇帝獻媚，所以馬堂在宮廷裏的同夥極力爭取將此事交回馬堂作最後處理，他們的努力成功了。馬堂一接到北京的答覆，就立即召集當地的官員們到城裏聚齊，他們都穿上紫緞官袍，佩戴各種官職的裝飾品，來聆聽皇帝的旨諭。為了用宏偉壯觀的排場使大堂增加威嚴，太監吩咐先宣讀呈給皇帝的請求書，然後宣讀收到的旨諭。旨諭要求說明外國人帶給他的禮物。在送給北京的請求書中，馬堂顯得對禮品的情況一無所知。其實這是太監的詭計，為的是不使皇帝懷疑他未得到皇帝的許可就亂動獻給君主的東西。宣讀完畢，利瑪竇神父被召到公案之前。他身着犯人穿的棉布長袍，頭戴老百姓戴的圓帽。首先，他被命令跪下，這是接受皇帝聖旨時的通常習慣。然後，他受命當眾開列一張他要帶往北京的全部禮品的清單。列完清單後，馬堂立刻佔有了這些禮物，把它們運到他的府裏。隨後利瑪竇神父被問到他是否還有什麼別的東西。因此除了雕像、鐘錶和玻璃三棱鏡外，他又不得不交出他那裝訂精緻的羅馬祈禱書、翼琴[1]和一本奧特里烏斯（Ortelius）所編的《世界舞台》。

這次大掠劫之後，太監向皇帝呈送了第二請求，但收到的旨意並不是他所期望的。從那時起，他開始擔心他給自己惹了麻煩，並後悔他干預了這件事。雖然當初他們剛一結識時，利瑪竇神父去看望過馬堂，而且每當被召請時，他都前去；但是自這一天以後，他很少見到馬堂，並且不願與他再有任何來往。

冬季臨近了，預期到河水要結冰，這位收稅官正準備離開這座城堡。離開之前，他讓神父們帶着他們的全部行李搬進一座偶像的廟宇，並派了四名士兵看守他們，日夜監視他們在家以及外出的一切行動。他們住在廟宇時，有一天，全然出乎意料之外，太監馬堂來了，陪同前來的還有一位高官，也是利瑪竇神父的一個朋友，是被稱為兵備道的兵部的一員。太監在一隊二百來個同夥強盜的簇擁之下，怒氣衝衝瞪着利瑪竇神父説道，他得到北京的消息説利瑪竇隱藏了一批寶石不想把它獻給皇帝。不僅如此，他們還揚言他有一些同夥藏在他家中。利瑪竇神父怒目相視，直截了當地否認了全部指控。於是太監命令把他們所有的行李都搬到相鄰的院子裏去；他在那裏翻箱倒櫃，仔細檢查每一件東西，憤怒地把東西四處亂扔，從而不僅凌辱，還再加破壞。

這時那個官員站在一旁，明顯地帶着對他的朋友同情的表情。每當太監看到他以前沒見過的東西，就厲聲抱怨，指責這是有意藏匿起來的，他把他所喜歡的東西挑出來，放在其餘行李的另一邊。最後，

1　鋼琴的前身。——中譯者注。

當他未能找到他所假裝要尋找的東西時，他轉過身來，羞愧比憤怒更加使他冒火；失望並沒有減輕反而更增強了他的害人之心。他所看到的東西裏，沒有比釘在十字架上的基督像更使他發怒的了。他指控他們帶着這個魔物，目的是要用妖術謀害皇帝。「毫無疑問，」他說，「誰都能看出來，製造這宗東西就是專門要用害人的巫術使人中邪。」利瑪竇神父認為，對一個憤怒得幾乎忘其所以的人談論神的奧祕，只能是白費時間而已。這個人在每一件可以證實無辜的證據面前，都要加重他的指控，還要認可那些完全不可信的東西；從這樣一個人那裏又能期待什麼呢？然而當他們逼迫他說話時，利瑪竇神父說，依基督教的信仰，十字架上的形像是最神聖的人的肖像。基督為了拯救人們的靈魂，選擇了那種可怕的死法。為了紀念他，基督徒們用油畫和雕塑把他死去時的樣子表現出來。這時兵備道的長官就插話說，他認為以表現那麼悲慘的死法來紀念一個人是很不合適的。這一解釋對太監沒有產生任何影響，他高聲斷言，神父們的騙人伎倆應受重懲。當他們發現了好幾個聖像時，馬堂和那個官員都開始想到，這些東西也許在某些方面與宗教有關，而不是與巫術有關。到處翻查和搜索完畢後，他們倆都坐下，並讓神父們也坐下。

在馬堂拿走的那些物品中，有兩個烏木匣子，一個是十字架的形狀，另一個的樣子像一本書。他還拿去一隻神父們用來做彌撒的銀質聖餐杯。在重新查看他留在一旁的掠奪品時，他發現了一個小口袋，裝有二百枚金幣，是神父們航行的旅費。他把這個還給了利瑪竇神父，說了幾句話，好像他是在送給神父禮物似的。他真不愧是個強盜，他認為凡是沒有搶走的東西都是他捐贈給他的受害者了。神父們原已放棄能再見到這些錢的希望，現在看到又還回來，便不顧歸還的方式，還是為此感謝了他。他們又幾次要求歸還匣子，但毫無用處。聖餐杯的情況就不同了。利瑪竇神父堅持要回來。他告訴馬堂，那是用來祭祀天和地的上帝的，基督徒們認為它是如此神聖，以致除了經過特別的儀式就任聖職，可以獻祭的人之外，沒有人可以摸一摸它。太監對這些話的回答，是拿起這個聖餐杯來，放在手裏轉了轉說：「你說沒有人可以摸它是什麼意思？難道你沒看見現在我正在摸它嗎？」對邪惡和無知的人來說，有權就可以橫行霸道。如此之厚顏無恥甚至使利瑪竇神父也忍無可忍，他幾乎流出眼淚，憤怒地拿出錢口袋扔到太監腳邊的地上。「請吧，杯子有多重，你就拿多少金子，不然你願意拿多少就拿多少也行，可是得把聖餐杯還給我。」這些話顯然打動了兵備道的官員，他看了看馬堂說：「你看，他看重那只杯子，不是因為它的價值，而是因為他把它看成是神聖的東西。他向你出雙倍的價錢索回它，我勸你還給他吧。」聽了這番話，太監改變了主意，將杯子和錢袋都還給了神父，然後開始把較大件的禮品和他放在一旁的其他掠奪品都集中起來，總共約有四十件。他挑了一件飄垂的長袍、一些印度棉布、幾隻玻璃瓶、日晷、砂漏以及其他的新奇玩意兒。他吩咐把這些都運到他家中妥善保存。那座較大的鐘和聖母雕像則留給了神父們。他們把雕像供在祭壇上，每天在壇上行彌撒。

馬堂回到臨清，把神父們留在城堡[1]裏，有兵士擔任守衛，但他們不大管他們的囚犯做些什麼，或到哪裏去。馬堂離去後，他們發現丟失了一些東西。有些盜賊從錢袋裏偷了錢，那個大強盜也抽了一些頭交給當地官員替他保存。然而被盜的東西遠沒有他們所懷疑和擔心的那麼多。

城堡裏整個這場可疑的插曲引起了神父們的懷疑和擔心，不僅去北京的計劃遭到失敗，而且整個的遠征和他們迄今的成就可能毀於一旦。人事顯然已盡到了，剩下來的就唯有依賴上帝的恩典了。為此他們每日做彌撒，經常祈禱，並不斷地進行肉體上的齋戒與懺悔。他們

1　即天津衛。——中譯者注。

請求上帝來幫助這許多的靈魂，這些靈魂可能有賴於他們在這個葡萄園中工作的成果。

年關臨近了，然而北京仍沒有答覆。利瑪竇神父給臨清寫了兩封信，一封給馬堂，另一封給兵備道長官，由僕人經陸路送去，因為河水已封凍。僕人要等待得到答覆後，把它們帶回城堡。兩封信都是請願書，要求採取某些行動以便得到北京的答覆，並陳述了由於寒冷和極差的住室給長期滯留的神父們造成了很大的不便。這至少是給太監信中的要點。在給他的朋友的信裏，他要求他或者再做一次努力催促北京給予答覆，或者對他們在目前的困境中應該怎麼辦提出意見。

僕人在公堂上把信呈給馬堂，他所得到的是對神父們的一頓謾罵。不止如此，而且他還在一陣拳打腳踢之中被趕出公堂，卻沒有得到任何回答。神父的朋友既不敢在大庭廣眾中接受信件，也不敢覆信。他祕密地把僕人叫到他的官邸，告訴他神父們的計劃前途無望，不堪想像。他說太監決定對神父們羅織罪名，指控他們企圖用毒藥謀害皇帝，並把這事連同其他的誹謗散佈到全城，還說太監對利瑪竇神父痛加辱罵。他甚至誇口説，他要把他們用手銬腳鐐通通遣回本國。在回信中，這位官員勸告他的朋友們走為上計，回到廣東去保全性命。他保證説他們損失了行李只不過是丟掉了包袱。他還勸告他們，要把他們所有的釘在十字架上的那個人的所有樣品都燒成灰，並且如果可能的話，要消滅乾淨。如果他們不願聽從他的勸告，那麼他斷言其次的辦法就是通過他們在北京的大臣朋友向皇帝呈遞請願書，要求允許他們返回本國。這封回信比他們所期待的更加令人害怕。它使他們相信，他們的處境比他們所想像的更加危險。在所提的這兩項建議中，他們決定採納第二項，立即不讓守衛知道就派鍾鳴仁修士去北京，守衛們並不總是很警惕的。他帶上了利瑪竇神父的信和禮物以及南京朋友們的信件，但是這又一次的人事努力也未發生任何作用。顯然，上天決定要完全掌握如此重要的一件事。

他們找不到任何人敢去冒犯太監的暴怒。神父們被勸告放棄向皇帝上書的想法，因為那時除了太監們而外，皇帝是不聽任何別人的話的。有些人認為儘管太監已經使他們找回行李的任何希望破滅，但還是盡力安慰他一下為佳。

那位修士[1]把幾封詳細敘述神父們的遭遇的信帶到了北京，請求幫助，因為他們被囚在城堡裏，無法自己去請求幫助。正當神父們熱誠地祈禱上帝的恩惠使他們受困的消息能傳播到外界時，那位修士完成了他的任務。這位兄弟的歸來只是使他們相信，不管是其他的人事力量，還是自己的人事努力，都是無望的；因此就無需作進一步的嘗試了。他們很有信心地把最後的希望寄託在神的援助上，把他們的思想轉向上帝，並且堅定、愉快地準備在他們所從事的事業中面迎任何困難，甚至於死亡本身。

第十二章　奉旨出獄到北京去

看起來似乎是上天一直在等待着神父們放棄一切人類的援助的希望，而把他們的計劃完全託付於上帝之手。的確，一旦他們這樣做的時候，天意馬上就來幫助他們了。這完全出乎意料之外，彷彿是回答了很多人在各個地方請求上天保佑這次遠征成功的祈禱。皇帝事先沒有任何通知，就傳話讓他們馬上去北京，並把他們的禮物帶去。他派了禮部的一名官員負責保證他們路上的安全。這個衙門對他們的目的已經做了一番徹底的調查，並把調查的結果向皇上作了全面的報告。

1　鍾鳴仁。——中譯者注。

神父們始終未弄明白這事是如何發生的，這次意外的召喚是經過了六個月的間隔後才來到的，而在此期間他們並沒有呈遞任何新的請願書。他們相信是手裏掌握着皇帝們的心靈的上帝以他自己神祕的方式造成了這場突然的變化，以便拯救這些靈魂。

據說，有一天皇帝自動地突然想起了早先呈送給他的一份奏疏，就說：「那座鐘在哪裏？我說，那座自鳴鐘在哪裏？就是他們在上疏裏所說的外國人帶給我的那個鐘。」皇帝隨身的太監答道：「陛下還沒有給太監馬堂的信回話，外國人怎麼能夠未經陛下許可就進入皇城呢？」於是皇帝便發出了上述的召喚。這項召喚連同說明附件，由快馬遞送給去臨清的馬堂。他立刻違背自己意願地派人把城堡裏有人看守的御用禮物歸還了。

河水仍然凍結，旅行不能乘船，於是他命令城堡的官員們準備以馬匹和腳夫送神父們去北京，一切都由公家開銷。經過了這麼多的磨難與痛苦，現在神父們高興之極，呼吸都感到輕鬆多了。他們感謝上帝，忘記了過去數不勝數的煩惱，重新鼓起勇氣上路。當他們取回自己的東西時，他們等到入夜才從聖物盒中取出聖物。然後用從聖地帶來的小石子把小空穴填滿，使人查覺不到發生過什麼變故。他們認為還是不要把每個聖物盒中的原件撕掉為好，同時唯恐在改變了的條件下它們可能落入基督徒的手中，所以在每個盒中放了一張紙條，說明緣由。

與歸還他們的東西有關的還有一件事，他們認為這事是天意又一次的干預。看來只有上天才能把馬堂顯然意在毀滅他們而散佈的惡毒誹謗轉變為對他們有利的事。馬堂第二次檢查他們的行李時挑出來的東西中，有利瑪竇神父以前在各地蒐集的天文學的全部書籍，準備當皇帝可能要求他改正中國曆書的錯誤時使用。這個國家有一條古老的法律——這條法律很久以前就不施行了——規定除了皇帝的曆算家以外，其他任何教學天文的人都要判處死罪。制定這條法律是因為古代中國人認為任何懂得星辰運動的人都能夠計算出表明他交好運的星辰的會合，因而就能輕而易舉地奪得王位。正由於這條陳舊的法律，收税官馬堂才把這些書與其他禮物分開，藏到一隻箱子裏，放上一個封簽寫道：「皇帝的收税官太監馬堂，在一個名叫利瑪竇的外國人的行李中發現這些書籍。由於這類書系違禁品，所以根據國家法律，他把它們挑出來妥為保藏，直待以特別文件上報皇帝後由他決定如何處理。」神父們對這些書籍被隔離保管毫無所知，直到歸還他們的行李時才知道。當他們看到這些書不見了，便要求城堡的主管官員歸還書籍。官員們也不知道馬堂的企圖，他們並不反對歸還這些書，就派了一名武官把書取回歸還原主。幸而這個武官不識字，因此沒有注意箱上的封簽。自從上一批貢品從臨清運往北京已過了六個月，這時馬堂為了運貢品又回到城堡；他送神父們上路去皇城，但並不知道他們帶有這批書。他們出發後不久，他找不到這些書，於是責罵城堡的主管官員們，説皇帝特別提出要這些書。他派遣把書交還給神父們的那個武官立即去趕上神父們，把書拿回來。然而這個武官預期他回來後可能受到嚴厲懲罰，便沒有去追趕神父們，而是朝另一個方向逃跑了。

一旦神父們的事情有了好轉，馬堂就開始害怕他們在北京會告他的狀。如果他們這樣做，説明了所發生的一切事情，那麼很有可能他會失去皇帝的寵信。從那時起，對於書的事便保持着很謹慎的沉默。此外，神父們已從恐懼之中解脱出來，這時已能夠向關心他們事業的一些官員們提供有關所發生的事情的情況，而官員們也很願意了解這些情況。所發生的大部份情況後來都用中文書面寫給了他們。

城堡的官員們為這次的北京之行準備了八匹馬和三十名腳夫，並且每天在驛站更換。在這次旅行中，神父們一路上都住在各地官員的府邸裏。他們非常受敬重，並且沒有付任何費用。相反地，他們受到所有人的尊敬，因為大家都知道他們是奉皇帝之召。他們到達北京時已臨近中國的年底，即 1601 年 1 月 24 日[1]；到達後就在城厢的一座太監府邸裏下榻。他們在這裏把禮物整理停當，以便第二天進貢。第二天這些禮物招搖過市地穿過城市運至皇宮，在那裏和馬堂早先送來的東西放在一起。

當皇帝看到耶穌受難十字架時，他驚奇地站在那裏高聲説道：「這才是活神仙。」儘管這是中國人的一句陳詞老調，他卻無意之中説出了真相。這個名詞在中國至今仍用於耶穌受難十字架，而從那時起，神父們就被稱為給皇帝帶來了活神仙的人。皇帝似乎從驚奇變得害怕看見這些雕像，他不敢和這些雕像目光相對，便把聖母像送給了他的母親[2]。而她是篤奉她那沒有生命的佛像的，看到活生生的神的形象也感到不安。她害怕這些雕像的逼真的神態，於是下令把它們放到她的庫藏裏，在那裏太監們偶爾給一些官員們觀看一下。

這些太監告訴神父們，皇帝親自向雕像表示致敬，並讓人在它們面前焚香和燃其他香料。神父們祈禱上帝會酬獎皇帝的禮敬，並以信仰之光來啟發他。皇帝自己保留了一個最小的耶穌受難十字架，把它放在他心愛的房間裏。這是耶穌會會長神父所贈送的一件珍貴的藝術品。這一切都是太監們説的，而神父們對這話相信的程度也只象人們通常對太監的話相信的一樣多。皇帝第一次看見那座較大的鐘時，鐘沒有調好，也不走，因此它既不守時，又不報點。於是他命令立刻召見神父們；神父們奉召，急速趕來。

北京的皇宮整整被四座大牆所環繞。在白天，除了那些剃了髮的僧人而外，任何男人都可以通過第一、二座牆。婦女任何時候都被拒於牆外。第三道牆以內只允許皇宮的太監們進入。夜間只有士兵和太監允許停留在外牆之內。神父們獲准通過第二道外牆，但不能再往裏

1 按即明神宗萬曆二十八年十二月二十一日。——中譯者注。

2 即慈聖皇太后。——中譯者注。

去。在這裏的一個院子裏他們遇到大批聚集前來觀看那些鐘的人，皇帝派了他的一名高級太監在這裏接待他們。他是經常隨侍皇帝的太監之一，皇帝很器重他做事謹慎。

他的名字叫田爾耕（Licin）[1]，他以皇帝的名義很莊重地接待了他們。他想知道他們進呈禮物給皇帝的目的。神父們告訴他說，他們是來自泰西——這是中國人對歐洲的稱呼——的外國人，他們是崇拜天地主宰者的敬神者，對世俗貨不感興趣，既不要求也不期望回贈禮物，也不期待任何報酬。他對這個回答很滿意，高興地接受了這些禮物。他們告訴他這些鐘是一些非常聰明的工匠創製的，不需要任何人的幫助就能日夜指明時間，它們有鈴鐺自動報時，有一個指針指出不同的時間。他們還說明這些機器必須有人管理，而且這種操作並不難，僕人們兩三天內即可學會。這些情況都向皇帝陛下作了報告，皇帝指定了皇宮欽天監的四名太監，命令他們三天后帶着這些機器到他的接待室來，並命令他們寸分仔細地執行交給他們的任務。

據說皇宮的太監們也像國家的官員一樣，分為不同的等級，但每一等只有少數幾個人。因為這些要學習使用鐘的人都屬於那個特定的等級，神父們便住在曆算家的住處，他們在這裏日夜教這些愚蠢而智力遲鈍的人。不過這些太監很尊敬神父，而那些在宮裏庇護馬堂的人則向神父們提供他們生活所需要的一切東西。他們這樣做可能是為了不致把和馬堂的爭執報告給皇帝。已經有謠傳說，馬堂向神父們強行勒索了一大批貢物，而這根本不是事實。這個可憐的倒黴人已花了一大筆錢來遮瞞這件事，但是沒有效果。

由於努力學習，被指派管理這些鐘的四名曆算家終於掌握了管理鐘的充分知識。為了防止出差錯，他們把所教的每個細節以及鐘的機

1　意大利文寫作 Lhcino，德禮賢考為（田）爾耕。——中譯者注。

構都記錄下來。一個太監在皇帝面前犯錯誤，等於是把自己的生命置於危險境地。據說這位君主在這一方面對他們是如此嚴厲，甚至為了一點小過錯有時就把可憐的不幸者打死。他們首先留心的是問清所有這些齒輪、發條和附件的中文名稱，利瑪竇把所有的名稱都用漢字告訴他們，因為任何零件遺失了的話，它們的名稱很容易就會被忘記的。

在講課的這三天中以及後來的一些日子裏，皇帝派人向神父們詢問他腦子裏出現的有關歐洲的每一件事情：風俗、土地的肥沃、建築、服裝、寶石、婚喪，以及歐洲的帝王們。太監們也提出了各式各樣有關神父們本身的問題，而那些在他們的住處當差的人則不斷向皇帝報告所發生的最瑣細而可笑的事情，甚至報告他們吃喝幾次以及吃了多少食物。這是好奇的人向一個比他們自己更加好奇的人在作報告。神父們問太監們是否可以轉告皇帝，他們自己的宏願就是住在北京並死在北京，除此之外他們對他別無所求。鑒於他們心目中要做的事，這似乎是提出他們的要求的大好時機，因為我們將要看到，官員們已經決定把他們遣送走了。

安排的三天學習時間還沒有過去，皇帝就要鐘了。鐘就被遵命搬到他那裏去，他非常喜歡它，立刻給這些太監進級加俸。太監們很高興把此事報告給神父們，特別是因為從那天起，他們之中有兩個人被准許到皇帝面前給一個小鐘上發條。皇帝一直把這個小鐘放在自己面前，他喜歡看它並聽它鳴時。這兩個人成了皇宮裏很重要的人物。在各國的宮廷裏，能夠經常在皇帝的身邊效勞都被認為是一種很高的榮譽。這是所有的朝臣的願望，而中國人甚至比別國人更加野心勃勃地要謀求這項職位。一個以一句話就能成全朋友或毀滅敵人的人，是被人人所尊敬的。

皇宮裏沒有一個地方能安放那座大鐘，使它的擺垂到可以控制齒輪的低度。於是第二年皇帝把它送到工部那裏，命他按照神父們所畫的圖樣為它修建一個合適的木閣樓。這座木閣樓真配得上作為帝王的陳設，其裝飾品就超過了材料的價值。那上面刻滿了人物和亭台，用雞冠石和黃金裝飾得閃閃發光；在這種藝術方面中國人毫不亞於歐洲人。工部花了一千三百金幣（Cecus）建這座樓，它是一座不大的建築，但考慮到這種製品價格低廉，歐洲人會說他是花費得太多了。遵照聖諭，這座樓修建在第二道牆之外的一個很漂亮的花園裏，那裏有很多這類美麗的東西。據說，皇帝陛下以及其他顯貴們有時到這裏來散心，觀看引人入勝的景物，其中也包括這項歐洲的紀念物。

皇帝陛下對這些新奇的鐘如此着迷，於是他不僅想看看其他的禮品，也想看看這些送來禮物的異國人。太監們向他講述的情況一點也沒有滿足他的好奇心。然而他不肯破壞幾年以前他所定下的規矩，那就是除了太監和妃子們以外，他決不在任何人之前露面。而且他不願偏愛外國人有甚於他的官員，所以他放棄了他的願望，繼續保持他那頑強的孤寂。他不召見神父們，而是代之以派了他的兩個最好的畫師去畫兩個神父詳盡的等身像，然後把畫像拿給他看。中國人並不擅長畫肖像，但這次他們畫得相當好。皇帝一看到這些畫就說道：「呵！呵！一看就知道他們是撒拉遜人。」從波斯到中國來的外國人——關於他們以後我們還要談到，——更像歐洲人而不像中國人，這是由於他們面孔的輪廓，也由於他們有濃密的髯鬚的緣故。隨侍在皇帝身邊的太監告訴他，他們不是撒拉遜人，因為他們吃豬肉。然後，他想知道歐洲的帝王們怎樣穿戴，神父是否帶來有皇宮的模型。前一個問題難以用語言描述來回答，但是有一個使團的僕人想起了一幅奉獻給聖名[1]的圖，上面畫着在煉獄裏的天使、男人和魂靈正在呼喚聖名。這張畫上繪有歐洲的國王們以及教皇與一位公爵和一個皇帝，他們的面貌和服飾都描繪得很清楚。這也給了神父們一個機會來解釋耶穌基督

1　基督的名字。——中譯者注。

是什麼人；他的名字受到基督教王侯們的崇敬，他就是掌管天地以及地獄的那個人，中國皇帝對他的名字也應當毫不猶豫地表示崇敬。

關於這一切，利瑪竇神父寫了一份簡單的説明，連同這幅畫送呈給皇帝；但是他不能欣賞一個小人像的細膩特徵和繪畫陰影的變化手法，這種技巧中國人是忽視的，於是皇帝命令他的宮廷畫師照這幅畫繪製一幅更大、色彩更濃的畫。他們立即着手工作，神父們在皇宮裏耽擱了三天，指導他們的工作。就這樣，他們使皇帝看見並向他解釋了神父們原來無法使他明白的事情。他們還向他提供了他所希望知道的有關歐洲皇宮的情況。他們幸而有一幅以聖勞倫斯（St. Lawrence）命名的西班牙王宮的畫，這是一幅優美的版畫，畫有幾處場景。但是他們後來發現太監自己收藏起了這幅畫，因為他不能向他的君主解釋明白這幅畫。然而他確實向皇帝呈上一幅繪有威尼斯的聖馬可教堂和廣場以及威尼斯共和國的一些旗幟的畫。他們説皇帝當聽到歐洲的王公們住在樓上時，大笑起來，他認為上下樓梯即使不危險，也很不方便。人們總是保持他們所喜歡的那些習慣，這真是怪事。

幾天後，神父們住進了皇宮附近的一所房子。馬堂的朋友們隨處都陪伴着他們。其中兩個人保護他的利益特別用心，他們寫呈給皇帝的奏書並以他的名義下達旨意。過了些時候，在皇帝面前演奏弦樂器的四名太監奉皇帝之命來見神父。在中國人中間，演奏這種樂器被認為是一種先進的藝術，宮廷樂師的地位高於算學家。他們指導皇宮裏一所高級的學校，他們前來是請神父教他們演奏古翼琴的，這架古琴也包括在進獻給皇宮的禮物之中。龐迪我神父從一個偶然的學徒已經成為精通這種樂器的人，他每天去皇宮給他們上音樂課。龐迪我神父還是很久以前在利瑪竇神父的建議下向很有修養的音樂家郭居靜神父學的古琴。利瑪竇神父在提出建議時就已期待着今天這一天了。關於這種樂器中國人幾乎一無所知，而龐迪我神父不僅學會演奏，而且還會和弦。

與神父們的意願相反，在開始上課之前，這些學音樂的學生堅持要舉行慣常老師見新弟子、或者不如說弟子拜新老師的儀式。他們要求龐迪我神父耐心而又勤奮地教他們，不要在發現他們對這門從未接觸過的藝術學習得很慢時感到不耐煩。隨後，為了保證取得進步，他們也向古琴舉行了同樣的儀式，就好像它是一個活人那樣。不久，這些歐洲人受到一些身居高位的太監們的宴請和拜訪。逐漸地他們認識了宮廷裏的全部侍從，並和其中一些人建立了持久的友誼。

一些時候以來，利瑪竇神父一直在等待時機以逃脱貪心鬼馬堂的魔掌。這個陰謀家最近的計劃是讓皇帝賜給神父們一筆錢以酬答他們的禮物，然後想方設法從中為自己侵吞一大部分，而把神父們轉移到南方的一個省份去，這就會斷送他們在北京的努力。正是因此，利瑪竇神父才要見宮廷主管禮儀的官員[1]，因為皇帝已把神父們的事情交給他處理。給神父當守衛的太監們卻阻撓他去拜訪這個官員。他們是馬堂的朋友，他們不允許利瑪竇神父去拜訪他自己在宮裏的任何朋友。神父們的僕人之中有一個是密探，從不離開他們，但是有一天利瑪竇神父卻施展小計，確實擺脱了這個護衛。

利瑪竇神父派龐迪我神父去皇宮教音樂課，並派了一名修士陪他同去。他本人留在家裏，而那個密探僕人卻陪那兩個人一同走了。他們離開後，利瑪竇神父便去拜訪他事先已約好的朋友們。他把從南京帶來的信件交給他們，並結識了一些新朋友。鑒於不久以後他們將要遭遇到的困難，這些訪問和結識新朋友都證明是很及時的。沒有人比吏部一個官員[2]對他們的幫助更大了。此人曾是一個小城市的行政長官[3]，他把這個城市治理得井井有條。他達到現在的高位是出自直接任命，而不是逐級提升的，而且身居高位後仍未改變他的良好習慣。他

---

1 德禮賢考為禮部尚書余繼登。——中譯者注。

2 意大利文寫作 Ciao Chienso（曹企事，即曹於汴）。一中譯者注。

3 知府。——中譯者注。

的主要職責是任免官員，因此很自然地大家都對他十分尊重。利瑪竇神父一直沒有弄明白這個人是怎麼知道他在北京的，然而他不僅知道此事，並且在利瑪竇神父去正式拜望他之前，就先自己主動做了一次非常愉快的來訪。他突來拜訪很使人吃驚；在他離去時，利瑪竇神父問他，他是怎麼會首先來訪問像自己這樣一個很少為人所知的人的。他答道：「因為我從某些途徑聽說你是一位模範人物，傳播一種教導人們如何正當生活的教義。」利瑪竇神父也回答了一些殷勤致意的話。從那時開始，隨着以後的會面，他們的友誼不斷增長；而且和其他當權人物之間也出現了類似的情況。

說來奇怪，在所有那些從南京有信帶給他們的人當中，幾乎沒有一個是能給予任何幫助的。實際上，他們大多數人都不願與神父打交道，唯恐由於裏通外國而失寵。也許上帝允許發生這樣的事，以便向他們表明人世的關係是多麼地不穩定。可以肯定，如果他們不曾與馬堂這個勒索者發生衝突，而他也沒有向皇帝呈遞他們的請求書的話；那麼只是由於同樣的對外國人的懼怕，就不僅有可能而且完全可以肯定，沒有一個別人會這麼做的。如果真的發生了那樣的事，他們就會像一個毫無結果的使團那樣從北京返回，正如他們第一次的情況。他們完全察覺到這一點，並為此感謝上帝，他們更加充分地認識到他們是多麼完全依靠着天意。

學古琴的每個學生們學會了一首曲子就滿足了。兩個較年輕的學生在學習上頗有才能，但他們要等待其他的人完成學業，因此安排的學習時間拖長到一個多月。他們很有興趣為他們演奏的樂曲配上中文歌詞，於是利瑪竇神父利用這個機會編寫了八支歌曲，他稱之為「古琴之歌」[1]。這些歌曲都是涉及倫理題材、教導着良好的道德品行的抒

1　按即《西琴曲意》八章。——中譯者注。

情詩，並引用了基督教作家的話加以妥善的說明。這些歌曲非常受人歡迎，許多文人學士都要求神父送給他們歌曲的抄本，並高度讚揚歌中所教導的內容。他們說，這些歌曲提醒皇帝應該以歌曲中所提到的品德來治理國家。為了滿足對歌曲抄本的需求，神父們把它們連同其他一些曲子用歐洲文字和漢字印刷成一本歌曲集。

第十三章　他們在北京失去了自由

在分為若干司的朝廷禮部的官吏中，有一個專掌外國使臣事宜的長官或大臣[1]，無論這些使臣是作為藩屬來服役的，還是來向皇上進貢禮物的。這位長官管轄兩座館舍或叫收容館[2]，外國人一到皇廷就在這裏居住。他下面還有幾名助手，當時的主管官是一個福建人[3]。現在，這批官員的主管得知神父們未向他的衙門報到，就已由太監馬堂引見皇上並呈獻了禮物。這種公然不賞臉的事使他生氣。但他又不能遷怒於馬堂，就只好拿神父們出氣了，雖然他們並未違犯什麼法規。他命令四名衞官去找神父們，把他們帶上他的公堂，不得遲誤。雖然他十分清楚禮品早已送交給皇上，但他卻佯裝不知，從而顯得好像是他們早向皇上呈遞申請書，然後又逃避了，這就會構成更嚴重的錯誤。

同時，毫無戒備的神父們卻正等待着允許他們請求在北京建立居留點的答覆，並且希望在他們給宮廷樂師們講授完音樂課程之後就會

1　禮部主客司員外郎。——中譯者注。

2　應指會同館。——中譯者注。

3　原意大利文寫作 Zaihiuthai，德禮賢考為提督會同館主事少卿（？），或即蔡獻臣。一中譯者注。

得到回信。使他們大吃一驚的是，某一天有十來個軍官闖進了他們的住處，叫他們趕快向他們的長官報到，並說有事要和他們談談。起初，他們認為這是某個人的一種詭計，想從外國人身上敲一筆錢，並且對於是否從命還猶豫不決。這時，軍官把繩子套上他們的脖子，讓他們明白這是公事，就這樣他們去見了衞隊長官。而他則傳達了那位負責使臣事務的官員的命令。他們倒不是不想見這位官員，因為他們的禮物既已呈給了皇上，所以他們希望通過這些官員而能避開太監們進一步的騷擾。衞隊長把他們作為囚犯扣留在自己的房裏，上了鎖，放了哨，以防他們逃跑，一直關到第二天。

當太監馬堂的黨羽得知這一情況後，馬上趕到隊長那裏，擰斷了鎖，嚴詞威脅那些衞兵，把他們都給嚇跑了，主要是害怕他告他們對外國人使用武力並搶了他們一些物品。他提到要領神父們到一個比較安全的地方去，並告訴他們不要理睬管理使臣事務的長官。利瑪竇神父拒絕接受這一邀請，儘管太監告訴他說他們正受到皇上權威的保護，而且正在被召進宮。然後，他們同意第二天到負責使臣事務的公堂去。

太監先到了公堂，他以皇上名義警告主管官不要過問此事，説此事已由太監馬堂接管了。他還威脅說要出拘票逮捕這些兵士和隊長，因為他們動用武力搶了外國人許多東西。聽到這些話，主管官和他的同僚們商議了一陣，然後回答說不管可能發生什麼事，他都不釋放神父們，而是要依法行事，把他們送到規定外國人居住的館舍去。太監一看事情毫無進展，就決定離去並把神父們交給了那些官員。

首次開庭即座無虛席，官員當着滿堂的人審問了神父們，參加旁聽的還有幾個來訪的外國人。審問足足進行了一個小時，由法官提問，神父們跪在他面前答話。審問的範圍包括嚴訊利瑪竇神父為什麼目無本堂法紀，竟然違法利用太監向皇上進呈禮物。被告對這一指控是胸有成竹的，聲稱他比起太監來並沒有更多的過錯。他申辯他是在太監的壓力之下這樣做的，並說既然最高的官員都抵抗不住他們的威力，外國人頂不住它也就不足為怪了。他申述他至今一直都是按聖旨在皇宮中工作的，而且從他到達的第一天起就一直想要到公庭來，但此事為太監們的監視所阻。此外，他還解釋說，一個在許多省份無拘無束居住了多年的人，並且以前還曾訪問過皇城的人，應當是被當作居民而不是當作外國人看待的，他應該免於他所被控的違法行為。

在這以後，首席法官變得更加謹慎了。他告訴神父們要鼓起勇氣，不用害怕，因為他要親自把他們的請求呈遞給皇上，並且不久便可讓他們知道陛下的決定。然而他卻堅持一件事，這可以說是對神父們當頭一棒，那就是他不願讓他們住在北京；因此，他們便不得不退居到外國人的館舍去。他還答應他們在此逗留期間，將照應他們不會缺少他們所要的任何東西。

這座外賓館是一座寬敞的建築，四周有圍牆，重門緊閉。中國人是不允許進去的，除非有特別命令，而外國人也不得離開這裏，除非是他們在中國的事已經辦完要回國去，或者是前來出庭或奉特詔進宮。這座建築裏有許多小房間，有時候住在這裏向中國皇帝進貢的外國人為數達千人以上。這些斗室簡直就是羊圈，而不是能想象給人居住的房間。房間沒有門，也沒有陳設任何傢具，連一張椅子、一張板凳或牀都沒有，這是因為所有的東方人，除中國人外，都是在地板上坐、吃和睡覺的。

這些為數眾多的來賓並不是以真正的使節資格到中國來的。他們來是為了賺錢，帶來禮物並希望皇帝賞賜。為了不失偉大君王的尊嚴，這些賞賜遠遠超過他所收到的禮物的價值。他們把收到的錢用來購置中國商品，然後拿到他們本國出賣，獲取大利。而且他們一登上中國的土地，他們的開支就都由公款報銷。看來中國人想照顧這些使節。或者不如說這些商人，其唯一目的就是要控制鄰國，因此他們向皇上進貢什麼樣的禮物倒似乎是無所謂的。在進貢皇上的禮品中，神父們看到一把劍，那簡直就是一塊鋼片，粗陋地從鐵砧上打鑄出來的，住在這房子裏的某個人給它配了一個斧頭手柄一樣的木把。在同類禮物中，還有用皮條粗製濫造編成的胸甲，他們還帶來馬匹，但飼養得極差，一到北京就餓死了。然而這些蠻夷從老遠帶來這樣一些瑣細的東西卻使國家為他們路上的開支花費了一大筆錢。好像中國人重視的倒不是這些自稱使節的低下地位，而是炫耀他們君主的偉大。

神父們在這座所謂的館舍中一經安頓下來，他們就比住在這裏的其他人受到了更高的禮遇。他們被分配住在專為中國大臣間或來此視察時居住的房間裏。這些房間裏佈置有沙發、牀位和加倍厚的緞面被子，並有椅子和其他必需品。工役們對他們招待更為周到，他們的尊崇與日俱增。神父們被送到這裏來住的消息一經傳開，友好的大臣們和其他同情的領袖人物們便獲准來看望他們；主管官本人經他們的朋友那裏得悉有關他們的更多情況，非常感興趣，對他們的垂青有甚於對這裏所有的其他外國人。

跟主管官說話要跪着說，這是習慣。但他經常要神父們就座免禮，甚至邀他們和他一起用飯。也請他們為他做點數學儀器之類，這樣一來，他本人也欠了他們的情。神父們被允許在這所房子裏佈置一個小禮拜堂，每天為他們事業的成功而作彌撒。在他們被拘留在使節們居住的館舍時，從西方來了一些撒拉遜人。他們曾聽說過（至少是聽說過名字）歐洲、印度、波斯、土耳其的摩爾人和波斯的忽魯謨斯（Ormuzi）人，甚至於西班牙人和威尼斯人。作為進貢皇上的禮物，他們帶來了光采奪目的大理石[1]製品，這是中國人大為讚賞的。中國

1　原意大利文作 iuscè（玉石）——中譯者注。

人稱它為啞色或暗褐色，神父們仍然不能肯定這究竟是褐寶石還是天青石，或者二者都不是。除了這些很硬的青寶石外，他們還帶來大量的大黃。他們是從中國境內的邊境地區弄來的，用大車裝運，由皇家付錢。然後他們在北京出售，值兩個奧波爾[1]一磅，即相當於意大利的兩個拜奧契（baiocchi）。

神父們從這些撒拉遜人身上肯定了中華帝國就是他們所知的契丹，皇都就是他們的汗八里，世界上再沒有別的國家是他們所知道的契丹了。正因為這個緣故，所以神父們早就寄書給印度和歐洲，建議那裏的人修改他們的地圖，這些地圖上是把契丹置於中國北部長城之外的。如果這看來與馬可波羅所說的汗八里城中的無數橋樑有矛盾的話，或許這座都城現在比他那時要小一些，但即使現在，人們還會在都城裏數出上萬座橋；有些是河上雄偉壯觀的橋，有些是溪流、湖泊上的橋和那些隱匿在四散的街衢中間的小運河上的橋。

被拘留在專為他們設置的住所裏的外國人，所受的待遇很不壞；官員們還為他們準備了糧食，要不是被派運糧的人轉移或偷了這些糧食的話，糧食還會更充裕得多。外國人離境時，由一名正式官員做東為他們舉行宴會；官員的級別要看外國人來自的國家的重要性而定。在這種宴會上，這些所謂的使節都是坐在以皇上的名義做東道主的那個人的身邊，中國人把這種禮節視為是對皇上致敬。在這些宴會上，他們還有音樂和演唱以及喜劇表演。除了上各道菜以外，客人們還得到各式各樣的熟肉可以帶回他們的寓所；但問題是看房子的僕役搶劫房客，就像是貪鬼的一種娛樂。那的確太厲害了，以致使節們在這種特殊的時刻要帶着武器，以便保護他們的財產。甚至作為居留的客人，神父們也沒有受到這種宴會的款待，因為他們未能遵守向禮部[2]

1　obol，古希臘的一種銀幣。——中譯者注。

2　禮部所屬的主客司。——中譯者注。

報到的正式手續。然而他們的一些朋友開始請求這樣一種恩寵，據説如果利瑪竇神父能向負責管事的人送禮的話，就不會有任何阻力了。他對這一建議的回答是，他認為禮物最好是用來使神父們從這種情況中獲得釋放。

在被迫於使節們的館舍裏居住了三天之後，神父們就被召入皇宮向皇帝的寶座致敬，就像皇帝親自坐在那裏時所應該做的那樣。這一儀式是在一間巨大的殿內進行的，大殿很寬而且更長，看上去足可容納三萬人，是一座壯麗的皇家建築。大殿的一端，有一個頂部高拱的房間，有五扇大門，通向皇帝的起居室。皇帝的寶座就在這個高拱着的圓頂的下面，按照皇帝陛下的習慣，他幾乎每天都要登上寶座聆取臣下的奏章，處理朝廷事務並接見使節和大臣們。他們是來感謝皇帝所賜的恩典的。從當今的皇帝決定隱退過孤獨的生活那時起，所有這些無用的禮節就都在他那空着的寶座前照例舉行，並且沒有一天不是有許多人來自大帝國的遠方以這種或那種原因向皇上致賀的。

在這座周圍都是富麗堂皇的建築的大宮廷裏，有一支三千人的衛隊晚上擔任警戒，此外在圍繞着這裏一投石之遠的叢林中還有值勤的人。五個大門的每個門口都有大象，也是佈置作為防衛用的。被召入宮的人，必須天亮以前就在門口等候。日出時，兵士和大象就走出來，那些來向皇帝朝賀的人都讓穿上一件特別的紅袍，手執一塊大約兩手長和四指（或一掌）寬的象牙笏，捧在嘴前。於是他們來到寶座之前，慢條斯理地進行一套跪拜，花去不少時間。這些禮節必須在禮官的指導下事先全部排練好，以免出錯。指定給神父們的禮官是原籍撒拉遜的中國人，大概是推測他們都來自同一個國度。他們也作為招待人而陪伴着神父們。在場的還有一些官員，專對極細小的疏忽進行處罰；還有一名朝官用清晰的聲調按時高喊鞠躬、起立和其他應該遵守的程式。

在他朝拜皇宮寶座的那一天，利瑪竇神父拜訪了內閣最高主管[1]，事先通報了他屬於士大夫階層，並將這樣穿戴。主管官和他的同僚們按適合於這個階層的禮儀接見了他，並答應在最近的將來就他的請求向皇上呈遞一個奏摺。

由皇宮返回使節的住處後，他們就被領到執事官[2]那裏去向他致意；那位執事官從座椅上站起來，深深鞠了一躬答禮，並說他從來不習慣於這樣崇敬任何一個使節的，哪怕是從最重要的國家來的使節。就在那一天裏，還有幾個祕書來拜訪了他們，向他們問了各種問題。其中一個是為最高主管官[3]了解情況的，他急於知道他們到中國來的主要目的是什麼。他們把這個問題看作是官方的提問，而實際上也是如此，因此他們決定對自己的計劃發表一項明確而大膽的聲明。他們把聲明寫成文字，說他們的上級派他們來是傳播天地主宰的唯一上帝的教義的，並說他們帶來了禮物呈給皇上以表示久居這個王國的人的忠心。他們還補充說，他們既不希望也不期待任何公家的賞賜或報酬，他們只希望得到一件東西，那就是既然他們在中國一直住了這麼久的時間，希望皇上能允許他們住在北京，或皇上認為最好的任何其他地方。

聽到這種回答，這個官員就問他們能否說明一下他們打算傳播什麼教義。因此，他們給他一張美麗的禱告書，裏面有許多教堂的禱文，以及各種其他有關天主教信仰的文件，都是他們已經寫成中文的。他收下了每一樣東西，只是把禱告書退回去了。

他掌握了這一情況後，就給皇帝上奏，說明神父們的事。他曾聽說神父們得到大臣們的照顧與支持，而且對中國的事情消息很靈通。

---

1 原意大利文為禮部尚書（Sciansciu），德禮賢考為朱國祚，繼余繼登之後以吏部右侍郎掌禮部尚書事。——中譯者注。

2 或即前面提到的蔡（？？）。——中譯者注。

3 應即朱國祚。——中譯者注。

為了這個緣故，他重刑嚴禁任何律士把他奏章的抄本給神父們看，但是他們已經知道它所談到的一些要點了。首先，他痛責太監馬堂，因為他干預了外國人的事，這是違反國法的，而這種事是要直接由他的衙門來決定的。其次，他指控神父們，通過太監插手把禮物呈給皇上，也犯了同樣的法，因為外國人事先沒有他們入國境時所經過的那個省份的總督發給的特許文書，就不得進入皇宮。然而他認為外國人可以寬免，因為他們對中國的習慣一無所知，而且他們的禮物應該加以報償。他還認為利瑪竇神父可以給予穿戴朝官服飾的殊榮，每個神父還應賜予若干超過他們禮物價值的絲絹。最後他結論說，不管朝臣們怎樣決定，神父們都應送回廣東省去居住；否則的話，則應遣送回國。這就是專司外國人館舍的這位官員以神父們為墊腳，對朝臣們所憎恨的馬堂所加的罪狀。

通過從太監那裏得到的報告，他事先就已知道皇上對拘捕神父一事是極不高興的，對他們被禮部所拘留的報告也不高興；他還說：「有什麼必要把這些人關起來呢？他們被打成強盜嗎？讓我們看執事官對他們如何處理吧。」當剛才所提的那份奏章呈給他時，他把它擱在一邊，這就等於是否定它。在類似的情況下，皇上一般是要批答的，然後交給官員替他按古老的法律和慣例去辦理。人們很難置信這一切是怎樣折磨着這個特別衙門的官吏的。人們都相信皇帝的做法是要照顧神父們的，並且似乎可以肯定，這一切都是由於神父們和他們的朋友太監們拉交情而得以實現的，因為那個官員已在他的奏章中埋怨過他們，並且把他們禁閉在外國人居住的館舍裏。此外，他還虐待利瑪竇神父，而利瑪竇是一個曾長期在中國居留並和幾個省的領導人都是熟人。其結果就是負責外國人館舍的官員不管當地法律，允許神父們有更多的自由，可以去拜訪他們的朋友或任何他們想要見的人。利瑪竇神父利用這種特權去拜訪了他的朋友們，徵求他們的意見並要求幫助。有些朋友很樂於盡力相助，特別是利瑪竇神父以前拜訪過的那位極為仗義的大官[1]。使那位官員意外的是，這位朋友竟留利瑪竇神父談了三四個小時，並要在自己家中設宴款待他。

整整過了一個月，呈給皇帝的奏章仍然沒有答覆。這個官員又呈遞另一份與第一份迥然不同的奏章，其中沒有提到太監們，而且對神父們也很客氣。他說他們的行為對皇上是很謙恭的，而且他們來此是出於自願而不是由他們的君主派來的，他們還帶來了新奇珍貴的禮物。他還增添了第一次奏章中所要求的回賜，而第一次奏章神父們是有一個副本的。這個第二次奏章是完全可以接受的，只有一項是皇帝不喜歡的，那就是要神父們永遠離開北京。皇帝不想看到神父們離去，但又不願違法把他們留下來，除非是朝臣們要求把他們留下來。

奉命管理自鳴鐘的太監們也打算把神父們留下，怕的是如果有一座自鳴鐘出點毛病，沒有人修理。他們講述了皇帝怎樣留下自鳴鐘不被人取走的動人故事。皇太后聽說有人送給皇上一架自鳴鐘。他們談到它時使用了這個名詞。她要皇帝叫太監把它送來給她看。皇帝想到她可能會喜歡它，到時候就決定留下了，同時他又不想拒絕她的要求，便把管鐘的人叫了來，要他們把管報時的發條鬆開，使它不能發聲。皇太后不喜歡不能鳴時的鐘，就把它還給了她兒子。

言歸正傳，神父們毫不遲疑地建議禮部的官員們把他們允許神父們住在北京的事寫入第二次奏章中。神父們說，他們認為沒有提到這一點正是皇帝對第一次奏章拒不作答的唯一原因。關於這一點，官員們斷然拒絕了，聲言這是違犯國法的。在向皇上呈遞第三個以及其他奏摺，但通通都沒有得到答覆之後，他們開始相信，每一個奏摺都只是起了提高外國人地位的作用，皇帝拒不作答是因為在他們的奏摺中

1　意大利文記為曹僉事，即曹於汴。——中譯者注。

沒有提出那項特別的請求。最後，這種努力看來似乎已無希望，利瑪竇神父便開始探求是否能得到他的朋友們的一臂之助，使傳教士們能擺脫目前的困境以及與之相聯繫的不體面。有一些他們接觸過的人，試圖對禮部官員們施加影響，最後還是我們所提到過的主管吏部的官員[1]，才把這個問題了結了。

有一天，他來到管外國人館舍的官員或者說主事[2]那裏，斥責他沒有讓神父們離開這座牢房進城去。官員回答說他這樣做是因為利瑪竇神父把應歸禮部的事交給了太監去做。他的朋友聽了之後勃然大怒說：「誰不知道稅監此人搶劫殺人的勾當？通國大臣誰有勇氣膽敢約束他馬堂？你卻埋怨一個外國人沒有抵抗他的侵犯？」說完這話，他轉身就走，對這個他委以官職的人感到憤怒，而他也可以同樣輕而易舉撤銷他的官職的。

這位館舍官員的級別要低於同類的許多人，擔心可能發生的事，便派人通知利瑪竇神父，叫他儘快交一份稟帖，說由於健康不好而使節館舍內又缺乏醫藥和其他必需品，所以要求允許他本人和他的同伴遷居城內。這位官員寫了一份文件，允許他們有充分權力自賃房屋，在城內他們願意的任何地區居住。他派了四名差役，每五天給神父們送去同樣定量的為他們所習慣接受的食物。它們包括米、肉、鹽、酒、蔬菜和薪火。他們還派一個差役供他們經常使用。自然，神父們對這種解決他們問題的辦法非常高興，他們感謝上帝把他們從監禁的境況中釋放了出來。即使他們由於在這種地方受到拘留，名譽受了損害，但因允許他們自由，所以儘管有現行的法律，他們的名譽還是完全恢復了。

1　即曹於汴。一中譯者注。

2　意大利文作 Zaihiuthi（蔡？？）。——中譯者注。

第十四章　朝廷批准了北京的傳教會

一旦他們公開露面了，神父們第一樁關心的就是要保證他們自己決不再被迫離開北京，然後就是到處活動儘可能獲得宣講福音的自由。為此，他們力圖徵得禮部官員們的關懷。這些官員也對自己申請奏章得不到答覆越來越感到厭煩，並準備把整個事情作一結束。呈給皇帝奏章的修改人是利瑪竇神父的一個朋友[1]，他以如下的方式也置身於這件事之中。他們寫好一份措詞精確的奏章準備呈給皇帝，告知他說：他們到中國來是因為仰慕中國的高貴和聲望，他們以前在途中多年，他們在這裏的生活方式已贏得人人的乃至最高顯貴的友情。他們說只是到了去年才來到京城向皇上貢呈幾件薄禮，其中最佳者為救世主基督像，恭祝國泰民安，皇朝康樂。他們奉獻這些貢禮僅表示對皇帝的愛戴和忠誠。他們保證說，他們不要求任何回報，因為他們是獻身服侍上帝的人，是獨身的人，沒有子孫或家屬，所以不需要維持家庭。他們說，他們唯一的要求是皇帝能在城內某個地方賜給一個安居之處。這個奏章也沒有比其他的那些更成功。毫無疑問，它所以沒有得到答覆，是因為依照法律它是應該送給禮部的，而禮部已向皇帝奏明，他們不願讓神父留在都城之內。

皇帝對這一請求沒有做正式書面批覆，而是口頭表示了決定，大太監把它轉告了神父們。它通告他們可以放心住在京城裏，他不願再聽有關讓他們回到南方或回本國的話。神父們聽到這話猶如接到正式的答覆。他們為天主而歡樂，由於天意的幫助他們終於戰勝了反對並克服了一切阻礙。他們不僅被允許留下，而且公家還撥款津貼他們，

1　即曹於汴。——中譯者注。

每四個月發一次，每個月相當八個金幣（ecus），這在這個國家是一筆不小的收入，在歐洲看來也是這樣。

有人說「當你發跡時，就會有許多朋友」，這話確實是真理。所有過去那些拋棄他們友誼的人，現在又都來極力拉攏友誼，全城之中的人數是如此之多，以致很難懷疑，上帝已為傳播福音的廣闊天地開闢了一個小小的入口。管理外國人的官長[1]邀請利瑪竇神父去他的衙門，接見時比往常客氣得多，並告訴他說他已獲本部當局批准在皇都居住，想住多久就住多久，想住那裏就住那裏。他說，北京這麼一個大城，居民中增加一個外國人是完全可以的。當批准的消息傳開來時，來訪的人和友人的數目更是逐日增加。在許多朋友中，我們只提幾位，以免重複述說令人生厭。

首先，我們應該提到那位最高的達官顯宦。在中國，這種職位稱為閣老，當時他是唯一擔任這項官職的人[2]。利瑪竇神父一直期望拜訪這位顯貴，他贈送一些西洋小禮物作見面禮，其中一件是烏木精製的凹形日晷儀，主人特別喜愛。他受到款待和挽留，不僅要坐下來談話而且還要出席宴會。席間，主人愉快地聽取神父們談論他們正在進行的工作，特別是關於基督教風俗的講解。利瑪竇神父告訴他，基督教的婚姻只是締結於這兩個人之間，即使是皇室也是這樣；閣老轉向參加宴會的其他大臣說，「在一個婚姻是如此聖潔的國度裏，別的事看來就不用再問了。僅此就足以說明其他一切都是規範得多麼得當」。他向神父們回贈的禮物遠遠超過神父們送給他的禮品的價值，包括綢緞和皮貨，價值達四十多金幣。然後神父們又回送他的公子一份禮物，後來這位公子也和他們發展了非常親密的友誼，在他父親身居高位的整整八年多中間，他一直保持他父親這種仁慈的態度。這當然發

---

1 即 Zaihiuthai（蔡？？）。——中譯者注。

2 意大利文寫作 Scinchiaomuon（沈蛟門，即沈一貫）。——中譯者注。

展成為一種不可思議的威望，幾乎在任何事故中都永遠保證了他們的地位。

當時發生的這些事完全符合據說是幾年以前利瑪竇神父的猜想，如果不說它是預言的話。有一天，利瑪竇神父在廣東省時，作為同伴的鍾鳴仁修士抱怨他們所遭遇的困難。他們的勞苦不僅得不到成果，而且在他看來似乎毫無任何收穫的希望。他想，最好是啟航去日本，或者至少是到某個能取得一線希望的地方去。利瑪竇神父回答說：「兄弟，我們不要談困難。顯然，你沒有充分理解我們的處境。如果會出現障礙，哪怕是比我們一開始所遇到的更為頑強，我想我也要繼續辛勤勞動，而不願闖入一座捉摸不定的黑林裏去。至於你談到了希望，那麼很好，永遠也別放棄希望。啊，有一天你會看到我們和閣老坐在一起的。」寫本書時鍾鳴仁修士依然健在，經常談到這個故事，使自己和聽的人都感到十分高興。

就在我們目前所談的時刻，刑部侍郎[1]因公從南京來到了北京。利瑪竇神父和他熟識。他是利瑪竇的朋友，志在成為一個知名的數學家。通過他，神父們結識了刑部尚書，此人後被提升為兵部尚書[2]。他還把他們介紹給吏部侍郎，這是任命全國官員的。此人姓馮（Fon），當他被任命為禮部尚書[3]，有權管理神父們時，他批准了他們在北京城的身份，從而免除了任何干擾之憂。他還下令把欽定給他們的米糧和補助金按規定發放給他們。

常常發生這樣的事，分配給他們的部分供應品不見了或者是不按時發給，這是由於管理人方面的不當。那時他們每月得到六個金幣，鑒於他們遠離本國的人民及其支援，這對於維持他們的住所來說是一

1 意大利文寫作 Guantuizam（王？？），德禮賢注為王汝訓。——中譯者注。

2 意大利文寫作 Siao（即大享）。一中譯者注。

3 此人為馮琦。——中譯者注。

個很大的幫助了。除了皇上賜給的補助而外，他們還得到公款津貼，這件事表明他們在這裏是皇上批准的。這個消息很快傳遍了全國並且它被大大誇張了。正如通常這裏所發生的事情那樣，真相被普通傳播謠言的習慣所擴大。

除去閣老之外，我們必須談一下那位吏部尚書，我們多次談到他是各部官員的任命者[1]。他是河南人，年事已高。他經常邀請利瑪竇神父去他府中，並喜歡談論來世的畏懼和希望的事情。由於做官的職責，他不能更經常地談論這些問題並發現真理。幾年之後，利瑪竇神父把和他的談話寫了一個提要，作為他的一部書中的兩章[2]。後來，他又寫了關於這些資料的進一步的評論，從而表明由於談話人的高貴地位而增加了談道的價值。

那時，他們還認識了另外兩位禮部侍郎。其中一個[3]經常告訴利瑪竇神父，他有一個兄弟在廣東省，是一個基督教徒[4]，某些天內是從來不肯聽人勸告開葷的。正是由於他兄弟的緣故，這個人也非常傾向於基督教，但他還沒有仿效他兄弟的榜樣。又據說，有一位著名的文士在他寫的一本書中原來插入了一些反對基督教和利瑪竇神父的教義問答[5]的東西，但他又親自刪掉了而代之以相反的觀點。神父們從來沒有聽他認可這件事，但他們還是從其他來源得到肯定。有兩位南京別部的主管官來到北京後，常來拜會利瑪竇神父，同他保持對南京教友的同樣友誼[6]。人們可以從所列舉朋友當中的中國領導人的數量看

---

1 此人為李戴。——中譯者注。

2 指《畸人十篇》。英譯文此處不準確，按原意大利文所載，尚有和馮尚書（琦）的談話，共構成十篇中的頭兩篇：即李太宰問和馮大宗伯問。——中譯者注。

3 按此人為楊道賓（荊巖），另一人為郭正域（明龍）。——中譯者注。

4 按此人為楊道賓之從兄楊道會。——中譯者注。

5 即《天主實義》。——中譯者注。

6 原意大利文稱他們為尚書，即南禮部尚書王忠銘和戶部尚書張孟男。中譯者注。

出，這個名單包括了多少顯貴人物。

正在這時，皇宮的鐘出了毛病，或許是由於不夠關心或許是管理鐘的太監的大意；皇帝就命令把它拿到神父家裏去修理。鐘一拿出來，放了三天的期間，好奇的群眾都涌到這裏來。皇帝知道後，就下令此後不得把鐘拿出皇宮。如果鐘錶需要修理，就召送鐘人進宮修理。這當然就傳出了皇帝對歐洲人有好感的故事。此外，為了防止太監們不斷請求允許神父們進宮，皇上欽准神父們可以獲允一年進宮四次而無須要求批准，從那時起，他們就可以進入皇宮，不是一年四次，而是可以經常隨意進出了，還可以自由地帶領此後來京的教友同去參觀。訪問和談話助長了太監們的善意和友誼，並且日漸增進。

皇帝和皇后有許多皇親也和教士們認識了。這些人經常出頭露面，但不許擔任何公職；如果做個比較的話，他們要比同類的歐洲人低得多。許多文武官員也對教士非常友好。實際上，他們似乎從不錯過結識顯貴階層的機會。

在這樣開始時，除少數最上層的人而外，一般人連教會住所的門口都不敢看一看。然而，當他們所居的新奇開始消失時，神父們就開始有更多的自由宣傳基督宗教了。不久，大家就明白他們的住所是向每個人都開放的，正是許多最窮苦的人也都被爭取到基督教方面來。實際上，利瑪竇神父的同伴們注意到了不管他在工作中是多麼忙碌，他從沒有趕走過一個窮人。反之，好像他事先就已安排好了似的，他會留下他們來進行長時間的愉快的談話。由此可以想見，他的客人是何等之多。另一方面，他在中國生活期間沒有別的歲月是這樣經常被邀赴宴的，他無法拒絕參加而又不失禮。任何人都不會見怪這一點，除非或許有人想像中國和歐洲的宴會是沒有區別的。正如我們一再解釋過的，中國宴會是為討論重要的問題而設的。在這種集會上不能大吃，參加宴會的人往往都是事先吃過飯再去。只是在特殊情況下神父們才去參加宴會，而這樣的情況並不多，所以邀請赴宴的事就逐漸減少了。

所有的開始是帶有相當程度的自由的，特別是像這樣的一個傳教團，他們所花費勞動的成果要取決於搞好與當權者的關係，因為這些人有權批准啟人疑竇的一樁事業。

第十五章　兩位引人注目的歸信者

中國的顯貴中，以熟知基督教而贏得公眾聲譽的有兩個突出的人物。其中一個叫馮慕岡（Fumochan）[1]，他是知識階層中的一個出色人物，出生於南京省的鳳陽（Fumiam）城。年輕時，他是拜偶像的，但一當他獲得最初的文學學位[2]時，他就寫了一部書，書中引征古人的論證說，只有一個神，即天地之主；他對此還補充了他自己的證明和解說。獲得了博士銜[3]並在北京擔任過幾任官職以後，他被派到湖廣省，接任叫做道裏[4]的職位。他任職極為廉潔，毫無貪婪之念，一心為公，執法如山，特別是在審判案情牽涉到孤寡貧弱的時候。那時正值宦官像地獄的魔鬼一樣從皇宮裏涌出來，徵斂賦稅，採掘金銀，或者不如說是掠奪百姓。

派往湖廣省的收稅官[5]以特別凶暴而聞名，他除了殘忍外還具有出身高貴並擅長於致人死命的有利條件。那些把金錢和地位看得比民生更加要緊的官員們都向宦官獻媚，為各種罪惡大開方便之門。然而，其中一些忠於職守的官使吏用他們的權力並且向皇帝上書公開反

1　即應京。一中譯者注。

2　中秀才。一中譯者注。

3　中進士。——中譯者注。

4　意大利文是任 Nnganzasu（按察司）的道裏（吏）。——中譯者注。

5　陳奉。——中譯者注。

對，極力挽阻這股狂瀾。我們剛提到的那個人，就是湖廣省第一個起來反對的官員。他發現自己的權力不足以扼止宦官，就寫了三道彈劾宦官的有真憑實據的奏章。但這個宦官毫不遲疑地進行反擊。他僅寫了一份文件，指控這位官員叛國，稱他違抗聖旨；結果是這位官員被罷職，械送北京。到了北京，這位非凡的人奉旨受了毒打，被投進狹窄的牢房，不得與友人交通。他以極大的耐性忍受皇帝的這種暴怒，這倒使他更孚眾望，他的名字更受尊敬。湖廣省當時當地毫不遲疑地以一種異乎尋常的方式頌揚了它的捍衛者的名字。它刊行了許多紀念他的德政的書籍，印行他的畫像，儘量把他畫得逼真，並在全省散發，讓百姓私下把他作為值得崇敬的人物來膜拜。修建了幾座供奉他的祠堂，把他的塑像放在其中的祭壇上，前面香燭焚燒不絕。所有這些充分表現了人們的稱頌和愛戴。

這些事發生之前不久，此人在湖廣聽説利瑪竇神父在南昌和南京享有盛名，而且所有他的活動都是為了公眾的利益。當時他就派他的一個學生去請教利瑪竇神父，但恰好他們正準備北京之行；於是這個學生[1]一無所獲，回去見他的老師，告訴他説那位有學問的外國人正在赴首都的途中。老師仍然想念着公共的福利，在他即將被械送入獄的時候，就把他的學生帶到北京去見利瑪竇神父；一當神父們從四夷館的拘留中獲釋，這個學生就去找他們，説明他來訪的原委。行過常禮和贈禮後，他就選利瑪竇神父為他的老師。馮慕岡入獄前，利瑪竇神父去看過他。他們一起呆了一個小時，成為莫逆，以致很多人認為他們是多年的老朋友。這種友誼在馮慕岡獄中三年的時間始終繼續，它由於相互交換信函和關心而保持下來。

這位名人沒有通知他的朋友們便重印了利瑪竇神父的《交友

1　意大利文把他的名字寫作 Leuiuenciuon，德禮賢考為劉元珍。——中譯者注。

《東西兩半球圖》源於利瑪竇翻譯繪製的《東西兩半球圖(西)》

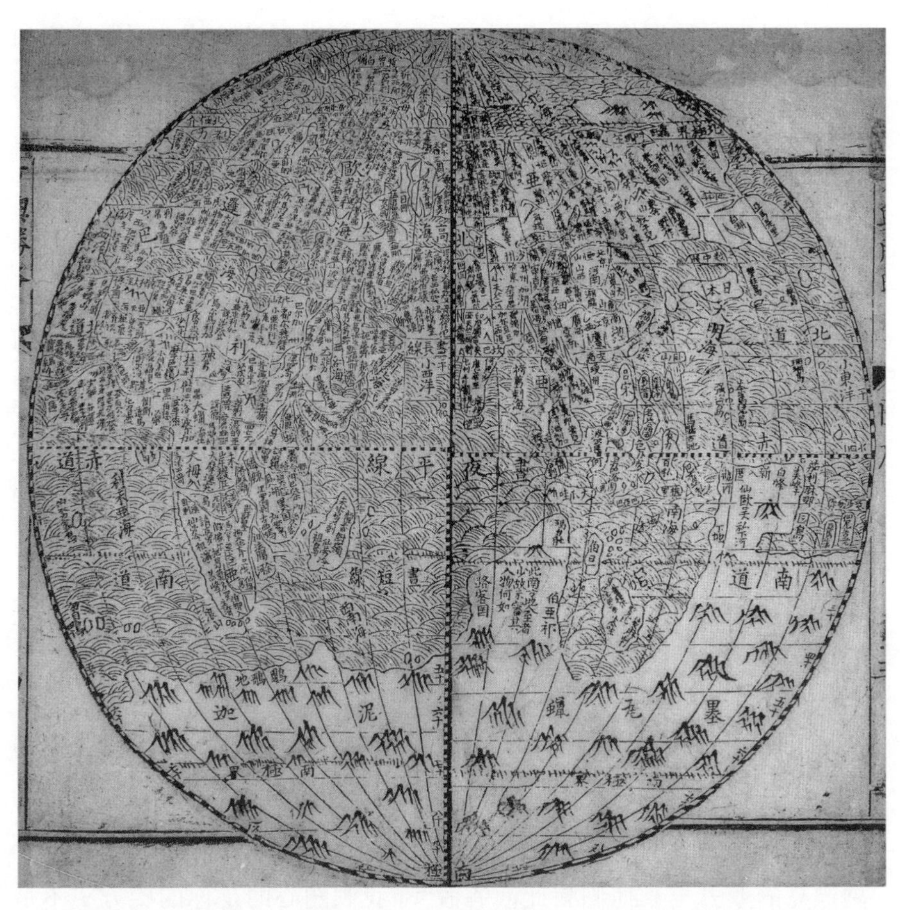

《東西兩半球圖》源於利瑪竇翻譯繪製的《東西兩半球圖(東)》

論》，他還為此書增寫了一篇序言。他也送給他們一些地圖，後來他按他們的願望重印了許多份。還不止於此。他不惜工本重印了所有可以找到的神父們的著作，並對作者高度讚揚，那顯得有點過分和誇張。他是頭一個把儒學博士的稱號加之於利瑪竇神父的，因為這增加了傳佈福音的聲望，所以神父沒有拒絕接受。他還重印了利瑪竇的教義問答《天主實義》，版本更完備而充分，他在書中頌揚了基督教，其熱情之高一如他之譴責偶像。儘管他很好地學習了基督教的教義，他不能在他目前的處境下領受洗禮。然而他完全允許所有他的僕人自願領洗，而他始終虔奉神父們所送給他的十字架。

在談完此人之前，我們不應遺漏證明他當時信奉基督教的一個動人的事例。我們已經提到，利瑪竇神父把自己教義問答的草稿送給他審閱。他送草稿的目的是要改變馮慕岡的思想，而不是要他修改文章。他答覆道，他非常喜歡這部著作。他要求同意馬上刊行，但利瑪竇神父認為自己應再看一遍，作進一步的修訂。他說它還沒有成熟到可供採摘，而需暫時留在太陽下以待成熟。

馮慕岡對此的回答是用一個巧妙的寓言形式來表達，應用於基督教又是十分切合的。他說，從前有一個人被慢性頑疾弄得衰弱不堪，恰好有另一個人滿口許諾用一種藥來使他恢復健康。病人的朋友們說，「好，快去治病吧，他目前的危急需要的是行動而不是許諾。」這時那個陌生人說，「好極啦。我要回家裏，用一手秀麗的字體寫一副漂亮的藥方。」他們對此回答說：「我們關心的是你的藥方，不是你那一手寫得漂亮的好字。」寓言到此為止，他對寓言進行了解釋。「病人就是中國，她因為昧於你那教義問答的內容，所以多少世紀以來受盡苦難。你有回生之方，而你卻寧可修飾文辭，不去救當務之急。難道你看不見這樣一種政策是怎樣影響公共利益的嗎？」這僅僅是他論同一個題目的許多篇文章之一。

漫長的三年結束了，在這三年中他牢房的狹窄地盤被遺忘在他精神活動的廣闊天地之中；無數要求釋放他的請願書不斷飛來，使皇帝生厭，以致最後把他放回他本省的老家，到那裏去當一個老百姓。他從獄裏釋放出來後，只被允許在北京停留三天；他忙於接受祝賀，簡直找不出時間可以領洗。利瑪竇神父不想失去這樣一份獎賞，便設法去近郊某處的一所房屋裏和他會面，他可以在那裏受洗；但是他有一個難友，現在已經獲釋，卻提醒他這會使多疑的皇帝有另一個指控他理由的危險。他說在南京工作的神父們過些時候可以安排洗禮，既然馮慕岡當時健康良好，這看來是個很好的意見。規定他在城裏的時間，幾乎每一分鐘都被來客佔滿了，可是利瑪竇神父仍然追隨他，向他講授教義，最後送他離去，毫不擔心也沒有想到隨後而來的不幸。南京的神父們得到訓令不失時宜地引導此人皈依基督，但是死亡跑在了他們的前面。他生了病，幾天之內便死了；我們都希望，他既為自己的過失而懺悔，他對洗禮的渴望就足以代替這一聖禮了。

知識階層中值得銘記的第二個著名人物叫做李我存 (Lingotsun)[1]。幾年以後他受洗時，改名為良（Leo）。他是浙江省會杭州人。神父們到達北京時，他正在工部擔任重要職務；他的才名罕有匹敵。他青年時雄心勃勃要對整個中國作一番很好的描述，並繪製十五省的精確地圖，這對他就意味着全世界。當他看見利瑪竇神父製作的世界地圖時，就十分驚歎自己工作的局限。他知識純誠，從地圖中得到良好的啟發，儘管對真理的理解還不充分。於是他馬上跟利瑪竇神父以及其他神父交上朋友，為的是學習地理，他把公餘的時間都用來鑽研它。他的第一項大工作是以儘可能大的比例尺重製世界地圖，所制的圖約為六平方英尺。正如我們前面說過的，中國人能夠很巧妙地做這類工作把畫面折卷在精製的木軸上。為完善這項工作，利瑪竇神父增補進

1　即李之藻。——中譯者注。

另一些國家、更多的著名地方和各種說明。他還在邊上繪製太陽和星星以及其他裝飾，此外尚有對基督教風俗的敘述和對基督教義的解釋。有幾位士大夫也用優美的文字寫了序文來點綴這部著作[1]。在為這些地圖刻板時，刻工不讓神父們知道而刻了兩種板；這樣就同時出版了這部佳作的兩個版本。甚至這還不能滿足對它的需求，另一個新信徒刊佈了一種新版本，用八幅大地圖來表示整個世界，於是在北京就同時流行三種世界地圖。

李良也對數學的其他部門感到興趣，他全力以赴協助製作各種數學器具。他掌握了丁先生（Father Clavius）所寫的幾何學教科書的大部分內容，學會了使用星盤並為自己使用而製作了一具，它運轉得極其精確。接着，他對這兩門科學寫出了一份正確而清晰的闡敘。他的數學圖形可以和任何歐洲所繪的相匹敵。他論星盤的著作分兩卷出版[2]，利瑪竇神父把一份送給了羅馬的耶穌會會長神父，作為中國人完成的第一部這類著作的一個樣本，另一份送給丁先生，因為他本人曾一度從丁先生受教。後來在把丁先生的《實用數學》[3]從拉丁文譯為中文時，李良證明對利瑪竇神父是一個大幫助，在這部譯作中，原著中沒有一個細節是被遺漏的。這僅僅是利瑪竇神父為中國人刊行的許多部書之一。令人驚異的是，神父們的博學聲譽是怎樣因他的著述而得到傳播的；教團是怎樣因他的公開談話而變得出名的；他又是怎樣從各階層百姓中為教士們贏得很多朋友的。然而，所有這一切都不是利瑪竇神父的主要興趣，儘管它彷彿是起了一種誘餌的作用，把李良吸入了漁人的網罟。

在此人充分受過基督教教旨的教導，並且看來甚至渴望領洗之

1　即《坤輿萬國全圖》——中譯者注。

2　即《渾蓋通憲圖說》。——中譯者注。

3　按即《同文算指》（原名 Epitome arithmeticee practicae）一書。一中譯者注。

後，對他生活進行的調查表明還有多妻制的障礙，他還在不遠的另一個家裏安置有姬妾。他們從前沒有聽說過這一點，也甚至沒有產生過懷疑。看來似乎此人更有認識真理的智慧，而沒有接受它的勇氣。不過，他確實承認基督教的真理，不僅一直在宣講它，而且還勸別人掌握它，真摯得猶如他本人就是一個新信徒那樣。他的幾個家屬已經奉教，可算作是最虔誠的信徒之列。最後，由於他生活放蕩不羈，被認為有失官箴，便被貶官而回到他的本省。他從家裏不時給神父們寫信，自己出資刊印了利瑪竇神父的教義問答，分贈給友人，並公開發售給百姓。他一直贊助基督教，但當時他並沒有入教。上帝或許要保留他作為利瑪竇神父的最後一名皈依者，這一點我們將會在下面看到。

第十六章　偶像崇拜者自己遭到失敗

利瑪竇和他的同伴們、和那麼多官員的親密交往，逐漸使人明顯看出他們是來宣揚一種新教義的，它自稱是唯一的真信仰，不受各個教派的玷污。在它所宣佈的教義中，更廣泛以及更有效的則是在它那被承認為包含有大量無可否認的真理的書籍中，它特別反對的是偶像崇拜者的教派。

知識階級的宗教信仰，正如他們的古書所證明的，儘管跟偶像崇拜毫無共同之處，但這個階級中仍然有些人，由於對本階層的教旨缺乏許多基本原理產生反感，已經歸順了偶像崇拜者。其中有一個是翰林院的著名學者，叫做翰林的[1]，他熱衷偶像崇拜達到了拋棄老婆而去

1　原意大利文把他的名字寫作 Hoanhoei，德禮賢考為黃輝。——中譯者注。

追求獨身生活的完美的地步。他以他的罪惡典型，把其他很多人引向毀滅，他們都受到偶像崇拜者所談的有關來世的寓言的引誘。此人不顧常識，不滿於利瑪竇神父用中文所寫的書籍；所以他着手詆毀其中的教旨。他從會同館長官[1]那裏得到幾份這些書，而且他要和利瑪竇神父開會辯論，他蔑視利瑪竇的邏輯，嘲笑他的推論。靠着兵部一個有博士學銜[2]的官員幫助，他寫出了一系列對利瑪竇神父解說的評論。其間，他們在書邊上夾滿了批註；他們一個用墨筆書寫，另一個用朱筆書寫，這樣他們就能夠分辨他們的評論。在很多地方，他們贊同利瑪竇書中所寫的理應對過眼煙雲的一生中的浮華和歡樂加以蔑視；但是每當他們讀到涉及偶像崇拜的教派時，他們總是猛烈地抨擊利瑪竇神父以及整個有教養的歐洲。特別使他們不快的是主張神和人的靈魂並不是同一回事，這個學說就涉及他們最初謬談的褻神論，他們這種理論把大自然的創造者和大自然本身混為一談。

除了其他的譏評而外，他們還認為太陽大於地球這一說法是錯誤的。這就是那位翰林院的人的評論，他是用墨筆寫的。另一位被請來合作並用朱筆書寫的人，並不那麼持否定意見。他寫得比較客氣，贊同利瑪竇書中的許多論點，甚至於稱讚作者。然而，為了討好他的朋友，他沒有能把基督的學說和偶像崇拜者的學說調合起來。

還有另一位被視為宮廷中知識分子領袖的人物[3]，他受到新學派卑鄙的異端思想的傳染，也參加了上面剛提到的那兩個人的一夥。當他聽說神父們譴責迷信偶像，並且對他們所說的提出證明時，他勃然大怒，對於至高無上的神明大肆誹謗和恫嚇。他說如果上帝在天上有勢力，那麼他們的偶像也能在地上幹很多事，這當然是指偶像崇拜的捍

1　原意大利文寫作 Zaihiuthai，即蔡（？？）（獻臣）。——中譯者注。

2　進士。意大利文稱他是蔡（？？）（獻臣）之兄弟——中譯者注。

3　按原意大利文所載，他是 Lithai（李戴）。他實任吏部尚書。——中譯者注。

衛者可以運用他們的權力來反對外國人。就在風暴看來彷彿正要落到傳教士們頭上的時刻，無法抗拒的上帝正莊嚴地俯視着他們，驅散了聚集着的烏雲，頃刻間便鎮服了上帝的敵人和他們的一切。下面就是它發生的過程。

翰林院的那位批評者棄官不幹，剃光了頭，當了和尚[1]。這時他的野心促使他去沽名釣譽；於是他糾集信徒，寫書攻擊士大夫的領袖們，讚揚偶像的辯護士。突然間，他好像被上帝的手所制止。當他進入北京城時，有一大羣人因他離經叛道得出奇，正在那裏等候着他；這時有位御史[2]上章嚴劾他叛道，但主要是攻擊他宣傳的學說是墮落的。這位御史請求皇帝把他全部的著述當眾付之一炬，並且提議就他的罪大惡極給予懲罰。皇帝的批答是，把他械送來朝，沒收他的全部手稿。於是他在恐懼和羞辱之中進入北京，由於七十之年不堪忍受這樣的屈辱，他在牢房裏用刀自刎殞命了。他的不光彩的學說也隨着他不名譽的死亡而告結束，他說過這是最高尚的死法。

為了保護士大夫一派，官員們迅速利用了皇帝的回批。禮部尚書[3]在另一份文書中指控一些官員和士大夫背棄了他們的主上和宗師孔夫子的教導，崇信邪說，給全國帶來莫大的損害。看來好像上蒼再一次為了國家之福而讓對士大夫攻擊的回答，聽起來就彷彿是出自一個基督徒之口。這事居然發生了，儘管事實上偶像崇拜者造謠說皇帝信了他們的教，而且據他們所說，皇帝還親手寫了一部要他們遵行的經。那當然是假的，雖則眾所周知，皇帝的母親、他的后妃、宮中的太監和他的親屬，都是拜佛的。皇帝對禮部尚書所作的奏章，回答大

1 英譯文這裏有些混亂，把翰林院的黃輝和李卓吾弄混了。意大利文明確稱棄官當和尚（osciamo）的是李卓吾（Liciou）。——中譯者注。

2 德禮賢考為給事中張問達。——中譯者注。

3 即馮琦。——中譯者注。

致如下：倘若官員們願意作偶像的奴隸，那麼他們穿上官袍時應該感到羞愧。如果他們願意的話，就讓他們都到沙漠裏去，那裏有和尚居住的寺院。皇帝的這道諭旨，使那位禮部尚書更加大膽了，他在和部閣商議過後，就為全國的整體利益而頒發了一道普遍的法令，作出規定大致如下：凡是參加文字競賽或者科舉考試的人——而他本人有權主持所有這一切，——如果提到偶像崇拜，除非是加以貶斥而外，就不能獲得任何學銜。這個規定一公佈，皇宮和全國都發生了變化。偶像信奉者的臉上明顯地流露出失望和悲傷。其中有一些受不了這種恥辱，便退休回家，閉門不出；就中有那三個圖謀控告神父的人。上蒼之手卻並沒有停留在這一點上。

當時，有許多偶像寺院的和尚住在皇城中，名聲顯赫。他們不僅把百姓，而且把很多顯貴乃至宮裏的后妃，都引入了歧途，他們通過使者和后妃們聯繫。此外，他們還從富有的太監那裏徵集大量的資助，給被他們引誘的信徒羣眾興建供奉偶像的寺院。其中最著名的是個名叫達觀（Thacon）的老人，另一個也是和他差不多的人[1]。一些后妃選擇這兩人中的一個作為導師。在位的皇后養成向達觀穿的法衣頂禮膜拜的習慣，因為她不能離開宮廷，而達觀作為一個僧人又被禁止入宮。據說他表示過希望皇帝也會選擇他當師傅。

這個達觀是個相當有學問的人，奸詐狡猾，熟悉所有的宗教派別，視情況需要而充當各派的辯護人。他想會見利瑪竇神父，如果神父也能像某些官員那樣，先去拜訪他並屈膝參見他的話。他派人把這些指示告訴利瑪竇神父，當即得到了回答。利瑪竇神父說，他不想跟他學任何東西，但是如果他達觀想學點什麼，那麼歡迎他來學。利瑪竇的意思是，最好避免和這個人的卑賤階層有任何接觸。這個大騙子

1 意大利文寫作 Hansan，即憨山。——中譯者注。

的傲慢簡直無法容忍。他在撒旦的學校裏還能學到別的什麼呢？誠實的人是受不了這些的。事實上他們已經對這個人養成了刻骨的仇恨，指望着他倒台。宮廷有個密探上章參奏他，但當皇帝沒有作回答時，他更加得意了，而且他自信他已成為宮廷的寵兒，覺得自己壓倒和擊敗了他的敵人。

就在達觀自以為佔上風之後不久，出現了一封匿名的書[1]，詆毀皇帝、皇后以及其他一些人。它指斥他們剝奪了合法嗣子[2]的繼位權，以便讓皇帝喜愛的另一個兒子[3]登基。這封書匿名地在流通着，它刊印得如此祕密，以致直到現在還弄不清作者是誰。不知是哪個告密人送了一份給皇帝，皇帝震怒以致大發雷霆，下令成立一個搜查組去找出作者。由於不顧法紀和正義，在追查真相時使很多人都受到酷刑；凡是看來像證據的，哪怕是些蛛絲馬跡，都被當作確鑿的事實而加以無情地追查。當尋找犯人毫無進展時，皇帝斥責官吏，罵他們玩忽追查的職守。

在這些日子裏，全城陷於一片悲慘境地。很多無辜的人被抓進監獄。百姓害怕出門，沒有人膽敢稍微議論這件事，因為他們知道皇帝的密探無處不在。和尚們受到很大的懷疑，其中一些知名人士被投入縲紲。皇帝已經下令逮捕達觀。他的文稿受到搜查，但是沒有發現與那封書有關的任何東西。然而他們聲稱發現了另一些嚴重罪行的證據。他有一個自稱獨身者的同伴，被發現養活着一打以上的侍妾。另一些則通過他們的信徒的關係而犯有侵吞大量公款之罪。於是憤怒的官員把這件事向全國公佈了。官員還從幾封信函中發現達觀曾寫過一些毀謗當今天子的名譽的話。他在這些信裏忘乎所以地指責皇帝，因

1　所謂的妖書《續憂危竑議》。——中譯者注。

2　按系太子朱常洛。——中譯者注。

3　按系福王朱常洵。——中譯者注。

為皇帝不贊成敬奉偶像，也沒有對母親克盡孝道，而這在中國人眼中是幾條最不光彩的罪行。所有這些都被呈報給皇上，他下詔依法懲治毀謗者。對這類罪行有權用刑的法庭[1]，把怒氣全都傾泄在這個可憐的不幸者的身上；他慘遭鞭打，當他們要給他再戴上鐐銬時，他已經在戴上以前斃命了。他死後，他的名字成了那些枉自吹噓不怕肉體受苦的人的代號；但是他忘記了自己的吹嘘，當他捱打時他也像其他凡人一樣地呼叫。官員有令，他的尸體不得收葬。他們懷疑他只是裝死，他可能施展這樣那樣的鬼計逃脱。他們簡直不能相信他一挨鞭子就死掉了。別的偶像崇拜者都按他們罪行輕重服刑。他們全部被攆出皇城，他們教派的醜名部分地被他們帶走了，部分地則留了下來。

該教派的另一個領唱人，叫做憨山（Hancian）的，從北京被流放到遙遠的廣東省，但當發現他在著名的韶州城很受尊敬時，就把他又放逐到該省的邊遠地區。那個大膽聲稱上帝只是在天堂有權力的人[2]，通過慘痛的經驗明白了上帝也主宰着人世。他被革掉他所擔任的高官，褫奪所有的印號，撤銷他的學位，這都是因為在追查謗書的作者時，他有一個親屬涉有嫌疑，儘管這種懷疑並沒有確證。

最後，藉助於酷刑的力量，文人階層裏有一個人供認與這部妖書有牽連，他曾是個壞透了的人[3]。在這以前不久，此人放棄了學習和他曾很體面地擔任過的官職，耽於惡習。他用狡黠的手段，合法或非法地聚集了人們所渴求的財富和其他的貨物，結果是判他以極刑並迅速執行。他被縛在椿子上，從他身上切割下一千六百片肉來。用這種辦法殘忍地不傷及他的筋骨和頭顱，從而在他所遭受的苦痛之外，他還被迫眼看着自己被肢解。終於，在緩慢地割成碎片之後，他被斬首

1 刑部。——中譯者注。

2 意大利文寫作 Litai，即李戴。——中譯者注。

3 意大利文寫作 siuzai「秀才」，德禮賢注為皦生光。——中譯者注。

了。對中國人說，這是最為丟臉的事，因為他們憎惡肢解人體。有一個人來到刑場上，拿起死者的頭逃跑，並且一路上拋撒銀幣，把追趕他的士兵們引開。很可能他是被處決的人的親屬收買來的，倘若他把頭取回來，就可以跟尸體埋葬在一起，從而避免可能隨之而來的恥辱，不致讓人把頭拿到別處公開示眾，讓好奇的人們觀看。

再來談偶像崇拜，因為它日愈增多的偏見受人譴責，有那麼多不光彩事件而信用破產，失掉了那麼多的保護人，所以它變得如此虛弱而氣息奄奄，以致它無法象它所指望那樣使基督教相形失色。相反地，失去了它曾那麼長期驕傲地和奢侈地呈現在宮廷之前的榮華，它不得不讓位給一種新興的啟明。

不少新信徒和異端以及神父們自己，都認為這些全部是上帝所賜給的，以免新近植根於中國的福音幼苗，還禁不住暴風雨，會在首次的迫害狂潮中被連根拔掉。

第十七章　在韶州的莊稼開始成熟了

我們隨神父們的漫長旅遊暫時停頓一下，讓我們回過來從廣東省韶州的情況開始，看一看在南方的那些人。我們把西西里人龍華民神父和黃明沙修士留在韶州，他們在那裏孤獨地居住了好幾年，因為外國人不能參加他們，而且或許最好是不要有任何人想參加。雖然他是一個孤零零的教士並且缺乏經驗，他卻成功地給教會的精神倉廩增加了收穫。他在該地的工作頗得力於我們已經敘述過的在兩座皇城中所作的宣傳工作。興旺促進了成功。它打開了官員的衙門，贏得他們的好感，這是繼上帝之後庇護和保證基督教佈道的東西。

有幾名顯貴的男女被接納入教了，直到當時這在韶州是頗不尋常的。然而，發現教團在城裏居住了多年之後沒有取得多大進展，龍華民神父就決定到郊區去試一試，看看從學者和貴人中只選擇了少數人的上帝是否會在窮人當中召喚更大的數目。1599 年，就在紀念旅行世界的使徒彼得和保羅的節日以後，他開始在離城不遠的一個馬家（Michia）壩做這項傳教。從這裏他旅行到附近的住地，不斷地奔波了幾年，情形如下。首先，他要派一名信徒先去宣佈他的到來，告訴百姓們準備聽一位來自遠西的傳教士佈道。他抵達後，就坐在他們前面的一張桌子旁，解釋他來的目的，那就是要勸他們禮拜唯一的上帝，天地的主宰；並向他們保證說，除了把這種宗教信仰當作真理來接受，便別無得救的希望。然後，他就宣讀《十誡》，對每一條做一個簡單的解釋。隨後，他告訴他們說，他有一幅最早把這種教義帶給全人類的那個人的肖像，並把十字架放在桌上，或者放在其他便於禮拜的地方，在它前面點燭焚香。接着他叫他們都來禮拜這幅像所代表的那個人，從而同意拋棄他們的偶像，那些偶像只不過是並不存在的鬼神的摹本。百姓一點也不勉強地遵循他的教導，這或是因為基督教有聖潔的名聲，或是因為這支民族有崇拜某種神明的內在資質。在這些教導之後，他散發基督教教義的概要[1]，但只能把冊子發給幾個人，因為不夠人手一冊。一旦羣眾對這些勸諭感到興趣，他們的情趣就猶如火焰般傳開並燒入城內，結果是很多人都被激起了對福音之愛。

對那些希望被接受入教的人，當他們參加到新信徒的行列時，就按下述儀式進行莊嚴的第一步。在祭壇上放一本基督教手冊。願習教義者來到祭壇，按習慣向救世主和導師基督行禮，從壇上取走手冊帶回家去。從那時直到他們受洗時，他們被允許參加新信徒能夠行的那部分彌撒禮。然後每天用相當時間講授教義，直迄受禮之日為止。

1　即《天主教要》。——中譯者注。

接受了聖禮後，新領洗者就被授與唸珠、徽章和一枚「神的羔羊」(Agnus Die)，作為生命之精神戰鬥的武器。他們很多人公開盛大慶祝入教。

回家以後，他們由其他信徒甚至由鄰居的異教徒帶領着走在鑼鼓和喇叭聲中，一如他們為官員升任新職時所常舉行的那種表演。在三年期間，上帝看到這次收穫增長到三百名信徒，這是個可觀的數字，如果考慮到最初所遇到的困難的話。既然我們不能全部予以記錄，讓我們談幾個引人注目的例子。

我們不應該略而不提他們之中的第一個向呼喚他的上帝伸出雙手的人。他年已七十，在這之前他不止一次地覺得他受到信仰的召喚，但不能接受它，因為他記憶力模糊，不懂得怎樣閱讀。靠着勤奮苦學和應用，他克服了這雙重困難，而且他們後來稱他為「救星」，因為他跟他同年紀的人們討論，指引他們入教。

有些異端忍受不了這種背叛偶像崇拜的行為，主要是因為他們發現，那些拋棄偶像崇拜的人都被看作是它帶頭的人。他們有很多人便到新信徒的家裏去，並且幾乎是用威嚇的口吻要求解釋清楚百姓對他們的議論。回答是，現在他們只敬拜天地唯一的上帝，而且從今以後他們要跟那些把他們的徒眾們引入地獄的惡魔們斷絕關係。他們的來客警告他們要記住，他們的名字是刻在廟裏的記錄上的，他們不應該把對偶像所盡過的功德全都拋掉，從而喪失很大的好處。但他們仍然堅定不移，並說就他們而論，他們的名字和他們的功德都可以從記錄上以及從記憶中一筆勾銷；還說他們現在確信一件事，那就是他們要禮拜唯一的上帝，擯棄其他一切崇拜。另一些人這時警告他們說，他們的鬼神不久就要為此進行報復了。

新信徒們就這樣取得了勝利，打發走了他們不幸的批評者。其中有個人被問道，他是否因受到淩辱而感到不快，他回答說：「只是憐憫之心，因為他們錯了，而且他們還不知道這一點。」

新信徒們始終堅持盡他們的義務。其中有一個在這種情況下格外蒙上帝的恩寵者，他成功地改變了一個特別虔奉偶像的青年的思想。因為這青年聽不進道理和勸告，那名新信徒就要求他至少讀一本基督教的解說，再按他所認為是恰當的作出決定。他決定這樣去做，但是魔鬼顯然決心要恫嚇他不要往下發展。當他把書捧在手裏，他就開始發抖，抖得厲害竟至讀不下去。他在恐懼之中把書還給了新信徒，於是顛抖就停止了。這事當着別人和他母親的面發生了三、四次，每次的結果都相同。孩子的母親被這種異常的事件嚇壞了，唯恐她兒子要遇到更大的不幸，便問新信徒是否可以把孩子帶去見來自遠西的宣道士，請求他的保護以抗拒他那如此頑強的敵人。這位新基督徒聽了這話便想把母親也引向基督，於是他勸她違背心願，把所有偶像都從家裏搬出去，交給他送到他的房子裏，包括一尊她為愛兒子而想保留下來的小偶像。然後，他把解說書交還給那個孩子，孩子拿着它就不再發抖了，也沒有發生任何異常。母子兩人都成為新入教的人，受到應有的信仰教導，並且在洗禮中歸信基督。

在下面的事例中，神恩的作用看來也是同樣明顯的。另一名新信徒曾勸說他的一個朋友接受一本教義問答書；但當他的朋友從它上面得知，他必須把他的偶像拋掉的時候，他卻無法使自己那樣粗暴地對待偶像。於是他回去，把教義問答書還給了失望的新信徒，再動身回家，對整個事情感到憂傷。途中他遇到一個異教朋友，便決定告訴他整個這件事來為他分憂。後來，由於知道他自己的上帝的神恩，他決定讀教義問答，接受它的啟蒙，決心刻不容緩地把已經很高興地開始了的事貫徹下去，並邀那個新信徒到他家來。他說，「現在你將看到我是多麼認真地去幹我決心幹的事」，同時他把所有的偶像從神壇的寶座上搬下來，放進一隻籃子，送到教堂去。他這樣做是作為他信心的宣誓，他先行把它送去，然後等他作完一筆要耽誤時間的生意，直到可以接受教誨時為止。此人住家約距離傳教中心五英里之遠。

有一天，一個新信徒去找龍華民神父，抱怨說他的老婆還是個異端，為了保證安全分娩而救出了一座他正要燒掉的偶像。神父叫他用一幅聖母像代替觀音（Choimae）的偶像，要他的老婆每天唸七遍我們的父和七遍福哉瑪利亞，禮敬聖母的七次節日。丈夫的權威生了效；他們的兒子在聖母顯靈節那天異乎尋常地平安誕生了，無疑是得到聖母的特別幫助的。這件事終於使全家成為基督徒，導致對聖母的特殊虔誠，這包括家裏的一名成員每禮拜六去參加為聖母舉行的彌撒並在聖壇上燃燭焚香。

我們將限制例子的數目，免得大家因它們雷同而生厭。現在談談孩子的事。一個還不到六歲的小孩，被一個跟他差不多大小的異端孩子們打了。他記起曾聽見誦唸的主禱文，他就說：「我要原諒你像上帝原諒了我那樣。」幾天以後，他的妹妹比他還要小，卻超過了他的好榜樣。他一時性起打了她，她對捱打的回答跟他向那些異端孩子所說過的一樣。一想到他的小妹妹給他的教訓比他給異端的還要好，他就羞紅了臉。

另一個叫阿格涅（Agnes）的孩子，大約五歲，她的宗教虔誠好像是超過了她的年紀。有一天，異教徒舉行盛大熱鬧的偶像崇拜儀式，抬着一尊叫做陰官（Yncon）的偶像穿街走巷地遊行，陰官的意思是陰間的王。抬出這個怪物的目的是防止壞天氣，當一行人來到阿格涅的住房時，因為她的父親是名人，他們決定把偶像抬進屋來以示尊敬。沒有被家裏其他人發現，小女孩跑到門口不讓他們進來，嚷道：「我們是基督徒，我們不要什麼陰官。上帝所在的地方沒有惡鬼的份，也沒有壞天氣，」他們只好走了。另一次，異教徒敦促他父親捐一筆錢來支付他們準備為保護街道的偶像而舉行的典禮；但他把一份第一誡交給他們去讀，說他不得作這樣的捐贈。他們不管這個，正開始對他的拒絕吵吵嚷嚷，這時阿格涅沖到他們中間喊道：「奉上帝的基督徒根本不幫助偶像崇拜」。出自一個孩子之口的這種智慧奏了效，平息了偶像教徒的吵鬧。他們說，事實上基督教的法規不准這樣做必定是真的，因為一個像她那樣年紀的不懂得欺騙的孩子竟然那麼堅持它。根據這樣年幼就歸信的這些事例，人們可以很容易斷定，中國人是多麼傾向於接受基督教，一如人們也能斷定的，根據現在中國新生教會的春天的蓓蕾，就可以指望未來獲得收成。

就在這時，神父們把注意力轉向婦女的歸信；直迄當時，這看來是無望的事。她們很多人比男人更虔信，這可由許多事例得到證明，這裏我們將省略掉，因為往後還有機會要引兩三個貴婦的例子，她們提供了宗教虔誠的顯證。

在幾乎絕望了若干年後，福音之光已經開始不僅在郊區，而且也在城裏閃耀了。城裏很多百姓已睜開了眼睛注視它，有些貴族也如此，無論我們考慮他們的貴族身份，是由士大夫階級和現任官員組成的，還是從財富和門第顯赫的角度來看。我們將只舉兩個人，因為他們是突出的典型。頭一個姓鍾（Cium）。在取得學位後，他受命為官但沒有上任。他和神父們熟識了幾年；在 1601 年，他決定擺脱所有耽誤他的羈絆而享受基督教的充分自由。在他的指引下，他的母親和祖母都領了洗，後來他和他的一個兄弟都領受了聖禮。他的母親取名瑪利，祖母取名安娜。他本人不久就遵循他先輩的良好範例。同年八月初，他和他的十歲兒子都被收錄在基督的旗幟下，這使所有的新信徒都歡欣鼓舞。父親名叫喬治，兒子叫維托斯（Vitus），他們兩人一直虔誠地生活，以他們的公開信仰基督教為別人作出了榜樣。

要估計這支望族的良好榜樣給基督教的信仰增加了多大的聲望是困難的。這位新信徒貴人也沒有限於自己家裏信教。他入教以後不幾天，他已故兄長的兒子害了重病，他看來對孩子的永生比對他肉體的疾病更為關心。年輕人的母親是個偶像的狂熱信奉者，根本不聽為她兒子靈魂的好處而向她進的忠告。這時龍華民神父叫鍾別管母親，而是跟孩子本人交談，說他可以不讓母親知道就受洗，並且除必行的聖禮而外，其他儀式都可以推遲到以後。年青人極願接受他叔父的指導，於是當龍華民神父好像是來看望他時，就給他行了洗禮；靠上帝之助，聖餐的榮光把他從死亡的大門口救了出來。從他受洗的那一刻起，他就開始復原，很快就重新精力充沛。他的迅速復原使得人人而特別使得他母親吃驚。她了解到人們相信是洗禮使他恢復了健康時，她對於能把作用從靈魂傳至肉體的信仰極感興趣，以致她被爭取過來了。她取名保拉（Paula），這樣就和瑪利和安娜作了伴。這三個人中，安娜以她的宗教虔誠而引人注意。她在家裏蓋了一座教堂使她可以做彌撒，因為隔離法禁止她那階級的中國婦女離開自己的家。她的教堂的裝飾式樣，其自身就說明了她的虔誠。後來她認為教堂不應太靠近廚房，於是她把它搬到家裏的另一個地方。

這三個婦女時時在一塊談論她們的天主教，她們聽說有個鄰居也是基督徒，便邀她參加她們的聚會。她們毫不在意這位鄰居是屬於下層百姓的，而中國的貴族卻是不習慣跟他們交往的。事實上，她們認為由於有共同宗教的紐帶，哪怕村裏的農婦也和她們平等，而並不因自己的生活地位就不高貴。她們邀這些人到她們家去聚會和吃飯，沒有人因此評論她們。相反地，她們因基督式的仁愛而為人羨慕。在解決家庭問題方面，她們總是求教於龍華民神父。這家人的良好榜樣在別的家庭裏起了有益的作用；由於他們的影響，全城態度的突然改變是令人驚奇的。

我們有機會提到的另一個名人，比剛才所提到的那一個更加顯赫。他姓彭（Pheu），由於他受的教育、他的家庭聯繫以及他的才名，他被認為是韶州當地的一位卡圖（Cato）[1]。在所有的公共事業中他是最

1 卡圖為古羅馬政治家，以道德嚴肅聞名。——中譯者注。

有名的公民，在修路、建橋、興築和繕修偶像廟宇方面，該城受他的恩惠最多。1603 年聖傑羅姆（Jerome）節[1]，上帝強而有力的手引導了他入教。他和神父們已有為期十一年的友好交往了，但在交往中他似乎並不注意精神生活方面。有一天，在這樣長期的友誼之後，他說他覺得神恩的火花在他的靈魂中點燃了；可是火花又熄滅了，然後他就陷入一場長達四年多的惶惑狀態。和龍華民神父相遇，激起了他最初的嚴肅願望。他問神父為什麼要給自己找這麼多麻煩，從鄰近的一個村子跑到另一個村子。龍華民神父回答說：「難道你現在還不知道是什麼驅使我們自願從我們的祖國流放到這裏來的嗎？你們城裏的同胞公民們看來一天天更頑固，充耳不聞真理。我四處奔波，是因為我想看看村裏是否有人會關心自己的永生。我要你明白這一點，那就是在上帝前面人人平等，人們所製造的人與人的差別確實不是他們生存的鞏固基礎。」靠了神恩，這番話真正打動了他的心，而且確實到了這樣的地步，以致（像他自己所肯定的）他永遠不能忘懷。

恰好這時他必須啟程去北京的宮廷，在北京他受到和他相識的利瑪竇神父的親切接待。他在這裏看到了尚書們是怎樣地禮敬神父，而在韶州他們卻備受歧視，因此他後來覺得自己有責任向墨守成規的官員提出照顧神父，以便驅散總是籠罩在外國人名字上的那種疑雲。他看見了基督教在北京朝廷的排場，回家之後就根據自己親眼所見把消息四下傳播。他的努力對改善神父們在韶州的處境大有裨益，而且也博得了百姓的善意。

龍華民神父回來後，再次極力勸彭入教，但在他思想鬥爭的過程中有兩大障礙。第一個是有關天意的，他認為如果基督教確實就是上帝的律法的話，那麼天意就不能或者並沒有促進上帝的律法。他的第

1　九月三十日。——中譯者注。

二個困難來源於他本人的高傲性格。他不能同意選擇一位老師時，倘若那位老師是個外國人，還要按照中國風俗低三下四地貶低自己。他把這兩個棘手的難題交給一個名叫路加（Luke）的基督教朋友，路加巧妙地解開了這兩個結，以致他終於屈服了。

關於第一個難題，他解釋說，哪怕是至聖先師孔夫子都免不了敵人的批評；他提醒他的朋友說，他們中國的聖哲教導說天之將降大任於斯人，必先對他進行種種考驗。至於第二個障礙，他說其中真沒有什麼東西可反對的。他說神父並不習慣於以導師自居，他們對擇師的禮節毫不在意。他解釋說，神父們的唯一目的是引導他們的學生歸信世人之主的上帝。他們一起呆了一整天，在晚飯桌上的交談一直持續到深夜，都是談的這個特殊的宗教題目。

第二天，彭和他的朋友路加一起去找神父，宣佈他的最後決定，由於它長期拖延，所以接受也就更加愉快。他接受了教導課程，領洗時取名為斯蒂芬（Stephen），這是龍華民神父曾許諾過在他入教時為他取的。他的皈依成為城裏的普遍話題，四下傳播着這樣的說法，一旦在多年的研究之後，連韶州的「卡圖」也接受它了，所以對基督的律法就再也不用懷疑了。從這特殊的樹上所指望的果實，很符合培育它的那些人的期待。

恰好這時候發生了一場災禍，它證明對基督教律法有良好的影響並表現出新歸信者之間的仁愛。一名新信徒的屋子起了火。屋子位於敵對的鄰居們中間，因為他放棄了偶像崇拜，所以四鄰都敵視他。鄰居們可以容易地幫助救火，但他們一致拒絕去救。「讓火燒這些狗，」他們說，「他們拋棄了他們的神。」房屋被燒光了，但屋裏的人都已逃脫。附近的一些新信徒趕來救援，但為時已晚。雖然他們救不了，但他們卻幫他從事恢復。他們全都盡力捐助來重建屋舍。有的出錢，有的出磚瓦，有的送來木料，工人們出力而不要工資，因為他們是在為同胞基督徒而勞動。房屋竣工時，他們提供完整的設備，以致人們想引用詩人的詩句說：「啊，哈！看來好像他把自己的房屋燒掉了。」新房子蓋得更好、更加壯麗。被火燒毀的東西，仁愛之焰又加以恢復了。

像在城裏一樣，在鄉下，信仰的熱情也隨着歸信者的人數而日愈增加。靖村（Cin-Cun）的百名基督徒覺得應當修建一座自己的教堂，他們跟龍華民神父商量，選擇了一塊寬闊的地皮，於是教堂在驚人的短時間之內就蓋好了。當年四月廿日，龍華民神父在這裏舉行了第一次彌撒，場面安排得儘可能的盛大。彌撒之後，他作了有關天主教會和偶像寺廟之間差異的講道，佈道結束時，會眾下跪，在感恩之中祈禱上帝給他們的賜禮。四名執事組成常務會，照管教堂和基督教的利益。安放了一口銅鐘用以召喚百姓去作禮拜，還準備了充足的聖水佈施會眾，用以醫病並為其他困難作援救之用。還貼出了日曆，好讓百姓知道聖日和教會節日。這種創新證明既對基督徒也對異教徒都有好處，結果是他們有些人後來都皈依了。參加教堂開放的莊嚴儀式的所有人，都深為感動地離去。

信仰逐漸地滲入到各個村落。有一個叫作馬利奧（Mario）的基督徒，把它傳進了某個村子。他在拜訪友人時談起基督教，使很多的人、特別是使當村長的一位老人感到興趣。此人動搖不定，而他自己不能幹的事，他就通過他的兒子和他一個堂弟去做。他派他們去邀請龍華民神父來看他，還送去一匹全副鞍轡的馬以助神父旅行。龍華民神父和馬利奧一起出發，他剛一出現，老人馬上向他提出若干問題，都很巧妙而且十分得體。在訪問中，他兩度跟感興趣的其他人進行性質嚴肅的辯論。老人和他的全家都領了洗，老人取名為保祿（Paul）。正當龍華民神父從事這次訪問，另一名使者來說，住在兩英里外有一個病人，從前和他相識的，想要受洗。於是傳教士趕到他家去，唯恐他的靈魂可能被失掉。他在這裏驚訝地發現還有許多充分受到教誨準備接受聖禮的人，就在離去之前他又有了三十名新信徒。其中有一個非常之老的婦女，看起來她一直活到那一天就是由於上帝的殊恩。她剛領過洗就趕上了亡辰，聖禮引導她到一個更美好、更長久的生命中去。

第十八章　更暗淡的韶州歲月

正如使徒所說的，門戶大開但是敵人眾多。當利瑪竇神父離韶州去建立新駐地時，耶穌會官方視察員神父的意見是當神父們在別的地方安然定居時，他們應該關閉韶州的傳教團。他持這種意見是因為氣候不良，因為那裏不斷鬧事，也因為在該地區收穫精神果實的希望微弱。那個決定已經作出了，但當我們剛敘述的勞動成果開始出現時，這個問題就再次被提出來討論，並且一致決定那個有希望的前景不應該因氣候或者因騷擾和恐嚇而加以放棄。於是傳教團被保留下來，其結果已如上述。人們可以從下述事件中看到，魔鬼的奸計是怎樣陰謀破壞這次佈道的先驅工作，而全能的上帝又是怎樣更有威力地驅除了騙子的干擾。

使神父們最棘手的莫如基督教律法所發動的對偽神崇拜的無情戰爭，教導中國人應該把唯一的天主當作至高的神明來崇拜雖則是容易的；但同樣困難的卻是勸說他們把他們那根本不值一顧的偶像全部都從寶座上撤下去。他們不能使自己消除這種看法：偶象可以看作是真神的傳道者，並且可以象尊崇基督教聖徒一樣地加以禮敬。

儘管事實上這個民族許多世紀以來是被異端的黑暗所籠罩着，他們卻並不如詩人在寓言中所說的狂悖顛倒到指望他們的神來幫助作惡的地步。據說這個民族中大部分人終生不斷地驚人地砥礪德行；這一點或真或假，並沒有什麼差別。但真實的卻是，除此之外，即使當他們接受基督教信仰的真理和聖潔時，他們仍然要保留從祖先傳下來的古老聖教的回憶。

異端的風俗也增加了皈依的困難。想成為基督徒的人，被嚴格禁止在公開的寺廟中禮拜，而那是很難制止的；但困難卻還在每戶人家裏增長着。他們家裏都有灶王爺，這些神鬼陪伴着他們出生和長大，並且被尊為他們的保佑者。現在卻必須把他們從神龕上撤除，而且在這個民族看來似乎是給予了粗暴的待遇。有些人不忍看見偶像落到煙火裏去，尤其是家裏的爐火裏去，於是他們就把偶像投入河裏，從此再也不見了。對異教的思想感情來說，這一切似乎不僅都是不必要的，而且也是十分不人道的。

其他困難有不少是從他們這種風俗中產生的：他們抬着偶像遊行，向每個人討錢資助他們所抬出的偶像。新信徒費了很大的力量來克服這個困難，但龍華民神父當時特別受到它的騷擾。中國人有尊叫做華光（Hoaguan）的偶像，人們相信他主管保護人的視力。因為這個緣故，他的前額中央有第三隻眼睛。有一天，為了募錢給它蓋廟，這個怪物被抬着遊街，一路吵吵鬧鬧。到了教堂前面，他們停了下來，藉以表示尊敬屋主，而他卻情願不要這種禮遇。在還未能制止他們之前，偶像已放在門廳前面。他們的吵鬧聲驚動了龍華民神父，他趕到他們中間，問他們想要幹什麼。他們生氣的是他根本就不停下來拜他們的三眼阿古斯（Argus）[1]，因為別人家裏接待他們時，習慣都是點燃香燭以及用種種儀式來敬神而且還要捐款。既然他們是來募錢的，他們決定不管表面上的不敬而提出他們的請求。這位龍華民神父回答說，他讚許他們的天性虔誠，但他衷心感到遺憾的是他們選錯了神。他又說，至於他自己，因為他只拜唯一的真上帝，他就不得以任

1　阿古斯為古希臘神話中的百眼巨人。——中譯者注。

何方式去助長偶像崇拜。這就足以激起他們的橫蠻了，他們連喊帶叫把該地鬧得不寧，堅持要他給他們來要的東西。

這種場面和喧囂驚動了一位士大夫，他裝作是龍華民神父的朋友的樣子，勸他安撫暴徒，向他們的請求讓步。他提醒傳教士說，他是住在外國土地上的生人，當他不得不提高嗓音讓人聽見時，龍華民神父也提高了嗓音回答。他告訴他們，每逢要他捐助，他都大方地施捨給一般公共事業、鋪路修橋及以其他這類事情，但要培育偶像崇拜，他連一根稻草也不能給；他們對此根本不要有任何指望，因為這樣做違反他的教規，不管捐贈是多是少。那個所謂的士大夫看出這種拒絕不是出於任何貪吝心，於是他想用一種虛假的區別來解決這個問題，他勸神父施捨一些給百姓而不是給偶像。但龍華民神父也不肯同意，這有幾個理由。首先，因為他認為這是非法的；其次，這對那些認為它是合法的人會是一種鼓勵；最後，因為當時採取明確的態度將會有效地制止這類駭人聽聞的騷擾。在交談了幾句話後，他們不敢訴諸武力，便把瞎了眼的眼神抬出屋去，羞愧難當地離開了，但是回敬了上千個不友善的詞句。我們從這件事可以推測，當他們是這樣地勒索信仰不同宗教的外國人時，他們是怎樣折磨從前一向習於施捨的那些新信徒的。像這樣的困難是普遍的和長期的。讓我們舉少數幾個例子，它們都屬特殊情況，但都為時不久。

有一天，龍華民神父到一個地區去收刈種植了幾個月的精神莊稼時，卻發現它已稗草叢生了。那是由兩名當地的知識分子協助下造成的，這兩人是當地鄉學的教師。當他們得知他們一些弟子不跟他們商量就加入了基督教的時候，他們氣得大肆咒罵基督教和那個傳佈它的人；而當他們聽說那個人正在到來時，他們更是火冒三丈。龍華民神父先傳話說，他正在途中，並準備當着願意聽他講話的任何人的面前佈道。然而，他們卻唯獨不願意聽真理，他們轉向百姓，拚命煽動羣眾示威，用難聽的名字叫他們，還罵他們懶惰。他們的目的是要誘使百姓向管轄權包括郊區在內的縣長公開上書，攻擊偶像的外國敵人。在這裏，龍華民神父表現出很大的勇氣來平息騷亂。他派人到肇事者那裏勸他們在訴狀中寫進下面一點：神父要解釋的教義，就正是縣長已經看過並且贊同的教義，其餘地方官也已讀過它，而且蓋了印同意的。這就結束了這場威脅性的騷動。聽說了官員們的看法之後，那些要告惡狀的人都情願了事。這個插曲的結果，不僅是基督教在當地更加自由自在，而且它的鬥士也能勇敢地到另一地區去進行成功的旅行，而且總要到晚上才從那裏歸來。那兩個要對騷動負責的當地知識分子，失去了他們的影響又悄悄地回去教書。

龍華民神父從剛才談過的經歷中回來時，卻發現全城都在為教團捏把汗。從最近得到的信函中獲悉，利瑪竇神父和他的同伴在赴北京的途中已被中官馬堂扣押並投入監牢。人們都情緒激動，並相信神父們要被處死或者永遠監禁。然而這臨頭的烏雲卻由於前不久提到的那位貴人教徒的到達而被驅散了。他說他途經神父們被囚禁的那個村鎮。當時他還不是教徒，他奇怪的是為什麼神父們老是帶着一個釘在十字架的人的愁苦肖像，馬堂得意地聲稱那就是他反對他們的理由。也正是這時，那位新信徒喬治解除了他們的恐懼，因為恰恰在這時他和他的兄弟與堂弟到教堂來，到達時大事鋪張，引起一陣謠言說他就要入教了。這本身就足以嚇壞肇事者並制止那些投機取巧的評論人，因為他們是不敢干擾任何有着這樣的保護者的人的。從那時以後，神父們就更自由地傳播福音了。

不久以後，該省的欽差大臣到來，他從那些在有關教團的事情上似乎無所畏懼的官員中間挑選他的副手，即助手。其中一個是韶州的縣長，他是神父們的好友。他就是那個在有一天接受了龍華民神父贈與一份《十誡》的人，他深為這些戒律的聖潔及其所規定的德行高尚而感動，以致他說：「信守這種戒律的人，永遠不能擔任官職。」這個見解是在公堂上宣佈的，因為反對教團的人都很知道這一點，這就使得他們不再敢想算計教團。至於第二位副手[1]，則龍華民神父一無所知，他認為此人當然不熟悉教團的歷史，但在這一點上他卻多少是錯了。

此人曾在北京皇宮中看見過神父們工作，並常跟利瑪竇神父親切交談。他來到韶州，得知利瑪竇神父的一個同道在這裏工作，馬上贈他一份厚禮，那是縣長剛給他的；而且他把禮物以盛大的排場穿過城裏的主要街道送往教堂。神父們去拜見他，他告訴他們有關利瑪竇神父的工作。在他正式回拜時，他說他曾跟神父們在北京一起工作，有兩件事特別引起他的注意。首先，每逢個別地詢問他們時，他們的回答都一模一樣，由此可以得出結論說他們信奉同一個真理。其次，每當他們參加聚會，他們從不忘記提他們的上帝，由此他可以斷定他們都那麼地充滿了他們上帝的精神，以致他們想把這種充實的精神傾注給每一個人。

和官吏們的友誼使得搗亂者的頭腦慎重起來，使他們停止製造麻煩，不然的話麻煩反會落回到他們自己的頭上的。但是如果他們長期安份守己，那他們就不成其為他們自己了；所以那些不能咬的人，就開始吠起來。提到中文的基督教教義問答[2]時，他們吹噓說，泰西的律法盡都收在四小頁書中，那證明它是蠻夷之言；而偶像的巨帙著作則詞句精美，還有祈禱之方和驅邪的嚴格指導。他們問道，誰會愚蠢到要選擇那本小書呢？這是他們向新信徒們提出的問題，遇到就問。而信徒們的普遍回答是說：基督教的書要多得多，但因這兒神父很少，他們又確實正在學新語言，所以還沒有時間把書都譯為中文。

批評者似乎把這回答認作是軟弱無力的遁詞；於是新信徒受不了

1　意大利文本說他來自 Leichow（雷州）。——中譯者注。

2　《天主教要》。——中譯者注。

侮辱，就特地向龍華民神父送上一份特別請求書，請他捍衛他所宣講的教義，反駁這種詈罵。直到當時，他一直忙於他的職務，以致沒有時間寫作。現在，他擔心可能忽視了他們所說的那種侮罵，並且也不想對他的孩子們充耳不聞，於是他動手寫了幾部書，那證明了對教徒極有用處，也堵住了他們呶呶不休的淩辱者。他由一名任神父們的講師的中國學者幫助寫作。

第一組文章是以禱告書的形式出現的[1]，有不同情況下的禱詞，包括喪葬用的禱詞，都是用中文寫的，但沒有改變拉丁文的術語，除非語言上需要變動的而外。這對教徒是一個很大的慰藉，哪怕他們不懂本文；這種情況在歐洲也是有的；有人以虔誠的感情誦讀拉丁文禮拜式，儘管他們可能並不充分明瞭他們所讀的經文。後來，他增補了懺悔指導、檢驗良心的法則、聖母頌詞、聖徒生平德行選錄，還有大馬士格的聖約翰（St. John Damascene）所講的巴爾拉姆（Barlaam）和若瑟 (Josaphat) 的著名故事[2]。在同時，另一些神父也在撰寫不同的著作，其中有蘇如望神父為教導有志入教的人而在南昌刊佈的非常有用的小冊子[3]。這本書大部分是他在牀上而不是在桌上寫的。儘管他受到慢性消耗熱症的折磨，只要生命之燈仍然燃着，他就不知休息，不久燈火就被熱症燒盡了。這裏我們不談利瑪竇神父的教義問答[4]，也不談當時出現得極為適時的節日曆法。這些書以及其他這類著作很有助於教徒用來對付迫害者們的攻擊。

魔鬼的妒忌是沒有止境的。就在這同時，城裏傳開了一種誹謗，正如通常那類流言蜚語一樣地迅速。謠言說神父們是從他們的肇慶老

1 《天主聖教日課》。——中譯者注。
2 《聖若撒法始末。——中譯者注。
3 《天主聖教要言》。——中譯者注。
4 《天主實義》。——中譯者注

家被趕出來的，所有那裏信教的人都嚴遭處罰，但這個謠傳由於一個信徒及時從肇慶到來，很快就平息下去了。整個傳說可能是一個青年馳騁想像的結果，他的父親是個現任官員。他途經韶州，談到神父時他說，他們是幾年前在肇慶修塔的外國人，塔底有個神祕的洞窟，他們在那裏頭幹下了可怕的罪行，而當他們被揭露時，他們就逃命去了。很難理解有任何人會相信有關藏身於該省內的逃亡者的這一愚蠢故事，這裏幾乎是近在肇慶眼前，而且眾所周知是在那個把神父們送往韶州並書面許可在那裏蓋房的那位總督的管轄下。在這樁事件中正是這真理的陽光驅散了陰沉的烏雲。

下述事件就更討厭了。有些演員從澳門來到韶州，在市集的日子裏，他們繪製廣告，並演戲挖苦中國人所看不慣葡萄牙人的每一樣東西。他們畫的一些東西庸俗不堪，這裏且不說他們嘲弄葡萄牙人的短裝來極力引起羣眾哄笑的情況，我們要談一談他們怎樣挑剔那些歸信基督教的人。他們畫的人在教堂裏數着唸珠、皮帶上掛着短刀，還畫了難看的漫畫：僅屈一膝跪拜上帝的人、互相鬥毆的人、中國人所憎惡的男女混雜的聚會等等。這就是他們表演的題目，是他們演戲的基調；凡是他們認為可以嘲笑基督教的都應有盡有，一樣也沒有漏掉。然而，這些下賤的流氓無法摧毀基督教教義的威信，上帝同時就彌補了傷害。城裏的官員們一致稱頌基督教教義，戲子們到達之後不幾天，使很多看到的人大吃一驚的是，就在他們表演反基督醜劇的同一條街上和同一個地點前面，龍華民神父碰巧遇上一位最嚴肅的官員，他走出轎子，用通常的禮貌的隆重儀式歡迎他。另一位官員在同一地點向神父致敬，陪着神父走過街道。

迄今我們所敘述的事件都可以看作是微不足道的。下面的事件卻更為嚴重。有些事情正在發生，而神父們完全沒有覺察，而且很可能不知不覺地繼續下去，除了我們認為人類的勤奮多少也可以解決一點它的補救之道而外，只有上天保佑他們，才平息了事端。我們已經說過，在韶州的屋舍是蓋在靠近異教寺廟[1]的一塊土地上，它們彼此相鄰，一直在使得偶像崇拜者不滿，但他們由於害怕官吏而掩飾起他們的不滿情緒。這種態度在神父們並不怎麼關心偶像崇拜者的罪惡時一直持續着，但當信徒的人數日增，問題成為普遍的爭論話題時，偶像崇拜者就再也抑止不住他們的仇恨了。焚毀偶像，由此發出的氣味飄進寺裏，這些都使他們難以忍受。對於他們，這就意味着基督教聲名的傳播，而這一點早已不成其為祕密了。他們和徒眾密謀，寫了一份控告神父的狀子，送呈給副長官，這是個貪官，他收下了這份厲害的訴狀。

幸好當時有一位大官，屬於中國人所稱為道裏一級的[2]，來到該城。他習慣在規定的時間召開百姓大會，勸勉他們修德。他講話完畢時，告神父狀的起訴人在他面前下跪，訴說那些外國教士霸佔了屬於他們寺廟的地盤並且一慣糾集愚民滋惹事端。然後他請求他制止這種對公眾安全的威脅。

這次集會期間，神父們毫不知道寺裏發生的事，正忙着佈置自己家裏的教堂，期待着道裏官員來訪問，他抓緊時間前來看望他們。龍華民神父從前曾見過他兩次。你猜這位官員對上訴人的回答是什麼？誰又能料到眼看着副長官由於狀子對他不利，羞憤難掩，竟袒護起外國人來了？這全都是天意的保佑。當着聚集的羣眾的面，他說他深信來自遠西的教士是好人，他們得到總督的批准自己花錢在那個地點蓋房，而且他們不傷害任何人，既不向百姓又不向官員要任何東西。至於他們迄今所糾集的羣眾，他說若老實的人在多年之中交有一批朋友和熟人，人們也不用驚訝。副長官無言以對。他顯然有點狼狽，按習慣行過禮，退到一邊和在場的其他官吏站在一起。道裏官這時從有關

1　意大利文作 Quanhiăosu（光孝寺）。——中譯者注。

2　德禮賢認為即林秉漢或馬文卿。——中譯者注。

神父的事件中得到啟發，便向官吏們訓話，大意如下：我們應該記得我們是蒙天之眷，我們以有文學學位和品級為榮。我們任職是由皇上授與，奉皇上之名治理百姓的。故此，決不可做有負上蒼和皇上的事。我們應該切戒貪心，那會使人為了圖財而殘害無辜的。惡有惡報，對自己、對子孫都沒有好處。說完這些以及類似的話，他打發走了羣眾，他們極為驚異的是看見他保護的是外國人而不是保護當地身居高位的一個官員。

他們的保護人道裏從寺廟前去神父的住所，由其他官員陪同，後面尾隨着大批寺裏的觀眾。龍華民神父穿上儒服在門庭迎接他。客人異乎尋常的客氣使得神父吃驚，直到那時龍華民神父對於廟裏所發生的事一無所知。

來到藏書不多的圖書館時，客人拿起一本書，指出其中一件他想得到解釋的東西。龍華民神父告訴他說，那是有關機構的官員發給的出版許可證。神父告訴他這是歐洲的習慣，以防謬論以及違背良好德行的言論流傳。這時道裏官轉向陪他來的原告人說：「在一個如此謹慎地監督書籍出版的國家裏，事事必定井井有條。」他們從圖書室來到教堂，但是打不開門，因為有人把它鎖住而惡意地偷去了鑰匙。於是叫一個僕人去開窗，但窗也被鎖上了。既然如此，道裏官就準備離去，但是擔心這件事會成為引起謠言的藉口，說是神父們藏了些東西不肯讓他看，所以他們請他再呆一會。他們說，他們特別希望請他參觀教堂，因為他們已經把它裝飾一新，恭候他光臨。龍華民神父接着派人把門上的鎖擰開，客人感謝他的周到，進入教堂觀看了一切，提出了許多問題，為了簡略起見我們就略而不談了；他向各種像禮敬，然後離開教堂告辭而去。滿可以說，他所做的這一切使得每個人，特別是原告人，會發覺他證實了他在廟裏那番衞護神父們的話。他公開地表示對偷鑰匙的事感到不快，鑰匙後來在花園樹叢裏找到了，小偷明顯地害怕被發覺而把它扔到那裏。他離開屋子後有一段時間一直在抱怨說，他吃驚地看到對那些宣誓有操行而守法的人竟有人硬要為難，特別是這些人是外國人；他是當着很多人的面說這番話的。

羣眾散去後，幾個朋友前來祝賀神父們有了這樣一位有力的保護人，並把在廟裏發生的一切事情都告訴了他們；對於全然沒有疑過心的主人來說，這些都是驚人的新聞。此人的友情持久。那個原告人後來親自想方設法來彌補他所造成的損害。他以後不久到北京去，在北京他拜訪了神父們，把他近來和韶州神父們的關係告訴了利瑪竇神父。他們倆都小心翼翼地不去觸及過去的上告問題。把一個似乎顯然希望成為友人的舊敵拒之於門外，並不是上策。

不管韶州發生的一切，人類的敵人仍不打算拋棄他的陰謀和仇恨。土地長期嚴重乾旱，莊稼遇到極大的危險。城裏處處在祈禱，下令齋戒，市場關閉數日，家家門前點燭焚香，乞求這尊或那尊偶像降雨救民。縣令的代理人和佐貳赤着腳，披上破衣服，走在老人的行列中，屈膝下拜，不斷朝天上的某些方向敬禮，乞降甘霖。這一切都毫無用處，甚至在不絕的頌唱中向偶像獻祭，也得不到他們聾神的響應。因此他們對城裏的神絕了望，為此就從鄉下搬來了一座鼎鼎有名的神仙。它的名字是六祖（Locu）。他們抬着它遊行，向它禮拜，獻上祭品，但它也跟它的同夥一樣地充耳不聞他們的乞請。故此就有人說：「六祖老啦。」同樣的迷信正在郊外熾燃着，在某個有許多信徒的地點，異教徒去找一個老巫婆商量。「是怎麼回事？」他們問她，「為什麼我們的神都不聽我們的話？」她回答說：「觀音（Quomyn）菩薩生氣了，因為她背上每天都挨燒。」這指的是新信徒焚燒觀音偶像的事。這一神諭式的回答使得他們對基督徒惱火萬狀，就好像這些人是親手在焚毀莊稼那樣。

幾個不滿分子陰謀把龍華民神父當作罪魁禍首來除掉，如果他膽敢回到他們的村子的話。還有他的忠實同伴和信徒馬里奧也在內。這事是由一名信徒報告的，於是他們倆都趕到該地去，以免表現得因恐懼感而拋棄備受憤怒暴徒們嚴重威脅的教徒們，也免得失去一個殉教的機會。他們到達後，發現他們的徒眾天天受到爭吵的騷擾，但儘量猛烈地在反駁敵人的論點。信徒們問異教徒，如果他們的神連自己的偶像被燒掉都救不了，又到哪兒去弄水來施雨？如果他們能夠掌握下雨，為什麼他們不用它來撲滅焚毀偶像的火焰呢？再者，他們說：「如果天不給我們下雨，為什麼你們的神不叫天只給你們下雨呢？或者下在沒有基督徒焚燒這些可憐的偶像的地方呢？」

這些舌戰一直持續到最後下了一場大雨，田地都真正濕透了，於是乾旱就和殺害基督徒的企圖一起結束了。陰謀者逐漸平靜下來，至少是說話和氣了些，說是人人都可以奉行感動了自己的那種宗教。這個巨大的變化是由道裏官在廟裏的勸誡所引起的，也由於他把神父們置於他的保護之下的這一事實。

這就是統治者對爭論雙方的權威，也是教團從保護初生教堂的仁慈的神意那裏所得到的賜福；他不讓它在他的權力之外受到考驗，而是逐漸地隨着每次連續的考驗推動着它前進。

第十九章　在南京的進展

讓我們現在再回過來看看南京皇城的駐地。住在那裏的有兩名教士，即奉命從南昌來的郭居靜神父，還有羅如望神父。郭居靜神父管理南方，取得了成果。他贏得官員們的友誼，引進了很多信徒。其中有第一個信徒保祿[1]的兒子馬丁、他的妻子和他全家人。郭居靜神父

1　意大利文著錄他姓 Cin（秦）。——中譯者注。

因健康不佳從南京返回澳門，他的助手神父接替職位並且熱誠地遵循同一條發展路線，在他頭兩年居留期間就使得一百多人歸信。在這期間南京的領袖教徒保祿死於七十四歲的高齡；他對傳播基督教的非凡熱誠可望獲得天堂中的厚獎。從他成為一名教徒那時起，由於他高度的虔誠，他常表示希望多活幾年，好以他的榜樣和威望去教導其他人步其後塵。像韶州的虔誠女主人一樣，他在家裏蓋了一座美麗的教堂，讓他的女眷們能做彌撒，教堂旁邊另添一間房子，作為信徒的接待室。教堂剛蓋好，上帝就召喚他，他年齡大而病倒了，但他的病並未能阻止他參加他家裏所舉行的首次彌撒。垂危之中，他幾次堅持要行一次總懺悔。保祿是該城中第一個受洗的人，也是第一個行懺悔禮而受益的人，他平安地、心滿意足地死去了。

保祿的兒子馬丁像他父親一樣勇敢。他是該城中第一個敢於廢除為教堂所禁止的某些喪葬儀式而嚴格實行基督教喪禮的人。儘管它遭到物議；有很多人都仿效他的先例，也頗不乏各依己見而指摘他的作為的人。考慮到完成喪葬的情況，在他父親殯葬前，他不顧那些勸告他的人的相反意見，確實幹了一件很勇敢的事。我們已經敘過，人死之後中國人有時把尸體在屋裏放一個長時期才安葬。馬丁背棄了這種習慣，第一個公開宣佈他父親信教，同時宣佈他本人信教。他在公開場合張貼通告，讓大家都看得見，聲明他父親已擯棄了偶像崇拜，信奉了基督教，同時他父親臨終的願望和遺囑是禁止在葬禮時有拜偶像的和尚在場，不得舉行他們的任何禮節和儀式。據説這張通告聲明他和他父親是同樣的信仰，他就此實現了他父親的最後遺願和囑咐。可尊敬的老人是以全部基督教的喪儀從教堂安葬的。這是頭一遭信徒們所看見的基督教喪儀，他們從中深感慰藉。郭居靜神父大約是這時返回，病體有所恢復，他攜來一尊美麗的聖女像放在新教堂內，用以增進新信徒們的虔誠。然而，年終以前，他的病復發，不得不又回澳門去。

我們現在談談我們認為是歸信新生教會的一個奇特事例。教團駐地附近住着一個七十八歲的老人。退休前他是軍官之長，退休後他的職務和財產都轉交給了他的長子。他對基督教的興趣是由僕人引起的，不久以後就成為一名皈信者。當到了清除家裏的偶像時，他的兒子強烈反對，聲言父親已立他為一家之主，他要按他自己的想法來安排家事。爭端長期持續不休，但父親的信仰熱誠和神恩終於戰勝了。老紳士重振熱情，當着兒子的面叫來他兩名信徒僕人，請來一名神父，要他們把每一個可憐的家神都送往教堂燒掉。這使兒子大為光火，但他害怕父親，不敢動武。反之，他拿僕人來泄憤，僕人揹着偶像和辱罵的雙重包袱離了家。老人陪他們到教堂去，親眼看着把偶像燒掉，然後心滿意足地受洗，正符合他那日益增長的追求洗禮的願望。後來，兒子拋棄了隙怨和神父們和解了，但他無意尋求得救之道。

還有個姓徐（Ciu）的人，在受洗之後不久病倒了。他認識到自己生命垂危，就要求懺悔自己受洗後的過失，用聖餐禮來為自己送死。他也留下遺言要以基督教的儀式安葬自己。他的妻子接受他這個要求，也跟着他的榜樣接受了他的信仰，並且讓全家都信教。這類事例對所有的信徒都產生了非常有益的影響。

附近村莊中的基督徒人數也在增加。一名很顯貴的教徒家裏修建了一座教堂，他的妻子成為唯一的管理人，把教堂整理得井井有條。神父們常到那裏去作彌撒，指導信徒，信徒們在這裏受到很好的照顧，因此很少有人缺席。除了對新信徒的照顧之外，這位主婦也把恩惠施及神父們，猶如福音中與她同名的馬太 (Martha)[1] 之於天主一樣。

郭居靜神父在這裏居留的第二年，發生了一樁真正重要的事。教

1 事見〈路加福音〉第 10 章，第 38-40 節。——中譯者注。

堂的這盞明燈保祿[1]在這個教堂成了一名基督徒，他的死我們剛才敘述過了[2]。他是一個可以期待成為大器的人，上天注定了要他美飾這個初生的教會。他生於南京省的上海，距南京約八日路程；他是一名出色的知識分子，天資美好，秉性善良。作為士大夫一派中的一員，他特別期望着知道的是他們特別保持沉默的事，那就是有關來生和靈魂不朽的確切知識。中國人中無論哪個教派都不完全否定這種不朽。他在偶像崇拜者的怪誕幻想中曾聽到許多關於天上的光榮與幸福的事，但是他的敏捷的思想卻只能是找到真理方休。

1597 年，他在北京的碩士學位考試獲得第一名[3]，這是帶來極高威望的一種榮譽。他在考博士學位[4]時卻不那麼走運，他認為他的失敗是上帝的殊恩，聲稱這是他得救的原因。他只有一個兒子，他最害怕的是這個兒子之後家庭斷嗣，中國把這種事沒有什麼道理地看成是大禍。他信教後交上好運，生了兩個孫子，他又考中博士學位。這次考試是在他取得碩士學位之後四年舉行的，但在考試中他是一樁不幸事件的受害者。由於疏忽，他被算作第三百零一號與試，而法定人數只限三百名，所以他的考卷被擯斥了。因此他無顏回去見他的家人，便隱退到廣東省。正是在韶州他和當時住在教團中的郭居靜神父交談，才初次和神父們結識，也正是在這裏他第一次禮拜了十字架。

保祿於 1600 年在南京遇見利瑪竇神父，跟他談及過去所曾聽說過一些的基督教。這僅是一次短暫的相會，因為保祿正匆匆趕回家去，當時他可能只獲知基督徒所信仰的上帝乃是萬物的根本原理。然而，好像是上帝要保留這個人使他自我啟明，聖三位一體的神異

1　意大利文著錄他姓 Siu（徐），即徐光啟。——中譯者注。

2　英譯文把他和前面提到的已死的（秦）保祿弄混了。原意大利文沒有這句話，因為徐光啟死在利瑪竇之後。——中譯者注。

3　解元。——中譯者注。

4　進士。——中譯者注。

以某種方式在夢中呈現於他。他在一座廟裏看見三間教堂。在第一間裏，他看見一個人的形狀，有人稱他是聖父；第二間裏，他看見另一人形，戴着皇冠，他聽人稱為聖子，他還聽見有一個聲音叫他向這些形像禮拜；在第三間教堂裏，他一無所見，也沒有敬禮。可能上帝不願把聖靈用我們常見的鴿子形狀來顯示給一個異教徒，免得觸犯一個還是異端的人，因為中國人不管屬於哪個教派，是決不禮拜任何神明的，除非神靈以人的形式呈現。

後來，在南京當向他解釋有關聖三位一體的教義時，他記起了這個夢，但沒有說什麼，因為另外一次他曾聽一個神父說過我們不應相信夢境。再一次，後來很久在北京的時候，他聽利瑪竇神父說，上帝在過去把很多事情在夢中顯現給他的僕人。這時他問神父可不可以相信一些夢，並且很興奮地講述剛才提到的夢。

再來談談他的皈依。1603 年他因事返回南京，並拜會了羅如望神父。他進屋時在聖母像前禮拜，而且在首次聽到一些基督教的原理後，馬上就決定信仰天主教。那一整天直到天晚，他一直安靜地思索着基督教信仰的主要條文。他把基督教教義的一份綱要[1]，還有利瑪竇神父教義問答[2]的一個抄本帶回家去；那是還沒有刊行的一個文本。他非常喜愛這兩部書，以致他通宵讀它們，第二天回去以前，他已經記住了整本的教義綱要。他請羅如望神父儘可能地給他解釋某幾段，因為他必須在年底以前趕回家，而他想要在動身前領洗。為了弄清他是否真正嚴肅地對待此事，神父要他來接受教誨，每周一天，每天一次，他對此回答說：「不止是一次，我要一天來兩次。」他確實這樣做了，總是準時到達。如果他來時趕上神父不在，他就從一個修士或是一個家庭學生那裏受教。他在動身回家的那一天受了洗，回家後又捎

---

1 《天主教要》。——中譯者注。

2 《天主實義》。——中譯者注。

來兩封信，信中他極清楚地表明他受到基督教教義的熏陶有多麼深。

幾個月後，他返回南京，重溫他學過的課程；並且他徑直到教堂去，免得看起來像是他先去拜訪了別人。這一次他跟神父們共處了兩周，使他的主人們高興，也使家僕們得益。他每天參加彌撒祭禮，而且他不斷地提出詢問，看來彷彿是唯恐錯過這一點或那一點基督教義似的。每當他回來訪問時，他都從懺悔中得到極大的安慰；在他重返北京再參加博士考試時，尤其是這樣。有一次他到來確實是很高興，彷彿像是帶來了收穫。他曾勸兩名士大夫和他家鄉的幾個朋友拋棄偶像崇拜。他教他們作祈禱，不久以後他們都在同一天受洗，成為基督徒。

讓我們用一個類似神跡的事件來結束本章。就在南京城外，有一個全身患病躺了整整六年的人。羅如望神父碰巧在附近拜訪幾個新信徒，病人派人找他，聲稱願意成為一個教徒。神父趕到了他身旁，在離開時留給他一本基督教教義綱要。病人學習它，接受教誨，最後受了洗。超度的聖水既滌清了他的靈魂，也滌清了他的肉體，他逐漸痊癒了。該城區沒有人不把他的康復看作是某種奇跡。

但這個事件比它的精神贏得了更大的聲望。那地方都屬於一個長期不斷進行齋戒以表示崇敬偶像的教派，他們比所有其他的人都更固執於他們的信仰，是最難於改造的。

第二十章　澳門神學院院長被指定參加中國傳教團

當戈麥茲神父在日本逝世時，該島和中國傳教團組成耶穌會的一個單獨的副省教區。在首批參加中國教團的人中，戈麥茲神父出任主教，後來又由巴范濟神父接任。他長期獻身於這個教團，對它的進展極感興趣。當耶穌會的視察員任命卡爾瓦羅（Valentine Carvalho）神父為澳門神學院院長時，前院長李瑪諾神父就脱出手來。

在中國傳教團四處駐地工作的幾名神父，人手不足，難以勝任工作。教團監督利瑪竇神父必須留在皇城中，距其他幾處駐地十分遙遠；既然他無法訪問這些中心，有關教團的許多問題必然不能決定。蘇如望神父在南昌病倒，病勢逐漸沉重，因此李瑪諾神父奉命巡視南方的三個教堂。這次巡視是在教團監督利瑪竇神父的管轄下進行的，沒有他的同意就不能作出決定。視察結束後，李瑪諾神父和蘇如望神父一起等待下一步的指示。這次受命視察傳教中心，是以李瑪諾神父為主角，幕正在為他揭起，等待上演好戲。他一直期望參加中國教團，作為澳門神學院院長，他很偏愛它。其餘的神父們對他到來的消息感到高興，他們向視察員神父共致一函，請求他把李瑪諾神父留在他們中間，不要使教團失去這樣一位熱情的工作人員。

在他巡訪各個中心點的期間，李瑪諾神父發現一些問題，要是不先和利瑪竇神父商量，他就不能滿意地解決。他把郭居靜神父找來商量，記下了要上報給利瑪竇神父的一切事項，在視察完所有的教堂後，他被召往北京；這是利瑪竇神父方面採取的行動，證明了對教團各支部的內部事務極有益處。他走的是水路，沒有發生事故，而且他帶着出生於日本、父母為中國人的倪雅穀[1]（Giacomo Niva）修士作為伴侶。作為耶穌會學校中的學生，倪雅谷學會了美術家的本領。還在日本時，視察員神父就派他參加中國教團，經過兩年望道期，他被接收入耶穌會。

李瑪諾神父在北京呆了兩月，其間他和利瑪竇神父為整個教團擬定了詳細的計劃。他從那裏又返回到南方的各個駐地。由於健康關係，郭居靜神父從南京到南昌去，他過去幾次都是這樣的。這一次，

1 德禮賢譯作倪一誠。——中譯者注。

他留在韶州，在那裏他看來有好轉。

同時，作為利瑪竇神父在北京伴侶的龐迪我神父學會了說中國話，還會讀中國字並極為準確地寫中國字。有這兩個人在工作，基督教在都城獲得了進展。人人都傾聽他們宣講天主教的真理，有些人接受了它。皈依者不僅有來自下層的，也有來自受過教育的階層的。其中一個姓郭（Cho），和當今皇后的姊妹結了婚；皇后是當今天子的第一號夫人。儘管此人不能與相應的歐洲貴族並列，他仍然是富裕社會中的一個顯貴。皇帝隨侍御醫的兩個兒子也信了教，其中一個原已進入了士大夫的最高層。信徒中尚有一名教師，他是某一部的尚書[1]的親戚，和他一起入教的還有這名尚書的姪子，是首先得到他叔父的同意才入教的。這個孩子表現出對信仰的渴望，他似乎有一種預感，一旦信教之後，他不會在那裏面工作的。他在皈依後不到一個月，就呼出了他純潔靈魂的最後一口氣；他的死是一大損失，因為神父們對他的未來寄予高度的希望。

在前引的例子上，還可以補充一個士大夫階層中的貴人信教的特殊事例。他是一個大官的兒子，是朝鮮戰爭期間中國軍隊的一名參軍。退役時，皇帝恩賜他一筆可觀的退休金，由他的後人永遠繼承。征服這位戰士並不是一件容易的事，因為他深深沉溺在異教的錯誤裏，特別是迷信占星術。向他解釋說：魔鬼經常用這種邪術騙人，當前途未經證實時，要人們相信這種可笑的巫術並非完全不可行。看來好像是他從酣睡之中被喚醒，被引向有關物理學和形而上學的真正知識，睜開了眼睛看到真理，於是很好地受到教誨後，他在 1602 年使徒聖馬太節受了洗，成為一名基督徒，取名保祿。

從現在起，在我們將經常提到他的時候，要添上他前面的姓，稱

1　按此人為刑部尚書肖大亨。——中譯者注。

他為李保祿 (Li Paul)[1]，以有別於我們已經敘述過的徐保祿[2]。很難找到一個比李保祿信教更虔誠、更熱心的新信徒，或者是比他更渴望別人也和他一道信教的人了。對於樂於蒐集早熟果實的人們，只要舉一兩個他的熱誠的事例就夠了。

此人有一間美麗的、收藏豐富的圖書室，他花了整整三天時間，在神父們的幫助下，清除其中為教會規定禁止的書籍。這些書大多是談占卜術的，其中很多是抄本，就價錢說和抄寫所費的功力來說，都抬高了它們的價值。這些藏書全都付之一炬；有的是在他院子裏燒的，剩下的是按他的意見在教堂燒的，好讓大家知道他認真地下決心改信真正的和更完美的宗教了。他斷定，這也會防止他那些纏擾不休的異端朋友企圖誘勸他再回到自己過去的那種愚蠢裏去尋找歡樂。像中國人經常的情況那樣，他很快就從一名新信徒變成一名鼓吹上帝之道的使者。不久他就勸化了他的母親、妻子、子女以及子女的老師，所有的男女僕人，換句話說，是他的全家人。他有一個隨身的家人是個頑固的人，覺得他主人逼他按其他人的榜樣去做，便賭咒發誓說他決不屈服；他以極不尋常的瀆神辦法，剁掉一個手指扔入火裏來保證誓約。僕人這種固執的決心逐漸在主人的慈愛之中軟化了，主人不僅憐撫和溺愛他，實際還在乞求上帝拯救他的僕人時，進行了自我責罰，鞭韃自身。在這些幫助之下，慢慢地取得了成功，僕人和他的妻子最後都被爭取過來（他的妻子也是家裏的一名僕人）。

李保祿的熱誠決不限於在他家的院牆之內。他把它施及他的朋友，施及儘可能多的人。如果有時候他不大成功，那多半是由於他過分熱情。這倒沒有什麼不好，因為它使人毫不懷疑他身上出現的向着好的方向的大轉變，也不懷疑他是身教重於言教的這一事實。

1　按此人為李應試。——中譯者注。

2　即徐光啟。——中譯者注。

他在長期研習偶像崇拜的教派中學到了很多東西，所以他能夠向神父提供無窮無盡的情況，那證明在恰當地反駁他們的許多謬論時是很有價值的。他始終不僅尊敬神父，也尊敬教友、學生甚至僕從。總之，他似乎把一切與教堂有關的人和事都看作是神聖的。他在家裏蓋了一座私人教堂，神父們到那裏去作彌撒，教導全家。他也派他的兒子到教團的教堂去學習作彌撒，就在孩子第一次在教堂公開作彌撒時，全家有點仿歐洲習慣對新授職的教士第一次公開作彌撒那樣，為他舉行了一次公開的招待會。

傳教中心實行一種習慣作法，在領洗禮前讓新信徒先誦唸悔罪文。這是在祭壇之前跪着進行的，有一名神父指導那些需要教誨的人。由這個習慣又產生另一個方法，主要是一些受過教育的階級的人來做，按他們自願在家裏寫好一篇莊嚴的贖罪稿，作為入教的宣誓，然後當眾宣讀。其中有許多篇值得在這裏重述，而且肯定會在歐洲人的心裏產生一種虔誠的感情，一如它們影響了聽見讀稿的神父那樣。為避免重複同樣的東西，我們將只引李保祿所寫的一篇，它將為其他各篇提供一個很好的觀念。原文如下：

> 我，信徒保祿，以我整個的靈魂和堅定的誠意，切望接受基督教義；為此，我以極度的謙卑舉我的靈魂升天，懇請上帝傾聽我的祈求。我生於皇城北京，承認在過去從未聽說有關基督教神聖的教義，也從未邂逅過宣教的聖人長者。故此，日日夜夜，我的一言一行都在謬誤之中徘徊，像一個既瞎又狂的人。以前不久，由於神恩，我有幸得遇兩位歐洲的名人利瑪竇和龐迪我，兩人均為飽學之士和傑出的佈道者，我從他們那裏接受並被授以基督神聖的律法，獲允參觀並禮敬基督的聖像。我從他們那裏知道了天父和他為拯救世界而頒佈的律法。
>
> 我為什麼不應該全心全意接受這種律法，信奉它並遵守它

的教誡呢？我自出生迄今的四十三歲中，始終昧然於這種律法，所以就不能避免犯許多的錯誤和過失，為此我請求天父對我寬大，以他的仁愛消除並寬恕我所犯的一切罪過：不誠實所獲得的東西、欺詐違法、淫邪污穢、口出惡言、傷害他人之念，乃至其他種種大小罪孽，無論是有意或無意犯下的。自此刻起，我一經領洗，就立誓不再蹈罪惡以補前愆，禮拜基督並遵守他的律法。我深信神聖律法的教導，恪守十誡，唯願決不片刻絲毫違犯其嚴格的實踐。我就此斷絕我曾一度遵行的陳規陋習和當今的各種迷誤；我並且拒絕和譴責凡與神聖律法不相符合的任何事物；這是永遠的，決不因任何類似的申明而反悔。

最神聖的父和仁慈的造物主啊，我僅有一件事請求你。這僅僅是我的新的和更好的生命開端，我只是一個聽課的望道之士，對於更完美更精微的律法很少理解，故此我祈求你開啟我的靈智，以便更充分地理解人類智慧所未能及的事物；今後以你的恩佑，我可以無畏地不斷把我所認識的付諸行動，這樣生活和死亡，而不犯罪孽，到時候我可以愉快地見到你的莊嚴的聖容。同時，受聖教之賜，請賜予我以力量來傳佈它，就象你的僕人做的那樣，以他們勸諭所有人歸信的能力把它傳遍全世界。我極謙卑地懇求天父把這看作是我的誓言，以我心靈深處的語言奉獻給你，但願聖主樂於聽到它並接納它。

簽署：李保祿。

這份文件的附署是：大明朝，萬曆三十年八月六日。

第五卷

第一章　中國成為利瑪竇神父主持下的獨立傳教區

基督教對中國的遠征現在已有四個居留點了，它們的位置正好分配在這個國家從北到南的全部長度上，但還沒有從東到西地深入進去。由於在首都定居的影響，傳教團的地位在短短幾年之內就已十分穩定，基督教的信仰在全國各地滋長起來。基督教的熱情之火一旦點燃，就每天都會傳播開去。新信徒毫無阻礙地公開接受信仰。他們當着別人的面公開參加傳教點的修建，參加教誨班和彌撒以及進行其他宗教禮拜。有些異教徒，甚至是士大夫階級和位置很高的官員，也都到教堂來參觀，向十字架致敬。

由於了解在中國法律和習俗方面所遇到的種種困難，所以視察員神父和耶穌會的其他人都確信，在短短幾年內就取得這麼大的成績乃是上帝保祐的結果。因此他們感謝上帝，這不僅因為神恩的光已經突破了幾個世紀的黑暗，而且因為有很多人競相參與這個特殊葡萄園的勞動。

很少數的這幾個教堂的聲譽，很快就傳播到中國的十五個省份，而且越傳名聲越大，甚至超出了事實——就像很容易會發生的那樣；不久它就傳到了這個國家的境外，把人們非常希望着的事情傳說成彷彿是已經實現了似的。在歐洲傳說中國皇帝已經成為基督徒，他已批准他的任何一個臣民接受信仰，並且批准在帝國各地傳播福音。結果別的宗教團體的成員們都搭乘西班牙船隻，取道菲律賓羣島，急於要協助正在中國進行的工作。但是到目前為止，這個大帝國並不像謠傳的那樣已經門戶大開了。

視察員神父對於教會達到的規模十分感動，就從日本返回澳門，在澳門他可以從一個更近的基地調整在中國的行動，並且更容易供應教會的所需。在中國獲得成功的希望甚而似乎超過了在日本。事實上，這好像是自從使徒們出埃及使全世界福音化以來，為了傳播基督教所進行的最重要的一次遠征。視察員神父到達後的第一個步驟，就是請李瑪諾神父來磋商。他也急於會見利瑪竇神父，如果這位忙碌的傳教士可以從北京脱身的話。李瑪諾神父和郭居靜神父聽說視察員神父到達，就匆忙趕赴澳門。他們所告訴他的情況超過了他所預料要聽到的，他立即就決定盡一切可能的辦法推進教會的事業。總之，他批准了他們的全部要求，即使這樣還覺得他們的要求是太少了。

由於十分缺乏既能從事學習這種困難的語言而同時又能在充滿了障礙的教會裏工作的人，他首先批准了對李瑪諾神父的任命，然後又指定正住在澳門而他認為條件適宜的八個人作為中國傳教團的成員。此外，他還答應等船到時再給以更多的幫助，他們有幾位兄弟正乘那條船從印度到這裏來。然而，人力問題並不是他唯一的問題，他還必須維持他們的生活。葡萄牙國王原先命令付給教團的津貼，常常由於國家的需要而挪作他用；而且按照使徒們的早期範例，經濟負擔是從不加之於新入教者的身上的。此外，就教會經費而言，如果要求新入教的人捐獻的話，預料要比向異教徒請求更容易得多；這些異教徒慣於傳播對教會的流言，説教會的人在歐洲老家時都很窮，他們來到富饒的中國就是為了騙中國人的錢。

視察員神父計算過各個教堂所需的費用之後就決定，由於市場物價低廉，每年三十金錠就足夠每個團體的衣食之需了，當時住在澳門的日本傳教團財政負責人或教團司庫也經管中國傳教團的財務，同時還批准了幾個在澳門讀書的中國學生加入耶穌會。傳教中心的教堂要加以改善，住所要佈置得更好些，按習俗贈送朋友和官員的禮品也獲得批准。李瑪諾神父和其他幾位神父以向教團捐贈佈施的方式從葡萄牙商人那裏得到許多捐款，這些商人對於在中國的事業一向是肯慷慨解囊的。還有一些要討論的問題似乎是很難解決的，必須慎重處理。最後，為了保證中國教會在行政管理方面有更大的行動自由，公認對中國事務最有經驗的利瑪竇神父就被置於負責的位置，作為不受澳門神學院院長管轄的一個傳教團。

做好這些安排之後，被任命的這些人就都準備出發到自己的崗位上去；這時候發生了一件意外的事情，嚴重干擾了他們的計劃，雖說還沒有完全推翻他們的計劃。一艘已經裝好貨物並準備駛往日本的班輪，被近幾年來出沒在海上的荷蘭海盜俘獲並洗劫一空。這次驚人的損失使澳門全城深受震動。我們前面已經提到，澳門的希望和富足全裝載在這些船隻上。全城幾乎沒有人不受此次不幸的觸動，而由於供應日本傳教團的全部物資都已裝上了船，東面的耶穌會士們所受損失更屬罕見。視察員神父因為已多少習慣於這類挫折，倒並未因此而灰心喪氣，但它卻使他已決定給中國送去的人員和物資未能兑現。李瑪諾神父和另外三個人就在這時候參加進來，而范禮安神父在供應匱乏品方面便負責照料澳門的教會。

在新的傳教士當中，杜祿茂神父（Father Bartolomeo Tedeschi）被派和龍華民神父一起留在韶州，後來葡萄牙人駱入祿神父（Father Girolamo Rodrigues）也參加他們一起。黎寧石神父（Father Pietro Ribero）到南京去與羅如望神父作伴，後來又有從皮德蒙特來的王豐肅[1]神父（Father AlphonsoVagnoni）和葡萄牙人林斐理神父（Father Feliciano da Silva）兩人參加他們一起。前院長李瑪諾神父被建議住在南昌，因為這個地方正處於他所領導的三個教堂的中心。和這些人一起來的還有費奇觀神父（Father Gaspare Ferreira），他被派參加北京那兩個人一起。郭居靜神父因健康的緣故，逗留在澳門。他致力於在精神上照料那些與葡萄牙人做生意的中國人；為了便於這項工作，他的穿着和在中國內地的神父們一樣。在這個總的入境口岸，常有海關收税人員的一些麻煩，但是僅限於他們攜帶入境的行李方面，宦官們則要特別強行勒索。全靠一位耶穌會的世俗兄弟的努力，不久神父們就安頓下來，發見自己就像在歐洲很多地方一樣地舒話。

費奇觀神父在去北京的途中所遇到的困難比別人要多，尤其是來自負責他所搭乘的那條船的宦官。這個家伙在航行的半途想要把神父的行李抛在河岸上，只是給了他幾塊金錠才使他平息下來，他正是為了金錢才策劃這次事端的。他們就要結束航程時，船就在京城的港口裏失了事。神父的行李全被抛入河[2]中，大多毀壞了，損失估計超過二百金錠，這意味着以後不得不緊縮生活費用。在丟失的宗教用品中有一個特別精緻的框子，是帶槽塗金的木器，用作神龕的。

這次不幸的沉船乃是由於河水反常地上漲造成的，因為那年天氣降雨異常，使皇城受到極大的損壞。河水漫上了漕，沖走許多房屋，皇上非常慷慨地下令由他的庫中撥出十萬金錠來重修房屋和救濟窮人。費奇觀神父在船失事後上岸，留下鍾鳴仁修士和僕人以及從河裏撈起來的行李在船上。如果不是因為比河水更兇的水手們把偷來的很多東西都抛出船外，他們還會弄回更多的東西的。全靠上帝的保佑，他們才得以挽回一套八卷本精裝的普蘭丁（Plantin）版的聖經，它是

1 後改名高一志。——中譯者注。

2 德禮賢注為通州白河。——中譯者注。

紅衣主教塞維里尼（CardinalSeverini）給中國傳教團的禮物。裝這些書籍的箱子和其他一些行李都已在河中漂浮了好長時間，然後掠奪成性的水手才把它們打撈起來。他們打開箱子，發現裏面只有他們看不懂的書籍，就要了一點錢把它還回神父了，而神父是極樂意付這筆錢的。幸好水並未浸入箱內，書籍的情況良好。後來，在聖母升天節那天，神父們和教徒們以隆重的排場接受這些書籍，還舉行了莊嚴的大彌撒以示慶祝。書籍由神職助理人員捧着，前面有一個人擎着香爐，一直送進教堂。然後把書放在教堂的一張桌子上，人們虔誠地跪着親吻它，感謝上帝使它在遠涉重洋經歷千辛萬苦以及終於從沉船的最後一分鐘挽救出來而得以保存。很多人到教堂來參觀這些書籍，對印刷和裝訂大感驚異，他們會說：「毫無疑問，人們用這樣的工藝如此精緻地刊印這些書，其中所包含的教義一定是很了不起的。」

神父接受了教徒們的建議，決定設法弄回來他們已失竊的東西；他們的朋友馮慕岡此時仍然在押，卻挑起了搜查罪犯的重擔。通過他的影響，船主和一些水手最後被拘留。審判此案的官員是教團的朋友，他準備處罰這些盜賊，但是神父們卻憐憫他們，撤回了全部控告；馮慕岡還因此為他們的仁慈而讚頌基督教律法的仁愛。這次訴訟行動的結果是收回了一箱聖物和一些別的次要東西，證明了這樣做並沒有白費力氣。

第二章　利瑪竇神父的中文著作

我們在本書的第一卷中已經提到，文學研究在中國是那樣地受到鼓勵，乃至很少有人對它不感到某種程度的興趣。中國人還有一件與眾不同的事情，那就是他們所有的宗教教派的發展以及宗教學說的傳播都不是靠口頭，而是靠文字書籍。他們很不喜歡人們聚集成羣，所以消息主要是靠文字來傳佈。但是，這並沒有阻礙傳教團的工作，因為讀書人或許更容易相信他們閒暇時所讀的東西，而不相信一位還不精通他們的語言的傳教士在佈道壇上所説的東西。這並不是説神父們在星期日和節日不向教徒們佈道，主要倒是指異教徒而言，他們為書籍所吸引，把他們在書中所發現的思想在私人交談中傳播開來。由於這種普遍的習慣，有時候就會有某個人在家裏讀了一本聖書，碰到一些有關基督教的段落，他記住了，以後又講給他的親友們聽。這一點使神父們很感興趣，成為使他們學習寫中文的一種鼓勵。用中文寫作總是個冗長而乏味的工作，但是託上帝的福，他們為了克服這些困難和苦惱所花費的時間和精力還是很划得來的。

除了能用中文寫作其本身就是一項不平常的成就而外，任何以中文寫成的書籍都肯定可以進入全國的十五個省份而有所獲益。而且，日本人、朝鮮人、交趾支那的居民、琉球人（Leuchians）以及甚至其他國家的人，都能像中國人一樣地閱讀中文，也能看懂這些書。雖然這些種族的口頭語言有如我們可能想像的那樣，是大不相同的，但他們都能看懂中文，因為中文寫的每一個字都代表一樣東西。如果到處都如此的話，我們就能夠把我們的思想以文字形式傳達給別的國家的人民，儘管我們不能和他們講話。

利瑪竇神父是第一個開始研究中國文學的人，他對他所學的東西十分精通，博得了中國知識階級的欽佩；因為他們在所讀到的東西裏，從來沒有碰到過一個還能從他們那裏學到點東西的外國人。我們這裏有意要談到這個問題，從而使後代可以知道懂得中文會得到多大好處，並使讀到本書的歐洲人可以明白神父們對中國民族的天分感興趣是很有道理的。

利瑪竇神父開始時是講授地理學和天文學的基本原理，雖然他最初教的並沒有任何受過教育的歐洲人所不知道的東西，但是對於那些固執地維護從自己的祖先傳下來的東西的人，他教的東西簡直是駭人聽聞，是超出他們想像之外的東西。尤有甚者，確實是他們有很多人承認，在此以前他們對於更美好的事物的無知使得他們頑固而驕傲，他們過去在知識問題上的極端盲目曾經很不理智地蒙蔽了他們的眼睛，現在眼睛的確被打開了，看到了生活中更嚴肅的事物。除開前面提過的關於四元素的論述[1]以及《交友論》外，利瑪竇神父還就各種道德問題和控制靈魂的罪惡傾向的問題寫過二十五篇短文[2]。這些都是中國人稱為議論和箴言的那類小冊子。他的一些中國朋友在發表以前就閱讀過它們並衷心表示讚許。事實上，他們認為一位來自一直被視為蠻夷民族的外國人能夠這樣熟練地論述如此微妙的問題實在是難以置信，都要求複印他的文章。

馮慕岡[3]得到了幾份這種論文，把它們印成一本書，又寫了一篇序言加以頌揚；在序中他把這本書和另一本類似的書作了比較，那本書是偶像崇拜者的教派所刊的，叫做《四十二章經》。他對這部著作評價極高，建議受過教育的階級都來一讀，然後在有迷信色彩的偽善和來源於基督教的德行二者之間作出判斷，再決定哪一個更對個人有好處以及對一般的公眾更有用。神父們的朋友保祿[4]也寫了一篇序和一篇跋，這兩個人名字的聲望大大提高了這本書的權威。這樣傑出人物的讚揚還有助於提高基督教的聲譽。尤以他們的朋友保祿的讚許為然，他在其中乘機頌揚基督教的原則說，他不僅贊同它們而且已經接受它們成為了教徒。

就在這時候，神父遇到了困難，而且這次比往常的略為嚴重。他

1 即《四元行論》。——中譯者注。

2 按即利瑪竇所著之《二十五言》。——中譯者注。

3 即馮應京。——中譯者注。

4 即徐光啟。——中譯者注。

們的第一本基督教教義概要[1]，是在他們還沒有經驗時依靠翻譯人員的幫助而寫成的。在他們更好地鍛練了心智和眼光之後，看起來這本書就過於簡略而不相宜了，因此利瑪竇神父就對它進行了修訂、補充和重新編輯，以前的版本就停止發行了。這個新版本[2]更加充分地闡述了基督教的教義，但在出版前它主要是計劃供異教徒使用的。據稱，新信徒可以從他們作為教徒所參加的教義問答課程中以及皈信後所經常聽到的勸誡中接受足夠的宗教教誨。因此這本新著作所包含的全是從理性的自然光明而引出的論點，倒不是根據聖書的權威。這樣就鋪平並掃清了道路，使人們可以接受那些有賴於信仰和天啟的知識的神祕了。這本書裏還包含摘自古代中國作家的一些合用的引語，這些段落並非僅僅作為裝飾，而是用以促使讀別的中文書籍的好奇的讀者接受這部作品。這本書還批駁了所有中國的宗教教派，只有像聖哲之師孔子所發揮的那種根據自然法則而奠定並為士大夫一派所接受的教派除外。這種教派的哲學由古人發展而來，很少包含有應當正當地加以指責的東西。因而一個慎思明辨的人，當他對所寫的主題感到掌握得不夠充分時，也不會犯很多錯誤。神父們習慣於利用這一教派的權威，他們只評論孔子時代以後所發生的事情，而孔子則生活在基督降臨以前大約五百年。當在大庭廣眾中問起保祿博士[3]，他認為基督教律法的基礎是什麼時，他所作的回答可以在這裏很及時地引述如下。他只用了四個音節或者說四個字就概括了這個問題，他說：驅佛補儒（Ciue Fo Pu Giu），意思就是它破除偶像並完善士大夫的律法。

我們這裏所談的利瑪竇神父的短文的內容，可以歸納如下：首先它證明只有一個上帝，他創造了和治理着萬物，然後證明人的靈魂不

1　按即《天主教要》一書。——中譯者注。

2　按即《天主實義》一書。——中譯者注。

3　徐光啟。——中譯者注。

朽以及解釋了獎善罰惡，特別是在來世。對於在中國人中間所流行的靈魂輪迴的畢達哥拉斯學說則徹底予以駁斥。在文章的結尾還插入一節有關上帝與人的實際論述，最後邀請所有的中國人來找神父們進一步闡明這些道理，因為在文章裏談得很簡略，解說得不是很充分的。

為了在很短的時間內把基督教的思想傳播到整個帝國，這本書確實是很必要的，而且因為它只能輕輕地觸及人們經常要問神父們的許多問題，所以作者插入了許多愉快輕鬆的筆法以激起讀者的好奇心，結果使人讀起來趣味盎然。由於同樣的原因，這本書對於回答那些對基督教好像是僅只風聞過的人，也證明是極為令人滿意的。這些人多次要求有一本書，可以使他們在閒暇時讀到他們耳聞的東西。這本書還可以用作與大臣們短暫晤談的補充，因為這些大臣都是讀書的時間比談話多，而這大概是由於他們的教育主要得自大量閱讀的緣故。

這本書從偶像崇拜者這方面來說簡直是芒刺在背，因為它剝奪了他們辯護自己的空洞學說的武器；但是並沒有知識分子方面反對它的危險，因為他們要是反對，就是在批駁他們自己的信仰了。看來似乎是一種天意的指導，使信仰應該是由這些人來保衛，他們從一開始就認識到知識分子的學說裏並沒有與基督教律法相反的東西。否則的話，如果他們被迫同時與所有的教派搏鬥的話，他們可能由於合在一起的威力以及單憑人多勢眾的壓力而早就默不作聲了。

部分由於某些異教徒的幫助，利瑪竇神父的這本書印了四版並在不同的省份出版。身為知識分子一員的馮慕岡，自己出資印了很多份，並把它交給神父們分發給他們的朋友。他寫信給神父們，告訴他們說，他為印書花的款項是還了一筆債。他解釋說，有一次他利用他職務的影響替別人辦事收過一筆禮，他知道彌補他錯誤的最好辦法就是使闡述基督教信仰的小冊子廣為流傳。他做這件事的時候還是一個異教徒。此人如果作為基督徒還能多活幾年，真不知道能為基督教做多少事。

利瑪竇神父的另一本書，他稱之為悖論[1]（paradoxes），和前面的那本一樣也有很多的批評者，因為它所包含的道德訓誡是中國人聞所未聞的。書的大部分是連續不斷的評論，是一種以對死亡的反覆沉思作為維持人生的正當秩序的方法。這本書談到很多不同的題目，例如：把生命看作是一個不斷在死去的過程；賞善懲惡並不常常是在今生完全實現而必須等到來世；沉默寡言是難能的但又是有用的；每個人都應該檢查自己的行為並約束自己不可行為不端。這些以及許多其他類似的述說，都由證明和引語以及無數的格言來肯定，還有貼切地引自哲學家的、教父的和聖書上的引文作為例證，寫來使人樂於閱讀。在不同的論辯中插進去的各種悖論，也使這本書增加不少權威，因為它們談到利瑪竇神父和一些最顯赫的大臣所曾詳盡討論過的各種問題。

如果把知名人士為這本書所寫的題詞彙編成集，那麼讀這個題詞集比讀這部書本身還要花費更多的時間。這本書裏有幾篇由友好的批評家撰寫的序言，不僅讚頌這本書的出版，而且以高度讚揚的詞句談到歐洲人的才能、歐洲的數不勝數的書籍以及基督教的信仰。為了使它為更多的人所了解，神父們到處散發這本書並且在規定的時間用它作為禮品以履行他們的義務。他們有些友人把刻印匠派到教會駐地來複製此書，以便他們分贈友人。第一次印行一年之內就發行一空，第二年又印了兩版；一次是在南京皇都，另一次是在江西省會南昌。

北京朝廷裏官階最高的大臣之一，是一位道裏，讀了我們所談到的這本書，印象非常深刻，他就主動上門拜訪京城裏的神父們。此人使神父們感到驚奇的是，直到那時為止還沒有一個人似乎比他更為友好，同時又更為疏遠，就像是有人曾說諾維烏斯[2]（Novius）的那樣。他在利瑪竇神父身旁落座之後，拿出一冊這本書說道：「你就是本書

1　指似非而是的議論，按即《畸人十篇》一書。——中譯者注。

2　公元前一世紀羅馬劇作家。——中譯者注。

的作者嗎？」利瑪竇神父承認他曾在這上面花了很多時間，於是客人接着説：「這樣一部書的作者必定是位聖人，我從來不習慣也從不希望對聖人抱有敵意。因此我必須請你原諒我過去的冷淡，我希望用我今後的友誼來加以彌補。」然後他又談了一些別的事情，結束時説道：「有不少人經常斷言他們並不怕像你們這樣的外國人，因為信奉你們這種教義的人是不可能有損於公共福利的。」

第三章　幾位著名的士大夫信徒及其著作

我們的朋友徐保祿過去已得到過碩士學位，1604 年他到北京來參加博士這個最高學位的國家考試[1]。馬丁（他姓秦）也從南京來了，渴望試試運氣考武科的同等學位。這兩位是南京省皈信者中最傑出的人，事實上他們的名聲極大。當然，他們都很高興京城裏的傳教中心已很好地建立起來了，基督教的前途是非常有希望的。他們到達後的第一件要務就是來拜訪教堂，行懺悔禮以及領聖餐。有人説，保祿是如此虔誠，以致在領聖餐時竟忍不住流下淚來，就連站在聖壇欄杆旁的人們看了也一樣流淚不止。在他們成為基督徒之前，他們兩人沒有一個成功地獲得自己所追求的最高學位。這次他們在文藝競技場[2]上，好像是去赴戰場，對上帝的福佑滿懷信心；結果是勝利了，兩人都得了博士學位，而且都肯定會獲得自己選擇的翰林院的身份。幾個月之後，馬丁被委派為浙江省的軍事長官。又過了六個月，他被提升到南昌的一個更高的職位，不久又升任到他那個部門差不多最高的地

1　指徐光啟考取進士和參加選翰林院庶吉士。——中譯者注。

2　指科場。——中譯者注。

位。他連連越級提升，而不是按照慣例那樣逐級地升遷。

考試結果公佈時，徐保祿的名字沒有列入最高的等第。因此，根據國家的慣例，他被列入派到京城以外的某地去做官，而非在一個較低的部門裏。從後者，他可以指望得到更高的榮譽。但是看起來似乎天意要選定此人在北京成為基督教的保衛者，因為完全超出了他最大的希望，他被留在北京，並被委派了一個顯職。

在剛剛提到的那次考試之後，全國共頒發了三百零八名博士學位。在這之後不久，還有另一次考試，用以選定皇家學院的成員。順利通過此項考試的候選人隨後就被安插在叫做翰林院的這個皇家學院之內。從參與考試的總數中只選定廿四名，而且和所有的學位考試一樣，這廿四名必須精通中國文字的準確結構。成功地通過此項考試的候選人，最後可能成為國家的最高官員；如果他們奉命擔任一個政府職務，他們都是直接被委以最高職位，而不需晉升。

純粹由於缺乏信心，徐保祿並不想嘗試此項考試，但他在神父們以及教徒們的請求之下讓步了，他們提醒他，取得更高的榮譽將增進基督教的利益。他運氣很好，成績公佈時他取得了第四名，因而提高了他個人的聲譽，也使教會大為高興。但是事情並未到此結束。這廿四名考試獲得成功的候選者，並不立即成為皇家學院的成員。他們所取得的只是經過最高官員閣老的一段時間的教導之後進行聚會的權利或特權。可以說，還得再擲一次骰子。在廿四名當中只有十二名或至多十五名最後被選入學院，他們由一系列的月考來決定，在月考中只有一個候選人能取得資格，通常是第一名。因為所有這廿四名都奉命參加每次月考，一次考試的第一名就常常會在某些其餘的考試時請假，以便給別人一個取得最高榮譽的機會，而且也不致顯得過份熱衷。他可以任意這樣做，而這樣做既不喪失地位和尊嚴又獲得朋友。

徐保祿現在對自己的地位和神父們在京城的安全有了把握，從這時起他就集中全力來推進他們的利益並傳播基督教。他是一個罕有的虔誠和生活聖潔的典範，教徒們都仿效他，異教徒都欽佩他，其間最傑出的一些異教徒常說：「還有任何人像徐保祿一樣地聖潔嗎？」他把他七十多歲高齡的老父帶到北京，想爭取他在壽終之前皈依基督。經過保祿本人以及神父們的大量工作，這位老人終於認識了上帝，拋棄了他那些偶像。最後，而且在他那高齡是十分幸運的，這位老人在他逝世前約一年半領受了洗禮。我們暫時擱下徐保祿，以後再談他。

北京的教會逐步從嬰兒時期發展為幼年，不僅徐保祿而且別的教徒也以他為榜樣起了作用，特別是他在經常行贖罪禮這一方面。他的兒子，而尤其不同尋常的還有他的夫人，都步上他的後塵。在這裏，有關婦女被隔離的問題仍有待解決，這位夫人是北京第一個想出解決辦法的。沒有多久這幾位教徒就要求領受聖餐，但神父們傾向於推遲這一特權，以便加強對這一聖禮的虔敬。那些作為這家懺悔師的神父們敦促懺悔者先行幾次懺悔然後再領他們的第一次聖餐，以便使他們獲得深刻的印象：上帝來臨時，他們的靈魂必須是儘可能地純潔。為了縮短推延的時間以及完成必要的懺悔次數，李保祿，這位前面提到過的另一位著名的保祿，每天都去做懺悔，包括星期日和節日在內。這樣迫切要求生命的麵包是不能推延太久的，於是他在復活節那個星期日領取了聖餐，他十分虔誠，流下了熱淚，使在場的教徒們都衷心感動。從那時起，他在每個基督教的節日都來到聖壇的欄杆前，頭一天嚴格齋戒作為準備，在當天還繼續齋戒作為感恩。

在教會駐地總有人向他報告神父們在宗教活動方面的每一件事，因而他得以仿效他們的宗教生活的方式。如果那裏在守齋戒或進行別的基督教規定，李保祿也在自己家裏照樣做。他剛一聽說關於贖罪的情況，就不斷地詢問神父們如何能夠獲得贖罪，後來他不知從哪裏讀到教皇可以向任何一個皈化了異教徒的人頒賜大赦，他就越發熱望做成這件事了。想獲得這種精神酬報的強烈願望，時刻鞭策着他去尋找待救的靈魂。他非常迫切要領堅信禮，人們幾乎無法攔阻他去謁見澳門主教，那裏距他家需要四個月的行程。事實上，他就要上路了；神父們勸說他，離開八個月將對他的家庭極為有害。情況也確是如此，因為自他成為基督徒以後，由於犧牲了某些異教活動，他的家庭收入已大為減少。同時，他還必須回湖廣省去料理一些家務並照料老母。他到了湖廣，十分積極地傳播基督教的知識，並且給將死的孩子行洗禮，對病危的成年人先給予充分的教誨再行洗禮，把很多靈魂送入天堂。他頻頻給神父們寫信，總是表示想要回來再訪教會，但是他的母親日益衰弱，他負有照料的責任，使他不能歸來。對中國人來說，如果他不這樣做，就會是一樁醜聞和丟臉的罪行了。

在這裏讓我們插入一段與我們的朋友李我存有關的小故事，他那時還不是教徒。正好一年前的這個時候，他被委派主持在福建省城舉行的福建省碩士學位的考試。或許全國最傑出的知識分子都在這個省份裏了，所以把他委派到這裏標誌着很大的榮譽和尊嚴。考試的結果由主考官書面發表，而這一次，沒有什麼明顯的理由，李我存卻寫了一篇對歐洲文學研究的頌詞。

後來，他被調到山東省的一個高級職位[1]，當他赴任時，他把他府中的大部分傢具都送給了神父們。他還想帶一位神父和他同行，但由於現有的神父很少，他的邀請只好謝絕了。為了使人們對中國官府管理的正直得到一個概念，談談下述的情況可能是有趣的：那就是這位李我存因為有人控告他在他經常出席的宴會上舉止輕浮以及過分沉緬於玩棋而被剝奪了所有高級職務的權利，降到一個較低的職位上達三年之久。蒙受了三年恥辱之後，他又被召回復任高官。

就在這一年，全國的主管長官都三年一度地來到北京向皇上致敬。在他們被允許留在京城的期間，大街小巷擁擠不堪，以致難以通

1　指李之藻在張秋治河。——中譯者注

行。神父們在這裏利用這一大好時機與來自其他他們設有居留點的城市的地方長官和無數的商人們進行接觸。這是一個提高北京教會聲望的辦法，北京教會像一棵大樹使各地教會在它那樹蔭之下得到庇護。在這種時機，也不乏人向高官顯宦控訴，說他們讀到神父們撰寫的某些東西毀謗了偶像。他們提出這一點來作為有關社會安全的藉口，據他們說，神父正以他們的佈道或許是企圖擾亂治安。他們聲稱，神父們通過一根把他聯繫在一起的共同紐帶就可以煽動起很多人來造反。這些批評者據說都是一些知名人士。而普通老百姓即使埋怨神父幾句，也很難希望有多少結果的。然而，由於上帝的保佑以及一些朋友的庇護，傳教士們勝利地挫敗了他們的對手們的敵意活動。

第四章　基督教在南昌

蘇如望神父隻身一人在南昌教會工作了三年，身染重病，最後發展成為肺結核。另一個對教會發展的障礙是，此地有很多皇親國戚，是一個富有而無所事事的階層，他們的跋扈是人言嘖嘖的。然而，儘管有這些阻礙，他的聖潔和非凡的熱情，卻成就了超出人們所可能的希望之外。他的皈信者大都是普通老百姓，在這段時間裏只有很少的幾位著名人物被接受入教。其中一個是一位八十老翁，一位地位很高的士大夫，他對於傳播基督教抱有異乎尋常的熱情。他是一位大手筆，寫了很多論述基督教原理的文章，都是他從神父們那裏學到的。為了吸引知識分子的注意，他熱心地從他們自己的書中蒐集了數量驚人的有利於基督教的見證。

在教會駐地旁邊住着一家異教徒，有一天這家的父親把他剛出生的嬰兒送來領洗。蘇如望神父認為在那時給孩子行洗禮十分不保險，考慮到他的父母並不想放棄他們的異教徒的錯誤，而且這種表面的虔誠是真是假也很值得懷疑。所以他把孩子放在聖壇上，給他灑了聖水，並且命名為如望（Giovanni）。不久之後，這家人從這裏搬走了，以為這孩子已經入了基督教。七年之後，那父親又帶着孩子來到教會駐地，感謝上帝奇跡般地使這孩子出乎意外地由重病恢復了健康。這孩子一度昏迷不醒人事，他們已經認為他回生無望；他後來告訴他們，這時他似乎看到聖母向他走來，懷裏抱着一個孩子。這個孩子叫他的名字叫了幾次，他好像是從夢中醒來，從那一刻起他就痊癒了而且很強健。家裏的僕人沒有一個絲毫懷疑，那孩子所看到的婦女就是他們自己常在教會駐地所看到過圖像裏的那一個；而那孩子也證實了他們的信念，當有人給他看兩種聖母像時，他就指着據說是福音書作者聖路加所繪的那幅原像的複製品。只是到這時候蘇如望神父才告訴那父母，他們的孩子從沒有領洗，但是他說他願意給孩子施洗，如果他們答應再不讓他崇拜偶像的話。孩子的父親同意這一點，但是他不肯聽從勸說放棄他那種從中國曆書上選一個吉兆良辰來舉行儀式的想法。所以他把孩子帶走了，但第二天他又領他回來；孩子受洗之後，父母拿了一本教義問答手冊回家，開始學習以準備自己皈信。

南昌一小羣教徒在完成宗教職責方面堪稱典範。他們按時參加彌撒，遇到疑難時來接受教誨，辦喪事時嚴格避免一切的異教儀式，並且公開宣稱他們信仰基督。所有這些都大大帶動了基督教的傳播。

舉一個他們熱情的事例：有一位教徒出城辦事，到了一位異教朋友的家裏。進入客廳之後，他背朝着被異教朋友安置在房間一端的一堆偶像就座。主人告訴他，這樣就坐是對神不敬，他回答說：「我只拜一位上帝，我和偶像毫無關係。」說着，就向自己然後又朝那些偶像劃十字，把椅子搬到房間當中，重新坐下，臉仍然背着那些神像；他的朋友也就只好作罷。中國人對於他們認為應該給予神祇的尊敬，不如對於他們認為應給予朋友的禮貌那樣看重。吃午飯時，這位異教主人正要把幾樣小菜擺在偶像前面作為博取吉兆的上供，這位基督徒就說：「如果你這樣做，我就不吃你放在桌上的東西。」於是主人寧可免去迷信的禮儀而不願得罪客人，這位客人覺得他已兩次戰勝了這些毫無生命的偶像。這同一位教徒有一個鄰居，他的妻子離家出走了，丈夫找到一個算命先生想問問她回不回來。她象那個算命先生所預言的那樣回來了，但她的丈夫一看見她，就認為她被魔鬼附了體。她心神錯亂並且發狂，他明白自己手裏現在已不是一個家中主婦而是一個仇敵了。於是採用了各種異教儀式和禮節來驅除惡鬼，但是毫無結果。這時，那位教徒進行了干預。首先他背誦了聖母的玫瑰經，然後以他全部的信仰，大聲詈罵那個惡鬼膽敢進到離他家這麼近的人家裏來，而他家是供着基督受難的十字架的。然後，他朝着婦人劃十字，用嚴厲的語言命令惡鬼走開。這時那個着了魔的人變得安靜了，呶呶不休的惡鬼也安靜了。還有許多例子可以說明教徒們的強烈信仰，他們用聖水完成的驚人奇跡真是不勝枚舉。

基督教在南昌興盛的開始，由李瑪諾神父的到來而得到促進。李瑪諾神父從他自己在南方的住所監管着三所教堂。和他一起來的有蘇如望神父和最近剛被接納入耶穌會的丘良厚修士（Brother Pascal）。他們來到後就開始更加努力地耕耘這塊土地，他們極為積極，以致到了第二年，即 1605 年，信徒的數目就增加了一倍，而在他們到來之前則有二百多人聚會。

在原先的教徒中有幾位士大夫和皇親。王族（中國人說的時候，稱他們為皇族）中第一個和神父們結識的，是由他的妹夫即我們前面已談到過的那位學士教徒保祿所介紹的。經過漫長的教誨過程之後，他在西班牙教會慶祝望誕節的那天受洗。他取名若瑟（Joseph），是中國王族中第一位崇奉萬王之王基督的。他和皇上的關係絕不能和我們歐洲的術語混為一談。它遠遜於我們的王族概念，而且雖然皇上的親屬都有其自己特權、財富和尊榮，但他們決不允許擔任任何公職。

若瑟的弟弟也學他的榜樣，決定和他一起入教。他受洗禮的日子被推遲到主顯節，別人告訴他這是三王從遙遠的國度來朝拜剛誕生的天上之王的日子。他對此回答說：「如果他們是三個人，我們則是四個人。」他提名他的弟弟和一位表弟並且還把他帶來的另一個男孩子介紹給李瑪諾神父請求指示。他要求給這孩子取名瑪諾（Emanuele），並且就這樣被命了名，此後孩子的父母一直都用這個名字叫他。

這三個成年人在預定的日期被接受入教，以莊嚴的儀式受洗並取了三王的名字：梅爾基奧爾（Melchior）、加斯帕爾（Gaspar）、巴爾薩沙爾（Balthasar）。過了不久，若瑟的妻子和幾位男女親戚也皈依了。這幾個孩子的老母是位寡婦，非常虔拜偶像，她度過此前的十年是按照中國的風俗嚴格地戒葷，不吃肉、魚和蛋，只靠蔬菜、大米和麵粉做的食品生活。她的兒子力圖勸她放棄這個迷信，最後竟獲得成功。她結束了吃齋，並在教堂裏把她全部可憐的偶像和她用來禱告偽神名字的唸珠一起都在火爐裏付之一炬。她還交給神父們一份文件，是偶像的祭司們賣給她的類似致閻王的請願書。這份請願書請求閻王陛下在她死後寬待她並免掉對她的過錯所應給懲罰。這份文件叫做「陰曹路引」。她交出這些形像換來了送給她的一個十字架和一部聖母玫瑰經。她習慣戒葷，現在發現已很難改變，於是就建議她行教會的定期齋戒。她的指導師對她說，十誡乃是通向天國的道路，不是通向地獄，它通向獎賞做了好事的基督徒的天國之王。這位夫人在自己家裏從丘良厚修士那裏接受教誨，但她從不見他的面，因為中國婦女嚴格不與人接觸。他向她講話是隔着一個掛了簾的門，而他這樣做時總以為只是在向一個人談話。到了她領洗禮的那天，他才發現接受聖禮的不是一個人而是還有六個人：她的女兒、姪女和四個侍女。當問到這幾個人都曾聽到過什麼時，十分明顯的是她們都已充分得到教誨可以入教了。她們都十分虔誠，以致儘管中國婦女厭惡被人摸觸，但她們對於任何儀式，甚至於塗油禮都沒表示任何不快。

這個傳教區信教的人數迅速增長，以致教堂裏已容納不下這麼多的會眾。因此每星期指定三天讓某些人來做彌撒，可是在星期日和節日他們還是都到教堂來。在領洗的日子，習慣上要分發聖像和紀念章，但是由於這類東西必須遠涉重洋經過許多國家才能運來，所以傳教團供應的數量不多，很快就散發光了。為了滿足需要，神父們叫當地的刻工刻了一個木版用來印製聖像，因為中國人不會銅板雕刻的技術。在像上印了一段説明，解釋天上的上帝並沒有物質的形象，所以在降臨人世時就採取人的形象並賦有人性，並且從天上帶來了神聖的律法。加上這一段説明是很必要的，因為中國人成為基督徒以後，就把他們家中各個房間裏原來裝飾着的偶像全部清除掉，但又沒有別的東西可以代替，於是他們的異教朋友就説基督教是空虛無物，因為他們沒有上帝。

在新年開始時，中國人把神像放在家宅大門上，所以基督徒們就在他們的門上放一個寫着耶穌和瑪利亞名字的牌位作為信仰的一種宣告，表明他們家宅的守護神。這也向來訪者標出他們的基督徒兄弟住在哪裏，並使他們寬慰地知道在遵守民族習俗方面他們自己一點也不比別人差。這同時也對神父們是一種欣慰，他們知道自己子民的家宅是有標誌的，正如在埃及人中間上帝選民的家宅是用羊血塗作標誌那樣。

第五章　韶州的光明和陰影

我們已經提到，龍華民神父在韶州城和附近的鄉村很勇敢地使基督教從小小的開端發展起來，他所接受的教徒形成為一個有良好教誨的教區。贖罪禮給他們很多人留下了深刻的印象，感到既驚奇又讚美，雖則把自己最隱蔽的思想坦白給另一個人的這種想法，起初無論如何似乎都是人性所不能接受的。人們很難相信，一位神父在星期五就主的受難做了佈道之後，他們是以何等虔敬與忠誠的心情敬奉十字架的。韶州的教徒得到良好的教誨，以致於每當被捲入與異教徒展開辯論時，他們總能以勝利告終。他們出於同樣的堅貞，也學會了忍受妒忌者的侮辱，乃至更嚴重的傷害。

看起來似乎人類的敵人從沒有停止過干擾我們這個團體。他當時在這裏有一位特別的代表，那就是我們在前面已提到過的那個和尚[1]，他被皇上下令驅逐出北京，流放到廣東省。他到這裏後住在離城約二十英里的南華寺，因為他是個名人，所以即使是個流放犯，還是吸引了很多的追隨者。追隨他的教義的人與日俱增，像他這類的人是很容易因受人歡迎而得意忘形的，他也就由此招搖過市。他很了解神父們在做什麼，超出了神父所能意識到的。他還知道神父們盼望着有一天偶像崇拜的活動會動搖和垮台。所以他決定運用他的權威阻止這一個咄咄逼人的危險，但他首先想到他應該會見這位龍華民神父，弄清楚他是個什麼樣的人竟能把人民的希望提升到這樣崇高的境界。同時，他又保持着自尊心，不肯在外國人來拜訪他之前就去屈尊就教。他不得不策劃把拜候顛倒過來，但他的計劃是一場空；他收到的回答就和他送去的那份請柬措詞一樣粗魯。神父們認為在這個國家裏一個聖道的佈道者是不宜和既缺乏任何道德責任感又被公認為不講道理的人打任何交道的。這位和尚完全絕了望，最後決定首先來訪；他來時不僅笑裏藏奸，而且還抱着中國人流行的錯誤印象，即他要來會見一個沒有文化的野蠻人。他聽到龍華民神父談論自然事物以及超出自然之上和與自然相反的事物之後，很擔心他的來訪將以被一個比他更有學問的人駁倒而告終，於是他說他聽到的東西沒有什麼與他自己教派

1　按此人即憨山，俗名蔡德清。——中譯者注。

的教義是大相徑庭的。然而，神父們著作中對他的偽神所寫的猛烈抨擊使他難以忍受，他威脅着要進行報復。在這裏我們又可以說，由於上天援手的及時干預才消除了一次陰險的恫嚇。正在他看來地位十分安全，而且全力從事廣聚門徒、修建寺院以及支援寺中的和尚時，皇上再次降旨把他流放到這個帝國海岸南端的海南島去。

一個危險度過之後，神父們和整個基督教事業又面臨另一個更嚴重的困難。這個城市的市長[1]得到報告說，基督教的律法規定，凡是基督教的信徒都必須把自己祖先的像燒毀。這在中國人看來是大不敬，這種事在他們的眼裏要比在歐洲人看來嚴重得多。龍華民神父一點不知道市長得到的報告，卻碰巧有個機會去拜訪市長。當市長對他談起這項控告時，他很驚奇地發現，市長大人雖然相信這份誣陷的報告，但決定並不懲罰神父們而只是告誡他們。這時他勸告龍華民神父避免這種做法，説它可能給一個外國人帶來巨大的損害，而一個外國人住在異邦，本該是更加謹慎行事的。這時，龍華民神父辯護已經做過的事情，並不否認自己對某些偶像所採取的作法，他説他認為整個知識階級都贊成廢除一切有關保護偶像的律法。

這次會晤有很多縣府的成員都在場，為了他們的利益，龍華民神父否認曾做過任何傷害祖先的事情，他引用了基督教有關對父母應該尊敬的誡條。繼之在兩人間進行了長時間的嚴肅辯論。市長既不願顯得被人擊敗，同時也不甘心被當作是反對傳播福音。教徒們覺得這次會晤加強了他們的地位，他們可以説，他們的博士不害怕在公庭上為基督教真理而辯論。

所有這些事情都正好發生在那位道裏的新官到來的時候，他管轄着韶州和南昌[2]的所有官員。由於擔心市里的長官會去拜謁那位道裏

1　德禮賢考為龐履教，他任曲江知縣。——中譯者注。

2　原意大利文寫作 Nanhium（南雄）。英譯本此處有誤。——中譯者注。

的代表提出前述的那類控告，所以龍華民神父決定搶先拜訪。他贈送給這位欽差的禮物中有一本利瑪竇神父最近在北京出版的基督教教義問答手冊釋義[1]。這位大官曾經偶然聽説過利瑪竇神父，聽説過他來到京城並且怎樣地受到大臣們乃至皇上的歡迎。他在市政府人員的面前説，利瑪竇神父被皇上留在北京，從皇庫中得到一筆津貼支持，最高級的官員都着意交結他。他又説他很同情利瑪竇神父的命運，因為看來好像他已經被禁止回國。對這一點，龍華民神父回答説，他的同伴留在北京完全出於自願，他並不歎怨想回國；至於他以及別的神父來中國的目的，都已在他剛剛贈送給這位來視察的道裏的書中解釋清楚了，這本書是由利瑪竇神父本人就在北京撰寫和出版的。欽差對這次會見以及神父的態度非常高興，他給予客人的款待打消了市里的官員可能打算製造麻煩的一切希望。相反地，他們認為他是要把神父們置於他的保護之下，而後來的事情也確實如此。然而，即使這樣也不足以把附近寺院裏的和尚嚇倒。基督徒數目的增長就意味着他們自己信徒的數目相應減少，而更加嚴重影響他們的則是他們的收入也就在下降。所以他們決定由他們的主祭人去拜訪龍華民神父，目的是使這一特殊困難得以停止。他到教堂來的這次訪問，半是懇求半是威嚇，神父對此一概是一笑置之或者是開個玩笑，因為他已了解當地官員們的態度。

就在這一年，李瑪諾神父和他的三個同伴回到了韶州。教徒們一聽説他到來，就爭先跳上小船駛一段水路去迎接他們，並且敲鑼打鼓使之成為一場公眾歡迎的場面。他們還攜帶各種菜肴，使這幾位經過長途乘船的旅客們高興。他們登陸後，就在光天化日之下，大隊人前呼後擁把他們送到教堂，後面還跟着成羣的人圍觀這一景象。異教徒對此大感震驚，但神父們卻極為高興而感謝上帝，同時又在考慮，既

1 按即《天主實義》。——中譯者注。

然傳播福音的人能受到接納並且不受阻攔地在街上遊行，這是否意味着他們看到了這個國家向外國人閉關的漫長歲月已告結束。但是這種自由他們只享受了短短的幾年。在廣州挑起的反對他們的騷動降低他們的地位到這種地步，以致到現在寫這本書時始終還沒有恢復過去的平靜。可能是把太多的事都認為是理所當然的那種日益增長的習慣，反而增加了已經過多的種種限制。他們在教堂裏休息了幾天，這裏有很多教徒都來看望他們並給他們送禮，然後他們就準備離去。四人當中有一個留下來給龍華民神父作伴。其他的人又再次乘船到這個國家的內地去，教徒又以類似歡迎的盛大儀式歡送他們。

現在龍華民神父有了一位助手照料內務，他就可以更自由地從事傳播信仰了；他訪問附近村裏的教堂，加強教徒們的信仰，增加他們的人數。他在年老的保祿家中十分忙碌，教誨信道者，為皈信者施洗以及解答他不在時所發生的難題，他們把這些難題都寫下來以便在他們的指導師到來時可以準確地回憶起來。保祿這位老人決心要盡自己的所能來學習有關信仰的一切東西，因此很難使他脱離神父的身旁，即使在神父們教誨望道者的時候也是如此。並不是所有活動都集中在這裏。保祿的一位親戚住在大約十英里以外，也邀請龍華民神父去他那裏。因為此人在他那裏很有名氣，秉性虔敬而同時又熱心公眾福利，所以人們認為他可能為進一步傳播信仰增添了前景。

保祿陪神父上路，他們到達時發現那裏已聚集了一大羣人來觀看並聽神父傳道。龍華民神父走進客廳，客廳裏有一個講壇或類似祈禱的角落，在那裏他很驚奇地在大約五十個偶像當中看到一幅很顯眼的聖母像，手裏抱着嬰兒耶穌，施洗者約翰跪在前面。在場的人當中沒有一個了解這張像，只知道它代表上帝的母親和萬後之後。看到這張像使神父非常欣慰，他形容它是「荊棘中的百合花」，並斷定這是贈送皇上禮物中的那張像的一份複製品。他便就這個場合選取講道的內容，講了神與人以及聖壇的聖禮，並且告訴他們關於施洗者約翰的全部故事[1]。他們聽得十分入神，特別喜歡他有關聖母訪問節的故事和講述未出生的約翰如何受到救世主來臨的影響。

後來，這家聽眾聽到講起基督教信仰的奇跡都大為感動，以致他們全體包括全家和僕人都決定拋棄他們的偶像而遵循基督。不僅如此，他們還明確地做出憎恨的表示，立即把偶像從供奉的地方取下來，在院子裏一把火燒掉。然後，以恰當的祈禱來祝福講壇，把聖母像和先驅者的像供起來，龍華民神父用他為此而帶來的東西把聖壇佈置好。他叫他們都跪下來，請求上帝寬恕他們過去尊奉過偽神，並保證今後只信奉唯一的一位上帝，即萬物的創造者和調節者。

有一天，神父正在這間客廳講道時，有三位屬於附近寺院和修道院的和尚在場，這兩處寺院都是神父目前的主人華仁（Vaigino）[2]修建的。在講道結束時，傳道士和獻犧牲的祭司展開了長時間的辯論，辯論結果他們的黑暗屈服於他的光明，於是三人都同意一旦皇上公開下諭恩准，他們就接受基督教的信仰。這種進展使年老的保祿非常開心。那天寺院的和尚離去時，主人的妻子罵了他們一頓，罵他們在她家裏和客人這樣不客氣地辯論。

過了幾天，在這次遠遊的第一次洗禮儀式上，有十八個人領了洗並宣誓皈依。主人華仁未被接受入教，因為他還受着多妻制枷鎖的束縛。此人沒有子女，這在中國人當中被看作是一件大不幸，在最初的會晤中還無法説服他為了永恆的得救而放棄他傳宗接代的希望。

在另一個村莊，信徒們已修建了自己的教堂，他們人數在不斷增加而且信仰很堅定；那裏有一位九十高齡的老人，他的情況很值得一提。此人年老，頑固堅持自己的錯誤，在龍華民神父來到這裏的四年當中，他從來不聽有關基督教的一句話。他並不獻身於偶像崇拜，也

1　事見《馬太福音》第三章，又《馬可福音》第一章，《路加福音》第一章。——中譯者注。

2　譯音。——中譯者注。

想不到自己曾做過任何錯事，他說他所以長壽乃是對於他的清白所賜的獎勵。最後，由於他的子姪們的影響，他成了基督教徒，但他堅持要推遲三個月再受洗以便為此事準備慶祝。這個想法顯然是受魔鬼唆使的，以便防止他的獵獲品從他的魔爪中被搶走。但是恆心終於戰勝了頑固。龍華民神父告訴他，除非用洗禮的救贖聖水洗掉他過去一生的罪惡，否則他自己就不離開此地。最後他們達成了協議。他受了洗，取名安東尼（Anthony），幾天之後他就因年老去世了。很明顯，上帝保佑了他在此生活下去，直到他準備好進入更好的生命為止。

關於灑聖水所造成的奇跡，曾有過不少的議論。那時某村有一個婦女得了病，就請教士用聖水來為她祈福使她重新有希望活下去。教士和那個婦女所希望的事情實現了。在祝福她之後，她的身體和靈魂都恢復了健康，於是她和她的丈夫以及其他幾個人都受了洗。後來，他們都燒掉了他們的偶像。過了不久，這裏有三十人在一次儀式上領洗。把本村和附近住地的教徒都算在一起，那一年在韶州駐地共有一百四十人入教。這就是韶州教會的進展，但它突然因在省會爆發了反神父們的風暴而停頓了，而且倒也不算壞事。我們將在適當的地方再談此事。在這裏所取得的進展是值得載入教會的史冊的，它是比日麗中天還要明顯的天意所行神功的結果。

第六章　瞿太素終於皈依了基督

南京共有四位教士和一名修士，[1] 他們和一些學生及傭人構成一個團體，人數比通常要多，因此教堂監督羅如望神父不得不買下附近的

1　德禮賢以為即游文輝。——中譯者注。

一所房子來安排足夠的住處。三位神父的全部時間都用來攻讀文學，只剩下兩個人從事教會工作。因此所得的收穫就與宗教團體的人數不能相稱了。除了家務事佔據了這兩位教會工作者很多時間，羅如望神父每天還給其他人上中文課，那位修士還教普通百姓新信徒的教義問答。雖然他們整日忙碌於這些，新入教的人卻不少。其中就有我們盼望已久的朋友瞿太素，關於他的情況我們已介紹過了，以後我們將稱他為依納爵（Ignatius）。所有的神父和基督教在中國的事業都大大受惠於此人，即使他還是個異教徒的時候；因為無論在廣東或在江西省所取得的成就，大部分都是由於他的合作。蒙上帝恩佑，全靠了他的努力，南京的駐地才得以建立，而且也主要是靠他的關切，神父們才得以第二次從水路去京城。因此神父們都渴望着以一切可能的方式報答這些恩惠。

使他長時間遲遲不能進入教會的，有兩個嚴重障礙：第一，他和妾生活在一起並生了兩個兒子；第二，他對偶像崇拜深有修養，關於這方面正打算寫一本可以使他大享盛名的書[1]。使他接近基督教義的原因是，他很讚賞基督教的真理和它的聖潔，使得他在大庭廣眾的場合總是要加以頌揚。而且神父們的言行都對他表現出真誠的感情。在正反兩方面都具有吸引他的影響之下，他繼續左右搖擺，總是拿不定一個主意。

有一次他來南京時，帶來了他的長子；他把這個十四歲的孩子交給神父們，使他接受基督徒的教育。他常常說，他確信除非成為基督徒，就沒有別的道路可以進入天國。但就這個孩子而言，單單這一點就不夠了。他要把他留在教會和別的學生在一起，使他在他新的信仰上得到充分的教誨。當然，這很合神父們的心意，因為他們與孩子的

1　《指月錄》。——中譯者注

父親有友誼而且也為了孩子將來的好處。由於他父親崇拜利瑪竇神父，所以孩子就取名瑪竇（Matthew）；孩子欣然從事中國文學和歐洲文化的學習。因為孩子在教堂裏的勤奮而獲得很大進步，他的父親和親戚以及很多別的顯貴們都覺得受益匪淺而十分感激神父們。

就在依納爵這次來南京時，黃明沙修士也因公或因故來到那裏。這兩個人在依納爵（當時叫作瞿太素）在廣東省和神父們住在一起時就已經相識了，從那時起他們就一直是很知己的朋友。黃明沙修士發現他的朋友經過多年的猶豫不決之後，現在仍然是個異教徒，就憑着交情痛罵了瞿太素一頓，罵他不肯放棄他那種流浪漢的生活方式，並且仍然堅持他那頑固的方式對抗上帝的恩惠。顯然，在黃明沙修士大加責難的時候，這同一個神恩的內在活動起了作用，結果是他的朋友當時當地就決意傾聽上帝的聲音。他不再到處尋找藉口了，而是着手反覆閱讀基督教義論並且加以分析和研究。這些都完畢之後，他最後要求領洗。他的第一步就是和他的妾正式結婚。其次，他把他家裏的全部偶像以及印刷的刻版和他有關各種教派信條的全部藏書都送到教堂去，請求把它們全部付之一炬。他所應允的事都不折不扣地實現了。有一天，他給教徒們做了一次批駁偶像崇拜的雄辯的講話，聽眾的十分驚訝又被他們聽他講話感到十分高興所掩蓋。

他的洗禮在聖母領報節那天舉行，在那一年這個節日正值四旬節中的一個星期五[1]，那天的福音書是拉撒路從死人裏升天的故事[2]。黃明沙修士就在這個場合佈道，並且講到那天的三節課，講到上帝變成人，我主在受難日的受難和拉撒路的復活。依納爵也在場，他懷着十分虔敬的感情把拉撒路的故事引用於他自己的歷史，使所有在場的人都顯然深受感動。在他走上前來領受洗禮時，他匍伏在地上，以前額

1　1605 年 3 月 16 日。——中譯者注。

2　事見《路加福音》第十六章。——中譯者注。

叩地四次；這種習慣是中國人所熟悉的，用以請求寬恕自己的錯誤。在這以後，他朗誦他寫好的信仰聲明；他給了神父們一份副本作為他忠誠的保證。我們這裏提供一份這個非凡文件的譯本，儘管我們認識到採用另一種語言來表達它是不能希望保存原文的優美和典雅的：

我，瞿依納爵，於大明朝己酉年二月初六日（1549 年 3 月）誕生在南京省蘇州地區[1]常熟城。

我懷着十分崇敬的心情，並且極為悔恨自己的一切罪惡，誠惶誠恐地祈求全能的上帝寬恕它們。願上帝恩准以洗禮的活命聖水滌去我的罪惡從而使我配被接納入教。我已是五十七歲的人，現在確實認識到長期以來我有眼而看不見上帝的神聖律法，有耳而不願諦聽他的聖名。恰恰相反，我寧願追隨釋迦的教派……我廣泛宣傳這種教義。這是我最大的錯誤，並且確實是一種滔天罪行，罪該入地獄中最深的牢籠。

幾年前，我有幸遇到由泰西遠來的真理大師利瑪竇和郭居靜以及助手鍾鳴仁修士。他們是最初告訴我神明的奧祕的人。後來，我又認識了羅如望和他的同伴黃明沙，他們堅定了我對我已學到的教義的信仰。這幾位律法的博士教給我，上帝創造了天、地、人和萬物，而所有這些都必須服從上帝的律法，凡與此相反的教派或律法決不可能是對的；上帝通過他的教士寬恕那些真心懺悔的人的罪，對於這種悔罪，只有上帝才能賜與他們在天堂永遠幸福的報償。現在我確信用這些方法人們可以得到全能的上帝的恩佑，我懇求天父用這一真理來浸潤我的頭腦，使我的心神永遠堅定地尊崇上帝而不致辜負所望。

我謹保證從我接受洗滌靈魂每一種玷污的洗禮之日起，我將

1　即南直隸蘇州道。——中譯者注。

把殘存在我頭腦裏的對於偽神和環繞着它的不合理的教義的信仰徹底掃除乾淨。我還保證在我的思想和願望中，絕不有意地卑鄙地追求不適當的炫耀個人的那種願望，也不追求世俗的虛榮以及任何其他虛假而危險的誘惑。我服從我的天父，將沿他的訓誡的道路一直向前，並且我要靠對我的感官的新的、適宜的約束，勇敢地努力重新點燃上帝所賜給我的理智之光，使它在我自己的靈魂裏發出它本來應有的光輝，幫助我和別人共享它可以使我完成的一切善舉。

至於有關基督教信仰的各項條款，雖然我不能領會其全部崇高的奧祕之偉大，但我全心全意謙卑地服從這些條款的規定，並堅信其中所包含的一切；與此同時，我懇求聖靈賜給我能更好地加以理解的光明。現在我剛剛開始信仰，我的心像嬌弱的花苞承受陽光一樣地為聖光而敞開。因此，我祈禱聖母為我向她的聖子求情，賜給我以靈魂的力量和生氣，使我的決心能保持堅定而不致軟弱和搖擺。願上帝開啟我靈魂的能力，使真理得以進入其中，使理智得以維持，並使我的心保持純潔。願我能張嘴向全國宣講上帝的律法，使我所有的同胞都能知道它並謙卑地歸順它。

此人就這樣勇敢地改變了信仰，大家對此都很高興。異教徒們看到依納爵對偶像崇拜捍衞了那麼多年之後也摒棄了它，因而也對基督教深表欽佩。

這個光輝的榜樣並不減低應該給予其他信徒們的讚頌，他們的熱情一遇到機會就表現出來。每天都有事例證明他們的忠誠，但是由於已被其他中心的編年史所記述，此處就從略了。然而，有一件不平常的皈依值得我們注意。那是關於一位剛剛入學的男孩。他是地位極為尊貴的皇帝顧問之一的兒子。他被從北京帶到南京來向李保祿學習基督教，為領受洗禮做準備。這時候他已背誦了全部教義問答。

在南京，羅如望神父不但維持住了，而且還加強了與地方官員的友誼。這在很多場合對他很有用，主要是防止他所住的地區長官找麻煩。有一次，這些官員試圖對官長施加影響，責成神父們作為街道的巡夜人去站崗守衛；而這只是他們很多次干擾中的一次，想叫神父去做與他們職務相違反的事。這一次，羅如望神父事先已聽說此事，趕在他們採取行動之前就去拜訪一位對此事負全責的友好的大臣。這位大臣立即把此事提交給一位更高的大臣，他依法處理了這個問題，作出的決定是對神父們有利的。他下達的決定中永久豁免了神父們的這類差使，因為他們屬於知識階級，也因為他們是外國人。此事就這樣圓滿地結束了，並且正是由於他們敵人的干擾，他們才得到了一項他們自己本來遲遲不會去請求的特權。

第七章　歐幾理德的第一次中文版

神父們在北京小心謹慎，因此基督教開始傳播時有意地放慢，怕的是基督教這件新鮮事物會引起懷疑並妨礙他們眼前要建立一個居留地的目標。這一目標一旦完成，他們已安全地定居下來，就再沒有理由拖延了，他們的一切努力都放在推進他們來此的最終目的上。起初在這個中心點裏，他們也是十分小心的，信徒要看熱誠而不在數量；在這方面我們提到過的已皈信的教師依納爵是個得力的幫手。到他這裏來的學生，不僅教以文化而且還有基督教教義。他把十字架放在教室裏，教學生們尊敬十字架；雖然他們並沒有都成為信徒，至少他們學到了關於基督教主要真理的解說。

他的班上有一個男孩，後來起名叫彌格（Michael），在學習上特別遲鈍，他不讓他聽基督教教義的課程。他推遲他上課的日期，要麼是為了促進他的要求，要麼是因為這孩子年紀小，還不夠從事學習宗教。有一天，這孩子從學校回家，被雷火擊昏了或者是嚇昏了，躺在路上失去了知覺。他醒來時說，在他躺在地上時他看見了很多天使簇擁着上帝，他聽到上帝說「現在我要饒他的命」。他被送回家，休息了一陣之後，他請校長到他家來；校長來了，給他誦讀了「我們的父」和「福哉瑪利亞」，這孩子就完全恢復健康，正常無病了。然後他告訴老師我們前面所敘述的故事。孩子的母親對他恢復健康十分欣慰，就把他獻給了上帝，要求按他本人所希望的，接受他入教。後來，她自己也成了經常參加活動的基督徒，現在仍然如此。

讓我們在這裏敘述一件不尋常的事件，它把很多信徒吸引到信仰方面來。有一個信徒被誣告殺人和其他幾項罪名。據說審理本案的法官接受了原告的錢和禮物的賄賂。被告的親屬看到其他的基督徒都來幫助他們的同胞信徒的那種方式，十分驚訝。賄賂對法官來說要比那人的清白無辜更有份量。結果是判決他有罪。

在所有恢復正義的希望顯然都已落空的情況下，看來似乎是天主決定了要來挽救他的忠實的信徒。判決是在一個級別較低的法庭上作出的，還必須呈報更高一級的法庭加以批准。在那高級法庭的法官接到這一案件的那天，他說就在前一天晚上，他在夢中看到一個人，那人的面貌和衣服與外國學者家裏所供奉的像上的人是一模一樣的。此人知道神父們。他曾到過神父們的住宅，看見過那裏的像，他說他夢見的這個人對他說：「你為什麼不幫助我的一個受屈的孩子？」他閱讀並審查了控告信徒的案件，推翻了原判，宣佈他無罪。原告被判犯有偽證罪，處以嚴厲的鞭刑。

還有另一個信徒，由於極度抑鬱而得了很危險的病。他請求一位神父聽他懺悔，他告訴神父說他看到過一位莊嚴的女人，全身縞素，懷抱着一個嬰兒。在教堂裏沒有一張像和他所看到的景象相符，但他說他確信那是聖母和她的孩子耶穌，他還說那位女人說：「這個人的病可以用發汗的辦法治療，我希望把他治好。」他接受了這種治療，幾乎立刻就脫離了死亡的大門，很快就恢復了。為了弄清楚病人的意圖，神父問他對於信仰有什麼懷疑沒有，這人說：「上帝親自使我起死回生，我為什麼不應該相信呢？」當他覺得體力已完全恢復時，他不用任何人勸告就到教堂來對自己成為基督徒時起的一生，做了一次總懺悔。

那時，神父們對於接受一位特別的教徒或許要比他們的牧羣中增加任何一個別人更為高興。這次是一個做銅和別的金屬生意的富商。他已經八十二歲了，當他決定入教時就把他全部鍍金的銅製神像和有關異教教義的珍貴藏書都交給了神父。他受教誨，領了洗，取名為費邊（Fabian）。此後他又活了三年；在這期間，他由於生意上的競爭而破了產，但他成為忍耐性的一個突出榜樣。那時候，儘管他住的地方離教堂大約三英里地，而且他總是非常忙，但他從未錯過一次星期日和節日的彌撒。最後，他得了重病，那比他的年高更加危險；他在行過懺悔之後，就要求領受臨終前的聖餐禮。他家裏沒有舉行彌撒的條件，而那時神父們也不習慣帶着聖禮在街上走。所以他們力圖安慰他說，既然他無從領受聖餐，他的懺悔就足夠使他上天堂了。

他的病越來越重，他更加迫切希望在聖禮中迎接天主，於是他叫人抬他到教堂去，到了那裏他就大喊「給我天主的聖體」。他們對他這樣做十分驚訝，於是把這個將死的老人放在附近一間屋子裏的牀上，他在那裏可以略事休息，而他們則準備以恰當的儀式給他準備聖餐禮。教士從教堂到這間病房來的路上鋪了地氈。在場的信徒都拿着點燃的蜡燭，像在祈禱那樣站着，形成一條長廊。當費邊覺察到他的天主正在來臨時，他好像獲得了新的生命，大聲地說他從心底饒恕競爭者給他帶來的不幸。然後他請求上帝寬恕他自己的一切罪惡。過了幾天，在得到聖餐禮和塗油禮的鼓舞後，他去見他的天主。他的妻子當時還是剛望道的人，以基督教的葬禮埋葬了他，過了不久她自己也成了基督徒。

在北京，神父們靠租賃房子住了六年，它有很多缺點。搬家很花錢，他們又找不到一個適合修建教堂的地方。在澳門遭受的經濟損失太大而又太頻繁了，以致耶穌會的視察員神父雖然很樂於、但卻很難以把這個中心置於一個鞏固的財政基礎之上，儘管十分明顯，傳教團是全靠這一點的。五百金錠就可以購買一所大得足以供他們團體所需的房子，當時他們的團體共有三名教士、兩名澳門出生的中國望道士以及兩名靠別人供養的學生。這些人再加上一些僕役，對於他們現有的住房來說就太多了，但是手頭又沒有資金可以購買一所較大的房子，首都的房產價錢很高。

正當神父們在尋找適合他們需要的住處時，他們聽說有一所房子出售，地點很合適，幾乎是在城區的中心[1]，面積很大，價錢合理。討價很低的原因是房子較老，而且據説裏面鬧鬼，用中國的法術都趕不走。幾個朋友被請來商量，其中包括徐保祿；他們不僅提出很好的建議，而且還凑足了進行這筆交易的錢。有了這樣的援助，三天之內就成交了；神父們於 1605 年 8 月 27 日遷入他們的新居。他們所做的第一件事就是修建一間漂亮寬闊的禮拜堂。

在這完成之後，北京的中心就永久性地建立起來了，他們感到輕鬆多了。望道士單住在房子的另一部分，離開日常活動很遠。整個規劃不僅得到在場神父們的贊同，而且也得到視察員神父的贊同，他撥款來償還債務並購買必須添置的傢具。後來又加蓋了三間房作為頂層，底層也增蓋了三間，使他們有較大的空間和更多的空氣。這所房子整個有牆環繞，而且和別的很多中國人住宅一樣，當購買下來時，它只有一層平房，所以視野所及就只有頭頂上的天空。

1　意大利文寫作 Sciuncin（順承門，即宣武門）。——中譯者注。

這個新房子很得人心，神父們有很多客人，各階層的人都有。收穫的希望和現在已經採擷的果實，是對所花費的勞動的一種安慰。必須有一位神父整天呆在客廳接待客人，幾乎沒有必要走出門去傳播福音。很多人都主動登門，當問起他們為什麼要來時，他們就以兩個字回答：「領教」（Linchiau），即我是來接受教義的。有的人是出於好奇而來，但是他們來的目的沒多大關係，只要他們的來訪有助於使人更好地了解基督。使人感到鼓舞的是，據了解來訪的人既有下層的人，也有上層的人，其中有很多人是貴族、學者和官員。在這樣的一個國家裏，真理傳播得越廣，人們也就認為這個真理越發神聖。

這處房產一買下來，神父們就把交易的書面契約送到負責這類事務的戶部門的主管大臣那裏去，請他加蓋官印，證明他們在皇城購買一處房產是得到主管大臣的充分同意的。然而，有一件事使他們有點不安。在過去五年當中，從沒有人向他們提起房產稅的事，他們也從來沒有打聽過，而現在他們卻被傳去解釋欠稅的問題。利瑪竇神父擔心，除了應繳的稅款以外，他們還不得不為長期拖欠而付一筆可觀的罰款。所以他寫了一份請求書，給一位和他這個地區的稅收官很熟悉的大臣朋友，請他就有關免除屬於士大夫階級的外國人一般稅務負擔問題和稅收官商量一下。這份請求書的結果是，不僅稅收官不再問起關於過去的問題，而且還發佈了一份書面文件永遠使神父們免稅，並把他們住所的名字從向皇上納貢的地名登記冊上勾掉。這份書面文件帶來很多好處，除了使他們免去納稅負擔以外，它還起官方證書的作用，說明他們作為外國人享受在皇城居住的權利。神父們覺得似乎他們的教會勉強總算在這個國家的首都有傳教自由了。

他們在新居安置好之後不久，就去離京城約有三天路程的北直隸保定府（Pantinfu）地區的鄉村轉了一圈。他們進行這次旅行的目的是要看一看基督教信仰是否已傳播到農村；而他們對他們所發現的情況一點也不感到失望。在他們來到北京之後的一年中，這個地區已有一百五十多名信徒入教，而且人數還逐年繼續增加。

就在這時候，神父們承擔了一項工作，那初看起來似乎與他們傳教的目的並不完全一致，但一旦着手進行，卻證明是十分有益的。徐保祿博士有這樣一種想法，既然已經印刷了有關信仰和道德的書籍，現在他們就應該印行一些有關歐洲科學的書籍，引導人們做進一步的研究，內容則要新奇而有證明。工作正是這樣完成的，但中國人最喜歡的莫過於關於歐幾里德的《幾何原本》一書。原因或許是沒有人比中國人更重視數學了，雖則他們的教學方法與我們的不同；他們提出了各種各樣的命題，卻都沒有證明。這樣一種體系的結果是任何人都可以在數學上隨意馳騁自己最狂誕的想象力而不必提供確切的證明。歐幾里德則與之相反，其中承認某種不同的東西；亦即，命題是依序提出的，而且如此確切地加以證明，即使最固執的人也無法否認它們。

保祿有一位朋友[1]與他同年中舉，但不能合法地取得更高的學位，他被委派與利瑪竇神父合作準備歐氏的這個中文版本。他每天給龐迪我神父上課教授中文，而且住在教堂裏，以便和神父們密切接觸並經常用中文談話。這兩位編者的結合並不理想。在這以前不久，利瑪竇神父就告訴過保祿，除非是有突出天分的學者，沒有人能承擔這項任務並堅持到底。因此，保祿自己便擔負起這項工作。經過日復一日的勤奮學習和長時間聽利瑪竇神父講述，徐保祿進步很大，他已用優美的中國文字寫出來他所學到的一切東西；一年之內，他們就用清晰而優美的中文體裁出版了一套很像樣的《幾何原本》前六卷。這裏也可以指出，中文當中並不缺乏成語和詞彙來恰當地表述我們所有的科學術語。徐保祿還要繼續歐氏的其餘部分，但利瑪竇神父認為就適合他們的目的而言有這六卷就已經足夠了。後來徐保祿把歐幾里德這

1 意大利文把他的名字寫作 Ciangueinhi，浙江人，德禮賢無考。——中譯者注。

六卷印成一冊出版，並為它寫了兩篇序言。第一篇[1]是以利瑪竇神父的名義撰寫的，它介紹了原著的那位古代作家，並且讚揚了由利瑪竇神父的本師丁先生神父對原作所作的闡敘以及他的說明和主要註釋，這些利瑪竇都已譯成中文。這篇序言裏還解釋了對於各個問題和定理的應用並附錄了其他的數學數據。在第二篇序言[2]裏，徐保祿對歐洲的科學和學術文藝寫了一篇真正出色的讚頌。這本書大受中國人的推崇，並且對於他們修訂曆法起了重大的影響。為了更好地理解這本書，有很多人都到利瑪竇神父那裏，也有很多人到徐保祿那裏求學；在老師的指導之下，他們和歐洲人一樣很快就接受了歐洲的科學方法，對於較為精緻的演證表現出一種心智的敏捷。

這本書剛剛出版，徐保祿的老父逝世了；他不得不離開北京，按照中國的習俗返回鄉里作為一個無職的公民守孝三年。在他長期出缺的時間，他從南京邀請來一位神父和他一起照顧他全家和他同胞公民們的精神需要。他父親的葬禮舉行得很有排場，但沒有任何異教儀式的色彩。他花了一百二十多金錠製作了一副不易腐壞的杉木棺材。作為葬禮的一部分，神父們在教堂裏搭了一個靈台，上面覆以黑綢。中國人的喪事用白色，但是他們願意按歐洲教會的習慣辦事。靈台四周始終都燃燭燒香，這一切徐保祿都堅持要付款以紀念他的父親。

信徒們肅穆地列隊前來唸誦死者的官職，保祿按辦喪事的習俗穿着粗棉布的長袍在一旁。然後為死者舉行彌撒，整個喪事使信徒們十分驚訝，他們從沒有親眼見過這些而且或許從沒有任何概念有關教會是如何在最後的儀式上紀念有地位的人的。保祿博士扶父柩返里下葬；行前他把他府中的全部傢具交給神父使用並代他保管，等到他守孝期滿再回來重新任職。

1　按即《譯幾何原本引》——中譯者注。

2　按即《刻幾何原本序》——中譯者注。

第八章　中國傳教團的奠基人在澳門逝世

耶穌會的視察員范禮安神父感到自己年事已高，想在他的工作結束之前看到中國傳教團是建立在儘可能鞏固的基礎之上。在他多年的經驗中，他養成一種在異教徒當中建立和管理傳教團的非凡能力。他當前的計劃是到中國各地出巡一次，訪問各個傳教中心，親自看看他從收到的信中所讀到的一切。他認為這個問題和別的問題一樣，如果從很遠的距離判斷事物，我們的眼睛很容易出差錯。

郭居靜神父一直在澳門的中國人中間工作，但成就不大，所以范禮安神父決定帶他隨身作伴到內地去旅行。可是繼而一想，他又擔心他之決定進入中國很可能給整個中國傳教團造成麻煩。他考慮到一個像他這樣有名氣的人，是不大會不被人認出是曾在日本住過好多年的人，而中國人和日本人之間當時正是不解的仇恨和殊死的敵對。所以他寫信給在中國的各位神父徵求他們對這一具體問題的意見，但是得知由於不同的原因他們的想法很不一樣。利瑪竇神父和其他幾位神父強烈建議他做這次旅行，認為傳教團由這次旅行所得到的好處會遠遠超過可能出現的危險，即使有任何危險的話。因此，為了使保證加倍地可靠，他們便要求好幾位大臣寫證明信，這些信都是通過徐保祿的及時幫助而得到的。信是為郭居靜神父和他的同伴回到中國來而寫的，當時郭居靜已很出名。而他們的朋友把整個路線安排得非常好，全部的旅行費用都由國家開支。他們走水路時有一艘官船供他們使用；走陸路時，則備有三匹馬和六台轎。黃明沙修士最先使用了這些信，他到廣東省去接回幾位神父，靠着這幾封信不但不用花旅費，而且只要拿出信來，連吃飯都有供應，不必花錢。

范禮安神父曾計劃攜帶上對各個傳教團有用的各色物品，並且給每個中心至少一千金錠，使他們可以用來購買土地進行耕種，這樣來開始一項使他們至少可以部分自給的計劃。讓中國傳教團的安全依靠從澳門每年供應給養，那是很不方便的，而且肯定是有冒險性的。大多數的神父卻都有賴於這種供應維持生活；購買土地就意味着永久使用，並會打消中國人認為神父們最終會返回本國和中國打仗的想法。如果說給傳教中心的維持費用似乎並不多，那麼外國人應該知道中國的商品是那麼豐富又便宜，以致同樣的錢投在生產性的土地上，就足以永遠維持這些中心了。因為他不能再做更多的事，所以這就是范禮安神父想使各個教堂自給的主意。

正在進行這一切的準備的時候，而且當各傳教團的神父們正準備熱烈歡迎視察員神父的時候，他病倒了，這場病很快就結束了他的生命，也結束了他們的希望。他在 1606 年 1 月底逝世。在過了六十九年的聖潔而勤勞的一生之後，他去接受給他的酬報了。他在那時的逝世對於日本的和中國的傳教團都是一個打擊。他是前者的發起人，是後者的奠基人。他對這兩個教會的事業是如此關切，多年來為這兩個教會如此努力地工作，以致傳教團的神父們覺得自己好像被遺棄在無數的考驗和麻煩當中再也沒有人來保護似的。兩位偉大而聖潔的人物，沙勿略和范禮安，都在他們剛要進入這個偉大的中華帝國去開始他們所願望的工作時逝世。在利瑪竇神父那時以後，又發生了同樣的事，另一位教廷視察員巴范濟神父於 1612 年逝世，也是正在他準備要去訪問中國教團的時候。

毫無疑問，這些都是上帝允許要發生的，不僅是由於異教民族的缺點，而且也由於這些偉大的靈魂可以在天上他的寶座之前作為求情者，他們在天上也一定會同樣關心基督教的傳播而且更加有力地推進它。

范禮安神父一直到去世都十分關心中國傳教團。在臨終時他委派了三位很有能力的神父去執行他所計劃的事情，並為傳教團提供他所曾應允的一切。他的計劃裏唯一遇到困難而未能完全實現的一項，是他設計的用種植莊稼的辦法來供應他們每年的給養。

各教堂收到的他為傳教團所收集的東西裏面有他用過的祭服、幾座雕像和圖畫以及其他一些他準備帶去的禮拜用品，所有這些都由神父們小心地保存起來，以便後人在未來紀念這位偉大的人物。

第九章　黃明沙修士成為所謂廣州叛亂的受害者

在我們記述的這幾年時期當中，東方的海上經常有荷蘭海盜出沒。曾有幾年他們橫行一時，因為那時的葡萄牙船隊雖然有足夠的武裝可以擊退東方人或土著人的船隻的進攻，但不足以抵抗歐洲的槍炮。有時候東印度人也乘他們的小船幹海盜勾當，但是他們不敢冒險進襲比較大的葡萄牙商船。事實上，隨着葡萄牙人的到來，印度各國就失去了海上控制權，幾乎在東方到處都習慣於在啟航前先從外國總督或其部下那裏取得港口出入證。他們的商船實際沒有武裝，如果一旦落入荷蘭或英國海盜之手，就會輕而易舉被俘獲並被洗劫一空。後來他們也用歐洲槍炮彈藥武裝他們的船隊，情況就改觀了，他們也常常把敵人擊潰或消滅。

這時，荷蘭海盜們被自己的成功沖昏了頭腦，竟決定要侵佔馬六甲和莫三鼻給[1]的葡萄牙殖民地。他們這件事究竟做得怎麼樣是個歷史學問題，不屬我們敘述的範圍之內。他們入侵中國的努力，雖然並不成功，但多少與本文有關。他們明顯沒有注意到自己的弱點或者是在他們當中很流行的一種說法，即拿得太多就難以保住。他們試圖在

1　今譯莫桑比克。

福建這個東南沿海省份登陸，對那裏的人民許下各種各樣的願，那就是，他們會讓他們做生意發財，他們會把日本人和葡萄牙人趕出澳門以及把西班牙人趕出菲律賓，就好像中華帝國的威力還需要荷蘭人和他們的船隊來幫忙似的。當他們看到中國人對他們的許諾置之不理時，他們就改為威脅，放了幾炮想要嚇唬他們，竟好像他們是孩子一般。但是他們的威脅並不比他們的許諾更有效果。他們這才明白他們嘘聲恫嚇是不能希望得到什麼的，於是他們放棄了武裝遠征並征服中國的想法，轉道馬六甲到了巴他拿（Patana）皇家港口，繼續幹他們海盜的老行當。

他們主要的埋伏地點是在新加坡外面的海峽，他們在那裏等候着滿載中國出口貨物的葡萄牙船從中國返回印度。

就是這夥海盜以前曾威脅說要攻打澳門的，因為他們以為澳門是塊肥肉。這座城原沒有防護設備，所以就在這時人民正開始修建一座牆作為碉堡之用。這座碉堡或牆建造在山上，離耶穌會神學院和教堂都很近，教堂不慎被毀於火，現在正在重修。居民中的中國人傾向於不要同時修建教堂和牆這兩座建築。雖然他們抗議，教堂還是竣工了，但修牆的工程當對海盜的恐懼平靜下來時，就停了工。

神學院院址的對面有一個倒不如叫作大石塊的小島，周長約有一英里半。在神父們記憶裏，那裏從沒有人住過，所以他們就據有那個地方當作學生的一個娛樂中心，並且蓋了一所小房。中國人卻認為是葡萄牙人在島上修建工事反對他們。他們暫時放下他們的不滿，伺機而動。有一天，葡萄牙人都到教堂來了，官員[1]率領澳門的兵丁，帶着一羣下層社會的暴民來到島上，用武力驅逐了修士和僕役們，又把那所小房燒掉。他們在教堂裏找到一幅聖彌凱爾（Michael）像，把它

1　德禮賢考為香山知縣王好善。——中譯者注

撕毀了。修士本來可以抵抗這次襲擊，但是日本僕役卻不讓他冒這個險，而他自己也不願意由於這一點損失而引起暴亂。

暴民凱旋回城。葡萄牙人看到島上升起濃煙，明白了是怎麼回事，就決定要燒掉官員的房子。然而，神父們使他們冷靜下來，把他們送回家。肇事的官員之一是一個撒拉遜出身的教徒。在中國仍有很多韃靼人的後裔，現在他們已經是第四代，所以被當成是當地土著，並不排斥他們擔任官職或博取科名。這個人是壞事的教唆者，正是他出於對基督教的仇恨撕碎了聖像。葡萄牙人剛一到家，那個修士就偷偷帶來撕碎的聖像給他的監督看，說明發生了什麼事。葡萄牙僕役們看到聖像，不禁大怒。他們沖到官員的住所，把那個撒拉遜人揪出來，帶到神學院去，他的頭髮披散着，臉上帶有傷痕。神父們把他送到市長那裏，市長和幾位葡萄牙公民商量之後讓他回家了。整個事件都和鄰近的香山澳長保持協商，騷亂就告結束。神父們繼續佔有那個小島，但因為它是中華帝國的一部分，所以他們必須在島上樹一個標誌，使公眾看見，上面用金字寫上中文的皇上聖諱。

中國人的思想態度又引起了另一次更危險的事件，那不僅威脅着澳門本身、中國的貿易而且甚至威脅着基督傳教團在中國的生存。在商談某些教會事務時，出現了分歧，它造成一位主教區教士和一位教士的不和。這位教士認為他受了委屈，把問題提到澳門神學院院長那裏要求調處。當時恰好主教教座出缺，主管主教區事務的執行教士公開支持那位主教區教士。在這個問題上，全城人也分成兩派，城中出現了痛心的景象，世俗的兩派竟為了一樁教會問題而幾乎動武。擁護執行教士那一派的力量不強，不足以希望靠武力或法律取勝，所以有些盲目效忠於執行教士的下層分子，不和他商量，就決定採取很可能使他們自己和自己的對手以及甚至整個殖民地全都毀滅的辦法。他們好像是要把運他們到這個島上來的船鑿沉。

他們說服那些容易被騙的中國人相信：城裏的禍亂都是由郭居

靜神父引起的，他這時還住在那裏，穿着中國衣服到處走動，他計劃接管中華帝國並且自立為暴君。他們說葡萄牙人因為他熟悉中國的路徑又到過兩個京城，就擁戴他為領袖。據報，他們正等待不久有一支艦隊從印度以及從日本到來，而且郭居靜神父的同伴們遍佈中國各個地方，都糾集有一批追隨者，已做好準備等待着這場暴亂。有人從澳門帶到廣州一本書，裏面詳細記載着這些謠言。看來驚奇的是，人類的惡意和妒忌有時竟走得這麼遠，乃至為了毀滅別人而置自身的安全於不顧。

這些故事在澳門傳播，使得居民都逃奔省城或自己的老家，而到了那些地方他們又在居民中散佈恐怖情緒，引起相當大的騷亂。由於巖石上曾修建碉堡，也因為耶穌會教堂被人稱為另一個碉堡，所以這些故事很容易被人信以為真。此外，最近引起城裏動亂的小巖石島的事件也使傳聞帶上一層真實性的色彩。天性如此多疑的一種人是很容易被嚇壞的。

廣東省總督[1]聽到澳門的情況，就發佈命令徵集全省的水陸軍隊。然後，他下令拆除廣州城牆之外的全部房屋，據說多達一千幢以上，給窮人造成了無窮無盡的苦難。與葡萄牙人的一切生意全部被禁止。不允許任何人把糧食帶進澳門。廣州城牆朝澳門方向的城門都用石塊和灰漿封閉。城上白天和黑夜的警衛也大大增加。

城裏張貼了大字告示嚴刑禁止任何人家中接待從澳門來的人。這個告示特別禁止接待外國教士，這些外國教士在頭頂上剃一個圈，其餘的頭髮則圍着這圈生長。但是只點了一個人的名字，因為他是反對皇上的陰謀的領袖。被點名的就是郭居靜神父，他在佈告上被寫成Cotienieu（郭居靜）。大家都叫他這個名字，而他之選用這個名字，

1　德禮賢考為何士晉。——中譯者注。

是因為那是他原名第一個字 Lazzaro（意思是神佑）的中文釋義。有很多人以為告示裏通緝的是利瑪竇神父，因為他是整個傳教團裏最出名的教士。廣東省會裏到處宣揚着打仗的談論，皇帝也接到了報告動亂的奏章，指控那些曾批准修建碉堡和牆的人。整個事情給在北京的神父們造成一種很棘手和危險的形勢。

已發生的情況的可能後果，已為在澳門的葡萄牙統治之下政府負責人痛苦地認識到了，因而他們派遣代表到廣州洗清他們人民的全部罪狀。然後他們要求對澳門停止糧食禁運，特別是因為海盜有可能利用他們沒有保護的情況而發動進攻。他們說任何人指控他們陰謀判亂都是無法置信的，他們已在這裏平平安安地居住了這麼多年，而且正在這時候由於三年多來一直沒有給養船從印度到來，城市已經淪於貧困而且幾乎人口絕跡。他們廣州之行的結果是，中國商人又被允許返回澳門，但主要是去蒐集與騷亂有關的情報。最後總算水落石出了，整個事件徹底研究過了，沒有揭發出一點證據可以證明澳門人哪怕是夢想要發動一場革命。損失了房屋的人痛怨他們所受到的委屈，當地的高級海軍將領，叫作海道的，就是執行拆房計劃的人，他極力說服他們這一做法是必要的。他很清楚，如果真情實況一旦傳到北京，他就要受到重懲。

正是在這整個騷亂期間，視察員神父準備好進入中國內地。我們已經提到，他把黃明沙修士從南昌叫來跟隨他作嚮導。雖然他正在生病發燒，黃明沙修士還是遠來廣州；那裏正值一片混亂。他在廣州收到一封信，通知他范禮安神父逝世的消息，他猶疑不定到底是應該像韶州監督龍華民神父指示的那樣繼續到澳門去，還是返回他出發的地方，因此他寫信給澳門神學院監督請求指示。同時他通知韶州的神父們，廣州正在發生的情況表明對於在中國的整個傳教事業將爆發一場風暴。他忠告了別人，自己卻不肯理會。有好幾次朋友勸告他躲起來，因為在那裏大家都知道他是澳門出生的。他天真地以為他所攜帶的證件可以給他充分的保護，所以雖然還在發燒，他仍和別的信徒一起到教堂去參加復活節前一周的宗教活動。後來，一個已經叛教的原來廣州的教徒來看他，威脅他說如果不肯給他一筆錢，他就要去告發。他遭到拒絕後，就把黃明沙修士的情況報告給一個水上警衛，說此人是造反頭子郭居靜派來的一名奸細。

這個警衛指望逮捕這樣重要的一個人而從官員那裏得到一大筆賞錢，所以他弄清楚奸細是誰，住在什麼地方，然後就把案件上報給主官出缺時的副長官[1]。副長官被告知有一個從澳門來的奸細和幾個同夥藏在某處。他聽了這個消息非常高興，因為他覺得他可以利用這件事保護那位海軍將領和受牽連的其他人，包括幾位官員在內，使他們免得受人民的指控，因為人民都說他們沒有充分理由就拆毀了他們的房屋。他當即派了兩名軍士去逮捕修士和在他家裏的其他人，把他們用馬馱來，由兵士圍護，這一切看來都顯得很嚴重。

修士正生病發燒睡在牀上，但他被命令起牀，他和所有其他人都被戴上鎖鏈。這裏面有另一位世俗兄弟的叔叔和修士親戚的兩個男孩以及黃明沙帶來的兩名僕役。士兵們把房子裏的一切東西開了一張清單，鎖上門，並在鎖上加印封條以防止別人拿走任何東西。謠言很快就傳遍全城，說是有一個外國傳教士被當作奸細逮捕了，於是聚集了大批羣眾，街道都堵塞了。這件事發生在夜間，因此十分嚇人；火把熊熊地照着街道，士兵們一邊喊一邊在人羣裏推推擠擠地開路。

到了副長官的衙門，他們不經預審就立即反覆刑訊。在刑訊過程中，他們的雙腳被緊緊綁在兩根木杠上，十分疼痛，警衛一用重槌敲打木杠，也就敲在受害者的腳上。在整個這場折磨當中，黃明沙修士沒有說一個字。警衛們十分驚駭，因為他們習慣於聽到犯人受嚴刑拷

1　指同知。——中譯者注。

打時的哭叫。修士勸告同伴們牢記基督教的信仰是禁止說謊的，他告訴他們不要使自己被折磨或許諾所屈服。

法官問黃明沙修士是什麼人，為什麼來到本城。他回答說他從韶州來，而不是從澳門來，他有地位極高的官員所發的證件證明他為什麼到這裏來。法官要看證件，他閱過之後覺得很為難，不知道該怎麼辦。在分別審問別的人之後，他發現修士所說的屬實，他很害怕寫證件的大臣發怒，幾乎準備釋放犯人了。

原告也在場，當他被叫上堂來證明他的指控時，他就惡魔般地捏造起來，他轉向站在一旁的一個男孩問道：「你知道這個黃明沙買過藥嗎？」在中文裏醫用的藥和炸藥的藥是一個字，只要再加上一個音節，而那個音節的意思就是爆炸。爆炸用的藥叫槍藥（Ciunhio）。黃明沙修士正在病中，當他承認他買過醫療用的藥時，原告大吼道：「你看他承認買過藥吧！」但他加了那個附加的音節，把他的話變成「他買過炸藥」。修士聽到這話，就和其他幾個人告誡那個男孩不要說瞎話。法官看出來一提到槍藥就對在場的人產生了影響，這似乎把原來的疑心又死灰復燃了。所以，他就說服自己相信這個案件是確鑿無疑的。他把那個男孩叫到身邊，問他修士買的是哪種藥。那孩子說：「治病的藥。」聽到這話，法官大怒並且似乎是在別人的暗示之下改變了主意，他用手指揉弄一根簽表示要用刑，那男孩子一見就嚇壞了，於是說修士買的是槍藥。就這樣，正如那孩子所希望的，法官就答應如果他把他知道的全都說出來就完全赦免他。這時那孩子似乎是為了確保不受刑罰，就真真假假地招供，使審問他的人很滿意。他說修士是從澳門來的教士，他從廣州向澳門運送了大批槍支彈藥和其他打仗的用品。聽到這話，法官就叫人摘下黃明沙的帽子，看看他是否也是教士的削髮。果然他是教士削髮，因為他已被接受成為低級神職人員。這樣一來那位副長官的心裏似乎再也沒有一點懷疑了，他沖着修士大笑說：「如果這就是你到這裏來的目的，那麼你還要大臣們簽署的文件做什麼？」黃明沙修士剛要解釋，法官就說：「明天天亮，一切就都會真相大白的。」他吩咐把他們分別押監並戴上鐐銬。

第二天早上，法官吩咐把修士的行李取來打開。他發現裏面有用歐洲文字寫的信和印的書以及葡萄牙式樣的衣服，這時他不需要更多的東西來鞏固他的疑心了。他確信黃明沙修士是從澳門來的，並得出結論說他所攜帶的證件都是偽造的。原告利用法官這時幾乎什麼都相信的心情，告訴他說黃明沙是個著名的魔法師，如果有人給他一點水，他就能使自己在眾目睽睽之下隱形遁去。他說因此他們必須當心，不能給他一點、甚至於也不能讓他看到一點水。由於這種惡毒的捏造，黃明沙修士多少天都戴着鐐銬，越來越受到口渴的折磨，直到他死前幾天才有位善心的人可憐他，偷偷給他一點水喝。

副長官把所發生的全部情況告知那位海軍將領，他命令把犯人帶到他前面來。他們一早就來了，但一直站在大街上等到晚上，在等候一位大法官駕臨。聚集着一大羣人來看這個奸細。有幾位朋友認出了黃明沙修士，但警衛不准任何人和犯人談話。這位海軍將領剛一出庭，就命令執行一種聞所未聞的程序，挨個地把所有被告狠狠鞭打一頓。孩子免打，因為他們可能死於這樣的酷刑。黃明沙修士那副慘不忍睹的樣子使旁觀的人都十分憐恤。他長期生病又受種種折磨，看來更像死人而不像是活着。

這位海軍將領想從審訊中得到的，是一個使他可以免受家園被毀的老百姓們指控他的理由或藉口。為此目的，他很快就接受了副長官所做的調查，立即判決黃明沙修士死刑，以及另外兩個人死刑，即那兩個男孩的叔叔和一名最老的家僕依納爵（Ignatius）。依納爵被判為奸細的同夥，犯了謀叛罪，而那位叔叔的罪名相同，犯了窩藏陰謀叛亂的人的罪。宣判後，他們被押回監獄，帶着鐐銬。在牢房裏，黃明沙修士傷痕纍纍，渾身血跡，度過了悲慘的一夜。他手腳都被緊緊地鎖着，一動都不能動，無法使姿勢舒服一些。對於這一切，他都表現出驚人的堅韌性熬住了。

次日，他又被帶到副長官那裏執行判決。副長官勸他既然已被定罪就老實承認一切，並警告他說如果他拒絕這樣做，就要打他頭一天沒有捱打的另一條腿和一支胳臂，留下另一支胳臂給總督去加刑。黃明沙修士回答説，他是個職業的基督徒，從小就只信奉一位上帝，他是耶穌會的成員和在北京的利瑪竇神父的弟子。他小心翼翼地不提韶州的神父們，怕的是由於他們都在同一個省份，很可能把他們召來作證。他説他是按照他的老師的要求接受那些大臣們的文件的，他沒有隱瞞什麼，也沒有偽造什麼。這一回答使副長官大為震怒，於是他下令再像前一天那樣痛打修士。但是修士已經經受不住了。他傷上加傷，痛打沒有幾下，就失去了知覺。副長官於是下令停刑，他知道如果人死在杖下，他就得向大臣們負責説明。所以他叫人把犯人放在一張桌子上，仍然戴着鐐銬，迅速抬了出去。

黃明沙修士被抬回監獄，中途死去。他去世時身邊沒有人照料，但很可能蒙上帝的恩佑進入天堂。他是在 1606 年 3 月的最後一天死去的，時辰正和基督在十字架上斷氣相同。黃明沙修士享年三十三歲，其中有十五年是在耶穌會裏伺候上帝的，在此期間他向神父們和信徒們充分證明了他的價值。他的死對大家是一大損失。他是一個養成了不停禱告的習慣的人，人們很樂於相信他經歷過這場使他致死的嚴刑的洗滌，已經立即就享受極樂世界之福了。

聽到他死去的消息，官員們就命令典獄長把他埋掉，並讓他的墓和別人的很容易加以區別，以備總督可能要進一步調查他這個奸細的頭子。因此他的尸體被埋在牆外，身上還穿着死時的衣服，手仍然被銬着，腳仍然掛着重鐐。這或許是上帝所允許的，從而使他的僕人可以很容易地被辨認出來，不致於錯過給他的聖職以及在義地安葬。當他的尸體後來被發現時，我們就以應有的尊崇和禮節這樣做了，這些在後面還將敘述。

第十章 神話式的資助叛亂
——傳教士洗清了誣告

當總督[1]獲悉澳門叛亂時，他就命令廣東駐軍的將領，叫做總兵（Sompin）的，調動該省的全部兵力，火速出發去攻佔澳門城。然而，這位將軍很精明地考慮到這樣一次行動的巨大消耗以及一次不肯定的叛亂可能肯定引起的一場戰爭。因此他派幾名探子到澳門去，探子們報告說：叛亂的氣氛已平息，但該城本身份裂為兩派；這看來足以證明該城並沒有策劃造反的逆謀。這些消息也足夠説明百姓極其仇恨副長官和海軍將領，這才是騷亂的原因。

擔心黃明沙之死所產生的後果，於是副長官便企圖把神父們的僕人依納爵定為謀逆的大罪，事實上韶州的偶像和尚們已經試圖定這樣的罪了；而依納爵卻是與此毫不相干。當他的打算落空時，他就命令獄卒斷絕仍然押在監獄中的依納爵的一切食物供應。他想用這種手段來消滅一切有關他的殘暴以及他虐待黃明沙修士的真憑實據。然而同獄的一些難友們偷偷地供給他食物，足以使他活到神父們從韶州趕來救他。

副長官給韶州的知縣[2]去函，命他查明神父們有沒有收藏武器或其他戰具。他們搜查了屋舍，一無所獲，但是他們派兵在晚上環守財物；這使教團非常驚訝，他們一直還不知道黃明沙修士成了囚犯，更不知道他的死。可是不久來自澳門的信使就報導了所謂暴亂的整個故事，還談到一名外國教士作為間諜而被捕。在韶州生活了那麼多年的郭居靜神父，被宣佈為逆謀的魁首。這個消息使全城連根動搖了，信徒們以及教團的異端朋友們都不再來訪問，生怕被控以叛逆罪。

---

1 何士晉。——中譯者注。

2 德禮賢考為俞繼程。——中譯者注。

龍華民神父聽到整個故事時，就決定親自拜訪總督，以便澄清全部事件並解救黃明沙修士。他有幾個朋友勸他按照慣例派一個能代表他的人送一封信、一份敘述案情的正式文件。他就這樣做了；他的信送達時，正值海軍將領前來跟總督談同一樁事。總督已經知道黃明沙修士因受刑而死去，也知道澳門的騷亂威脅已平息下來；但他假裝對整個事件一無所知，對來函不作答覆。這在他那方面是一種姿態，藉以達到他表示受控者無辜的目的。海軍將領返回廣東，據說他受到了重懲，因為他不經商量就先幹出這樣嚴重的事，把一個來自澳門的人鞭撻致死；此人並非間諜，而顯然證實是被歷任總督邀請到韶州居住的歐洲教士的門徒。在信使送出了信件後，他們前往廣東，把另一封信交給一些了解所發生的全部事件的官員們。一聽說黃明沙修士之死，這些信使馬上到監牢去慰問其他囚犯，給他們帶去非常需要的食物，答應即將給以幫助。一想到在這種絕望境地的黑暗裏出現了一線希望的光明，那就足以重新點燃他們暗淡下去的生命火花了。

當時廣東省的情勢如此，以致整個入華傳教團的形勢從沒有比這更加危險過，但神意的支援是不會長期缺乏的。它就隨着一位道裏級的大員從北京返回而到來了，此人把普遍秩序恢復到這種程度，連首當其衝的龍華民神父也習慣把他稱為天遣使者以重建基督教的地位。它的全部過程如下。

這位張（Ciau）道裏[1]帶着新的恩榮並被肯定了已獲得的恩榮，從北京回來了。他被派往廣東省城接管那個海軍將官的職務，後者由於害怕自己作為謊報叛情的人而被罷黜，已經辭職了。接替他職位的新任在北京和神父們關係很友好，特別是和利瑪竇神父。他抵達韶州時，老朋友的龍華民神父就去見他，受到了殷勤的接待。他在大庭廣

1 按此人為張德明。意大利文寫作 Cianminte。——中譯者注。

眾之間講話，說了許多有關利瑪竇神父和北京其他神父的事，還說他接受了他們贈送的日晷，並且表示他很願意學會怎樣調節它。

同時，龍華民神父向他報告了關於假叛亂、關於黃明沙修士的慘死以及別的人在廣東遭到監禁的詳情，請求他對他們的案子盡力而為。為了不遺漏任何要點，道裏把所有的事情都詳盡記錄在一個小本子上。他說他要盡他的權力來查明他們的無辜，但他卻不願把龍華民神父帶回廣東。他極願幫助他們申訴，可是他要按嚴格的法律程序來辦事。然而龍神父在這位道裏離開韶州後不久就到廣州去了。他當時去的目的是為了把黃明沙修士的尸體運回來，但為此進行商談還為時太早；所以他返回韶州，帶回來葡萄牙人供應的每年糧食補助，這些葡萄牙人是剛剛到來進行交易的。

新海軍將官抵達省城時，發現該地一片混亂。過份多疑的百姓還沒有消除他們對一次暴亂的恐懼。儘管他已充分了解這一事件的全部過程，他卻假裝對澳門的動亂保留一些疑問，以便按嚴格的法律手續了結整個案子。首先，他致函給韶州知縣，要求有關辨明龍華民、郭居靜、黃明沙修士和依納爵等人身份的材料。知縣知道這位海軍將官對神父們的友誼，便趕忙進行調查，並報告說可以證實這些有關的人無罪。新海軍將官，即海事長官，派一名有經驗的軍官去調查澳門的情況。他往該城時，先傳話通知郭居靜神父他將到來，請求允許登岸，說想和他在學院裏談一些事。軍官認為郭居靜神父不僅是神學院的領導人，也同樣是全城的領導人。郭居靜神父答覆說，中國人並沒有要求允許在澳門登岸的習慣，而且如果允許是必需的，他也不是批准允許的人。作出回答後，他就和信使一起來迎接軍官，把他帶進神學院，那裏軍官受到儘可能的尊敬而禮貌的招待。他們帶他參觀全院的每個部門；當他們進入圖書館時，郭居靜指着一架架的書說，「這就是我用來指望顛覆中國的武器；」他們走進第一間教室時，他指着學生說，「這就是我訓練出來征服你們國家的軍隊。」然後他解釋道，神父們是宗教團體的成員，是為他們自己的得救和其他人的永生而工作的。參觀了學院後，他們帶他去看全城，這時他視察了當地的每座教堂、每家旅店以及每家醫院。他返回廣東，打了一個和外邊流傳的謠言正好相反的報告，同時他特別高度讚揚郭居靜神父和他的同伴。

新海軍將官手頭有了這份情報，就把整個案子從副長官的審理下轉交給該城的第四副佐[1]，大家都知道他對於全部的事情極為不滿。審理了全案的經過後，他彙報了對神父們已經造成的並且還在造成的傷害和不公道，也彙報了前任海軍將官和副長官處理整個事件的混亂不當的態度。新海軍將官這時把原告人、廣東海軍衛隊的一名軍官召到他的衙門，還有仍然作為囚犯在押的那些人。首先他對原告人説：「過來，你這該死的賤貨，你陰謀害死黃明沙，極不公道地把別人關入監獄，對他們施行長期的酷刑迫害。老天的報應現在就要落到你自己的頭上。火藥在哪裏？武器和其他軍械在哪裏？難道這三個青年人就這樣要征服全國嗎？你的貪心，還有你的愛財，使你幹出這一切，現在我要給你的陰謀詭計充分的懲罰。我馬上把你送給總督，如果他因你的惡行還未把你打個夠，我就在這裏等着看你為你駭人的罪行而受到充分的懲罰。」因此，原告人嚇得不敢吭氣，跪下來三叩首，按中國方式乞求寬免。然後他就被交給那個管理他的案子而又對他更加不假顏色的副佐。當問到他為何捏造這種誣陷時，他説他這樣幹是為了討好副長官，後者用盡一切手段來向百姓證明，擔心葡萄牙人的暴亂是很有根據的。然後，他們都被送去見總督，但另外的犯人、依納爵、那個叔父和兩個孩子首先得到釋放。讓他們去見總督的目的在於表明，他們在原告人手裏受到的迫害已得到公正處理。看來無疑的是，總督充分了解案情的全部真相；本來有罪的原告是會判以死刑

1　「四府」。——中譯者注。

的，假如不是罪犯買通了總督的一個親戚替他乞命的話。他逃避了判刑，但他不敢回廣東去。他和他的親屬自行逃亡，散佈謠言說他已經死了；這個謠言中或許有幾分真實性，因為從那時以後就再沒有人看見過他或者甚至於聽說過他了。

翌年，按照中國習慣，對全體官員和法官進行了總考核，結果是前海軍將官和副長官都被解職，被宣佈終身不宜擔任官職。他們兩人被判在處理所謂葡萄牙人的暴亂一事上犯有瀆職罪，另尚有其他的罪狀。

聽說一切都進展順利，當時在澳門的郭居靜神父就決定利用這個時機向廣州官府呈遞一份狀子，回答對他所加的各種誣告。他還提到，他有一張南京官府的主管官[1]發給他的憑證，允許他返回該城；他最後聲明，如道裏[2]同意的話，他願意到廣東道裏的衙門去澄清上述的控告。新海軍將官十分高興接受這個請求，並答覆如下：「至於你提到的誣告，你的清白已皎若白日。從一開始我就完全相信這一點。你不必自找麻煩到廣東來回答已經查明純屬烏有的誣告。你可以放心，在這方面沒有人會再給你添麻煩。然後他出了一道告示，內容包括郭居靜神父所列舉的罪狀和他本人對神父請求的答覆，他通告百姓可以安心，因為有關葡萄牙人和郭居靜神父企圖造反的一切說法純屬捏造。這張告示按他的命令張貼在所有公共場合為期兩個月。

就在他死前，范禮安神父安排讓郭居靜神父返回他的崗位並帶上另一個神父和他同去。意大利人熊三拔（Sabatinode Ursis）神父被選來陪同他；現在既然騷亂平息下去，看來這是他們進入中國的大好時機。他們乘一艘租賃的船到達韶州，平安無事。郭居靜神父攜帶着他給海軍將官的請求書以及他所收到的答覆。他們旅程的下一步是乘船從那裏經過其他省份去南京。在這裏郭居靜神父被政府驛站的官吏認

1　意大利文作 Sciansciu（尚書，即王忠銘）。——中譯者注。

2　張德明。——中譯者注。

了出來，不允許他越過前面已描述過的那座著名的山嶺。他說從前對他公佈的禁令尚未撤銷；因為他們還不知道新海軍將官所頒佈的最新告示，所以從那裏起，官員們都不肯相信他或信任他。這就迫使他們重返韶州，審理案子的海軍將官就在那裏；郭居靜神父向他索取了一份證明他對所控罪行清白無辜的文件。

聽說他來到這裏，海軍將官就要他在第二天到他的官衙來；這個命令看來不是完全沒有危險的。為什麼海軍將官向他正式下令要他出庭，並且說他要親自在第二天處理郭居靜的案件呢？然而，神父不顧結局如何，還是到衙門去了，並準備着任何可能發生的事。當他出面時，海軍將官為了使他放心，笑容滿面地問他，他是否已經完成了對中國的征服。接着，他向他問起在澳門登岸的日本人以及葡萄牙人的埃塞俄比亞僕人。神父回答說，日本人是被風暴刮來澳門的，他們因遇難而受到接待，這是一種虔誠的行為，但馬上就又把他們遣返日本了。至於埃塞俄比亞僕人，他解釋說如果他們哪一點傷害了中國人，那是他們背着主人並違背主人的意思幹的。海軍將官完全同意郭居靜神父離開澳門的決定，因為澳門有一些給他編造假罪狀的誣陷者。神父們後來發現，海軍將官已經向總督致函說他已見到郭居靜並宣佈他完全無罪，而且整個澳門事件已經和平解決。總督又再詳盡地把整個事件上奏皇帝，揭穿謠言，用充分證據說明澳門的葡萄牙人並不想也不可能策劃對國家的暴亂。這封信神父們讀到了，而且把它的一個葡萄牙文譯本送給他們在澳門的同伴。

有這份文件為武器，這兩個人便平安地繼續他們的旅行；他們在南昌得到他們的監督利瑪竇神父的來函，指定郭居靜神父留在南京，熊三拔神父繼續前往北京。海軍將官允許龍華民神父把黃明沙修士的遺骸運走；於是他到廣州去，收領那具從仍然在它身上的衣服和鐐銬很容易加以辨認的遺體。這些是榮譽而不是丟臉的標記，他就帶着這些東西入葬。遺體運到了韶州，在那裏黃明沙修士榮享全副基督教的葬儀，基督徒和異教徒都同聲為他哭泣。這一切都很及時，證明他的無辜，使他的名字還有那些跟他有牽連的名字都從虛假誣陷的罪狀中得到了昭雪。後來，他的遺骸運往澳門，安葬在教會公墓。這樣就結束了廣東的大騷亂，結果似乎是傳教團由這一切得到了好處，而沒有損害它未來的前景。但這並非他們的苦惱的結束。

就在這時，韶州的神父們發現自己正面臨着雙重的危險。該城的市長或者稱作副長官的，是一個貪婪的家伙，以耍陰謀和用各種手段斂錢而聞名。他們說，在他的指使或者是至少在他的縱容之下，有人偷偷地在夜裏把一份狀子投進他的院子，內容是誣告龍華民神父。這份狀子上開列了教堂所在地區的四個公安官吏的名字，他們告發神父和當地的一個女人胡搞。神父被傳到官衙去答覆控告。對此，神父要求馬上加以徹查，公開宣佈真相，從而就搶先採取了行動。四名官吏被召去證實他們進行了控告。據說這件事全是某個貪心家伙的計謀，他非弄錢不能解燃眉之急。他現在企圖敲詐神父們，一如他最近曾敲詐過一個和尚，後者不得不付一筆巨款以求避免罪狀和連帶的刑罰。四名官吏斷然否認他們寫了訴狀，無論怎樣鞭打都不能使他們改供。其中一個在施刑中聲稱，假如他告發了一個無辜的人犯了這樣的大罪，那麼他和他的後人都逃不過上天的報應。牽連的女人在威脅的刑罰下屈服，招認她犯了和別的男人胡搞的罪，但堅決否認她曾認識過或者看見過外國教士。

同時，敲詐者幾次走近龍華民神父，勒索金錢以便宣判他無罪，但神父拒絕給錢，也不答應給錢，他認識到這種讓步只能成為將來勒索的藉口，那就會更加難擺脫了。教徒們和異教徒們都極為稱讚他在這件事情上的堅定。貪財的市長一旦發現不再有希望再得到賄賂，就採取有點異乎尋常的判決來結束案情；四名官吏各被罰款，因為他們否認寫過訴狀。龍華民神父被宣判對這一誣謗以及對任何其他罪行都無罪，他被宣佈為一個始終以誠實正直而享有崇高聲譽的人。神父們對這一判決中有關龍華民神父的部分特別感激上帝，因為他們意識到一個福音的宣傳者已經解除了一項可以損害整個基督教事業的罪狀。

這件案子一結束，另一起便接踵而來。隨着廣東騷亂的平息，有一個軍官從省城來到韶州。由於他的談話，鄰近的人都深信神父的出現使得河那一邊的城區顯然處在危險之中。這就給製造麻煩提供了機會，百姓紛紛向廣東海軍將官呈遞訴狀，而此人即是審理所謂澳門叛亂案件的人。他們請求他把教士從城裏趕過河去，因為教士經常惹麻煩，他們聲稱自己不止一次由於教士的緣故而受到官員的懲罰。

儘管這位海軍將官法官完全知道這種訴狀是不公道的，而且按照法律，他們應當為進行這類控告而受到懲罰；然而他仍然發佈一道告示，命令他們警惕不得另有神父從澳門到來。如果有另一個到來，他們不可允許他從那裏進入其他省份；他還向他們擔保，如果企圖這樣做的話，所有的神父都會從駐地趕走。這道告示足以暫時使他們平息下來，但是這個令人困惱的佈告也足夠使神父們決定放棄韶州駐地，轉移到別的地方去活動。

廣東的騷亂使得許多人都反對他們，它使許多信徒的熱情冷卻下來；很有理由懷疑這個地區會不會長此平靜。然而，他們仍決定並不倉促遷移，除非是可能出現他們被驅逐的情況。

第十一章　契丹與中國。一位耶穌會兄弟的不平凡的遠遊

居住在莫卧兒（Mughal）宮廷裏的神父們寫信給他們在印度的兄弟，提到撒拉遜人稱之為契丹的那個著名帝國。這個名字從前在歐洲是從威尼斯人馬可波羅的著作裏為人知道的；但是經過幾個世紀，它

已被人遺忘到這種程度，以致今天幾乎沒有什麼人再相信這個地方存在了。神父們在信中說，這個契丹王國在東方，在莫卧兒王國北面不遠。他們還報導說，那裏住着有很多基督徒，並且他們還有教堂和教士，遵守基督教的儀式。耶穌會東印度視察員葡萄牙神父尼古拉 · 皮門塔（Nicolo Pimenta）極其關心通過會中神父的努力使這些契丹人信仰正教。遠離基督教中心的人民很容易陷入各式各樣的謬誤，這是不難想像的。因此他決定向教皇和天主教國王提出這個問題。國王給他的總督阿里亞斯 · 撒爾達格納（Arias Saldagna）下令，命他用金錢和他的勢力支持視察員神父所提議的工作。他就這樣做了，而且很慷慨，因為他渴望傳播信仰，也因為他忠於耶穌會。

為了實現擬議中的調查探險，視察員神父選中葡萄牙修士鄂本篤(Bento de Goës)，這是一個謹慎的人，也是一個模範教士[1]。由於長期住在莫卧兒國，鄂本篤修士精通波斯語，也洞悉撒拉遜習俗；這二者對於準備從事這次旅行的人，看來都是必要的條件。

在利瑪竇神父從中國首都所發的信函中，神父們已讀到契丹僅僅是中國的另一個名字。這一點為已經提到過的各種證據所肯定，但莫卧兒宮中的神父們在信中卻持相反的意見。起初，視察員神父猶疑着不知應該採納哪種意見，但是後來他贊成他在莫卧兒的兄弟們的意見。據稱在契丹有大量的基督徒，然而同時一般又認為這個奇特的教派始終未流入中國。人們還否認中國曾有過基督教的任何跡象，而撒拉遜人的親眼見證似乎又確認他們在契丹曾見過這類跡象。另一種推測是，與中國相鄰的另一個國家的名字被人用來稱呼中國了。為了解決這些互相衝突的疑點，也為了尋找一條是否有與中國人通商的捷徑，他們最後決定進行這次調查探險。

1 《鄂本篤行記》已有張星烺據玉爾（Henry Yule）英譯而作出的中譯文，見《中西交通史料匯篇》第一冊。有關的譯名曾參考了張星烺的譯文。——中譯者注。

至於肯定地說在契丹的，意即指在中國的——正如我們將要看到的——基督徒人數，撒拉遜的目擊者要麼是信口開河，正如他們那裏所常見的那樣，要麼是他們被外表所迷惑，把僅僅是想像的說成為真實。他們自己從不禮拜任何一種偶像，而當他們看見中國廟裏有無數的偶像，有時候有似我們的聖母或聖徒像，他們就可能得出結論認為基督教和中國的宗教是同一個。或許他們還看見祭壇上的燈和蜡燭，異教祭司們穿的法衣有似於我們禮拜書中所記載的僧袍或長袍，因此把禮拜者的外表形象給弄混了。也可能是他們聽見寺院裏的詠唱聽起來好像我們教堂中格雷高里的聖詠。所有這些，他們都可能看見過和聽見過，也還有魔鬼傳入異教典禮中的其他模仿形式，這是對聖物的拙劣模仿，企圖竊取屬於上帝的榮譽。這類證據的積累可以輕而易舉地使許多商人——特別是撒拉遜的商人——誤認這個民族信仰基督教。

我們的鄂本篤修士準備動身旅行時，他穿上亞美尼亞基督教商人的衣服，並按照亞美尼亞的習慣取名為阿不都剌（Abdula），意思是天主的僕人，還添上了以賽（Isai）即克里斯丁（Christian）這個名字。莫卧兒國王阿克巴爾（Achabar）是耶穌會神父的朋友，尤其和鄂本篤修士相好，發給了他各種證件，分致臣服於他或和他友好的各國君主。作為一名亞美尼亞人旅行，他會被允許自由往來；但作為一名西班牙人，他肯定會遇到許多麻煩。他的行裝中有各種貨物，可以售賣謀生，並可使他象個商人的模樣。他得到印度和莫卧兒的充足貨物供應，是由印度總督供給的，也有阿克巴爾國王本人贈予的。

擔任莫卧兒傳教團團長多年的吉羅姆・沙勿略（Jerome Xavier）神父派了兩名希臘人陪伴鄂本篤旅行，相信他們熟悉他所要經過的地方。其中一個是叫作列昂・格利曼諾（Leo Grimano）的教士，他陪着鄂本篤一起走，另一個是叫做季米特列（Demetrius）的商人。他還帶有四名僕人，都是皈信基督教的撒拉遜人。

當他到達莫卧兒王國的第二都城拉合爾（Laor）時，他打發走了僕人，因為他們幫不了忙；他另外僱用一個名叫以撒（Issac）的亞美尼亞人作為代替，此人和他的妻子家人就住在拉合爾。以撒是他一行中最忠實的人，整個旅途中始終和他在一起，猶如忠實的艾克帖思（Achates）[1]。正如他的護照所表明，鄂本篤修士於1603年1月6日告別他的監督，開始他的著名遠遊。

每一年，商隊都在拉合爾集中前往喀什噶爾（Cascar）的都城，這個國家有它自己的王。他們結隊旅行，防禦匪徒。這次商隊大約有五百人，攜有許多騾子、駱駝和車輛。鄂本篤就這樣在同年四齋節從拉合爾出發，旅途走了一個月他們便到達阿帖克（Athec）城，還未出拉合爾的境外。在這裏他們停留了大約兩個星期才乘坐為過境商人所準備的船隻渡過一條寬有一箭之遠的一條河。因為聽說附近有大量匪徒，他們在河的對岸逗留了五天。兩個月後，他們來到白沙瓦（Passaur）城，決定在那裏休駐二十天。

後來在旅行時，他們走近一座小城，遇到了一個進香的隱士。他告訴他們說，走三十天后他們會到卡弗斯特拉姆（Capherstram）[2] 城，該城禁止撒拉遜人入內，違者被處死刑。異端商人可以進入，但他們不得到廟裏去。他說百姓自己總是穿黑衣進廟裏去；他還說到該地極為富庶，盛產葡萄。鄂本篤到達那裏，證實了他們的酒跟他自己國內的一樣。這樣的事在那一帶地區的撒拉遜人中間是很不尋常的，以致他疑心該地是有基督徒居住的。遇見朝香客之後，他們又停駐了二十天；因為據說該處盜匪遍地皆是，他們就設法從當地統治者那里弄到四百名兵士武裝護送。從這裏他們旅行二十五天，到了一個叫做吉代里（Ghideli）的駐地。在這段旅程中，行裝和馱獸都打發沿着山麓行走，而武裝的商人則不使盜匪接近上面的斜坡，以防盜匪把石頭滾下

1　按為公元前一世紀羅馬詩人維吉爾在《埃涅阿斯紀》詩中所描寫的忠實朋友。——中譯者注。

2　意大利原文作 Caferstam，德禮賢譯讀為波知。——中澤者注。

來襲擊過路的商旅。商人在吉代里繳付過境稅，並且正是在這裏他們遇到了盜匪。一行人有很多受了重傷，只是費了極大的勁才把生命和行李保存下來。鄂本篤和其他幾個人逃到樹林裏，但是入夜他們都回來了而且逃脱了襲擊。二十天后，他們到達喀布爾（Cabul），這是莫臥兒境內一個繁忙的商業中心。在這裏，整個行旅等了足足八個月，因為其中有些人不肯繼續旅行，另一些人則害怕跟着這樣一小隊人前進。

商隊在喀布爾遇到了喀什噶爾國王的妹妹，他們必須取道這位國王的國土到契丹去。國王是馬法默德汗（Mafamet Can）。他的妹妹是和闐（Cotan）君主的母親，這位君主也是一位國王，而她叫做阿智哈倫（Agehanem）。阿智的稱號是撒拉遜人用以稱呼朝拜麥加先知墓的香客的。這位夫人正從長途的麥加之行歸來，她出於對自己信仰的忠誠曾到那裏去朝香。由於缺錢，她就向商人們請求援助，答應在他們到達她的國土時，按他們所願提出的高利息加以償還。鄂本篤修士發現，當他們進入到另一國家時，莫臥兒國王所頒發給他的證件即將失效，而在這位夫人的請求中他覺得可以有機會博得他即將進入的國家的君王的好感。有了這個念頭，他就把出售貨物所得的錢借給了她六百金幣，但條件是不要談借款的利息。而這位夫人在慷慨大度方面也沒有被壓倒。她後來回報他大量的特種玉石，那是很受中國人珍視的，而且是可能運往契丹的最貴重的商品。

教士列昂·格利曼諾在喀布爾離開了商隊回到拉合爾來。他一路上精疲力盡，這時鄂本篤的同伴季米特列則留在這裏作生意。因此，鄂本篤修士帶着他個人的唯一伴侶亞美尼亞人隨着商隊出發。另外有一些人加入了這個隊伍，他們認為他們人數多得足以平安繼續旅行。他們到達的下一個城市是察阿利卡（Ciarica）[1]，那裏盛產鐵，鄂本篤在

1 意大利文作 Ciaracar。——中譯者注。

該地遇到很大麻煩。他們現在已抵莫卧兒國家的盡頭，國王給予他的豁免過境稅和關稅的文件，對他不再有用了。十天之後他們抵達一個叫做八魯灣（Paruam）[1]的小地方，是莫卧兒領土上的最後一站。休息五天后，他們又作了二十天的旅行，越過巍峨的山嶺，到達一個叫恩格蘭（Aingharan）的地方；再過十五天，他們就來到加爾西亞（Calcia），這個地方的百姓有着金色頭髮和鬍鬚，像比利時人一樣，他們住在分佈在該地的許多小居住點中。

接着，十天以後他們到了拉拉巴德（ Gialalabath），在那裏由於布魯阿特（Bruart）[2]國王的恩准，婆羅門人要徵收過境稅。又經過兩星期的行程，他們抵塔里塞（Talhan），由於正在進行內戰，他們在那裏逗留了一個月。因為加爾西亞人叛亂，所有的道路都很危險。他們的下一站是契曼（Che-man）[3]，這裏是在阿不都拉汗（Abdula Chan），即撒馬兒罕（Samarhan）、布爾加維亞（Burgavia）[4]、布哈拉（Bacharat）[5]及其他鄰邦國王的統治之下。

契曼是個小城，該地的長官或市長勸告商人們到城牆裏面去，以防加爾西亞叛亂者的襲擊。商人們回答說，他們寧願交稅，晚上繼續趕路。在回答這一點時，市長命令他們不得前進，說是叛匪沒有馬但可能攻擊商隊搶到馬，從而能夠蹂躪該邦，給城鎮造成嚴重損害。他勸他們為了自己切身的利益而參加他的武裝，幫忙擊退入侵者。他們剛來到城牆邊，便聽見加爾西亞叛匪來到的吶喊聲。這一下，市長和他勇敢的隊伍都逃跑了。商人們迅速築起一道柵欄，裏面堆起石頭，準備在箭矢用完時當作武器用。加爾西亞人發現了這一點，就派使者

1　意大利文作 Parvam。——中譯者注。

2　意大利文作 Bucarate。即布哈拉。——中譯者注。

3　意大利文作 Chescan，德禮賢作達失幹。——中譯者注。

4　意大利文作 Burgagne。德禮賢作拔汗那。——中譯者注。

5　意大利文作 Bucarate。——中譯者注。

去說，用不着驚慌，因為他們很願意護送商隊。商人們不相信這話；相反地，他們趕快商量並決定逃跑。有人把他們的打算報告給了叛匪，叛匪馬上就沖過來，打爛了行李防禦線，然後大肆搶劫。然後強盜把商人們從樹林裏叫出來，允許他們撤退到空城的牆裏，帶上留下給他們的一點行李。鄂本篤修士只丟了他的一匹馬，後來他又用一批棉布把它換了回來。他們呆在城裏，但總是害怕叛匪會進攻那裏，把他們都殺掉。這時恰好布哈拉一個叫俄羅拜忒·愛拔德斯汗（Olobet Ebadescan）的大酋長，派他的兄弟去見叛匪，他以威脅說服了他們允許商人不受騷擾地繼續上路。然而，在其餘的旅行中，商隊背後經常受到匪幫的侵擾。有一次，正當鄂本篤修士殿后，他遭到四名埋伏着的匪徒襲擊，但他急智中用巧計得以逃脫：他脫下他的波斯帽子，朝他們扔去，當他們拿帽子當足球一樣踢來踢去時，他催動馬匹到達離他們有一箭之遠的安全處，平安地跟上了商隊。

在難以想像的最惡劣的道路上旅行了八天之後，他們來到騰吉巴達克山（Tengi-Badascian）。騰吉的意思是難走的道路，這條路非常狹窄，一次只能一個人通過，而且它高臨河牀。在這裏，附近一個城鎮的居民在一隊兵士的幫助下，向旅客發動攻擊，鄂本篤修士損失了他的三匹馬，後來他又用各種禮物作為交換把馬匹贖回來。他們在這兒停留十天，然後僅一天行程就抵達察兒求那兒（Ciarciunar），在那裏他們由於大雨而被迫在曠野停留了五天。也就在那裏，他們不僅因氣候而受難，而且又遭到另一次匪徒的襲擊。

他們用了十天從那裏到達塞兒帕尼爾（Serpanil），這是個完全荒涼的地方，沒有人煙；離開了這裏，他們就開始辛苦地攀登叫做撒克力斯瑪（Sacrithma）的高山。只有最強健的馬匹才能爬這座山；其他的則繞着它走一條更長但更容易一些的道路。鄂本篤修士有兩頭馱騾在這裏因腳痛而跛了。僕人自己也精疲力竭，要把它們放掉，但他們還是設法帶了它們跟在後面。

二十天以後，他們到達撒里庫耳（Sarcil）[1] 省，發現那裏有許多村落聚集在一起。他們在這裏停留兩天，休息馬力；兩天之後他們已在對岸叫做撒克力斯瑪的山麓。這座山被雪覆蓋，翻山中間有很多同伴都凍死了。鄂本篤修士僅免於同樣的命運，那時他們在雪中整整被封了六天。最後他們到達唐蓋塔兒（Tanghetar），該地屬於喀什噶爾國王。在這裏，亞美尼亞人以撒在一條大河邊上失足，大約有八個小時人事不省，直到被鄂本篤修士救活。

又進行了兩周艱難的旅行，他們就來到鴨可尼（Laconich）[2] 城。在他們這部分行程中道路極為艱難，以致鄂本篤修士有六匹馬都累死了。鄂本篤從這裏單身前行。他花了五天時間到達都城鴨兒看（Hiarchan）[3]；從這裏他把馬匹送回商隊，把糧食送給他的同伴。不久以後他們便安全地帶着行李和商貨抵達都城。

這時是 1603 年的 11 月。

第十二章　契丹與中國被證明是同一個國家

因為商人們頻頻會聚，售賣的貨物品種繁多，鴨兒看便成為喀什噶爾國的首府和一個大商業中心。喀布爾的商隊在這裏解散，另組成一個去契丹的新商隊。契丹商隊的領導權賣給了國王，進行這筆交易的頭領被賜與管轄全程旅客的皇權。過了一年才組成新的契丹旅行

1　意大利文作 Sarcol，德禮賢認為即朅盤陀。——中譯者注。

2　意大利文作 Jacorich。——中譯者注。

3　德禮賢作葉爾羌。——中譯者注。

隊。這件事是漫長而危險的；這支特殊的商隊並不是每年都組成，而是只有在湊足了人數並且僅在知道肯定可以獲准進入契丹的時候。

最貴重的商品而且最適用於作為旅行投資的，是一種透明的玉塊，由於缺乏較好的名稱，就叫它作碧玉。這些碧玉塊或玉石，是獻給契丹皇帝用的；其所以貴重是因為他認為要維護自己皇帝的威嚴就必須付出高價。他沒有挑中的玉塊可以私下售賣。據認為出賣玉石所得的利潤，足以補償危險旅途中的全部麻煩和花費。

這類石塊可用來製作各種物件，諸如瓶子、披風和腰帶的釦子以及別的這類裝飾品；當它們經過人工設計並被雕刻成花葉時，就成為極其動人的裝飾品。看來喀什噶爾國現在有大量的這種石頭，中國人稱之為琥石（tusce）。它有兩個不同的種類：第一種，也是較好的一種，採自和闐河，距都城不遠，那方式有點像是潛水者入水採珠那樣，取出的塊塊大小有如厚燧石；第二種較差，從山裏採掘得來，大塊的被破成大約兩愛耳（ell）即四英尺見方的板狀。然後再把它們切成易於運輸的大小。產這種玉石的山離都城約有二十天的旅程，叫做康桑吉—喀修（Cansangui-Cascio），意思是「石山」。或許它就是我們對該國的地理記載中所提到的同名的那座山。因為石質堅硬，又因為它位於遙遠荒蕪地方，所以開採它要費巨大的勞力。據説在它表面上點燃一大堆火有時可以使石頭變得軟一些。國王把採玉權賣給投標最高的商人，在他的租期，別的採礦人不得在那裏開採。礦工到這座山去，都帶上一整年的糧食，因為他們知道在這長期中他們不會回到有人煙的地方。

鄂本篤修士去朝見國王穆哈默德（Mahamethin），因為他攜來了禮物而受到國王的殷勤接待。他送給國王一隻掛在脖子上的項鏈表、一副望遠鏡以及其他歐洲小玩意兒，國王對此十分喜歡和愛好，因而把贈送人當作朋友，受到他的保護。起初，鄂本篤沒有泄露他想去契丹的願望。他僅談到喀什噶爾以東的察理斯（Cialis）國請求賜給一份赴該地的御書。國王就是鄂本篤曾資助過六百金幣的那位王后的兒子，所以他的請求得到了讚許。在這裏，他也得到幾位大臣的恩遇。

過了六個月之後，季米特列忽然意外地出現在鴨兒看，他曾和鄂本篤一起出發，然後就留在喀布爾的。鄂本篤和亞美尼亞人以撒很高興他到來，但並沒有歡喜多久；因為來了不久，季米特列就造成很大的麻煩。按照慣例，在國王的允許下，商人們要從他們自己當中推選出一個人來當所謂的皇帝，別的人都要向他表示尊敬和獻禮。季米特列想節省財物，拒絕送禮，差一點被投進監牢，並且遭受毒打，因為這位所謂的皇帝有權力對那些拒不承認他的權威的人施加刑罰。全靠了一小筆贈金和運用手腕進行調解，鄂本篤修士才跟他們把整個事情安排停當，取得對季米特列的寬恕。接着又發生了更危險的事，賊盜破門而入，抓住亞美尼亞人，把他綁起來，再用刀加在他的咽喉上不讓他呼救。他們所造成的響動驚醒了鄂本篤和季米特列，強盜才逃走了。

另一次，鄂本篤修士遠行去向和闐王的母親收回他過去所放的債。她居住的都城要有十天路程，整個過了一個月他還沒有回來。撒拉遜人聽說這事，就散佈謠傳說鄂本篤死了。他們說，他因為拒絕呼喚先知的名字而被他們的教士處死。這些狡猾的教士，他們稱之為喀悉施（Cacisces），這時就企圖盜竊他的財物，聲稱他死時沒有留下遺囑和繼承人。這給以撒和季米特列帶來不小的麻煩，他們為朋友的死每天都在哭泣，並且經常擔心他們自己的生命。然而，鄂本篤卻平安康健地歸來了，他們這時才破涕為笑。他借出的債大方地得到了我們剛描述的那種貴重玉石的償還。為表示感激他的平安歸來，他向窮人大量施捨，在他整個旅程中他一直是這樣做的。

有一天，他應一羣撒拉遜人之邀參加晚宴，剛一就座就有一個瘋狂的癡人揮舞一把刀從人羣中闖入，用刀對着鄂本篤的心，命令他唸穆罕默德的名字。他對此回答說，在他信奉的宗教中沒有人向這個名字祈禱，因此他斷然拒絕這樣做。其他人上來救援他，狂徒被趕走了。據說在旅途中這類死亡的威脅是常常發生的，除非他唸禱穆罕默德；但神恩挽救了他，把他帶到了終點。

另一次，喀什噶爾的國王把鄂本篤請來，這時他們那可憎的宗教教士和學者都在場。他們稱他們的知識階級為毛拉（Mullahs）。他們問他信什麼教，是摩西的教還是大衛的教還是穆罕默德的教，祈禱時把臉朝着什麼方向；修士回答說，他信耶穌的教，他們稱耶穌為Isai，因為上帝無所不在，所以朝哪個方向禱告都沒有什麼不同。他答案的最後一部分在他們當中引起了爭論，因為他們禱告時總是把臉朝向西方。最後，他們認為基督教也可能具有某些優點。

這時有一個叫阿甲西（Agiasi）的當地人被選為擬議中的商隊首領。他聽說過鄂本篤修士是個有德行的人，也是個著名的商人，所以他邀他赴他家的盛宴，在他家裏進餐時，還有他們自己的特殊音樂。筵席過後，商隊首領邀鄂本篤隨商隊一起去契丹。這正是他所期待的；但他和撒拉遜人相處的經驗教給了他應該怎樣對付他們，於是他等着他們那方面的邀請，從而，按照良好的風度來說，他就會表現得是在恩賜而不是在接受恩賜。於是，商隊首領就請國王發出邀請，事情就成為是這位國王在請求鄂本篤陪同被稱為卡魯安·巴沙（Caruan Basa）的商隊首領。鄂本篤同意這樣做，只要國王肯發給他全程的證件。

從喀布爾來的那支商隊中有些同伴反對他先行出發，說這樣的團體應該由數目更多的人組成。他們告誡他絕不可信賴土著，堅持認為這次是他們所策劃的陰謀，是要想奪走他的財物，即使不要他的命的話。鄂本篤向他們擔保說，他奉的是國王的意旨；還告訴他們，他已答應了商隊的首領，而作為一個誠實的人，他是不能反悔的。

他那些商人朋友的關切並非是完全沒有根據的擔心，因為當地的很多土人都說，這三個人因信仰相同而被認為都是亞美尼亞人，一出城牆就會被謀殺。季米特列感到害怕，再次拒絕繼續旅行。不僅如此，他還力勸鄂本篤從這裏回家去。但鄂本篤拒絕了，說他從來還沒有因為怕死就迴避去履行應該服從的職責，現在在一次可以大大增添上帝光榮的使命上，就更不會如此。此外他堅持說，因為怕死，而毀滅很多人的希望，並浪費果阿主教和總督支援的錢財，那將是很不恰當的。在一直保佑着他成功的上帝的幫助下，他仍然希望完成這次探險。無論如何，他寧願冒生命之危去進行這項偉大的事業，而不願從已進行的工作之中退卻。因此他準備遠行，除他自己有一匹馬外，他又為他的同伴多買了十四馬作為馱獸。

同時，商隊首領則到離都城五日路程的自己家裏去，以便準備這次漫長而危險的行程。他到家裏時，就捎信叫鄂本篤儘快地作準備，這樣就給其他的商人樹立一個榜樣。他當然極願意這樣做，然後就在 1604 年十一月中旬啟程，出發到一個叫做約爾齊（Iolci）的地方，在那裏交納賦稅，查驗國王的證件。此後的二十五天中，他們行經韓家里（Hancialix）、阿爾賽格忒（Alceghet）[1]、愛格利爾（Egriar）、麥色特列克（Mesetelec）[2]、塔列克（Thalec）[3]、霍爾馬（Horma）、通塔克（Thoantac）、明吉打（Mingieda）、喀柏塔爾．可爾．齊蘭（Capetal Col Zilan）[4]、薩爾克古伯答爾（Sarc Guebedal）[5]、阿康色賽克（Aconsersec）[6]，康拔西（Canbasci）和察柯爾（Ciacor），最後到達阿克蘇（Acsu）。他們行經極其艱難的道路，有的地方石塊堆集，另一些地方則是漫長的乾沙地帶。

阿克蘇是喀什噶爾王國的一個城。這裏的君主是國王之姪，年僅

---

1 意大利文作 Alcegher。此地名後尚有 Habagateth。——中譯者注。

2 意大利文作 Meselelec。——中譯者注。

3 意大利文作 Tallec。——中譯者注。

4 意大利文作 Capetalcol，Cilan。——中譯者注。

5 意大利文作 Sare Guebedal。——中譯者注。

6 意大利文作 Aconterzec，按原文的順序，此地名是在 Camba-sci 之後。——中譯者注。

十二歲。他兩次要見鄂本篤修士，每一次修士都受到殷勤的接待。這兩次他都送給孩子一些極可口的糖點，這是任何孩子都喜愛的。在一次為招待旅隊而舉行的特別舞蹈表演上，王子問鄂本篤修士，在他的國家裏人們怎樣跳舞。鄂本篤不願在這樣一樁小事上怠慢王子，於是就站起來跳舞，讓他看看自己家鄉的人是怎樣舞蹈的。他還拜訪王子的母親，把國王發的文書給她看，她以很大的興趣看驗了它。臨行前，他送她一些女人都喜愛的東西；一副望遠鏡、印度的洋布以及幾件小物品。他後來應邀去拜訪孩子的師傅，他是公務行政官。

在這一段旅程中，有一頭馱獸掉進了急流。為了某種原因，獸腿是綁起來的，但它掙斷了繩索，游到河的對岸。鄂本篤知道失掉馬匹會是很嚴重的，便呼喚耶穌的名字，那匹馬便立即轉身游回來又加入了旅隊。從看來是不幸的事件中獲救，所以鄂本篤熱誠地感謝所受到的上帝的保佑。也是在這段旅程上，他們越過了叫做哈剌契丹（Caracathai）的沙漠，意思是契丹人的黑土地，因為通常認為契丹人曾在這裏住了一個長時期。

他們在這裏等候了十五天，其餘的商隊才到來。最後他們全體一起出發，經過斡脱格拉齊（Oitograch）、蓋佐（Gazo）、喀歇尼（Casciani）、德賴（Dellai），撒列格伯德爾（Saregabedal）和烏幹（Ugan），然後到達了庫車（Cucia），這是個小地方，他們就在這裏停留一月以休養馬匹。可憐的牲口因為道路艱險、所馱的玉石沉重又缺少飼料，差點累死了。這裏的祭司們問鄂本篤為什麼不在他們都習慣齋戒的時期遵守齋戒。他們向他提這個問題是希望他付出豁免的賄賂，或者是要罰他的款；他們幾乎是用武力逼他進他們的廟裏。

又經二十五天的旅行後，他們就從此地到達察理斯（Cialis）城[1]，

1 德禮賢作焉耆。——中譯者注。

這是個防務完好的小城。這地方由喀什噶爾王的私生子統治着。此人聽說鄂本篤和他的同伴與他自己的信仰不同，就向他們發出威脅說，任何宣稱其他信仰的人進入他的國土均屬膽大妄為，並且他將有權剝奪他們的財物和生命。但他讀到國王發給鄂本篤的文書之後，就平靜下來；他接受了幾件禮物，變得相當友好。

一天晚上，這個君王與他的祭司和有學問的參謀討論了一陣他們的宗教和律法，突然起意把鄂本篤請來。於是他派人備馬去請鄂本篤，書面邀請他到王宮來。這個古怪的邀請時刻以及他們剛到達時在這個王子手裏所受的虐待，使他們疑心鄂本篤是被叫去處死的。他不得不揮淚和他的朋友以撒告別，同時他要求以撒保證，如果以撒本人得以逃生，就必須盡一切努力把鄂本篤修士的死訊帶給耶穌會的神父們。他使以撒也因此落下淚來。

他到了宮廷後，就應邀和回教律法的博士們進行辯論，並得到上帝啟示如下的話，「你要説的話，到時候會告訴你的」；他用那麼有力的論證來捍衛基督教的真理，以致博士們羞愧無言。在爭論中間，王子一直注視着修士，對他所説的一切都點頭贊同，並表示意見説基督徒是真正的木速蠻（Miserman），意即真正的信仰者，他最後結論説他自己的祖先曾一度信仰過同樣的宗教。辯論結束後，鄂本篤被款待以盛宴，被邀在宮中過夜。他遲至次日很晚才得以離開，那時候以撒幾乎對他的歸來絕了望。他真的回來了，發現他的朋友正在痛哭，深信鄂本篤長時間不回來，是已經被處死了。

他們在察理斯停留了三個月，因為商隊隊長想等到有更多的人參加再出發；商隊越大，他就會獲利越多。由於同樣理由，他也不容許其他商隊走在他的前頭。鄂本篤不願長期的逗留和所需的巨大開銷。他切望登程，並且靠着向王子再送禮的辦法最後説服了王子為他安排旅程。這樣做是不顧商隊隊長和他的夥伴；於是過去他們和鄂本篤修士間所存在的友好關係就至此結束。

正在他準備離開察理斯城時，前次商隊的商人已從契丹回到了這裏。他們按偽裝成外國使節的慣例，到達了所謂契丹的首都。在北京，他們和耶穌會神父們共住在同一個使節的館舍中，因此他們能夠向鄂本篤修士提供有關利瑪竇神父及其同伴的第一手消息。正是以這種方式鄂本篤才首次極為高興地得知，中國真是他所要去的契丹。前一卷書中已敘述過，這些人就是跟神父們在同一個賓館中共同住了近三個月之久的撒拉遜人。他們談到神父們怎樣向皇帝進獻鐘錶、樂琴、圖畫以及其他的歐洲東西，他們還説起神父們受到都城大員的禮敬。但他們説到神父們經常跟皇帝交談時，卻真假參半。他們很好地描繪了神父們的相貌，但不知道他們的名字，因為按外國人在中國居住的習慣，神父們都另有一個名字。

作為他們故事的確鑿證據，他們拿出一張紙，上面有一位神父用葡萄牙文寫的字。這張紙是僕人從屋裏垃圾中找到的，撒拉遜人把它保留下來，好在他們回到家裏時拿給他本國人看，作為寫那種文字的人已經到了中國的證明。鄂本篤和他的同伴們對這個消息驚喜過望。他們已毫不懷疑：契丹只不過是中國的另一個名字，而撒拉遜人稱為汗八里的那個首都就是北京城。離開印度之前，鄂本篤從他在中國的兄弟們的來信中得知這完全符合他們的論點。

啟程前夕，察理斯君主給了鄂本篤幾份證件；當問到他想在這些文件上寫什麼名字，是否想註明係基督徒，這時他説：「對，我肯定是要這樣。迄今我在旅途中都用的是基督徒的名字，我要把它用到底。」一個可敬的撒拉遜老祭司，聽到這番話，馬上脱下帽子丟在地上，喊道：「這個人真是他那宗教的忠實信徒；因為這是當着王子的面，當着我們這些信仰不同宗教的人的面，他勇敢地聲明他信仰耶穌。我們自己的人民確實並不是總能做到這一點，據説他們是根據他們所居住的國家而改變他們的宗教的。」然後他轉向鄂本篤，向他表示敬意；在撒拉遜人中間這是對外人的不尋常的榮譽。正是這種品德，像黑暗裏的光明，甚至引起一個敵人並非情願的致敬。

從察理斯，他又和幾個老同伴還有幾個新同伴再度登程，二十天后他們到達同一國中的蒲菖（Pucian）[1]。在這裏他們受到主管長官的友好接待，他由自己的倉廩供應他們糧食。由此他們再向設防的吐魯番（Turfan）城前進，在該地駐留一個月。他們的下一站是阿拉穆忒（Aramuth），再就是哈密（Camul），它也是設防的。他們在此又停留了一個月，讓自己和牲口稍作休息。此城仍在察理斯國境內並剛好受它的管轄，在察理斯他們始終受到殷勤的照顧。離哈密以後九天，他們就到達中國著名的北部長城，進抵一個叫做嘉峪關（Chiaicuon）的地方。他們在此必須等候二十五天，以待該省總督對他們申請入境的答覆。一進了長城，再走一天便達肅州（Soceu）城，在那裏他們聽人談到北京和他們曾經聽說過的其他地方。就在這裏，鄂本篤修士最終打消了他對契丹和中國除了名字不同之外完全是同一個地方這一點所抱的任何懷疑。

察理斯和中國邊境之間的地帶是個危險區域，對韃靼人的侵襲門戶洞開，商旅們膽戰心驚地行經這段旅程。他們派出偵察人員到附近的山裏去看韃靼人是否在移動；如果道路清寧，他們便在晚上悄悄地行進。鄂本篤一行遇到幾具撒拉遜人的尸體，這些人膽敢單獨旅行而慘遭殺害。韃靼人很少殺害土著。他們稱土著是他們的奴隸和牧人，是供給他們牛羊牲畜的。這些韃靼人從不吃米麥或任何蔬菜。他們說那些都是供牲口吃的，不是人吃的。他們除了吃包括馬、駝在內的肉食而外，不吃別的；並且據說他們是長壽的民族，其中有些人活過百歲。這個地區的中國邊境上的撒拉遜人不是個好戰的民族。他們可以很容易被中國人征服，假如後者有興趣征服其他民族的話。

1　德禮賢讀作辟展。——中譯者注。

就在這段旅行期間，鄂本篤在夜裏摔下馬來，半昏迷不醒，而其餘的一行人則走在他前面，不知道他所發生的事而繼續行進。到了他們抵達一個安歇地時才發現遺失了他，於是他的同伴以撒就回去尋找他。以撒在黑暗裏尋找，毫無結果，這時他聽到一個聲音在呼喚耶穌的名字。他隨聲找去，發現了鄂本篤，這時他已放棄了再能追上旅隊的任何希望了。他的第一句話就是：「是什麼天使領你到這個地點，把我從這種險境裏救出來？」靠了這位亞美尼亞人的幫助，他才得以到達駐地，在那裏養好了傷。

第十三章　鄂本篤修士在中國逝世

著名的長城終止於中國西部邊疆的北端。這裏是一片大約兩百平方英里的開闊地面，被阻於長城腳下的韃靼人慣於從這裏侵襲中國。即使現在他們也這樣幹，但不像從前那麼成功。為了防止這些襲擊，中國人就建築了兩座堅強設防的城市，駐有精兵。特別派有一名總督管理這兩座城；此外尚有其他官員，都直接聽命於首都。

總督和其他高級官吏住在陝西省的甘州（Canceu）城；另一個城市肅州也特派有一名知州，該城分為兩部分。中國人——即撒拉遜人稱之為契丹人的——住在肅州的一個城區，而來此經商的喀什噶爾王國以及西方其他國家的撒拉遜人則住在另一區。這些商人中有很多已在此地娶妻，成家立業，因此他們被視為土著，再也不回他們的本土。他們好像在廣東省澳門定居的葡萄牙人那樣，除了是葡萄牙人訂立他們自己的法律，有自己的法官，而撒拉遜人則由中國人管轄。每天晚上他們都被關閉在他們那部分城區的城牆裏面；但此外，他們的待遇一如上着，並在一切事情上都服從中國官員。根據法律，在那裏居住了九年的人就不得返回他自己的本鄉。

按照中國和西方七八個國家的舊協定，每六年允許這些國家有七十二名商人進入中國。這些商人詭稱是向皇帝進貢的使節前來旅行。貢禮大多是玉石、小鑽石、紫色石頭以及其他各種來源不一的寶石。這些假使節都是以公費到朝廷去並且返回。所謂進貢倒是有名無實的，因為誰都沒有比皇帝對寶石付出更大的價錢了，皇帝認為不大方地付錢就接受外國人的禮物，那就配不上他的威嚴。他們受到皇帝的盛待，以致平均每人每天至少得到一塊金子，遠遠超過他的費用。正是這個原因，商人為謀求這些使團中的一個位子而展開激烈競爭，並且向有權營理他們的商隊隊長贈送厚禮以取得這些位子。時候一到，所謂的使臣便以據稱是派遣他們來的各國國王的名義偽造文書，其中滿是對中國皇帝的極度奉承。中國接納來自其他很多國家的這類使節，如交趾支那、暹羅、琉球、高麗以及一些韃靼首領，他們給國庫增加沉重的負擔。中國人知道整個事情是一場騙局，但他們不在乎欺騙。倒不如說、他們恭維他們皇帝的辦法就是讓他相信全世界都在向中國朝貢，而事實上則是中國確實在向其他國家朝貢。

鄂本篤修士在 1605 年年底到達肅州。天意給以明顯保護的一個很好的證據是，他竟帶了如此豐富的物資抵達這次非凡旅程的終點。他有十三匹馬，五個僱傭的僕人，兩個從奴婢裏買來的孩子，以及充裕的寶石。他的全部東西估價兩千五百金幣，而且更可貴的是，他和他的朋友以撒身體都十分健康。

在肅州，他遇到另一羣剛從北京回來的撒拉遜人，他們不僅證實了有關在都城的神父們的一切說法，還補充許多聽起來誇張得難以置信的事。例如他們說，皇帝賜給神父們每天的銀俸不是數給他們的，而是成批地稱給他們的。鄂本篤從這裏寫信給利瑪竇神父，報告他的到來。他的信由中國使者遞送；但是鄂本篤不知道神父的中文名字，也不知道他們住在城裏的哪一區；再者，信是用歐洲文字寫的。結果是使者找不到神父在北京的地址。他在復活節又寫了一封信，這次他的信是交給一個逃出城的撒拉遜人；撒拉遜人沒有官員的許可是不得來去的。這封信中除了說明他旅行的目的和緣由而外，還要求神父想辦法免得他在肅州逗留，讓他能回到他和教友們生活在一起的歡樂中去，而不再繼續生活在撒拉遜人當中。信中他還表示願意從海道返回印度，像葡萄牙人通常所做的那樣。

在這之前很久，在中國的神父就已經從印度的監督的信函得知鄂本篤修士已開始了他的探險。每過一年，他們都盼望他到來，殷勤地向抵達北京的所謂使節的商隊打聽他的消息。然而，直到這時，他們得不到有關他的任何情況，無論是因為他們不知道他用什麼名字旅行，還是因為早先到來的商人根本沒有聽說過他。

因此第二封信的到達給在北京的神父們帶來很大的喜悅。信是在這一年很晚，將近十一月中旬送到的，於是他們馬上着手安排會裏的人以這樣或那樣的方式把他接到北京來。然而，再考慮了一番，他們放棄了這個打算，因為他們覺得再帶來一個外國人可能是有損無益。最後，他們派了一個學生去，他已被接納入耶穌會，但還沒有入望道期。這人是鍾鳴禮（Giovanni Fernandes），是個穩重有德的青年人，把如此重任委託給他看來是完全可靠的。同時還派了一名熟悉那一帶地方的信徒給他作伴。

鍾鳴禮受命盡他的全力把鄂本篤及其同伴帶回北京。如果他發現不可能躲過官員的監視或得不到他們的允許，那麼他就留在鄂本篤那裏，並帶信給北京的神父們。如果情形是那樣，他們認為可以通過他們在朝中的朋友們的影響，把他接來。

現在鄂本篤所滯留的城市距北京有四個月的旅程，而在一年之中的這個時候，那些地區正值嚴冬苦寒，所以要作這類旅行似乎是不大可能的。然而，利瑪竇神父卻不願再拖延，怕的是跋涉了那麼久的時間之後，鄂本篤可能會懷疑北京的耶穌會裏是不是確實還有人。而且確實他的判斷是很有根據的；因為，只要他們再延遲幾天出發，他們就再也不會在活人裏面找到我們的鄂本篤了。他們把利瑪竇神父的一封信帶給他，內容是關於旅行的最安全的辦法，另兩名會士也送信給他，詳細談到在北京的一切成就；這是他一直最渴望得到的消息。

在該城滯留期間，鄂本篤修士不得不忍受撒拉遜人的種種騷擾，遠甚於他在以前整個旅途中所經受的。由於這裏糧食昂貴，他不得以半價出售他的大玉石。他賣了一千二百金幣，大半都必須用來償還他所借的債。餘下的他就用以維持一羣人全年的生活。

他正在這裏等待時，隊商和隊長到達了。同時，鄂本篤不得不花很多錢來招待客人，以致他行囊告緊，只好借錢生活。此外，他還被選為到京城去的七十二名使臣的一員，因此必須購買更多的玉塊。沒有這個，他就會被排斥參加北京之行；所以他把一百磅玉石埋藏在地下，以防撒拉遜人盜竊。

鍾鳴禮於同年十二月十一日從北京出發，他也遇到了很大的不幸。在陝西省省城西安，他的僕人盜走了他行裝的一半，拋棄了他。再經過兩個月的艱苦旅行和不斷考驗，他終於在 1607 年 3 月底到達肅州。

鍾鳴禮發現鄂本篤身患不治之症，病倒在牀上。就在前一個晚上，在夢中或幻覺中，他得知次日有一名耶穌會士要從北京到來。他心裏有這件事，就吩咐他的亞美尼亞同伴到市場上去買些東西施捨給窮人；同時他虔誠地禱告上帝不要讓他夢中出現的希望得不到實現。以撒正在市場上時，有人告訴他說有一名耶穌會士從北京到來，並且指着鍾鳴禮。這位遠客就隨以撒一起走，他們進入屋來，他用葡萄牙語向鄂本篤致敬。病人知道了所發生的事情時，便拿着給他的信，舉向天空；他眼中含淚，靈魂洋溢着快樂，唱起了頌歌《榮歸天主》。他覺得他的使命完成了，旅行已經到達終點。閱讀完信件後，當晚他一直把它放在心口。鄂本篤和鍾鳴禮談話中所說的事和所提的問題，很容易加以猜想而無需詳述。鍾鳴禮竭力調護鄂本篤恢復健康，希望他會強健到足以從事北京之行。但是他的體力再不能復原了。這裏找不到醫生，也沒有適宜的藥物，更沒有任何辦法減輕他的疾病，只有鍾鳴禮給他烹製的歐洲菜肴。鍾鳴禮到達之後十一天，鄂本篤修士去世了，並非沒有被撒拉遜人毒死之嫌。

這些撒拉遜人一直派人在窺伺，想攫取死者可能留下的任何財物，他們極其殘忍地這樣做。損失中最令人痛心的是鄂本篤的旅行日記被毀，其中他留有詳盡的記錄。正是這份日記，撒拉遜人貪婪地等待着加以毀滅，因為它記有欠他債的人名單，可以用來迫使他們償還曾向他騙取的那些錢。他們甚至要用撒拉遜人的儀式埋葬他，但鍾鳴禮拒絕了他們那些可憎的教士，把他埋葬在一個體面的地方，日後還可能在這裏再找到遺體。他的兩個同伴，即亞美尼亞人和鍾鳴禮沒有葬禮祈禱文的儀式；於是他們虔誠地背誦唸珠祈禱，把鄂本篤送進墳墓。

對這位天賦偉大的靈魂和聰明智慧的人物，這裏似乎理當致以簡短的頌詞。

鄂本篤是葡萄牙人，入耶穌會後不久就志願參加莫卧兒傳教團，被派到那裏去。作為神父們的得力助手，他在那裏工作了多年，按照耶穌會中他那個等級的規矩，教導撒拉遜人、異教徒和新入教者。儘管他不是一名教士，但由於他那罕見的持重以及其他許多天賦的和學來的可貴品質，他受到人人的愛戴。他成了莫卧兒國王的好友，當這個君主遣使去果阿時，他派鄂本篤隨他的私人使節並以同樣身份前去。當時國王策劃征服葡屬印度，都是由於鄂本篤的智慧和持重，才使得與如此強盛的一位君王免於戰爭。他死前不久，寫信給北京的神父，告誡他們決不可相信撒拉遜人，還告訴他們說，企圖重複走他所經歷的那條路是既危險而又無益的。有一件同會的成員所熟知的事，可以證明他的聖潔。在他彌留時，想到多年來他沒有機會接受聖禮懺悔儀式，他說道：「我即將得不到這種安慰而死去，然而上帝的恩德是那樣宏大，以致在我過去多年中所經歷的任何事件，我的良心都沒有絲毫使我不安。」

參加商隊旅行的商人有個惡習，即瓜分死於途中的同伴的財物。鄂本篤死後，他們便抓住以撒，把他綁起來，威脅要殺他，如果他不呼喚穆罕默德的名字祈禱的話。鍾鳴禮把這事通知了甘州總督，請求釋放以撒。總督批了訴狀，命令肅州知州秉公處理此案，放孩子的叔父[1]回去，死者的財物一並發還。起初，知州支持鍾鳴禮，但是四十名撒拉遜人合夥出錢向他行賄；於是他恐嚇要鞭笞鍾鳴禮並關押三天。但鍾鳴禮不是個能被嚇得從自己的立場後退的人。當他打官司把錢都花光時，他把多餘的衣服全都賣光，繼續打下去。他用了五個月時間試圖結束本案，並且始終處於非常不利的地位，因為他不能跟以撒交談；他本人不懂波斯語，而以撒又不會葡語和拉丁語。有一次，他們被召到法庭上去，鍾鳴禮背誦祈禱文，以撒則反覆唸鄂本篤的名字並說了幾句葡萄牙話。除他們自己而外，在場的人一個字也聽不懂他們所說的。法官還以為他們是用廣東方言在談話並且他們彼此是毫無困難互相理解的。後來，大約兩個月以後，鍾鳴禮學會了足夠的波斯語，可以和亞美尼亞人交談了。

撒拉遜人進行反駁，說他們的臉型表明一個是撒拉遜人，另一個是中國人；這時鍾鳴禮回答說，他的母親是中國人，而他是繼承了她的特徵的。給法官印象最深的，莫過於有一天開庭時所發生的一樁事。作為抗議他們的攻擊，鍾鳴禮說，以撒是撒拉遜教的公開敵人，如果他確實信仰該教，他就會不吃豬肉。這時他就從袖中取出一塊豬肉，不顧旁觀者的風俗，他和以撒兩個人開始吃起來，使所有在場的撒拉遜人大為噁心。故此，他們失望地放棄了官司，離開公庭，走時

1　按鍾鳴禮詭稱以撒是他的叔父。——中譯者注。

向以撒啐吐沫，說他被中國騙子引誘了。在整個旅途中鄂本篤和以撒都沒有吃豬肉，唯恐得罪撒拉遜人，或者若是他們吃，也是偷偷地吃。法庭上出現的事，使法官同意鍾鳴禮的請求，他命令歸還鄂本篤的全部財物，但除了幾塊埋藏的玉石用以償還少數債務並供給返回北京的旅費而外，財物是全都找不到了。即使這樣，仍不夠支付長期逗留的開銷，因此他們只好拿仍然保存的一些玉石抵借了二十枚金幣。

經過許多考驗和挫折，他們到達北京，發現神父一直在焦慮不安。然後就是悲喜交集；悲的是鄂本篤修士的死，喜的是他的同伴亞美尼亞人得以逃生。以撒就好像是一個同會成員那樣受到接待，因為鄂本篤曾寫信告知神父，在他旅行全程中以撒曾最忠實地給了巨大的幫助。鍾鳴禮給神父們帶來一副十字架，很漂亮地畫在金紙上，這是鄂本篤生活在撒拉遜人中唯一隨身攜帶的一副，還有喀什噶爾、和闐和察理斯三位國王給他的三份文件；這些現在都保存在北京耶穌會教堂裏作為紀念品。這裏尚有哲羅姆·沙勿略神父的文書以及鄂本篤旅途中所收到的其他信札。和這些在一起的，還有果阿大主教亞萊克速斯·梅內賽斯（Alexius Menesius）的其他信函以及這位沙勿略神父致北京神父的信，他們在信中說，他們確認契丹距北京不遠，或許這兩個國家是相鄰的。

亞美尼亞人以撒在北京停留了一個月，在這期間靠着鄂本篤一些文稿的幫助，他向利瑪竇神父講述了他所能憶及的這次旅途經歷。從他的講述中，我們記下了本書最後三章的故事。以撒從北京去澳門，採取神父們通常走的那條道路，在澳門他受到耶穌會及其朋友們的殷勤接待。在他返回印度的途中，他乘坐的船隻在新加坡海峽被荷蘭海盜俘虜，他的一點財物被洗劫，他本人被夷為賤奴。後來他被滿剌加的葡萄牙人贖出，繼續前往印度。他在那裏得知他妻子的死訊，因此他沒有回莫卧兒國；反之，他在東印度一個叫作察吾爾（Ciaul）的城市居住，當本書撰寫時他仍然生活在那裏。

第十四章　南昌的迫害

——蘇如望神父逝世

1606 年和下一年，南昌基督教的發展既不因蘇如望神父病勢日重，也不因李瑪諾神父不懂中國話而有所延緩。由於其他神父的不斷努力，更多半由於丘良厚（Pascal）修士的勤勞，這些不利因素得到了彌補而有餘。在這兩年內，這位修士使新信徒增加到兩百多，他們在宗教信仰方面都表現出特殊的虔誠。結果是，基督教的名聲傳遍整個這座省城。

蘇如望神父看來已好轉無望，大家認為最好把他送往澳門，改變一下氣候，可能有助於他恢復健康，但這一切都證明無效。他在這一年八月與世長辭，時年四十一歲，為耶穌會極有價值地服務了二十三年。他在葡萄牙的高因盤利度過他的望道期，還沒有期滿就申請參加印度傳教團，後來奉命從那裏前往中國佈道。他被安置在南昌的駐地達十餘年，在那裏他以全部精力來傳佈基督教。他是個模範教士，被公認為是個非常聖潔的人。多年來他隻身在異教徒中間工作，完成了許多事業，忍受過許多困難。有時候惡意的鄰居使他的教堂陷入悲慘的困境，他本人也陷入危難，但他耐心地忍受這一切，除每年發給他的俸金而外從不多要錢。新信徒們痛感到失掉了他，他們很多人在他死時自發地前去哀悼。

經李瑪諾神父的努力，他在 1607 年 8 月花了一千金幣的價錢又購買了另一所較大的房屋。這種改變是必要的，因為他原有的房子太小，不敷所需，而且位於洪泛區。正當會士們要從一所房屋遷往另一所時，突然發生一件反對他們的鬧事。

情形是文人學士中間有一些舊儒對基督教的日益流行感到不滿。因此他們寫了一份控告神父的狀子，呈給管事的兵備道，即主管全城事務的市長。他們既沒有得到很好的接待，也沒有受到耐心的聽取；他答覆他們說：「如果你們所控訴的這個基督教，在你們看來沒有好處，那就不要信它。我還沒有聽說過有人被迫入教的。如果他們買的房子碰巧很大，那也不用你們花錢，他們也決不會干預你們的財產。」這個回答只能引起他們的憤怒，於是他們去見省城的長官。恰巧此人姓盧 (Lu)[1]，是利瑪竇神父的一位朋友，幾年前在北京相識的。他收下他們的訴狀，然後置之不理；呈遞狀子的訟師無法說服他給他們一個回答。這第二次的碰壁也使得他們失去了耐性。

每月月初，官員們和文人[2]們都一起在他們的孔廟裏舉行一次公眾集會。在廟裏行新月的禮節，這些是民間的而非宗教的禮節；到場的人中間有一個便乘機代表別人發言，向在場的最高官員布政司[3]講話。他說：「我們想告誡你，這座皇城裏有幾個外國教士，他們宣講本國從未聽說過的教義，並在他們的住所聚集大批羣眾。」說完這番話，他就向他們的地方官叫作提學（Ticho）的談到教士們，而提學也是這個發言人所屬的學校的校長；於是他就命原告呈交一份書面訴狀，並保證說他要以他全部的權威來支持它，努力把外國教士趕走。狀子當天就寫好了，有二十七個人簽了名。他們把一份交給校長，另一份交給最高官員。這份文件內容大致如下：

> 利瑪竇、蘇如望、李瑪諾以及其他西國教士，對皇上犯有謀逆不道之罪，他們在五個不同省份內散佈在我們人民中間。他們不斷彼此交接，到處在河上肆行剽掠，聚斂錢財，然後散發給百姓以討好羣眾。他們經常受到官員、顯貴和軍官們的訪問，和這

---

1 德禮賢認為即盧廷選。——中譯者注。

2 意大利文作 siuzai（秀才）。一中譯者注。

3 德禮賢認為即王佐。——中譯者注。

> 些人祕密盟誓，結成死黨。
>
> 這些人教導我們不要禮拜祖先遺像，這一學說意在絕滅後世子孫對祖先的敬愛。他們有的人搗毀偶像，使廟宇空虛，神靈遭劫而無主。一開始他們只住在小屋裏，但今天他們已經購置華堂廣室。他們教導邪惡的學說。它引誘愚民入其狡詐的羅網，這類人成羣結夥在他們的屋裏聚會。他們的教旨遠越城牆之外，散播到附近的城鎮和鄉村並傳入曠野；而百姓們受其虛偽所矇騙，以致學生不務學業，工人不做工作，農夫不耕田畝，甚至婦女無心家計。全城均蒙騷擾；最初信其教者不過百人左右，現今為數已超過兩萬。這些教士散發某個韃靼人或撒拉遜人的圖像，稱之為上帝，說他從天上下凡來拯救並教導全人類，而且按照他們的教義，只有他才能賜給人財富和幸福；這種教義使愚民極易受到欺騙。這些人是大地之上的禍害；現有正當的理由擔心，一旦他們建立起自己的廟宇，他們就要發動叛亂，一如有消息說他們近年在福建和南京省之所做所為。
>
> 因此，申訴人為了有意維護公益，保衛國家，保存古法完整，謹上呈這份訴狀，並以全省名義請求將抄件上奏皇帝，請求把這些外國人處以死刑，或者驅逐出境流放到海上的荒島。

總之，這就是訴狀的內容，它振振有詞並附以所謂的證據和見證，文筆具有說服力，冒牌文人對此是極為擅長的。收到狀子的每名官吏都聲稱，如果市長在聽審本案並通告外國人之後認為可行的話，那就該禁止傳佈基督教，把教士從城裏驅逐出去。那些對中國辦事的方法一無所知的人，都很相信神父們至少要被趕出省城；結果是神父們的許多朋友在看來是一場絕望的案子中，遲疑着不給他們以援助。但神父們本身倒不太煩惱，他們把信心放在天意上，在遇到其他這類危難時，它始終是出來給他們幫助的。對於這樣嚴重的事件，他們的首要問題是要決定第一步該怎樣辦。

他們有很多朋友都認為，他們應當去找一個調解人，請調解人設法撤銷官員的判決，作為照顧他的面子。相反地，李瑪諾神父卻自行辯護，寫了一份要求公道的申請書，申請書一開始就直接請求官吏們認真調查他們所被指控的罪行，如果發現他們有罪，就徹底依法懲治他們。市長和那位校長官員收下了這份訴狀；當主審官聽完神父的話，並始終讓他們穿着囚衣跪了很久之後，他就發出如下的問話：「為什麼你們惹起學士們的仇恨之後還不離開這個城市？你們傳播的是什麼教義？你們犯的這種罪是什麼？為什麼你們禁止百姓敬奉祖先？你們拜的是什麼邪神？你們買這些房子的錢是哪裏來的？」這些問話以及更多的話，都毫不客氣地惡語相加。李瑪諾神父開始回答這些問題，他有一名修士兄弟充當譯人。首先他簡述了基督教教義。然後他指出，按照神聖的律法，繼上帝而後首先要敬拜的就是父母，但法官對這些話根本無心傾聽或接受，他表明他認為這都是假的。遭到這種駁斥後，事情越變越壞，看來他們彷彿到了絕望的邊緣；並且確實達到這種地步，以致為了乞求順利解決他們的困難，他們增加了他們的禱告、他們的供奉及他們肉體的懺悔。他們的敵手看來得意洋洋，已經爭着要瓜分教團駐地的傢具了；而且為使得結局倍加肯定，他們重新煽起了火焰，平添了訴訟和指控。他們還勸說民間領袖們去敦促官吏。一個收到一份新訴狀的小官吏，為了討好他們的情緒，竟說無需詢問基督教教義是真是偽。它是由外國人來說教的，這一事實就成為鎮壓它的充分理由；他還說他本人會消滅這些家伙的，如果訴狀不是已經呈遞給了上級官府的話。

和神父們多少還算友好的市長，發現訴狀中有許多都是顯然誣陷，就問兼任校長的官是否知道李瑪諾其人是利瑪竇的同伴，利瑪竇在朝廷極受尊敬，因為他曾進獻禮物給皇帝而從皇庫中領取津貼；他是否知道神父們在南京住了十二年，而且從來沒有人真正指責他們犯過法。接着他問校長，有沒有確實認真考慮過現在這份狀子中尚需證明之處。校長對此回答說，他希望市長對案情進行仔細調查，再跟他商量。主審官這時也命令進行同樣的工作。幸而就是這位法官，在利瑪竇神父首次到達南昌時負責該城的事務[1]。正是他在總督的批准下首先允許神父們在那裏開堂。之後，經過一系列的提升，他又回南昌出任省城的最高職位。他極慎重地處理神父們所遭受的公開指責，小心翼翼地在審案中不偏袒任何一方。他着手弄清事實真相，然而他卻不想拋開冒牌文人的案件不理，因為他本人曾一度是他們學校的校長。

那時候，幾名起訴人滿有把握他們已經得勝，就到新信徒的家裏去搜尋救世主的畫像，把兩三幅畫像撕碎了。李瑪諾神父這時就勸告新基督徒們把畫像藏起來不讓暴徒發現，而且暫時不要把像掛在他們的臥室內。他告訴他們，這樣做並沒有背棄他們的信仰，只不過是防止進一步的褻瀆神明。他還告訴他們，如果他們願意，他們可以公開帶唸珠，但並沒有義務要這樣做。

市長審查了原告的指控和被告的答辯後，便開庭訊問冒牌文人，同時置神父們於他的保護之下；他親自着手駁斥控告人的毀謗，他說他完全相信這些外國人是誠實的人，而且他知道只有兩個外國人住在當地，而不是像所說的有二十人。他們對此回答道，中國人正在成為他們的信徒。法官接着答覆說：「那算什麼？為什麼我們要怕自己的百姓？你們大概還不知道事實是利瑪竇神父等人在北京受到人人的款待，還領皇庫的津貼。住在皇城之外的官員，怎麼膽敢驅逐獲允住在宮廷裏的人？這裏的這些人已在南京安分地住了十二年。」他又說：「我命令他們不得購買更大的房子，百姓不得信他們的教。」然後就

1　意大利文稱他姓 Guan（王），即王佐，先任南昌知府，後升按察使，晉布政使。——中譯者注。

在法庭之上，他非常和善地招呼神父們，説因為他們在小房夠用時買了大房子，所以城裏有些人感到生氣。

至於基督教的教規，他告訴李瑪諾神父説，他不反對神父，以及他自己的人所奉行的任何東西，但是神父不應向這個國家的百姓講授它，因為他們在這方面是靠不住的。他警告神父，那怕百姓開始時確實接受了他的宗教，他們到後來還是會反對它。他平靜地把這一切告訴了他們，還談了更多的類似性質的事，大家都聽取了他所説的，認為是十分愛護的話。後來，當在公堂上跟他的一位同僚談話時，他就向同僚們説，此人奉行的教規是極其合乎情理的，而李瑪諾神父就是按照他所宣講的教義而生活的一個好榜樣。他解釋説，生員們因為李瑪諾神父是個外國人，並且他們認為他沒有任何人保護，所以膽敢控告他。接着主審官告訴校長不要再找神父的麻煩，因為明顯的是，生員們的整個告發都是假的，是為了勒索錢財而編造的。他説南昌的百姓是很難以討好的，並説他要允許李瑪諾神父購買房屋，因為從前他當市長時，他曾同意利瑪竇神父可以隨意購買房屋。

開庭結束，有一個皇親在等着李瑪諾神父，僅僅為的是在他出來時羞辱他；皇親階層在揮霍完他們的錢財之後甚至於變得更加橫蠻。後來此人又到教堂去掠奪教堂的傢具，但是市長最近的判決制止了他，所以他只得恐嚇了幾聲就算滿足了。

幾天以後，法庭宣佈並寫出了判決，蓋有主審官和文士領袖即校長的印。它被張貼在城門上，作為公告。下面是他們宣判的大要：

> 在審查了李瑪諾神父和他夥伴的案情後，發現這些人因慕中華帝國的聲名從西方來此，他們已在國內居住有年，並未表現任何惡意。應該允許李瑪諾神父奉行他自己的宗教，但百姓們出於好奇而信奉上帝，則不得視為正當。對他們説，相信外國人的宗教確實會是極不適宜的。引用詩人的權威來判斷，則這種

外國教義就像是某種從最高樹頂上面所射下來的光明，照入深谷之中的黑暗[1]。因此如果不以佈告勸誡，人們不要因接受外國人的禮拜而放棄他們古老宗教的祭禮，那看來似乎是違反本國的最大利益的。這類活動確實可能導致聚眾危害公益，也對外國人自身不利。因此本地長官奉上官之命，告誡該神父李瑪諾不得蠱惑百姓，誘使他們接受外國宗教。把那所大房子賣給神父的人應退還他的錢，李瑪諾應購買一所足敷所需的小房子，並且要像他迄今那樣安分地住在那裏。李瑪諾本人同意這些條件，當地軍事長官奉命把那裏的房屋搜索一番，沒收了他們所說的上帝的畫像，凡抄得到的都拿走。禁止當地百姓任何人信奉外國人的宗教，也不允許聚眾祈禱。違反這些規定的人要嚴加懲處，如軍事長官執行不力，將被控以同樣的罪行。

校長在告示上就他那部分補充說，禁止百姓接受外國人的教義，在神父住宅的門上要張貼告示，通知公眾說禁止這些人與百姓經常接觸。

神父們並不因這個通告而感到過分不安，因為他們害怕事情還會更糟得多。事實上，大家都認為它倒是比較有利的，而禁止傳播教義則是一道敷衍的命令，為的是表面上看來並沒有完全忽視士大夫們，因為神父們並沒有被趕出城，像是士大夫們所要求的那樣。再者，中國人改變他們的宗教，並不被認為是罪大惡極；而破壞這樣的禁令的人就加以嚴懲，也不是常有的事。新入教的人自己證實了這一點，他們照舊以同樣的信仰繼續去做彌撒，甚至當他們隨身帶着教義問答時興致就更高。最初，為了形式上避免違抗告示，神父們把新的基督徒分組，讓各組在每周的不同的三天去做彌撒，而不是讓他們都在禮拜天去；但結果卻是他們在其他日子都去，在禮拜天也去。勸告他們離

1　德禮賢註釋說，此句來自《詩經》：「出自幽谷，遷於喬木。」——中譯者注。

開是白費氣力，因為他們認為那會是害怕的表現。

該地的軍官們極力威嚇他們一些人，為的是勒索他們的錢財；但他們大無畏地說他們是基督徒，向軍官們寫下他們的名字，呈交上官，然而他們沒有一個人被拘捕過。

應該提到的是，其他教會受到迫害期間所發生的事，也發生在這次中國傳教中，特別是發生在這個特殊的地點。至於天意所允許的一般迫害，一旦騷亂平息下來，它們卻會更有助於基督教的傳播，勝過無窮盡的持續不斷的和平時期。教會的敵人力圖把神父們從南昌趕走，結果卻是他們在那裏立身比過去更加牢固。當利瑪竇神父第一次到達這座城鎮時，還無法得到長官允許購買房屋的批示，哪怕有總督之尊予以支持也不行。作為剛談過的那種迫害的結果，市長和這座省城裏的另兩位大官，都同意神父們留在這裏，也允許購買一所房屋。而這是用告示公佈的，其中明白說，將來人們不得對此事有任何懷疑，甚至不得對它竊竊私語。

確實，這都是為了上帝更大的光榮，有很多人都說聖教宣揚者是生活在天主的保護之下，也蒙受官員們的蔭護，他們就彷彿是天主的副手。看來明顯的是，超過了他們的腐儒對手的想像，官員對神父是更為了解的。從前，這裏的人完全不知道北京的神父們和朝廷裏大官之間的關係，現在，這已是通常談論的話題了。廣東省傳播的誣陷還沒有到達本城，這真是天意保護的一個不小的證明。如果知道了有一個神父，即郭居靜神父，被指名為澳門叛亂的首領，那麼這裏的不滿分子就會無疑地更加大膽，而教團朋友的忠實性也會隨之減少的。

訴狀中提到的一些指控神父的事，顯然是虛假的，這卻起了良好作用；因為這使得百姓遲遲不肯相信其他的控告，哪怕控告是真的或者是可能的。達官貴人拜訪神父的種種傳說，看來和叛亂搶劫以及宣揚邪說的指控是不協調的。

在剛提到過的這次審判中，原告點到了利瑪竇神父和蘇如望神父兩人的名。官員們都知道利瑪竇神父正住在北京而很多人又已聽説蘇如望神父已經去世。這次特殊的迫害看來把基督教的名聲傳佈到四面八方，大家都知道神父們有意要傳播迫害的消息。此後不久，就有很多人好奇地想了解這個新宗教，他們來聽佈道，儘管他們並沒有都接受它，絕大多數卻表示了讚許。這一切都驚人地助長了新基督徒的熱情；

其中有些人不讓神父們知道，已經準備好了一份回答原告的狀子。李瑪諾神父不顧他們的反抗，取走了他們這份狀子，認為不經商量就企圖幹這樣的事，是對他們不合時宜的。他們有的人彼此詢問，如果官員命令他們放棄他們的信仰，他們該怎麼辦；另一些人要求在神父們遭驅逐的情況下被指派來代替他們的位子，從而能夠保存並傳播信仰。神父們到官府去時在大門口總會遇到一羣他們的新基督徒，如果神父在那裏有所逗留的話，新信徒總會帶給他們一些吃的和喝的，而且他們注意要使守門人為他們出入清道。總之，他們不忽略任何一樁他們認為好基督徒和虔誠孩子所應盡的責任。

告示公佈之後，官方有兩三名吏員把一份告示送交神父們。習慣是要為此付給他們一筆錢的，但他們不要錢，卻為了他們的信仰而要求得到一幅救世主基督的畫像，全然不顧他們手裏正拿着的這份告示禁止展示這幅畫，違者重罰。他們説他們想成為基督徒。神父們拒絕給他們一幅畫像；正當他們談話時，有一個畫師帶着幾張剛畫好的這幅畫像的摹本走進屋裏。他們向他拿了一幅，不再要酬金就走了。幾天後，他們當中有一個人病了，請求領洗，領洗後五天便死去了。

不久，大法官[1]擢升至廣東省的一個更高職位。李瑪諾神父趁他離開時到他的船上去看望他並送他一份禮物。神父感謝他在處理案件中的支持態度，並在其他東西之外還贈給他一本利瑪竇神父談基督教

1　意大利文作 Pucensi Guan，即布政司王佐。——中譯者注。

教義的書[1]。他讀了它幾頁，然後向在場的其他幾個官員說：「說這些人禁止人禮拜自己的祖先，該是多麼荒謬；他們的教誡中所寫的恰好相反。」他告訴李瑪諾神父可以放心他的傳教駐地不會受到騷擾；他已經使校長相信神父並沒有犯所指控的罪行，並且他已指定市長作為他們的保護人。他這時給李瑪諾神父一些金幣作為回贈，神父堅持不收。於是他強使譯員收下金子，再要退回去就被認為是失禮了。

在這裏所發生的一切事情過後，似乎神父們的事業在城內的騷亂以後要比在這以前處境更好了，這在他們的朋友看來是十分明顯的。有很多人前來祝賀他們，許多人堅持認為他們在贏得官員們的支持而對本地士大夫取得勝利的價值，確實超過了預計。

第十五章　迫害加強了南昌的傳教

訴狀的作者們由於受挫而遭到的嘲笑簡直是難以置信的。他們成了公眾揶揄的對象，百姓用指頭指着為首的假儒生，他在公堂上被一個外國人擊敗並且也沒有得到賄賂錢。另一些人則因為他們並未被召去為房屋的買賣作證而受到取笑，他們和他們的親戚都丟了臉，因為公佈的告示中點了他們的名。校長生他手下一些人的氣，威脅說要把他們當作誣告者，剝奪他們的學銜。為了在公眾面前替自己辯白，文士們刊佈了一本小冊子，包括整個審理的過程，提到了所有的控告和判決。這些小冊子被散發給所有的名人和一些官員，有幾份抄本也送給了神父。從它的文筆和字體的優美來看，它是由這個階級裏的一個

1　《天主實義》。——中譯者注。

更知名的學者撰寫的。因為這是努力為他們的行為辯解，所以他們儘可能避而不談案子可能給他自己的聲譽所造成的影響。

他們首先努力要證明，他們不是出自任何個人考慮才起來反對外國人的，他們聲稱他們的動機是基於保全國家的完整，維護他們祖先的法制。他們要百姓牢記，由於和外國人交通，中華帝國從其一開始存在起就遭受了多麼大的災難。他們說，根據國家的法制和規則，這樣的人應該監禁在堡壘和牢獄裏，而不許像本國人一樣到處遊逛，確實更不許騎在百姓頭上，挑起惡意。他們指責神父們吹噓他們自己的國家比中國還要偉大，並且說他們和其他的外人不一樣，他們拒不承認中國的遼闊。他們說，這些外國人為了模仿中國人自己的稱作大明的國家，就把他們的歐洲稱為大西，同時因為中國皇帝稱作天子，這些人遂把他們的神叫做天主，從而把跟他們有關的一切事物都置於中國事物之上，猶如父或主之高踞於兒子之上。他們指責說，歐洲人計算他們的年代是從某個為人所不知的時間開始的，或者是從某個並非中國皇帝的人而紀元的[1]；而且他們為他們信徒家中所書寫的防範鬼神的文字，形狀像是弓箭和斧頭以及其他武器，這本身肯定就是凶兆。所指的文字其實就是耶穌和瑪利亞的聖名。因此他們結論說，把這些人留在他們當中是危險的事；他們極力要清除本省的毒害，正如古代文人經常所做的那樣，大家不應對此感到驚奇。為了證明這一點，他們引征許多例子，都是他們從史書中挖掘出來的。他們說，聰明的法子是從一開始就治療惡疾，而不是在後來疾病有了足夠的力量抗拒治療時，再去醫治它。在他們小冊子的結尾中，他們把憤懣傾泄在李瑪諾神父的身上，稱他是一條狗和一隻狼，並說他滿肚皮都是邪惡，這僅僅是他們對他橫加謾罵的一部分。

1　指耶穌。——中譯者注。

神父們認為最好是把這一切埋沒在沉默無言之中，而不是作出書面答覆去捅馬蜂窩。這份小冊子剛剛刊佈後不久，看來像是上天作出了昭雪，它的兩名作者突然暴死。三名作者之中有兩名幾乎同時死去，而且兩人都是士大夫法規的宣講者，他們確實配不上他們所佯裝在實踐着的那種宣言。當他們被認為和神父們交好時，他們實際上正在給激烈反對神父們的訴狀煽風點火。另外有幾個人則受到各種病痛和災難的折磨，使信徒有機會認識到上帝之手是在實施公道，這確實似乎是落到這些誣告者頭上的雪冤霹靂。

當神父們決定購買一所大房子時，他們先把小房子出售，條件是能夠允許他們住在這裏直到搬進新房的時候為止。這時碰巧有一個所謂的皇親，是屬於因出身高貴而變得驕橫的階級，買下了這所房子；但在約定的時間之前，他就開始把他的傢具堆進神父的屋裏，千方百計想把他們趕走。那正是沒有人願意把房子賣給或租給神父們的時候，因為害怕他們的原告敵手。也正好在這時，他們有七個教友從別的地方到來了，因此神父們處於困境，以致他們考慮去找一家旅舍；這時候他們有位朋友租給他們一所空房，雖然小點，卻足夠暫時容納他們。最後．經過很多困難，他們得到了賣房子的那筆錢，然後便去另找一所房，但是他們找不到一所合用的。儘管他們生活在要打官司的經常恐懼之中，他們還是買到了一所房屋，大得足敷他們之用，但由於有兩個人聲稱對它擁有所有權，他們就捲入一場持續了好幾年的官司。在這期間又有其他人成羣結夥糾集起來，要找神父們的麻煩，但靠了上帝的恩典，由於公佈了另一份告示才使得他們中止下來。然而那一整年卻不能算是沒有收穫的，因為它給教團增添了六十名新信徒。

城裏住有一位年高德劭曾長期擔任過大閣老[1]職位的紳士。大家

1　德禮賢認為即張位。——中譯者注。

都知道他是個富有的人，他也很誇耀他的財富，因此反對派就企圖用下面的方式爭取他來支持他們的活動。

我們在前面提到過的那座著名廟宇[1]，部分毀於火災。此人被選為徵募修復資金委員會的領頭人，並且在他的威望的支持下，他們得以徵集到一萬多金幣。當他們徵募資金期間，新信徒按他們的教義，不使自己資助他們認為是不神聖的事。當這事為大家知道時，據說有些異教徒也聲稱自己是基督徒而享受同樣的豁免。因此募款人又在假文士的慫恿之下去見那位閣老，提出抱怨；他就對他們說，以施捨的方式募款一定不能用強迫，同時他們也不要使任何人為難。當他們向他談到李瑪諾神父，抱怨他所宣講的教義時；閣老說，他認為那是聖教，是由一位聖人在宣講的，它絲毫不違反中國士大夫的教義。他們抗辯說：「但他是個外國人。」他答道：「那又有什麼？本城有一個外國人，你們怕什麼？在兩座皇城裏，不是有好幾千撒拉遜人平平安安地住着，他們不是按時還可以得到學位嗎？」因為結識了一位王爺[2]，神父們跟此人結成友誼，他一直到死時都對基督教的發展深感興趣；而有更多的領袖公民看來也是一樣感興趣的。

在剛才談到的整個迫害期間，教堂的門戶始終是對公眾關閉着的，從而不致於看來是他們不重視官員的告示，但因此也發現不了鄰里的態度。在這個間歇期，他們有充足的時間修飾房屋和教堂，並且他們建立了兩個祭壇，每所禮拜堂一個；頭一個供奉救世主基督，另一個供奉聖母。

在 1609 年的聖誕節，教堂極其隆重地重新開放，大羣信徒都來聚會，還有更多的異教徒。裝飾都按歐洲格式佈置，證明很能引起中國人的注目。每座祭壇上的燈火日夜通明，信徒們競相捐油使它們長

1　意大利文作 Tiecciucom（鐵柱宮）。——中譯者注。

2　意大利文作 Chiengan（建安）。——中譯者注。

明不滅。新禮拜堂給信徒們帶來了新熱情，而且使漁網中得到了不平常的收穫。信徒們定期地和虔誠地前來懺悔，當他們接受聖餐禮時，他們覺得自己達到了基督教幸福的頂峰。他們不僅是在禮拜天和節日而且也在普通工作日去參加彌撒，這確實是令人鼓舞的。

第十六章　中國的第一個聖母會

在剛過去的這些年裏，北京的神父們經常奉召入宮，有時他們自動到那裏去和太監們商談宮裏的業務。像我們在別的地方所說過的，他們總是在鐘錶需要照料時奉召。有一天，利瑪竇神父和龐迪我神父到宮裏去時，他們發現曆算院掌院[1]由於一道聖旨而有點不安。皇帝下令用絲織成十二幅世界地圖，安放在六對大屏風內。這幅地圖是利瑪竇神父的作品[2]，由我們的朋友李我存長官僅在不久之前刊印的。掌院被告知要向利瑪竇神父索取這些幅地圖，因為他的名字作為繪製者出現在原圖上。他只是最近才送了一幅地圖給太監們，當他們把它呈給皇帝時，皇帝非常喜歡它，所以要給他的兒子們每人一張，還有其他住在宮裏的親屬們，好讓他們把地圖作為欣賞的裝飾品，掛在牆上。直到這時候，神父們始終因一種想像中的擔心而克制自己不肯把他們的地圖獻一份給朝廷。他們害怕廷臣們會認為自己對於中華帝國版圖遼闊的想法受到了輕視。也是直到這時候，中國人聲稱並且相信，中國的國土包羅整個的世界。

神父們的擔心是錯誤的，因為皇帝本人按照他一貫的英明判斷，

1　按為欽天監監正。——中譯者注。

2　《坤輿萬國全圖》。——中譯者注

並不認為揭示真相會使他的國家受到任何輕蔑。

我們已經提到，這幅圖有兩個不同的刻本，但神父的住所內一個本子也沒有。李我存有一個刻版，另一個是印刷者所用的刻版則在他們的房屋遭到洪水時已經毀掉。這使得宮廷的曆算家們有些擔心，唯恐皇帝的願望落空，要遷怒於太監。太監們的心裏對於住所裏沒有地圖也有所懷疑。他們疑心因為這樣或那樣的原因，圖被藏了起來；因此他們來到住宅，神父們就把從洪水中搶救出來的那份刻版的一些殘片拿給他們看，他們還把一份李保祿編纂的、有着更詳盡的註釋和包括全世界的同一幅圖拿給太監看，圖是用八扇屏風裝成的，但皇帝要用六扇裝一幅，所以他們很怕把八扇屏風的一幅帶給他。

神父們說他們將在短期內另製一版，而且他們很樂於這樣做，因為這提供一個他們一直在尋求的機會去宣揚基督教。製成這幅新圖要花他們大約一個月的時間。他們用信函把所發生的情況以及他們所打算的做法呈報給皇帝，但是他決定節省他們的勞力和費用。他傳他們進宮來製作第一版地圖的新版，這幅圖就保存在宮裏。他們很高興做這件事，並且這恰值對地圖本身表現出有各種不同見解的時候。

關於在地圖上刻印的違反愚蠢的偶像崇拜的東西，有人抱有懷疑，另一些人則受不了它所說的有關基督教信仰原則的話。神父們則希望可能到時候皇帝或他的某一個繼承人在觀看地圖和閱讀上面的解說時，會有意詢問一下基督教的信仰。同時，地圖的出現減低了中國人認為他們帝國囊括全世界的觀念；在這張地圖上，它僅佔地球上另一條而且並不是最大的地帶。

神父們的好友李我存從他過去所擔任的較低官職上，被指派為北直隸一個城市的市長[1]。他在那裏料理政務並且經郵遞向朝廷聯繫公務

1　指李之藻於 1608 年調任開州知州。——中譯者注。

時，從沒有完全忘記他的朋友們。他已經了解到很多有關基督教的情況和許多數學知識，特別是從他研究歐幾里德之中；而且他有點驚奇地發現，在利瑪竇神父來到以前，中國人根本沒有聽說過歐幾里德。他允許他全家人和下屬都成為基督徒，甚至於規勸他們信教。他有兩個年輕的親戚，都是有學銜的人，成了異常虔誠的信徒。推動他們信教的，是他們自己的智能、神恩的幫助以及毫無疑問地也有這樣一位偉大人物的影響，他總是在談基督教的教義，而且他堅持說除它之外，便沒有任何地方可以找到得救。但他仍然是那些既把真理捧上天卻又並不接受它的人們中間的一個。

年輕信徒中有一個叫做彌堅（Michael）的，原來很熱衷於偶像崇拜。從他孩童時代起，他就在他父母邪惡的迷信的熏陶和培育下從事這種崇拜，經常進行祈禱、異教徒的齋戒以及其他的祭祀訓練。據說他生後不久就說過：「我不屬於這個家庭，我屬於我們那些在寺院裏當和尚的親戚。」如果這裏面有幾分真實性的話，那它可能是魔鬼的詭計，魔鬼設法使這個孩子作為一個徹底由偶像崇拜所熏陶而成長起來的人。後來，他決定把他所有的財產都交給他的兒子，自己退隱到寺裏去當和尚。當他聽到和讀到基督教的教義時，他改變了他的想法，拋棄了他曾經無知地而不是有選擇地追隨過的教派，變愛為憎，開始在他的言談和撰述中駁斥它的荒誕。他在京城居住的整個期間，一直在談論和撰寫有關基督教的事；他的老師不在時，他唯恐會忘記所學，便制了一份教曆以及一張叫做不固定節日表的，並學會了怎樣來區別它們，就像歐洲人那樣。

並不滿足於能夠用中文背誦記憶中的全部簡化的教義問答而已，彌堅還學習用拉丁文背誦它，做到了一個中國人之所能。他們在這方面的困難在於缺乏某些相當的字母。除此之外，他還記住了其他尚未譯成中文的祈禱格式。他和他的同伴哲羅姆（Jerome），還有一個受任為某城鎮長官的親戚，在離開北京去作十天旅行之前都來作懺悔。

以後在和這部歷史一起行將刊佈的編年記錄中，我們還有機會提到這同一個彌堅。他離開北京時，他年老的父親從遙遠的浙江省到北京來看望他。這次看望很使兒子高興，因為正如他所深切期望的那樣，它成為了父親獲得解救的道路。兒子對基督教信仰的熱誠，對父親產生那麼大的影響，以致父親放棄了他實行了五十多年的偶像崇拜。這時，他給他父親寫信說，他自己拋掉偶像崇拜者的愚蠢，棄之如敝屣。他回到家裏時，就為他所有親屬的歸信樹立了典範。

李我存還沒有離開京城，他家裏便發生了一件不尋常的事，大大增強了基督教的影響。他有一個家僕，瞞着主人接受了信仰的教誨，這時害了一場使其餘的僕人都不願去接近他的病。到了他要領洗的那一天，一個神父便走進屋裏去，焚香熏屋，然後把病房打掃乾淨。這吸引了別的僕人；當他們看到所發生的事情時，他們驚奇地發現基督教教義的仁愛超過了責任的要求。主人聽説這事，也稱讚這種偉大的仁愛行為，並且為拋棄了他的處於危難之中的僕人而自咎。在這裏面，他們得到一次模仿和讚美德行的機會。病人受洗後三天內死去了，死時祈禱着聖三位一體的名字，並提出其他僕人不久可以得到自己得救的希望。主人後來向他很多的友人們高度稱讚這種仁愛的行為。

他有兩名吏員，或者不如説是他官府的隨從，他們只是在他上朝時跟隨着他，受了他家中所發生的事情的推動，決定信仰基督教；而他們的信教對基督教的事業意義很大，他們不僅接受它，而且熱心傳播它。其中一個取名安德魯（Andrew）。他的職位較低，經濟上也不很富裕，他那基督教的影響多少只限於自己的家庭。另一個取名路加（Luke），他很富有，朝廷裏無人不知；他開始改變他的生活方式，賠償了他以貪贓枉法而積攢的錢財。他很擔心他的七十歲的父親的安泰，發現這個老紳士已活不了多少年，便盡力使他對來世而不是對現世感興趣。正是他這種對他父親的關懷的熱望，實際上使這個人脫離了他自己的猶豫狀況，並且可以說在教堂的範圍內使他獲得了充分的力量。碰巧他的父親幾乎全聾了，因此他很有道理地擔心老紳士不能聽見或者理解神父教導給他的東西了。為了克服這個困難，他就親自到教堂去聽基督教教義的課程，後來他把教義半用語言半用比劃地教給了他父親。就這樣他們倆都歸信了，正如他結論所說的，為他人的靈魂得救而努力，卻忽視了自己的靈魂得救，那不是明智之舉。

這位特殊的熱心者在他得以實現他的願望之前，還有不少的障礙要消除，但他終於在上帝慈恩的特別幫助之下排除了它們。首先，除了他的合法的妻子而外，他還養着一個妾；當她聽說他不會再去看她時，便大發雷霆，把千詛萬咒都傾泄在神父們的頭上。她甚至威脅說要在自己的家門口上吊自殺。在這裏，對於那些無法克服嚴重失望的人來說，在絕境之中了結自己的生命並不是不常見的風俗。他們這樣做是要使害得他們絕望的人受到的法律的嚴酷制裁；因為按照慣例，對於以任何方式造成他人死亡者，和對於犯謀殺罪的人，懲罰幾乎是一樣的。靠上天的救助和神父們的支援，他不理睬這個女人的威脅。他決心拯救自己的靈魂，而且他準備為拯救它而付出任何代價；在這件事情上，他明白大家都會知道他以前的行為是直接違反教會的律法的。這個糾纏不休的女人半心半意地接受了一筆錢而多少平靜下來，她一再想過後，決定不再輕生。這事成為過去，他便把一個他養來準備將來娶做妾的年輕女人，平安無恙地送還她的母親。然後他又使他的髮妻信了教。接着，他造了一座大火爐，燒掉了大量積存的偶像，並在他家裏代之以一幅動人的救世主基督的畫像。這幅像就放在過去供偶像的那同一個祭壇上，祭壇已重修過，像前常燃着供奉的燈火。此人的一些親戚堅決反對他信教，但他不理睬他們的威脅。另一方面，他有很多朋友受了他提出改變生活方式的理由的影響，還受到他的良好榜樣的影響，被他的決定所吸引，去遵循他的先例。

在他歸信之前，他曾經是為了促進偶像崇拜而創立的一個團體的主持人。歸信以後，這個團體有些成員就散播謠言說他是騙取了團體的大量基金之後才離開的。他聽到這事，便回去參加他們的一次集會；在向他們說明他離任的原因之後，他抗議他不公正地被控有盜竊之罪，他說他要聽聽他偷了什麼，他又怎麼樣損害了這個團體。接着他說他要十倍償付他們能夠證明是他盜走的每一分錢。在場的沒有一個人願意支持他們所四下傳播的謠言，他們極其平靜地回答說，人人都應該允許信仰自己選擇的宗教而不受別人干涉。至於金錢，他們說沒有什麼要償還的，而且大家都知道從前他一直是慷慨施財的。這樣說完後，他就走了；日子過去了，他逐漸地脫離了他們一夥，直到他不再和他們任何人有接觸為止。

為了吸引他的親屬注意基督教，此人的想法是頗為獨特的。他說他要給子孫後代留下一個對新教義的紀念、這個教義是首先由他的父母，後來又由他本人所接受的。他要一個畫師繪製了一幅很大的基督像，在像的兩邊他加上了他那些已成為基督徒的親戚們的肖像。這些人像都跪着，手拿唸珠，佩戴小聖骨匣，項圈上懸掛有一個十字架。加進的人像都和本人非常相似。這幅畫引起很多人的興趣，他們覺得自己不被算作他的親戚之列，除非是他們表明自己信教，才能認可他們的親屬關係。作為一個博愛的人，很難估計他對囚犯們的慷慨、他所解決的爭端以及其他這類虔誠的義舉。

路加確實也就是中國聖母會的創建人。1609 年聖母誕生節，他召集了這個會的第一批成員，儘管他是應神父的敦促而這樣做的，但他確實應被記載為該組織的創建者。當他了解到聖母會在歐洲的辦法時，他便把會員召集起來，訂下了規章和條例，然後送交利瑪竇神父批准。後來，他們的規章冊得到正式認可，並附有羅馬聖母會所規定的幾條指導準則。

中國人對於他們的葬禮總是在宗教上嚴格要求的，聖母會的職能之一就是監督信徒門的喪事。在這種虔誠的儀式裏，他們幫助家人並保證他們的喪禮是按照嚴格的基督教儀式進行的。每逢特殊的節日，聖母會會員們特別高興裝飾教堂。他們在每月的第一個禮拜日都去教堂裏舉行經常的聚會；在他們的第一次會上，路加被大家一致選舉為主席。在每次的經常聚會上，總有一名神父勸勉他們，然後進行一節提問來解答他們的疑難。這個會叫作聖母會。它一開始時有四十名會員，他們對會中的影響可說是逐漸地而終於極大地增加了基督教的虔誠。在路加歸信後的一年之內，教區的新基督徒增加了一百多人，而他們歸信在很大程度上都是由於他的鼓勵和他的好榜樣。在聖誕節，有四十人接受了聖餐禮；而這個小團體的宗教虔誠，從一開始便很快地在信徒中間發展成為一種令人矚目的熱誠精神。

第十七章　教會在南京成長起來

我們已經看到基督教在其他中心日益進步的某些事例。與此同時，南京的教會也隨之而前進，歸信的人數每一年翻一倍。隨着人數成倍增長，他們對新的信仰也越發感到滿意。為了避免重述不同教區的類似情況，我們只需說南京的信徒在各個方面都可以與其他傳教中心的信徒相比美，以同樣的信仰、同樣的虔誠和類似的熱情而自豪。我們在這裏將只敘述那些與眾不同的突出之點，並附帶提一下在南京也和別處一樣，謠言傳播要比實際損害引起更大的恐懼。

1606 年，官員們逮捕了一名百姓[1]和十五六個同夥，罪名是謀

1　指劉天緒謀反事。——中譯者注。

叛。宣判他的罪狀是準備糾聚三千名叛亂者消滅南京的官員。據説發現了一本書，裏面包括有叛亂計劃、全部謀叛者的名字以及他們將如何分配各個官職的計劃，誰去佔據點名要殺害的這一或那一官員的位置，等等。正像當知道一樁祕密的人數太多的時候，就常會發生的那樣，結果是有一個人不滿於給他安排的職位，成為了叛徒，告了密。那本書還透露他們準備殺害大臣、奪取以前皇帝的皇宮、搶佔國庫和裏面收藏了幾百年的寶貴的古物。當然，如果這樣的反叛不在萌芽之中扼殺，整個國家就要遭受浩劫，謀叛分子被下述拖延時間的酷刑辦法處以可怕的死刑，這通常是用於懲處叛逆者的。用一個圓形的金屬大枷套在犯人的脖子上，牢牢加鎖。枷的重量落在肩上，而且枷很大，所以犯人的手夠不着嘴，必須由別人餵飯。他必須馱着這樣的重量日夜站立着，直到體內的排泄使腿上的肉腐爛；當兩條腿一垮，整個身體就完了。其中有些人熬刑十五天才死。有時候是他們的行刑者受賄在夜裏給他們一點喘息的機會。這次叛亂的謠言給魔鬼的使者一個機會散佈流言説，神父們是這次起事的真正策劃者。這攪亂了信徒們，使他們人數下降；但是緊張一過去，他們人數又加了一倍。疑懼的陰雲很快消散了，和平的陽光又重返人間。

在郭居靜神父由於健康不佳而隱居在澳門的那幾年裏，羅如望神父負責南京的事。1609 年，他奉利瑪竇神父的命令接管南昌傳教團，李瑪諾神父則奉耶穌會會長神父的命令，返回澳門。王豐肅神父留在南京；他是皮德蒙特人，學過四年中文，已經精通它。黎寧石神父留下來作他的助手，因為林斐理神父不適應南京的氣候，生了重病，已返回澳門神學院就醫。他痊癒後，又回到他的崗位。他回來後，傳教事業繼續發展，信徒人數增加，和官員們的友好關係又得到恢復。徐保祿到南京來，也推動了這一進展。

徐保祿以前已回家鄉為他父親守孝，在此期間他曾幾次訪問過澳門[1]。他每次遇到他從前的異教導師時，導師[2]都勸他回到他的偶像教派中去，但他對他師傅的勸告只是嘲笑而已。真難說清這個人對於基督教事業是多麼巨大的一筆財富。他訓練一個人教有年的依納爵如何做到虔誠，他把很多別的人領入教門，雖然他自己忙於做其他的事情。保祿十分熟悉聖依納爵的精神修煉，把它們介紹給中國人去做。而這些中國人結果都傾向於信教；我們由它們的效果可以得出結論說，同樣的這種精神修煉也可以在這個國家創造奇跡。

當徐保祿服孝期滿，返回北京重任他原來遺下的職務的途中，他在聖誕前夕被阻在城外，他很淒涼地在郊區的一座寺裏度過了這個聖夜。聖誕節那天剛一破曉，他就通知神父們他即將到來，並叫了一頂轎子進城。一路漫長，他開始擔心趕不上彌撒；因此他大部分時間都是步行跋涉在冬季泥濘的道路上。他在教堂裏住了一段時間，所以神父們得以結識前來拜訪他的那些大臣。他還把這些大臣中一位職位最高的介紹入了教，此人我們以後還要講到。在南京傳教點每年大約有一百人入教，為了增進他們的忠誠和虔敬，神父們仿北京中心的作法在這裏組織了第二個聖母會，這滿足了他們所希望的一切。

當凡人正在促進不朽的上帝的榮耀時，有時候上帝的存在也通過非凡事跡的成就而顯示出自己。這地方有一個小女孩被鬼迷住了，鬼頑固地以各種形式出現在她面前，企圖使她放棄貞操的道路。有時候他會以一個商人或一個寺院長老的面目出現，一會兒是老頭，一會兒又是青年，但總是引誘她犯可恥的罪，而且說只有小孩子的血才能使他滿意。從異教的寺廟裏請來了法師，但是惡鬼只

1　原英文如此，法譯本同。意大利文無。《徐文定公行實》稱徐光啟「兩赴澳門」，但徐光啟恐未必去過。——中譯者注。

2　意大利文把他的名字寫作 Ziao，即焦竑。——中譯者注。

是嘲弄了他們的法術，一點也不害怕，而且還打翻了偶像、神壇上的燈和蜡燭。

附近有一位基督教徒是個手工工人，他偶然聽説了這件事，當他和幾個異教徒談話時，他向他們解釋説上帝不但有能力管人而且也有能力管鬼。他們説：「那麼你為什麼不幫那女孩子點忙？她是你的鄰居。」他説：「當然可以。上帝有權力治鬼，如果他顯示一下權力，鬼就會被轟走。」於是他們就一同去看望那女孩的父母，問他們願意不願意把她從折磨之下解救出來；如果他們願意，那麼他們就應該開始信奉真正的上帝。他們同意這樣做，有一位世俗兄弟給他們拿來一張基督像，教給他們呼喚耶穌的名字。他們把所有的偶像都從家裏神壇上撤下來，而且全家都開始接受一系列基督教教義的教誨。從那天起，他們家裏就沒有鬼怪的蹤影了，雖然還聽得到院子裏有恐嚇的叫聲。在這家人領了洗時，他們的災難就結束了。這件事成為街談巷議的題目，它使很多人感到驚異，他們認識到在中國的法師完全無能為力的場合，上帝的威力卻那樣迅速地起了作用。

同一年，朝廷裏級別最高的大臣之一也被接受入教。到此為止，他是改信基督教的異教顯貴中地位最高的人[1]。徐保祿的地位要更高一些，但他是在成為基督徒之後才被任命為這樣的高官的。這個人的職稱相當於我們所稱為的大法官，中文叫做通政司（Tuncinsu）。他的部分職責是修改呈送給皇上的奏章。除了他所擔任的別的職務外，他還是皇城四位主管大臣之一。他對神父們很友好已經有好幾年了，但從沒有表現對基督教有什麼特殊感情。相反，正如他入教以後自己説的，他第一次讀到利瑪竇神父的教義問答[2]時，一點也不喜歡它，因為它徹底駁斥了他當時非常熱衷的某些愚蠢的信仰。王豐肅神父覺得

1　意大利文寫作 Hiu（許），德禮賢考作許胥臣。——中譯者注。

2　天主實義。一中譯者注。

他發現這個人對於宗教有一種輕視，不喜歡談論永恆的得救，所以王豐肅神父就用他所喜歡的東西即數學來吸引他。

再沒有更好的例子可以說明上天在運用科學來使中國的學者歸信。王豐肅神父叫人替他做了一個天球儀和一個地球儀，他在上面加上了適當的註釋。這大大增進了他們的友誼和相互的尊敬。

有一天，那位大臣正在很嚴肅地稱讚科學研究，王豐肅神父就說：「先生，到目前為止你從我這裏學到的東西比起信仰的奇跡來，全是微不足道的。信奉上帝是比觀看星象更加崇高的科學；任何人都會同意，在天上建立一個永恆的家要比觀看上天、談論天上更重要得多。」他還告訴他，對於他的友誼以及他所做的許多好事，最真實的報答就是使他獲得永恆的得救。他說他願意要他做的一件事，就是以他從事數學研究的那種強烈的興趣探討一下基督教的律法，看看他是否認為基督教值得被領導中華帝國的人們所接受，然後再靠神恩的幫助根據他學到的東西來做出決定。這些話對於他那樣有天才的一個人是不會無效的。他說他樂於仔細閱讀一下基督教的戒律。他被要求認真地、以新的思想和態度來重新閱讀利瑪竇神父的教義問答。然後又給了他最近剛剛補入教義問答的四篇論文：一篇論上帝、另一篇論靈魂不朽、第三篇論原罪、第四篇論基督。他從事閱讀的那種善意是不會缺乏啟明的神恩的；而一旦他獲得了真理，他就以他的事例證明了我們長期經驗所得到的體會，即書籍比口頭論證更容易說服中國人接受基督教的律法。

這個人的才智已被爭取過來服從真理了，但是他的意願仍受到一些疑慮的糾纏，他正努力從其中解脫出來。這些障礙之一是某種不合宜的中國偏見，使得他們努力要尋求一切可能延長現世生命的辦法。現在的情況卻是，我們這位新的基督教戰士過去曾有幾位異教騙子做他的老師，他們的胡言亂語對他有極大影響，因而他編寫過一篇關於延年益壽的論文，並且這種長生不老的願望引導他進行一些迷信活動，甚至他成為基督徒以後仍然很不容易加以放棄。還有一件顧慮使他心神不定。他對辦事要選擇凶日吉日，感到極其惶惑。他過去習慣於請教騙人的術士預卜未來，他發現很難與這種習慣決裂，他從年輕時就一直是這種習慣的奴隸。這些困難的疙瘩，都被他從神父們那裏得到的回答很快地解開了。他責怪自己輕信那些胡言亂語，而且很快就對這類盲目的蠢事感到恐懼。

這個人的令人注目的皈信，第一步就是勇敢地斷絕所有異教的迷信，他決定這樣做的決心很快就被兩件不同的事例所證明。他聽說有一個畫師到朝廷上來，吹噓自己可以惟妙惟肖地把不管誰家的祖先畫出來，哪怕他們已死去幾百年而且沒有留下任何記憶，只要把真名字告訴他就行。最後這句話是為了支持他的說法而加上去的。我們這位信徒很迫切地希望重畫他的祖先像，因為這些像在一次日本人入侵中某個城市遭受破壞時，都已毀於火。他正要想去把那個騙子請來，這時他心裏發生懷疑，不知道這是否很符合基督教的倫理。為了解決他的疑難，他寫了一封信給神父們，神父們用一個二難推論回答說，這個人要麼是個騙子，要麼就是有魔鬼的幫助而行事。他們解釋說一個謹慎的人不應上騙子的當，而一個基督徒也決不允許參與魔鬼的勾當，因此這種事必然要麼是無用的，要麼是不正當的。這就足以說服他拋棄了他差一點就淪為一場騙局的無辜受害者。

現在就來說第二件事例的證明。為了神父們接受他歸信，他想要給他們寫一封感謝信和送一份原禮，但是由於已經說過的原因，也因為行神功而接受任何酬報是違反他們的規矩的，所以他們拒絕接受。後來他請求他們給他一張基督像供他個人供奉。有一位神父把像送給他，他穿上全副官服來接受它。

不久，他舉行盛大宴會向他的老師致敬，又過了幾天他被接受入基督的隊伍，領洗時取名為約翰。他公開宣稱他心裏充滿了喜悅，他確實感受到了聖禮中救贖聖水的精神威力。儀式之後，他在他原來的贈禮上又增加大量的絲綢以表示感恩，但它再次遭到了拒絕。起初，他對於拒不接受他的禮物的辦法多少有點驚奇，但他對此十分鎮靜，後來他對這樣做的原因表示贊同和頌揚。

他皈依以後不久，他的老母親就去世了。根據中國的習俗，他辭去了一切官務，退職還鄉守孝三年。在他臨行前，他再一次把以前被拒絕的禮物送去，這次的方式使人不能不接受了。這時在修建一座新教堂時出了些問題，他捐贈了巨款來開始這項工程，所用的名義使人不能提出異議只好接受，如果拒絕就有得罪人的危險。他動身時，有一位神父陪他走了半天的路程，為的是弄清楚他是否真正了解在為他母親舉行基督教葬禮時所應注意的儀式。在和他告別前，神父又叮囑他一定要嚴格遵守基督教的教戒。約翰說：「你知道我是以什麼精神接受基督的律法的，以及我拋棄我以前的錯誤有多麼困難。我故意選擇今天進行我的旅行，因為在中國曆書上標明這一天是嚴禁出行的，我這樣做是向魔鬼對着幹，這個魔鬼已經騙了我好多年了。」然後他們懷着彼此感到十分滿意的心情分手了。

他在家鄉安置停當之後，就寫了好幾封迫切的信，要求能有一位神父便中儘可能地去看顧他，使他可以利用他的空暇時間進一步學習基督教教義。這樣一個要求是很不容易拒絕的。

這個不平常的人物的皈依，以及信徒李之藻即李我存的範例，對這個新的基督教團體中其餘的人有着巨大的影響。我們將在談到北京教區時更多地介紹李之藻的情況。這是兩個突出的範例，激勵着別的基督徒仿效他們自己的中國領袖，這兩位領袖已成為道德和虔敬的典範。在聖誕節的晚上，李之藻和別的信徒們一起祈禱和反省，傾訴自己內心，懺悔過去的罪惡，身上沒有一點表示自己崇高地位的尊嚴的痕跡或樣子。這對大家的影響是十分明顯的。

第十八章　郭居靜神父和徐保祿在上海

徐保祿把他退職為父親守孝的三年時間，用來為他的家人和他的同胞公民改善物質的和精神的福利。他要求利瑪竇神父派一名神父來指導這項工作，而郭居靜神父自從由澳門返回南京後一直不很忙，所以就被派去協助他。

保祿的老家上海（Scianhai）在南京省[1]，是一個不很重要的城市，被稱為縣（Haien）或縣城。它離南京皇城約為一百四十四意大利里，緯度二十九度，離東海不遠，在朝鮮這一邊，並且因距日本列島過近而為居民所不喜歡。順風時乘船渡過海峽可在二十四小時之內到達日本。附近水域經常有海盜出沒，因此維持有一支強大的駐軍保護城市，還有一支艦隊保衛海疆。本城的名字是因位置靠海而得，「上海」的意思就是靠近海上。城的四周有兩英里長的城牆，郊區的房屋和城內的一樣多，共有四萬家，通常都以爐灶數來計算。中國人的城市有這麼大量的人數，聽了不必大驚小怪，因為即使鄉村也是人口過份擁擠。城市周圍是一片平坦的高地，看起來與其說是農村，不如說是一座花園大城市，塔和農村小屋、農田一望無際。在這一片外圍有兩萬多戶人家，與城市和近郊人口加在一起共達三十多萬人，都屬同一城市管理。這個管理當局每年向國庫上交十五萬金錠稅款，是以同等價值的銀子繳付的。糧稅與貨幣稅相等，兩項總值為三十萬金錠。由此可以估計出整個國家每年要向皇上交納多麼驚人的巨額賦稅。

這個省份的這一地區盛產米和棉，棉可做各種布，據說此地織工有二十萬人。布匹出口到北京皇宮和其他省份。這裏的人，特別是城

1　即南直隸。——中譯者注。

裏人，都非常活躍，不大穩定，頭腦聰明，出過很多學者文人，因而也出過很多大官，他們從前身居高位，現在退休後都很有錢，居住在富麗堂皇的府邸裏。城市的街道很狹窄。這裏天氣溫和，可以說明何以這裏的人要比國內別處的壽命更長些。在這裏，人們不以六十歲為老，有很多人活到八十或九十，有些甚至活過一百歲。徐保祿就出生在這個地方。

徐保祿不願讓郭居靜神父獨自一人上路，曾計劃自己到南京去接他，並在那裏為他的父親舉行一次紀念活動。他還打算為郭居靜神父在上海縣宣講福音取得必要的批准；但他沒有離開他的老家，因為他正照料一個生病的親戚，這個人是個文士，他正教導他歸信並準備領洗。他派家中的總管去陪伴郭居靜神父乘船來，還帶有一封信深深致歉他未能按照計劃親自來接。他還送去一大筆錢支付旅行的費用。郭居靜神父在途中時，保祿正在教導他有病的親戚以基督教教義。他給他一幅聖母像供他個人供奉之用，還有一串唸珠使他可以不斷用來祈禱自己不要在領洗之前就死去。他宣告誠心悔罪，並且熱切要求領洗；讓我們希望有這兩點就足以使他得到永恆的得救吧。郭居靜神父除行路所需而外絲毫沒有耽擱，但他沒有能及時趕到舉行聖禮。到那時為止，神父們還沒把洗禮的形式譯成中文以供急需。拉丁文的格式已用中國字寫出，但是能用它的中國人很少。後來，這個困難得到了補救。

郭居靜神父在 1608 年臨近年終時離開南京。保祿乘自己的船在半途迎迓，並且用一切方法表示歡迎和友誼，留他在家裏作客三天。保祿想到他的親戚未能領洗就已死去，感到十分悲傷，但是經過向他解釋他朋友的熱切要求領洗以及他為自己的罪真誠悔恨，就等於是接受了聖禮，他的悲傷才緩和下來；這是他還不知道的事。

經過一起檢查了所有的儀式之後，保祿父親的葬禮是嚴格按照基督教的禮節辦的；寺廟裏的異教的祭司們肯定是失望的，他們失去了為這樣顯赫的一位公民辦葬事所可能得到的大宗捐獻。於是，他們就傳播基督教律法不許後代子孫尊敬祖先的傳說，但這種傳說很快就銷聲匿跡了，因為中國人知道在律法中寫着，基督徒除了尊崇上帝而外接下來就應該尊敬父母。

保祿家裏為神父的到來舉行三天慶祝。官員們和其他知名公民都來致敬。在此以後，他的客人就提醒他，如果他留在保祿家裏住，那對於推進信仰不是件很好的事，因為在這裏他只能見到城裏的顯要和保祿的好友。所以他的主人就安排他住在一個朋友家中，直到能給他在另一所房子準備好更合適的住所為止。新房子在一個郊區，是個能享受自由和精神休憩的地方，但是郭居靜神父的閒暇時間即使有一點也並不多。來看他的人極多，使他沒有時間——接待他們每個人；不久他就顯出勞累過度的跡象。他幾乎找不出時間來舉行彌撒，讀他每日的經課或做個人的私事。他幾乎全部的日常職務常常都要推遲到很晚的時分。然而，所有這些都不是沒有報償的。在開始的那段很短的忙碌活動期間，他使得五十個人歸信，在不到兩年的時間他已使二百人歸信，這是別的傳教中心在初創時期又在那麼短促的時間內所沒有發生過的事。因為感興趣的來訪者人數越來越多，徐保祿就在城裏買了一處房子，它對神父的工作更合適一些；在這裏發生很多的事都榮歸上帝，很值得記錄下來。為了簡明起見，我們將只限於報導最突出動人的事件。

該城的長官經常來訪，引起了很多流言蜚語。他們說他就要成為基督徒了。情況並非如此，但它卻促進了對基督教的興趣，使很多人研究起信仰來。通過十字架標誌的威力，這裏發生了不平常的事情。有一個新信徒和他的兒子同時生了一種間歇性發燒的病。他請郭居靜神父給他一個十字架，當十字架被拿進他的房裏時，他們立刻就痊癒了。奇跡發生在異教徒身上，正如神恩成就在信徒身上。一位年輕的新娘受到魔鬼的折磨，不能吃也不能睡，並且說各式各樣難聽的話。一位鄰居新信徒就勸她禱告上帝，並且建議她入教。她同意了，剛一學會劃十字的時刻，鬼就再也不來搗亂了，吃飯睡覺也再沒有任何困難了。後來她領了洗，成為這個地區的第一個女教徒。

有一位信徒在領洗之前把所有的偶像都焚燒掉了；天哪，魔鬼就以一種奇怪的方式報復他的焚燒。只要他想煮飯，米就不見了，光剩下一鍋水，顏色黑得像墨一樣。他來請教神父，神父給他一個十字架放在他家裏，從此廚房裏就再不鬧鬼了。

徐保祿有一個僕人突然生了病，郭居靜神父去看他，給他上了一堂教誨課，從他一領洗起他就很快康復起來。幾天之內，他就能起牀活動，完全恢復了健康。為了感謝他的康復，他請求他的主人允許他去和神父住在一起，作為他的僕人，幫助照料禮拜堂。主人同意了，他表現是個很能幹、很有用的工人。有很多異教徒瞻仰十字架並答應願意成為基督徒，他們身上的病痛就都好了。其中有一個年輕人，治好了病，以後卻失信了。有一天他回到家，發見屋裏有一條毒蛇。每次要去打死它，它都滑掉了。那天晚上他做了一個夢，這到底是偶然還是為了他得救而故意安排的，卻很難說。他似乎聽到有人說：「你願不願意信奉我？」，當他反覆說他不願意時，那聲音又說：「如果你信奉我，我就把蛇殺死。如果你不信，我就隨它去。」他對這一切非常害怕，他覺得他低下了頭，好像是表示了認可。無論如何，它促使他履行了他原先答應過而後又背棄的諾言。

上帝的仁慈也施及一個有基督徒兒子的異教徒身上。孩子無法說服他父親放棄偶像崇拜，所以就許諾每次他父親給偽神像叩頭禮拜時，他就在十字架的前面以他父親的名義祈禱。父親得了病，一天夜裏他覺得自己看見了上帝，他的兒子是習慣於在上帝面前禱告的。他覺得自己聽到上帝說：「我樂於幫助你。」從那時起他的體力就開始恢復。他絲毫不懷疑他從上帝那裏得到了幫助，而且也毫不猶豫地接受了上帝的律法，成為一個基督徒。我們最後一個非凡熱誠的突出例子是一位慈善而虔敬的老人，他隨時隨地拿着唸珠祈禱，有時候他只念五種憂傷神跡的禱辭，有時候還背整個十五段玫瑰經。他說在他祈禱時，他能嗅到節日教堂裏舉行活動時洋溢着的那種芬芳的沁香。或許這是對他祈禱時直沖霄漢的那種芳香的報償。

這些不平凡的事情對信徒們是一種巨大的安慰，他們以自己的熱情和忠誠盡力使自己不辜負這樣的恩典。

在這個城市第一次慶祝聖誕前夜是頗不尋常的一件事。所有的信徒包括徐保祿都來參加。郭居靜神父用中文宣讀了節日早課的第一個晚禱，在每次彌撒上都進行了適宜的佈道。徐保祿總是這類場合的中心人物，他對社會下層階級的信徒十分恭敬，他總要邀請幾位和他坐在一起。而在正式場合他們極為尊敬他的崇高地位的尊嚴，以致簡直看都不敢看他。在北京為他父親舉行的葬禮活動在這裏又重複一次，有着同樣的場面和宗教禮節。雖然這裏只有一位教士主持行禮，但是因為這件事很新鮮，各種宗教儀式十分莊嚴，信徒們非常高興。他們似乎特別高興的是，基督教的儀式要比異教徒的儀式更加深刻動人得多。

就在這時候，有四位世俗兄弟完成了他們的望道階段，他們當中有一位石宏基（Francis Lagea）被派分擔郭居靜神父的工作以減輕他的負擔。以後過了不久，這個傳教中心就關閉了；因為神父太少，無法在較小城市維持傳教點。此外，他們正準備在浙江省的省會杭州（Hancian）開闢一個居留點，杭州離上海這個傳教中心只有三天路程，因此他們認為可以從那裏照料新開闢的地區。神父們的意見是，他們在國內較大的城市可以取得更大的成就。因此，在徐保祿的完全同意下（他已回到北京），這個傳教團的指導就轉移到杭州，新信徒們同意事業越辦得大越是上帝的榮耀，所以不反對神父們的離去。

關於這個具體的杭州傳教中心，本日記中將不做進一步的記述，因為它是在利瑪竇神父逝世後才開始的，而隨着利瑪竇神父逝世，中國傳教史的第一卷就告結束。然而，為了使讀者不致了解不到那裏所發生的情況，以後將發表另一部書，內容將包括隨後兩年的編年史，它與本日記可以合在一起構成一部完整的歷史。

第十九章　從韶州到澳門的離奇的旅行

雖然看來似乎在審理郭居靜神父案件時，官員們的善意和新海軍將領[1]的誠懇使韶州的情況已恢復了原狀，但是鼓弄唇舌所造成的創傷卻還沒有完全癒合，而且或許永遠也無法癒合。所謂的叛亂騷動剛剛平息，就又發生了另一樁事件，它證明幾乎是同樣的麻煩。

有一名家僕被派把信件從韶州送往澳門，在他帶着回信返回的途中，他被警衛部隊拘押了。給國境以外的外國人送信，不亞於通敵。衛士叫那個僕人付一筆贖金，他們一貫是用這種辦法弄錢的，而他本來可以不用花太多的錢就很容易買得自由。然而為了某種無法解釋的原因，他拒絕拿錢，而他的抵制使神父們付出極大的代價，而他本人的代價就更大，因為本來可以一筆勾銷的小事最後竟惹起無盡無休的麻煩。他是在香山城境內被逮捕的，它離廣東省會和澳門差不多等距離，兩個方向大約都是一天路程。起初他被帶到香山知縣那裏，知縣把他送到廣州知府，而廣州知府又吩咐把此案移交給那位海軍將領[2]，因為這裏面牽涉到一個外國人。在那位海軍將領的大堂上，他先是挨了一頓打，然後上了鐐銬收監。在這以後，他的案情被轉到省長和他的機關加以研究，然後依法判決。

省長衙門的助理找來通譯弄清楚信中寫的是什麼。城裏有幾個葡

1　意大利文寫作 Tauli Chammimtě，即道裏（吏）張德明。——中譯者注。

2　海道。——中譯者注。

萄牙人，他們根據官員的命令閱讀了信件，並靠了通譯的幫助把它們譯成中文。然後文書們把它們放在原件一起捆好歸檔。應該感謝上蒼，幸好信中沒有任何東西可以以任何方式觸犯總是十分猜疑的中國人的。信中只談到一些家務事而且讚揚了中國的行政當局。但是，儘管這是通譯們的書面意見，但由於擔心對這一事件寬大會開闢未來禍患的道路，帶信的僕人還是被判終身服官役，而送信給澳門的龍華民神父則被驅逐出廣東省發往內地。然而這一判決始終並未執行，因為它始終未經上級批准。此事產生了什麼結果，將在以後敘述。

就在 1609 這同一年中，杜祿茂神父作為龍華民神父的助手，在韶州居住了七年之後逝世了。杜祿茂神父是意大利沙賓（Sabine）地區的人，當他和耶穌會神父們一起在羅馬學習時，他總是非常喜歡聽和讀從印度返回歐洲的神父的故事。他自己說這就是他奉上帝之召去印度的緣由。他申請入耶穌會，被接受了。後來他以同樣的熱情得到上級允許去印度傳教。杜祿茂神父在他的宗教團體裏始終是個受歡迎的人。他得了一種年年重犯的高燒病死去。當他覺得他的生命臨近結束時，他給他的同伴教士一個小筆記本，裏面記錄着他聽到別人對他的每一種批評和他以自己的良心赤裸裸地彷彿是從靈魂最隱蔽的角落裏所揭示出來的自我譴責。他的同伴讀了之後，十分驚異一個人竟能這樣深入檢討自己的生活，並證明自己是一個清白無邪的突出典範。後來，這位教士還被請去聽他從進入耶穌會以來的總懺悔，他在接受了臨終的聖餐禮之後，在重病的第九天於聖詹姆斯節（Feast of St.James）去世了。按照中國人的習俗，所有的信徒和他的很多朋友都到教堂來悼念他的逝世。在教堂裏舉行的葬禮活動比往常隆重，因為李瑪諾神父和駱入祿神父也出席了。他們兩位是在去澳門的途中，正在韶州等待機會渡過海去。外國人未經官方批准就不能安全地返回澳門。直到兩個月以後他們才動身，並攜帶着杜祿茂神父的遺體到澳門葬在神父們專用的墓地。

既然我們在談到韶州時已經提到這兩位神父，看來似乎正好在這裏記述一下他們從韶州到澳門的旅程。這次旅行從開始到結束充滿着危險，突出說明了天意的恩佑。李瑪諾神父受耶穌會會長之命到澳門去擔任那裏的神學院院長。駱入祿神父在中國無法治好他的重病，也被派到那裏去治病。龍華民神父將代替李瑪諾神父任中國傳教團南方三所教會的監督，由利瑪竇神父領導。他們認為如果他們帶上杜祿茂神父的遺體去澳門下葬，可能成為他們途中安全的保證。中國人或是出於迷信的恐懼心理，或是出於對死者的尊敬，絕不會走近棺材的。

他們帶着一位世俗兄弟離開韶州，沒有幾天就順流抵達廣州。無論什麼時候，在廣州想辦法換船再走兩天到澳門，都是件極困難的事情。由於擔心無數的警衛部隊會有人認出他們是外國人，所以他們來到離城約半里格 (league)[1] 的一個比較偏僻的碼頭停泊。那位世俗兄弟在這裏上岸，和一個船主人商量把棺材運往澳門，並帶信通知神學院院長他們正在到來，使他能安排好最安全的辦法，使他們一旦登了陸就前往神學院。這個行動計劃是被迫制定的，因為他們在市上找不到一個葡萄牙商人傳達這個信息。杜祿茂神父的遺體運來了，並在教會墓地下葬。又過了四十天，他們還是找不到一個水手肯冒險運送這幾個外國人。過了這段時間之後，大家只能是認為他們已經被捕了。

其實他們仍然呆在船上。有一天剛剛天亮之前，有幾個警衛突然吵吵鬧鬧地到來，叫嚷着他們在搜查一個被綁架的婦女。那天早上天很冷，神父們在牀上裹在被子裏，就是這種情況才使他們未被逮捕。在警衛走近的時候，他們把腳從被子底下伸出來，這足以向警衛證明他們要搜查的不在這裏。中國婦女都是小腳，無論白天或黑夜什麼時候，雙腳都是用布帶緊緊裹着，以防長大。然而，警衛的光臨使他們

1　一里格相當於三英里。——中譯者注。

大為焦慮。有幾個警衛已經知道這條船上有外國人，看起來好像找那個婦女只不過是這次襲擊的一個藉口。後來證明確實是警察奉官員之命在尋找一個逃亡的女人。他們看到船上實在沒有女人，沒有再搜查就走了。但是靠上帝保佑，他們在搜查中沒有看到其他一些東西。他們或許不是在找這類東西，但在他們面前就擺着幾本祈禱書、另有幾本歐洲式裝訂的書和一些可以證明有外國人在這裏的各種東西。

有一個葡萄牙商人在駛往澳門的途中，把船停泊在河的對岸。神父們正有燃眉之急便趕快去請他來幫忙，除非是他想讓他們聽天由命。這個人冒着對他自己很大的危險，派他的通譯過來把他們領到他的船上。在這裏我們要順便說幾句話，稱讚這個葡萄牙人冒險來幫助基督教的事業。他們在離開自己的船時就打發那位世俗兄弟回韶州去，怕的是如果他們萬一遇到嚴酷考驗的話，他也許經受不起。葡萄牙人船上的船長看到他們，從他們的面貌就看出他們是什麼人；他怎麼也不肯讓他們上船，甚至他們答應用銀子把船裝滿也不行。所以他們不得不留在岸上過夜，躲在樹下以避免引起注意。這也不十分安全，於是有一個人爬到樹上，別的幾個則鑽進了灌木叢。他們在這裏面度過了一個不眠之夜，而在這種情況下，他們所恐懼的壞事倒不如恐懼本身能造成更大的傷害。不過，船長不讓他們搭船，卻是天意庇護的又一個例子。他們剛剛隱蔽起來，就來了一條海關的快艇，靠近葡萄牙人的船來檢查走私貨。毫無疑問，如果神父們當時在船上，他們的航程就會突然中止了。那位葡萄牙商人無意拋棄他們。他很同情他們，就像是和他們一起分擔一場共同的危險似的。他把那個不讓神父們上船的船長打發上岸，吩咐他去找一所房子，使他們可以藏起來，等到另外有開往澳門的船到來。船長奉命去了，但一直沒有回來。他們又害怕起來，並非沒有理由地怕他是去官長那裏告發他們。他們這一夜又是祈禱又要躲避警衛的視線；而且看來十分肯定，如果天亮時還沒有更好的辦法，他們就只好束手去見官員們了。

自首入獄的辦法看來似乎要比被捕入獄更加安全一些。隨着黎明的到來，他們的焦急也越來越厲害了。他們在衡量着為信仰而受難的願望和它可能給中國基督傳教帶來傷害這兩者的輕重得失。隨着天一亮，他們差不多已沒有希望得到人間的幫助了，這時他們從藏身的岸上向下望去，看到水邊有一條漁船。而漁人和他的家人都在岸上，這是常見的清晨景象。葡萄牙商人的通譯去和漁人商量，請他或是送神父們回他們的船，或是如果他們發現那位世俗兄弟已和他們的船一起走了的話，則送他們去澳門。他們的不斷增長着的擔心被證實了，那位世俗兄弟已乘他們的船回韶州去了。

此後他們去澳門的旅行，是一連串的危險和麻煩。他們搭乘的漁船很小，而且他們還得想方設法躲開水上警察的快艇。只要看見一條船，他們就假裝是漁人；等到它不見了，他們就用力划槳。他們多半是在夜間趕路。他們到了一個荒島上，漁人決定在這裏歇一天，等到夜深人靜再繼續走。他們忠心的嚮導叫他們到島上散散步解悶和休息；剛剛經歷了幾天的艱苦，他們的確十分需要這樣做。

他們當中有一個人向島的內地走去時，碰到一具慘遭殺害的尸體，腦袋被他身旁的一塊巨石所砸開。他們認為這是強盜幹的，因此判斷這個地方很危險，但是他們在岸上停留時卻沒有遇到一個人。那天晚上他們又出發了，次日清晨，即十月二十一日聖烏爾蘇拉（Ursula）節那天，他們到達澳門。

就在同一天早上，海邊上看見了一條荷蘭海盜船，所以岸上擁滿了警衛部隊和來看熱鬧的人。漁人看到這麼多人非常害怕，擔心會被中國人認出來並報告本城官員説他由本國偷渡外國人到澳門。所以他離澳門城尚有一小段距離，就讓神父們上岸了。神父們從這裏走到離城很近的一個小山頂上，那裏有一所獻給聖母的小禮拜堂。這個禮拜堂叫做導航堂，因為它面臨大海，正對着駛來的日本商船，而這些日本商船隊是給全城運來維持生計的財富的。在這裏他們感謝這位行人指導者的聖母，感謝她使他們在上帝之下通過許多艱難險阻而到達安全之港。他們派人去通知神學院院長說他們已到達。

他們來時穿的是中國衣服，如果他們穿着這身衣服步行穿過城市到神學院去，那將是十分不適宜的，特別是在中國人的眼中。因為這座城防禦很薄弱，一聽說有海盜的船隊正躲在附近的島上，人們就被戰事的刺激嚇得膽戰心驚；所以他們就格外不能這樣做。

他們到達時，教會駐地裏一片歡騰，這使他們忘記了他們所曾經歷的艱難險阻，直到後來他們再回想起這一切，才把它們講給別人聽，衷心感謝他們終於到達。這類考驗是那些自願在異教徒當中為傳教事業而勞動的人們經常遇到的，此處也並不當作這種遠征的例外情形而加以敘述。請想一想歐洲有些勇敢的人的野心勃勃，他們為了尋找世人所貪圖的財寶和奢侈而經受航海的艱難困苦，但是與傳教士們所辛勤追求的目標相比，他們的目標又算什麼呢？

第二十章　利瑪竇神父之死

利瑪竇神父在他居留北京皇城期間所享的盛名，乃是上帝的一種恩寵，是他正在傳播福音的見證。生活在一個在很多方面既精細又聰明而把所有其他民族都看成野蠻人的人民中間，他享有別人所無法企求而他自己卻並不去追求的那種盛譽。

在他居住在北京的幾年當中，他始終忙於接見從各個方面來的連綿不絕的客人；他也進行回訪，不這樣做就會破壞中國人長期備受尊敬的習慣，這看來他的活動增加了一倍。從中國的各地寄來無數的信件，有些人是他認識的，有很多他根本不認識，來信詢問有關基督教教義的各種問題、有關向偶像獻祭的人的信仰以及他所刊行的著述裏的一些章節。他覺得答覆每封信並不是個很大的負擔。

受過教育的中國人對書信往來中的文字風格十分講究，所以如果利瑪竇神父對他的文章風格不給予對他所講述的內容的同等注意，那他們對他就這個問題的論述以及他所信奉的教義就會降低評價了。既然他是中國傳教團的總監督，所以他還得答覆教友們的信件，他做這種工作時總是很仔細並且很詳盡。他對每一個同胞傳教士都有着真正深刻的熱愛。儘管他總是十分繁忙，他從不拒絕接見教徒中地位最低微的人並和他們親切交談；如果他們的來訪打斷了他更重要的工作，他就對他們微笑，就和他對那些經常來訪問他的最重要的人物一樣。事實上，他經常的做法倒是越來越花時間關心那些下層信徒。如果我們把所有這些和他用於撰寫和出版書籍的時間和精力，以及他到死從未中斷過的向別的神父們授課都加在一起，那麼不管他是多忙，看來剩下給他作必要休息的時間，即使有的話，也就不多了。但是，他極善於安排他的日程，他不但有足夠的時間來進行日常的宗教活動，而且還能做別的事，而且他不滿足於按日程做事，他還能想方設法找到充分的時間在重要和必要的事情之外做一些額外的事。他的同伴對他的成就感到驚異，甚至感到不知道到底更應該讚揚他什麼：是他什麼事都幹而從不疲倦的精力呢，還是他什麼事都敢做的不屈不撓的體力？

以上我們談到他的日常工作，不過在 1610 年發生了很多不平常的事情，簡直足以把他壓垮，但卻不足以使他放棄工作。來自全國各省的官員，總數達五千人之多，都聚集在北京朝覲皇上。與此同時，還正在舉行中國的博士考試[1]。這種考試是只在朝廷舉行的，雖然只選拔三百人，但與試的文士階級卻達五千人以上。北京的這一切活動大

1 指考進士。——中譯者注。

大增加了利瑪竇神父的工作，而尤其使他感到困難的是這些活動都在大齋期舉行。他一向嚴格遵守宗教齋戒，他的同伴從來無法説服他再接着吃被來客打斷了的飯。他也從不在正常吃飯時間以外用餐，或以吃喝來滿足哪怕一點點的口腹之欲。在那時，他還在修建一座教堂，這件事的大部分責任和操勞都落在他身上，但結果並不好，特別是因為文學博士李之藻正生病在家，無從幫助他並提出建議。

有一天，利瑪竇神父和朝廷的來客談話以後回到教會駐地，已經精疲力盡，就上牀休息。起初神父們還以為他的偏頭痛病又犯了，通常他休息一天病就會好的。他們問他時，他説這次情況完全不同，並告訴他們他由於勞累過度，病將不起。但是他似乎對此毫不在意，以致有人問他感覺如何時，他説：「這會兒我正在拿不定主意，這兩件事，我到底更喜歡哪一樣：是接受離我已經不遠的永恆酬報呢，還是繼續做我在這個教會裏的日常工作？」

他在五月的第三天得病，就在那一天信徒李之藻博士派了給他自己看病的醫生來照料利瑪竇神父。幾天以後，他的藥方不見有效，神父們就又找來城裏最著名的六位醫生。會診中他們沒有得出一致的結論，而且留下三種不同的藥，使神父們弄不清應該用三種之中的哪一種。很多新信徒都來看望病人，他們跪在十字架前面祈禱上帝指導神父們使用最有效的藥。使人極為讚歎的是，聽説到有些信徒是何等熱誠地祈禱上帝，讓自己少活幾年，而延長他們共同的父親的生命。最後，醫生試用了一種藥，但是沒有效果；這使他們更加悲傷了。唯一感到滿意的人是病人自己，他覺得他終於接近結束他的工作了。他為此特別高興，那幾乎是愉快的心情有助於減輕神父和教徒們的悲痛。

在他生病的第六天，他對自己的一生行了總懺悔，照料他的神父對他輕鬆的心情十分感動，説他一生從沒有經受過比利瑪竇神父高尚和純潔的靈魂所發射出來的更大的精神歡樂了。次日早晨，他準備好接受臨終的聖餐；雖然由於他病得厲害，神父們不敢讓他離牀，但當他聽到他們拿着聖餐走來時，他使足了勁，沒有任何人幫助，從牀上爬起來跪在地上。所有在場的人看到這一情景，都感動得落下淚來。下午他燒得陷於昏迷狀態，使得他神智恍惚，但他的恍惚可以說是從他的豐富感情而來的，並表示出他的心靈正在想些什麼。在當天晚間和次日，他常常談到教徒，談到他正在修建的教堂，談到使中國人皈依基督教，甚至還談到使皇上皈依。第二天，他脱離了昏迷狀態，他要求行臨終塗油禮，他神智清明地回答了塗油時的全部祈禱，完全不用別人提示。

耶穌會在場的四位成員請他做最後父親般的祝福，他分別單獨地和他們每個人談話，勉勵他們繼續實踐宗教的德行。然後他轉身向一位世俗兄弟說，他將替他請求上帝保佑耶穌會堅忍不拔，又補充說他這會兒的感覺是再好和再愉快不過了。有一位神父問他是否知道他是在什麼情況下離開他們的，而這時候他們正非常有賴於他的幫助。他回答說：「我把你們留在一個大門洞開的門檻上，它可以引向極大的報償，但必須是經過艱難險阻才行。」另一位神父問他是否願意在這關鍵時刻告訴他們如何報答他對他們的熱愛。「那就是要對從歐洲來的神父始終關心和仁愛，」他說，「不僅像你們平常的那種關心，而是要特別愛護，使他們從你們每個人身上都能找到他們在國內時從教友相聚中所得到的那種安慰。」

從他差不多是臨終的話裏可以明顯看出他對人們靈魂的極大關切，他說：「我為現在在法國宮廷裏的彼得・考頓神父（Peter Cotton）而深愛天主。雖然他不認識我，我還是決定今年要給他寫信，祝賀他為了上帝的榮耀而做了那麼多的事。我還要告訴他我們在中國努力做的事。現在是太晚了，不能寫這封信了，我要問你們是否願意仁慈地請求他原諒我。」如果我們親愛的神父的這一最後要求迄今尚未被那些受到委託的人所實現，那麼我們希望在這裏提一下這件事就足以代替那樣做了。

他非常慈祥地依次和神父們及教徒們談話，在五月十一日臨近黃昏時，他坐在牀上，沒有掙扎，身體一動不動，半閉着眼好像睡着了一樣；然後他全閉上了眼，在上帝的懷抱中安眠了。利瑪竇神父逝世了。

在神父彌留時聚集起來了大羣教徒，必須對他們的悲泣加以勸阻才不致使他們的哀傷顯得過份，從而傷害他們所信仰的真理和有損於他們已故神父的光榮。他們化悲痛為讚頌，每個人都以自己的方式讚美他出眾的德行，稱他為聖者和中國的使徒。他們再三懇求，終於說服了一位畫家的修士[1]畫一張利瑪竇神父的肖像，作為對他們大家的安慰。

中國人把他們的死者放入木棺，所用的木料是耐腐的；只要能買到，花多少錢也在所不惜。這是神父們買不起的，因為他們曾立誓貧窮，而且也因為他們當時經濟條件困難。然而，似乎主不願他忠實的僕人得不到這種特殊的哀榮，這個僕人正在天上受到尊崇，而且在地上在整個來年都還要受到尊崇，正如我們在下面將要看到的。

當利瑪竇神父的最後一名皈依者李之藻博士聽說他親愛的精神之父逝世時，他派使者到教會來表示弔唁。他這時病得很厲害，不能親自來，但他告訴神父們不要為棺木着急，他將很高興為就在幾天前曾使他獲得兩次生命贈禮的人擔負喪葬費用。他還告訴他們即使有所拖延的話，也不必為遺體擔心，因為大自然的法則是不會危及這樣一位偉大人物的遺體的，他說的果然一點不錯。過了兩天多，而且正值盛暑季節，遺體臉色仍然完全自然，面容栩栩如生，不像是個死去的人，彷彿反映着他正繼續過着更幸福的生活。遺體被放入棺材，移到

1　按此人為游文輝。——中譯者注。

教堂，在那裏舉行了彌撒，神父和教徒們為死者唱了禱歌。後來它就被移回教堂，按照中國的習俗，放在一個靈台上，使弔唁的人都可以看到。

中國人從不在城牆以內下葬，在他們安排喪葬事宜或等待在郊區購買墳地期間，他們把遺體放在木棺內，然後用一種有光澤的瀝青物質把棺木密封起來。這樣加以密封後，若干年當中連一點臭味都透不出來。

若干時期以來，利瑪竇神父不但一直在考慮他自己的死去，而且還盼望在郊外購買一處墳地。事實上，他確已買了一處，但是由於某種原因在所付的價錢上出了問題，賣主撤銷了原議。當時，他對神父們說這沒什麼關係，因為不用多久他們就會有另一塊更好的墳地。從他的話來判斷，他似乎對以後的事有所預見；而那個時刻真的來到了，是中國皇帝賜給了一處墳地作為利瑪竇神父和他的同伴們的長眠之所。不僅如此，他似乎也預見到他自己壽終的時間。他把應耶穌會會長阿瓜維瓦要求他撰寫的《中國基督教史》，推延到他臨終前的幾個月才完成，他燒掉了他全部的信件，給他的著作編了目錄，而且編訂了兩張時間表，一張是教內事務的，一張是關於整個傳教工作的。關於整個教會工作的那張，是寫給中國傳教團監督龍華民神父的，下面的簽字是前監督利瑪竇。他不太可能是在病中寫下這些指示的，因為他叫神父們在他死後打開他的書桌看一看和他們有關的那份表，而把另一份送給龍華民神父。

利瑪竇神父逝世的消息引來了一大羣他的朋友們、大臣們和其他地位很高的人們，都按照他們習慣的那樣弔唁他的逝世；而且他們眼含真誠的熱淚，用了「聖人、真正的聖人」這樣的詞句來表示他們對他的崇敬。悲傷和痛哭不僅限於北京。在別的傳教中心，神父們、教徒們和他的很多朋友們都惋惜他們所熱愛的神父的逝世。南京的教徒尤其悲痛，他們送來了奠儀，其中包括一篇讚美他的德行的動人頌辭。北京的教徒們不甘落後，也寫了一篇，和第一篇一樣熱烈。這兩篇就貼在靈柩的兩側，很多前來弔唁的人讀了後都十分讚賞。

在我們這部歷史一開始就談到了利瑪竇神父的生平，現在用他自己臨終前所說的話來為它做一個結束將會是適宜的吧。在臨終前的幾個月中，他曾好幾次說：「親愛的神父們，在我仔細想過我要努力確定做什麼才能最好地推進中國教會的工作時，我得出結論是對它的進展最有利的事莫過於我壽終之日的到來。」他們都表示反對，並且說為了這一目的，似乎他還必須再活若干年。他問他們反對的原因，並舉出了他自己論斷的各種理由。確實，如果我們比較一下他逝世前後的一切情況，我們就必須說，Omne tulit punctum[1]，他用這一句話就總結了全部情況。我們也不必驚奇，他在天上將推進中國的傳教工作，他在天上將更強烈地希望着並且更有力量可以這樣做。

第二十一章　利瑪竇墓

——中國皇帝的賜地

由於全能上帝的庇祐，利瑪竇神父的辛勤勞動取得了豐碩成果。上帝不願意使他像參孫（Sampson）[2]那樣，人一死一切努力的影響也就終結了，卻恩賜他逝世要比他生前活在大地上更有威力。在按照教會禮節辦完喪事之後，裝入一個密封的棺材裏的利瑪竇神父的遺體，就按照中國人的習俗停放在教堂裏，等到在城外購得一塊墳地再行安

1　拉丁文：「一切都發生得很及時。」——中譯者注。

2　神話人物，力大無窮，最後與敵人同歸於盡。事見《舊約．士師記》第 14-16 章。——中譯者注。

葬。這使神父們有些不安，因為教堂裏沒有空地方，而且這一情況也不尋常。至此為止，所有在中國傳教逝世的人都葬在澳門神學院的墓地，而且有命令規定，凡死在別處的人，其遺體都必須遷回澳門葬在一起。這個命令在現在的情況下無法履行；即使可以履行，看來也最好不那樣做，因為對這位傳教團的共同父親來說，上天顯然已經注定了在他死後要出現某種非凡的事情。

在舉行喪事彌撒那天，有大批教徒參加，其中有一個知名文士非常熟悉朝廷辦事的手續，他回家之後忽然想到，皇上或許可以賜給一塊土地作為利瑪竇神父的墳地。他認為這就等於認可教會和基督教在中國的合法存在了。這一想法似乎值得向神父們提出，所以他又返回教堂去，提出了他的建議，並且很容易地說服他們相信，那很值得他們努力去發現這一如此之重要的行動會產生什麼結果。神父們和他一起商量草擬了一份奏章送呈皇上，並送給利瑪竇神父最近行過洗禮的李之藻，請他以適當的文體加以補充和潤色。

李之藻是一個顯要的大臣，又以文筆優美著稱，他不僅寫完了申請書和贊同神父們的作法，而且自告奮勇地推進它。後來，他留在朝廷期間，的確為了推進它而做了很多的努力。這一奏疏被拿給他們幾位最有影響的民眾領袖的朋友們看，徵詢他們的意見，看看這樣做是否過於大膽。如果他們贊同，那麼到了呈遞的時候，就請他們作為贊助人而加以有力的支持。他們一致贊同，並提供幫助來促進它；這的確是不尋常的事，因為這樣一種行動很可能包含有危險的成分。直到那時為止，還沒有一個皇帝曾賜過一塊墳地給外國人的；而且當皇上恩賜給本國人時，不管他可能曾經多麼了不起而又有權力，要得到它也不是沒有困難或不需付出昂貴的代價的。

呈給皇上的奏疏用的是龐迪我神父的名義，他是代理監督，而熊三拔神父（Father Sabatino de Ursis）則負責內部事務。奏疏的譯文如下，裏面可能有些習慣用語上的差異：

我，大西國臣民龐迪我，謹為另一個最近故去的外國臣民提出一項卑微的請求。我信賴您遐邇聞名的慷慨，謹此為他請求一塊墓地，從而您的皇恩浩蕩可以惠及所有的人，哪怕是從極遙遠的地區來的外國人。我，龐迪我，是一個從極遙遠的國家來的外國人，深慕貴國的聲名和光榮，用了整整三年時間遠涉重洋，行經六千多里格，歷盡無窮的艱難險阻，終於在萬曆二十八年十二月和利瑪竇以及另外三個同伴來到陛下的朝廷。當時我們曾向陛下贈獻了幾件從我們家鄉帶來的小禮物，從那時起我們一直得到皇家給我們的津貼維持生活。這確實是一種特別仁慈的恩惠，對此我們心裏不勝感激之情，即使肝腦塗地也不足為報。萬曆十九年一月[1]，我們請求陛下指定給我們一個居住的地方，使您的皇恩的光輝照耀到新來的外國人的身上。我們等了好幾年才得知您的意願的表示，然而在所有這些年中，由於您的皇恩而不是我們自己的功勞，我們從未缺乏過生活必需品的供應。

萬曆三十八年三月十八日，年老的利瑪竇神父因病故去，彷彿是留下了我成為遙遠國土的臣民和孤兒，其處境備極艱難，足以引起普遍的同情和憐憫。運送他的遺體返回故國將意味着從事長途的航行，水手們都很害怕在船上裝載尸體，我將不可能把他的遺體運回他的故土。考慮到我們多年以來一直生活在陛下的蔭庇之下，是否也可以把我們算作您的臣民，屬於您輦轂後面的隨從，使您的如堯之仁不限於您的國境之內而擴大到外國去。

就好像我們活着的時候蒙受您皇恩的滋養一樣，我們相信我們死後您將會賜給我們一塊葬身之地。我們提出這一請求，是有鑒於我們的同伴利瑪竇自從他到達這一偉大國家之日起就孜孜不

1　按此處原文有誤，應作「萬曆二十九年一月」。——中譯者注。

倦地攻讀中國文學，並且身體力行貴國書中所闡明的那些德行。此外，他心志純潔，忠誠形之於外，日夜在天主的神壇上焚香為陛下的健康祈禱，以報答您的宏恩。朝廷中無論大小，都知道他是個真誠的人。我絕不敢偽造事實；因此之故，他們都稱他為渴望學習的人和正直的人。他所寫的很多書籍都證實了這一稱號，他在海外各國又以一個出名的科學家而著稱。而在這裏，從他到達之日起大臣們就競相與他結交。

作為來自異域的人，我和我的同伴怎麼能希望超出我的卑微的地位之外的東西呢？我們一想起我們連一塊埋葬同伴的墳地都沒有，就十分傷心，我們含着熱淚請求您施恩賜給我們一塊土地或一塊廟產，使一位從遠方來到這裏的人的遺體得以入土。我們這些後死者，我和我的同伴們，發誓無論生死都要學習他那樣。我們認真地追隨我們已故的兄弟的榜樣，向天主祈禱，祝願您的母親和您萬歲千秋，從而使我們得以享受陛下偉大帝國的和平與安寧，並得到安慰和滿足。如蒙恩賜這樣偉大而非凡的恩典，我們雖然微如螻蟻，也將感恩戴德，此後我們的靈魂將永遠負擔着表示我們感激之忱的重擔。我們謹期待着陛下的決定。」[1]

1 按此疏據楊廷筠《絕徼同文紀》中文原文如下：「臣本遠夷，向慕天德化，跋涉三載，道經海上八萬餘里，艱苦備嘗。至於萬曆二十八年十二月，偕臣利瑪竇及兼伴五人，始得到京朝見，貢獻方物，蒙恩給賜廩餼，臣等感激不勝，損軀莫報。萬曆二十九年正月內，奏允天恩，照例安插，以將柔遠等情，候旨多年，叨蒙廩給不闕。不意，於萬曆三十八年閏三月十九日，利瑪竇以年老患病身故。異域孤臣，情實可憐，道途險遠，海人多所忌諱，必不能將櫬返國。伏念臣等久沾聖化，即係輦轂臣民，堯仁德被於華夷。生既蒙豢養於升斗，西伯澤及於枯骨，死猶望掩覆於泉壤。況臣利瑪竇自入聖朝，漸習熙明之化，讀書通理，朝夕虔恭，焚香祝天，頌聖一念，犬馬報恩忠赤之心，都城士民共知，非敢飾説。生前頗稱好學，頗能著述，先在海邦，原係知名之士，及來上國，亦為縉紳所嘉，似無愧於山澤隱逸之流，或蒙聖慈再賜體訪，不無可矜可錄。臣等外國微臣，豈敢希冀分外，所悲死無葬地，泣血祈懇天恩，查賜閒地畝餘，或廢寺閒房數間，俾異域遺骸得以埋葬，而臣等見在四人，亦得生死相依，恪守教規，以朝夕瞻體天主上帝，仰祝聖母聖聖躬萬萬歲壽。既享天朝樂土太平之福，亦畢螻蟻外臣報效之誠，臣等不勝感激，屏營候命之至。」——中譯者注。

以上就是奏疏的內容。如果文章似乎極力摹擬中國風格，我們是特意如此的，我們相信這樣它將更容易被接受。每個人必定都明白，每種語言在其特殊的習慣用語方面都有一種特殊的文雅和優美。

在繼續我們的敘述之前，我們必須簡單地解釋幾個問題，如果不解說清楚，就可能混淆對下面所要講的東西的正確理解。首先，有人或許疑問，為什麼申請書中要說神父們是因為受中華帝國的聲名和光榮所吸引而到中國來的，而他們來的真正動機卻是要傳播福音。人們必須了解，中華帝國是對一切外國人封閉的，只有三種入法律許可入境。第一種人是從鄰國每年自願前來向中國皇帝進貢的人。中國人對此並不在意或擔心，因為中國並不想征服別國；第二種人不希望被看作是來進貢的，但慨於中國的幅員廣闊，就來向皇帝致敬，尊他為萬王之中的首領和最偉大的一個。這些人都是來尋求財富的，但佯稱他們是被本國的君主派來的。他們就是經常不斷從西方來的撒拉遜商人，幾年前我們有一位修士[1]曾隨他們一起從莫卧兒王國出發尋找中國，並且向全世界證明了中國就是契丹；第三種人是羨慕這個偉大帝國的聲名而來此永久定居的，中國人認為他們是受了他們道德名望吸引。過去這類人很多，但現在中國人已不如他們所想像的那樣富於吸引力了。傳教團神父們在中國工作，是屬於第三類人因而符合法律的，而且也因為屬於前兩種人不可避免地要被遣返他們本國。此外，第二種人在中國居留期間，更像是被當作牲口對待，而不像是被當作使節，因為中國皇朝並不想和別的國家結成聯盟。正是以這第三種資格（這或許更多是虛擬的而非真實的），神父們才被允許在中國居留，他們的教友才得以入境，但是人們不應認為他們隱瞞了他們來這裏的目的，那就是要傳播福音。凡是和他們打過交道的人都很了解這

1 即鄂本篤。——中譯者注。

一點，而他們那些當大臣的朋友們也是用這一合法的藉口來保護他們的，使他們能在中國呆下去。

另一件需要在這裏解釋的事，是中國的行政制度。中國是君主政體，一切事情都有賴於皇帝批准，而要他決定無論什麼問題首先都要進呈一份書面文件。這些文件得不到批准的，就擱置一邊；凡同意進一步考慮的，他就一次然後又再次送給國內最高的大臣們，讓他們為他建議最適宜的做法送給他批准，他很少不同意他們的建議。這一制度將在我們下面的敘述中加以更清楚的介紹。

龐迪我神父的請求是按照這一場合所要求的格式和文風寫成，並加蓋了正式印章才生效的。在這類情況下，必須嚴格遵守一系列的規定。文件必須先得到一位高級大臣的檢驗和同意才能進呈給皇帝，這位大臣可根據自己認為相宜與否而隨意決定是進呈皇上還是駁回。一切呈給皇上的報告都必須如此，唯有欽差大臣的報告除外，他們無須任何人批准而在任何時候隨意向皇帝呈遞報告。

龐迪我神父擔心他的努力可能從一開始就遇到阻礙，於是通過首席檢察官[1]（Chief Inspector）的影響，和文牘大臣[2]（Chancellor of Documents）商定一收到他的申請書當天，事實也就是收到的當時，立即轉呈皇上。按照慣例，上書人必須向各個大臣呈送一份副本，他們有責任了解其內容。這件事已經做了，又給當時任閣老離位的兩位顯貴每人送一份副本。其中一位是福建省人，在他未任目前的顯職之前是南京的官員，和神父們十分熟悉[3]。自從他晉升到目前顯職以來，他曾在北京的家裏兩次款待過利瑪竇神父。他讀到申請書時，看來對利瑪竇神父的逝世深感悲痛，反覆地回憶起他來，對他的名字頌揚備

1　德禮賢考為都御史孫瑋。——中譯者注。

2　疑指翰林院學士。——中譯者注。

3　按此人為葉向高。——中譯者注。

至。關於申請書，他說這位偉大人物應得的遠遠超過所要求的東西，他配得上享廟和立像。這是習慣上對造福公眾的人表示尊敬的做法。然後，他又解釋道沒有一條中國法律或先例是外國人可以據以要求一塊墳地的，但他補充說他將立即研究這個請求，看看他能否想個辦法使它得到批准。

他正生病，不能親身拜訪神父們，因此通過一名下屬來向他們轉達這一點。他是有意這樣做的，因為他願意幫助他們的事業。在朝廷有一條大家習慣的作法，那就是如果一個人有意促成朋友的事情，他就小心翼翼地避免和他見面，以防有受賄之嫌。

事情進展到這一步，神父們就在家裏整日祈禱，等待皇帝在三日內將要宣佈的決定。毫無疑問，當申請書呈送給皇上時，掌握着帝王們的心靈的上帝就影響了這位特殊君主的心，使他回想起他所接受神父們的禮品以及他那個須臾不離眼前的手提式的鐘。他把他們的請求連同別的一起送給前面提到過的那位閣老，讓他按照慣例作出決定。閣老立刻這樣做了，並把它轉給掌管這類事務的衙門。三日後，它經批准又轉回最初把它呈送給皇上的那位大臣那裏，他的責任是決定這樣一份呈給皇上的申請書應該交付哪個具體部門。

中華帝國的政府機構共分六部，即吏部、禮部、戶部、工部、兵部和刑部。接受神父們申請書的那位大臣決定，既然這事涉及皇上的賜禮，它就應該轉交戶部，因此他把它送給戶部去考慮。神父們不大願意這樣，因為在那個部裏他們沒有很熟識的大臣或官員可以幫忙。龐迪我神父和當朝首席檢察官談了這一情況，這位大臣說他將設法把申請書從戶部轉給禮部，禮部裏有好幾位大臣和神父們特別友好。

從法律上說，這件事可由禮部處理，因為禮部管理有關外國人的一切事宜。首席檢察官的努力獲得了成功，這件事於是被轉到禮部。除了上帝的幫助而外，看起來似乎他們開始在人間也可能獲得某些贊助了。為此目的，龐迪我神父就拜訪了收到禮部大臣轉來的申請書的那兩位官員，並且帶了幾本神父們剛剛出版的中文書和一幅世界地圖作為小小的禮物。這兩人神父們都不認識，但他們支持這個申請書並慨然應允幫忙。他們中間有一個在按習慣進行回訪時，說他向皇帝的答覆將會符合他們的願望的，這不僅因為他很尊敬他們，而且因為那位閣老是他的表兄[1]，曾極力向他推薦他們的申請書。這當然使他們信心大增，覺得他們的作法將獲成功。

信徒李之藻去拜訪了禮部尚書[2]，這是個很誠懇的人，因為他的位尊和文名而頗負盛譽，而且由於他為人誠實正直而高度受人尊敬。李之藻詳細地和他談到神父們的處境，就像他可以和過去的老師談話那樣；他知道這件事的結果如何現在全都取決於他的決定了。結果是他慨然應允並且後來完全實現了他的允諾。

就在他們靜待禮部決定的同時，朝中有一個人正設法說服他的同僚們，給神父們撥一部分異教廟產也就夠了，他們可以在那裏面和異教教士們一起居住。李之藻博士通知了神父們這件事，當時他正辭朝登上去別處公幹的途中。他還附了寫給那位提出這項建議的官員的幾封信，信中他請求他不要對幫助神父們的事業有所顧慮，不可一刻認為神父們和異教寺院的教士們有任何共同之處，他們的生活、教育、教義和學識都有極大的區別。這件事使神父們大為焦慮。這看來是一個決定性的挫折，假如它真成為事實的話，那就不僅完全不符合他們的生活方式，且對基督教的實踐也是極不相宜的。不久他們就得知他們的擔心是沒有根據的，事情正十分符合他們的希望在進行，這使他們鬆了一口氣。

申請書和對它的答覆在一個月之內又呈回皇帝，考慮到中國人的審批一向拖拉，這應該認為是異常迅速的了。禮部送還時寫下了如下

1　德禮賢認為即林茂槐，他當時任禮部郎中。——中譯者注。

2　德禮賢認為即吳道南。——中譯者注。

的意見。文件的第一部分逐字逐句重抄了原件，其餘部分是該部對其中所提請求作出的評價，下面是譯文：

> 遵奉陛下的旨意，有關部門對此事已做出決斷。當此事提交我考慮時，我查詢了各種法規[1]，發現一條法律如下：如果一個經常來訪我國的外國人在其旅程中死去，如果他是一個外國臣民（因為外國君主也曾來過），並尚未到達宮廷，我們在他死去的那個省份的代表應給予他一塊墳地並在他的墳上立石，正式刻上他本人為誰和到來的原因。這項法律另一部分規定：如果死者已到過宮廷，而尚未得到皇上照慣例所賞賜的酬金，則京城的市長將償付其喪葬費。如果他已得到過皇上的賞賜，喪葬費即由這筆錢支付。
>
> 雖然利瑪竇到這裏來並不是作為外國君主的使節，但他的確是為我國的聲名所鼓舞，而從世界上極遠的國度來到這裏，而且直到他最近未老而先亡之前，他在若干年中都是靠皇庫維持生活的。他的遺體不可能移葬到他遙遠的故土。他的遺骨至今尚未埋葬，難道不值得您同情嗎？如果您表示同情，那麼我贊成龐迪我的請求，並從上引的法律中為他的申請尋找說明，難道不是完全正當的嗎？因此我願敦請賞賜一塊他所要求的土地，用作為墳地；如蒙恩賜，這將意味着在陛下已賞賜給他們的大量恩惠之上又增加了另一項恩德。
>
> 初看到這份文件時，我看出而且充分認識到，吸引了這些遠方國家和地區注意的正是您卓異的威望和您的統治的盛名。在我們今天，這些外國的臣民來到這裏，深為您的政府的公正法律和使人高興的習俗所吸引和感召，正如這個利瑪竇和他的同伴的例

---

1 《大明會典》。——中譯者注。

子所證實的那樣，這是以往年代從來不曾有過的事。這些人跋涉萬里最後來到朝廷。他們向陛下呈獻禮品，而作為回禮，他們不斷得到您的慷慨賞賜已有多年。

利瑪竇一心只愛學習，由於不斷攻讀已取得很大成績，他的出色的著作的出版就是明證。他最近剛剛死去，而他的遺體遠離故土仍未下葬，誰能不因之而一掬同情之淚？現在他的同伴龐迪我請求賜給他一小塊墳地。確實，他並不是作為他的國家的使節來到這裏的，但他在陛下寬仁的庇護之下在此居住了很長時期，他希望被看作是我們自己人民中的一員。既然當他在世時，是您的慷慨在養活他以及他的同伴，誰能想像他的遺體會因沒有墓地而不得安葬。龐迪我和由他照料的那幾個同伴都相信在這方面生死都是一樣的，也就是說，無論生者和死者都應蒙皇恩的撫育。

因此，我代表本部門完全同意他的其他要求，極其卑微地懇求陛下恩准由本部發一指令給京城的市長，尋找一處無人居住的寺廟以及一處安葬利瑪竇的土地，該寺廟即作為龐迪我和他的同伴的住所，他們可以在其中居住，自由地奉行他們所信仰的教律，遵崇上帝並向他們的上帝為陛下的福壽祈禱。您的偉大澤及朽木（死者），您的仁慈施於遠人，這實在會激發他們日益增長的興趣，要把您的帝國的聲名傳播到無遠弗居，到未來的一切時代。我不敢也不能擅自以我的名義做任何說明，但我謹此呈上封折，使陛下能以對您帝王之尊的最有利的方式對此做出決定。萬曆三十八年四月二十三日謹奏。[1]

皇上審閱了這份文件之後，第二天就按照例行手續把它轉給閣老，徵詢他的意見。閣老表示完全同意，親手簽署了「可」字，意思

1　原文見《明神宗實錄》。此處據英譯。——中譯者注。

就是可以照辦或批准，然後又把文件送回給皇上。這最後的答覆是在第三天作出的，整個事情到此結束。可以想像得到神父們是如何萬分感謝上帝，因為此事的成功就在中華帝國終於奠定了福音的傳播，而且無論在促使皇上發出命令還是在得到此命令的過程中都能明顯地看到上帝的恩佑。執行這項命令中所出現的困難也消失了，就好像整個朝廷的首要大臣們都受到上天的影響，同心協力來庇護幾個可憐的外國人似的。

在此事取得非常可喜的成功之後，神父們就把注意力轉到去感謝那些幫助獲得一項如此巨大皇恩的人。龐迪我神父很精於此道，他製作了好幾份雕刻，用一塊象牙同時精美地雕上日、月、星辰圖。神父們的貧窮使他不能使用更貴重的材料，但是象牙雕刻很新穎，惹人喜歡，並且大臣們都願意學會看星象圖，這使神父們得以進入他們的宅院和書房。這類訪問使他們在大臣中享有很高的威望，而且使他們有機會及時完成他們的事業。

那位閣老本人對龐迪我神父尤其客氣，甚至請他進入他的收藏室。他學習這些日月星辰圖非常敏捷，不久就學會了如何進行調節日晷，而且非常喜歡用它來做實驗。龐迪我神父問他可否和北京長官[1]安排一下選擇一塊合適的地方。他不僅做到了這點而且還更多，我們在下面即將談到。皇上的最後答覆被送交禮部尚書，神父們在考慮感謝和禮品時，也沒有忘記此人。此人在接待龐迪我神父來訪時十分有禮貌，送別時十分殷勤，在他以前還沒有一位大臣超過他的恩惠，也沒有別人能期望這種恩惠。

在這位大臣把他關於奏摺的決定送回給皇上之前，龐迪我神父去拜訪了他，請他在他的答覆中對於似乎多少不利於以後傳播福音的內

1 即少京兆黃吉士。——中譯者注。

容進行某些修改；他毫不遲緩地記了下來。事實上，他還說：「你所提到的只不過是各部使用的正式和莊嚴的表達方法而已，對於文件內容並無任何增減。」他又說：「朝廷裏哪個部不知道你們傳播的教義是真確而公正的呢？我對你們的事業很感興趣，所以你希望的最高恩遇最後都可以得到批准的。不僅如此，我還給目前處理此事的北京市長寫過信，請他找一處你們會喜歡的地方。他和我的關係不止於是朋友，我們是親如兄弟。」

禮部的其他官員也遵照他們上司的樣子毫不遲疑地尊敬神父們，並對他們十分優待。不僅是這些官員們，就連平時很難對付的那些胥吏們在辦理過程中也沒有製造障礙，或許是希望祕密的報酬。一件重要的大事就這樣辦成功了，代價甚微。信徒們都因所獲得的成功而難以抑制自己的歡樂。他們對於像閣老這樣一位顯赫的人物竟如此之關照神父們感到非常驚異；他們說現在他們都明白了，整個這件事都是由仁慈和萬能的上帝在特別照料的。

在他為了這件事表示謝意進行回訪之後，龐迪我神父就轉而博取長官的好感。神父們並不認識這位長官，所以有些擔心他不會特別關心他們的事情。然而，掌握着所有人的心靈的上帝又使得長官對這件事的關懷超過了一切人；他很快就惹起了別的顯貴們的嫉妒，而且從此以後還不得不保護神父們免遭攻擊。龐迪我神父第一次來訪給他的印象極好，他慨然應允照辦他們所請求的一切。十分幸運的是，當神父正和他談話時，他接到一位大臣的請求和另一位大臣的信件，都是要求他恩准神父們的請求的。他由此得知朝廷的顯要們都極為尊敬神父們；結果是他本來已心懷好感，現在就完全被爭取到他們的利益這一邊來了。第二天，他禮節隆重地派人送了一份厚禮到教堂去，隨後不久他本人也來了。從這第一次訪問時起，他就十分友好，因而在以後的歷次訪問中，他按習慣要遞交的拜帖上都署名為「僕」，這是只對同等地位或至交才用的一種禮貌。

純粹出於偶然，正好那時有一位大臣剛在數月之前被任命為他現在的官職，皇上給長官降旨必須加蓋他的官印，而當時他的任命尚未得到皇上批准，因而官印不在手中。沒有官印和神父們的以及和別人的交涉就都拖延下來。在一些大臣朋友們的建議下，神父們這時正在為利瑪竇神父尋找一個合適的墓地，但他們總找不到他們中意的。所以他們決定由大臣們去選定地址，他們相信天主，認為這樣做就會免得遭忌；後來當人們聽說他們向皇上請求一塊土地並根據大臣的命令接受了它時，情形確實就是如此。

當這些活動正在進行而整個事情似乎正在拖向不必要之長的時候，使他們十分驚奇的是他們在禮部有一位朋友寫信給他們，說現在是跟長官接觸的時候了，因為皇上的諭旨次日即將下達給他。他們對此有點驚異，完全不明白這一突然的出乎意外的恩允，因為大家都知道，前面提到的那位大臣尚未受權使用他的官印。龐迪我神父去看閣老，提醒他說事情還在懸着，擔心着他事務繁雜可能把它忘掉了，並請求他對市長運用他的權威。當神父來到他面前時，閣老沒有等他提出請求就說，「我沒有忘記你們的申請書。因為我有點擔心此事會不恰當地拖延下去，所以下令單把這份文件不加蓋官印就送給我，然後我把它送給長官，並附帶說我親自建議立即行動。然而，我的建議幾乎是不必要的，因為長官完全贊助這件事，而且極為尊敬神父們。此外，我還和禮部我的一位同事談過此事，他一定會通過的。」他說這些話時旁邊有很多人在場，他們聽了幾乎都和龐迪我神父一樣覺得十分驚訝。龐迪我神父終於明白這個意外的恩典是從哪裏來的。但願上天有朝一日會酬報這個人的善行，賜給他以信仰的光明。

向長官說好話的推薦信還有禮部尚書寫來的，長官本人也毫不猶豫接受這些地位如此高的人的信件；因為他們的請求使他們欠他的情，也因為他可以依賴他們的權威，如果有批評者責難他的做法的話，正如確實所發生的那樣。同一天，龐迪我神父去拜訪了長官，帶給他一件小禮物，費了很大勁才説服他收下。

第二天，他坐在大堂上命令他兩名專辦個人要事的下屬派人去勘找一處合於作墳地的地方，然後回報，不得遲誤。龐迪我神父又去拜訪了長官這兩位下屬，發現他們很樂意幫忙。在中國人當中，下屬總是和上司的想法同一個路數的。被派去勘察的人得到通知先去教堂，弄明白神父們希望要什麼樣的地方，而且那兩位下屬也事先得到指示要儘可能照神父們的意見辦。經過三四天的尋找，他們指定了四個地方，然後要求神父們來察看這幾處地點，佯裝作他們就像中國人常常所做的那樣，是要購買一座供他們退居休憩和讀書的鄉間別墅。等他們把這幾個地方都看過後，他們就可以選定他們認為最適合他們的心意的那一處。

在選出的這幾處中有一座寺院，以前曾經是一座鄉間別墅。它屬於皇宮中一個地位很高的宦官[1]，他因為犯有某項罪行而被判處死刑。當時他正被囚在獄中等待處決，皇上尚未降旨規定日期。此人知道他不僅已經失去了皇上的恩寵而且淪於絕境，為了挽救他的鄉間別墅不被奪佔，他就把它改為寺院，起了一個動聽的名字：仁恩寺。根據中國的慣例，當宦官被貶入獄時，他的產業就歸最先佔有它的人。建造私人寺院是違法的，但很多很有勢力的宦官都在大臣們的默許之下修建這類寺院，這類寺院和其他寺院一樣都歸禮部管理。因此，這個不幸的宦官為了挽救他的寺院所設想的計劃，卻變成了他失去這個產業的原因。神父們並不知道事實上這個宦官在他們挑中了他的產業時還活着，如果他們知道，他們就決不會傾向這個地方有甚於別的幾處；但是等到他們發現時，他們已無法再要求別處了。

這個鄉間寓所對於他們的用處非常之合適。因為它只在名義上是

1　楊內官。——中譯者注。

座寺而實際上是個別墅，裏面只有一個僧人照料。神父們一經決定這個地方，勘察人員就報告給那兩個下屬。一個下屬於是派了一個人去估產業的價錢並問一下監管人它值多少。這位下屬或許是盼望得一筆豐厚的酬金。然而，他派去的人回來只報告他說，由於是皇上的禮物，價錢不成問題；而且他甚至於不能詢問價錢，因為如果產主一旦發現事情的究竟，他就會驚天動地來保住他的別墅的。他保證說這種事在購買任何寺產時總會發生的，任何寺廟都少不了監管人和產主。而那個下屬卻一心只想着錢而不說理，所以他叫這個人服從他的命令。

當使者不甚高興地第二次去辦事時，好像由於神意的干預，他碰見了龐迪我神父的一個僕役站在一位友好的大臣府邸的門口，於是他停下來告訴他要去什麼地方，為了什麼事以及他是怎樣地不情願。神父正在拜訪這位大臣，商談有關這座別墅的問題，所以這個僕役問他的朋友肯不肯等幾分鐘，然後走進府去報告了全部的故事。

龐迪我神父的吃驚並不亞於那位大臣，兩人都立刻懷疑是有人想撈酬金。這位大臣是個有很高權威的人，就叫估價人暫不去辦事，等着他給派遣使者的助理市長寫一封信。他告訴估價人他本人對神父的事情很感興趣，將像對自己的事那樣來處理；還叫他通知他的上級，作為長官的助理，他的上級對該產業的價錢應該無話可說，因為長官本人會料理它的；作為助理，他奉長官之命只是選擇一個地方，而且只此而已。助理長官是低級官員，立刻就謙恭地答覆說他將照辦。他對直接來看他的龐迪我神父也是這樣說的；然後他又去見市長本人，告知他所發生的情況。作為這次訪問的結果，市長和他的僚屬開過會，寫出了下列指示：「對於名叫仁恩寺的寺院，無需付價，因為它屬於已被皇上判處死刑的宦官。住在那裏的僧人應該騰出那個地方，並立即移交給龐迪我及其同伴。」

到此時為止，談判被認為是在嚴格保密情況中進行的；但是在長官這一最新決定宣佈之前，吏員中就已有人通知在囚宦官的親屬，說他的寺產有了問題，要由皇上降旨移交來自大西的外國人。他們不願相信這一報告，因此在長官宣佈最後的決定之前並未採取行動。長官說過話之後，神父們作了禱告感謝他的通告，以為再不必做什麼更多的事來肯定它了，卻一點也沒想到在事情結束以前還會遇到很多困難。龐迪我神父感謝了長官，請他召來那座寺的主持僧人，通知他已解除了他在那裏的職責。這事毫不拖延地就辦了，派了兩個士兵頭目去通知那僧人第二天到長官的衙門來。

這兩個士兵頭目拿着一塊板子上面刻有書面授權令就出發了，這是這類召見的通常形式。他們走在半路就遇到了那個僧人，僧人一點也沒有想到他們心目中在想什麼。他們把他帶到長官的府邸，他在那裏一直呆到第二天，不明白這一切都是怎麼回事，他被指控犯了什麼罪。當他到了長官面前跪下時，他被告知要搬出寺院另找住處，因為那座寺已根據皇上旨意給了龐迪我和他的同伴了。長官還解釋說，龐迪我他們的宗教信仰和他的完全不同，他決不可能和他們共同生活在一起。他沒有說一句話就走了，慶幸自己逃脫了他擔心可能受到的那頓板子，假如他是被控以某種嚴重罪名的話。他一刻也不耽誤就回到寺裏，當天就收拾好行李，不見了。

就在這同一天，神父們帶領一些信徒遷入那個地方。人們可以很容易想像，所有這一切對被囚的那個宦官及其追隨者有多大影響。他們有人急忙趕到別墅；神父們告訴他們，神父們曾向皇上請求一塊地方好安葬自己已故的同伴，大臣們就主動地指定這塊地方給他們，他們並沒有暗示或請求過這塊地方。只要一提皇上和大臣就把他們攆走了，他們離開的時候心裏躊躇着，在這樣一種絕望的情況下，他們應該到哪裏去找主意。他們害怕如果他們引起了麻煩，那就會加重那個在囚的宦官極大的不幸。而這一點是很明顯的，因為有另一個宦官來見神父說，他相信他們是根據大臣的命令接收這座別墅的，他們並不是奪取它。他說，他認為他來和他們談話，只是在做他有權做的事，他希望他們不要見怪。龐迪我神父告訴他，他們沒有理由生氣，因為他們一點也沒有超出理智的範圍。時間和一種喪失感終於幫助消除了那個宦官的朋友們的一切擔心。

有一天，兩位神父都不在別墅，有一些低級的太監就乘機分批侵入那個地方。當他們發現留下來看房子的世俗兄弟和幾個信徒時，他們雙膝跪倒作為向別墅的外國老爺致敬，雖然所謂的外國老爺當時並不在那裏。跪拜的禮節就象他們通常禮敬或山呼皇上名稱的姿態一樣。「新主人除了一個王國之外還缺什麼？」他們說，「既然他們勢力這麼大，竟能接收宦官的產業。」他們說了這些以及另一些冷嘲熱諷的問候之後，就說皇上和大臣給的是寺院而不是寺裏的傢具。於是他們不顧在場的人樂意不樂意，就把那裏的許多傢具搬走了，包括幾塊寶貴的石頭，那是中國人由於它們好看而非常珍視的。他們有很多人拿着搶到的傢具走了，但有些人留下來和那位世俗兄弟以及信徒們談話。「告訴我，」有一個人向那位世俗兄弟說，「你的主人有什麼迷魂藥，能把這麼多人的心靈都迷住了？」「我的主人，」這位世俗兄弟回答說，他們談到神父們都習慣於用這樣的稱呼，「我的主人有德，有教養和書籍，有至高的上帝之道，那是他在一切場合都要傳播的，除了贏得大人物的心靈以外，他們確實再沒有更有力量的藥劑。」那人又說：「既然你是他的徒弟，為什麼不告訴他並且堅持叫他去向大臣們要求一個比這座更大更好的寺院？」「你最好自己去跟他說，」世俗兄弟答道，「因為要求更大更華麗的東西，不符合他的謙虛謹慎。凡是皇上和大臣們給他的，他都認為是最好的。」

世俗兄弟說了這些慎重的話之後，一位恰好在場的信徒又就這個問題作了很長的解勸，他們似乎得到了安撫，沒有再惹事就走了。當他們穿過一間供有偶像的外廳時，有一個人就跪倒下來向主神說：「再見。最後一次告別了。從此我不能像從前那樣自由地進入這個大廳了。」另一個人為了泄憤，就用更直率一些和可能更誠實一些的語氣對同一座偶像說話。他說：「你這個泥胎，」這座怪像是用泥塑的，上面塗金，「如果你沒力量能保住你的寺和照顧自己，我怎麼能希望從你那裏得到什麼呢？你一點也不值得尊敬，所以我不感謝你，甚至於也不承認你。」別的幾個人說這座像本來是叫某一個偶像的名字，後來又改了名字，而原來的那個偶像現在就對盜竊了它的名字的這個偶像來報仇。他們對那幾座偶像進行了這類的譴責之後，終於離開了原來屬於他們的這座寺。

宦官們的詭計還沒有結束。被判罪的那個人看到他在各個方向都徹底受到阻礙，不冒最嚴重的危險就休想保住他名下的任何東西，所以就把他的別墅轉讓給宮裏一個特別受到太后寵愛的大太監，條件是他必須盡一切努力把它從外國人手裏奪來。這個家伙用盡一切辦法來找麻煩，首先是通過小太監進行恐嚇和威脅，想奪走這項產業，但全屬枉然。但他聽說神父們已經把自己的麻煩報告給皇上，而且除非是有聖旨，他們是無論如何不會放棄別墅的；這時他的活動才不敢過於放肆。如果說和宦官的這場爭執並沒有消除所有有關這座別墅的爭端，那麼它至少起了防止那些仍然不滿的人進一步製造麻煩的作用。長官和禮部尚書分別出了告示，貼在別墅的大門口。長官的告示內容大致說明：皇恩浩蕩，惠及最遙遠的國家，在過去一些年間就曾給過神父們很多賞賜，現在又希望向他們保證過去的善意，最近再次表示他的仁恩。因此他賜給他們這項產業，像是給他治下的臣民一樣，用以作為利瑪竇的墓地以及他的同伴的永久住所，他們可以在裏面信奉自己的宗教並祈禱皇上和他母親的長壽安寧、全國和平昌盛。然而，由於擔心有人還會製造混亂，長官禁止任何人在沒得到神父允許的情況下就進入這所房屋，或以任何方式和他們搗亂，違者將被逮捕到他的大堂嚴加懲處。禮部尚書告示的調子與此相同。

這兩個告示足以約束某些有怨言的批評者的無禮行動了，但是脾氣很大的宦官們卻不好好接受。他們還有備用的兩門火炮，他們希望用來打破對他們設下的防禦工事。第一門就是宮內總管太監的影響。當時皇上不因公接見任何人，幾乎所有的國事商談都由宮廷太監來進行。其中有一個是皇上的副手，另一個在國家大事方面簡直是他的替身。競爭這座別墅的宦官們就慫恿後者給北京長官寫了一封信，信中很傲慢而激烈地指控他，除了別的事以外，還指控他從宦官們手中奪佔那所美麗的別墅，把它給了外國人。

長官不理睬這封信，甚至也不賞臉回信，只送回一份皇上的恩准和禮部給他的訓令的抄件。那個太監看到這些後，第二天便送回一封信，請求原諒他的錯誤，說他並不知道皇上的恩准。長官本人把這個情況告訴了神父們，並建議他們去拜訪那個太監，帶給他一全套他們用中文撰寫的關於基督教、各種道德觀念以及數學的書籍。

第二天，神父們就把這些都揀好放在一邊，另外還準備了一個好看的聖母座像、一個象牙製作的日晷和幾件神父們帶來的新奇物品。

他們去拜訪的那天，起初是被接待在一間外廳；當他們在那裏等待被接見時，他們向其他非常好奇想看禮品的太監出示了他們的禮物；他們主要是被聖母像所吸引，所以神父們乘機給他們宣講了一陣基督教教義。經過了似乎無盡無休的等待之後，那位太監才派人出來說，他此時太忙不能打攪，並要求他們把自己的請求寫成書面交來人帶回。但是神父們回答說，請他不要把第一次來拜訪他的來自遙遠的國土的外國人打發走。聽了這話，他便請他們入內，他們都穿着中國儒生的長袍。他在準備接待他們時，自己坐在一張椅子上，等待他們下跪，就象別人來到他面前時所做的那樣。然而，他們卻直立在他們所站立的地方，因為他們對這位太監並不應該比對別的大臣更敬重。當他看到自己的姿態並不成功時，他就站起來，以中國人接待地位相同的人所遵行的禮節來接待他們。

接下來他們就這樣面對面站着談話。神父們抱怨說，由於某些宦官的行動，他們迄今還無法享受由大臣授與他們的皇上洪恩之賜；他們請求他施加影響來糾正這一形勢。他首先說明他給長官寫信的理由，然後補充說他寫信時並不知道皇上的意願。他向他們保證，今後不會有任何人跟他們搗亂，而且說絕不會對這樣高級的部門依據皇上洪恩所發佈的命令有任何疑問。他保證他們產業的安全，用以埋葬他們的同伴以及作為他們的住所，在那裏他們可以盡情享受皇上慷慨的恩典。他們謝過他，但無法勸他收下他們贈送的禮物。他觀看了禮物，特別被聖母座像所吸引，但是拒絕接收任何謝禮，正如中國人有時候就是這樣做的而並不違反禮貌。

對神父們擁有別墅產業的第二種攻擊辦法，好鬥的宦官們留以備用的，就是求助於太后。他們保留這種辦法，準備到他們萬不得已時作為最後的殺手鐗。我們已記載過，這位老太太篤奉偶像。向她求情的宦官是深受她寵愛的少數人之一，有一天來到她那裏抱怨說有一座價值數千金的寺院從他手中被搶走了，給了根本不奉偶像的外國人，他們竟把偶像扔到水裏或燒掉了。他問太后是否可以跟皇上說一說。

據說她對此回答說：「即使這座寺比你說的價錢還多得多，但是和皇上的恩德相比，這塊地方的價值又算得了什麼呢？實在不值得跟皇上提這件事。而且如果你提到的那些外國人向皇上抱怨那個被判罪的宦官，那肯定就意味着他活不成了。」她這些話足以使她那個抱怨不休的寵臣啞口無言，不敢再有舉動，而且也結束了他那一夥人的奢望和陰謀詭計。

然而，人類的敵人卻仍然要幹下去。前面曾經提到，關於這所別墅產業的事是屬於戶部主管，但神父們設法把它移交給禮部。因此照例應由禮部通知戶部皇上已將此項產業賞賜，因而應該宣佈今後免稅並把它的名字從稅收冊中註銷。所以這件事又回到它原來的戶部主管人那裏，他可能覺得他個人的利益多少有損，而且這很符合他的聲譽，所以他決定冒險重新處理整個事件。他寫信給曾派人去選擇地點的那位長官助理，要求他解釋把這樣一宗宏偉的產業撥給神父們的原因。此信是作為公文送去的，蓋有他的官印，但是它對這位長官下屬毫不起作用。他只是派一名書吏把這個文件的抄件送給龐迪我神父，問他是否想在答覆中加入什麼內容。神父說他認為最好是根本就不答覆，而是採取一種認為送來此信的人還是以撤回原信為佳的態度。

龐迪我神父然後就去拜訪戶部尚書，向他說明皇上賞給他的不僅是一塊墓地，而且還是一處住所；如果它碰巧顯得有點過於華麗，那也不是與神父們的尊嚴相稱，而是與皇上的慷慨賞賜相稱。然後他要求他撤回他所發出的文件。主人對於神父提出這項要求時信心十足感到吃驚，他說如果他要表示不滿，可以用書面形式交給戶部，第二天戶部將舉行會議。龐迪我聽完後就告辭了，他又去拜望同一個部門的另一個成員，此人與他很要好。他把全部故事告訴了他，因為此人是那份文件的作者的朋友，神父就請他勸告那位作者不要成為唯一反對那麼多大臣決定的人，因為這不會有好處；而且如果這些大臣被觸怒，結果就可能造成很大的損害。此人完全按照神父所要求他的做了，而且顯然做得十分徹底。第二天，戶部尚書——也就是公文的作者，就給龐迪我神父送來一封非常客氣的信，答應一切都照他的願望加以安排。龐迪我神父回信時還送去一件歐洲新奇物品作為禮物，顯然整個事情到此就告結束。那封信幾天之內就被公開撤回了，國庫宣佈此項產業永遠免稅。這件事標誌着一個案件的結束，人們切望它會在將來大大推動上帝的光榮的傳播。

神父們既已平安地擁有賞給他們的產業，他們就全體去向皇上謝恩，所行的儀式和他們初次到皇宮感謝皇上恩賜津貼時相同，此處無需重述。最後，所有這些麻煩都令人滿意地得到解決，他們對此項產業的所有權又得到了三個別的部門發佈的三個文件進一步的肯定和保障，這三個部門此處就不指名了，因為歐洲並不知道他們。這樣説就夠了：在朝廷裏一提這三個部門的名稱就使人心驚膽戰，因為它們素以嚴厲著稱。

北京城的長官還不滿足他自己已經給予的恩惠，決定再向利瑪竇的名字表示敬意，並通過他來向他的同伴表示敬意。按照南京傳教團編年史中已經描述過的中國做法，他送到別墅一個刻着大字的匾額，放在利瑪竇神父的墓上，送匾的儀式十分隆重。他的大隊隨從排隊抬着匾敲鼓吹號，經過城中主要街道。這個匾額引人注目，設計得很有藝術性而且書法也很漂亮。贈送這塊匾是為了永久紀念他和利瑪竇神父這樣一位傑出人物的友誼。匾上照通常的樣式刻着四個字：「慕義立言」。這四個簡短而意義深長的字意思是「獻給以公正著稱而且撰寫過輝煌作品的人」。下面寫着較小的字：「獻給大西利瑪竇，北京少京兆黃吉士（Hoam Kie Sci）立」。

這座別墅離一座城門[1]約五分之三英里，位於一片曠敞的鄉間，正是宮裏的宦官選來作別墅或墓地的那種地方。房屋用磚建造得十分堅固，工藝精美，柱子照中國習慣都是木製的。他們不喜歡石柱，即使是建築皇宮或大臣的府邸。這處住所大約是三十年前建成的，可望再用很長的時期。不用詳細描述它的構造，從花了四萬枚金錠來修建它這一事實就可以對它的富麗堂皇有個概念了。這個數額在歐洲可能不算大，但在中國已足夠構成一份財富了。

這個地方很僻靜，非常之適合於隱退和學習。事實上，使他們獲得這項產業的大臣們所希望的正是這個目的，那就是，神父們可以有一個遠離城市嘈雜和擾攘的地方把歐洲的書籍譯成中文，這是很多人都盼望的。這種退隱到某個安靜的托斯庫倫（Tusculum）[2]區去從事研

1　按為北京阜成門。——中譯者注。

2　古羅馬拉丁區的一個城鎮。——中譯者注。

究的習慣，在中國要比在歐洲更普遍。

現在再回頭說一下利瑪竇神父的墓，中國人常常把他們死者的遺體放在家裏，密封在棺木中，有時候長達多年，直到他們建好或發現了一塊合適的墓地為止。棺木上塗着光亮的瀝青物質，使它絕對不透氣。盛放利瑪竇神父遺體的棺木自他死後已放了差不多一年，就在神父自用的小教堂聖壇的旁邊。當神父們和平地佔有這座別墅的時候，也把利瑪竇神父的遺體移了去，等待按照教會的規定準備墓地和建立教堂。移靈到別墅時並沒像中國人在這種場合通常舉行的盛大排場，那與其說適於喪禮，倒不如說適於凱旋的遊行。此外，這種場面也和傳教團的拮据很不相稱，還不必說是不符合宗教禮節的。

從傳教團中心向新住所移靈是在早上舉行的，有大批信徒隨行，舉着點燃的蜡燭，隊伍的前面是一個巨大的十字架，上面張着一個華蓋。棺柩放在與住宅中小教堂相鄰的一個房間裏，按照中國的方式，以便人們來向死者致以最後的敬意。

整個傳教團的監督龍華民神父在移靈後不久來到這裏，葬禮推延就是要等他到來。在他的指導之下他們設計出中國第一座基督教的墓地。在花園的一端用磚修建了一座六角形帶拱頂的小教堂。小教堂的每一邊伸延着半圓形的牆，圈出一塊地方作為教會成員的墓地。在這塊地的當中有四棵柏樹，這在中國人和別國人眼中一樣都是哀悼的標誌；它們的位置非常合適，使人想到它們是很早以前就種好來為將來的利瑪竇墳墓遮蔭的。挖出了一部分土，在穴中修建了一座大小合適的磚墓放置棺木。說來奇怪，好像是天意的安排，要葬在這裏的這位終生反對偶像的人也隨身把偶像一起帶到了他們最後的長眠之地。原來這座寺裏主要的偶像被打成粉碎，用以製作利瑪竇墓的磚結構的黏合劑。

在修墓的同時，他們也清除了原來寺中令人憎惡的東西，以便把它改造成一座供奉救世主基督的教堂。在主廳中有一座很大的磚石結構的神壇，頂上是很美麗的格子天花板。正如寺廟中的習慣，神壇是紅色的。私人住宅是嚴禁使用這種顏色的。在聖壇中部坐着一個面貌兇惡的泥魔，但從頭到腳都塗上金。中國人稱他為地藏（TiCam），據認為他管理世上，特別是主管財富。它是他們的普路托（Pluto）[1]，手執節杖，頭戴王冠，像是凡間的皇帝的樣子。在這座主像的兩側站着他的四名官員，也用同樣的材料製成。

在大廳兩邊有兩張寬敞的桌子，每一張上是陰間的五位統治者的塑像。桌子上面的牆上是這幾位統治者奇形怪樣的畫像，坐在他們各自的審判寶座上，把犯有由他們主持審判罪行的犯人判處到下界去。這幾位法官的前邊有很多惡鬼，有些面貌猙獰；而比以前描述過的更為可怕的卻是他們所用的刑具。他們都栩栩如生，就好像是這些惡鬼親自教人怎樣給自己畫像似的。那些可憐的受難者就受着這種陰曹施刑的殘酷折磨，使人一看就覺得害怕。有的人在鐵叉上被火烘烤，有的人在滾油中煎熬，有的被撕成碎片，有的被鋸成兩半，有的被瘋狗咬或被大錘砸，還有的則在各種酷刑之下扭動着。這五個統治者中的第一個專管發現各種罪行，據說他是從鏡子裏照出來被人認為是隱蔽起來的罪行的。然後，他把犯者分送到另一個專管這種罪惡的統治者的法堂去。這幾個法庭中有一個做出判決，犯了罪的人必須備受靈魂輪迴之苦。性情殘酷的人要變成老虎，好色的人變成豬，如此等等。罪過較小的人則不能享受較高的地位而貶去吃苦受窮。

畢達哥拉斯的靈魂轉生學說在中國全國傳播之廣泛是令人吃驚的。看來確實魔鬼是這樣樹立了哈得斯[2]的嚇人形像，以致於那實際上是在鼓勵犯罪而不是在防止犯罪；因為儘管懲罰表現得很可怕，但是人們被教導說他們可以很容易避免，如果他們誠心崇拜偶像的話；

1　普路托是希臘神話中的冥王。——中譯者注。

2　哈得斯是希臘神話中的冥王。——中譯者注。

這等於說，如果他們願意在已經犯下的罪上再添加最大的罪惡的話。牆上還畫着一個大天平，它的一個秤盤上有一個人背負着各種各樣的罪行，另一個秤盤上則是一部偶像崇拜者的祈禱書，這部書壓倒了全部罪惡的總和；它表明如果讀了這本書，不管犯了多大的罪，都可以免於因罪受罰。在地獄的中央畫着一條顏色可怕的受難河，裏面漂着很多犯人。河上跨有兩座橋，一座是金的，一座是銀的。特別虔敬崇拜偶像的人可以從橋上走過去，身上帶着他們供養的那個偶像的標記，前面由這個偶像手下的官員領路，率領他們穿過種種酷刑，毫無損害地進入青翠的田野和宜人的園林。

另一面牆上畫着地獄的景象，到處都是大火熊熊以及毒蛇和惡鬼。有一個偶像手下的官員正進入一座地獄的銅門，不顧所有惡鬼的反抗，把他的母親從火中救出來。這只是很多這類稀奇古怪的圖像之一。就是這樣，上帝使人知道懲罰而防止他們犯罪，並以一種恐怖感使他們不敢犯罪；但這些卻被魔鬼用來敗壞人的靈魂，因為人類的這個奸詐敵人利用同樣的這些懲罰來鼓勵犯罪。他擅自做出的以及允許他的官員做出的要比創造這些懲罰的公正的上帝所做的還多，他允許罪惡不受任何懲處，或者因為微不足道的原因就寬免懲處。正如這座寺裏所描畫着的，對於任何一種罪惡所列舉的每種刑罰旁邊都寫着一句話：「誰要是唸誦一個或另一個偶像的名字一千遍，就可以赦免這種刑罰。」魔鬼也用這種辦法誘人犯罪，他所教給人們避免刑罰的辦法是簡單易行的。

把原來寺中的偶像從神壇上搬下來之後，泥偶像卻被還原為泥土，木像則付之一炬。家裏的僕役對這種拆毀特別起勁，他們彼此競相在拆除之中賽過別人，因為他們受到能從偶像裏發現什麼有利可圖的東西這一希望所驅使。中國人通常在偶像的空肚子裏放上金屬章和半寶石，僕役們在砸爛神像時好像是在比賽中一樣，爭着去發現這些東西。原來的產主知道了消滅偶像這件事，但認識到沒有希望得回這項產業，因此決定不管。事實上，他們假裝關心這個地方作為供偶像的處所，只不過是為了奪回產業的一個藉口罷了，並不是意在保護這些塑像神祇。

神壇被拆除了，牆上的畫也被粉刷掉了。於是在新的聖壇上準備好一個地方放救世主基督的畫像，這是一位修士[1]從他來到這個新住所起就動手畫得很美的一幅畫。畫上基督坐在當中的一個輝煌的寶座上，天使在上面飛翔，下面使徒站在兩側聆聽他的教導。

這許多事都完成之後，神父們就確定以諸聖節為利瑪竇神父的安葬日並為教堂獻祭。節日的前夕，他們把基督像鑲在鍍金框中，在原來放偶像的地方放好，代替偶像崇拜的是對唯一真神的正當崇拜。在規定的那一天，所有信徒都來了，點燃蜡燭和香增加了莊嚴氣氛。首先舉行當日的彌撒，奏起了風琴和其他樂器，場面安排得儘可能隆重。彌撒完畢，把棺柩移進教堂，朗誦了《死者祭文》，然後又舉行喪禮彌撒，致了悼念詞。

在去墓地的行列裏走在前頭的是抬着棺材的最傑出的教徒，其餘的人跟在後面，一邊哭泣一邊禱告，莊嚴地排成一行送葬。到達墓地後，棺材放在六角形教堂的入口處，教堂裏面另掛一幅救世主基督的畫像。在墓前唸了祈禱，然後把棺材放入墓位。

所有在場的人都顯然十分哀傷，就像是悼念自己的父親逝世一樣。保祿博士尤其悲慟，他對神父們和對基督教的態度就好像他是生長在歐洲那樣地自然；而他對利瑪竇神父尤其誠摯。他是一位高官顯宦，但也悲傷流涕作為他友誼的最後傷感的表示，他禁不住拿起繩索幫助把他的朋友放入他的最後長眠之所。散去之前，教徒們沒有忘記按他們的習慣虔誠地向基督像和在墳前跪拜致敬，然後神父們感謝他

1　倪一誠。——中譯者注。

們光臨這次儀式，他們隨後就離開了。在這以後的幾天內，傳教團有很多異教朋友也都聚集起來到這裏向死者表示敬意，人數確實太多，以致有必要抽一名神父專門負責接待他們。

除了公眾教堂和喪禮教堂以外，神父們又建立了另一個聖壇專奉聖母，作為一種莊嚴的還願。他們在剛開始交涉談判時，就許過願要建立一個專供聖母的聖壇，為的是好懇求她的幫助和庇護。看起來沒有天上的指引此事真是無法完成，因為在那段時間自從他們許了願之後，所有主要的成功都是在聖母的某一個節日實現的。還了這個願以後，他們在那所建築的大門的門額上刻上兩個中文大字：「欽賜」，這個頭銜中國人是非常尊敬的，事實上要比歐洲人更加尊敬。

整個這裏所發生的一切被逐漸傳開，很多人都想要看看這個地方。凡是來過的人對於所見到的景象都十分高興，他們看到這裏崇奉上帝，由於受到基督像的啟發以及和神父們的談話而開闊了認識，他們就帶着對造物主的一種新觀念離去。我們到這裏就結束了傳教團編年史中全部重要插曲的故事，深切希望以後在傳播基督教方面還會有更大的發展。

雖然神父們盼望皇上批准他們自由傳播福音的事還沒有實現，但是他們的地位是很容易為任何人了解的，只要他明白這個不幸的民族還戴着很多枷鎖，生活在人類公敵的暴政之下。他還將認識到，最近的這次收穫已經取得了某種重要的成就，這個成就或許比此前三十年漫長而艱難的奮鬥所做的任何事情都更重要。由於對傳教團創建人所表示的敬意，這就確實是不僅肯定了整個傳教事業，而且由皇上和大臣們這方面認可這個新居的用途以及新居內基督教的工作，也差不多等於他們贊同了基督教的律法。

誰聽到中國皇帝賜給窮苦的外國人一個家園和墓地，會不感到驚奇呢？這種特權以前從未賞給過外國人，也很少給予政績卓著的最高級大臣。就是這幾個外國人拆除了異教偶像及其神壇，不僅是在京城的眼皮底下，而且是在全國的眾目睽睽之下，在朝廷和皇太后本人都了解的情況下，經過高級部門和整個閣部的贊同，然後把偶像換成了救世主基督和聖母的畫像；有誰聽了這些會不覺得奇怪呢？更令人驚異不止的是，他們在自己的神壇上應皇上本人的要求為皇帝祈福，而且出於他本人的意思在神壇上還刻上了他的名字。

最後，十分明顯的是全部的這一歷史都是在天意的指引之下寫成的，正如本書所表明的，竟彷彿那麼多的奇跡都被敘述在一個大奇跡中。不僅了解這個國家心理的傳教團神父，而且就是他們的信徒、朋友、異教徒甚至於敵人，都很容易認識到這一點。只要想一想那些大臣們是怎樣頂住了自己的同僚和人民，不要任何酬勞，也一點不想到報答，而且不等到神父安全擁有賜給他們的產業決不罷休；那麼就一定會得出結論說：所有這一切得以實現，不僅是由於人的努力，而且也是統治着人心和萬物的上帝由於表達他的意願而給了幫助的緣故。

我們也不應該忘記，整個這次遠征的創始人和主動人利瑪竇神父，是在這個國家之內找到了長眠之地的第一個人，而且也為他的同伴們獲得了同樣的東西。以前在這塊勞動土地上死去的人都是葬在澳門神學院的公墓裏，那雖然在這個國家的境域之內，卻是在一個沿海的島上。因此，那些現在仍在這個葡萄園裏勞動的人，包括本文作者在內，不僅將在這裏獻生，而且也將在這裏葬身，作為對這裏的人民以及對全世界其他人民的一個見證。

《利瑪竇中國札記》法文第一版，1616 年

法文版序言 *

除了那些中國史專家之外，對目前這部新版的法文本著作熟悉的人是很少的。然而，正如加萊格爾在本書英譯本序言中所指出的那樣：「除了對漢學家和中國史的研究者而外，金尼閣的書比較不大為人所知，然而它對歐洲的文學和科學、哲學和宗教等生活方面的影響，可能超過任何其他十七世紀的歷史著述。它把孔夫子介紹給歐洲，把哥白尼和歐幾里得介紹給中國。它開啟了一個新世界，顯示了一個新的民族，而且把一個有問題的成員介紹到國際大家庭裏來，而在相識了三百年之後，它仍然存在着問題。這部著作總的主題是十六世紀耶穌會士對中國的發現。」[1]

本書作者利瑪竇（1552—1610）是意大利人，本人為耶穌會士。耶穌會是聖．依納爵．羅耀拉於 1540 年創建的一個宗教團體。在利瑪竇進入該會的 1571 年間，這一新團體就以佈教的創新精神而享有盛譽。耶穌會士們都以他們在新世界裏從事科學工作和長途旅行而聞名。利瑪竇在前輩們榜樣的鼓舞下，也在這兩個領域施展才幹。他在聽了羅馬學院著名數學教授克拉維烏斯（1538—1612 年）[2] 的授課之後，

---

* 本書 1978 年的法文版譯者為貝西爾（G. Bessiere），它與 1953 年的英文版內容頗有出入，本序言僅據法文本譯出。——中譯者注。

1 見耶穌會士加萊格爾：《十六世紀的中國，利瑪竇札記，1583 — 1610 年》，Random House 版，1953 年，紐約，第 XIX 頁。我們在下文將簡稱為札記。

2 即丁先生。——中譯者注。

就要求派往遠東。他於 1577 年前往葡萄牙，在有名的高因盤利大學攻讀了一年。此後，便乘船前往印度，於 1578 年 9 月 13 日抵達果阿。1582 年 4 月，利瑪竇又奉命前往中國。他在印度逗留期間，被任命為教士。

由於中國人口眾多，她成為最熱心的傳教士們理想的地方。然而，在明代（1368—1644 年），中國是對外國人封閉的。聖·依納爵的首批教友之一聖·方濟各·沙勿略於 1552 年歿於上川島，他所覬覦的傳教地已經在望。當利瑪竇進入舞台的時候，中國始終未變更她的政策，但耶穌會傳教士們的策略則已在很大程度上改弦更張。他們制訂了一種傳播福音的新方法，即強調要適應各民族的風俗習慣。羅明堅（1543—1607 年）和利瑪竇先後受命進行這種試驗。然而，羅明堅於 1588 年 11 月返回意大利，這就把創建中國耶穌傳教團的重任和榮譽留給了他的青年同胞利瑪竇。

利瑪竇於 1582 年 8 月抵達澳門，這個小小的半島位於中國東海岸。他一到達就立即學習漢語。次年，羅明堅和利瑪竇獲許在肇慶居住，肇慶當時是廣東省的首府。羅明堅走後，利瑪竇於 1589 年從肇慶遷居韶州，並在那裏成了儒生瞿太素的好友。瞿太素發現利瑪竇身着僧服，便建議他最好還是穿儒服。利瑪竇於 1593 年離開廣東後，馬上就採納了這一建議。

利瑪竇打算前往中華帝國的首都北京。然而，這一嘗試並沒有立即獲得成功。當他抵達南都南京時，就被迫離去，因為中日之間在朝鮮爆發的爭端使所有的外國人都成了可疑分子。他只好暫避到現今江西省的南昌。1559 年他重返南京，最後於 1601 年元月抵達北京。利瑪竇進京時，由他的西班牙籍青年會友龐迪我（1571—1618 年）陪同。利瑪竇從此之後再也沒有離開北京，1610 年卒於北京。

正如原著標題《基督教遠征中國史》所指出的那樣，利瑪竇的著作原來是作為創建中國耶穌會傳教團的真實可靠的彙報而構思的。這就是何以全部故事情節都圍繞着耶穌會的五個「駐地」，即肇慶、韶州、南昌、南京和北京。正如我們可以看到的那樣，即使在本版本中，全部著作也由五卷所組成，第 1 卷是一篇序論，概述了有關中國和中國人的情況。第 2 卷是談肇慶駐地的。文中包括 1583 年 9 月至 1589 年 8 月之間所發生的事，當時是羅明堅主持教務。本卷同樣也提到了先前的方濟各會士、多明我會士和耶穌會士們企圖歸化中國的嘗試。文中還明確提到了方濟各．沙勿略和范禮安（1539－1601 年）。范禮安先後於 1573－1583 年間、1587－1595 年間在東印度行使耶穌會傳教團視察員的職責，1595－1606 年又在中國和日本任視察員。在中國的新式傳教方法就是由他負責制訂的。第 3 卷又分成兩部分：一部分是關於 1589 年 8 月到 1595 年 4 月間韶州駐地的，另一部分是關於 1595 年 6 月至 1598 年 6 月間南昌駐地的。第 4 卷同樣也包括兩部分：其一是關於南京駐地的，另一是關於北京駐地的。這兩部分各自敘述了 1597 年 7 月到 1600 年 5 月和 1601 年 6 月到 1602 年 9 月間的情況。在這四卷中，所有故事中的主要人物始終是利瑪竇。第 5 卷的時間包括從 1603 年 2 月到 1611 年 11 月，文中不但包括當時在中國所建立的各耶穌會駐地傳教活動的報告，同樣還包括對利瑪竇逝世及身後榮哀的描述。

儘管此書原來是用意大利文撰寫，但五卷本的《基督教遠征中國史》最早卻是以拉丁文發表的。拉丁文的第一版於 1615 年在奧格斯堡出版，書題名為《耶穌會士利瑪竇神父的基督教遠征中國史，同會神父比利時人金尼閣註釋五卷》，這就是整部著作的基礎。現在完全可以肯定，金尼閣的拉丁文本獲得了極大成功。這一版本的意大利文譯文刊行於 1622 年，而利瑪竇用意大利文所寫的回憶錄原稿卻直到 1913 年才由汾屠立發表，書名為《利瑪竇神父的歷史著作》[1]；對這

1　見汾屠立：《利瑪竇神父的歷史著作》，喬爾捷提（Giorgetti）版，1913 年，馬撒拉塔。我們下文將簡稱為「汾本」。

些回憶錄的考訂和加有大量註釋的兩卷本《利瑪竇全集》分別於 1942 年和 1949 年由德禮賢修訂出版[1]。

如同先前 1616 年、1617 年以及 1618 年的各版一樣，目前這個法文本主要也是以金尼閣的拉丁文本為基礎的[2]。因此，如果讀者可能有興趣了解一下這一文本與意大利原文本之間所存在的關係，同樣肯定也願意更多地理解這部歷史著作的真實意義。我們將在下文中努力滿足讀者的這一願望，首先解釋利瑪竇回憶錄的拉丁文本與意大利原文本之間的關係，然後再解釋利瑪竇個人對於中國皈依的看法，最後是利瑪竇傳教冒險的真實意義。

一、《基督教遠征中國史》的拉丁文本及原意大利文本

《基督教遠征中國史》的拉丁文本是由比利時籍耶穌會士金尼閣（1577—1628 年）[3] 刊佈的。1610 年，金尼閣參加了中國傳教團。1613 年，他被派回歐洲去保衛傳教團在基督教各國的利益。在回國的途中，他開始翻譯利瑪竇的回憶錄。在譯文的序言中，他以這樣的話闡述了自己從事這項工作時的背景：

> 儘管海上旅程漫長，天氣晴朗，大海安詳，翻譯工作卻仍然不是一件容易的事；而且我深感我所努力完成的這件事需要有比在一羣吵鬧水手中所常有的更多的閒暇和安寧。然而不管這些，我相信我會在旅途終結之前把書弄完，假如我能繼續正常地在海上航行的話。但相反的，有着很充分的原因，我從印度航海到波

1　見德禮賢：《利瑪竇神父所著基督教遠征中國史》，斯塔托（Stato）出版社，1942—1949 年，羅馬版。

2　參閱謝和耐（Jacqnes Gernet）：《論利瑪竇在中國的皈化政策》，載《宗教社會科學檔案》第 36 卷（1973 年），第 71-89 頁，特別請參閱第 72 頁注 2。

3　見拉瑪爾（Edmond Lamalle）：《金尼閣神父為中國傳教團所作的宣傳》，載《耶穌會歷史檔案》第 9 卷（1940 年），第 49-120 頁。

> 斯灣，然後卻走了陸路，穿越波斯、阿拉伯沙漠和土耳其一部分，最後到達赫里奧波力斯（在開羅附近）。從這裏，我渡過地中海，抵達塞浦路斯、克里特、贊特，最後在上帝的指引下到了奧特朗多。在旅程的後半部，我只是偶爾寫作並不斷受到干擾，直到抵達羅馬為止；在羅馬，我設法在晚上從其他事務中抽出幾個小時。[1]

在同一篇序言中，金尼閣還忠實地描述了利瑪竇的原手稿，並且仔細地指出了他在原文中所加入的補充。他宣稱：

> 他由耶穌會的官方視察員參加中國教團，經過幾乎三十年的工作和成功地管理了中國教團之後，他認識到自己的日子已臨尾聲，便着手以按順序的敘述方式記錄了這次傳教的始末，以便給未來撰寫教會編年史的作家們提供資料。[2]

稍後不遠，金尼閣又解釋說，他補充了利瑪竇留下來尚未完成的各個部分，增加了某些內容或者是發揮了某些故事的敘述，那是利瑪竇神父出於謙虛而故意完全避而不談或僅僅是一觸而過。

原文中所附的如下一條註釋可以證明，由中國攜來的原手稿包含有一篇更明白的解說：

> 我，耶穌會士金尼閣，是同會中國傳教團的司庫。我證實正是在有關耶穌會和其他基督教事物傳入這些地方的問題上，全部回憶錄均出自利瑪竇神父的親筆，憑他良好的記憶寫出。它是

1　見札記第 XIII 和 XIV 頁。

2　見札記第 XI 頁。

我從中華帝國隨身攜往羅馬的，為的是好從這些稿子及其他稿子中窺見利瑪竇逝世前這一傳教團的歷史。上帝保佑，這就是我所做的一切。但這一證明完全是根據我對意大利文本的理解而作出的；事實上，人們將會發現以葡萄牙文和拉丁文增補的地方都是由我撰寫的，是我從每年的書信的真跡中蒐集和提取出來的，為的是完成由那位善良的神父已經開始但尚未完善的這部著作。根據這一信念，我親手編寫並簽署了這一條證明。

1615 年 2 月 26 日於羅馬。金尼閣。[1]

根據我們剛才所舉出的資料，德禮賢神父沒有很大困難就識別出了金尼閣對利瑪竇原稿所作的增補。利瑪竇原稿中留下的空白處所塞滿的補充主要包括：利瑪竇前往北京之後的韶州傳教團史（第 4 卷，第 17 和 18 章）、有關南京基督教發展的報告（第 5 卷，第 18 章）、郭居靜神父在上海的傳教活動（第 5 卷，第 19 章）、韶州傳教團所發生的事情（第 5 卷，第 20 章），當然，還有關於利瑪竇逝世及其死後榮哀的記述（第 5 卷，第 21 和 22 章）。

在由金尼閣所增補的這七章中，最後兩章原來是用拉丁文寫的。它都是摘自 1610 年中國傳教團的年度信件，金尼閣本人就是這封信的作者。但德禮賢神父指出，這些特別段落的內容都是由意大利籍耶穌會士熊三拔（1575—1620 年）所寫的；利瑪竇死後，熊三拔就成為北京耶穌會駐地的監督。另外五章均以葡萄牙文撰寫，都是其他傳教中心的報告。德禮賢神父於此強調指出：「金尼閣只是滿足於把由韶州、南京和上海寄來的報告插入文中而已。」[2]

至於拉丁文譯本的長處，批評者的評價並不一致。德禮賢神父指

1　見《利瑪竇全集》第 1 卷，第 CLXXIV 頁。

2　《利瑪竇全集》第 1 卷，第 CLXXVI 頁。

出：「它時而確切，時而並不確切。」[1] 法國漢學家謝和耐宣稱它「經常是不忠實的」[2]。但最詳盡的還是魯爾（Paul Rule）的見解，他尚未出版的博士論文《孔子或孔夫子，耶穌會士對儒教的解釋》，在法國已產生了良好的反響。[3] 魯爾以原稿和金尼閣文本進行了比較，他發現除了上文所提到的重要增補之外，還有「許多細小的補充和修改」。但他特別指出：「有些是合法的編輯方面的修改，如文字修飾、詮釋、潤色和結論。它們常常與利瑪竇的筆調和風格是格格不入的，但並沒有歪曲他的觀點。其他地方則應該從金尼閣返歐訪問的目的這一角度加以考察，他的身份是這一傳教團的司庫，即作為代表為中國傳教團謀求財政援助的。這些部分都是非常鼓舞人心的和有建設性的。至於其他部分則在各方面都難以自圓其說，我們可以說它們系統地歪曲了利瑪竇的思想。」

魯爾引證了系統歪曲的幾個例子：一處出現在第 1 卷，第 9 章中，它是論述明朝的古老社會的弊病的。利瑪竇小心翼翼用諒解的詞句提出自己的論證。他要求讀者們對中國人要採取寬恕的態度，因為他們一千多年以來都墜入異教徒的愚昧之中，從未「欣賞過基督教的一絲光明」。金尼閣忠實地翻譯了這一告誡。然而稍後，他卻拋開了利瑪竇溫和但又堅定的方式，自己表現得極端熱衷於抨擊中國人的各種迷信，而在描寫中國人的「道德墮落」方面卻又有意表現得謹慎。所以，他在譴責中國人的算卦者及其同行們的活動時，走得要比利瑪竇更遠，用了一些諸如「這些騙子」「這一普遍的災難」「這一可惡的階級」等術語，進一步加強了利瑪竇所說的「questa pesta」（「這一瘟

1 同上書，第 3 卷，第 277 頁。

2 見謝和耐前引文，第 71 頁注 2。

3 參閱聖索利厄（Jean Sainsaulieu）：〈耶穌會士的儒教〉，載《國際漢學討論會論文集，17－18 世紀法國的北京傳教團》（《啟蒙時代的中國》叢書，第 2 輯），由尚蒂伊（Chartilly）跨學科研究中心編輯，1975 年，巴黎版，第 41-57 頁。

疫」），並給一個簡單的名詞增加了一個侮辱性的形容詞［原文中為「nou solo homène me auco donne」（「不但有男人，而且還有女人」），他誇大為「稟性不可靠的」］。另一方面，他又略去了所有關於多妻制、賣淫、雞奸和同性戀的段落[1]，從而沖淡了利瑪竇對中國人道德所總結的批評，這或許是出於建設性的羞恥心。我們在第 1 卷第 5 章中還發現了另一個例子，這一章主要是談文人階級的，同樣也論及孔夫子。意大利文原稿對儒教崇拜作了簡明的敘述，它的構思如下：

> 然而，根據一條古老的法則，在文人薈萃的各大城市中，都建有一座莊嚴的孔廟以供他的塑像，寫着他的姓名和尊號；在每次朔望以及一年四次，文人們都要向他奉獻一次祭祀，點燃香燭並供一隻已宰殺的牲畜，儘管他們不承認他有任何神性，也絲毫無求於他。所以，這種禮節不能稱之為真正的祭祀。[2]

然而，在拉丁文本中卻沒有這一段，這一段話正式否認孔夫子曾在宗教儀禮中是以任何方式被當作神明來崇拜的。[3]

以上就是兩個典型例證。他所做的明顯改動確實是「在各個方面都不能自圓其說」。這必須歸咎於譯者之過份熱心地捍衛利瑪竇而反對他的許多誹謗者。

事實上，早在利瑪竇的生命臨終時，他領導中國傳教團的方式就已經成為中外聚訟紛紜的對象。人們提出了兩種反對意見。在實踐方面，人們指責利瑪竇過份關注發展與儒家傑出人物的關係，而不是佈教事業的進展；在理論方面，他對儒教的積極評價也受到了非議。有

---

1 見札記第 82-92 頁，《利瑪竇全集》第 1 卷，注 136。

2 《利瑪竇全集》第 1 卷，注 55。

3 札記第 30 頁。

人提出，這樣作則會冒有損於基督教教義純潔性的危險，而更明確的宗教方法才可以使傳教士們直接向人民大眾傳播福音並突出基督教的特點。龍華民（1565—1655 年）繼利瑪竇任中國耶穌會監督的職務，他也持這後一種觀點。因此，在利瑪竇死後，當新監督主持傳教團工作時，又立即開始了那場曠日持久的爭執。

金尼閣有關這場內部爭端的立場以及他捍衛利瑪竇事業的熱忱，在由他所執筆的一封中國傳教團的年信中是顯而易見的。這封信註明的時間為 1610 年[1]。信一開頭就回顧了中國傳教團的簡史，將其發展明確地劃分為兩個階段。在第一個階段，中國的耶穌會士們穿着僧服。金尼閣指出，在這一時期，「他們僅僅是很少或根本不注重推動基督教的進展」，因為中國人對他們抱有奇特的看法，「例如在許多年間，一直把他們當作是煉丹術的專家或掌握着延年益壽祕訣的人，而中國人對這兩件事的關注已經達到了荒謬的程度」；第二個階段始於 1595 年，這時利瑪竇採用了儒生裝束。金尼閣注意到，「從此之後，一切都開始發展，幾乎到了繁花盛開的地步」。然而，他也承認第一階段的必要性，因為他補充說：「這一切並不是不經過神明允諾的，事實上沒有其他辦法能使我們站穩腳跟以等待被人理解。」

為了證明他對歷史的解釋，金尼閣援引了以下的故事，它是由利瑪竇的一位老教友所述說的：

> 在這開始的時期，利瑪竇神父被看作是一位外國祭司，他必須忍受通常來自各方面對這類備受歧視的人所施加的壓力。至今尚活在人世的一位教友，在回答別人詢問這一問題時說道，他幾

1 金尼閣：《耶穌會自中國致阿瓜維瓦的信件，1610—1611 年》，Petrus 與 Joannes Belleri 版，安維爾，1613 年。《羅馬藏日本——中國耶穌會檔案》，第 117 期，第 1 頁中的信件及手稿。

> 乎沒有希望推動基督教的進展了，但仍滿懷信心地鼓足勇氣。我們的修士們不久就會和被稱為儒生的最高級官員們坐在一起了。這似乎是難以置信和自相矛盾的；然而，不僅在他生前是這樣，而且在他死後，更加是這樣。[1]

試想虔信的閱讀者是怎樣以抗議來對待這種講敘的吧。他會驚呼：「我們希望的是成千上萬的新信徒。」金尼閣回答說：「大家都希望如此，我們完全可以設想，這些人是在無數的危難之中獻身於這項事業的，並且遠離自己的親人，而在親人中間是可以享受榮譽的。」後來在平心靜氣之後，他又解釋為什麼利瑪竇關心的倒不是羣眾的皈依，而是博得善良的儒士們的好意：

> 但是，我要求所有的人都能理解，應該把中國傳教團和其他傳教團區別開來判斷。這裏的要點是，中國人認識到我們絲毫不搞什麼革命性的東西，也不指望任何物質利益，只是前來傳佈唯一聖教，那和帝國的利益絲毫沒有牴觸；一旦確定了這一點之後，辛勤孕育的嬰兒就一朝誕生了。這就是為什麼在不拋棄任何人的同時，我們有意避免追求數字，然而在短短幾年之內，他們卻達到了五千之眾。我們害怕羣眾的聚集，以免在一夜之間使多年的成果喪失殆盡。我們採用的辦法就是使自己依靠官員正有如依靠上帝一樣，為的是以後——用他們自己的說法——人民也追隨他們的榜樣。這就是何以我們深信，這裏的基督教將會隨着聖教及其使者們之獲得信任而取得進展，又將會隨着不合時宜的熱情使得人數膨脹而倒退。[2]

1　同上書，第 16 頁。

2　同上書，第 16-17 頁。在同一時代，日本有三十萬名基督徒。

在撰寫上引的年度彙報信的時候，金尼閣僅僅回答了利瑪竇的批評者所提出的兩大異議之一。只是到了翻譯利瑪竇的回憶錄時，他才有機會論及另一異議，即有關儒教的優點問題，特別是在第 2 卷第 4 章（拉丁文版第 5 章）中，其中記述了耶穌會士在肇慶駐地的傳教活動。這一章中包括有關於皈化方法的一段。原文如下：

> 用這種更多是以著作而不是以語言來講話的方式，我們教法的芬芳就會擴展到整個中國。即使有很多人僅僅是出於觀賞新鮮事物的好奇心而來的，然而總會因此對他們中某些人的歸化有所助益，正如他們聆聽神父們的佈講一樣，無論是通過譯人的媒介，還是神父們本人掌握了漢語知識。他們所聽到別人向他們講述的有關基督教國家中的良好習俗，有關偶像崇拜教派的虛偽，有關上帝教法與自然的光明以及與他們最早的聖者在他們的書籍中所教誨的事物的一致性。[1]

最後幾行論基督教教法與中國古代聖人的理性和教誨的一致性，是特別妥貼的。金尼閣利用它們的意義作了如下的發揮：

> 神父們繼續向他們指明，我們的教法和人類天生本性的光明是協調一致的。在偶像的虛妄傳入之前，中國最古老的博士們在多少個世紀中，一直在他們的著作裏通過這種光明宣揚他們的律法。傳教士們並沒有廢棄這一律法，而是通過補充其中所缺少的東西使之完善；他們學到這一點是由於超自然的光明的照耀和已經成為人的上帝本身的教誨。這一切都多少是以讚許而不是以成就來說的，因為中國人的驕傲還沒有降低到似乎可以接受他們的

1 《利瑪竇全集》，第 1 卷，注 250。

任何同胞所從未信仰過的外來宗教的地步。[1]

金尼閣在另一個地方也肯定了同樣的解釋。他在翻譯了利瑪竇在中文本教義問答中引用儒教文獻的一段話後，又補充了有關中國著名歸信者徐光啟（1562—1633 年）博士的以下一段軼事：

> 在問到基督教法的主要內容是什麼的時候，徐光啟博士就非常確切地用了四個字來概括：「驅佛補儒」，也就是說，「它驅除［佛教的］偶像並補足儒生的教法。」[2]

利瑪竇關於在中文本教義問答中使用儒家文獻的一段話，實際上包括兩種意見：其一是關於儒家文獻的運用，其二是這種運用所包含的宗教經典的解釋原則。意大利文本原文如下：

> 把儒士派的大多數吸引到我們的觀點方面來具有很大的好處，他們擁護孔夫子，所以可以對孔夫子著作中所遺留下的這種或那種不肯定的東西作出有利於我們的解釋。這樣一來，我們的人就可以博得儒士們的極大好感，而他們是不崇拜偶像的。[3]

金尼閣根據他對儒教的理解發揮了第一點，但他沒有領會第二點的意義。正如我們將在下面一段引文中所看到的那樣，他對相應詞句的翻譯確實是背離了原義：

> 在本書中，甚至在引證中國人的古籍方面也沒有錯誤，它

1　札記，第 156 頁。
2　同上書，第 448 頁。
3　《利瑪竇全集》，第 2 卷，注 709。

> 們可以為我們的意圖服務。整個這一工作由校讀者不僅進行過修飾而且還加以證實，校讀者自願相信原作者的觀點。在這一卷中也如此，中國人中間所流傳的各教派都是混亂不堪的，只有起源於自然法則和儒教的君主們所徑直公認的那一教派除外。正是這一教派人們稱之為儒士，因為正如古人所描述的那樣，人們發現這一派人很少有什麼是人們有理由應該加以駁斥的。一個嚴肅而絕口不談自己認為沒有很好理解的東西的人是很少有可能犯錯誤的。因此，我們的神父們就要把這一派的權威引為己用，只講自孔夫子之後所應該增補的東西，因為他生活在救世主耶穌基督降臨之前的五百多年。[1]

所以，在捍衛利瑪竇而反對他的批評者的時候，金尼閣便求助於當時已經定形的一種神學傳統。當時的神學家們確信猶太基督教是絕對唯一的真宗教。因此，所有其他的宗教都必然是偽宗教，有礙於永恆得救。另一方面，同樣這些神學家也承認自然法則的普遍性，承認它在得救結構中心不可少的作用。金尼閣正是求助於這種神學來捍衛利瑪竇對待佛教和儒教的態度的。

利瑪竇批駁了佛教，認為它是一種偽宗教，使人背離得救的道路；同時他卻賞識儒教的積極價值，但不把儒家看成是一種宗教，而是一種建立在自然法則基礎上的哲學。當金尼閣翻譯利瑪竇日記時，同一種邏輯仍在起作用。既然按照同樣的神學，中國宗教肯定是一種迷信，而中國人的道德卻並不一定是一種墮落；所以金尼閣認為利瑪竇對待後者可能是寬恕的，儘管他不能寬恕前者。這樣一來，他有時候就歪曲了原文的意義，變得「非常熱衷於揭露中國人

1　札記，第448頁。

所有的迷信，而在描述中國人的道德墮落方面則故意支吾其辭」。[1]

本書過去曾反覆修訂的法文舊版本，都是以金尼閣的拉丁文譯本為基礎的。由於上面所提到的改動，假如讀者閱讀一下利瑪竇意大利的原本的話，讀者們從這部著作中可能吸取的有關在中國傳播福音的看法和它本來的看法便有所不同了。指出這一事實是非常重要的；但同樣重要的是不應該忽視金尼閣文本中所特有的而為利瑪竇原文中所缺乏的某些特點。首先應該指出，在翻譯和刊行利瑪竇札記時，金尼閣明顯地改進了原稿的文字質量。事實上，利瑪竇只是從 1608 年才開始寫他的日記，也就是說在他離開意大利三十年之後，因而他已經長時期不再使用自己本國的語言了。他本人曾多次向他的上級吐露過他這種窘境。例如，他曾於 1595 年寫道：「至於意大利文，我再沒有勇氣使用它了。由於已不習慣，它對於我似乎比我現在使用的本地蠻語（漢語）還要陌生。」[2] 至於這段話是魯爾說的。

金尼閣，他被人認為是一位優秀的拉丁語學家，如果利瑪竇札記在文學上是成功的話，那主要地應歸功於他。

另外，金尼閣還確切解釋了在中國的耶穌會士們採用新傳教方法所產生的神學問題。這種新方法最初是由范禮安（1539－1606 年）所規定的，他被耶穌會會長任命為整個印度傳教團的正式視察員，並以此名義也同樣地負責中國傳教團。但是范禮安起初所設想的新方法，主要在於學習漢語和適應中國的民族習俗。適應於宗教的問題，卻沒有被考慮到。然而，利瑪竇在實施他的上級所規定的新戰略時，他卻超出了後者所預料的界限。他不僅穿起了儒生的服裝，而且在與教會的教導相符合的範圍內也接受了儒家的教義。作為一位務實的教士，他並不為以大膽的首創精神進行神學辯護而感到不安。與歐洲神學界

1　這段話是魯爾說的。

2　汾本，第 1 卷，第 166 頁。

聯繫較多的還是金尼閣，他列舉了各種可能的誤會，並對它們提供了一種辯護形式。他還通報了著名的中國儀禮之多，因而導致了中國耶穌會士傳教措施的全面修正。

因此，一方面是由於它的文字質量和它在中國基督教傳教發展中所起的作用，另一方面是由於西方的近代文明，即使在利瑪竇的意大利原本已經發表的今天，作為這部法譯本基礎的金尼閣拉丁譯文本仍不失其價值。

這樣，儘管對原稿作了更改，但這部著作仍值得特殊注意。我們現在既已明確了這些問題，所以就來闡述利瑪竇歸化中國的思想。

二、利瑪竇關於歸化中國的觀點

金尼閣於 1610 年末抵達中國，亦即在利瑪竇逝世之後六個多月。因此，他僅僅是以間接的方式了解利瑪竇其人的，一方面是通過他所翻譯的札記，另一方面是利用他同在中國所遇見的耶穌會士們的會晤，而其中大部分人都是利瑪竇熱心的崇拜者。也有些人對他領導傳教團的方式持保留態度。然而，在像利瑪竇那樣曾着過僧人裝束的早期教友中，沒有人活得比他更長。而那些留下來的人都僅只是在他離開廣東省並採取了儒生的生活方式之後才和他共事的。所以，金尼閣所參閱的資料來源，完全都是中國耶穌會傳教團建立的第二階段的事跡。這一事實解釋了他在闡述利瑪竇有關歸化中國的思想中所存在的脱節處。

另外，利瑪竇本人的沉默同樣也要對這些脱節負責。札記在原文中僅僅記載了一系列發生在中國耶穌會士們身上的事件以及他們歷年來所採取的各項決定。他還不時地指出這些決定所取得的良好結果。所以，他提到了范禮安對澳門的首次視察以及他所做的關於培養未來中國傳教士的指示；他還談到羅明堅為在廣東省內找到一個駐地的種種努力。文中詳細描述了由於他們的努力而取得成果的背景：1583 年

9 月 10 日，羅明堅和利瑪竇來到了當時廣東省的首府肇慶。這兩位身着僧裝的傳教士被引見地方官，並受命下跪參拜。他們通過舌人的翻譯向這位地方官説明自己的願望如下：

> 我們屬於一個隻崇拜天主為唯一真神的宗教團體。我們來自西方最遙遠的一角，需要三四年才能抵達中國，我們是為她的榮耀和名聲所吸引來的。

他們當時解釋説自己希望獲准修建一所小小的房舍安身和一座小教堂以舉行自己的宗教儀式，而且要遠離商人們喧囂的交易場和俗人們的娛樂地帶，因為在澳門，這些地方為他們製造了許多麻煩。他們打算修造一個駐地並在那裏以終餘年。他們十分謙卑地懇請他不要拒絕他們的祈求，並保證，如果他給予他們這一恩典，他們將永遠對他感恩圖報。此外，他們還答應嚴守法律，不給任何人增加負擔。[1]

那位官員的答覆是積極的。傳教士們獲得了靠西江西郊的一塊土地，緊靠一座被當地人稱為「花塔」的塔下，它的字面的意義就是像花一樣的塔。他們所修造的房屋每側由兩間組成，中間是一個敞開的大廳，作為禮拜堂用，正中祭壇的上面掛一幅畫，是懷抱嬰兒耶穌的聖母像。本城的知府為他們送來了兩塊匾，一塊掛在禮拜堂的進口處，另一塊則在內部。第一塊匾上刻有「仙花寺」，另一塊上有「西來淨土」。利瑪竇這樣記載了他們佈道伊始所取得的令人鼓舞的效果：

> 許多人也開始獻香以供熏香祭壇，向神父們佈施，供給食物和燈油，燈油是為在祭壇前點燈用的。為教堂的土地而向官員們

1 《利瑪竇全集》，第 1 卷，第 180-183 頁。

> 請求一筆地租，那會是輕而易舉的，但神父們覺得最好還是不接受這種地租，以免受官員們的支配，就像他們的偶像祭司的處境那樣。他們在中國獲得了不追求私人利益的聲譽。這樣一來，所有的官吏們都願意與他們聯繫，深信神父們絲毫無所求於他們，正如通常所有那些向神父們請教的人一樣。[1]

在同一部札記中，利瑪竇同樣還解釋了他採取儒生生活方式的決定。他特別指出，這一決定曾得到范禮安的贊同，後者「負責就此問題向耶穌會會長和教皇彙報」，這是由於他受到了要讓傳教士們獲得傳播福音書的必要權威那種願望的鼓舞。他在下文又提到了新措施所取得的可喜成果：

> 這樣，韶州的神父們便逐漸開始執行他們的全部計劃，這就使我們的朋友們更加滿意了。他們發現可以用比對他們的僧侶們更高尚得多的禮節來和我們的人相交談。事實上，即使是鑒於神父們與偶像祭司們雙方之間在德行上的巨大差異，所有的神父從一開始就一直受到尊重，從而與他們的偶像祭司們所受的不同。然而低層民眾卻很少在我們的神父和他們的僧侶之間加以區別，而上層人物又不能使自己越出使我們的神父僅限於借用他們的名字、服裝和生活規矩的限度之外。
>
> 神父們前往參加官吏們的接見會時，也總使用屬於秀才和儒生們的禮節，這顯然比僧侶們的禮節更具有莊重性的標誌，而官吏們也以他們對秀才的同樣方式向他們答禮。[2]

1 《利瑪竇全集》，第1卷，注234。

2 《利瑪竇全集》，第1卷，注430。有關秀才的問題，參閱第XXVⅡ頁，是中國文人階層的一個等級，相當於我們的學士等級。

然而，儘管利瑪竇詳細地指出了中國耶穌會士們採用僧服和採用儒生生活方式所分別帶來的好處；但在札記的任何地方，他都沒有試圖歸納出一種使中國福音化的理論。甚至在他札記的第 1 卷中，他論述了中國各種不同的教派，因而也就論及佛教和儒教；但他也只限於報導事實，並沒有提出任何有關他們在天主使中國人的得救的計劃中的各自地位的問題。這就是何以金尼閣譯為拉丁文的這部札記本身並不構成為一種有關利瑪竇歸化中國思想的充分史料。還必需探索其他的史料，但金尼閣顯然沒有時間從事這一工作。

感謝德禮賢在其出版的利瑪竇札記意大利原文本中所蒐集的豐富的文獻和魯爾在博士論文中對同一批文獻所作的精闢分析，我們現在可以得到金尼閣所缺少的資料了。由於掌握了更廣泛的資料，我們就可以對整個問題有一個更全面的看法。這樣，我們就可以得到如下的結論：對於中國福音化的問題，利瑪竇從未形成過任何明確的見解，而他對為了歸化中國人所採取的手段和方法在他予以落實的多年過程之中又是有變化的。我們將在下文闡明這兩點。

利瑪竇於 1582 年開始他的傳教生涯，直到他於 1610 年逝世才告結束。為了對這二十八年的獻身傳教作出總結，他在彌留之際對他的教友們說：「我把你們帶到了一個通向巨大功德的敞開的大門前，但並不是沒有無數的危險和大量的艱難困苦的。」「敞開的大門」這一說法或許是誇張了。然而，它確實是反映了利瑪竇在那裏工作的這個國家的特殊形勢，同時它也證實了他和他的教友們所分享的那種經常的焦慮。因而它就說明了利瑪竇為新生的中國傳教團的行動所確定的路線。它也是我們研究利瑪竇對歸化中國人這一問題的個人想法的良好指南。

確切說來，在十六世紀當耶穌會士隨同葡萄牙商人在中國東海岸登陸時，這個國家並沒有表示容許他們立足的任何跡象。在這方面，中國與同屬這個地區的其他國家的區別，就在於它的政府是高度中央集權的。例如在印度，傳教士們只能向多少是獨立的地方當局申請獲准居住和傳佈福音。在中國，這種安排方式則是不大可能的，因為唯有皇帝才能賜予這類許可。耶穌會士們對於這種形勢是熟悉的。在他們的福音化綱領中，首先就是計劃要博得皇帝的洪恩。

我們知道，聖方濟各．沙勿略曾打算率領一個教皇代表團前往北京，但由於他的葡萄牙朋友們的競爭妨礙了他的計劃的貫徹。當范禮安決定創立一個中國傳教團的時候，他也曾想使用這一辦法。只是到了 1583 年，當羅明堅和利瑪竇成功地在肇慶落腳的時候，這種想法才暫時被放棄了。然而過了兩年，在羅明堅不合時宜地到北方某個省從事旅行之後，舊計劃被重加考慮。這次旅行的目的地是紹興，那是一座小城，以其居民的文化程度之高而著稱。紹興也是王泮的故鄉，王泮就是批准耶穌會士們在肇慶居住的那位地方官。在報告這次旅行的消極成果時，利瑪竇在札記中寫道：

> 由於這一事件和他的親屬們的書信，嶺西道（地方官）過去曾表現得如同我們的大保護人，現在卻從他的友誼大大地後退了，最後撤銷了全部友誼。他還警告耶穌會士們不要像他們過去所習慣的那樣在新月期間到他官邸去。他還下令把他的名字從那兩塊榮譽的刻匾上塗去，那原是他贈送來掛在大門和大廳上的。他對待利瑪竇神父的那幅地圖也是如此，圖上原來寫有他的名字。最後，在一切集會上，如果他偶爾遇到了耶穌會士，他也降低了習慣的禮節，向他們表現一副惡劣的神態。然而在對待我們的住宅問題上，他還沒有什麼轉變。[1]

為了對付這種局面，當時任肇慶駐地監督的孟三德（1547—1599

1　札記，第 181 頁；《利瑪竇全集》，第 1 卷，注 290。

年）召集了一次會議，會上又重新提出了派遣教皇代表團的問題。正如我們從下面的手稿文獻所知道的那樣，利瑪竇當時是支持這一建議的：

> 與孟三德神父一道在肇慶研究了推動和擴大中國傳教團並增加其威望的辦法之後，我看來似乎最為可取的辦法是讓孟三德神父親自前往羅馬，同教皇商談向中國皇帝遣使贈送厚禮。鑒於現在和將來似乎在多年之內，要以另一種方式接近皇帝及其宮廷都會存在着極大的困難；或者說在獲得皇帝及其謀臣的普遍許可之前，要派遣必要的並賦有便宜行事之權的神父們進入皇宮是始終有困難的。因為我們已經到達中國，並且已經懂得它的語言、風土和國情，現在似乎是攜禮進宮比較容易了。我這樣說的前提是，在此期間澳門可以有某位神父一有機會就進來替換孟三德神父，主持傳教團的事務。[1]

事實上，進行了這次旅行的是羅明堅而不是孟三德。或許是范禮安決定如此行事的。范禮安在一封致耶穌會會長的信中陳述羅明堅此行的目的時，表明他在經過長期研究之後決定支持肇慶耶穌會士們的這一建議。我們知道這封信件的內容。耶穌會史學家巴爾托利（Daniel Bartoli）在他的名著《論中國》中摘要發表了這封信。由於它具有非常特殊的重要性，我們引錄全文如下：

> 懷疑和不信任外國人是中國人的不治之症。因此，採用他們的服裝、他們的語言、他們的習俗、他們的生活方式，總而言之，在一個歐洲人的可能範圍之內竭力將自己改造成中國人的做

1　汾本，第 2 卷，第 73-74 頁。

法是不夠的。事實上，在同一時刻，通過澳門要塞和港口，中國人不斷在眼前看到可怕的輪船，由此產生的嫉妒使得他們對我們打扮為中國人作法看作即使不是謀叛的話，也是我們的一種詭計；好像是當他們不大警惕的時候，敵人就可以藉此更安全地進行活動了。所以，我們經常不斷地受到中國人民的仇恨和惡棍們的誣衊，惡棍們特別善於玩弄陰謀和非常惡毒地捏造令人相信的謊話。更加困難和冒險的是，我們時時刻刻在一切方面都要取決於官吏們的專斷，他們又經常更換，每次都從另一個省調來，開始執政時極為嚴酷，一陣心血來潮，就可以把我們驅逐出國。

所有這一切都使人清楚地預見到，儘管費力很大，但進展甚微，而且始終存在着那種把多年以巨大努力的代價獲得的成果一旦喪失殆盡的危險。因此，我們始終需要一種在上帝幫助之下的永恆奇跡，以便揭露那些懷疑陰霾是莫須有的、惡毒的誣衊是偽造的以及官吏們相互矛盾的命令是不公道的。所以我們要擺脫如此之多的危險和障礙，而唯有租借一塊土地和獲得中國皇帝的特旨才能使我們得到進入中國的自由和在該國居住的安全。但鑒於中國皇帝難以接近的尊嚴，我們無法找到其他的辦法獲得這一點，除非是派一個隆重的使節；使節不應該由附近國家的君主組成，因為這些國家的領土大部分都是征服的結果，它會引起中國的嫉妒心情。幾年前就發生過這樣的事例，因為當時很不高明地派出過這樣一個使節。因此除了教皇之外，就再沒有更可以懇求的人了。[1]

最後，在中國佈教三年之後，即在 1586 年，耶穌會士們得出結論認為中國的福音化問題在於：一、確保傳教士們有可能進入中國並

1 見 D．巴爾托利：《利瑪竇通訊集》，第 16 卷，1825 年，都靈，馬利奧蒂（Mariotti）版，第 58-61 頁。

在中國定居；二、賦予他們為福音化的事業所必需的權威。肇慶的耶穌會士們和他們的監督一致提出的唯一解決辦法是向北京派遣一個教皇使團。羅明堅為此目的於 1588 年被派回羅馬。然而，由於在以後幾年中一連有好幾位教皇逝世，所提出的解決方法一直未能實現。

然而，羅明堅的離去卻隨着時間的推移而成為日益迫切的這一解決辦法的一個組成部分，它變得越來越勢在必行了。事實上羅明堅要比利瑪竇年長，到達中國也在他之前。是他在這個國家建立了第一個耶穌傳教團。因此，如果他能夠在傳教團這個陣地上繼續活躍的話，那就會使利瑪竇很難採取主動並為傳教團奠定一個新方向，因為羅明堅與利瑪竇相反，他一直是偏愛僧裝有甚於儒生的生活方式。

紹興之行並沒有動搖羅明堅的信念，相反地卻只是增強了他的信念。這一點是完全可以理解的，因為紹興城所在的浙江省的居民比廣東省的居民更喜歡佛教。如果說他那外國僧侶的經驗在廣東並不很幸運的話，那麼紹興之行卻使他充滿了希望。內地的中國人對耶穌會士們的態度似乎更友善一些，也更傾向於接近基督教。在旅行中伴隨着羅明堅的年輕耶穌會士麥安東（1557—1591 年）似乎也支持他的這種樂觀情緒。在致歐洲教友的一封信中，他報道了這樣一段有趣的插曲：

> 元月五日，我們到達高嶺城，這裏是我們沿這條河航行的終點，我們在這裏作了彌撒。有許多人跑來圍觀，以致我們無法阻擋。有一個偶像崇拜的忠實信徒前來邀請我們。他在家宴請我們，家裏還有大祭壇。許多神父，或者不如說是和尚，在那裏唸經和舉行儀式。我們受到友好的歡迎並與和尚們一道進餐，和尚們對我們表現得特別友善。我們向主人贈送了一部書和一些祈禱文，所有的人都很容易地被我們說服。[1]

---

1 《1587 年末的中國和日本》，吉奧利蒂（Appresso Gioliti）版，1588 年，威尼斯，第 13 頁。

在結束對這幕插曲的敘述時，年輕的麥安東卻奇怪地補充説：「我在此地看見了魔鬼是怎樣模仿天主教會的聖禮的。」他然後又熱情地描述了他們的施主嶺西道為了他們而在市內所舉行的盛大招待會，特別指出了當地僧侶們明顯的好意：

> 我們四周僧侶環坐，對待我們都很友好，他們每晚都前來聽有關上帝的事。一直到今天（是2月8日），我們無法擋住大批涌來看我們的人。對最重要的人物，我們讓他們參觀祭壇，他們也向救世主的像致敬。所有的高級官員和文人都來了並表示滿意，聲稱他們不會讓我們離去。那些最重要的人邀請羅明堅神父赴宴，就在昨天他還和一位官員共同進餐。此人比嶺西道高兩級，他母親逝世時，還派人來請我們參加葬禮。但神父回答說，我們的祈禱對於那些不信奉天主的人是無用的。[1]

接着是另一段奇怪的論述：

> 我不知道僧侶們的內心所想，然而從外表來看，他們對我們表示盛大的歡迎。乞求聖水的也大有人所在。但只要我們尚未解決自己應該作的事，就不宜答應他們這件事。[2]

羅明堅在他本人致耶穌會會長的報告中，甚至談到了為一位老人和一位患病兒童行洗禮的事。這位老人並非別人，而是他在肇慶的恩主嶺西道的父親。他以此身份還在紹興作過羅明堅的客人。羅明堅對他的洗禮作的啟發性描述如下：

1　同上書，第14-15頁。
2　同上書，第15頁。

> 許多人都想與他們的父母親一道前來接受神聖的洗禮，他們都肯定我們的教義是非常真確的。儘管我曾大量地宣講過教義，但我卻只願對我們恩主的老父親行洗禮，這位七十歲的老人在他的府第中接見我們，他表明對我們的教義有深刻的鑽研並非常喜愛它。這是一位極有德行又極有文化的人。在學了四個月的教義之後，我就在復活節那天在我們盛裝的小禮拜堂裏為他行了洗禮，有一大羣趕來圍觀的人在場。我向您保證，當我看到這位善良老人的一片忠誠和他在這種場合所表現的喜悅心情時，淚水三次涌出，使我不得不中止講道。[1]

羅明堅然後又談到了為有病的兒童行洗禮，他給人的印象是他想使耶穌會會長相信，在這種情況下，他還是完成了奇跡：

> 我還為此地的一位著名文人的兒子行了洗禮，因為他身體很虛弱和嚴重殘廢。他的父親發現人間的各種藥方，乃至對古人的祈求和迷信都已經無濟於事；為了把他從死亡中拯救出來，最後就求助於我。他以極大的信心請求我賞給他洗禮的水。我看到孩子所處的險境，無法拒絕他的要求。孩子接受洗禮之後不幾天就痊癒了。他一直活着，我很注意使他應該很好地受到有關信仰方面的教誨。[2]

在結束上引的這些描述時，他又補充說：「我不願為其他任何人舉行洗禮，因為我不知道自己是否能在此城居留下來。」[3] 他還使人理

---

1 汾本，第 2 卷，第 448 頁。

2 同上。

3 同上。

解到，他本來是可以為一大批人舉行洗禮的。

根據這一樂觀的報告，我們就會更好地理解羅明堅的態度了。和利瑪竇正相反，他的紹興之行僅僅證明了中國耶穌會傳教團的不穩定局面，而羅明堅卻從中吸取了積極的教訓。和利瑪竇一樣，羅明堅也由於和當地僧侶的結合而受到過屈辱。紹興之行使他看到了事情的另一方面。僧侶們的地位儘管低下，但他們的情況卻使傳教士獲得了實際的好處。他們使傳教士們更能接觸到大多數的中國民眾，並把他們置於可以直接就宗教題目進行對話的地位。根據這樣一種經驗，羅明堅就對歸化中國的問題形成了一種確切的觀念，稍後不久他又在一篇題名為《關於援助中國人的方式的若干意見》的文章中加以闡述。根據他的意見，採用僧侶們的生活方式乃是支持中國傳教團事業的一種恰當的措施。[1]

利瑪竇根據他個人的經驗而形成了自己對歸化中國的看法，而它是屬於另一個範疇的。儘管他同樣也為人舉行洗禮並且撰寫宗教著作，但他花費在這些活動上的時間和精力比起用於其他事情上的來，相對地說卻微不足道。龍華民當時還是個新手，有一天嘲笑過他展示的「鐘錶、三棱鏡和類似的物品」[2]。回到意大利之後，羅明堅抱怨利瑪竇炫耀他對中國地理的學識，而他對於顯然如此之微不足道的事物的興趣更有甚於對待十分嚴肅的目的。當時他的教友們過分注重他們佈道的顯然可見的效果，所以對他很不理解；但是有一位中國朋友卻看穿了他的心思。此人名叫瞿太素，是一位很有權勢的官吏的兒子，也是當時最有成就的一位學者，還是他的弟兄之中最卓越的一個。瞿太素不貪圖祿位，而是醉心於煉丹術。他和利瑪竇的關係首先是由於

---

1 史若瑟（Joseph Shih）:《羅明堅神父與中國福音化問題》，格里哥利教會大學，1964 年，羅馬，第 57-63 頁。

2 《利瑪竇全集》，第 1 卷，第 338 頁注 3。

這種特殊興趣而引起的。利瑪竇向他講授數學和基督教信仰。儘管瞿太素並沒有立即皈依，但很快就變成他的新老師的一個「忠實的朋友和真誠的崇拜者」。利瑪竇後來承認，他的教友們和他本人永遠也無法償還有負於他的那份感激之情[1]。他了解利瑪竇的心願，並幫助他去實現。就是在他的勸告下，利瑪竇採用儒家博士們的生活方式；也正是由於他的建議，利瑪竇才冒險進入了中國省一級的貴族圈子。

利瑪竇離開廣東省是在 1595 年。隨後的幾年對於他有關中國福音化問題觀點的形成有着巨大的影響。我們將根據他在同一時期內所寫的信件來研究這些影響的作用。其中有兩封信是我們非常感興趣的。它寫於江西省省會南昌，是致耶穌會會長的，時間為 1595 年 11 月 4 日和 1596 年 10 月 13 日。在第一封信中，利瑪竇向耶穌會會長通報了他所作出的最重要的決定，並且向他解釋了導致這樣作的原因：

另外，根據我在這個國度所得的經驗，在這裏要取得某種成果，就必須穩重行事並且有權威性。離開韶州時，我為自己作了一件絲袍以備隆重的拜會之用，還做了其他一些作為常服。那件隆重拜會用的絲袍是仿文人和達官們所穿的式樣，料子是深紫色的絲綢，袖子寬大而開口；在下部邊緣上，內部是一條非常淺的天藍色綢帶，寬約半掌；在袖口下面和從領子上垂到腰間也都有同樣的絲帶。腰帶和袍子是同樣的絲料，兩條下擺一直垂到地上，像是我們這裏寡婦的那種。鞋子也是用絲綢作的，並且綴有加工的圖飾；帽子與我們這裏主教帽有些相似。當開始建立友誼的時候，或者是在盛大節日，或者是在與居官的人打交道時，中國人總是穿這種服裝會面的，受訪時也總是要穿自己的同樣服裝，以同樣的或者是與自己身份相稱的禮儀相迎。這樣就賦給了

1 《利瑪竇全集》，第 1 卷，注 359。

> 我很大的威望。除此之外，我們決定廢除僧侶的稱呼，直到此為止，人們在這個帝國之內都是用這個名字來稱呼我們的。在中國人中，這一名稱就意味着和尚，但用在一種很低賤的意義上。實際上，在中國有三大教派：僧侶這一派不娶妻，生活在寺廟裏崇拜偶像，他們是最低賤的，因為他們是窮人出身，沒有學過文化。儘管他們公開主張德行，但他們被認為是所有的人中最低下的了，政府官員特別看不起他們，這是由於前者屬於與後者相對立的另一教派。因為這些人要削髮和刮鬍子，擁有祭壇，不娶妻而生活在寺院中；所以人們不難認為我們也屬於同一教派，並且在我們中間，我們也遵守中國僧侶們在他們中間所遵守的習慣。因此，我們也獲得了某些特許，很多人都鄙視我們，文人們不願意給我們適宜的地位。正是為了這一原因，所以根據視察員神父的命令，除了穿文人們所特有的服裝之外，我們還留起了鬍子。在短短的幾個月間，我的鬍鬚就長得非常長了。我們要僕人不再稱我們作神父，而是稱老爺。我們把自己作為文人神學家和傳道者的名聲傳出去，因為我們在他們中間早就是這樣了。於是，他們就允許我們接近並給我們合適的地位。他們也想接待我們了，而當時的任何士紳卻都不肯親切地接待僧侶；這不僅是在南京，而且在全國都一樣。這一切都開始成為習慣，從此之後就很少有人像對僧侶們一樣稱呼我們為神父了。[1]

當利瑪竇離開廣東時，他打算直接前往北京；到南京後，又不得不退回南昌定居。但在這座城市裏，他獲得了前所未有的成功。他接待了無數的來訪者。在 1595 年的同一封信中，利瑪竇列舉了促使這些人前來訪問他的動機。某些人是出於好奇，看一下外國人的面目以

1 汾本，第 2 卷，第 199-200 頁。

及他從歐洲帶來的珍奇物品；另一些人願意學習數學和發揮記憶力的本領，利瑪竇就是以此出名的；還有的人是前來詢問煉丹術奧妙的；很少有人是來尋求得救之道的。利瑪竇還補充了以下的話：

> 我希望上帝保佑，他們將與日俱增，同時也包括那些抱其他目的而來的人。我可以使每個人都為他們的家庭帶回一些好的見解，時而是有關這一方面的內容，時而是那一方面的，這樣逐漸開始散播大面積的種子。[1]

一年之後，利瑪竇又報告耶穌會會長說，隨着大家對煉丹術的奧祕越來越了解，那些前來找他探索這一奧祕的方法的人數已經減少；反之，那些要學習數學和發揮記憶力本領的人數卻越來越多。因此在過去一年中，他就把大部分時間用於製造天文儀器，並用於撰寫一篇中文論文，闡述改進記憶力的藝術。多虧這些活動，他才得以接觸當地一些貴族，甚至接觸到了住在南昌的一位皇族成員。利瑪竇向耶穌會會長神父吐露真情說，他想依靠這些人的幫助而實現自己抵達北京的計劃，並要求皇帝准許向他所有的臣民宣講福音[2]。

除了這些彙報之外，1596 年的這封信還有另一個重大的透露。這封信使我們知道利瑪竇是如何看待中國傳教團的未來前景的，以及他又是如何為自己領導這一傳教團所採取的辦法進行辯護的：

> 根據各種明顯的觀察，我們中間取得了兩項結論。一項是，如果我們在這些地方能獲得很大的允許來宣揚神聖的福音，那麼在短時間內我們就可以造就幾百萬基督徒；另一項是，如果沒有

1 同上書，第 2 卷，第 209 頁。

2 同上書，第 225 頁。

這種允許，而我們又想要造就基督徒，那就會在突然之間把我們所有的一點點成果全部喪失，因為在該帝國內對外國人疑慮重重，而特別是對於我們這些人，他們早已認為我們是具有才智、精神、力量和可以投身於各種偉大事業的人。

為了這個原故，我們不敢以輕率的步伐前進。我所能對教皇陛下所說的是，通過我們所走過的道路，在這些人中已取得了無窮的果實。因為我可以說是每天都在向他們佈道，只要他們前來拜訪我。當然，直到今天，我們還沒有解釋有關我們的神聖信仰的全部奧祕。然而，我們是在奠定主要基礎的同時前進的：上帝創造了天和地、不朽的靈魂、賞善罰惡以及所有他們至今還不知道和不相信的東西。所有的人都滿懷喜悅和眼淚奪眶地聆聽我們，他們經常爆發出真正的讚歎，好像所有這些論述純屬我們的發現一般。我們覺得在開始階段便出現了一些今後還可以合理地加以證實的東西。[1]

以上就是利瑪竇在到達北京以前的觀點。他在福音化的問題上始終是謹慎的，他那些中國教友們的那種認為可以大量歸化中國人的樂觀情緒，他自己也並不少。可是，只有在中國皇帝准許宣講福音的時候，這一希望才能實現。因此，北京之行就上升至最優先的地位。正如我們從 1596 年的同一信件知道的那樣，利瑪竇深信如果他能進入北京，他就會很容易取得這一許可，他這樣寫道：

目前，我們正等待埃吉德（Egide）神父從羅馬到來，以便了解教皇陛下的決定，以及羅馬是否能幫助去見中國皇帝；如果他不來的話，我們就自行決定全力以赴去實現這件事。從北京城着

1　同上書，第 225 頁。

> 手，通過我所說的皇帝的那位親屬，或者通過在這座（北京）城宮廷裏任職者們的許多親屬，這件事就更容易得多。為此目的，我將努力與他們建立密切的友誼，並且我們已經同北京主管官吏的三位兒子融洽無間，此人在整個帝國中地位是很高的。[1]

然而，他後來的經驗卻驅散了這一幻想。因此，利瑪竇便重新考慮歸化中國的問題，並且修改了他本人在這一問題上的觀點。他還堅持在歸化問題上採取謹慎態度的必要性，但是這一謹慎政策並不是暫時性的，反而變成永久性的了。他始終保持自己的樂觀情緒，但他的希望倒更是以儒教與自然法則的一致性，而不是以中國人對宗教的傾慕為基礎的。因此，這一新觀點就與以前的不同了，它所宣揚的倒不在於福音化的方法，而更在於傳教團的目的觀念和傳教活動的性質。

利瑪竇是在 1609 年（即他逝世的前一年）的一封信中提出這一新思想的，這封信是寫給巴範濟（1554－1612 年）的。[2] 巴範濟在 1582 年是羅明堅的同伴。1608 年，他繼范禮安而出任中國和日本副教會省的視察員。他正是以這一身份致書利瑪竇，一方面是為了詢問獲得中國皇帝准許派傳教士去該國的可能性，另一方面是為了詢問有關歸化世界的這一部分地區的前景問題。

在覆信中，利瑪竇一開始就向自己的新監督保證對自己所受任的傳教團事業的忠貞不移，但在同時，他又向巴範濟指出，要想得到皇帝的批准尚有某些障礙。為了提出這種請求，在他面前展現有兩條道路：一條是走宦官們的路，唯有他們才可以直接接近皇帝。由於受到他的儒家朋友們的影響，利瑪竇非常鄙視宦官，認為將如此重要的一件事交給他們是不適宜的。至於第二種可能性，為了希望他們同意支

1 同上書，第 225 頁。

2 同上書，第 375-387 頁。

持傳教事業，利瑪竇是太了解中國高級官吏們的思想狀況了。有兩件事妨礙他們這樣做，用他自己的話來説：

> 一件事是事實上要同外國人打交道並且知道我們得到國外的支持，我們是向那裏彙報和接受意見的；另一件事是要在中國傳播一種新教法。[1]

第一種障礙是可以想辦法的。事實上，利瑪竇主張中國傳教團獨立。至於第二項障礙，它是基督教信仰新穎性的結果，要不違背基督教傳教團的事業本身，它就是無從避免的。正是作了這些考慮，利瑪竇設想出了他有關歸化中國的新理論。他向他的監督作了這樣的闡述：

> 尤其是在開始的時候，要更多地關懷優秀的基督徒，而不是數量眾多。如果在他們中間這一點是可能的話，那麼有幾位有地位和做官的文人，就可以用他們的威望來使那些害怕這一新鮮事物的人感到放心。當已經擁有很大數量的基督徒時，那就並不是不可能向皇帝提出某種報告，經他恩准，至少可以獲允使基督徒們按他們的教法生活，既然是人們認為基督教的律法並不違背中國的律法。天主將一點一點地向我們指示在這塊領土上實現他的神聖意志的適當辦法。[2]

為了理解這一新觀點，我們還應該提到兩件事：利瑪竇從來不贊成大規模的歸化。事實上，他是在等待合適的時機，因為他在獲得皇

---

1 同上書，第 2 卷，第 381 頁。

2 同上。

帝的准許之前不想攪亂任何事情。另外，他始終喜歡同儒生們進行討論，主要是為了想成為他們的朋友，因為他希望他們可以向皇帝施加壓力。他的新觀點恰好是建立在一種痛苦的認識上，即在不久的將來他是不能指望有什麼收穫的。因此，他就不再着眼於大規模地歸化中國人民，而使自己滿足於展望在中國大社會的邊緣上建立小團體的可能性，尤其喜歡儒教官員們家庭的皈依。

利瑪竇有關歸化中國問題的新觀點對於他對待儒教的態度有着積極的作用，正如他對巴範濟第二個問題的答覆所表明的那樣。事實上，在他為了論證自己對中國傳教團前途的樂觀態度而引證的八項原因中，有三項是與儒教有關的。其中有一條的意指是直接而明顯的，另外兩條則只是隱蔽的，但也並不是很不明確。直接和明顯提到的地方是下面的一段文字，其中論述了他所列舉的八項原因：

> 在有關中國文人的著作對我們信仰一事的幫助問題上，我想以第八點來結束這一討論。教皇陛下可能會理解，這個帝國共有三大教派：其中最古老的一個就是儒教，他們今天治理着中國，正如他們一貫地那樣；另外兩個則是偶像崇拜者，儘管在他們之間也有區別，但他們始終是儒教攻擊的對象。即使儒生們不談超自然，但他們在道德方面卻和我們幾乎完全一致。因而，在我所著的書中，我就以稱讚他們而開始並利用他們來攻擊別人，而不直接去加以批駁，雖則解釋了他們和我們信仰不一致的觀點。我就以這種方式獲得了他們的信任，以至於不僅文人們不再是我的敵人，而且還成了我的朋友。有一位非常著名的人物是偶像崇拜派的忠實信徒，他甚至在寫給我的一封信中向我談了儒生中間的阿諛者。因為據他說，我可以把某些古代的儒生安置在天堂裏。我堅持其他人也從這一角度來看我，因為如果我們要向這三個教派作鬥爭的話，那就還有更多的事情要做。然而，我不放棄攻擊

當時儒生中的某些新觀點，他們並不想追隨古人。這樣，他們中間有許多人就成了基督徒；他們宣誓並領了聖餐，在他們的才智所允許的範圍內努力傳播我們神聖的信仰。[1]

第七個原因激發了耶穌會士們掌握中國語言和文化的知識，這種資格正是儒教老師們和其餘中國人不同的地方：

第七點：由於（上述）原因，也由於我們採用了符合於他們莊重的禮節的方法，我們的傳教士們已經獲得了學者和聖人的名聲，我希望我們能永遠保持下去。事實上，除了我們的傳教士在這裏有了大量的信徒（他們都是神學家）之外，至今還沒有任何人專攻中國文字並超過中等水平的；事實上，只懂得我們的文字而不懂得他們的文字是沒有用處的。教皇陛下將會明察這一點在開始階段的全部重要性。就我個人而言，我認為它比多發展一萬名基督徒還更有價值，因為這是為整個帝國的全面歸化在作準備的。[2]

最後，他在中國人的孝順觀念中找到了第五個理由。利瑪竇所說的孝道，既不是指崇拜偶像的廣大民眾的宗教性，也不是指譴責偶像崇拜的儒家傑出人物們的理性。

第五，正如我逐步說明的那樣，他們同樣地傾慕着孝道，儘管其他人可以持相反的看法。如果從頭說起，他們在古代就像在我們的國家裏那樣忠誠地遵循自然法則。在 1500 年中間，這一民族簡直沒有崇拜過偶像，而他們所崇拜的那些偶像也不像我們的

1　同上書，第 2 卷，第 386-387 頁。

2　同上書，第 2 卷，第 386 頁。

> 埃及人、希臘人和羅馬人的偶像那麼可憎。某些神靈甚至很有德性，並以他們的善行而享有盛名。事實上，在文人們最古老的、成為權威的著作中也僅僅崇拜天地和這兩者的共同主宰。當我們仔細研究一下所有這些著作時，我們就會發現其中很少有什麼東西是和理性之光相反的，而大量的倒是與之相一致的，他們的自然哲學家並不比任何人差。我們可以希望，神的慈悲可以使他們的許多祖先由於遵循自然法則並靠上帝的宏恩所給予他們的援助而得救。我們也不應該忘記，在偶像傳入這個國家之後，他們很少給予重視。我們甚至還應該讚揚他們沒有表示願意賦予偶像過多的信仰，那是偶像所不配的，因為強加於他們的教法既不是很有根據的，也不值得受尊重。我們可以希望在有關天主教信仰的真理方面會出現相反情況。[1]

利瑪竇在提出他對中國傳教團的未來表示樂觀的三個原因時，又說明了儒教三個積極方面。在第一段引文中，他之所以偏愛儒教，是因為它在道德倫理方面與道教和佛教相對立，而與基督教相一致；在第二段引文中，他又不僅把儒教理解為中國領導階級的意識形態，而且還是中國文化的基本特徵，乃至他把傳教士們之同化與儒教認為是對中國「全面歸化的一種準備工作」；在上文所引的最後一段中，利瑪竇甚至走到了承認顯然是世俗的儒教具備宗教重要性的地步。這最後一種評價是特別引人注目的。我們在下文中將再談到。

三、利瑪竇的傳教冒險的真實意義

自從德禮賢神父三卷本的著作《利瑪竇全集》出版以來，已經有許多從事利瑪竇及其福音化方法的研究。其中大部分都是讚揚性的，

1 同上書，第 2 卷，第 385 頁。

特別如克洛寧（Vincent Cronin）的《西方聖人》[1]，杜內斯（George H. Dunnes）的《中國人和中國人》（Chinois avec les Chinois）[2]，尤其是貝特拉伊（Johannes Beffray）的《耶穌會士利瑪竇神父在中國的通融方法》[3]。魯爾的博士論文《孔子或孔夫子——耶穌會士對儒教的解釋》[4]是最新著作。然而，謝和耐在《論利瑪竇的歸化政策》中提出了許多嚴肅的批評，它有助於我們分析利瑪竇在中國進行傳教冒險的真實意義。[5]

在謝和耐看來，利瑪竇是着眼於歸化儒教的一些精華分子。他所採用的方法是建立在三重性的偏愛之上的：即偏愛儒教而非佛教，偏愛古代儒教而非當代儒教，偏愛自然的理性而非異教徒的宗教性。謝和耐同時既批評了利瑪竇所要達到的目的，又批評了他所採用的方法。在有關第一個問題上，他指責利瑪竇的調和論，在第二個問題上，他又辯駁這種方法的有效性。因為調和論一詞可以有各種不同的定義，它在神學上的意義並不必然符合它在文學和哲學上的意義。所以我們覺得最好是拋開第一種指責，而保留謝和耐對有關方法論的三種偏愛的批評。我們正是根據他的意見來研究利瑪竇於十七世紀在中國進行傳教冒險的真實意義的。

為了更加清楚起見，我們把下文的論述分為三點：第一點是有關基督教與某一特定社會的傳統宗教之間所存在的關係，第二點是有關基督教與某一特定國家的社會現實之間的關係，第三點是有關基督教與某一特定民族崇高理想之間的關係。

在有關第一點的問題上，利瑪竇簡單地採取了當時普遍接受的意

1 菲利翁（Jane Fillions）譯自英文，1957 年巴黎，米歇爾（A · Michel）版。

2 1964 年，巴黎，桑杜裏翁（Centurion）版。

3 1955 年，羅馬，格里哥利教會大學版。

4 見魯爾前引書注 12。

5 見謝和耐前引文。

見。這一理論要追溯到教父的時代，它在聖．奧古斯丁的著作《天城》（上帝之城）中可以找到最為明晰的表述。[1] 這個理論是為了對付當時正在復活的羅馬異教危險而發展起來的，也是為了回答瓦隆（Terentins Varron）有關古羅馬宗教的三重神學而提出來的。暫時離題談一下這一陳年積案，將會幫助我們更好地理解這一使我們感興趣的問題。

在瓦隆時代，由於希臘哲學的影響，羅馬的知識分子們開始懷疑他們傳統宗教的真實性，因為他們也認識到，自己所崇拜的神明正如通過詩人的描寫所理解的那樣，在道德上是腐朽的，因而對於他們四周的那種崇敬感到憤怒。三重神學的理論傾向於驅散這種疑團。

羅馬宗教中的三種神學是：神話神學、政治神學和自然神學。瓦隆宣稱它們構成唯一的神的三種表現形式。神話神學是詩人們所採用的形式，而自然神學則是哲學家的形式。瓦隆本人是一位斯多噶派哲學家，他相信真正的上帝乃是宇宙的靈魂。據他看來，拉丁詩人們所描寫的那種羅馬神明事實上都是象徵着自然現象的人格化，而自然現象則又是宇宙靈魂的各種不同表現。這樣一來，通過「隱喻式的解釋」，或者是像聖．奧古斯丁所說的，通過「生理學的解釋」，瓦隆就論證了羅馬諸神顯然的道德偏差，並把他們公之於大眾的信仰[2]。

聖．奧古斯丁對這一說法的有效性提出論戰。他認為瓦隆的隱喻解釋並不能導致真正的神學，而僅只導致「自然科學」：

> 但是有人說，異教的信仰容許生理學的解釋，也就是說要是以自然理性為基礎的。就彷彿目前討論的對象只着眼於生理而非

1　聖．奧古斯丁：《全集》，1959－1960 年，普魯韋（Descléc de Brouwev）版，第 1 卷，第 33-37 頁。

2　佩潘（Jean Pépin）：《神話與隱喻，希臘的起源與猶太一基督教的爭執》，1958 年，巴黎，奧比埃（Aubier）版。

> 神學，只是自然的學問而非上帝的學問似的。
>
> 當然，真正的上帝乃是自然的上帝而不是臆測的上帝；然而並非所有的自然都是上帝，人、畜、樹、石當然都是自然，但其中沒有一種是上帝。
>
> 這是否涉及對諸神母親崇拜的解釋呢？如果其關鍵在於諸神的母親乃是大地這一事實的話，那麼繼續推進我們的研究又有什麼好處呢？貫徹我們的考察又有什麼好處呢？是否可以設想有更明顯的證據來支持那些認為所有的神明都曾經是人的看法呢？因為他們正是這樣在大地上誕生的。大地就是這樣成為他們的母親的。可是，在真正的神學那裏，大地卻是上帝的作品而不是他的母親。[1]

這一段話是意義十分重大的。為了更好地理解它，我們必須牢記「nature（自然）」一詞的兩種用法。事實上，它具有多種詞義。經院哲學在「natura naturans」和「natura naturata」之間作了區別。前者是無限的，只能用於造物主；後者是有限的，用於創造和被創造物。新柏拉圖派對「一」與「多」的區別似乎就相當於這種二分法。但希臘哲學中又有另一種區別：即自然（physis）和規律（nomos）之間所存在的區別。自然是守恆的，而規律則卻隨時間和地點而變化。按照這一意義，自然就不再是一種客觀實在了，無論它是有限的還是無限的，反而成為一種認識原則，即等於理性。因為自然在其守恆性上乃是普遍而不變的真理的原則，而隨境況變化的規律則產生出不同的見解。

在上面的引文中，「自然」一詞曾多次出現。在第一種意義上，這一術語是被用於「臆測」一詞的反義，它具有理性的意義。事實

1 《天城》，第 6 卷，第 8 頁；同上書，第 34 卷，第 84-85 頁。

上，聖・奧古斯丁堅信，真正的上帝亦即自然的上帝（physis Theos）僅僅是通過理性而被人所認識的，而各種意見則完全是由對人類制度和傳統的多神（thesei theoi）信仰而來的。在第二種詞義上，同一個詞又是並行不悖地在使用，一方面是「上帝」一詞，另一方面又是一系列的名稱：人、畜、樹、石等詞。根據這一修辭學的用法，正如人們所指出的那樣，它似乎影射新柏拉圖派的「一」與「多」之間的區別。無論如何，這就奠定了上帝的超驗性並反駁了瓦隆隱喻式解釋的有效性。正如人們所說他的，瓦隆最多是導致了「物理學而並非神學，自然的學問而非上帝的學問」。

這兩種詞義——即作為客觀實在的自然和作為認識原理的自然——也蘊藏在表現為「自然神學」這一提法的所謂「自然」一詞中。當聖・奧古斯丁談到柏拉圖哲學的三部分時，他指的是第一種詞義：「道德神學主要是關係到行動的，自然神學主要是留給沉思的，理性神學則分辨真偽」[1]。但在與瓦隆的討論中，他卻寧願訴諸第二種詞義。這時，他用自然神學來指建立在普遍的理性和守恆的自然（physis）之上的有關上帝的談論。相形之下，則神話神學和政治神學都是有關神明的議論，根據的是人類的各種意見、各種傳統和制度，即「nomos」。這樣，他就把羅馬宗教的三重神學和希臘哲學那種自然中的唯一上帝（physis Theos）與人類傳統和制度中的大量神祇（thesei theoi）之間的二分法對立起來了。因此，他就回答瓦隆說：

> 你實際上是說，當世界是上帝的作品，城邦和舞台是人類的作品時，寓言中的神都是為舞台而塑造的；自然的神是為世界而塑造的，城邦的神是為城邦而塑造的；人們在舞台上所嘲笑的神就正是他們在神殿裏所崇拜的神，你為之而奉獻表演的神就正

1　同上書，第 8 卷，第 4 頁；前引書，第 34 卷，第 242-243 頁。

是你為之而宰殺犧牲的神。你劃分諸神時做得是多麼忠誠而巧妙啊，你說：有的神是自然的，另有的是人類所創設的。對於後者來說，又有的是詩人的語言，有的是牧師的語言。然而，這兩種語言都由他們二者之間彼此討魔鬼喜歡的謊言的親善關係而密切結合在一起，魔鬼則是真理的學說的敵人。[1]

聖．奧古斯丁就以這一論點建立了與自然理性相一致的基督教的普遍性。他同樣駁斥了所有的異教。異教是各個不同民族的傳統宗教，它們必然是特殊的，因而也必然是虛假的，因為真正宗教正如自然法則一樣，是不可能局限於某一個具體的民族或文化的。

利瑪竇時代的傳教士在對待他們傳教地的傳統信仰時，一般採取的態度都是根據奧古斯丁這種學說的。就這些傳統形成為異教信仰的主體而言，它們應該堅決予以摒棄。然而，就他們代表某些異教哲學家的教誨而言，則它們應該予以考慮，或接受或贊同，假如它們是符合理性或自然法的話。當金尼閣捍衛儒教而回擊對利瑪竇傳教方法的批評時，恰恰就是訴諸於這種共同的見解；他宣稱儒教與宗教無關，而是一種建立在自然法則基礎之上的哲學。利瑪竇本人也抱着這種見解，有時也訴之於同樣的論據來證明他之所以偏愛儒教而不愛佛教的原因。

然而，儘管在神學上正確，聖．奧古斯丁對這個問題的立場卻反映了某些引起爭議的觀點。人們指責他過分依附埃維邁爾（Evhémère）的論點，亦即異教的神都是神化了的人，因此他就徒勞無益地堅持要譴責羅馬諸神的思想腐化，並完全忽視了其宗教意義。人們同樣還抱怨他沒有看到在神話和形而上學之間所存在的明顯關係。利瑪竇也像金尼閣一樣，採取了當時傳教士中流行的態度，所以也受到了同樣的

1　同上書，第 6 卷，第 6 頁；前引書，第 34 卷，第 70-73 頁。

誤解。因此，謝和耐為反對重儒輕佛、重自然法則而輕宗教性所提出的批評是很中肯的，應當受到正確的評價。

我們討論的第二點是關於基督教與傳教國社會現實之間的關係。利瑪竇在這一問題上的見解隱含在我們已經研究過的一封信中。我們記得，在這封簽署為 1609 年 2 月 15 日的文件中，利瑪竇回答了巴范濟向他提出的一些問題，巴範濟當時是中國和日本耶穌傳教士教會省的副職。這兩個問題有一個是關於要求獲許在中國傳佈福音，另一個則是歸化中國人問題的前景。利瑪竇在回答中使他的監督理解到，他已經放棄了歸化人民羣眾的雄心，而只着手建立一些基督教小團體，注重於出身官宦之家的歸信者。

後來，在十九世紀下半葉，赴華的傳教士們也都重新採用了利瑪竇的解決辦法。那時，中國受到了不平等條約的約束而向基督教傳教團開放。十九世紀末的傳教士們雖然可以自由地佈教了，但仍然碰到利瑪竇在致巴範濟的信中所曾指出的同樣障礙，即他們與殖民列強的聯繫以及他們宣佈福音的新穎性。人們在這裏又一次認為第二個障礙更為嚴重和更難以逾越。

中國人類學家徐朗光（Francis L. K. Hsu）在其著作《在先人的陰影下》中對於這一困難的性質做出了值得稱道的解釋。這部書是作者於 1941 至 1943 年間在中國南部一個村裏從事實地工作的報告。下面一段話論述了中國傳統對本地人性格的影響，其中包括這樣一種解釋：

> 這些文化力量對人格的基本規格有什麼影響呢？在明顯可見的行為方面所產生的第一個特性就是對權威的屈服。本地人幾乎沒有什麼選擇，也很少有什麼猶疑不定。可以這樣說，他們所有的道路都被堵塞了，唯有遵循父親的、祖父的以及一系相承更遙遠的祖先們的足跡。沿着已踏出的這條羊腸小道前進，生活就愜

> 意；所有其他道路都要通向不幸和自我毀滅。本地人傾向於鮮明地意識到正統的必要性。他們害怕有一點脫離這種踩得結結實實的小道。[1]

換句話説，它是個人對集體的依附，而集團又屈服於傳統；這使得一個傳統社會的個體成員不可能接受任何新鮮事物，包括接受福音書的新鮮事物。無論如何，十九世紀末的傳教士們發現自己是處於這種進退維谷的處境。為了使基督教能被中國人接受，那就應該或是去抑制傳教的新鮮性，或是改造中國社會的性質。既然他們對於這兩者都很難辦到，所以他們就建立了「基督村」。[2]

建立基督村和利瑪竇所形成的那種由出身於官宦家庭的信徒組成基督教小團體的思想有很多共同之處。在這兩種情況下，傳教士方面都已含蓄地承認了企圖歸化廣大羣眾的無效，正如新信徒們也默認他們對於原來的耶穌會是處於一個邊緣的地位；但他們的相似也僅止於此。事實上，儘管他們有明顯的相似性，這兩個機構在一個重要之點上卻是大不相同的，即在它們各自對待中國官府的態度上。我們恰恰是在比較這兩種態度之中希望能確定利瑪竇對基督教和傳教國度的社會現實之間所存在的關係的觀點。

正如我們所知道的那樣，中國的官府完全是從儒家博士們中選拔出來的。因此，他們來自一個決心要防止中國背離其傳統的階級。這樣，中國的官府就其作為一個集體而言，就勿寧説構成為基督教傳教團的一大障礙。面對這一局勢，利瑪竇和十九世紀末的傳教士們反應卻各不相同。後者認為中國官員們的立場是儒教不信宗教的顯著證

1　哥倫比亞大學出版社，1949 年，紐約版，第 206 頁。

2　見貝克（Emile Becker）：《中國半世紀的傳教史，約瑟夫・戈耐（Joseph Gonnet）神父》，1900 年，河間府版。

明，而利瑪竇卻相反地拒絕把責任歸咎於儒教。因此，儘管他們都歡迎中國官員以個人身份參加「小團體」和「基督村」，這兩機構卻各自訂立了一些允許他們參加的規定。在基督村中，官員應該否定他們所宣揚的儒教。在基督教小團體中則並不要求這一否定，儘管其中也隱然理解他們已經放棄了當代儒教的錯誤而回歸古儒教的純潔。

從這一角度來看，利瑪竇偏愛古代儒教勝於當代儒教，這並不是出於他傾慕古老的制度，而是他以基督教與中國傳統相結合的一種巧妙方式。他就這樣表明了在他所計劃建立的小團體和當代中國社會現實之間所存在的關係。和十九世紀末的傳教士們一樣，他也只委身於在中國社會的邊緣上建立一些基督教小團體；但與前者相反的是，他宣稱小團體也正像中國社會本身一樣是中國的，或許更有過之。因為在他看來，這樣做就更符合原始儒教，也就更適合中國人向他們的社會所提出的理想。這後一種看法便把我們直接帶到了有關利瑪竇在中國傳教冒險的真實意義的討論的第三點，也是最後一點，亦即基督教與將要接受基督教佈道的那個民族的崇高理想之間的關係。

利瑪竇是以採用儒生們的生活方式而被引入探討這個問題的。事實上，當他於 1595 年越過廣東省界之後採取儒生打扮時，他只是簡單地想要獲得「傳播福音的必要威望」[1]。他沒有想到這種新裝束不僅使他獲得了較高的社會地位和使他進入了更廣泛的朋友圈子，而且還迫使他明顯改變了自己的作法。在他一部分書信中曾暗示過這種尷尬處境。正是這樣，他在簽署於 1596 年的一封致友人科斯塔（Jérome Costa）的信中寫道：

> 我們既然使自己拋棄了僧侶的名稱——它在中國人中就相當於我們的「修士」，但卻是在一種低賤而不光彩的意義上——所以

1　汾本，第 2 卷，第 230 頁。

在這開始的階段，我們就不開放教堂或寺院，而僅有一所講道的屋子，正象他們那些有名的傳道者一樣。[1]

他向另一位朋友伏利加蒂（Jules Fuligatti）透露他不再在大庭廣眾之中舉行彌撒了，也不再在中國人的集會上傳道了。他寧願私下做彌撒和舉行私人談話，他認為這是最有效的作法：

我相信我們將不再開放教堂了，而只開放一所講道的屋子，我們私下在另一個禮拜堂舉行彌撒，儘管我們接待來訪者的客廳在目前可以用於此事；因為通過談話要比通過講道，傳佈得更多而且成果更大。[2]

在致耶穌會會長的一封信中，利瑪竇描述了自己非常活躍的社交生活。無論他走到哪裏，都受到熱烈歡迎。他每周都有兩、三次被邀赴宴，有時甚至同一天受兩個不同地方的邀請[3]。他寫給友人科斯塔說，自己經常被迫在夜間作晚課[4]。在他致上面提到的那位伏利加蒂的信中，也宣稱自己非常忙碌，以致有一天竟忘記做彌撒[5]。

隨着他作風的改變，談話內容的範圍擴大了，交往的圈子也增多了。由於各種原因，他吸引了許多來訪者。他列舉了六條原因：觀看外國人及其攜來的稀奇物品的好奇心，研究把汞轉化為銀的祕訣，學習數學及視覺記憶的願望，最後才是對靈魂得救的關懷，但受這最後

1 同上書，第 2 卷，第 215 頁。
2 同上書，第 2 卷，第 211 頁。
3 同上書，第 2 卷，第 186 頁。
4 同上書，第 2 卷，第 217 頁。
5 同上書，第 2 卷，第 207 頁。

一種動機所驅使的人要比其他的人少得多[1]。

就像他的裝束一樣，他的談話和作風也變得時髦了，以至於除了他的社會和文化活動而外，很少有機會觸及宗教問題。他的新生活方式本身就帶來了自己所提出的問題。他把宗教排除在談話之外，這促使他把自己顯然是世俗性的談話儘量轉化為宣揚信仰。這就是利瑪竇所稱的「大播種」。對於那些前來看望他以圖為自己的靈魂得救而努力的人，我們還應該提一下他那篇大部分已被引用過的宣言：

> 說實在的，這後一種人為數最少，願上帝保佑，他們會日益增多。對於那些抱着其他目的而來的人，我的作法是使每個人都為他的家庭帶回有關這件事或那件事的一些寶貴意見，一點一點地開始大播種。[2]

有一本小書叫作《二十五言》取得了意外的成功，它證明了利瑪竇的觀點。利瑪竇在他的札記中這樣寫道：「有一本論道德問題的小書，其中（即是他本人）談到了禁慾和德行的高貴」。在致一個朋友的私人信件中，他以類似的方式談到了這本書，並補充了對它那意想不到的成功的解釋：

> 在這部小書中，我只是講了人生的德行和優良的品行，我所根據的是自然哲學，而且它是基督教的，而又不拋棄其他教派。就是這樣，它才被現存的所有教派所閱讀並受到了懷着感激心情的歡迎。所有的其他耶穌會教堂教都向我報告，這唯一的一本小著作到處都發生巨大影響。所以，許多前來看我的人都堅決主張

1　同上書，第 2 卷，第 209 頁。

2　同上書，第 2 卷，第 208 頁。

我寫一些其他著作，因為這樣就可以使我們宗教中的許多東西獲得信譽。[1]

《二十五言》一書是艾比克泰德（Epictete）的《Enchiridion》或者說《手冊》一書的詳加闡明的譯文[2]。然而，就彷彿是利瑪竇所要提示的那樣，他所受到的積極歡迎並不全然是由於他沒有拋棄任何教派。儘管它源出外國，但這部著作滿足了中國讀者的真正需要。實際上它觸及到了一項使當時許多儒生們都感到困惱的問題，並且還對他提出了一種符合儒教精神的解決辦法。所以，在他那傳教士方面用不着任何手法，就把一個道地的中國問題納入了基督教啟示的領域了。他不僅把原來的宗教靈感歸之於儒教，而且同時還引申出了它與基督教的內在關係。這就是何以這篇小小的道德論文取得了意想不到的成功，它既代表一樁文化事件，同時又代表中國福音化過程中的一個決定性的時刻。

為了闡明我們的論證，我們要提一下儒教的一些主要數據，這對正確理解目前的問題是必要的。對於一位中國文人來說，儒教代表着很多東西：道德性格的修養方式（「修身」），管理家庭的辦法（「齊家」），治理國家的辦法（「治國」），平定世界的辦法（「平天下」）。所以，一個儒生在正常情況下是注定要為政府服務的，並在他的職務上達到最高度的完美（「止於至善」）。然而在某些時代，一個儒生不可能實現自己終生的規劃，不得不犧牲或則自己道德的完整或則自己的政治事業。在這種情況下，一個好儒教徒就應該放棄自己的政治事

1　同上書，第 2 卷，第 257 頁。

2　耶穌會士斯波拉坦神父（Christopher A. Spolatin S. J.）：《利瑪竇對艾比克泰德的運用》，載《格里哥利大學神學系博士論文選》，1975 年，朝鮮，倭館版。

業。如果他這樣做的話，大家就説他「知天命」。[1]

在孔子的時代就出現了這樣的情況。在他周遊列國時，他發現自己經常面臨着或則犧牲自己的道德原則或則放棄他的政治抱負的進退兩難的處境。他終於解決了這個問題，在五十歲的時候獲得了心靈的平靜。他宣稱「五十而知天命」[2]。他後來向那些為他的命運而悲歎的朋友們交心説：「不怨天，不尤人，下學而上達。知我者其天乎？」[3]

在利瑪竇時代所流行的那種儒教是以孟子（公元前 372－289 年）的教誨為基礎的理學。據這位哲學家的解釋，為了知天命，首先就要區別「求在我者」和「求在外者」[4]。倫理道德屬於前一種範疇，而死生富貴則屬於第二種範疇。根據這一區別，他又解釋説：

> 莫非命也，順受其正。是故知命者，不立於巖牆之下。
> 盡其道而死者，正命也。桎梏死者，非正命也。[5]

最後，他把這一學説與他自己關於人性本來善良的觀點聯繫起來，宣稱：

> 盡其心者，知其性也。知其性，則知天矣。
> 存其心，養其性，所以事天也。夭壽不貳，修身以俟之，所以立命也。[6]

1 顧賽芬（Séraphin Couvreur）：《四書》，1949 年，巴黎，卡塔西亞（Cathasia）版，第 2-4 頁。

2 同上書，第 77 頁。

3 同上書，第 233 頁。

4 同上書，第 608 頁。

5 同上書，第 608 頁。

6 同上書，第 607 頁。

孔夫子關於知天命的教誨以及孟子對它的解釋是由於受到對一個至高無上的神的信仰而激發的；但是隨着時間的推移，尤其是在原始的宗教靈感消失以後，對這一教誨的理解就經歷了某些改變。因此，知天命的結果就成為意味着以斯多噶派的聽天由命來接受惡運。在這種哲學始終是空洞思辯的主題的漫長期間，人們並未指出這一錯誤。然而，當再次創造了與激發孔夫子知天命的教誨相似的條件時，那就會使人難堪地看清楚這種教義的現代説法，是不能滿足為正義事業而受苦的人們的精神需要的。

事實上，自從1364年就統治中國的明王朝政權當時已接近末日。它的體制已經衰蛻。它的政府受到一位反覆無常的皇帝的不斷干擾，皇位的周圍展開了殘酷鬥爭。由於宦官們比較接近皇帝本人，所以他們就戰勝了政府成員的那一派。當時又值「天下無道」[1]，在這些條件下，那就可以預見有大量的儒家官員發現自己不得不要麼犧牲自己的道德原則，要麼放棄自己的政治事業。

馮應京的情況是這方面的一個典型。他既是利瑪竇的朋友又是由利瑪竇皈依的，他被同時代的人所推崇，被認為是政府官員的典範。由於他成了孔夫子事業的犧牲者，他的威望就格外高了。他是一位高尚和富有責任感的官吏，由於他揭露了一個強大的宮廷宦官集團的舞弊。所以蒙冤被指控犯法，公開受到侮辱，解職入獄。儘管受到這樣的迫害，他也不肯犧牲自己道德的高尚來姑息跋扈的威權。當馮氏還在政府任職時，他就聽人説過利瑪竇，但只是到1601年以後才認識利瑪竇，正值他要被捕的時候，利瑪竇以感人的辭句描述了他們的初次會見以及隨後的友誼：

> 神父已經知道此人的名氣，立即前往登門拜訪，在他進入監

1 同上書，第252頁。

> 獄之前還去慰問他。在他們一起談論的時候，他們建立了非常密切的友誼，整個中國都為此而感到驚異，認為他皈依一定已有很多年了。在此人被監禁的三年中，他們一直通過書信和其他手段而忠於這一友誼。他對待我們神的事就像他自己的一樣，而我們的神父也把他的事看作彷彿是我們自己的。[1]

馮氏在被囚期間閱讀了《二十五言》的手稿。顯然，這部著作教給他許多他已經很熟悉的東西。第一「言」對「物有在我者」與「不在我者」作了區別，並指出對待這兩種事物範疇所採取的態度，實際上是出奇地與儒教相近似：

> 物有在我者，有不在我者。
>
> 欲也，志也，勉也，避也等我事，皆在我矣。財也，爵也，壽也等非我事，皆不在我矣。在我也者易持，不在我也者致。
>
> 假以他物為己物，以己物為他物，必且倍情，必且拂性，必且怨咎世人，又及天主也。
>
> 若以己為己，以他為他，則氣平身泰。無所牴牾，無冤無怨，自無害也。
>
> 是故，凡有妄想萌於中，爾即察其何事。若是在我者，即曰「吾欲祥，則靡，不祥何亟焉」；若是不在我者，便曰「於我無關矣」。[2]

給馮氏以深刻印象並給他帶來極大欣慰的那種新鮮性，並不在於對待主題的方式，像是利瑪竇似乎要提示的那樣，而在於「一種真正

1 《利瑪竇全集》，第 2 卷，注 625。

2 《重刻二十五言》，載《天學初函》，第 1 卷，第 4 頁，1629 年北京版。

科學而明晰的方式，並以一種與所有異教徒的風格都十分不同的風格」。[1] 它在於這部著作系由一位崇仰上帝的「基督徒」朋友所作，而不是一位單純的「自然哲學家」所作。[2] 換句話說，由於利瑪竇這部小小的倫理論著的干預，有關知天命的儒教教誨又恢復了它原來的宗教靈感，而儒家的上帝觀和基督教的觀點是重合的。從這一角度來看，馮氏對待自己為了正義的事業而受難的態度，已經不再是斯多噶派那種對惡運聽天由命的態度了，也不再是有意屈服於不可抗拒的天命了，而是把自己交給仁慈的上帝，他能向上帝祈禱，上帝能給他帶來安慰。對於像馮氏那樣的人，皈依的歡樂可以用天主這樣的話得到說明：

> 我再也不稱你為奴僕了，因為奴僕不知道主人的所作所為，但我稱你為朋友，因為我已經告訴你我從父親那裏所知道的一切。[3]

由於受傳統儒教保守觀念的局限，馮應京在他為這部著作所寫的序言中並沒有確切地記載自己的思想感情：

> 京（馮應京）既受而卒業，幸禆涼德，乃付殺青。公之吾黨，無寧使人謂我金木方訊，獨藉此免內刑，且聽道說於震修無當也。惟是匯流西海，不隱仁人之賜，俾共戴此天者，曙所響往，則知言君子，將亦有契於予心。[4]

---

1 《利瑪竇全集》，第 2 卷，注 207。

2 汾本，第 2 卷，第 267 頁。

3 同上書，第 15 卷，第 15 頁。

4 上引《二十五言》序言。

所以，我們在這裏又一次在很大程度上同意了謝和耐的見解，他在上文所提到的著作的結論中寫道：

> 如果我們理解何以利瑪竇及其教友們在中國只造就了如此之少的基督教徒，我們便會明白他們何以能歸化一小批文人入教了，而這種宗教的教義和精神又與他們幾乎所有的傳統都是如此之完全矛盾的。政治形勢和思想演變都給他們帶來了一種意想不到的支持。[1]

這裏我們僅僅補充一點。對於利瑪竇及其教友們來說，這種支持確實是「意想不到的」；但自從他穿上了儒生的服裝並採用他們的生活方式以來，這與他所終於採取的特殊的福音化方式卻並不是完全不相容的。他在一小批文人中能取得成功的原因，是他不僅掌握了當代儒教社會的特點，而且還懂得把它與基督教結合起來，並因之而宣揚了基督教信仰。因此，我們可以得出結論說，如果利瑪竇有關基督教與傳教團所在國的傳統宗教之間的關係的思想似乎與目前對這個問題的神學思想不一致的話，他對於基督教與傳教團所在國的社會現實之間的關係以及基督教與接受福音化的民族的崇高理想之間關係的看法，卻始終顯然是很實際的。

羅馬格里哥利大學
耶　穌　會　士　史若瑟（Joseph Shih S. J.）

（耿昇譯自法文本《基督教遠征中國史》巴黎 1978 年版）

1　上引謝和耐文，第 85 頁。